2015

中国农垦统计年鉴

CHINA STATE FARMS STATISTICAL YEARBOOK

中华人民共和国农业部农垦局 编

中国农业出版社

《2015中国农垦统计年鉴》编辑委员会

2015 ZHONGGUO NONGKEN TONGJI NIANJIAN BIANJI WEIYUANHUI

《2015中国农垦统计年鉴》编辑人员

2015 ZHONGGUO NONGKEN TONGJI NIANJIAN BIANJI RENYUAN

主　　编：叶长江

副 主 编：曲晓飞　胡玉玲　王　生　程维歧

编辑人员：（按垦区顺序排列）

吴家雄　张　维　王　伟　高保萍　吕　红　刘淑惠　李美祎
刘　洲　李忠义　端　静　王彦炯　闫崔峰　张敏志　万燕燕
张同政　田　甜　汪才清　罗超意　刘鸿飞　韦汉东　黄淑娴
周　莹　徐　东　王　犁　周　力　于智勇　李子巍　白永录
蒋　玲　陈　宁　赵海涛　闫香国　欧春莹　谭　华　姜丹丹
王晓宇　赵喜君　李　静　陆雅丽

数据处理：胡玉玲　程维歧　于　鹏

审　　核：胡玉玲

都市农业项目 紫谷伊甸园

河北首农定州园区现代化牧场

三元食品现代化生产线

双河农场30万吨现代化稻谷加工厂投入使用

2009年4月，经北京市国有资产监督管理委员会批准，北京三元集团有限责任公司、北京华都集团有限责任公司、北京市大发畜产公司重组为北京首都农业集团有限公司。

三元集团始建于1949年9月的平郊农垦管理局；华都集团始建于1975年4月的北京市机械化养鸡养猪工程指挥部（北京市畜牧局的前身）；大发畜产公司创建于1985年5月。三家企业在发展历程中为首都副食品供应、农业现代化发展做出了重要贡献。

首都农业集团可经营性资产超过700亿元，员工4万人，国有全资及控股企业64家，中外合资合作企业31家，境外公司4家，其中北京三元食品股份有限公司为上市公司。

首都农业集团在畜禽良种繁育、养殖、食品加工、生物制药、物产物流等方面具有行业明显优势，业已形成从田间到餐桌的完整产业链条，拥有5家国家级重点农业产业化龙头企业和"三元""八喜""峪口禽业""太子奶""丘比"等消费者喜爱的品牌，并与多家国际知名企业建立良好合作关系，具有较强的市场竞争力和影响力。

首都农业集团将紧紧围绕首都经济发展内涵，大力发展现代农牧业、食品加工业和现代物产物流业。在提高综合生产能力和经济效益的同时，强化服务"三农"的意识和社会责任，努力成为提供绿色健康食品、在国内同行业具有龙头地位、首都标志性的都市型现代农业产业集团。

河北首农定州现代循环农业园区苜蓿种植区

光明食品（集团）有限公司
BRIGHT FOODS (GROUP) CO., LTD.

集团总部大楼

光明食品（集团）有限公司是集现代农业、食品加工制造、食品分销为一体，具有完整食品产业链的综合食品产业集团。2015年实现营业收入超过1 474亿元。

光明食品集团确立了食品产业和地产、金融的“一体两翼”产业结构；实施融合战略、品牌战略、渠道战略和平台战略四大战略；推进以“环境优美、产业先进、生活优越”为标志的殷实农场建设；致力于成为上海特大城市主副食品供应的底板，安全、优质、健康食品的标杆，世界有影响力的跨国食品企业集团。

光明食品集团拥有五家上市公司，其中光明乳业、金枫酒业、梅林股份和光明地产四家为中国A股上市公司，新西兰新莱特乳业公司为新西兰主板上市企业。

海拉尔

李洪斌董事长在免渡河农场指导工作

李洪斌董事长在特泥河牧场指导工作

"十二五"是海拉尔垦区改革发展的又一个黄金期和发展期，五年来，在市委、市政府和农业部农垦局的正确领，克服了重重困难，实现"十二五"圆满收官。

经济保持较快增长速度

实现总收入423.2亿元，"十一五"增长156.4%，年均增长31.3%，2013、2014年连续两年超过百亿元。

实现生产总值163.7亿元，比"十一五"增长133.6%，年均增长26.7%，2013、2014年连续两年超过40亿元。

实现国有利润16.1亿元，比"十一五"增长21.4%，年均实现利润3.2亿元，2012、2013、2014年连续三年超过4亿元。

农业综合生产能力显著提升

实现粮豆油总产85.63亿斤，比"十一五"增长36.8%，年均生产粮食17.13亿斤，除2015年遭受严重旱灾减产外，粮食生产实现"十一连增"，2014年首次突破20亿斤大关，达到21.96亿斤，创历史最高水平。

畜牧业转型升级成效显著

建成各类规模化养殖场、养殖园区69个，设计存栏9.14万头（只），规模化养殖奶牛2.01万头，园区式养殖肉羊3.46万只，舍饲育肥肉牛4 213头，生产区与生活区分开，人畜分离取得重大进展。2015年年末牲畜存栏91.69万头（匹、只），比2010年增长83.9%，首次超过90万头（匹、只）。生产牛奶167.4万吨，比"十一五"增长44.5%，2014年首次超过40万吨。肉类总产8.2万吨，比"十一五"增长52.4%。

基础设施更加稳固夯实

固定资产投资48.1亿元，比"十一五"增长145.7%，2014、2015年连续两年超过10亿元。实施项目309个，建设高效节水灌溉面积79万亩，实施农业综合开发9.53万亩，建设设施农业果蔬大棚1 240栋等，农牧业生产条件得到较大改善，抵御风险能力进一步增强。

拉布大林高标准农田

现代农机具标准化停放

2015年谢场特色经济作物胡萝卜喜获丰收

海拉尔垦区

农垦

牙克石生态园

农垦小城镇建设成果突出

积极推进"十个全覆盖"、"一事一议"、新垦区和美丽乡村建设工程，建成谢尔塔拉、上库力、哈达图等一批农垦小镇，职工群众的生活条件发生了翻天覆地的变化，幸福指数大幅度提升。

职工生活水平显著提高

职工群众收入翻了一番，职均收入24.2万元，比"十一五"增长116.3%，最高年份接近6万元。人均收入11.7万元，比"十一五"增长118.6%，最好水平达到2.9万元。新增就业2 643人，改造危房12 454户，新建住房6 576户，移民搬迁710户，19 728人喜迁新居，41 335人的安全饮水问题得到解决。

"十三五"是垦区全面建成小康社会的决胜阶段，在经济发展新常态下，农牧业发展环境发生了深刻变化，农垦的地位和作用得到充分肯定，新形势下肩负着更加重要的历史使命。

垦区小城镇建设格尼河农场四队

"十三五"发展思路

以"稳农、强牧、兴旅、搞活流通"为方针，积极推进"乳、肉、草、粮、薯、游"六大经营战略，以市场为导向，以稳农、强牧、兴旅为主线，广泛惠及民生，积极走产出高效、产品安全、资源节约、环境友好的现代化发展之路。

大力发展绿色、有机健康农业

加大供给侧结构性改革力度，把发展绿色、有机健康产业作为"十三五"的主攻方向，促进农业生产向绿色有机方向转变、向数质并重方向转变，推广优质良种，努力减少化肥、农药施用量，节本增效，加快形成资源利用高效、生态系统稳定、产地环境良好、产品质量安全的发展新格局。以"有机农业第一场"——那吉屯农场为领军，积极扩大绿色、有机食品生产规模，建立有机农业经营联合体，探索出一条绿色、有机高效农业发展之路。

上库力水利建设

全面提高畜牧业发展水平

"十三五"期间，加快畜牧业转型升级步伐，从传统养殖模式向规模化、集约化、现代化、信息化、科学化方向转变，不断提高发展水平，提升市场竞争力，围绕"乳、肉、草、特色养殖"四大产业，全力打造生态安全、优质高效的牛奶、牛羊肉和牧草生产基地，引进上下游企业，在产供销一体化上实现重大突破。

拉布大林油菜田

特色养殖业

特泥河农牧场 旅游业 沙棘园采摘

职工文体娱乐

黄羊滩喷灌技术　　采　摘　　水稻大面积机械化收割现场

宁夏农垦

聚力向一流现代企业迈进

2015年，宁夏农垦持续扩大对外开放，大力推进产业转型升级，主动克服自然灾害和农产品价格下跌不利影响，攻坚克难，砥砺前行，完成了深化改革的阶段性任务，抓改革、促开放，增强集团发展活力，保持了稳中有进的发展态势。

落实改革任务，完善体制机制

继续推进集团化改革，各司其职、各负其责、协调运行的"三会一层"工作格局基本建立，现代企业法人治理结构不断完善。推行扁平化管理，将集团原有的三、四级管理50个单位，整合重组为二级管理30个全资（控股）子公司、8个参股（合资）公司，以资产和资本运营为纽带的新型母子公司架构基本建立，各级法人实体自主经营、自负盈亏、自我发展的运营机制得以推行。宁夏农垦的改革受到了党中央、国务院等各方面的充分肯定，在全国农垦工作会上作了经验交流，2015年来垦调研指导工作的副部级以上领导干部达69人次；新疆、海南、黑龙江、广东等兄弟垦区先后15次前来考察交流，集团领导受邀到海南介绍经验。

加强制度建设，企业管理逐步规范

进一步深化人事制度改革，公开竞聘了子公司经营团队，全面实行经营者收入与经营业绩挂钩的薪酬和业绩考核办法，符合现代企业要求的管理者和员工制度正逐步建立。新建和完善具有企业特质的规章制度28项，用制度管人管事管钱的企业规范不断加强。加大了对项目论证、申报、预算、招投标、审批、建设、监理、决算等环节的管理，力求从制度层面堵塞漏洞，加大监督。建立法律风险防范机制，有效规避企业法律风险。建立集团公司巡察工作制度，加大对子公司违纪违规行为的查处，促进子公司守纪律、讲规矩，严管理、防风险。

推进开放合作，优势资源开始转化

秉承合作共赢、开放发展的理念，加快推进农垦资源优势向经济优势转化。与江苏协鑫集团在新能源、现代农业、旅游、地产、产品销售等方面的合作全面展开。与重庆、陕西农垦共同组建的中垦乳业股份公司30万吨乳制品加工项目开工建设，有望2016年11月投产运营。在澳大利亚建设草畜基地考察论证也已结束，各项工作正在加紧有序推进。这些合资合作、联营联盟将有效改变集团经营结构，提高整体经营效益，为集团发展壮大注入新的动力和活力。

沙湖·全景

丰　收

大型奶牛场一角

巴浪湖农场有限公司走高端农业路线，工人在供香港蔬菜基地里采摘菜心

调整产业结构，转型升级明显加快

粮食产业“十二连增”，实现单产、总产“双增长”。蔬菜、水果、渔业等稳步发展，“三品一标”认证和农产品质量追溯体系建设全面推进，农产品质量不断提高。8.3万亩高效节水等一批农业新技术的推广应用，支撑了农业节本增效。农业综合开发、土地整治和高标准农田建设等农业基础设施项目的实施，为农业发展增添了后劲。葡萄产业由扩面增量转向提质增效，全年改造葡萄低产园2.3万亩，4个葡萄园被评为自治区优质葡萄园。葡萄酒加工万吨扩建项目和暖泉酒庄建成投入使用，随行就市、优质优价的葡萄市场化收购机制基本建立，收购葡萄1.65万吨。在国内葡萄酒市场空间趋紧的形势下，西夏王酒业全年销售葡萄酒3100吨，增长59%。奶业规模稳步扩大，存栏奶牛3万头，新增3000头，牛奶总产12.3万吨。沙湖旅游景区荣获“2015中国年度休闲养生度假胜地”称号，全年接待游客116万人次。

保障改善民生，和谐稳定局面得以巩固

宁夏农垦始终把保障和改善垦区民生作为最大的政治任务。全年落实国家、自治区各项支农惠农政策资金6.13亿元。宁夏农垦集团和各子公司（农场）组织开展形式多样的文体活动，丰富了职工群众文化生活。加大企业宣传力度，多家主流媒体50余次专题报道农垦改革和发展成就，提升了宁夏农垦形象。

2016年，宁夏农垦将全面贯彻落实中央和自治区重大决策部署，特别是要深入贯彻落实好《中共中央国务院关于进一步推进农垦改革发展的意见》，始终坚持社会主义市场经济改革方向，牢牢把握垦区集团化、农场企业化这条主线，紧紧围绕企业发展质量和效益这个中心，大力推进创新驱动、产业拉动、开放撬动、项目带动、科技促动，着力构建现代企业管理体制机制，着力转变发展方式，推进资源资产整合和产业转型升级，进一步提升农垦集团内生动力、发展活力、综合实力和核心竞争力，促进职工增收、企业增效和引领示范能力增强，确保国有资产保值增值，切实发挥好农垦对现代农业建设的引领示范作用、农业经济的骨干和主力军作用，为把农垦集团打造成为全国一流大型现代农业集团奠定坚实基础。

宁夏农垦西夏王外交使节酒

贺兰山下葡萄园

中国农垦发祥地 现代农业国家队

陕西省农垦集团有限责任公司

与重庆农垦战略合作

大荔农场现代农业园

陕西农垦历史悠久。1941年，王震将军率领359旅在大生产运动中创建了第一个军垦农场——南泥湾农场，成为中国共产党领导下的第一个农场。作为新中国农垦事业的发祥地和农垦精神的发源地，陕西农垦只有进一步做强做优做大才能保住农垦的“根”，留住农垦的“魂”，为全国农垦人守住寻根溯源的地方，和特殊的历史政治地位相称。

陕西农垦下属5个农牧场、4个事业单位，有1个控股公司和3个参股公司，直管土地18万亩，其中耕地10万亩。

一、理清思路，战略引领

农垦集团奋斗目标是“打造全省一流的多元化现代农业产业集团，打造西部一流现代农业示范园区”；愿景是实现“现代农垦、美丽农场、幸福农工”的陕西农垦梦；工作主线是“建设现代农业”；基本路径是“开放办垦、产业立垦、园区兴垦、科技富垦、人才强垦”；战略布局是“一体两翼”，“一体”就是以现代农业为本体，“两翼”就是发展现代养殖业和现代种业。

二、突出“三联”，发展“两翼”

（一）现代养殖业快速推进。第一，与重庆农垦合资成立陕西农垦牧业发展有限公司，共建3万头奶牛养殖体系，共同打造西部奶源基地。首期投资4.6亿元的1万头现代化奶牛牧场已经在沙苑农场建成，该牧场与以色列、美国、澳大利亚、新西兰等世界奶业发达国家全面合作。第二，与重庆农垦、宁夏农垦合作，共同发起设立了中垦乳业股份有限公司（中垦乳业）。该公司总资产达到24亿元，净资产14亿元。公司30万吨乳制品加工基地项目已经落户渭南。第三，省农垦集团为以上项目配套牧草种植、粪污处理加工项目，从而形成种养加、粪污有机肥还田的一体化循环农业产业链。

（二）现代种业初具规模。与江苏农垦合资组建了陕西农垦大华种业公司，注册资本1亿元，公司拥有国有农场规模化制种基地8万亩，年可为社会提供优质小麦原种、良种1 500万千克，杂交玉米种子50万千克，大豆种子40万千克。加入了陕西省种业产业科技创新战略联盟、陕西省水地小麦商业化育种联合体、中国农垦种业联盟，与陕西省杂交油菜研究中心签署了战略合作协议，与中国农科院作物研究所、全国大豆产业技术体系首席科学家建立了良好的合作关系，与杨凌职业技术学院开展了深度合作。目前，公司已有9个小麦和大豆新品种自主经营权。

三、垦地合作，打造园区

省农垦集团已建成2个省级现代农业示范园区，已经和渭南市政府、华阴市政府签署共建协议，共同规划建设，争取把陕西华西现代农业示范园建成国家级现代农业示范园区。

省农垦集团将抓住天时、地利、人和的大好机遇，凝神聚气，改革创新，加快发展，勇敢肩负起南泥湾精神传承人的使命，承载“国家队”的重任，在新常态下，再创优异的成绩，实现陕西农垦的新辉煌。

坚持“三变三化三合”战略 打造快乐农业幸福农工美丽农场

江西农垦

这里是红色摇篮，这里是绿色家园，这里是古色厚土，这里是农垦人扎地生根的红土地。

江西农垦156个垦殖场中，许多与著名景区融为一体，一半以上位于风光秀丽、景色宜人的山乡田野之中。

江西农垦正处在深化改革和发展升级取得明显突破的重要时期。按照“快乐农业、幸福农工、美丽农场”的规划蓝图，坚持“人口向总部集中、产业向园区聚集、农业向现代化转变，构筑新型城区、现代园区、旅游景区新三元结构”的发展战略，垦区经济社会更具发展活力和竞争能力。2015年，全系统实现生产总值220.98亿元，比“十一五”期末增长136.01%，年均增长18.74%；完成工农业总产值776.46亿元，比“十一五”期末增长217.02%，年均增长25.96%；固定资产总投入246.85亿元，比“十一五”期末增长162.30%，年均增长21.27%；出口商品总额34.48亿元，比“十一五”期末增长192.45%，年均增长23.94%；实现利税总额34.8亿元，比“十一五”期末增长175.53%，年均增长22.47%；年人均纯收入14 798元，比“十一五”期末增长155.27%，年均增长20.61%。

“十二五”期间，全省农垦全力推进农产品质量追溯体系建设，铸就了“从田头追溯到心头”的农产品质量安全品牌，开启了农产品“生产有记录、安全有监管、产品有标识、质量有检测、消费有信心”的新时代。截至2015年，经农业部批准，江西省农垦农产品质量追溯体系项目建设单位累计达到34家，其中国家级农业产业化龙头企业3家、省级农业产业化龙头企业19家，质量追溯基地面积达110.6万亩，质量追溯产品产量达13.33万吨，建设项目总数位居全国农垦第二，追溯产品生产初具规模，产品特色鲜明，示范带动作用明显，追溯企业的集群效应开始显现。

“十三五”期间，江西农垦将继续按照“快乐农业、幸福农工、美丽农场”的规划蓝图，着力加强农业供给侧结构性改革，提高农业供给体系质量效率，使农产品供给数量充足，品种和质量契合市场需求，真正形成结构合理、保障有力的农产品有效供给。江西农垦将以此次改革为契机，以“三变三化”（资源变资产、资产变资本、资本变股本，垦区集团化、农场企业化、股权多元化）为主线，努力做好“三合”（整合、联合、融合）文章。

广昌白莲追溯基地

杨梅基地

茶叶追溯基地

云山柑橘追溯基地

内蒙古农垦

丰收的油菜田

内蒙古农垦现有104个国有农牧场，分布在10个盟市、44个旗县区(市)。现有土地面积约8 000万亩，其中耕地990万亩，草原3 600万亩，林地370万亩。垦区总人口49万人，在岗职工近9万人，企业离退休人员6万人。

2015年实现生产总值128.9亿元，人均纯收入12 564元，实现营业收入52亿元。种植业发展平稳。通过结构调整，发展设施农业，开展科技培训，推广保护性耕作和节水灌溉技术，扩大了测土配方施肥等增产新技术应用面积，粮食播种面积达到800万亩，产量21亿千克，油料产量2.5亿千克，分别在全国农垦的排序中居第3位和第1位。粮食的商品率达到81%。同时加大了机械化作业面，耕种收综合机械化率达91%。

畜牧业生产方式得到转变。分散饲养逐步转变为规模化、标准化养殖，形成规模养殖基地；特色养殖发展较快，通过实行“科研单位+龙头企业+养殖户”的合作模式，垦区肉羊、肉牛产业链条得以延伸，增强了农牧民的抗风险能力。牧业年度牲畜存栏为438万头(只)，肉类总产量9万吨，牛奶产量35万吨。肉类总产和牛奶总产量居全国农垦前列。肉类的商品率达到85%。

内蒙古农牧业厅王国林副厅长在垦区调研

内蒙古农牧业厅农牧场管理局王慧忠局长调研畜牧业发展情况

农业科技人员在做油菜航天育种实验

喷药机灭草作业

航化作业

河南农垦 多措并举惠民生 扎实工作创“五新”

时任河南省委书记郭庚茂于2015年6月前往塔吉克斯坦视察黄泛区农场农业项目

2015年，河南垦区围绕实现“两个率先”目标任务，以加快转变垦区农业发展方式，推进垦区现代农业建设，努力提高职工生活水平为中心，以深化改革为动力，以项目建设、推动民生工程和增加职工收入为重点，创新发展思路，谋求改革突破，各项工作取得显著成绩。通过实施危房改造、精准扶贫、农垦改革、现代农业建设、“走出去”发展等战略，实现了“五新”，有效地发挥了农垦示范带动作用，全省农垦经济社会实现持续稳定发展。

2015年全省农垦预计实现国内生产总值20亿元，同比增长14%；人均纯收入达1.2万元，同比增长9%；粮食总产量达32.1万吨，实现十二连增；生猪出栏58.5万头，肉类总产4.4万吨；国有及非国有规模以上工业企业销售产值33.64亿元，均超额完成了各项目标任务。

2015年全省农垦危房改造任务共计1 009套，项目资金5 695万元。利用2015年国家扶贫资金780万元和2016年提前下达的620万元扶贫资金，用于国有贫困农场脱贫项目建设，助力贫困农场发展壮大特色主导产业，依靠产业脱贫，增强国有贫困农场“造血”功能。

继续抓好基层农技推广体系改革与建设补助项目在8个省、市属农场的实施；在4家农场开展小麦—玉米高产技术模式示范提升行动试点，在畜牧龙头企业广泛推广良种瘦肉型猪饲养技术、无公害生猪饲养技术等养殖技术；积极实施高产创建，垦区9个小麦高产创建万亩示范片单产最高达703.5千克/亩，最低609千克/亩，7个畜牧高产攻关单位均超额完成了目标任务。

农场职工住宅新貌

黄泛区农场在乌克兰、塔吉克斯坦建设了境外农业企业，完成了生产、加工、仓储体系的建设，农业生产经营的规模接近25万亩。境外项目的顺利实施得到省领导的高度重视和关注，时任省委书记郭庚茂于2015年6月前往塔吉克斯坦视察，提出加强豫塔农业合作要发展粮食生产、打造棉花产业链、打造畜牧产业链、打造蔬菜产业链、加快推进化肥厂等项目建设。

河南省黄泛区实业集团有限公司

2014年11月7日，时任河南省省长、现任河南省委书记谢伏瞻与塔吉克斯坦总统拉赫蒙共同出席河南省人民政府与塔吉克斯坦政府农业合作签约仪式

河南省黄泛区实业集团有限公司系2010年6月经河南省农业厅批准，在周口市工商局登记注册的国有独资公司，注册资本35亿元，总资产73.6亿元。公司拥有土地总面积14.7万亩，常住人口4.5万人，职工1.5万人，下辖16个农业分公司、4个全资企业、11个参控股公司以及3家境外参控股公司，经营范围涵盖种植、养殖、种子繁育、农技推广、农副产品加工、化工、机械加工、房地产、建筑工程、物流、商品贸易等领域。

目前，公司拥有“地神”“绿原”2个国家级商标和“黄泛区”“泛农”“天鹰”“泛区”4个河南省著名商标，是河南省唯一的省属国有农垦企业和全国现代化农业示范场，河南省重要的农作物良种繁育基地，果蔬生产、加工、贮藏基地，生猪养殖、出口基地，先后荣获“全国五一劳动奖状”“全国农垦现代农业示范区”“全国粮食生产先进单位”“农业产业化国家重点龙头企业”等称号。

黄泛区鑫欣牧业公司办公楼

湖北省国营

万福店农场

万福店农场始建于1958年，位于湖北省随州市随县境内。全场版图面积66.43平方公里，实有耕地5.5万亩，总人口2.6万人，下辖1个社区，5个村。

农场坐落随县西北部，西南与枣阳市王城镇交界，为随枣走廊中心地带。环境优美，交通便捷。316国道、汉十公路、汉丹铁路穿境而过。东至武汉3小时车程，西往襄阳2小时到达。

近年来，万福店农场以“随县城乡统筹发展试点镇”和“绿满随县”为契机，紧抓道路交通、生态绿化、城乡统筹、洁美家园、特色产业、危房改造、招商引资、立项争资八大工程，着力实现全域美丽乡村建设目标。目前，城乡统筹发展建设取得明显成效，全域美丽乡村格局初显雏形。

2015年，万福店农场先后被市、县评为“新农村建设突出单位”“新农村建设示范乡镇”“绿满随州工作突出单位”“林业工作突出单位”“信访工作成绩突出单位”“计划生育协会工作优胜单位”等荣誉称号。

万福老窖酒系列

凤凰新村新貌

“鄂麦596”繁育基地

集镇建设一角

万福店农场办公楼

乡村道路建设

广东省丰收糖业发展有限公司

广东省丰收糖业发展有限公司成立于1995年12月，是广东省湛江农垦集团公司属下的国有企业，由原广东省国营调丰糖厂、广东省国营收获农场、广东省国营南光农场合并组建而成，是一家集贸、工、农一体化，产、供、销一条龙的大型现代化企业。

公司现为农业产业化国家重点龙头企业、广东省重点农业龙头企业、农业部现代化农业示范区、农业部无公害农产品生产示范基地。现有甘蔗、橡胶、菠萝三大主导产业，拥有土地面积22万余亩，总人口11 176人，在职员工3 029人。公司拥有一家自营糖厂、两个农业分公司，一家控股罐头厂。2014年资产总额达33.44亿元，实现社会生产总值12.94亿元，国内生产总值5.22亿元，主营业收入4.07亿元，职工劳均收入3.6万元。

白砂糖、菠萝罐头、菠萝浓缩汁是公司三大工业主产品，拥有“蜂泉”牌一级白砂糖和“三叶”牌菠萝罐头两个中国名牌产品。

公司近年来获得“广东省文明单位”、“广东省模范纳税户”、“广东省先进集体”、“广东省生态示范场”、“广东省厂务公开先进单位”、农行“AAA级信用企业”和“黄金客户”、“广东省五一劳动奖状”、“广东省先进基层党组织”、“湛江农垦先进单位”、“广东省农业产业化重点龙头企业”等多项荣誉称号。

甘蔗生产基地

南亚热带作物名优示范基地

广东省铜锣湖农场

陆丰市广垦畜牧有限公司全景

广东省铜锣湖农场场部

铜锣湖农场桂坑分场橡胶产业

广东省铜锣湖农场于1955年6月建场，位于陆丰市东部，现有土地总面积8.8万亩，总人口22 000多人。农场主要从事经营农业、林业、动物饲养放牧业、渔业、园艺植物培植及中药材种植业、水力发电等。现有橡胶种植面积近11 000亩，水稻水果面积2万亩；畜牧业、养殖业、工业发展势头良好，垦区万头生猪标准化养殖基地和陆丰市比德能源有限公司均落户铜锣湖农场，农场还是粤东地区肉鸡主要生产基地；第三产业蓬勃发展，辖区广汕公路两侧形成了驰名粤闽的汽车配件贸易市场。

2006年广东省铜锣湖农场被广东省农垦总局党组评为“广东农垦创建‘四好’班子先进领导集体”，2008年荣获“广东农垦抗灾复产灾后重建先进单位”称号，2009—2010年被省农垦集团公司、农垦总局评为“先进单位”，2010—2015年荣获“广东省守合同重信用企业”称号。

橡胶树新型增产素研发及产业化生产

项目完成单位：中国热带农业科学院橡胶研究所，海南天然橡胶产业集团股份有限公司，国家重要热带作物工程技术研究中心，海南热农橡胶科技服务中心

项目完成人员：林钊沐，罗微，林清火，李智全，茶正早，黄华孙，魏小弟，吴小平，何鹏，范高俊，刘俊良，王秀全，华元刚，贝美容，张培松

主要成果与创新点

(1) 研制出系列新产品，提高了橡胶产量，延长胶树经济寿命。依据橡胶树营养生理和产排胶特点，开展了钼、锌、硼等微量元素和赖氨酸等有机养分的作用机理和效果研究，研制出橡胶树新型增产素。产品应用平均提高产量5%以上，割胶用工减少30%以上，死皮发病率相对降低2/3，耗皮量减少20%～40%，胶树经济寿命延长1/4～1/3（8～10年）。

(2) 自主设计生产工艺，解决了生产关键问题。针对产品pH、营养元素含量、黏稠度及温度等关键指标，综合运用pH在线检测、机械搅拌、恒温加热、聚乙烯醇先吸胀再溶解、冷却机组快速冷却等方法，解决了生产过程中搅拌不均匀、容易烧焦、聚乙烯醇难溶解和冷却速度慢等关键问题。

(3) 自主研发了生产线，实现产品产业化生产。根据生产工艺流程和生产关键参数，对主要设备进行自主选型、定制、组配，研发了一条日产6吨，年产2 000吨的生产线。其生产效率是人工配制的5倍；能耗低，燃料成本降低2/3；环保，废气和废液排放少；产品均匀度和稳定性好。

推广应用及效益

目前生产线年产量约700吨，直接年新增产值约700万元，每吨产品利税0.3万元，三年累计新增利税630万元。产品已在海南和广东农垦及海南部分民营胶园使用。三年多累计应用面积18.2万公顷，平均提高橡胶产量5.0%，共增产干胶1.22万吨，新增利润2.25亿元。

技术水平

经农业部组织的专家组评价，整体达到国际先进水平。

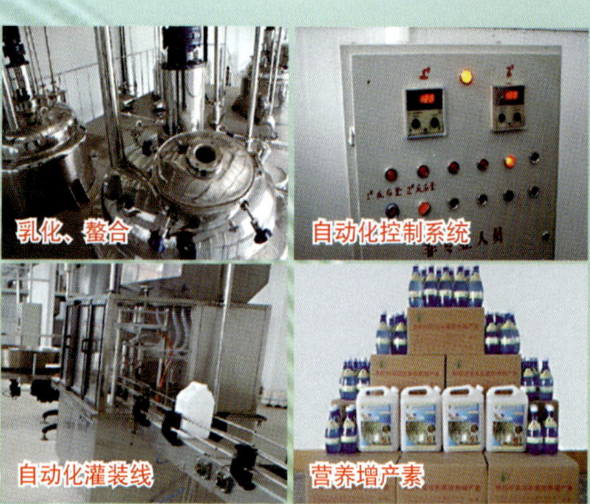

半自动化生产线和系列产品

中国热带农业科学院 热带作物品种资源研究所

中国热带农业科学院热带作物品种资源研究所，是农业部直属非营利性国家级科研机构。前身为1958年成立的华南热带作物科学研究院热带作物栽培研究所。立足于中国热带、南亚热带地区，面向国际热带农业科学研究技术前沿，开展以热带农业种质资源的收集、保存、鉴定、评价以及创新利用为目的的应用基础性、综合性、战略性和前瞻性的科学研究。

经过五十多年的建设，现有10个研究室，国家热带果树品种改良中心、农业部华南作物基因资源与种质创制重点实验室等24个重大科技平台，中国援建刚果（布）农业高新技术示范中心等4个国际合作平台，拥有一支230多人的科研和管理队伍。建有木薯、芒果、热带牧草、热带药用植物和腰果等5个国家和农业部种质资源圃。从世界各地收集、保存热带作物种质资源20 000多份，拥有热带种畜禽4 000多头（份）。初步建成一个可容纳10万份种质的种子库（中期库）和一个可容纳1万份种质的离体库，建立热带作物种质资源鉴定评价技术体系和共享信息库平台，实现3万份热带作物种质资源的信息共享，成为我国热带作物种质资源的主体保存和利用单位。

在“十五”和“十一五”全国农业科研院所综合能力评估中，总体排名均为十二。近年来，先后承担国家基础条件平台重大项目、科技支撑计划、“973”专项、国家产业技术体系、公益性行业科研专项等科研项目500多项。获省部级以上奖励科研成果109项次，其中国家奖2项，选育新品种（系）61个，获批专利102项，制定和修订行业标准54项，开发产品30多个，发表科研论文1 000多篇，出版或参编专著95部。培育的新品种和技术及产品在热区广泛应用，累计推广1 000多万亩，为热区作物资源开发利用和热带农业发展做出应有的贡献。

国际合作与交流

芒果新品种 热农1号

中国热带农业科学院南亚热带作物研究所1997年从澳大利亚引进，2014年通过中国热带作物品种审定委员会审定。

早中熟品种，果实卵圆形，单果重在450～650克，果形端正、外观靓丽、肉质细滑、香甜适口，核小纤维少可食率高等优点，商品性能极佳。抗逆性及抗炭疽病和细菌性角斑病能力强，商品果率高，丰产稳产。适合在海南、广东、广东、云南和四川等芒果主产区种植，特别适合干热河谷产区种植。

中国热带农业科学院热带生物技术研究所

生物所与美国一植物科学中心共建热带作物分子工程技术平台

首届黎药文化节在生物所开幕

中国热带农业科学院热带生物技术研究所创建于2003年，是在热带生物技术国家重点实验室基础上组建的国家非营利性科研机构。建所以来，根据国家、热区产业需求和热带农业科技发展需要，以重要热带作物及生物资源为研究对象，利用现代生物技术，围绕种质与基因资源、作物遗传改良、微生物工程、天然产物化学、热带生物质能源、甘蔗产业技术、热带海洋生物资源利用和转基因生物安全8个研究领域从事基础研究和应用基础研究工作。

生物所先后承担973计划、863计划、国家自然基金、支撑计划、公益性行业科研专项、基础性工作专项以及国际合作项目等各级各类项目589项，累计到位经费近2.1亿元。2015年度在研项目148项，年度到位经费5 000余万元。荣获省部级科技奖励57项，其中省部级一等奖8项；申请国家专利184件，授权专利94件；发表科技论文2 209篇，其中SCI、EI或ISTP收录论文近450篇；主编或参编著作和教材30部。

建所以来，先后与美国、加拿大、英国、德国、意大利、阿根廷、巴西、法国、澳大利亚、墨西哥、古巴、哥伦比亚、泰国、韩国、牙买加和日本等近30个国家和国际组织的农业科研机构和大学建立了合作伙伴关系并开展了科技合作；主持国际合作项目50余项，项目经费3 000余万元。与巴西国家农业科学院、国际热带农业中心、德国杜塞尔多夫大学和夏威夷热带农业中心等国际科研组织机构建立了稳定的项目合作关系，引进了一批国际先进技术以及木薯、番木瓜、剑麻、沉香等热带作物种质资源，建立了热带药用植物研究与利用国际联合实验室；向发展中国家如泰国、老挝、印度和越南等进行技术输出和技术培训。先后主办或承办国际会议20次，国际培训班4次；接待来访外宾500余人次，派出专家200余人次参加国际会议、合作研究、考察。

广东省广前糖业发展有限公司

明亮的广前大道

广馨花园一角

蔗糖产业基地

广东省广前糖业发展有限公司(简称广前公司)位于遂溪县境内,国道207线、省道374线和雷州青年运河从中部穿过,离沈(阳)海(南)高速公路遂溪出入口、湛江市区 、湛江港、湛江火车站、遂溪火车站、湛江机场等仅需30分钟,海、陆、空交通便利。广前公司是一家大型国有糖业企业,拥有土地面积18.46万亩,耕地面积13.1万亩,甘蔗种植面积7.8万亩,年产甘蔗44万多吨;同时发展水果、林木、花卉、蔬菜等作物种植产业。是广东省重点农业龙头企业、国家甘蔗机械化生产试验基地之一、广东农垦湛江垦区国家现代农业示范区的核心区。广前公司现有总人口18 530人,在职职工2 069人。广前公司2015年实现国内生产总值4.463亿元,农垦社会总产值8.005亿元,营业收入2.92亿元,利润总额3 801.8万元,职均年收入4.18万元。

湛江农垦国家现代农业示范区是农业部2010年确定的全国第一批51个国家级现代农业示范区之一,经广东省农垦总局和湛江农垦局于研究确定在广前公司建设湛江农垦国家现代农业示范区核心区。规划面积5 200亩,规划建设期为2013—2020年。

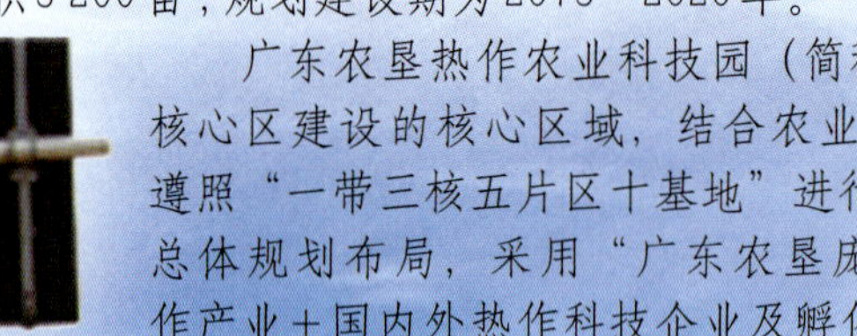

广东农垦热作农业科技园(简称科技园)是广前核心区建设的核心区域,结合农业生态学发展理念,遵照“一带三核五片区十基地”进行园区总体规划布局,采用“广东农垦庞大热作产业+国内外热作科技企业及孵化+热作科研机构+农业产业化、示范、培训专业组织”的发展模式,集农业技术集成创新、现代农业技术展示、农业科技示范推广、农产品信息交流平台于一体。计划在2020年前建设成具有一流水平的国家农业科技园区和促进广东热作产业现代化和新型垦区建设的先导区。

天津农垦 龙天畜牧

农业部领导来龙天公司指导工作

天津市有关领导与中科院验收课题组合影

中科院和天津市有关领导参观公司

外国友人来龙天公司参观

公司简介

天津农垦龙天畜牧养殖有限公司成立于2008年，隶属于天津市食品集团有限公司，注册资金为1 000万元，公司占地120亩，建筑面积26 000平方米，是一家集种驴、肉驴养殖经营、饲养、改良、繁育销售、技术培训服务为一体的大型综合养殖基地。

公司种公驴存栏40头，种母驴存栏3 600头，品种为公司改良繁育的优良大型驴种，包括乌头与三粉两种（其中以乌头为主）。公司建有大型半封闭养殖车间5座（每座可容纳400头），开放式养殖圈40个（每个可容纳60头），公驴饲养圈舍、产房各一处，以及2 000平方米的粪便处理场。并合理地将场区依据不同需求将其划分为公驴活动场、普通驴圈、子母驴圈、临产驴圈、种公驴圈等。

技术支持

龙天公司与高校进行产研结合，重点将种驴繁育体系及遗传评定技术、遗传改良及杂种优势高效利用技术运用到公司生产当中。公司一直采用的繁育方式即为人工授精，目前在高校专家指导下，公司业已形成相关技术团队，已熟练掌握人工授精技术，其配种成功率高达85%，这不但最大限度地发挥了优良种公驴的种用价值、提高种公驴的配种效能，同时还大大提高了母驴的受胎率，并且还促进了相关繁殖技术诸如同期发情等技术的研究与发展。

核心竞争力

经过8年来的选育，公司的驴种体型硕大，产肉、皮率高，产奶量高、品质好，生产性能佳，遗传性状稳定。并且于2016年4月，农业部与中科院的专家进行组对，龙天公司肉用驴规模化养殖技术集成示范课题顺利经过鉴定验收。同时龙天还加入中国马业协会驴骡分会，积极开展各项驴产业发展的相关活动，极大地提高了社会的享誉度与知名度。

发展理念

公司将以种驴繁育为基础，市场需求为导向，诚信经营为原则，科技创新为动力，本着“诚信为本、科技领先、打造品牌”的企业宗旨，着重发展优质驴的良种繁育，先进技术的改良应用，以及驴产品精深加工的合作开发，势为打造中国规模化、标准化、现代化、产业化、集约化大型综合养殖基地，引领中国驴产业的健康发展。

养殖有限公司
驴王
Lv Wang

杭州大观山种猪育种有限公司

杭州大观山种猪育种有限公司（原杭州市种猪试验场）是从事种猪育种、生产经营的专业公司。公司培育长白猪已有五十年历史，是国内最早引进长白猪的原种场，被誉为“中国长白猪的摇篮”，农业部确定的首批国家级重点种畜禽场，浙江省畜禽种苗工程种猪原种基地，全国生猪核心育种场。

公司目前拥有一个种猪研发中心、中心实验室、公猪站、两个种猪生产场等，配备种猪自动饲喂系统、B超活体测定仪、GBS种猪育种软件等进行种猪测定与育种分析，培育长白、大白、杜洛克三大品种。现有基础母猪群2 000余头，年供种能力28 000头以上，累计向全国（除台湾省外）推广种猪30余万头。

总经理金访中在丹麦挑选种猪

全国生猪核心育种场现场评审会

苏垦正大合作项目弶港农场种猪场

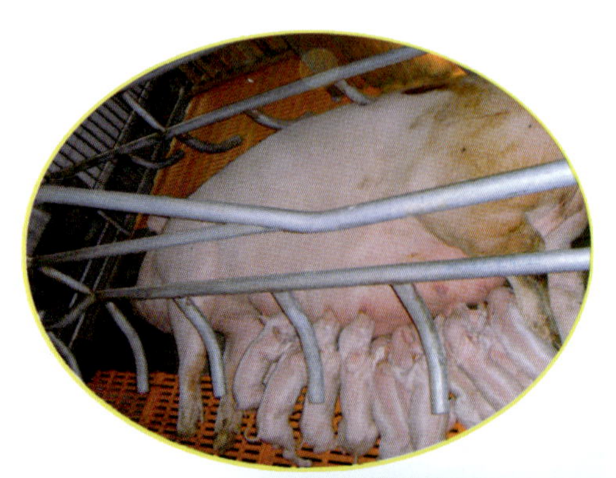

分娩母猪在哺乳

苏垦正大合作项目弶港农场种猪场建成于2007年3月，种猪场按照猪舍标准化、装备现代化、管理数据化、场区生态化的定位，建设高标准的全封闭式的养殖场所，按照无公害畜禽产品养殖要求组织生产，推广健康养殖生态养殖方式。全场采用正大养殖一条龙的先进模式进行设计、建设，猪舍为有窗式单元建筑，采用床上产仔、网上育仔、保温箱取暖、漏缝地板、自由采食、自动饮水等现代设施，实行母猪从配种舍→怀孕舍→分娩舍→配种舍。育成、育肥猪分开饲养，仔猪21日龄断奶转场至育成、育肥猪场。实行全进全出式、分阶段饲养的先进生产工艺。

苏垦正大合作项目弶港农场种猪场目前存栏优质瘦肉型父母代种猪1 200头，占地面积3万多平方米，建筑面积1.2万多平方米，种猪场共投资500万元。

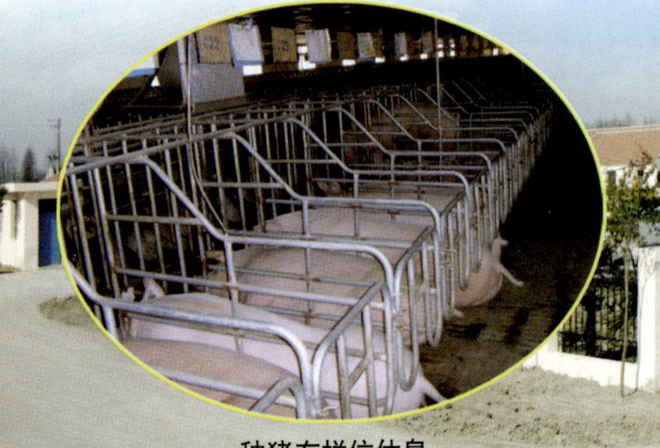

种猪在栏位休息

新疆西部牧业股份有限公司

党委书记、董事长：徐义民

党委副书记、总经理：陈光谱

2010年8月20日，公司在深交所创业板成功上市，成为新疆首家在创业板上市的公司。目前公司总资产17亿元，从业人员2 000余人。公司是农业产业化国家重点龙头企业、国家清真冻牛肉储备承储单位、国家学生奶奶源示范基地、国家绒毛用羊试验站、国家肉用羊试验站、自治区循环经济试点企业、兵团首批创新型企业、兵团肉类加工协会理事长单位。

现拥有22个规模化奶牛良种繁育基地，存栏达到4万头；拥有全国规模最大的纯种红安格斯肉种牛场，存栏5 000余头；拥有国家级紫泥泉种羊场和两个兵团级种羊场；拥有年设计屠宰加工100万只羊、5万头牛能力的石河子定点清真肉类加工企业——新疆喀尔万食品科技有限公司；拥有年设计生产能力20万吨的饲料加工厂——新疆泉牲牧业有限公司；拥有日加工能力400吨的新疆知名乳制品加工企业——石河子花园乳业有限公司，2013年5月花园乳业成为新疆唯一一家生产婴幼儿配方奶粉终端产品企业；拥有年加工能力3万吨的高档油脂和蛋白粉生产企业——西牧生物科技园。拥有日加工300吨的乳制品加工企业——新疆西牧乳业有限责任公司。

利用现代技术，对葡萄、番茄加工后产生的皮籽、酱渣等剩余物进行循环再利用，产品有番茄红素、原花青素、葡萄籽油、葡萄烈酒、番茄红素胶囊、原花青素胶囊、蛋白等系列产品，延伸了企业产业链。

建有1个院士工作站、1个博士后工作站和兵团（省级）畜牧工程技术中心等7个中心（实验室）。每年承担10余项国家、兵团和师市科研课题，拥有各类专业技术人员249人。

宁夏天宁牧业发展有限公司

宁夏天宁牧业发展有限公司是重庆农业投资集团于2011年10月投资设立的大型现代奶牛养殖企业，注册资本4亿元。公司携手以色列阿菲金公司，首期建设的中以合作万头奶牛示范牧场，于2012年7月建成投入使用，引进了以色列、美国先进的牧场设计理念，以色列、德国、意大利、美国先进的牧场装备，澳大利亚、乌拉圭、美国的优质奶牛种源，以色列先进的牧场管理技术，短短两年时间，2014年成母牛单产就突破10吨，超过美国平均水平，生鲜乳菌落总数≤1万个/毫升，达到欧美发达国家水平，提前两年实现成母牛年单产超10吨的目标，处于全国万头牧场行列前列。公司现有奶牛9 600头，2016年全部达产后，每年可提供优质生鲜乳6万吨以上，实现产值3亿元左右，利润3 000万元左右，助推宁夏奶产业提档升级，带动当地农户年创收6 000万元以上。

2012年，公司与陕西农垦集团合资设立了陕西农垦牧业，并投资建成了又一个万头牧场，现有全进口奶牛4 600头，收购了北京美加农畜牧科技公司，与阿牧网云（北京）科技公司等企业发起设立了宁夏天宁现代牧场职业培训学校，打造国内奶业高素质管理技术人才培养高地；独资设立了宁夏天鸿畜牧科技公司，进军肉牛养殖和苜蓿草种植行业，打通奶业全产业链。

采用犊牛单独饲养模式有效提高了犊牛成活率

引进的意大利全混合日粮（TMR）搅拌饲喂车正在牛舍撒料

光明种业有限公司成立于2011年11月18日，是光明米业（集团）有限公司的全资子公司。公司注册商标："自然之子"，注册资金5 000万元，现有总资产1.1亿元。公司拥有一个全资子公司——上海海丰大丰种业有限公司（注册资本3 000万元）、一个控股子公司——安徽巢湖春友种业科技有限公司（注册资本3 000万元）。主要从事农作物种子的选育、扩繁、生产和销售。
公司成立上海优质稻米工程研究中心，主要从事稻、麦良种的选育、扩繁、引进、试验、示范工作。近年来，公司培育了拥有自主知识产权的新品种分别通过江苏、上海审定、认定。
如"光明粳1号"、"光明粳2号"（原名银香28）、"光明粳3号"、"光明糯1号"、"海丰1号"5个水稻品种；"申海麦1号"、"申海麦2号"2个大麦品种；"光明麦1号"（06135）、"光明麦2号"（DF0734）、"光明麦3号"3个小麦品种。
此外，通过商业化育种途径，获得小麦"扬麦11号"、"宁麦20"，大麦"花11"、"花22"、"海花1号"、"空诱1号"和水稻"花优14"、"苏稻5号"、"武运粳31"、"宁粳1号"等品种的经营权。同时选育出"光明粳0309"等一系列小麦、水稻新品系，目前正在参加国家长江中下游、上海市、江苏省、安徽省预试、区域试验。
公司注重加强与科研院所的合作，和上海农业科学院共同组建"上海海丰优质稻麦工程研发中心"、和上海农业科学院生物技术研究所共同组建了"上海啤麦细胞工程研发中心"，与上海交通大学生命科学技术学院联合开展水稻种源创新、分子标记辅助选育的相关研究。
公司拥有稳定的生产基地30万亩，分布在上海、江苏、安徽三个省（直辖市），全部是国营农场规模化管理，拥有良好的质量控制和保障体系。建有高标准的种子检验、检测实验室600平方米，特别是拥有国内先进的分子育种实验室，从美国和丹麦引进先进的烘干、加工成套设备四套，日烘干能力达到2 000吨；公司具有标准的种子仓库12 000平方米。年加工能力8万吨，硬件设施国内一流。
地址：上海崇明县跃进农场跃新公路1501号
http://www.brightseed.cn
图片说明：（由上而下）
烘干条线
加工精选车间
全程控制
质检工作
安全进库
成品仓库
合力叉车

光明种业有限公司

重庆农投种业有限公司系重庆市农业投资集团有限公司全资子公司，公司注册资本1.28亿元，以杂交水稻、杂交玉米和蔬菜种子经营为主，是全国水稻种子企业前3强，全国种业骨干企业前50强第40位。

公司在重庆、甘肃、湖南等地分别投资设立5家控股（全资）子公司，主要开展种子科研育种、生产加工、市场营销和农技服务。市场覆盖包含全国水稻、玉米主产区在内的重庆、四川、贵州、陕西、湖北、湖南、广西、辽宁等15个省（自治区、直辖市），拥有1 200余个销售网点。目前正拓展印度尼西亚、越南等东南亚国家杂交水稻市场。年营业收入3.2亿元，在重庆、湖南和甘肃拥有现代化标准的加工仓储中心，年生产加工能力近万吨。

公司与中国农科院、重庆市农科院、重庆三峡农科院、吉林市农科院、辽宁锦州农科院、辽宁北票玉米所、辽宁丰海玉米所等科研院所具有长期、深度科研育种合作，同时与全国40多家高等院校、种业企业建立了长期稳定的品种合作关系。

公司组建有农作物种子自主研发体系，包括水稻、玉米研发中心，生物技术研究中心。其中，水稻研发中心拥有师从袁隆平院士30余年的孙梅元（享受国务院特殊津贴专家）、邓小林（国际粮农组织育种专家）所组建的专家队伍，具有全国领先的水稻科研能力。自主研发的杂交水稻品种超过40个。玉米研发中心自主育成杂交玉米品种超过10个。

重庆农投种业多次荣获中国种业信用骨干企业（综合排名40）、全国消费者满意企业、中国农学会新技术普及重点依托单位、中国种子协会AAA等级认证企业、农业部名优新产品推广协作单位、重庆市诚实守信种子企业、重庆市示范农业龙头企业、湖南省诚信建设示范单位、湖南省高新技术企业单位等荣誉称号。

袁隆平院士参加重庆农投种业发展战略研讨会

编者说明

BIANZHE SHUOMING

一、《2015年中国农垦统计年鉴》是一部全面反映国民经济和社会发展情况的综合性资料刊。全书内容分为专载和十个部分，即：综合情况，农场组织，人口、从业人员和劳动报酬，固定资产投资，农业，工业，建筑业、交通运输、批发零售贸易、餐饮业，商品量、出口、物资，科研、教育、卫生，附录，并附有主要统计指标解释。反映了2015年全国农垦经济和社会发展情况，非国有经济资料的主要统计数据、内蒙古大兴安岭、内蒙古海拉尔、西藏国有农场情况及部分企业的经济指标资料。

二、《年鉴》中使用的度量衡单位均采用国际统一标准计量单位。亩、斤为非法定计量单位。

三、《年鉴》中符号含义的说明：

"…"表示数据不足本指标最小单位数；

"空格"表示无指标数据；

"#"表示其中的主要项；

"–"表示数据不可比。

四、垦区经济与社会发展情况的排列以国家行政区划排序为准；农场按生产总值排序，取消农管局类型的农场。

五、《年鉴》资料来源于全国农垦2015年统计年报资料，是全国农垦广大统计工作者辛勤劳动的成果。农垦局的有关处室和各垦区统计部门及基层综合统计人员为此书的出版做了大量的工作，并提供了宝贵资料，在此表示诚挚的谢意。

六、限于编辑水平，该书在编纂中难免出现疏漏之处，敬请农垦系统的同志和统计界的各位同仁提出宝贵意见，以便今后不断改进。

编　者

2016年6月

目　　录

一、领导讲话

二、垦区经济与社会发展情况

三、主要经济与社会指标

附录

一

领导讲话

韩长赋部长在全国农垦工作会议上的讲话

（2015 年 12 月 26 日）

同志们：

今年是农垦改革发展历史进程中一个极不平凡的年份。我今天专门来参加全国农垦工作会议，主要是看望大家，给大家鼓鼓劲、加加油。

党中央、国务院高度重视农垦事业发展，习近平总书记、李克强总理对农垦改革发展作出了重要指示，为新时期农垦事业发展指明了方向。近日，中共中央、国务院正式印发《关于进一步推进农垦改革发展的意见》，这是 24 年来首次以中央文件形式对农垦改革发展工作作出全面部署，对中国农垦具有划时代的里程碑意义。前不久，国务院专门召开全国农垦改革发展电视电话会议，汪洋副总理出席并作重要讲话，深刻阐述了事关农垦全局性、战略性、方向性的重大问题。我们要认真学习领会和贯彻落实。接下来，绍品同志还要就贯彻《意见》和今后一个时期农垦改革发展工作作出安排。这里，我讲三点意见。

一、农垦事业很重要

农垦是在特定历史条件下为承担国家使命而建立的。在 60 多年社会主义建设改革发展历程中，农垦出色履行了国家使命、完成了战略任务、体现了责任担当，为保障国家粮食安全、支援国家建设、维护边疆稳定做出了重大贡献。历经艰苦奋斗、艰难创业，农垦从无到有、从小到大、从弱到强，以其大基地、大企业、大产业和市场化、专业化、组织化等独特优势，成为保障国家粮食安全和重要农产品有效供给、示范带动现代农业建设的重要战略力量。对于农垦改革发展的显著成就和为国家经济社会发展做出的重大贡献，国家不会忘记、历史不会忘记。

随着我国经济进入新常态，农业农村经济发展的内外部环境正在发生深刻变化。党的十八届五中全会明确提出，要大力推进农业现代化，加快转变农业发展方式。中央经济工作会议强调，要保障农产品有效供给，保障口粮安全，保障农民收入稳定增长，为推进结构性改革创造良好环境。农垦土地资源丰富，生产潜力巨大，农产品商品率高，一二三产业融合发展。近年来，农垦企业发展活力、内生动力、整体实力进一步增强，初步打造了一批具有市场竞争力的大型现代农业企业集团，完全有条件成为关键时刻靠得住、顶得上和应得急的重要力量，在我国农业现代化建设和经济社会发展全局中的地位不可或缺、作用不可替代。进一步推进农垦改革发展，是关系到掌握农业农村经济发展主动权、坚持和完善我国基本经济制度、巩固党的执政基础的大事。新时期农垦事业只能加强、不能削弱，只能发展、不能萎缩。

回顾农垦 60 多年特别是近 20 年的改革发展历程，全国农垦系统广大干部职工始终坚持“艰苦奋斗、勇于开拓”的农垦精神，始终坚持服从和服务于国家战略需要，始终坚持企业化、集团化、产业化的改革方向，始终坚持引领示范我国现代农业发展，始终坚持保障和改善垦区民生，把农垦建设成为我国农业现代化的一支重要力量。这是农垦历史发展的宝贵经验，也是今后的基本遵循。成绩来之不易，经验弥足珍贵。在此，我代表农业部向全国农垦系统广大干部职工长期以来的辛勤工作表示亲切的慰问和衷心的感谢！希望大家再接再厉，坚定道路自信，保持战略定力，坚持改革导向，进一步振奋精神，推动农垦改革发展再上新台阶、打开新局面。

二、中央文件很重要

24 年发一个文件，当然重要；在“十二五”收官、“十三五”开局的时候发文件，当然重要；在全面建成小康社会、补“三农”短板的决胜阶段发文件，当然重要；在我国传统农业向现代农业加快转型升级的时候发农垦文件，当然重要；在农垦处于改革发展关键阶段、不进则退的关键时刻发文件，当然重要。农垦改革兼具国有企业和农业农村改革的双重特性，农垦发展处在城乡、工农、国内外发展的大格局竞争环境中，全面推进农垦改革发展政策性强、涉及面广、影响深远，各种利益关系错综复杂；而大家对农垦的定位、走向、大原则、大政策，在相当长的时间内认识又不一致，在这个重要时刻，以党中央、国务院名义下发农垦政策文件，可谓久旱甘露、拨云见日。所以，怎么强调农垦文件的重要性、农垦改革发展的重要性都不为过。从文件本身来讲，有“三个突破”，即在理论上有突破、在改革上有突破、在政策上有突破。这也是当时起草文件时所希望的、所要求的。《意见》导向清晰，政策明确，没有回避矛盾，基本回答了当前农垦改革发展面临的所有问题。

一是理论上有新突破。《意见》明确指出，农垦是中国特色农业经济体系不可或缺的重要组成部分，是国有农业经济的骨干和代表，是推进中国特色新型农业现代化的重要力量。在农业农村领域，不仅需要农村集体经济、农户家庭经济、农民合作经济，还需要农垦这支国有经济的力量。新时期农垦要成为保障国家粮食安全和重要农产品有效供给的国家队、中国特色新型农业现代化的示范区、农业对外合作的排头兵、安边固疆的稳定器。这是根据新形势、新任务，对农垦作出的全新战略定位，是事关中国特色农业经济体系的重大命题，旗帜鲜明地回答了“农垦是什么、干什么”的重大问题，为新时期农垦改革发展奠定了坚实的理论基础。我们一定要深刻理解这一理论上的重大突破，深刻认识新时期农垦在国家战略全局中的特殊地位和重要作用，不断增强推进农垦改革发展的责任感和使命感。

二是改革上有新突破。《意见》坚持社会主义市场经济的改革导向，明确提出要以垦区集团化、农场企业化改革为主线，指明了农垦改革发展的方向。《意见》对新时期农垦改革的指导思想、原则、目标和措施等进行了全面深入阐述，从垦区集团化改革等 7 个方面回答了垦区怎么改、农场怎么改，以及人员、资产和土地管理体制机制怎么办等一系列重大问题。同时，还结合农垦实际提出了垦区管理体制改革“一个机构、两块牌子”、国有农场办社会职能改革“授权委托、购买服务”等改革过渡路径。我们要深刻理解这些重大改革部署，坚持以理顺政企、社企、政资关系为重点，努力在农场经营机制、垦区管理体制、国有资产体制改革上取得实质性突破，不断增强农垦的内生动力、发展活力和整体实力，力争明年有个新开端，三年有个新局面。

三是政策上有新突破。《意见》明确提出了扶持农垦改革发展的政策体系，政策含金量很高。比如，针对惠农惠民政策实施“慢半拍”现象，提出了“一个同步实施、两个全面覆盖”，即所有重要规划都要将农垦纳入其中并同步组织实施，强农惠农富农和改善民生政策在农垦实现全覆盖；针对资金投入不足问题，提出创新国有资本运作和财政资金投入方式，开展改组组建农垦国有资本投资、运营公司试点，设立中国农垦产业发展股权基金等；针对土地资本价值弱化现象，提出有序开展农垦国有农用地使用权抵押、担保试点，允许农垦国有土地作价出资（入股）、授权经营方式处置。农垦最大的资产是土地，如果农垦土地可以作价入股、可以授权经营，那么农垦企业实力、资本金、融资能力、授信能力将完全不一样。文件有很多重大的政策亮点，我们一定要深刻认识争取出台这些重大政策的艰难和不易，全面理解政策要义、熟悉政策内容、把握落实路径，加大协调争取落实力度，真正把政策转化为支持农垦改革发展的真金白银，让农垦系统共享改革成果、收获改革喜悦。

三、关键在于落实

习近平总书记强调，“一分部署、九分落实”。现在农垦改革发展的目标和任务已经非常明确，重大政策举措也已非常明确，关键在于狠抓落实。落实凝聚着心血和责任、体现着作风和意志、反映着能力和水平。要使中央文件精神落地，关键靠人，关键要靠我们自己。如果需要别的部门支持，我们要努力争取，积极协调反映。在座的各位都承担着推动农垦改革发展的主体责任。面对农垦事业千载难逢的重大发展机遇，决不能文件一发了之，更不能观望等待、被动应付。大家回去后要马上行动起来，以奋发有为、只争朝夕的精神，带领班子和干部统一思想认识、落实责任分工，制定好路线图和时间表，坚持突出重点抓落实、明确责任抓落实、创新方法抓落实、健全机制抓落实，特别是对于那些事关全局、事关长远的任务要锲而不舍地抓下去，确保中央文件中的每一项工作任务和重大政策都落实到位，这也是今天开会的主旨。关于抓落实，我重点提三项工作要求。

一是要敢于担当。农垦改革发展存在很多难啃的硬骨头。面对改革发展难题，必须敢于碰硬、知难而进，在责任面前不推诿、在矛盾面前不回避，关键时刻能冲得出、顶得上、拿得下。千难万难，畏难才真难。无论改革还是发展，无非就是发现问题和解决问题，问题引导方向，问题激发斗志。大家要以对农垦事业发展高度负责和倍加热爱的工作态度，胆子大一点、步子快一点、方法多一点，既要谈感情、讲道理，又要摆事实、讲原则。像鸵鸟一样，把头埋在沙堆里面，矛盾和问题就不存在了吗？说到底，“办法总比问题多”。我们要把问题作为前进的动力，而不是沉重的包袱，要瞄着问题去、追着矛盾走、迎着困难上，始终保持昂扬向上开拓进取的精神状态，始终做到守土有责、守土负责、守土尽责。垦区、管局、农场文件落实没有，形成氛围没有，我们的同志有没有精气神，这非常重要。“尚方宝剑”已经有了，如果还畏缩不前，那就是自身没有尽到责任。做有难度的工作，做农垦工作，一定要有精气神，一定要有激情。以前开发北大荒、开发雁窝岛，那么大的困难，就是靠一股革命激情。在国务院农垦改革发展电视电话会议第二天，农垦局就拿出了下一步怎么办、怎么落实、怎么搞试点的方案，向我汇报。农垦局在文件起草和研究布置文件落实过程中的这种精气神，敢于克服困难、敢于争上游这样一种追求，值得充分肯定。

二是要勇于创新。五中全会将创新作为国家发展的理念之一。农垦改革需要思想创新、制度创新、机制创新和方法创新。深化改革的过程就是利益格局再调整的过程。触动利益比触动灵魂还难，虽然现在我们有了“尚方宝剑”，但改革能不能到位、政策能不能落地、发展能不能加速，都需要在工作实践中解放思想、大胆创新。大家要沉下心来，对文件中确定的改革发展重点逐项梳理，把工作做细、把基础打牢，为创新创造条件；大家要静下心来，深入开展调查研究，把问题研究透、把困难考虑到，为创新摸索经验。只有做到心中有数，才有可能在体制机制上创新，拿出解决具体问题的办法。一定要充分挖掘基层在实践中推动农垦改革的好经验，及时总结在农垦改革试点中涌现的好做法，为创新驱动农垦改革找到方法。

三是要善于协调。农垦改革发展涉及部门多、行业多、环节多，理顺关系、相互协作、统筹协调至关重要。要主动出击、积极沟通，努力形成齐抓共管、合力攻坚的良好氛围。很多改革其实光靠农业部门、农垦部门，是改不好的，甚至可能改不动，需要多部门配合。这次起草农垦文件，各部门都很支持，贯彻落实文件我们同样要搞好协调、争取支持。以农场办社会职能改革为例，涉及地方政府财政、教育、卫生、编办等多个部门，机构怎么设置、编制怎么确定、经费怎么核算、人员怎么安置都需要统筹考虑。特别是在具体工作过程中，农垦管理部门要主动汇报、统筹协调，通过合理的工作机制把任务分配好、把责任落实好，更好地把各方面资源利用起来、力量凝聚起来、积极性调动起来。对于重大工作任务，要发扬整体作战的传统，既要充分发挥牵头单位和参加单位的作用，又要注意发挥垦区和农场的优势，集中力量打硬仗、打大仗。改革不仅是省级农垦部门的事，下面也很重要。特别是农场，要做好职工的思想工作，保持农场的稳定、在一个良好的环境中推进改革很有必要。不要以为有“尚方宝剑”，一声令下所有问题就都解决了。改革必须以稳定为前提，稳定工作没有做好，改革就会中断。

关于2016年的工作，绍品和守聪同志还要讲，这里我只强调两件大事。

第一件事是抓好改革试点。前面说了，农垦改革发展一年要有新开端，三年要有新局面。评价2016年农垦改革成效主要有两项标准：一是看大家是不是把思想认识和工作着力点都统一到《意见》精神上来了。文件好好学没有，统一思想没有，方向和重点明确了没有，责任感、使命感树立起来没有。还有一条就是看改革试点有没有铺开，这一年在试点的带动下有没有取得阶段性成果。这两条是衡量和考核农垦系统贯彻中央文件、推进农垦改革的重要标准。要根据农垦改革需要和各地条件，灵活科学设置试点范围和试点层级，积极稳妥向前推进。对于土地确权和办社会职能改革两个三年任务，第一年试点，第二年铺开，第三年全面收官。在试点方案制定上，要做到不回避矛盾、不简化问题、不突破底线。在试点组织实施过程中，要勤于打基础、善于解难题、工于建机制，既要积极大胆探索，又要确保风险可控，不断增强试点的指导性、针对性和实效性。

第二件事是抓好工作督导。农垦改革发展类型多样、矛盾问题多、攻坚难度大，特别是办社会职能改革、土地管理方式改革、国资监管制度改革、社会保障制度改革、直属垦区管理体制改革等重点任务，要加强工作督查督办，确保各项改革任务相互协调、改革进程相互衔接、改革成果彼此配套。要组织精干工作力量搞好检查评估，对重点工作及时指导，对存在问题及时指出并加以纠正，确保中央各项政策能够落地生根。

同志们，2016 年是“十三五”开局之年，农垦改革发展机遇与挑战并存，首战必胜！能不能完成中央确定的工作目标，就看大家的工作表现了。希望在我们的共同努力下，2016 年年底向中央交上一份满意的改革发展答卷！

杨绍品党组成员在全国农垦工作会议上的讲话

（2015年12月26日）

这次全国农垦工作会议的主要任务是，深入学习贯彻《中共中央 国务院关于进一步推进农垦改革发展的意见》，研究部署深化农垦改革、加快农垦发展的各项工作，努力开创农垦事业发展新局面。

在前天召开的中央农村工作会议上，汪洋副总理指出，深化农垦改革，增强农垦实力，打造国有现代农业生产经营企业集团，使农垦成为国家在关键时刻抓得住、用得上的主力军。汪洋副总理还对落实包括农垦在内的重大改革提出了明确要求。他指出，下一步重点是狠抓落实，把改革措施一竿子插到底，确保各项改革落地生根。中央已经明确了各项改革的落实责任，有关部门和地方要切实把责任扛起来，把落实的各项环节抓紧抓实，做到全程推进、全程负责、一抓到底。刚才，韩长赋部长又亲自出席我们的会议并发表重要讲话，对学习贯彻文件精神、做好新时期农垦改革发展工作进行了动员部署，提出了殷切希望。我们要认真学习、深刻领会、狠抓落实，按照汪洋副总理和韩长赋部长提出的要求，坚决贯彻中央重大决策部署，全面落实农垦改革发展各项任务，促进农垦事业持续健康发展。下面，我讲四点意见。

一、认清形势，增强推进农垦改革发展的使命感、责任感和紧迫感

农垦是在党的第一代中央领导集体决策和领导下创建的。60多年来，特别是改革开放以来，农垦不断深化体制机制改革，切实加强现代农业建设，不断改善民生，各项事业都取得了长足的发展，为国家经济社会发展全局做出了重大贡献。在即将过去的“十二五”期间，面对复杂严峻的形势，农垦经济社会发展保持良好势头，主要的规划目标圆满完成。

一是农垦经济实力实现新跨越。2015年，预计农垦实现生产总值7 011亿元，“十二五”期间年均增速为12.5%；预计农垦企业实现营业收入6 993亿元，利润165.3亿元，“十二五”期间年均增速为14.5%和2.7%。产业整合重组迈出新步伐，大基地、大企业、大产业建设初具规模。

二是现代农业建设迈上新水平。2015年，预计农垦粮食总产量达到727亿斤①，比2010年增加127亿斤，增长21.2%；农业综合机械化程度达87.4%，比2010年提高7.4个百分点，高出全国平均水平26个百分点；农田有效灌溉率达到66%，比2010年提高14个百分点；天然橡胶、棉花、油料、糖料、牛奶等综合生产能力和竞争力进一步提升。

三是体制机制改革取得新突破。垦区集团化改革扎实推进，17个实行集团化的垦区，在体制机制创新和产业整合中实现跨越式发展，成为农垦的骨干力量；国有农场办社会职能改革取得重要进展，已有16个垦区纳入改革试点；农业经营体制不断完善，多种形式的农业适度规模经营迅速发展。

四是对内对外合作迈出新步伐。广泛开展垦地合作，以代耕代收代种、土地租赁托管等方式走出垦区，辐射带动农村土地面积达到1.4亿亩。有20多个垦区在40多个国家和地区，设立了100多个境外企业和项目。五年间，累计境外投资达170多亿元，年总产值达到240多亿元，利润达到17亿元。预计2015年农垦出口商品总额达1 030亿元。

五是垦区民生建设得到新提升。预计2015年农垦人均纯收入达到14 600元，比2010年增长6 368元，“十二五”期间年均增长9.1%；职工养老和医疗保险参保率分别达到94.0%和96.3%。五年间，完成农垦危房改造160万户，近500万人

① 斤为非法定计量单位，1斤=0.5千克。

口实现了安居；116 个贫困农场实现了整体脱贫，占贫困农场总数的 38.4%；垦区基础设施建设投入大幅增加，公共服务能力明显增强。

"十三五"时期，我国进入了全面建成小康社会的决胜阶段，也是农垦改革发展的关键时期。这次中央文件从完善中国特色农业经济体系、坚持社会主义基本经济制度和巩固党的执政基础的高度来认识农垦，充分体现了农垦在国家现代化建设全局中的特殊地位和重要作用，是农垦事业发展的重要里程碑。我们要站在全局和战略的高度，紧紧抓住中央出台推进农垦改革发展文件的历史机遇，认真分析形势，凝聚智慧、集中力量，切实增强做好农垦工作的使命感、责任感和紧迫感，推进农垦改革发展迈出新的坚实步伐。

（一）农垦迎来了十分难得的机遇

以中央文件出台为标志，农垦改革发展迎来了千载难逢的机遇。首先，彻底解决了长期困扰农垦的定位不清晰、方向不明确这一难题，体制不顺畅、机制不灵活、政策不到位等问题也有了明确的解决路径，农垦不必再为改革方向而纠结，为体制变动而忧虑。其次，各方面对推进农垦改革发展达成了广泛共识，形成了强大合力。有关部门对农垦的支持力度将前所未有，必将在政策上给予实实在在的支持；社会各界对农垦的关注前所未有，良好的改革发展舆论环境已形成。再次，党的十八届五中全会报告的创新、协调、绿色、开放、共享的发展理念，为推进农垦改革发展拓展了空间、增添了动力、提供了保障。农垦在城乡间、东中西部、境内境外都有着广泛分布，无论是转变农业发展方式、促进城乡和区域统筹发展，还是加强生态环境保护、深化农业对外合作、打赢脱贫攻坚战，农垦都将大有作为。

（二）农垦仍然面临着严峻的挑战

近年来，农垦改革发展虽然取得了显著成绩，但也还存在不少困难和问题。从内部看，管理体制不是很顺，经营机制不够灵活，农场办社会负担十分沉重，农垦国有土地确权发证进展缓慢，现代农业产业体系仍不完善等。同时，受资源禀赋、管理体制、经营方式等因素影响，垦区间和农场间发展不平衡、不协调问题比较突出，部分国有农场生产经营比较困难。从外部看，长期以来形成的政策支持难以全面覆盖和慢半拍的问题还一时难以彻底解决，农垦改革发展的环境还有待进一步完善，农垦面临的市场竞争压力也越来越大。

（三）农垦肩负着更加重要的使命

随着"四化同步"的逐步推进，农业农村经济正在发生着广泛而深刻的变革，这种变革需要农垦承担更加重要的责任和使命，而且农垦也能够发挥更加重要的作用。一是农垦土地资源丰富，农产品商品率高，是粮、棉、胶、糖、乳、肉等重要农产品的生产供应基地，国家在关键时刻能够抓得住、用得上，需要进一步发挥农垦生产和供应能力强的优势，把农垦建设成为保障国家粮食安全和重要农产品有效供给的国家队。二是农垦农业组织化程度高、规模化特征突出、产业体系健全，在大力推进农业现代化的进程中，需要进一步发挥农垦更大的试验探索和示范带动作用，把农垦建设成为中国特色新型农业现代化的示范区。三是农垦境外农产品基地建设率先起步，产业链体系比较健全，经营领域不断拓展，是开展农业对外合作和提高我国农业国际竞争力的重要载体，需要进一步提升农垦的国际竞争力，把农垦建设成为我国农业对外合作的排头兵。四是许多国有农场位于边疆地区，是国家维护边境安全、促进民族团结的重要力量，需要进一步发挥好农垦在促进边疆繁荣稳定中的特殊作用，把农垦建设成为安边固疆的稳定器。

"十三五"乃至更长的时期，农垦工作的主题就是全面贯彻落实中央农垦改革发展文件精神，牢牢抓住重大机遇，坚定决心、增强信心，全面实现农垦改革发展的各项目标，推动农垦在农业现代化建设和国家经济社会发展全局中，担当更大的责任、发挥更大的作用。

二、深化改革，努力打造一批具有国际竞争力的现代农业企业集团

深化农垦改革是破解长期以来制约农垦发展体制机制障碍的根本性举措，是一项重大而艰巨的任务。这次中央文件的核心是解决了农垦改什么和怎么改的问题，这就是要坚持社会主义市场经济改革方向，以垦区集团化、农场企业化为主线，创新农垦行业指导管理体制、企业市场化经营体制、农场经营管理体制，建立符合农垦特点的国有资产监管体制，全面增强农垦内生动力、发展活力、整体实力，努力打造一批具有国际竞争力的现代农业企业集团。

（一）继续推进垦区集团化改革，健全管理体制

集团化是垦区改革的主导方向，是在总结实践经验基础上作出的重大选择。这一方向既符合国有企业改革思路、有利于农垦更好服务国家战略需要，又符合农垦发展实际、有利于破解农垦面临的困难和问题，必须毫不动摇地加以推进。

一是积极探索集团化改革路径。垦区现行管理体制差异大，外部环境、资源条件和产业结构不尽相同，要从实际出发，因地制宜地探索和推进集团化改革。对于已组建集团的垦区，要努力从行政管理向市场经营转轨，着力加强现代企业制度建设，加快直属企业和主导产业的整合重组，稳步推进国有农场公司化改造，建立健全以资本为纽带的母子公司管理体制，努力打造大型现代农业企业集团。对于国有农场归属市县管理的垦区，要更多地运用市场化手段发展专业化集团，有条件的可以组建区域性现代农业企业集团，产业特色明显的可以联合组建农业产业公司，积极探索自下而上的垦区集团化改革路径。

二是着力转换垦区集团经营机制。建立规范化的制度体系，是垦区集团健康发展的基础和保障。要按照现代企业制度要求，建立健全协调运转、有效制衡的公司法人治理结构，不断提高内部管理水平和市场竞争力。要明确董事会、监事会和经理层的职责和权利。有条件的垦区要探索引进战略投资者，在确保国有资本控股前提下，依法推进集团公司股权多元化改革试点，稳妥谨慎地实现集团公司从国有独资向多元投资主体的转变。垦区集团所属产业公司，要积极推进公司制股份制改革，结合集团发展方向积极发展混合所有制经济。

三是创新完善农垦行业管理体制。加快推进政企、社企分开、把垦区和国有农场打造成为真正的市场主体，是农垦行业管理体制改革的方向。但这项改革是一个渐进的过程，在一定时期内仍需要强有力的农垦管理体系作保障。实践证明，实行两套机构、两块牌子和完全去行政化的做法，都不利于生产力发展和垦区稳定。近些年发展势头好、贡献大的垦区，都是实行一个机构、两个牌子的管理形式。要从农垦实际出发，在改革过渡期内，整建制实行集团化改革的垦区可保留省级农垦管理机构的牌子，实行一个机构、两块牌子，同时要加快推进政企、社企分开，逐步过渡到一个机构、一块牌子。

（二）加快推进农场企业化改革，完善经营机制

国有农场是农垦的基本单元，是深化农垦改革的重点和难点。国有农场兼具区域性、经济性、社会性特征，这是特定历史时期的产物，也是在长期开发建设实践中形成的。但农场的基本属性是企业，本质上是以国有土地为依托、主要从事农业生产经营的经济组织。要分类推进国有农场体制改革，逐步实现国有农场生产经营企业化和社会管理属地化，把农场打造成为真正的自主经营、自负盈亏、自担风险、自我约束、自我发展的市场主体。

一是加快农场办社会职能改革。办社会职能改革是国有农场改革的核心任务。这次中央明确要求用 3 年左右时间，将农场承担的社会管理和公共服务职能纳入地方政府统一管理。各级农垦主管部门要同地方政府主动对接，系统谋划，细致协商，尽快将农场办社会职能纳入政府管理序列，纳入公共财政保障范围。要下决心将公检法、基础教育、基本医疗和公共卫生等管理边界清楚、系统管理成熟的办社会职能，一次性彻底移交，实现有序划转，让农场轻装上阵；暂不具备一次性移交条件的社会职能，要明确一定的过渡期分步分项移交；远离中心城镇不具备移交条件的国有农场，可在农场内部设立行使社会管理和公共服务职能的机构，并积极探索以授权委托、购买服务等方式推进国有农场办社会职能内部分开、管办分离。

二是创新农业经营管理体制。要适应率先实现农业现代化的需要，在稳定完善大农场统筹小农场的双层经营体制基础上，强化农场的统一经营管理和服务职能，形成农场和农工间合理的利益分享和风险共担机制，防止简单固化农场与农工间的土地承包租赁关系。要着力构建权利义务清晰的国有土地经营制度，从根本上明确农垦国有土地承包租赁经营关系，制定切合实际、与职工身份相适应的经营面积、经营期限、收费标准等具体规定。要坚持既讲效率又讲公平的原则，根据垦区的资源禀赋和发展水平，合理确定土地经营规模，推动发展多种形式适度规模经营，发展股份制、公司制等农业经营形式。

三是探索农场企业化的多种实现形式。企业化是国有农场改革的方向，而企业化形式应该多种多样。各垦区和国有农场要根据自身资源禀赋、区域定位、产业特色、管理体制等特点，积极探索和选择适合自身实际的企业化改革模式。集团化垦区的全部国有农场，以及其他垦区经营管理好、产业特色明显、有资源和区位优势的国有农场，在改革办社会职能的基础上，要按照现代企业制度要求，逐步实施公司化改造，组建公司制企业。在公司制改革过程中，要妥善处理历史债务、劳动用工、社保缴费等历史遗留问题，做到平稳有序推进。部分已改为管理区、乡镇的国有农场，难以整体推进企业化、公司化改造的，也要在管理区、乡镇已经承担社会职能的基础上，依据自身资源和产业优势，积极稳妥推进企业化，增强农场经营能力，做大做强农场经济。

（三）大力推动资源要素有效配置，提高利用效率

长期以来，农垦的劳动力、资本、土地等资源要素市场化改革滞后，资源配置效率低下，成为制约农垦发展的“瓶颈”。必须坚定不移推进市场化改革，促进资源要素的合理配置和高效利用，切实提高农垦资源要素的使用效率，全面提高农垦综合实力和竞争力。

一是加快构建新型劳动用工制度。农垦在停止自然增长的用工制度后，农业职工数量和质量呈下降趋势。一部分农场职工老龄化问题十分严重，面临着后续乏人的问题。不断提高农垦现代农业建设的水平，很重要的一点是要靠建立新型劳动用工制度。要做好劳动力现状摸底调查，结合国有农场改革发展进程，深化劳动用工制度改革，确定科学合理用工标准，依法签订劳动合同，保障劳动者和经营者的合法权益。要建立健全农工招录、职业培训和考核体系，鼓励和引导职工子女扎根农场务农兴业，促进农工队伍更新换代和可持续发展。

二是逐步健全国有资产监管体制。农垦拥有一万多亿的国有资产和庞大的土地等自然资源，这是更好履行国家战略任务的物质基础。长期以来，由于受各方面因素的制约，农垦国有资产的权属不清晰、出资人职责不明确、监管不到位，造成国有资产大量流失和严重浪费。农垦管理部门要明确责任、转变职能，切实履行农垦国有资产监管职责，全面开展包括土地在内的国有资产清产核资工作，严格责任追究，防止国有资产流失。要积极探索农垦管理部门监管农垦国有资产的有效形式，适时启动改组组建农垦国有资本投资、运营公司试点，提升资产运行效率和效益。

三是创新农垦土地使用管理方式。要把利用好、管理好、保护好农垦国有土地作为大事要事来抓。要稳步推进农垦土地资源资产化和资本化，有序开展符合条件的农垦土地授权经营、作价出资（入股）和现有划拨建设用地的协议出让，抓紧启动农垦国有农用地使用权抵押、担保试点，探索更加灵活的农垦土地配置方式，释放农垦土地潜能。按照国家土地管理法律法规，会同国土资源部门推动落实严格的土地用途管制制度，坚决禁止擅自收回农垦国有土地使用权，对擅自改变农垦土地用途和非法侵占农垦土地的行为进行严肃查处。要切实加强农垦国有土地权益保护，坚持最严格的节约用地和耕地保护制度，用3年左右时间基本完成农垦国有土地使用权确权登记发证工作，要加快将优质耕地优先划为永久基本农田，维护农垦企业和职工土地合法权益。

当前，我国经济发展进入新常态，经济社会正发生着深刻变革，农垦改革涉及的利益关系错综复杂、任务艰巨、影响深远。我们必须深刻理解和把握推进农垦改革的本质要求，坚持国有属性、服务大局，市场导向、政府支持，分类指导、分级负责和统筹兼顾、稳步推进的原则，全面、系统、协调地推进，切实提高改革的科学化水平。在改革的过程中，必须妥善处理好以下几个关系：一是顶层设计与基层探索的关系。中央文件是从顶层上设计了农垦改革发展的大政方针，必须坚决执行，不能动摇。但农垦的最大特点是差异性大，发展极不平衡，所以要鼓励各地结合实际先行试验、积极探索、大胆创新，沿着不同路径向共同的目标迈进。在坚持方向、坚守底线前提下，允许采取差异化、过渡性的制度安排，不强求一个模式、一步到位。二是全面推进与重点突破的关系。推进农垦改革发展面临的问题千头万绪，眉毛胡子一把抓肯定不行。必须树立系统思维，做好整体谋划，加强各项改革之间的衔接配套。要聚焦重点领域和关键环节，找准牵一发而动全身的“牛鼻子”，抓住改革突破口，通过点上的突破带动面上的改革。三是改革与稳定的关系。农垦改革必将涉及利益的调整，因此必须把保持垦区社会的稳定放在首位。决不能因为改革而引起垦区各种矛盾的激化。要把握好改革的节奏和力度，平稳有序推进农垦改革，确保干部职工队伍稳定、生产稳定和社会稳定。

三、加快发展，率先基本实现农业现代化

加快发展是做强做优做大农垦经济、更好服务国家战略需要的根本途径。要紧紧围绕率先基本实现农业现代化、率先全面建成小康社会的目标，坚定以保障国家粮食安全和重要农产品有效供给为核心，重点建设现代农业的大基地、大企业、大产业，依靠创新驱动，加快转变发展方式，推进资源资产整合、产业优化升级，持续提升农垦现代农业发展水平，增强国有农业经济的控制力、影响力和抗风险能力，增进垦区人民福祉。

（一）转变发展方式，加快现代农业建设

农业是立垦之本。农垦发展的首要任务是加快推进农业现代化建设，巩固和提升农业国家队的地位，始终走在现代农业建设的最前列。

一是增强农垦农业综合生产能力。发挥土地资源富集的优势，明确主导产业和主攻方向，加快建设国家稳定可靠的“大粮仓”。要加快制定农垦重要农产品生产供应基地建设规划，着力加大农田水利设施投入，加强垦区大中型灌区、节水灌溉工程和地表水置换地下水工程建设，推进高标准农田建设，力争尽快实现旱涝保收高标准农田全覆盖。加快建设一批主导产业突出、生产力水平先进、商品率高、产品质量安全的大型粮棉糖胶乳肉等农产品生产供应基地，持续提升综合生产能力和供给保障能力。

二是大力发展农产品加工流通业。发挥农垦一二三产业融合发展的优势，加快完善和延长产业链条，不断优化产业布局，努力形成以标准化生产、精深加工、现代物流和社会化服务等为主要内容的现代农业产业体系。加大垦区间优势资源的整合力度，坚持市场主导、政府引导、企业自愿原则，加快整合资本、人才、技术等要素，不断提升农垦优势产业的竞争力，加快发展高质量、高效益、高附加值的高端产业。加快培育冷链物流、电子商务、连锁经营等新业态，积极推动建立物流、冷链和电商联盟，重点扶持烘干、储藏、加工等关键环节，在一二三产业融合发展方面走在全国前列。尽快研究设立农垦产业发展股权投资基金，支持做大做强一批农垦骨干企业和优势产业。实施农垦农产品质量追溯转型升级计划。努力实现追溯产品优质优价。继续推进中国农垦品牌建设。

三是增强农业科技创新能力。积极开展农垦粮棉油糖高产高效模式示范提升、养殖业高产高效攻关工作。组建以企业为主体的农业产业技术创新联盟。进一步完善农业技术推广服务体系，全面增强农垦的科技创新、技术集成、转化应用能力。充分发挥农垦种业的基础优势，整合垦区内外资源，推动成立农垦种业科技创新中心，做大做强育繁推一体化种子企业。进一步优化农机装备结构，发展农用航空，建设标准化机务区，提升农机管理服务水平，加快推进经济作物、养殖业、设施农业、农产品初加工业和农业废弃物综合利用的机械化。瞄准物联网、云计算、大数据等信息技术最前沿，加快生产经营管理全程信息化，积极推进“互联网＋”行动，开展信息技术的集成应用和试验示范。

（二）扩大国内外农业合作，拓展发展空间

农垦的改革发展决不能固步自封、自我封闭。农垦的联合联盟联营也不应仅仅局限在农垦内部，必须积极开展垦区内外、境内外农业合作，在更大范围发挥农垦的影响力和控制力。

一是大力推进垦地合作共建。深入开展农垦现代农业示范区创建行动，通过以点带面、窗口展示，全面展示先进技术应用、标准化生产、产业化运作和可持续发展模式，打造现代农业建设样板区和示范带动核心区。引导农垦企业开展多种形式的垦地合作，促进区域内农业资源的整合聚集，让农垦的先进装备和技术力量辐射周边农村。加快农垦农业社会化服务业发展，大力推广土地托管、技术承包、加入农机合作社等新模式，建立健全农场和地方农户间的利益联结机制，增强农垦农业社会化服务的实施广度和参与深度。

二是稳步推进境外农业合作开发。农垦在农业“走出去”方面具有组织、科技和产业优势，在建立海外农业生产基地、与海外涉农企业合作等方面已走在全国前列。要进一步明确农垦农业“走出去”的目标区域、重点国家和重点产业，特别是围绕“一带一路”建设，重点抓好粮食、天然橡胶、乳制品等农垦优势主导产业“走出去”，巩固和扩大境外农产品生产基地，完善仓储、加工和运销体系建设。有条件的农垦企业要充分利用国家扶持政策，积极“走出去”建设一批有市场、可持续的境外农业合作开发项目，稳步推进海外优质农业企业并购整合，加快农垦企业集团跨国经营进程。

（三）推进新型城镇化发展，不断改善民生

农垦在新型城镇化发展方面也要发挥示范引领作用。要继续实施农垦危房改造，加强垦区基础设施建设，完善城镇基本服务功能，提升垦区城镇化发展水平，确保率先全面建成小康社会。

一是分类推进农场小城镇发展。对远离中心城镇的国有农场，要完善基础设施和公共服务，创新社区管理，增强对经济活动和人口转移的吸引力，发展成为服务农村、带动周边的综合性小城镇。对毗邻城镇的国有农场，要加大区域资源共享共建，防止互相隔离和重复建设，推动垦地城镇融合发展。不管是哪类农场，都要推动将其纳入地方新型城镇化规划，与地方同步规划、同步实施、同步建设，实现农场城镇建设真正融入区域经济社会发展整体。

二是加强薄弱地区农场建设。边境农场要坚持屯垦戍边和开放开发并重的发展战略，做强特色农产品、边境贸易、旅游等优势产业，加强基础设施建设，大力改善生产生活和公共服务条件，增强稳边固疆能力。贫困农场要着力培育主导产业，加强基础设施建设，提升人力资源素质，尽快走上自我发展的良性循环轨道。生态脆弱区农场要统筹考虑生态效益、社会效益和经济效益，建立健全生态屏障体系，强化生态涵养和水源保护功能，打造可持续发展的核心区。

这里要重点强调下农垦的扶贫开发工作。最近召开的中央扶贫开发工作会议强调，到2020年我国农村贫困人口全部实现脱贫，这是全面建成小康社会最艰巨的任务、最大的短板。目前，全国农垦还有超过六分之一的国有农场属于贫困农场。我们不能带着贫困农场和贫困人口进入小康社会。“十三五”期间，加快贫困农场脱贫的任务十分艰巨，各垦区一定要高度重视，不能有丝毫含糊和懈怠。要切实贯彻落实中央决策部署，切实加强组织领导，实施精准扶贫、精准脱贫，解决好“扶持谁”“谁来扶”“怎么扶”的问题，调动各方力量，多层次、多渠道、多方式加大扶贫投入力度，增强贫困农场发展的内生动力和活力，齐心协力打赢农垦脱贫攻坚战，确保到2020年实现全部脱贫的目标。

三是推动农垦社会保障政策落实。要按照属地管理原则，将农垦职工和垦区居民纳入相应的社会保险、社会救助等社会保障体系，积极推动落实农垦企业及其职工按时足额缴费义务和地方政府主体责任，争取各级财政进一步加大对农垦社会保障的投入力度，支持落实好农垦职工和垦区居民的社会保障政策。由于国有农场职工的社保缴费主要依靠农业收入来承担，农场职工收入的增长赶不上社会平均工资的上涨，中央文件提出允许实行符合农业生产特点的参保缴费办法，这是在充分考虑农垦国有农场发展水平、农垦企业及职工缴费能力、农业生产特点的情况下采取的政策措施。各地要努力争取有关方面的支持，在尊重职工意愿基础上，探索采取切实可行的路径，积极稳妥地加以推进。

四、抓住机遇，努力形成推进农垦改革发展的强大合力

推进农垦改革发展是一项复杂的系统工程，任务重、难度大、要求高，必须下大力气落实政策，精心组织实施，确保改革发展各项任务顺利推进。

一是加强组织领导。各垦区要把贯彻落实中央文件精神作为当前和今后一个时期农垦改革发展的重中之重，一切工作都要围绕贯彻文件精神来展开；垦区主要领导要负总责，要制订工作方案，细化责任分工，明确时间进度，不折不扣组织落实好各项改革发展任务；要尽快制定出台推进农垦改革发展的具体实施方案，保证和监督各项政策贯彻实施，切实履行好行业指导管理、国有资产监管等职责。明年，我部将对文件贯彻落实情况开展三次督导检查，并将改革发展情况向中央报告。各垦区也要对文件贯彻落实情况开展自查和督查，特别是要加强对改革进程和政策落实情况的全面跟踪指导，确保取得实实在在的成效。

二是强化协调推动。各垦区农垦主管部门要尽快向所在省（自治区、直辖市）党委政府专题汇报农垦改革发展问题，积极争取各级党委政府的高度重视和大力支持，以党委和政府名义制定下发本省（自治区、直辖市）农垦改革发展意见；要切实主动与有关部门和地方政府沟通协商，调动各方面支持和参与农垦改革发展的积极性、主动性和创造性，特别是积极协调发改、财政、国土、人社等部门，牵头负责各自职责范围的政策落实，形成齐抓共管、协同推进的工作格局。

三是确保政策落实。这次中央对农垦改革发展的政策支持力度空前，不仅在财政补助、基建投资、土地管理等方面有一揽子政策，而且要求规划同步实施、政策全面覆盖。各垦区要把推动政策落

实作为工作的着力点，集中精力、集中力量，调动各种资源加以落实；要在各相关部门的支持下，抓紧制定支持垦区改革发展的具体政策落实方案，细化操作办法，出台相应的配套措施；要逐条逐项梳理已经确定的政策，每一条、每一项政策都要有明确的目标、可行的措施和具体的责任人，确保各项政策落地生根。

四是鼓励探索创新。农垦改革既要全面推开，也要试点先行。既要有综合性的示范，也要有专项改革试点，以点带面，推动改革发展进程。各垦区要根据实际情况，积极开展全面深化农垦改革的综合示范，积极开展集团股权多元化改革、改组组建国有资产投资运营公司、国有农用地抵押担保等专项改革试点；重大问题要通过试点先行、总结经验、探索办法、逐步推开，确保农垦改革发展沿着既定轨道稳步向前推进；要充分尊重职工群众的主体地位和首创精神，保护和激发基层的创新热情和创造能力，在实践中找准自身的改革发展模式，推动形成各垦区功能清晰、优势互补、竞相发展的良好格局。

五是加大宣传引导。各垦区要高度重视宣传工作，既要多干工作、干好工作，也要多做宣传、做好宣传，牢牢把握农垦改革发展的话语权；要充分调动系统内外资源，全面系统地开展农垦改革发展政策培训和解读；要充分利用各种媒体，大力宣传农垦改革发展文件的精神内涵，提高全社会对农垦的关注度和认知度，形成有利于推进农垦改革发展的良好舆论氛围；要努力弘扬“艰苦奋斗，勇于开拓”的农垦精神，激发推进农垦改革发展的自觉性、主动性，展现农垦人与时俱进、开拓创新的良好精神风貌。

六是加强人才队伍建设。农垦的改革发展归根结底要靠农垦人的自身努力，培养和造就一支政治强、业务精、作风硬的农垦干部职工队伍十分重要和紧迫。各垦区要加大人才引进和培训力度，着力培养一批懂市场、善经营、会管理的优秀企业家队伍；要始终坚持“三严三实”，加强思想作风和反腐倡廉建设，把守纪律讲规矩挺在前面；要大力弘扬农垦的优良传统，增强主人翁意识，克服“等靠要”思想，用一流的队伍、一流的作风创造一流的业绩。

同志们，推进农垦改革发展的蓝图已经绘就，号令已经发出。让我们紧密团结在以习近平同志为总书记的党中央周围，在各级党委和政府的领导下，奋发有为，锐意进取，攻坚克难，努力开创农垦事业发展新局面，为经济社会发展全局做出新的更大贡献！

努力把农垦做强做优做大

——深刻理解习近平总书记关于中国特色国有企业改革发展道路系列论述

农业部农垦局局长　王守聪

党的十八大以来，习近平总书记从党和国家发展战略全局的高度，深刻分析了国有企业改革发展面临的新形势、新任务，深入阐释了关于国有企业改革发展的系列新思想、新论断，创新发展了中国特色国有企业改革发展道路。近日，中共中央、国务院印发了《关于深化国有企业改革的指导意见》。在新的历史时期，农垦作为农业农村领域国有企业的骨干和典型代表，必须要深入学习领会习近平总书记的系列重要论述，坚决贯彻党中央、国务院的决策部署，坚定不移地走中国特色国有企业改革发展道路，加快探索培育农垦国际大粮商，做强做优做大农垦。

一、充分理解中国特色国有企业改革发展道路的深刻内涵

中国特色国有企业改革发展道路是中国特色社会主义道路的重要组成部分。习近平总书记关于中国特色国有企业改革发展道路的系列重要论述，系统谋划了中国特色国有企业改革的新蓝图，指明了新时期推进国有企业改革发展的战略目标任务和基本遵循。

（一）国有企业是国有经济的核心载体，改革发展必须毫不动摇坚持社会主义基本经济制度

习近平总书记强调，对于我们这样一个发展中大国来讲，没有强大的国有企业，就没有强大的国有经济，推进“四个全面”战略布局、实现“两个一百年”奋斗目标和中华民族伟大复兴中国梦就失去了深厚根基和有力支撑。国有企业属于全民所有制，做强做优做大国有企业，充分发挥国有经济的主导作用，对巩固和完善社会主义制度、发挥社会主义制度的优越性，具有十分重要作用。农业作为国民经济的基础，新时期农垦地位不可或缺，作用不可替代，发展壮大农垦事业，对于带动农业农村多种经济成分共同发展，巩固和发展中国特色农业经济体系意义重大。

（二）国有企业是市场经济的微观主体，改革发展必须遵循市场经济和企业发展的基本规律

习近平总书记指出，对国有企业要有制度自信，要深化国有企业改革，完善企业治理模式和经营机制，真正确立企业市场主体地位，增强企业内在活力、市场竞争力、发展引领力。深化国有企业改革，要沿着符合国情的道路去改，要遵循市场经济规律，也要避免市场的盲目性，推动国有企业不断提高效益和效率，提高竞争力和抗风险能力，完善企业治理结构，在激烈的市场竞争中游刃有余。推进农垦改革，必须要坚持理论自信、道路自信和发展自信，着力使农垦企业真正成为市场经济的主体，更好地与市场经济融合。

（三）国有企业是全体人民的共同财富，改革发展必须坚持“三个有利于”标准

习近平总书记反复强调，要坚持国有企业在国家发展中的重要地位不动摇，坚持把国有企业搞好、把国有企业做强做优做大不动摇。推进国有企业改革要坚持“三个有利于”的标准：有利于国有资本保值增值，有利于提高国有经济竞争力，有利于放大国有资本功能。这是新时期国有企业改革的基本遵循、目标方向和价值取向。深化农垦改革，必须旗帜鲜明地反对各种私有化思潮和“去国有企业”等错误观点，坚守绝不能把国有农业经济改没了、把农业改弱了、把规模改小了的底线。

（四）国有企业是党和国家事业发展的重要物质基础和政治保障，改革发展必须坚定不移加强党的建设

习近平总书记指出，要加强党对国有企业的领

导，加强对国企领导班子的监督，强化对权力集中、资金密集、资源富集的部门和岗位的监管。坚持党对国有企业的领导，是深化国有企业改革必须坚守的政治方向和政治原则，任何时候都不能动摇。只有坚持党的绝对领导，才能把发挥党的政治优势与建立现代企业制度结合起来，才能建立适合国有企业特点的公司法人治理结构，才能切实维护好广大职工群众的合法利益，才能保证国有企业改革沿着正确的方向走向成功。加强党的领导是新时期农垦改革始终沿着正确方向推进的根本保证。

二、坚定不移地走出一条中国特色农垦改革发展道路

党中央、国务院高度重视农垦改革发展，把深化农垦改革作为全面深化农业农村综合改革的重要内容。习近平总书记、李克强总理对新时期农垦改革发展做出重要指示，汪洋副总理多次听取汇报、到农垦考察，对农垦改革做出明确部署。农垦系统必须要深入学习贯彻习近平总书记关于中国特色国有企业改革发展道路系列重要论述，从根本上明确新时期农垦改革发展的目标任务，坚定不移地把农垦做强做优做大，不断增强国有农业经济的活力、控制力、影响力和抗风险能力。

（一）推进农垦改革发展的根本目标是做强做优做大

经过多年的开发建设，农垦系统已形成数量庞大的国有资产和国有企业，是国有农业经济的重要力量。但农垦仍然存在产权结构单一、权属不够清晰、权责不够明确和经营机制不活等问题。做强农垦就是要提高农垦的自主创新能力、资源配置能力、市场开拓能力和风险管理能力；做优农垦就是要把农垦企业的公司治理、内部控制、品牌形象和经营业绩做优；做大农垦就是要在保证农垦必要规模、体量和比重的同时，要有大的战略思维和构想，以消费为导向，着力走出垦区、走出国门，推动优势资源资产的集中集聚，形成大市场、大资源、大联合、大配置的发展格局，更好发挥国有经济在农业农村领域的主导作用。

（二）推进农垦改革发展的根本着力点是打造国际大粮商

中国农业产业化程度低，缺少具有核心竞争力的现代农业企业集团，农业产业安全和粮食安全受到严重威胁。农垦拥有大基地、大产业和大企业的独特优势，具备完整的现代农业产业体系，完全有条件成为争取国际农业话语权的重要战略载体。推进农垦改革发展，根本着力点就是要建立健全适应社会主义市场经济要求，充满活力、富有效率的管理体制和经营机制，打造我们自己的农垦国际大粮商。农垦系统要着力打造农业全产业链，率先实现一二三产业融合发展，探索培育具有国际竞争力的现代跨国农业企业集团，这是发挥国有农业企业作用的重要途径，也是服从服务于国家战略需要的重大抉择。

（三）推进农垦改革发展的根本任务是加快实现农业现代化

农业是稳垦兴垦之本。长期以来，农垦不仅农业生产力发展水平高，经营体制机制也呈现出“新型”和“现代”的特征，代表着现代农业的未来发展方向。经过多年建设，农垦农业生产经营组织化程度高、规模化特征突出、产业体系健全，特别是在科技成果推广应用、农业机械化水平和产业化经营能力等方面始终走在全国前列。同时，通过大力发展“集团公司＋农场＋家庭农场”等新型农业经营模式，农垦既可以做给农民看，也可以带着农民干，在农业现代化中发挥着重要的辐射引领和示范带动作用。作为创新现代农业经营体系、引领现代农业建设的重要带动力量，农垦企业在探索中国特色新型农业现代化的道路上具有义不容辞的责任。

三、努力将新时期农垦改革发展的各项举措落到实处

农垦作为农业领域的国家队，集区域性、经济性、社会性为一体，兼具国有经济和农业农村经济的双重特性。推进新时期农垦改革发展，不能简单照搬农村集体经济或一般国有企业的改革办法。韩长赋部长指出，推进农垦改革发展要克服路径依赖，知难而进，力求在理论上对农垦定位和作用有突破、在农垦体制改革上有突破、在改革发展的支持政策上有突破。农垦系统必须坚决贯彻党中央、国务院的决策部署和农业部党组的工作要求，毫不动摇地坚持市场化改革方向，统筹处理好定位与方向、目标和路径的关系，处理好整体推进和重点突破的关系，处理好改革、发展和稳定的关系，确保农垦改革发展取得实效。

（一）推进农场企业化改革，夯实农垦发展基础

国有农场是农垦最基本的经济单元，是农垦生存和发展的基础。要沿着企业化发展路径，逐步实现国有农场经济功能企业化和社会职能属地化，把农场打造成为真正的市场主体。要稳步推进国有农场政企分开、社企分开，把能够移交的社会职能全部分离出去，暂不具备条件的农场也要实现内部政企分开，全面理顺企业经营、社会管理和公共服务职能。要继续完善以职工家庭经营为基础、大农场统筹小农场的农业双层经营体制，积极推进适度规模经营，强化国有农场统一经营管理和服务职能，促进农场从生产管理职能向市场经营职能转型。

（二）深化垦区集团化改革，完善农垦管理体制

垦区管理体制改革是农垦改革发展的核心和关键。要按照集团化改革方向，推动垦区理顺管理体制和经营机制，构建以资本为纽带的母子公司管理体制，完善现代企业制度，健全法人治理结构，不断提高企业内部管理水平和市场经营能力。已经具备集团化管理架构的垦区，要稳定和完善管理体制，加快建立健全协调运转、有效制衡的公司法人治理结构。国有农场归属市县管理的垦区，要积极创造条件、采取市场化手段，组建专业性、区域性现代农业企业集团。

（三）优化资源要素配置，促进农垦转型升级

要以效益最大化和效率最优化为目标，创新农垦资源要素配置方式，增强农垦发展的内生动力。逐步建立以劳动合同制为核心的市场化用工制度，吸引高素质人才到垦区就业，鼓励和支持职工子女留在农场务农兴业。按照改革国有资产管理体制的总要求，探索建立符合农垦特点、以管资本为主的监管体制，尽快开展设立农垦国有资产投资运营公司试点。严格管理、有效保护和充分利用农垦国有土地，构建权利义务关系清晰的国有土地经营制度，稳步推进土地资产化和资本化改革进程，积极探索盘活农垦土地资源的有效途径。

（四）打造农业全产业链，实施农垦品牌战略

依托农垦基地和组织化优势，实施联合联盟联营战略，以米业、乳业、种业、流通等为重点组建“中垦”字头股份公司，加快以资本为纽带形成战略协同的全产业链布局，促进农业生产和加工流通、贸易营销等环节紧密结合、有效衔接。以建设中国农垦品牌为抓手，促进农垦产业结构调整和资源整合集聚，加快构建以“资源、科技、资本、品牌”为核心的现代农业产业体系。以农垦农产品质量追溯平台为基础，构建从田间到餐桌的食品安全保障体系。农垦要率先构建完整高效的现代农业生产体系、经营体系、产业体系，率先建设国家农产品品牌，把“大粮仓”打造成“大粮商”。

（五）加强党的组织领导，弘扬农垦精神文化

要充分发挥各级农垦党组织的政治核心作用，切实加强基层党组织建设，坚持农垦改革发展方向，保证和监督各项政策的贯彻实施。要把加强党的领导和完善公司治理统一起来，明确农垦企业党组织在公司法人治理结构中的法定地位，切实承担好、落实好从严管党治党责任。大力传承和弘扬“艰苦奋斗、勇于开拓”的农垦精神，推进新时期农垦文化建设，创新农垦人才培养体制机制，造就一支热爱农垦、献身农垦的高素质干部职工队伍。

二

垦区经济与社会发展情况

2015年全国农垦经济和社会发展统计公报

农业部农垦局

2016年5月11日

2015年，面对国内经济下行压力不断加大的局面，全国农垦系统认真贯彻落实党中央、国务院稳增长、调结构、惠民生、防风险的一系列决策部署，紧紧抓住国家推进农垦改革发展的历史机遇，不断深化改革，开拓创新，提升内生动力，扩大国内外农业合作，积极适应经济发展新常态，不断调整优化产业结构，转变发展方式，致力改善民生，着力加快社会各项事业发展，实现农垦经济和社会发展的新局面。

一、综合

全年农垦经济实现生产总值6 902.48亿元，比上年增长7.5%（图1）。其中，第一产业增加值1 768.13亿元，增长1.4%；第二产业增加值3 132.69亿元，增长9.3%；第三产业增加值2 001.65亿元，增长10.5%。第一、第二、第三产业增加值占农垦生产总值的比重分别为25.6%、45.4%和29.0%。人均生产总值48 648元，同比增长5.5%；人均纯收入持续增长，达到14 629元，扣除物价上涨因素，比上年实际增长7.0%（图2）。

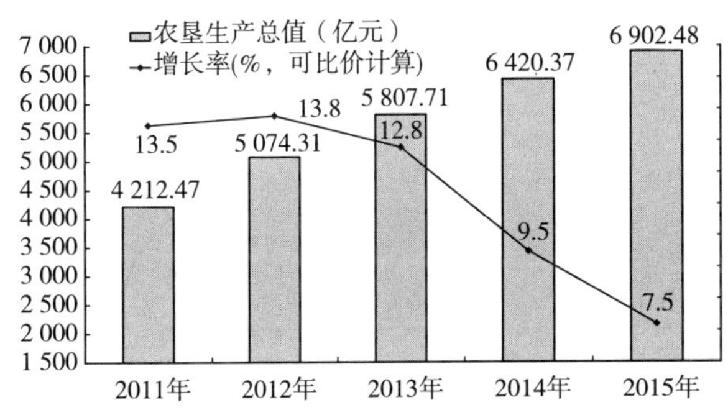

图1 2011—2015年农垦生产总值及增长速度

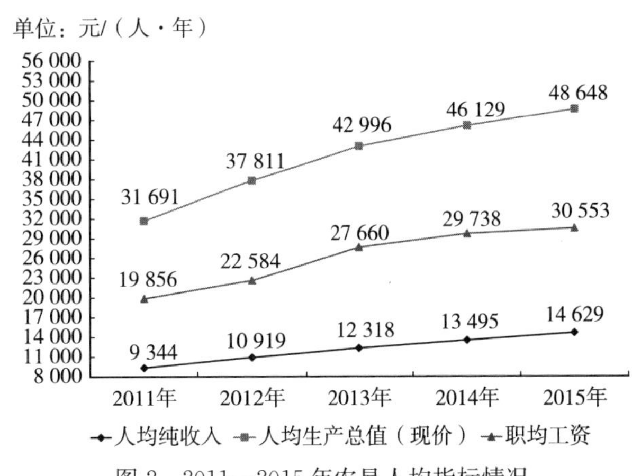

图2 2011—2015年农垦人均指标情况

二、农业

全年实现农业总产值3 449.67亿元，比上年增长1.0%。其中：种植业产值2 278.51亿元，林业产值108.57亿元，牧业产值867.18亿元，渔业产值195.40亿元。

全年农作物播种面积为6 898.25千公顷，比上年减少9.05千公顷，减少0.1%。其中：粮食播种面积4 996.98千公顷，增加73.38千公顷，增长1.5%，占农作物播种面积的72.4%；棉花面积834.19千公顷，减少71.07千公顷，减少7.9%；油料面积352.24千公顷，减少12.17千公顷，减少3.3%；糖料面积84.31千公顷，比上年减少0.02千公顷，降低0.02%。

粮食产量再攀新高，总产量达到3 665.10万吨，比上年增产127.03万吨，增长3.6%（图3）；可供商品粮3 343.16万吨，比上年增加109.86万吨，商品率为91.2%。主要农产品种植结构调整，产量有增有减（表1）。

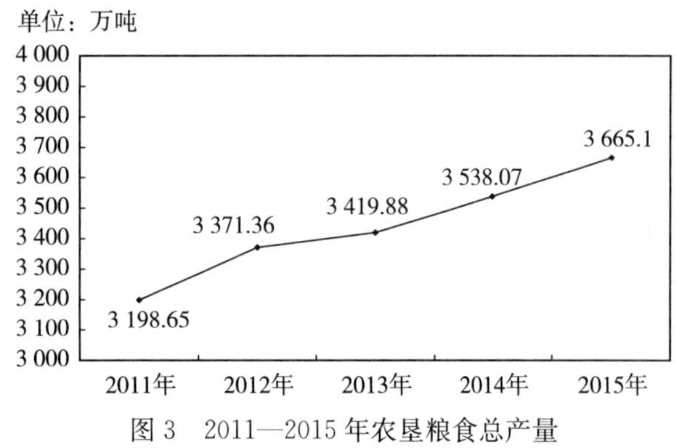

图 3　2011—2015 年农垦粮食总产量

表 1　2015 年主要农产品产量

产品名称	产量（万吨）	比上年增长（%）
粮食	3 665.10	3.6
棉花	175.04	－17.2
油料	80.81	－2.1
糖料	718.26	1.6
水果	649.21	18.7
茶叶	5.01	1.0

受市场波动的影响，畜牧业生产有升有降。畜牧业占农业总产值比重为 25.1%，比去年下降 1.2 个百分点；牲畜年末存栏总数及主要畜产品产量见表 2。

表 2　2015 年牲畜年末存栏总数及主要畜产品产量

产品名称	单位	产量与年末数	比上年增长（%）
大牲畜总头数	万头	281.98	2.1
其中：奶牛	万头	146.44	5.2
猪存栏	万头	1 227.28	－2.4
羊存栏	万只	1 492.20	4.0
肉类总产量	万吨	254.58	－2.6
牛奶	万吨	369.08	－1.6
禽蛋	万吨	48.25	3.3

全年水产品产量 152.47 万吨，比上年减少 0.6%。其中：淡水产品产量 125.48 万吨，增长 1.7%；海水产品产量 26.99 万吨，减少 10.2%。对虾产量 4.53 万吨，减少 4.6%。

全年植树造林面积 68.50 千公顷，退耕还林 1.98 千公顷，退耕还草 1.78 千公顷。

年末农业机械总动力 2 838.32 万千瓦，比上年增长 4.1%；大中型农用拖拉机 19.72 万台，增长 2.4%；农用小型及手扶拖拉机 30.85 万台，减少 3.9%；联合收获机 5.69 万台，比上年增长 7.6%。

三、工业和建筑业

全年完成工业增加值 2 430.46 亿元，比上年增加 9.8%。实现工业总产值 9 079.31 亿元，增长 4.5%。其中：国有工业总产值 1 957.31 亿元，占工业总产值的 21.6%；非国有工业总产值 7 122 亿元，占工业总产值的 78.4%。其中：轻工业产值 5 650.27亿元，占工业总产值的 62.2%。产值 100 亿元以上的农垦工业主要产业创产值 7 843.82 亿元，占工业总产值的 86.4%。其中产值前十位的行业是农副食品加工业 1 952.50 亿元，食品制造业 733.90 亿元，石油加工、炼焦及核燃料加工业 618.81 亿元，化学原料及化学制品制造业 477.92 亿元，非金属矿物制品业 461.70 亿元，有色金属冶炼和压延加工业 420.17 亿元，纺织服装、服饰业 319.38 亿元，电力、热力生产和供应业 292.63 亿元，酒、饮料和精制茶制造业 278.74 亿元，纺织业 277.38 亿元。

主要工业产品产量见表 3。

表 3　2015 年主要工业产品产量

产品名称	单位	产量	比上年增长（%）
混配合饲料	万吨	916.22	6.3
食用植物油	万吨	463.32	13.7
成品糖	万吨	293.36	3.5
乳制品	万吨	380.17	2.3
＃液体乳	万吨	351.55	0.6
饮料酒	万千升	160.49	－4.7
水泥	万吨	2 158.38	－21.3
砖	亿块	179.88	1.7
发电量	亿千瓦时	738.31	18.6

年末建筑企业 4 271 个，从业人员 42.91 万人，全年实现增加值 702.23 亿元；年末固定资产原值达 323.64 亿元；全年施工房屋建筑面积达 19 009万米^2。

四、运输业、批发零售贸易业、服务业及出口商品

全年共完成货运量 29.54 亿吨，客运量 4.50 亿人，实现营业收入 515.57 亿元。

年末批发零售贸易业、住宿餐饮业、服务业营业单位总数 12.95 万个，拥有固定资产原值 750.72 亿元，营业用房总面积 3 032.01 万米^2，从业人员 100.58 万人，全年完成商品销售额和营业收入 7 438.03 亿元。

全年出口供货商品总金额 822.61 亿元（图 4），比上年减少 122.23 亿元，减少 13.0%。出口商品供货总额超过 10 亿元的垦区分别是：新疆生产建设兵团 551.78 亿元、广东 69.29 亿元、湖北 46.22 亿元、黑龙江 37.10 亿元、江西 34.00 亿元、辽宁 27.18 亿元、河北 16.45 亿元，上述 7 个垦区出口金额合计达 782.02 亿元，占全国农垦出口商品总金额的 95.1%。

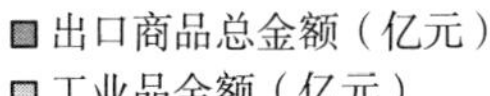

图 4　2011—2015 年农垦出口情况

五、科技、教育、卫生

年末全系统拥有科研单位 352 个，职工 3.78 万人，其中，科技人员 3.00 万人。全年科研经费 48.97 亿元，增长 23.0%；其中，国家拨款 11.77 亿元，占科研经费 24.0%；企业自筹 16.97 亿元，占科研经费 34.7%。

各类学校 1 306 所，教职工 9.16 万人，在校学生 97.82 万人，当年毕业生 25.01 万人。其中：普通中学 318 所，在校学生 18.77 万人，当年毕业生 5.56 万人；小学 669 所，在校学生 41.77 万人，当年毕业生 6.94 万人。

医疗单位 4 224 个，其中：医院 1 012 所，疗养院 10 所；医务人员 8.04 万人，其中：医生 2.71 万人，病床 6.75 万张。

六、固定资产投资

全年固定资产投资总额 4 593.17 亿元（图 5），比上年增加 37.39 亿元，增幅为 0.8%；当年新增固定资产 3 287.03 亿元。其中：第一产业投资额 658.11 亿元，占投资总额的 14.3%；第二产业投资额 2 212.61 亿元，占投资总额的 48.2%；第三产业投资额 1 980.40 亿元，占投资总额的 43.1%。全年国有固定资产投资总额 1 593.08 亿元，占投资总额的 34.7%。

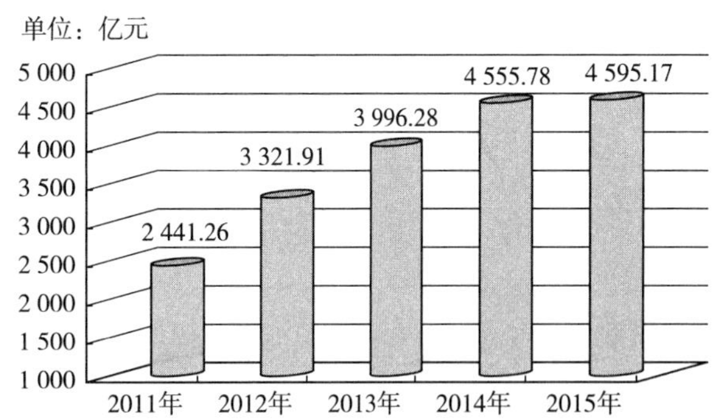

图 5　2011—2015 年农垦固定资产投资情况

新增固定资产主要是：大中型拖拉机 9 482 台，小型及手扶拖拉机 6 835 台，联合收割机 3 905台，农用运输车 1 606 辆，水库 9 座，橡胶定植 8.13 千公顷，输电线路 2 241 千米，学校用房 14.92 万米^2，住房 3 961.70 万米^2。

七、人口、就业和劳动工资

年末农垦系统总人口 1 445.95 万人，比上年增加 25.61 万人，增长 1.8%；全年人口出生率为 7.5‰，人口死亡率为 5.0‰，人口自然增长率为 2.4‰。

年末社会从业人员 682.68 万人。其中：第一产业 328.06 万人，第二产业 159.23 万人，第三产业 195.39 万人，分别占社会劳动者总数的 47.5%、23.6%和 28.9%。

年末职工 287.64 万人，其中：在岗职工 271.46 万人。全年职工工资总额 878.82 亿元，职工年平均工资 30 553 元，增长 8.3%。

八、无公害农产品、绿色食品、有机食品生产

年末全系统种植业无公害农产品、绿色食品、有机农产品认证数达到 329 个，带动种植农户数达

到 11.01 万户。其中：绿色 A 级农作物种植面积 13.13 千公顷，产量 147.65 万吨；无公害、绿色、有机茶叶认证数 61 个，从事种植农户数达到 4.10 万户。其中：绿色 A 级面积 3.76 千公顷，产量 2 639吨；无公害、绿色、有机水果认证数达到 146 个，从事种植农户数达到 5.97 万户。其中：绿色 A 级面积 2.68 千公顷，产量 25.49 万吨。

九、资源消费

主要资源消费量中：钢材 403.93 万吨，比上年增加 4.5%；木材 305.67 万米^3，减少 7.4%；水泥 1 896.06 万吨，增加 0.6%；煤炭5 964.66万吨，减少 0.5%；成品油 318.21 万吨，增长 2.0%；电 974.57 亿千瓦时，增长 6.5%。万元生产总值消费钢材 0.059 吨，与上年持平；万元生产总值消费木材 0.044 米^3，比上年减少 13.2%；万元生产总值消费水泥 0.275 吨，比上年减少 6.6%；万元生产总值消费煤炭 0.864 吨，比上年减少 7.5%；万元生产总值消费电力 1 411 千瓦时，减少 1.1%；万元生产总值消费成品油 0.046 吨，比上年减少 6.0%。

注：1. 农垦生产总值、各产业增加值、工农业总产值等价值指标均按现价计算，增长速度按可比价计算。

2. 公报数据如有出入，以《中国农垦统计年鉴》为准。

3. 新疆生产建设兵团数据为快报数。

北京农垦2015年经济和社会发展统计公报

北京首都农业集团有限公司

北京农垦成立于1949年，历经67年改革、改制、发展、壮大，现已成为在畜禽良种繁育、养殖、食品加工、生物制药、物产物流等方面具有领先或明显行业优势的大型农业企业。

北京农垦下辖9个农场（二级企业，含5个三级农场），26个国有及国有控股二级公司，年末总人口59 462人。

2015年，北京农垦资产总额639.0亿元，负债总额445.0亿元，资产负债率69.64%；所有者权益194.0亿元，归属母公司所有者权益132.1亿元。实现营业收入350.3亿元，实现利润总额10.2亿元。

一、综合情况

2015年北京农垦在推动转型升级中保持经济稳中有进，在抓好重点项目中增强发展后劲，在创新发展方式中激发经济活力，在防范经营风险中提升管控水平。全年经济运营形势平稳，经济总量稳步增长，综合实力进一步增强，经济效益、职工收入不断提高。

本年度统计数据包含大发畜产公司。

（1）2015年北京农垦生产总值56.16亿元，比上年的56.58亿元减少0.42亿元，营业盈余2.27亿元。

第一产业增加值8.96亿元，比上年的13.53亿元下降33.78%。

第二产业增加值16.98亿元，比上年的15.72亿增长8%。

第三产业增加值30.22亿元，比上年的27.33亿元增长10.57%。

（2）2015年年末国有企业从业人员39 756人，其中在岗职工35 717人；从业人员人均劳动报酬57 058元，其中在岗职工人均劳动报酬58 718元。

（3）北京农垦土地总面积7 302公顷，其中耕地面积1 438.5公顷。

二、产业布局

（一）第一产业

1. 农牧渔业总产值

北京农垦拥有14个农场，其中5个降为三级企业。2015年实现农牧渔业总产值71.76亿元，比上年的87.45亿元减少15.69亿元，减少17.94%。

（1）农业产值6 195.09万元。

（2）林业产值2 520.42万元，比上年的585.21万元增长330%，主要原因是平原造林任务的增加。

（3）牧业产值70.89亿元，比上年的85.38亿元减少16.97%。

2. 农牧业生产情况

（1）本年末奶牛牛群存栏8万头，与上年持平；牛奶总产量371 317吨，比上年的306 258吨增加65 059吨，增长21.24%。

（2）本年末生猪存栏6万头，比上年的7万头减少1万头；猪肉产量5 288吨，比上年的5 425吨减少137吨。肉猪出栏头数减少是由于有部分猪场清场和搬迁。

（3）本年末家禽存栏445万只，比上年的653万只减少208万只；禽蛋产量48 700吨，比上年的47 296吨增加1 404吨；禽肉产量178 641吨，比上年的199 153吨减少20 512吨。

（4）本年度粮食作物播种面积439公顷，比上年的441公顷减少2公顷；粮食总产量2 673吨，比上年的2 491吨增加182吨。

（5）本年蔬菜播种面积65公顷，比上年的64公顷增加1公顷；产量1 018吨，比上年的1 263吨，减少了245吨，主要原因是自然灾害所致。

（6）本年末果园实有面积271.6公顷，比上年的283公顷减少11.4公顷；果品产量861.1吨，比上年的853.6吨增长7.5吨。

（二）第二产业

北京农垦的“十二五”经济发展规划和战略，是以做大、做强食品加工为目标，通过主辅分离、辅业改制和压缩管理层级等措施，逐步实施企业结构调整，并取得显著成效，且发展态势依然良好。

（1）工业企业 38 个，运营企业相对稳定。工业总产值全年完成 79.9 亿元，比上年的 77.13 亿元增加 2.77 亿元，增长 3.59%。其中：食品制造、加工业总产值 68.43 亿元，占工业总产值的 85.64%。工业总产值从 2013 年的 64.89 亿元到 2014 年的 77.13 亿元持续增长。

工业企业全年实现主营收入 79.44 亿元，比上年的 78.4 亿元增加 1 亿元；利润总额 16 311.41 万元，比上年的－28 348.83 万元增加 44 660.24 万元，增长 157.54%。

（2）建筑企业 4 个；年末从业人员 69 人；劳动报酬 573.81 万元；本年竣工项目 2 个；房屋建筑竣工面积 6.6 万米^2。

（三）第三产业

（1）运输业 2015 年业绩较平稳，全年实现营业收入 2.17 亿元，比上年持平。

（2）批发零售业全年实现营业收入 48.12 亿元，比上年的 41.18 亿元增加 6.94 亿元，增长 16.85%。

（3）住宿餐饮业全年实现营业收入 31.35 亿元。

（4）服务业全年实现营业收入 29.17 亿元。

（5）全年外贸出口供货商品金额 5.54 亿元，比上年的 6.34 亿元减少 0.8 亿元，降幅 12.6%，主要是华都出口业务受中日关系紧张影响。

三、固定资产投资

全年固定资产投资总额 22.53 亿元，比上年的 18.06 亿元增加 4.47 亿元，增幅达 24.75%，显示北京农垦在投资方面的慎重态度。其中：国有固定资产投资总额 20.64 亿元，占投资总额的 91.61%。

投资总额中用于第一产业的投资为 5.72 亿元，比上年的 6.65 亿元减少 0.93 亿元。用于第二产业的投资为 5.35 亿元，比上年的 5.19 亿元略增。用于第三产业的投资为 11.46 亿元，比上年的 6.22 亿元增长 84.24%，占投资总额的 50.87%。

2015 年当年新增固定资产 8.07 亿元。

四、非国有经济

2015 年非国有经济生产总值完成 28.39 亿元，比上年的 17.42 亿元增加 10.97 亿元，增长 62.97%；非国有经济全年共实现利润总额 11 807.68 万元，比上年的 3 416.61 万元增长 245.6%。非国有经济从业人员 12 843 人。

五、2015 年统计培训工作

北京农垦是新中国成立初期成立的老国有企业，长期以来，从业人员素质和管理水平相对较低，统计工作普遍不被重视。绝大部分企业不设统计专职岗位，统计工作由其他岗位的人员代管，对于统计工作的持证上岗也形同虚设，致使统计岗位人员流动频繁、更迭不休，统计工作没有正规的交接手续和交接清单，统计数据和资料得不到完整、连续的保存和存档，严重影响统计工作的质量。

面对上述问题，我们有针对性地多次组织基层统计人员，认真学习农业部农垦局、北京市统计局有关统计数据的上报要求、编制方法和填报注意事项，为及时、准确地完成各类统计报表的上报工作做好充分的准备。

其次，我们根据统计工作填报中经常出错的相关问题，分业务板块举办统计专题培训班，请农业部农垦局的统计专家和北京市统计局的专职人员到北京农垦现场进行报表填报指标讲解和系统操作指导，加深、强化和巩固了统计人员对各项统计报表指标的理解及填报要求，为顺利完成统计年报工作打下良好的基础。

由于统计人员的整体素质有了很大提升，2015 年北京农垦高质量、无差错地完成了国家统计局北京市稽查总队的各类临时性统计稽查工作。

天津农垦2015年经济和社会发展统计公报

天津食品集团有限公司

天津食品集团有限公司是2015年3月经市委、市政府批准，由农垦集团、二商集团、粮油集团和立达集团整合重组的国有法人独资公司，由天津市国资委直接监管，注册资金18.8亿元，是天津市重点发展的产业集团之一，承担国有资产保值增值的责任。

天津食品集团有限公司聚焦天津食品产业优势资源，以民需为本，以市场为导向，重点以现代农牧业、食品加工业、商贸物流及房地产业为发展方向，承担全市及周边地区“菜篮子”、肉禽蛋奶、粮油等食品供应，从源头保障食品品质，全力打造“从田头到餐桌”，纵贯三次产业的食品全产业链和农工商科一体化的发展新模式，为大众提供健康、优质、安全、放心食品，成为政府信赖、百姓放心、保障有力的民心工程企业。

集团全力打造一批核心骨干企业，现代农牧业以嘉立荷牧业集团、渤海农业集团等为基地，大力发展奶牛、肉牛、肉驴、生猪、蛋鸡和观赏鱼、甲鱼养殖，加快生鲜绿色有机果蔬种植和观光休闲农业建设；食品加工业以海河乳业、肉联厂、利民调料、利达粮油、立达食品等企业为龙头，做优做强海河牛奶、迎宾放心肉、副食调料、利达粮油、山海关豆制品等主副食品，满足市场需求，扩大市场占有率；商贸物流及房地产业以商贸公司、壳牌石油、农垦房地产、龙呈嘉益、中储物流等商贸物流企业为核心，拓展农产品贸易，发展冷链物流和连锁零售终端建设，进一步做大石油零售业务规模和效益，发挥土地资源优势，做强房地产业。

2015年集团共有167个经营单位，其中农林牧渔业37个，工业27个，建筑业2个，商业29个，社会服务业及其他行业72个，分布在天津市郊区县和市内各区。2015年集团总人口3.4万人，其中职工9 000余人，土地7 202公顷，其中耕地2 574公顷。2015年全体干部职工认真按照集团公司的工作思路和具体部署，认真履行岗位职责，经过农垦广大干部职工的齐心努力完成了预期经济指标。

一、2015年度全系统主要经济指标完成情况

1. 经济总量情况

2015年集团资产总额359.4亿元，其中农垦资产总额264.9亿元。集团实现生产总值25.5亿元，第一产业3.2亿元，第二产业7.2亿元，第三产业15.1亿元。其中农垦实现生产总值18.7亿元，第一产业3.2亿元，第二产业3.7亿元，第三产业11.8亿元。农垦生产总值比上年的16.7亿元，增长了12%，其中第一产业增长了14.3%、第二产业增长了42.3%、第三产业增长了4.4%。集团营业收入205亿元，其中农垦实现销售收入140.2亿元，比上年的165亿元减少了24.8亿元，同比减少了15%；集团全年实现利润总额7.2亿元，其中农垦实现利润总额6.7亿元，比上年的5.9亿元增加了0.8亿元，同比增长了13.6%；固定资产投资完成额0.3亿元，比上年的4.5亿元减少了4.2亿元，同比减少了93.3%；集团年人均纯收入5.6万元，其中农垦年人均纯收入6万元，比上年的5.3万元增加了7 000元，比上年增长13.2%。

2. 农牧业生产情况

进一步推进农牧业结构优化调整。农垦年末耕地面积2 574公顷，由于调整种植结构，改善农田水利设施，采用优良品种和先进科学技术，加大农业设施建设投入，使种植业生产得以稳步发展。农作物总播种面积2 154公顷，比上年的2 743公顷减少了589公顷，其中粮食播种面积2013公顷，比上年的1 924公顷增加了89公顷；棉花播种面积40公顷；比上年的101公顷减少了61公顷；粮食总产11 589吨，比上年14 230吨减少了2 641吨；棉花产量111吨，比上年145吨减少了34吨。草坪种植面积10公顷，提供商品草皮10万米^2。

果园面积 311 公顷，比上年的 313 公顷减少了 2 公顷，水果总产量 5 485 吨，比上年的 3 520 吨增长了 55.8%。

天津农垦奶牛饲养业自组建了嘉立荷牧业有限公司七年来，各国有农场下属的奶牛场归嘉立荷牧业有限公司统一管理，由各农场分散管理到搞专业化奶牛场统一集中管理，由奶牛平均单产只有 6 000千克，通过科学管理之后，现在平均单产 1 万千克。从此，天津农垦的奶牛业在调整改革中壮大发展，奶牛年末存栏达到 2.68 万头，比上年的 2.43 万头增加了 2 500 头；成母牛 1.4 万头，比上年的 1.3 万头增加了 1 000 头；全年牛奶总产量 14.1 万吨，比上年的 12.6 万吨增加了 1.5 万吨，比上年增长 11.9%。

水面养殖面积 791 公顷；其中农垦水面养殖面积 711 公顷，比上年的 641 公顷增加了 70 公顷；水产品总产量 14 537 吨，其中农垦水产品总产量 14 182 吨，比上年的 8 671 吨增长了 5 511 吨，增长了 63.6%，其中甲鱼产量 7 吨，比上年的 3 吨增加了 4 吨，增长了 2.3 倍，创产值 41 万元。

3. 工业企业情况

集团实现工业总产值 28.6 亿元，其中农垦实现工业总产值 13.3 亿元，比上年的 13 亿元，增加了 0.3 亿元。全年工业外贸出口额 3 854 万元，比上年的 4 593 万元减少了 739 万元，减少了 16.1%。葡萄酒产量 1.9 万吨，其中出口葡萄酒 3 吨，中法合营王朝葡萄酿酒有限公司生产的葡萄酒仍为全国规模最大的全汁高档葡萄酒生产企业之一。为保持葡萄酒生产优势，他们将继续增加投入，为更高、更大的跨越奠定坚实基础。农垦乳品加工业在保障产品质量和开发新产品上下工夫，在市场上深受消费者的欢迎，扩大了市场占有率。全年生产乳制品 6.2 万吨，比上年的 7.2 万吨减少了 1 万吨，减少了 13.9%。农垦包装业全年完成纸箱 7 312 吨、塑料包装 9 998 吨，全年生产塑料电线 4.5 万公里。

4. 第三产业情况

集团第三产业实现生产总值 25.5 亿元，其中农垦第三产业 11.8 亿元，比上年增长了 4.4%。壳牌机动石油服务有限公司在继续扩大规模的基础上，全年营业额为 56.1 亿元，实现利润 2.9 亿元。农垦出租汽车公司现有出租汽车 318 辆。天津市第二商业学校在扩大招生的同时，不断加强学生思想和品质教育，使学员在德智体等方面得到良好的教育，为社会提供素质高技能强的中等技术人才。二商集团、粮油集团、立达集团仓储库作为国家粮、肉、糖等物资的储备库，为国家和社会的物资供给提供了保障。农场办医院 3 个，病床 40 张，医务人员 23 人，其中医生 12 人，为农场职工解决了看病远、就医难的问题。

5. 固定资产投资完成情况

2015 年集团完成固定资产投资 3 166 万元，比上年的 4.5 亿元减少了约 4.2 亿元。其中第二产业天津王朝包装印刷制品有限公司 2015 年完成投资 857 万元，天津二商迎宾肉类食品有限公司 2015 年完成投资 369 万元。第三产业天津壳牌石油储运有限公司 2015 年完成投资 1 940 万元。

6. 职工收入情况

2015 年末集团从业人员 11 681 人，在岗职工 9 889 人，不在岗职工 1 244 人。其中农垦 2015 年末从业人员 7 838 人，比上年的 7 541 人增加了 297 人，增加了 3.9%，年末在岗职工 6 259 人，不在岗职工 651 人。全年从业人员人均年收入 7.6 万元，在岗职工人员人均年收入 8.1 万元。农垦全年从业人员人均年收入 7.7 万元，比上年的 7 万元，增长了 10%。在岗职工人均年收入 8.5 万元，不在岗职工人均年收入 4 万元。集团系统离、退休、退职人员 2.12 万人，发放离、退休、退职人员生活费总额 63 774 万元。目前，在确保下岗职工基本生活费的基础上，继续做好企业富余职工的分流安置和再就业工作。

二、2015 年统计工作思路

1. 认真贯彻执行《统计法》

《统计法》规定“统计的基本任务是对国民经济和社会发展情况进行统计调查、统计分析、提供统计资料和统计咨询意见，实行统计监督。”因此有必要组织全系统统计人员认真学习《统计法》，要让每个统计人员树立良好的统计职业道德，坚持实事求是的精神，与弄虚作假的现象做坚决斗争，使统计工作规范化、科学化、制度化。

2. 抓好业务培训，提高统计人员业务素质

2015 年集团组织系统内企事业单位综合统计人员进行统计从业人员培训。主要学习统计基础知识和讲解新统计专业知识，搞好国有和非国有经济的统计工作，提高和完善各种统计工作和任务，从而提高全系统统计人员整体业务水平。

河北农垦2015年经济和社会发展统计公报

河北省农垦局

2015年，河北垦区在省委、省政府和农业部的正确领导下，按照“四个方面”战略布局，主动适应经济发展新常态，紧紧围绕年初确定的工作思路和目标任务，转变工作作风，狠抓工作落实，大力推动各项工作开展，职工生活水平稳步提高，实现了年初确定的预期目标。“十二五”期间垦区实现了经济持续稳定增长，各项社会事业全面发展，各项经济社会指标完成了“十二五”计划，为“十三五”期间的起步打下了良好的基础。

一、综合

农垦经济平稳增长，经济总量又上新台阶。全年实现农垦生产总值达到455.65亿元，比上年增长6.44%。其中，第一产业增加值47.82亿元，增长11.78%；第二产业增加值235.09亿元，增长1.75%；第三产业增加值172.74亿元，增长11.99%。2015年人均GDP净增加5 260元，达到99 705元，比上年增长5.57%。人均纯收入13 495元，比上年增长4.77%。

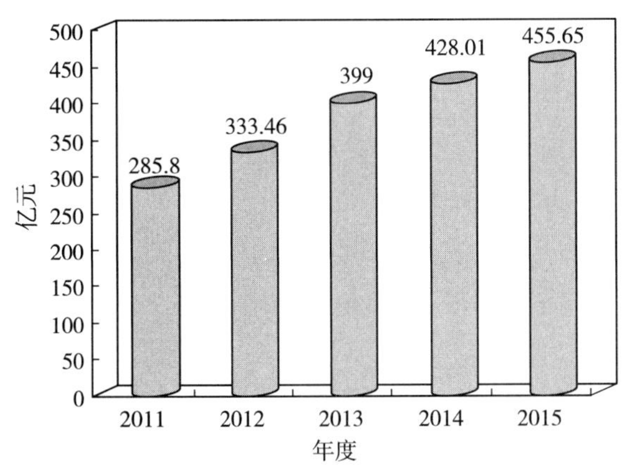

图1　农垦生产总值

2015年各农场发挥自身优势，积极调整产业结构，特色主导产业对经济发展起到了龙头拉动作用。一、二、三产业增加值在农垦生产总值中的比重分别为10.49%、51.59%、37.91%，第一产业比重比上年下降了0.5个百分点，第二产业比重比上年下降了2.4个百分点，第三产业比重比上年上升了1.9个百分点。

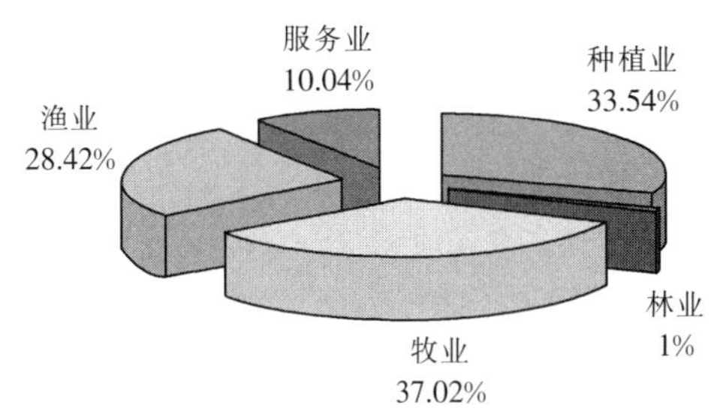

图2　农林牧渔业产值比例结构

二、农业

2015年，垦区切实贯彻落实惠农强农政策，加快农业科技推广，加强现代农业建设，农业综合生产能力平稳增强。全年实现农林牧渔业总产值88.98亿元，比上年下降1.98%。其中：种植业产值29.85亿元，增长5.07%；林业产值0.89亿元，下降5.32%；牧业产值32.94亿元，增长3.68%；渔业产值25.29亿元，增长19.24%；服务业产值8.93亿元，增长3.60%。

全年农作物总播种面积为100.74千公顷，比上年减少0.38千公顷，下降0.38%。其中：粮食作物播种面积78.24千公顷，比上年增加5.73千公顷，增长7.90%，占农作物总播种面积的77.67%；棉花面积7.66千公顷，减少4.57千公顷，下降37.37%；油料面积1.26千公顷，减少0.34千公顷，减少21.25%；蔬菜、瓜类面积5.91千公顷，减少0.7千公顷，减少10.59%。其他作物7.38千公顷，减少0.56千公顷，下降7.05%。

垦区全年农作物总用种量15 429吨，其中，杂交水稻5 003吨，杂交玉米2 619吨，棉花192吨。种子基地种子播种面积8 457公顷，生产量合计 13 213 吨；加工厂 7 个，加工生产能力 15 375 吨；种子公司 8 个；年末从业人员 372 人，其中技术人员 65 人；种子质量检验室 7 个，种子检验人员 20 人。

2015 年粮食总产量 53.24 万吨，比上年增加 8.07 万吨，增长 17.87%。为国家提供商品粮 42.21 万吨，比上年增加 1.76 万吨，增长 4.35%，商品率为 79.29%，与上年基本持平（表 1、图 3)。

表 1　主要农产品产量

农作物名称	2015 年产量（吨）	比上年增长（%）
一、粮食	532 361	17.87
其中：稻谷	211 730	10.93
小麦	75 169	−0.95
玉米	113 596	−21.58
二、油料	1 324	−7.02
其中：花生	871	−3.11
油菜籽	130	−5.81
三、棉花	9 410	−49.09
四、糖料	10 079	0.99
五、蔬菜、瓜类	294 935	−8.66
六、其他作物	258 167	1.33
其中：青饲料	258 167	1.33

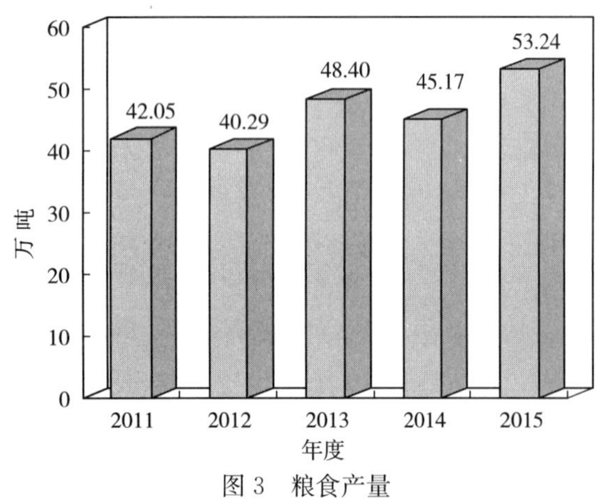

图 3　粮食产量

畜牧业保持健康发展。2015 年末大牲畜存栏 20.28 万头。奶牛数量达到 18.47 万头，增加 1.92 万头，比上年增长 10.46%；牛奶总产量 53.87 万吨，增长 1.90 万吨，比上年增长 3.66%。察北、沽源、大曹庄三个农场牛奶产量分别达到 26.20 万吨、13.31 万吨和 7.31 万吨，占全垦区牛奶总产量的 86.91%（表 2、图 4)。

表 2　牲畜年末存栏及畜产品产量

牲畜种类	2015 年产量	比上年增长（%）
大牲畜总头数（万头）	20.28	10.46
其中：奶牛（万头）	18.47	9.23
猪存栏（万头）	32.83	2.82
羊存栏（万只）	12.80	−0.31
其中：绵羊（万只）	12.44	−1.03
家禽（万只）	285.81	7.90
肉类总产量（万吨）	6.10	−3.17
其中：猪肉（万吨）	3.80	4.11
禽肉（万吨）	1.81	−18.09
牛奶（万吨）	53.87	3.66
禽蛋（万吨）	1.24	9.73

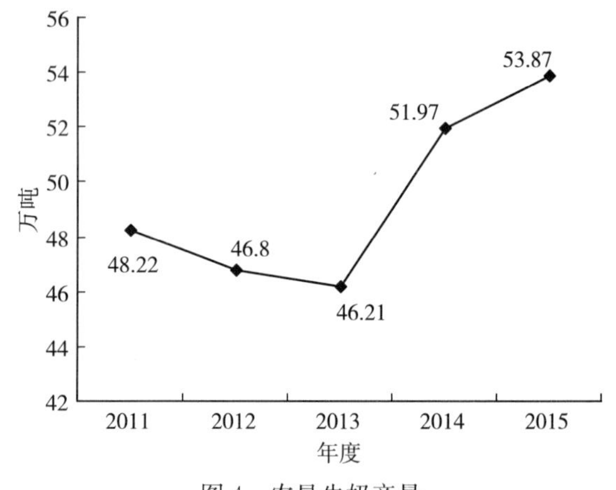

图 4　农垦牛奶产量

水产养殖业保持平稳发展。2015 年年末水产品养殖面积 17 470 公顷，比上年下降 2.06%。养殖面积中淡水 9 422 公顷，海水 8 048 公顷。全年水产品总产量 136 907 吨，比上年增加 1 947 吨，增长 1.44%。其中：淡水产品产量 103 107 吨，增长 1.19%；海水产品产量 33 800 吨，增长 2.24%。对虾产量 21 142 吨，比上年下降 6.87%。

全年植树造林面积 4.23 千公顷，其中用材林 0.02 千公顷，经济林 0.25 千公顷，防护林 3.94 千公顷。年末林地面积 79.53 千公顷。

农业基础设施建设得到加强，农业生产机械化水平进一步提高。年末农业机械总动力 119.43 万千瓦，比上年增长 8.13%。农用排灌动力机械13 536 台，动力 15.15 万千瓦，大中型农用拖拉机4 749 台，小型拖拉机 23 186 台，播种机 3 291 台，联合收获机 806 台，机动割晒机 1 090 台，机动脱粒机 6 131台，农用运输车辆 7 649 辆。水稻工厂化育秧设备79套，温室900万米^2，大棚559万米^2。实际机耕面积85.53千公顷，占年末耕地面积的比重达82.82%，当年机播面积87.05千公顷，占农作物总播种面积的比重达87.82%，机械收获面积65.85千公顷，占农作物总播种面积的69.85%。

三、工业和建筑业

2015年第二产业实现增加值235.09亿元，比上年增长4.05%，增加值占农垦生产总值的51.59%，其中工业增加值208.62亿元，比上年增长9.34%；建筑业增加值26.47亿元，比上年下降34.72%（图5）。

工业保持平稳发展。2015年工业企业总数为1 109个，其中国有工业企业及规模以上的非国有工业企业207个，销售产值732.12亿元，下降9.34%。乳制品产量62.89万吨，比上年增长1.19%；液体乳产量54.09万吨，比上年下降7.05%（表3）。

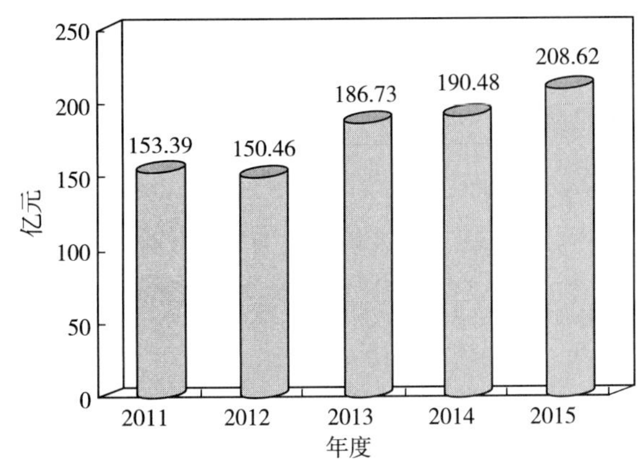

图5　工业增加值

2015年实现工业总产值796.65亿元，比上年下降12.53%。国有工业总产值214.59亿元，下降2.39%；轻工业总产值524.13亿元，增长17.27%；规模以上工业企业总产值746.10亿元，下降9.87%。主要工业产品总产值为：农副食品加工业32.86亿元，增长11.16%；食品制造业83.45亿元（主要为乳制品制造业），增长0.79%；纺织业4.23亿元，增长21.20%；纺织服装、服饰业3.05亿元，下降15.04%；家具制造业22.52亿元，增长20.23%；化学原料及化学制品制造业20亿元，增长6.78%；造纸及纸制品业8.27亿元，增长23.25%；黑色金属冶炼及压延加工业56.39元，下降2.22%；金属制品业18.57亿元，增长4.38%；交通运输设备制造业79.43亿元，增长98.47%；石油加工及炼焦业356.32亿元，下降18.42%。

表3　2015年主要工业产品产量

产品名称	绝对数（吨）	比上年增长（%）
原盐	104 127	26.88
大米	12 783	17.99
小麦粉	5 763	…
混、配合饲料	417 184	9.06
乳制品	628 879	1.19
＃液体乳	540 875	－7.05
饮料酒（千升）	5 734	3.99
＃白酒	5 734	3.99
柴油	162 282	62.70
燃料油	835 798	－7.55
水泥	294 405	－15.40
机制纸及纸板	32 449	20.76
钢材	1 495 579	31.30

建筑业稳步发展。建筑企业116个，年末从业人员7 128人。全年实现增加值26.47亿元，下降34.72%，年末固定资产原值2.85亿元，全年施工房屋建筑面积158.02万米^2，房屋竣工面积98.21万米^2。

四、固定资产投资

固定资产投资增速较快。固定资产投资对垦区经济持续增长起着较强推动作用。2015年全垦区完成固定资产投资总额480.67亿元，比上年增加5.15亿元，增长1.08%（图6）。国有固定资产投资65亿元，与上年基本持平；非国有固定资产投资415.67亿元，比上年下降3.45%。

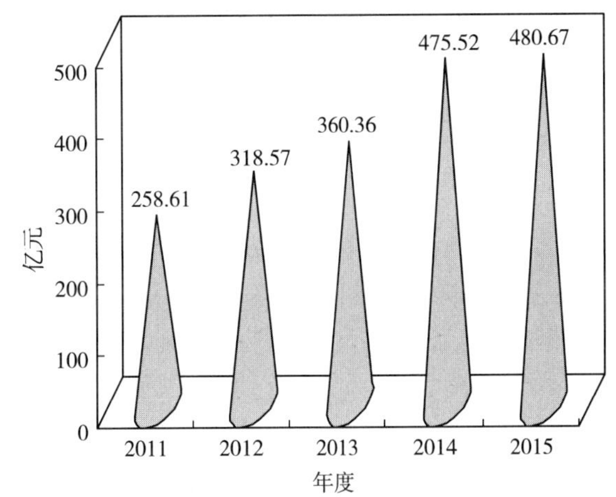

图6　固定资产投资比较图

第一产业投资64.67亿元，比上年增长75.92%；第二产业投资271.10亿元，比上年下降6.25%；第三产业投资144.90亿元，比上年下降3.14%。一、二、三产业在固定资产投资中比重为13.45∶56.40∶30.15。

固定资产投资中，国家预算内资金3.05亿元，国内贷款59.42亿元，自筹资金404.42亿元，其他资金13.22亿元。当年新增固定资产234.66亿元。

当年新增生产能力主要有：喷灌面积2 255公顷，造林1 180公顷，大中型拖拉机83台，联合收割机14台，输电线路15千米，变电设备26台，住房6.3万米^2，公路72千米，机制纸及纸板580吨/年。

五、运输业、批发零售贸易业、服务业及出口商品

交通运输业全年完成货运量56 044万吨，客运1 018万人次；年末单位个数5 795个，从业人员19 122人，运输工具10 711台；营业总收入22.47亿元，比上年增长3.36%。

批发零售业、餐饮业、服务业年末单位个数12 728个，固定资产原值30.13亿元，比上年增长2.76%，营业用房面积51.29万米^2，增长2.58%；营业总收入279.19亿元，比上年增长4.72%，其中批发零售业206.02亿元，比上年下降0.12%；餐饮业20.59亿元，比上年增长0.12%；服务业52.59亿元，比上年增长32.24%；批发零售业、餐饮业、服务业营业网点数15 318个，年末从业人员4.77万人。

全年出口商品总金额16.45亿元，比上年增长6.75%。其中：农产品229万元，增长281.67%；水产品9 275万元，增长15.02%；工业品155 001万元，增长6.15%。

六、科研、教育、卫生

2015年年末全垦区拥有科研单位8个，其中省、地属科研单位1个，场属7个；从业人员157人，其中科技人员108人。科研经费2 160万元，其中国家拨款1 595万元，省地局自筹481万元，企业自筹84万元。

教育事业健康发展。2015年年末全垦区拥有学校101所，教职工4 313人，其中教师3 923人；在校学生48 008人，当年毕业生10 659人。其中：普通中等专业学校3所，成人中等专业学校1所，普通中学18所，职业中学2所，小学77所。

卫生服务体系建设得到加强。2015年年末全垦区共有分场以上医疗单位124个，病床1 812张，其中医院39个；从业人员1 532人，其中医生792人。

七、人口、职工、收入与社会保障

2015年年末垦区总人口45.92万人，全年出生人口5 128人，出生率为11.2‰；死亡人口3 332人，死亡率为7‰；自然增长率为4.2‰。

年末全垦区从业人员28.11万人。其中第一产业10.99万人，比上年减少0.81%；第二产业9.19万人，减少0.33%；第三产业7.92万人，增长0.13%。

职工生活水平稳步提高。2015年全垦区实现人均纯收入13 495元，比上年增长4.77%。垦区危房改造工作自2011年开展以来，职工居住条件得到改善，年末职工实有住房面积1 538万米^2，比上年增长6.78%，人均住房面积33.65米^2。

八、绿色、有机食品、无公害农产品

截至2015年年末，垦区认证了32个绿色、有机食品、无公害农产品，带动38 062个农户。其中种植业7个，含水稻4个、小麦1个、蔬菜2个；已认证的绿色食品A级面积2 182公顷，产量19 940吨；已认证的有机食品面积650公顷，产量5 050吨；已认证的无公害农产品面积6 650公顷，产量75 050吨。渔业3个，含淡水鱼1个、海水鱼1个、蟹1个；已认证的绿色食品A级面积2 500公顷，产量2 625吨；已认证的无公害农产品面积1 775公顷，产量1 343吨。畜牧业19个，其中生猪5个、肉牛养殖1个、奶牛养殖10个、羊养殖1个、蛋鸡1个、肉鸡1个；已认证有机食品数量2万个，产量146 000吨；已认证的无公害农产品中，牛奶产量1 231 180吨。加工业4个，均为乳制品。

九、非国有经济

非国有经济在河北农垦经济总量中起着决定性的作用。2015年，非国有经济全年实现农垦生产总值362.44亿元，比上年增长42.78%，占全社

会经济总量的79.54%（图7）。其中第一产业增加值20.57亿元，增长28.40%；第二产业增加值175.87亿元，增长21.19%；第三产业增加值166亿元，增长79.05%。各产业在非国有经济农垦生产总值中所占比重分别为5.68%、48.52%、45.80%。第三产业增长显著。

年末非国有经营单位21 865个。其中集体经济108个，个体企业19 322个，私营企业2 410个，港澳台及外商企业25个。从业人员18.12万人，其中第一产业4.57万人，第二产业6.52万人，第三产业7.03万人。从业人员报酬总额41.60亿元，人均收入22 964元，增长15.04%；全年共实现利税87.74亿元，减少8.78%。

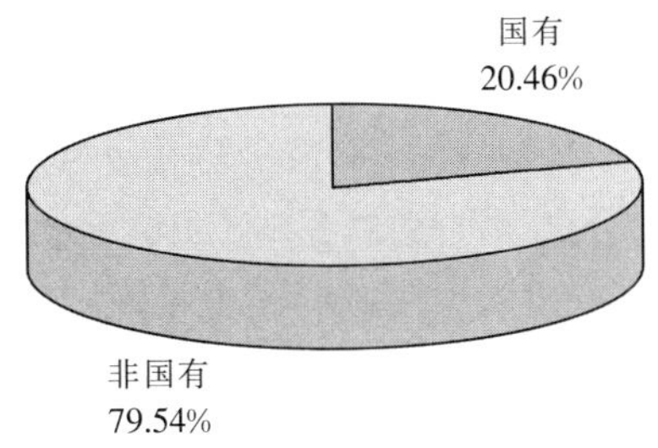

图7 GDP-国有与非国有经济比例

十、其他

全垦区33个农牧场中，生产总值超过1亿元的有10个。这10个农牧场共有职工6.45万人，耕地81.27千公顷。2015年实现生产总值451.05亿元，占垦区生产总值的98.99%。其中农业增加值61.13亿元，工业增加值196.52亿元，利润总额22.6亿元，销售税金31.47亿元。生产总值列前三位的是中捷农场、柏各庄农场、南大港农场，生产总值分别为130.10亿元、101.87亿元、85亿元。

2015年年末全垦区拥有大中型工业企业、龙头企业18家，全年完成总产值390.38亿元，销售产值363.9亿元。完成增加值83.74亿元。年末资产总额209.88亿元，固定资产原值132.97亿元，从业人员8 590人，实现利税总额20.71亿元。

截至2015年年底，全垦区共有“三资”企业25家。企业投资总额约4.65亿元，其中外方投资总额3.09亿元，我方投资总额1.56亿元。

山西农垦2015年经济和社会发展统计公报

山西省农业厅农垦局

2015年，山西垦区在农业部和省委、省政府统一领导下，认真学习贯彻党的十八大五中全会精神、全省农业工作会议精神，深入落实科学发展观，围绕垦区发展目标，以深化农垦企业改革为契机，以提高垦区经济效益为目的，推进农场改革，加快结构调整，全年垦区经济社会各项事业实现健康平稳发展。

一、综合情况

2015年垦区拥有国有农场26个，总人口32 922人，其中：农场人口27 965人。社会从业人员15 540人（其中：第一产业6 922人，第二产业4 020人，第三产业4 598人），第一、二产业从业人数比上年同期下降。年末国有单位从业人员4 101人，其中在岗职工3 165人，其他从业人员936人。职工年均收入17 107元，同比增长5.64%；人均纯收入8 421元，同比增长8.9%。年末实有住房面积40.16万米^2，比上年增长4.1%，居民住房水平得到提高。

土地总面积22 538公顷，其中耕地面积6 735公顷，占总面积的29%，牧草地面积5 761公顷，林地面积6 017公顷，居民点及工矿用地面积1 244公顷，其他面积1 952公顷。因政府建设开发区占土地总面积244公顷，其中耕地面积17公顷。

全年实现生产总值57 179万元，比上年减少3.54%。其中，第一产业增加值13 402万元，比上年减少8.58%；第二产业增加值23 560万元，比上年减少5.19%；第三产业增加值20 217万元，比上年增长3.09%，第一、二产业同比下降，第三产业增长较快，一、二、三产业增加值在生产总值中的比重分别为24∶41∶35。

全年实现农林牧渔业总产值26 622万元，其中农业产值11 438万元，比上年减少11.72%；牧业产值14 858万元，比上年减少4.38万元。按经济类型分，国有的呈逐年减少趋势。农林牧渔业商品总产值18 634万元，比上年减少18.14%，占农业总产值的70%；粮豆商品量为26 650吨，粮食商品率78.8%；肉类商品量3 737吨，商品率98%。山西垦区粮食种植以主产玉米为主，玉米产量占到全垦区粮食总产量的比重达七成以上，2015年山西玉米库存量大，供大于求，玉米深加工企业市场疲软，用量减少，玉米价格由2012年1.2元下降到0.7元左右，价格跌到2010年水平。

固定资产投入力度减弱。全年固定资产投资额5 134.43万元，其中国有1 071.43万元，占总投资额的21%。按工程用途分：第一产业4 463.43万元，比上年减少18.93%；第二产业500万元，比上年减少2.05亿元；第三产业171万元，比上年增长96.55%。按资金来源分：国家预算内资金876.25万元，占资金总额的17%；自筹资金3 128.18万元，占资金总额的61%；其他资金1 130万元，占资金总额的22%。

二、农业生产情况

2015年垦区农业生产在遭受严重干旱情况下，主要农作物播种面积保持在稳定的种植规模。全年农作物种植面积为6 109公顷，比上年同期减少3.05%。其中，粮食作物播种面积5 385公顷，比上年同期减少0.06%，占农作物总播种面积的85.5%；其中玉米播种面积4 606公顷，比上年同期增长0.21%；油料种植面积56公顷，比上年减少74公顷，减少59.92%；蔬菜瓜果310公顷，比上年同期减少34.46%；其他作物种植面积308公顷，比上年增加78公顷，减少33.91%。

2015年垦区农业生产遭受到1997年以来最严重干旱，受灾面积2 707公顷，其中玉米受灾面积2 388公顷，减产粮食6 730吨，直接经济损失达1 384万元。蔬菜瓜果类因潞安煤矿煤炭开采，导致土地塌陷，致使20余座日光大棚无法生产，造成蔬菜种植面积和产量大幅减产（表1）。

表1　主要农产品产量

农作物名称	产量（吨）	比上年增减（%）
粮食	33 806	−5.13
其中：小麦	1 759	70.94
玉米	30 372	−6.18
油料	113	−67.42
其中：向日葵	86	−12.24
蔬菜、瓜果	8 834	−84.17

2015年畜牧业生产受国内市场影响，呈下降趋势。由于牛奶收购企业普遍抬高了牛奶的收购门槛，散养奶牛的农户逐步被取缔，养殖奶牛的企业逐步向规模化转变，目前伊利、蒙牛等企业对牛奶生产实行限量收购，价格下调，在生产技术和生产规模上有了更高的要求，致使奶牛养殖户出现卖牛、杀牛现象，奶牛存栏数和牛奶产量都比上年同期减少。

年末大牲畜存栏1.25万头，比上年减少963头，同比减少7.14%。其中良种及改良乳牛1.07万头，比上年减少7.19%；年末猪存栏0.92万头，与上年持平；羊年末存栏8.97万只，比上年增加26.97%；家禽存栏13.83万只，比上年增加104 172只；规模化饲养增加4家家禽养殖场。肉类总产量3 798.17吨，比上年增长1.12%。其中：猪肉产量1 580.57吨，比上年增长15.37%；牛肉产量157.82吨，比上年增长8.09%；羊肉产量1 946.13吨，比上年减少9.69%；禽肉产量113.3吨，比上年增长33.29%；牛奶产量31 600吨，比上年减少7.64%；禽蛋产量2 087吨，比上年增加1 471吨，增长2.3倍。

年末水果种植面积67公顷，比上年增长34.9%。其中苹果种植面积52公顷。水果产量548吨，其中苹果产量347吨。

2015年垦区农业基础设施建设不断加强，农业机械化水平进一步提高。农业机械总动力26 701千瓦，比上年增长5.38%。其中柴油发动机动力11 671千瓦，汽油发动机动力4 685千瓦，电动机动力8 953千瓦，其他机械动力1 392千瓦。拥有大中型拖拉机52台，农用排灌机械717台，农用运输车190辆。发展设施农业温室大棚483 911米^2，大棚147 000米^2。当年实际机耕面积5 978公顷，占当年耕地面积的88.7%；当年实际机播面积5 251公顷，占农作物播种面积的85.9%。农场用电量2 480万千瓦时，比上年增长2.73%。有效灌溉面积3 820公顷，与上年持平。机电井287座，其中已配套264座。

三、工业生产情况

2015年，受宏观经济形势影响，垦区工业企业主要经济指标回落，工业生产形势严峻，停产半停产企业增多，减员减薪现象时有发生。总体看，全垦区工业企业低位运行，下行压力进一步加大。

年末国有及非国有工业企业54家，全年实现工业总产值56 685万元，比上年增加6.83%。实现主营业务收入43 985万元，比上年增长16.57%。利润7 255万元。其中2家国有工业企业全部停产，亏损93万元。主要工业产品产量见表2。

表2　主要工业产品产量

名　称	计量单位	2015年产量	比上年增长（%）
饲料	吨	14 410	−48.57
家具	件	700	持平
精矿粉	吨	0	
蛭石	吨	2 200	−8.33
化学农药原药	吨	2 932	−3.41
花岗石板材	吨	64 000	−0.77
鲜、冷藏肉	吨	19 380	−3.58
铁合金	吨	20 000	−10.60
其他钢材	吨	6 900	0.73
农用化肥	吨	2 832	102.28

四、第三产业

2015年垦区第三产业得到进一步发展，经营领域不断拓宽。年末批发零售、餐饮、服务业单位1 095个，从业人员3 215人，实现销售总额或营业收入4.36亿元，比上年同期增长14.74%。其中：批发零售业年末单位880个，实现销售总额或营业收入3.48亿元；餐饮服务业年末单位165个，实现销售总额或营业收入0.69亿元；服务业年末单位50个，实现销售总额或营业收入0.17亿元。

年末交通运输业45个，从业人员100人，实现营业总收入552万元，与上年持平，其中货运收入363万元，比上年减少27.4%。

年末医疗卫生单位15个，比上年增加3个，从业人员126人。

五、非国有经济基本情况

非国有经济继续保持良好的增长态势，2015年非国有经济经营单位1 509个，比上年增加12个，其中：集体经济4个，个体经济1 450个，私营经济55个。按产业划分，第一产业142个，第二产业65个，第三产业1 302个。年末非国有经济从业人员9 349人，占从业人员的60%，从业人员劳动报酬为19 790万元，平均收入21 157元。完成生产总值44 899万元，比上年同期减少5.06%，占全垦区经济总量的78%。其中第一产业3 055万元，比上年同期减少3.29%；第二产业23 534万元，比上年同期减少9.82%；第三产业18 310万元，比上年同期增加1.53%。固定资产投资额4 063万元，占总投资额的79%。全年实现利税11 537万元，其中：利润9 541万元，均比上年同期减少。

内蒙古农垦2015年经济和社会发展统计公报

内蒙古农牧业厅农牧场管理局

2015年，内蒙古农垦深入贯彻落实党的十八届三中、四中、五中全会精神，贯彻落实《中共中央、国务院关于进一步推进农垦改革发展的意见》不断完善思路，强化措施，狠抓落实，积极推动垦区经济和社会在新常态下实现平稳健康发展。

一、综合情况

2015年全区农垦拥有农牧场个数104个，总人口49.5万人，其中：农牧场人口44.4万人。全年实现生产总值128.9亿元，同比下降14%。其中，第一产业增加值75.3亿元，下降10%；第二产业增加值28.4亿元，下降32%；第三产业增加值25.2亿元，增长3%。第一、第二、第三产业增加值占生产总值的比重分别为58∶22∶20。人均纯收入12 564元，同比增加8.5%。

二、农业

2015年，全垦区通过产业结构的调整和优化，全年实现农林牧渔总产值1 408 000万元（现行价，下同），同比下降11.3%。其中：种植业产值808 963万元，林业产值11 125万元，牧业产值576 675万元，渔业产值11 237万元。

农作物播种面积724 236公顷（含租赁面积），同比增长4.4%。其中：粮食作物播种面积539 745公顷，油料作物播种面积152 729公顷。主要农产品产量见表1。

表1 主要农产品产量

产品名称	2015年实际数量（吨）	同比增长（%）
粮食	2 118 884	5.68
其中：小麦	374 147	－13.33
玉米	1 390 711	19.15
大豆	205 589	－3.91
油料作物（吨）	272 525	－10.90

2015年垦区调整了产业结构，小麦播种面积减少了4 939公顷；玉米播种面积增加了34 312公顷，同比增长17.5%；大豆播种面积减少了3 592公顷，同比减少了3%。

畜牧业生产保持稳定增长，牧业产值占农业总产值的71%。年末大小畜存栏366万头（只），肉类产量9万吨，与上年基本持平。受市场波动的影响，牛奶、牛肉产量下降（表2）。

表2 牲畜年末存栏及主要产品产量

产品名称	2015年实际数量	同比增长（%）
大牲畜（万头）	37	－3.60
羊	329	5.63
猪	17	－16.17
肉类总产量（吨）	91 363	持平
其中：牛肉	22 200	－18.40
羊肉	39 780	14.60
猪肉	23 774	20.00
牛奶（吨）	353 813	－38.50

农业生产条件进一步得到改善，年末机械总动力195万千瓦，与上年基本持平。其中：柴油发动机动力172万千瓦，汽油发动机动力10万千瓦，电动机动力13万千瓦。大中型拖拉机13 257台，同比增加17.4%；小型拖拉机47 294台，同比增加5.9%。农用排灌机械9 046（台、套），农用水泵14 090台。

农业基础设施建设进一步加强，年末拥有机电井20 544眼，其中：已配套15 480眼。

农用化肥施用总量（折纯量）186 564吨，同比增长了7.4%。其中：施用于农作物的数量为145 188吨。生物肥施用量3 353吨，有机肥施用量156 953吨；测土配方施肥面积143 516公顷。

有效灌溉面积185 909公顷，其中：机溉面积52 384公顷，电灌面积70 024公顷，节水灌溉面积 73 905 公顷。

农用塑料薄膜使用量 2 706 吨，其中：地膜使用量 2 239 吨，地膜覆盖面积 31 128 公顷。

三、工业和建筑业

2015 年实现工业总产值（现行价）337 211 万元。煤炭已成为工业产值最高的产业，2015 年煤炭开采和洗选业实现产值 99 175 万元，食品制造业 81 605 万元。

表 3　主要工业产品产量

产品名称	2015 年实际数量	同比增长（%）
原煤（吨）	15 530 000	持平
饲料（吨）	31 449	－41.9
食用植物油（吨）	79 513	69
水泥（吨）	420 000	持平

建筑业发展平稳，年末农垦全社会拥有固定资产 41 325 万元。全年施工房屋建筑面积 55 万米^2，同比增加了 37.21 万米^2。

年末拥有机械设备总台数为 1 397 台。

四、交通运输业

2015 年交通运输业实现营业总收入 68 361 万元。现有主要运输工具 2 961 台，其中：载货汽车 1 774 台，载客汽车 270 台。全年完成客货运输量分别为 524 万人和 3 535 万吨。

五、批发和零售贸易、餐饮业

2015 年批发零售业实现销售总额或营业收入 280 368 万元。年末拥有固定资产原值 65 852 万元。

批发和零售业、餐饮业、服务业年末营业单位 6 852 个，从业人员 19 876 人。

六、科研、教育和卫生

年末拥有科研机构 11 个，科技人员 64 人。全年科研经费 282 万元，其中：国家拨款 10 万元，占科研经费 4%；企业自筹 272 万元，占科研经费 96%。

年末垦区拥有各类学校 23 所。其中：普通中学 3 所，小学 19 所。教职员工 868 人，其中：教师 752 人。在校学生 3 708 人，其中：当年新招生 780 人，当年毕业生 755 人。

年末垦区拥有各类医疗机构 278 个，其中：医院 62 个，病床 1 479 张。医务人员 2 016 人，其中：医生 1 729 人。

七、固定资产投资

年末完成固定资产投资 424 387 万元，同比增长 6.2%。总投资额中，用于第一产业 196 742 万元，第二产业 138 974 万元，第三产业 88 671 万元。当年新增固定资产 229 210 万元。

八、新增生产能力及主要物资消费量

当年新增生产能力：有效灌溉面积 11 649 公顷，造林 2 704 公顷，草原建设 4 800 公顷，联合收割机 109 台，大中型拖拉机 633 台，小型拖拉机 2 300 台，机引农具 859 台，公路建设 590 千米，输电线路 57 千米，畜禽生产用房 30 万米^2。全年主要物资消费：钢材 27 114 吨，木材 43 944 米^3，水泥 301 131 吨。

年末农垦社会从业人员 23.6 万人，其中：第一产业 18.1 万人，第二产业 1.7 万人，第三产业 3.7 万人，一、二产业的从业人员同比略有下降，三产同比增长 5%。

年末实有住房面积 7 689 万米^2，同比增加 112 万米^2。

随着内蒙古农村牧区“十个全覆盖”工程的实施，垦区的道路建设、水电改造、便民市场、危房改造、小城镇建设等得到了明显的改善，农牧场的生产生活得到了提高。

辽宁农垦2015年经济和社会发展统计公报

辽宁省农垦局

2015年辽宁农垦在省委、省政府的正确领导下，在农业部农垦局的支持指导下全面贯彻落实党的各项方针政策，积极应对严峻复杂的国内外形势，主动适应经济发展新常态，求真务实，攻坚克难，着力推进改革开放，着力实施创新驱动，统筹抓好稳增长、促改革、调结构、惠民生等各项工作，农垦经济保持平稳发展态势。总体上看，发展思路进一步明确，经济基础进一步夯实，生态环境有所改善，农工生活水平持续提高，社会保持和谐稳定。但不容忽视的问题是经济增长动力不足，创新创业环境不优，主要农产品产量量增价低，发展速度放缓放慢。

2015年是“十二五”收官之年，全省农垦系统紧紧抓住振兴发展的重大机遇，积极应对经济下行带来的挑战，保持了经济持续发展。生产总值达到333.24亿元，年均增长15%；人均收入15 337元，年均增长13%；固定资产投资325.83亿元，年均增长17%；粮食总产量141.36万吨，年均增长3.3%；水产品产量46.29万吨，年均增长7%；禽蛋产量9.83万吨，年均增长10.6%。

一、综合

2015年，辽宁垦区拥有国有农场109个，政企合一农场52个，纯农场57个。年内平均总人口92.8万人，其中从业人员44.53万人，其中第一产业22.43万人，第二产业10.49万人，第三产业11.61万人，各业人员所占比重分别为50∶24∶26。年末国有单位从业人员27.92万人，其中在岗职工22.56万人，其他从业人员5.36万人，从业人员年劳动报酬为18 750元/人。

土地总面积518 416公顷，其中耕地161 232公顷，占31%，其中水田94 975公顷，占耕地的59%，旱田66 257公顷，占耕地的41%；林地75 210公顷，占土地总面积的15%；牧草地18 540公顷，占4%；水面81 720公顷，占16%；果园11 586公顷，占2%；居民点及工矿用地49 836公顷，占10%，其他112 398公顷，占22%。

小城镇39个，与上年持平，小城镇人口177 988人，占总人口数的19%，小城镇占地面积10 296公顷，占土地总面积的2%。

全年实现生产总值3 332 378万元，比上年增长7.3%，其中第一产业1 038 608万元，比上年增长6%；第二产业1 664 064万元，比上年增长7.7%；第三产业629 706万元，比上年增长8.7%。一、二、三产业比重为31∶50∶19。人均生产总值35 909元，比上年增加2 379元。全年以增加值计算的全社会劳动生产率为74 834元，比上年增加8 844元。人均纯收入15 337元，比上年增加1 269元，增长9%，高于全省农村人均纯收入4 146元。年末实有住房面积3 075万米^2，人均住房面积33.14米^2。

非国有经济发展速度放缓。年末经营单位53 054个，比2014年减少6 081个，其中集体经济2 076个，个体经济46 637个，私营经济4 323个，港澳台及外商经济18个。按产业划分，第一产业24 555个，减少5 664个；第二产业6 609个，减少978个；第三产业21 890个，增加561个。年末从业人员25.08万人，占全部从业人员的56%，从业人员劳动报酬为566 942万元，平均每人每年为22 605元。全年实现生产总值2 166 040万元，占全部生产总值的65%，比上年增长2%；其中第一产业352 202万元，第二产业1 255 476万元，第三产业558 359万元，一、二、三产业所占比重为16∶58∶26。当年固定资产投资额为2 916 677万元，比上年增长2%；占总投资额的90%。资产总额为4 814 601万元，固定资产原值4 986 488万元。实现税金为305 666万元，比上年增长14%，实现利润517 802万元，比上年增长11%。

固定资产投入力度减弱。全年固定资产投资额为3 258 323万元，增长2%，其中非国有

2 916 177万元，占总投资额的90%。国有 342 146 万元，占 10%，按工程用途分，第一产业 497 325 万元，比 2014 年增长 2%；第二产业 1 286 692 万元，增长 2%；第三产业 1 474 305 万元，比上年增长 2%。一、二、三产业投资比为 15∶40∶45。按资金来源划分，国家预算内资金 23 678 万元，下降 5%，占 1%，国内贷款 431 439 万元，下降 8%，占 13%；自筹资金 2 696 593 万元，增长 10%，占 83%；其他资金 106 613 万元，占 3%。

外贸出口势头减弱。年末外贸出口供货商品金额 271 804 万元，比 2014 年下降 4%。其中直接出口 108 600 万元。出口额中，农产品 36 306 万元，下降 21%，占 13%；水产品 13 243 万元，增长 23%，占 5%；工业品 217 045 万元，下降 2%，占 80%；畜产品 5 210 万元，占 2%。出口的主要品种有水产品、家具、水果、药材、调料、工业品等。

农林牧渔业商品的产值为 1 418 325 万元，比 2014 年下降 4%，占农业总产值的 80%。粮豆商品量为 1 149 823 吨，粮食商品率为 82%；油料商品量为 9 454 吨，商品率为 85%；肉类商品量为 268 380 吨，商品率为 81%。

实现生产总值超 1 亿元的农场 40 个，超 1 亿元农场实现生产总值 2 363 324 万元，占全省农垦生产总值的 71%。排在前十位的农场依次是铁岭市种畜场 230 643 万元，锦州大有农场 199 172 万元，锦州市果树农场 148 170 万元，辽宁营口西海农场 145 430 万元，阜新市农场 131 386 万元，盘锦前进农场 104 165 万元，盘锦清水农场 83 570 万元，盘锦唐家农场 81 162 万元，盘锦新兴农场 78 707 万元，盘锦东风农场 69 550 万元。

二、农业

农业生产继续保持平稳的发展态势，但大宗农产品量增价低，导致增速下降。全年实现农业产值 1 772 907 万元，比 2014 年下降 8%。其中种植业产值 831 481 万元，比 2014 年下降 4%；林业产值 27 825 万元，比 2014 年下降 20%；牧业产值 426 087万元，比 2014 年下降 16%；渔业产值 487 514万元，比 2014 年下降 6%。各业在农业总产值中的比重为 47∶2∶24∶27。农林牧渔服务业产值 73 434 万元，比 2014 年下降 8%。农业总产值按经济类型分国有 656 682 万元，集体 5 498 万元，个体 1 034 822 万元，其他 75 905 万元，所占比重为 37∶1∶58∶4。

粮食产量达到 1 413 571 吨，比 2014 年增长 1.4%。农作物播种面积 171 105 公顷，比 2014 年增加 1 241 公顷。其中粮食作物播种面积 152 535 公顷，比 2014 年增加 91 公顷；占总播种面积的 91%；油料作物 3 724 公顷，占 2%；蔬菜、瓜类 13 967 公顷，占 8%。在粮食作物中，水稻播种面积 97 045 公顷，占粮食作物播种面积的 64%；玉米 47 426 公顷，占 31%；高粱 410 公顷，谷子 2 047公顷，占 1%。在粮食总产量中，水稻总产 999 524 吨，占 71%；玉米 361 099 吨，占总产量的 26%；豆类 13 973 吨，占 1%。

年末大牲畜存栏 8.67 万头，比上年减少 1.7 万头。其中牛 7.15 万头，比上年减少 0.89 万头，马 0.15 万头，比 2014 年减少 0.07 万头。年末生猪存栏 105.25 万头，比 2014 年增加 3.59 万头；家禽存栏 8 336 万只，比 2014 年增加 2 653 万只。肉类总产量 331 774 吨，增加 19 618 吨，增长 6.3%。其中猪肉 135 668 吨，增长 6%；牛肉 15 128吨，比上年增长 6%；羊肉 2 745 吨，增长 6%；禽肉 142 924 吨；牛奶产量 139 924 吨，下降 5%（主要是奶牛头数减少 4 700 头）；禽蛋 98 283吨，增加 5 564 吨，增长 6%。

水产品总产量 462 918 吨，比 2014 年减少 34 862吨，下降 7%（主要是近海捕捞产量减少）。其中淡水 246 400 吨，减少 4 135 吨，下降 1.6%；海水 216 518 吨，减少 30 727 吨，下降 12.4%。在水产品总产量中鱼类 186 317 吨，减少 20 814 吨；虾蟹类 135 319 吨，减少 11 074 吨；贝类 120 894吨，减少 23 362 吨。

年末水果种植面积 11 586 公顷，其中苹果种植面积 7 148 公顷，占水果面积的 62%；梨 1 574 公顷，占 14%；桃 1 076 公顷，占 9%；葡萄 694 公顷，占 6%。水果总产量达到 174 301 吨，与上年持平。水果总产量中苹果 119 463 吨，占水果总产量的 69%；梨 18 617 吨，占 11%；桃 14 574 吨，占 8%；葡萄 13 528 吨，占 8%。

全年植树造林 3 396 公顷，其中用材林 726 公顷，经济林 1 622 公顷，防护林 965 公顷，特种用材林 64 公顷。当年零星植树 158.25 万株，年末实有育苗面积 205 公顷，幼林抚育 1 354 公顷，成林抚育 4 308 公顷，木材采伐量 27 849 米^3。

农业生产机械化水平逐年提高。年末农业机械总动力1 201 135千瓦，比2014年增加19 860千瓦，增长2%，其中柴油发动机动力872 813千瓦，汽油发动机动力96 901千瓦，电动机动力180 997千瓦，其他机械动力50 424千瓦。拥有大中型拖拉机5 051台，比2014年增加562台；小型及手扶拖拉机11 585台，比2014年减少168台；农用排灌动力机械18 746台；联合收获机1 973台，比2014年增加912台；农用运输车12 910辆。当年实际机耕面积139 477公顷，占年末耕地面积的87%，当年实际机播面积115 165公顷，占农作物播种面积67%。当年机械收割面积114 743公顷，占收获面积67%。农场用电量162 101万千瓦时，比2014年减少14 660万千瓦时。农药施用量2 808吨，增加308吨。农用化肥施用量115 594吨，比2014增加14 614吨。生物肥施用量6 476吨，比2014年减少2 879吨，有机肥施用量139 671吨，比2014年减少17 829吨。有效灌溉面积147 402公顷，比2014年增加1 009公顷。沼气池2 630个，减少406个，机电井4 747眼，排灌站238个。

三、第二产业

（一）工业

工业产品价格持续走低，生产要素成本不断上升，企业经济效益下滑，小微企业经营困难。年末国有及非国有规模以上工业企业318个，比2014年减少197个，实现工业销售产值6 612 829万元，比2014年下降10%，实现销售收入6 346 825万元，比2014年下降4%（主要是工业企业减少所致）。实现产值6 110 963万元，下降9%。产值超10亿元的产业为农副食品加工业1 343 761万元，石油加工、炼焦及核燃料加工业1 321 734万元，化学原料和化学制品制造业563 650万元，专用设备制造业500 747万元，有色金属冶炼及压延加工业432 920万元，非金属矿物制品业252 615万元，金属制品业241 150万元，其他制造业207 298万元，汽车制造业158 396万元，化学纤维制造业148 689万元，医药制造业128 044万元，食品制造业114 413万元。大中型及龙头企业15个，实现产值325 376万元。

主要工业产品中，饮料酒313 196千升，比2014年下降12%，乳制品81 151吨，服装451万件，水泥11万吨，红砖6 519万块。

（二）建筑业

年末建筑企业314个，比2014年减少2个，从业人员23 633人，比2014年减少3 969人。年末固定资产原值173 320万元，年末拥有机械设备4 678台。全年施工房屋建筑面积533.48万米^2，比2014年减少45.5万米^2，竣工房屋面积301.55万米^2。

四、交通运输、批发零售业、餐饮业、服务业

年末运输单位6 218个，比2014年减少144个，年末从业人员17 897人，固定资产总值102 897万元，主要运输工具12 205台，实现营业总收入187 130万元，全年货运量31 337万吨，客运量4 331万人。

批发零售业年末单位8 598个，比2014年增加93个，从业人员34 226人，从业人员劳动报酬78 566万元，固定资产总值143 587万元，销售额634 094万元。

住宿餐饮业2 023个，增加68个，从业人员17 582人，从业人员劳动报酬41 679万元，年末固定资产总值88 989万元，营业收入150 758万元。

服务业年末单位2 653个，从业人员20 621人，从业人员劳动报酬39 644万元，年末固定资产原值61 146万元，营业收入116 027万元。

五、其他

年末医疗单位251个，其中医院77个，病床3 034张，职工2 833人，其中医生1 785人。

年末科研单位24个，比2014年减少2个，其中省属1个，场属23个，职工449人，科技经费608万元，实验地面积245公顷。

吉林农垦2015年经济和社会发展统计公报

吉林省农垦局

2015年，吉林农垦在农业部农垦局和省农委党组的领导下，以党的十八大精神为指引，深入贯彻科学发展观，深化农垦改革，积极实施各项发展战略，认真贯彻落实各项任务和措施，重点工作有效推进，农工生活逐年改善，经济保持了平稳发展势头。

一、综合情况

吉林农垦系统现有独立核算企业88个和4个乡镇。全垦区总人口29.5万人，其中从业人员年末人数14.61万人，第一产业10.00万人，第二产业0.77万人，第三产业3.83万人，各业人员所占比为69∶5∶26。年末国有单位从业人员6.15万人，其中在岗职工3.95万人，其他从业人员2.2万人。职工年平均工资12 100元，同比上涨8.3%。人均纯收入9 370元，增长14.97%。年末实有住房面积638万米^2，人均住房21.62米^2。

土地总面积315.32千公顷，比上年减少979千公顷。耕地面积125.33千公顷，比上年增加1.58千公顷。牧草地面积68.18千公顷，林地面积33.73千公顷，水面面积3.12千公顷，果园面积2.83千公顷，居民点及工矿用地面积23.62千公顷，其他面积48.99千公顷。

2015年全垦区实现生产总值44.43亿元，比上年增长7.71%。一、二、三产业增加值占国民生产总值的比重分别为40∶36∶24。其中：一产增加值17.92亿元，与上年持平；二产增加值15.84亿元，增长4.8%；三产增加值10.67亿元，增长30.6%。人均生产总值15 060元，比上年增长6.5%。实现工农业总产值88.45亿元。农林牧渔业商品产值为30.09亿元；粮豆商品量为80.53万吨，商品率为94.6%；油料商品量为0.93万吨，商品率为93.4%，增加2.4个百分点；肉类商品量为4.76万吨，商品率为97.5%。

全年固定资产投资额3.41亿元，比上年增长49%，其中非国有投入2.98亿元，占总投资额的87.2%；国有投入4 357万元，占12.8%。第一产业8 991万元，第二产业23 389万元，第三产业1 741万元，一、二、三产业投资比例为26∶69∶5。在资金投入来源中，国家预算内资金2 031万元，占比6%；自筹资金25 498万元，占比74.7%。当年新增固定资产11 132万元。

二、农业

（1）强化支柱产业，提高农业生产水平。全年实现农林牧渔业总产值37.35亿元，比上年增加2.86%。其中：农业产值22.07亿元，牧业产值14.98亿元，林业产值与渔业产值分别为749万元、2 278万元。

全年农作物总播种面积为125.57千公顷，比上年增加3 057公顷。其中：粮豆播种面积118.45千公顷，比上年增加4 614公顷，占农作物总播种面积的94.3%。油料作物播种面积5.53千公顷，比上年减少620公顷。其他作物播种面积978公顷，比上年减少549公顷。

（2）全年粮豆产量85.16万吨，比上年增加1.25万吨，增加1.49%（表1）。

表1　主要农产品产量

农作物名称	产量（吨）	比上年增长（%）
粮食	851 590	1.49
其中：稻谷	356 962	－1.03
玉米	469 478	4.50
高粱	12 066	－30.29
大豆	4 904	－29.75
杂豆	3 762	－8.67
油料	9 923	－24.79
其中：花生	5 505	－3.78
向日葵	4 407	－40.92
药材类	500	－10.23

（3）市场不景气情况下，畜牧业生产情况略有下降。2015年大牲畜存栏4.56万头，同比减少0.27万头，其中黄牛3.84万头，良种及改良种乳牛0.37万头（表2）。

表2 牲畜年末存栏及畜产品产量

种 类	计量单位	产 量	比上年增长（%）
大牲畜总头数	万头	4.56	−5.59
其中：黄牛	万头	3.84	−4.71
猪存栏	万头	19.75	−5.77
羊存栏	万只	20.12	−1.85
家禽	万只	392.46	0.73
肉类总产量	吨	48 801	2.84
其中：猪肉	吨	20 815	−11.49
禽肉	吨	17 755	−4.19
牛奶	吨	9 484	−13.70
禽蛋	吨	50 842	−0.74
鹿茸	千克	15 837	5.01

（4）农业生产机械化水平均衡发展，机收机械化率提高显著。2015年年末农业机械总动力110.75万千瓦，同比增长3.9%。大中型农用拖拉机5 535台，增加460台，小型及手扶拖拉机20 857台。当年实际机耕面积115.44千公顷，占年末耕地面积的92.1%，同比提高6.1个百分点；实际机播面积113.91千公顷，占农作物播种面积的90.7%，同比提高5.3个百分点；机械收获面积87.69千公顷，占农作物播种面积的69.8%，同比提高17.3个百分点。

三、工业

2015年垦区工业平稳发展，实现工业总产值51.10亿元，比上年增加3.6%。主要产品产量：碾米25.58万吨，增加1.57万吨；机制纸及纸板3.61万吨，增加44吨；中成药1 292吨，增加197吨；水泥45.24万吨；商品混凝土9 780米^3；塑料制品1.39万吨；乳制品0.66万吨；服装53万件；发电量28 250万千瓦时。

四、交通运输、批发零售业、餐饮业、服务业

垦区第三产业快速发展，各业均有提高。

交通运输业单位年末339个，从业人员2 790人，固定资产原值1.06亿元，拥有载货汽车3 108辆，载客汽车181辆，全年货运量66.65万吨，客运量89.1万人，营业总收入5 042万元。

批发零售业年末单位3 801个，年末从业人员2.73万人，从业人员报酬8.04亿元。固定资产原值3.5亿元，销售总额27.24亿元。

住宿餐饮业年末单位717个，年末从业人员3 310人，从业人员报酬6 803万元。固定资产原值2.55亿元，全年营业收入8 561万元，比上年增长8.2%。

服务业年末单位691个，年末从业人员2 489人，从业人员报酬6 373万元。固定资产原值9 203万元，全年营业收入1.55亿元，比上年增长6.2%。

黑龙江农垦局 2015 年经济和社会发展统计公报

黑龙江省农垦总局统计局　国家统计局黑龙江农垦调查队

2015 年，面对全球经济总体复苏乏力和国内经济下行压力较大的错综复杂经济形势，垦区各级在总局党委的正确领导下，坚持稳粮增收调结构、提质增效转方式，深化国企改革，着力改善民生，主动适应经济发展新常态，扎实做好各项工作，实现了经济社会持续稳定发展。

一、综合

经济实力进一步增强。初步核算，垦区全年实现地区生产总值（GDP）1 172.7 亿元，按可比价格计算，比上年增长 5.8%（图 1）。人均地区生产总值达到 69 612 元，增长 7.4%，以当年平均汇率折算达到 11 176 美元，比上年增加 386 美元。全年实现公有经济增加值 717.5 亿元，增长 7.8%；非公有经济增加值 455.2 亿元，增长 2.9%。

三次产业稳步增长。第一产业增加值 554.6 亿元，增长 4.1%；第二产业增加值 242.6 亿元，增长 1.6%；第三产业增加值 375.5 亿元，增长 10.8%。一、二、三产业对垦区当年经济增长的贡献率分别为 34.4%、6.3%和 59.3%。

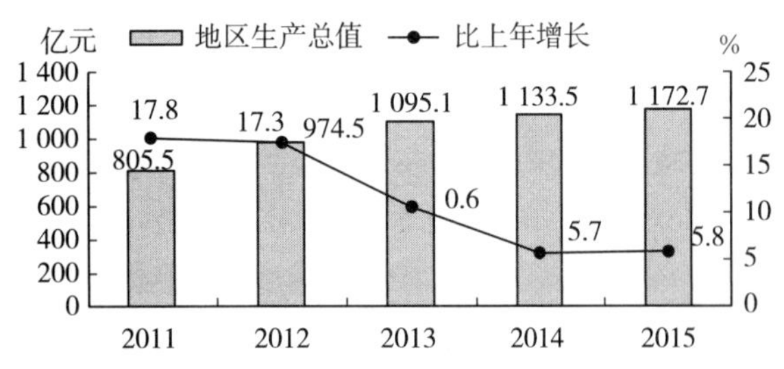

图 1　2011—2015 年全垦区地区生产总值及其增长速度

经济结构调整步伐加快。三次产业结构为 47.3∶20.7∶32.0，第三产业比重比上年提高 7.5 个百分点，第一产业比重比上年下降 6.8 个百分点，第二产业比重比上年下降 0.7 个百分点；公有和非公有经济结构为 61.2∶38.8，非公有经济比重比上年下降 1.1 个百分点。

“十二五”时期，垦区经济社会发展取得显著成就。2015 年垦区生产总值 1 172.7 亿元，比 2010 年增长 70.9%，年均增长 11.3%，其中，三次产业年均分别增长 9.0%、13.2%和 16.3%；垦区居民人均可支配收入 23 855 元，比 2010 年增长 83.1%，年均增长 12.9%，连续 5 年高于全省平均水平；居住环境更加宽敞舒适，人均住宅面积 32.2 米^2，比 2010 年增加 7 米^2，增长 27.8%，年均增长 8.5%。

二、农、林、牧、渔业

农业生产再夺丰收。2015 年垦区农作物总播种面积 286.1 万公顷，比上年下降 0.4%，实现农业增加值 463.3 亿元，增长 4.6%。其中，粮食种植面积 282.5 万公顷，比上年下降 0.2%，占全部农作物的比重达 98.7%。高产作物水稻和玉米分别达到 146.4 万公顷和 89.5 万公顷，两者占粮食作物面积的比重达 83.5%，比上年提高 0.9 个百分点，为垦区粮食产能的持续扩大奠定了基础（图 2、表 1）。粮食综合单产实现 7 810 千克/公顷，比上年增长 1.4%。粮食综合生产能力再创历史新高，总产量达到 220.66 亿千克，增产 2.6 亿千克，比上年增长 1.2%。在黑龙江省粮食生产中的地位和对国家粮食安全的贡献进一步增强，粮食产量占全省和全国的比重分别为 34.9%和 3.6%。为国家提供商品粮 208.29 亿千克，粮食商品率达 94.4%，比上年提高 0.1 个百分点。

历经 68 年的开发建设，垦区已累计生产粮食 3 504.1 亿千克，累计向国家交售商品粮 2 839.9 亿千克。垦区每年提供的商品粮总量可以保障全国 1.2 亿城镇人口一年的口粮供应，为国家粮食安全提供重要保障。“十二五”期间累计生产粮食和提供商品粮分别为 1 065 亿千克和 1 003 亿千克，比“十一五”期间分别增长 46.5%和 50.4%，占垦区 68 年来累计生产粮食和累计交售商品粮的比重分别为 30.4%和 35.3%，为维护国家粮食安全做出了重要贡献。

“三品一标”工作成果进一步强化，质量追溯工作质量进一步优化，检测体系工作任务进一步细化。2015 年，垦区全年种植绿色有机农作物 236.1 万公顷，其中绿色食品作物种植监测面积 216.7 万公顷，占垦区种植面积的 75.8%，有机作物种植面积 19.5 万公顷，占垦区农作物种植面积的 6.8%。绿色食品获证企业 100 家，有效使用绿色食品标志产品数 245 个；有机农产品企业 67 家，有机农产品达到 296 个；无公害农产品产地认定面积 262.8 万公顷，无公害农产品 322 个，认定产地 367 个。到 2015 年年末，垦区累计获得国家地理标志农产品 9 个，累计获得全国农业标准化示范场 25 个，创建全国绿色食品原料标准化基地 60 个。垦区农产品质量追溯系统覆盖规模逐年扩大。2015 年垦区共有农产品质量追溯项目建设单位 63 家，追溯“三品一标”农产品扩展到 13 大类 90 余个品种。垦区农产品检验检测体系建设全面展开，建成了部级质检中心 3 个，6 个重点县级和 3 个县级农产品质检站项目稳步推进。

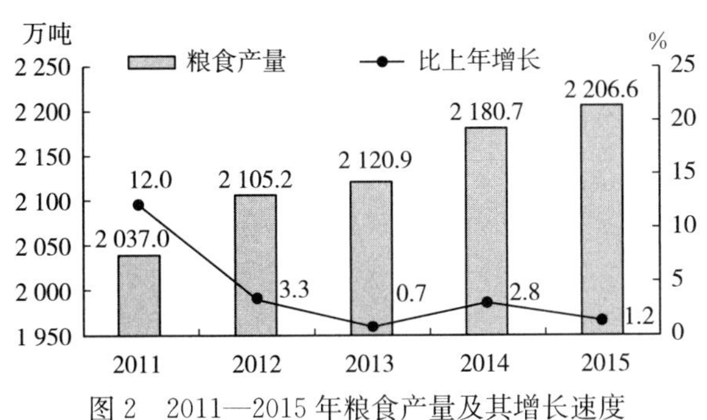

图 2　2011—2015 年粮食产量及其增长速度

表 1　2015 年主要农产品产量

产品名称	产量（万吨）	比上年增长（%）
粮食	2 206.6	1.2
其中：水稻	1 319.3	−0.8
小麦	1.5	−59.9
玉米	761.9	6.3
大豆	108.7	−5.3
杂豆	4.9	−17.1
马铃薯（折粮）	9.6	10.7
油料	0.7	−16.5
亚麻	0.3	430.0
蔬菜	18.3	−7.2
瓜类	12.2	−33.6
饲料作物	75.1	−37.7

森林垦区建设持续推进。2015 年垦区林业围绕“生态文明、美丽垦区”建设为主题，全面实施林业生态护农工程、林业产业富民工程和农垦城镇森林靓化工程，使垦区园林化档次明显提高，林业产业得到稳步发展。全年实现林业增加值 4.8 亿元，比上年下降 4.7%。当年完成造林绿化 6.1 万亩，新建义务植树基地 327 个，义务植树 691.8 万株；城镇绿化共栽植乔木 126 万株，栽植灌木 230.72 万丛，栽植绿篱 86 179 米，栽植花卉 59.56 万米^2；完成农牧田防护林 721 条（块），面积达 2.1 万亩。使城镇暨管理区绿化覆盖率达到 40%，区域森林覆盖率达 17.1%。全年未发生大的森林、草原火灾，森林过火面积控制在 0.5‰以下，林业有害生物成灾率控制在 2.9‰以下，森林无公害防治率达 90%以上。严厉查处毁林、毁湿案件，有效地控制、打击了毁林、毁湿高发势头，较好地保护了森林、湿地安全。

畜牧业呈现发展趋势，垦区绿色健康养殖基地的建设步伐加快。全年实现增加值 82.7 亿元，比上年增长 2.3%。年末垦区“两牛一猪”存栏分别达到黄牛 3.6 万头、奶牛 15.6 万头和生猪 80.6 万头。全年肉蛋奶产量分别为 22.9 万吨、3.4 万吨和 37.5 万吨，分别比上年下降 1.6%、15.2%和增长 3.4%。

渔业平稳发展。全年实现渔业增加值 3.8 亿元，比上年增长 7.4%。

农业基础设施继续强化，现代化水平显著提高。年末垦区有效灌溉面积达 154.1 万公顷，下降 4.3%，其中节水灌溉面积 31.3 万公顷，增长 15.5%；机电井 8.9 万眼，增长 4.0%。现有粮食处理中心 409 座，种子加工厂 60 个，金属粮仓 2 501座，水泥晒场 3 141 万米^2，农用飞机场 69 处。粮食仓储能力达到 2 200 万吨，比上年增长 22.0%。农机装备能力显著提升。截至 2015 年年末，垦区农业生产田间作业综合机械化率提高到 98.8%，农用机械总动力达 980.4 万千瓦，比上年增长 5.3%；农用大中型拖拉机 7.65 万台，增长 4.8%，其中 100 马力[①]以上拖拉机 8 289 台，增加 769 台；机动水稻插秧机 7.5 万台，增长 1.1%；联合收获机 3.2 万台，增长 5.5%。现有农用飞机 50 架，航化作业面积 156.3 万公顷（图 3）。

① 马力为非法定计量单位，1 马力=735.50 瓦。

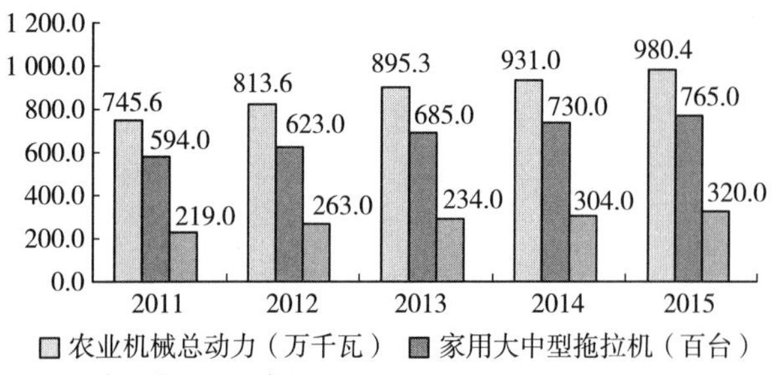

图 3　2011—2015 年农业机械情况

三、工业和建筑业

工业生产低速增长。2015 年实现工业增加值 186.1 亿元，比上年增长 1.8%。其中，食品工业实现增加值 127.9 亿元，增长 0.8%，占全口径增加值的比重达 68.8%；其中，规模以上企业实现增加值 66.2 亿元，下降 10%。在全部工业增加值中，轻工业增加值 136.7 亿元，增长 0.9 %；重工业增加值 49.3 亿元，增长 4.2 %。其中国有及国有控股企业增加值 64.4 亿元，增长 0.4%；非公有企业增加值 121.6 亿元，增长 2.5%。“十二五”期间，工业增加值由 2010 年的 94.9 亿元增加到 2015 年的 186.0 亿元，增长了 94.4%，年均增长 14.2%。

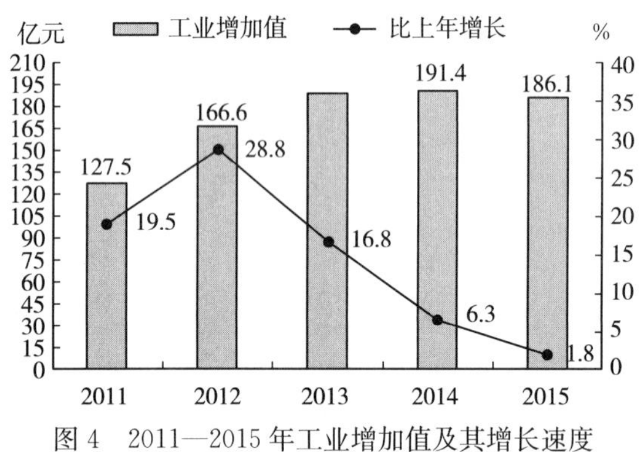

图 4　2011—2015 年工业增加值及其增长速度

表 2　2015 年主要工业产品产量

指标名称	计量单位	产量	比上年增长（%）
小麦粉	万吨	7.7	−44.1
大米	万吨	402.4	−17.4
食用植物油	万吨	174.2	−4.5
乳制品	万吨	27.1	−2.5
其中：乳粉	万吨	4.4	3.5
鲜冷藏冻肉	万吨	16.9	−2.9
白酒	千升	61 337	−14.8
配混合饲料	万吨	36.1	1.7
豆粕	万吨	613.6	−7.6
中成药	吨	2 016	15.9
化肥（实物量）	万吨	28.1	170.2
水泥	万吨	51.4	−51.1
发电量	亿度	12.2	19.1
豆制品	万吨	2.34	−20.7
淀粉	万吨	3.0	4.0

全部工业企业（不含个体）全年实现主营业务收入 860.6 亿元，比上年下降 9.3%，其中国有及国有控股企业主营业务收入 582.4 亿元，下降 6.3%；实现利润 12.9 亿元，下降 2.3%，其中国有及国有控股企业利润 1.6 亿元，扭亏增盈 2.4 亿元。国有及国有控股企业经济效益综合指数达 209.9，比上年提升 2.3 点。

全年实现建筑业增加值 56.5 亿元，比上年增长 1.2%，其中国有及国有控股企业增加值 14.6 亿元，比上年下降 3.5%。当年新开工的单位工程施工个数 4 150 个，比上年增加 6 个。当年单位工程竣工个数 4 033 个，比上年减少 39 个。年内房屋建筑施工面积和竣工面积分别达到 343.3 万米^2 和 220.7 万米^2，分别比上年增长 5.6% 和下降 20.6%。实现利税 16.2 亿元，下降 2.7%，其中国有及国有控股企业利税 2.9 亿元，下降 11.8%，实现利润总额 10.7 亿元，下降 1.2%，其中国有及国有控股企业利润总额 1.1 亿元，下降 4.5%。

四、固定资产投资

固定资产投资持续负增长。全年完成固定资产投资总额 186.3 亿元，比上年下降 11.9%（图 5）。从用途上看，生产性建设投资 123.1 亿元，下降 5.3%；非生产性建设投资 63.2 亿元，下降 22.5%。从产业投向上看，第一产业 61.6 亿元，增长 4.2%，占 33.1%；第二产业 14.5 亿元，下降 55.6%，占 7.8%，其中工业 13.8 亿元，下降 57.4 %；第三产业 110.2 亿元，下降 8.0%，占 59.1%。从投资主体看，公有控股经济投资 130.4 亿元，增长 12.9%；非公有控股经济投资 55.8 亿元，下降 41.8%。在投资总额中 500 万元及以上项目完成投资 126.8 亿元，增长 1.9%；亿元以上项目完成投资 55.4 亿元，增长 5.6%。

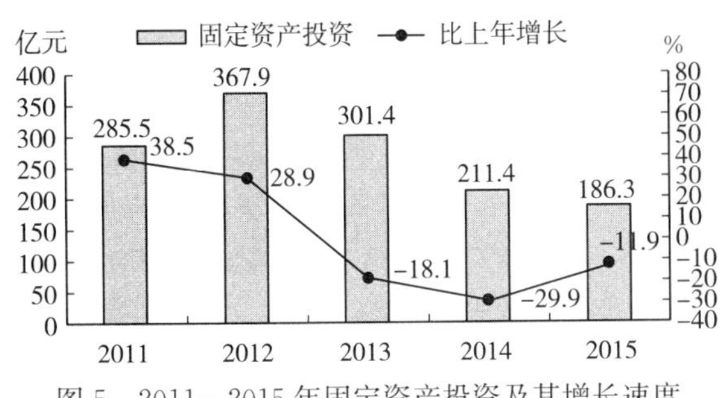

图 5　2011—2015 年固定资产投资及其增长速度

五、交通运输、通信和旅游业

交通运输能力增强。全年垦区完成运输场站、公路养护等投资 2.1 亿元。改建农场客运站 3 个；完成农村公路养护设备购置 7 台套等。全年共完成道路客运量 0.1 亿人次，客运周转量 6.1 亿人公里，货运量 0.2 亿吨，货运周转量 17.6 亿吨公里，分别比上年增长 −17.7%、−2.6%、4.1% 和 11.1%。

公路建设取得新成果。2015 年年末，全年完成公路建设投资 17.8 亿元，下降 28.2%，其中境内省属第二条建三江至抚远（黑瞎子岛）高速公路当年完成投资 14.5 亿元，现已交工通车。新建续建农村公路 293 千米，使垦区农村公路硬化里程达到 10 613 千米，为垦区新农村建设做出了突出贡献。

通信事业持续发展。年末农垦通信拥有通信线路 26 941 千米，比上年下降 2.8%。其中，光缆线路总长度 19 386 皮长公里，增加 672 皮长公里。垦网固定电话达到 25.5 万部，比上年增长 1.0%，垦网户均固定电话普及率达到 44.2%，比上年提高 0.5 个百分点。宽带用户达到 19.8 万户，比上年增加 1.2 万户，增长 6.5%。

旅游业加快发展。全年累计接待国内外旅游者 633.8 万人次，实现旅游收入 32.4 亿元，比上年分别增长 6.7% 和 14.9%。年末，垦区拥有 A 级以上景区 49 个，比上年增加 3 个，其中，AAAA 级景区 7 个，AAA 级景区 19 个，AA 级景区 23 个。

六、国内贸易和对外经济

消费品市场稳定活跃。全年垦区实现社会消费品零售总额 217.8 亿元，比上年增长 9.9%，其中，农场及农场以下消费品零售额 184.1 亿元，增长 9.7%；批发零售贸易业消费品零售额 184.5 亿元，增长 9.8%；住宿和餐饮业零售额 33.3 亿元，增长 10.3%；食品类商品零售额 85.5 亿元，增长 9.9%，占全部零售额的比重为 39.3%。

对外贸易总额温和下行。全年实现外贸进出口总额 25 亿美元，比上年下降 3.1%，其中，出口总额实现 6.5 亿美元，比上年下降 33.6%；进口总额实现 18.5 亿美元，比上年增长 15.6%。

招商引资和对外经济贸易合作持续发展。全年签订国内外经济技术合作项目 269 项，其中利用外资项目 16 项。实际利用国内外资金 54.9 亿元，其中合同利用外资到位资金 1 898.6 万美元。

“走出去”工作稳步推进。2015 年垦区已在俄罗斯、澳大利亚、泰国、安哥拉、莫桑比克、菲律宾、老挝及我国香港等 10 多个国家和地区开展对外投资合作业务。境外各类公司和企业共计 21 家，其中农业种植加工类 9 家、合作种植类 3 家、金融贸易类 5 家、进出口贸易类 4 家。境外农业开发面积 304.4 万亩，土地种植面积 189.2 万亩，生产粮豆 37.7 万吨，返销粮食 23 万吨，产值 1.5 亿美元，利润 3 075 万美元，境外就业中方人数 977 人。项目累计投资 25.35 亿元。

七、科技、教育、卫生、文化和体育

科技事业成果丰硕。2015 年年末，垦区拥有专业科研机构 19 个，技术推广中心（站）113 个，省级科技成果推广示范基地 11 个，国家级农业科技园区 1 个，省级农业科技园区 3 个，国家级工程技术中心 1 个，省级工程技术中心 5 个，生产力促进中心 2 个，科技进步贡献率达到 68.2%。全年垦区各级科技投入 8.7 亿元，比上年下降 21.6%。垦区科技自主创新取得新进展，全年总局科技计划项目 13 个，课题 118 个，通过鉴定科技成果 41 项，获黑龙江省科技奖励 8 项，获得总局科技进步奖 43 项。加快“互联网＋”在垦区现代化大农业中的推广应用，北大荒互联网核心服务平台建设逐步完成。新增 3 个单位为全国青少年农业科普示范基地，累计达到 16 个。新增专利 109 个，累计 1 760个。

教育事业健康发展。学前教育体系进一步完善，垦区公办幼儿园达到 109 所，学前三年毛入园率达到 91%。义务教育均衡发展扎实推进。普通高中教育质量稳步提升，国家级示范性中等职业学校建设和省部共建农村现代职业教育改革试验区建设项目稳步推进。年末垦区有独立普通小学 26 所，招生 0.97 万人，在校生 5.9 万人，毕业生 1.1 万人；普通中学 126 所，招生 2.1 万人，在校生 7.0 万人，毕业生 2.2 万人。普通高等院校 3 所，招生 0.9 万人，在校生 3.1 万人，毕业生 0.8 万人；中等职业教育学校 10 所，招生 0.4 万人，在校生 1.9 万人，毕业生 1.2 万人。2015 年垦区高考再创新高，垦区高考考生 10 101 人，共录取 9 575 人，其中本科 6 192 人，其中一本学校录取人数为 1 395人，比去年增加了 163 人，全垦区高考录取率为 95.81%，艺体生录取比率占录取人数的 14.47%。

医疗卫生服务体系不断完善。2015 年垦区以提高居民健康质量为中心，全面加强基本医疗服务和基本公共卫生服务建设，创建总局级示范社区卫生服务中心 10 所，建设标准化健康小屋 24 所。年末，垦区共有各级各类卫生机构 1 200 个。综合医院 125 所，总局总医院 1 所，管理局中心医院 7 所，神经精神病专科医院 1 所，疗养院 1 所；农场级医院（挂社区卫生服务中心牌子，承担社区卫生服务功能）115 所。卫生监督所（挂疾病预防控制中心牌子）113 所。垦区拥有卫生技术人员 12 661 人，其中，执业医师和执业助理医师 5 902 人，注册护士 4 902 人。拥有住院床位和观察床位 10 737 张。2015 年，报告国家法定乙类、丙类传染病 17 种，报告发病人数 1 873 例，其中乙类传染病 13 种 1 740 例，丙类传染病 4 种 133 例，报告发病率 132.28/10 万，与 2014 年同期相比上升了 3.2%。

文化事业全面发展。年末垦区共有对外开放的博物馆（场史纪念馆）56 个，文化馆 53 个，体育馆 42 个，图书馆（室）224 个，社区、管理区综合文化活动室 388 个，文化广场、主题文化公园 213 个。现有一报四刊，《北大荒日报》全年总印数 2 045 万份，杂志 4 种，全年总印数 31.2 万册。制作了各类专题片 20 部；举办了“垦区纪念中国人民抗日战争胜利暨世界反法西斯战争胜利 70 周年书法绘画摄影大赛作品展”，共收到各类作品 400 余件，展出 170 余件精品，充分展示了北大荒文化艺术事业取得的成就；2015 年中国龙舟公开赛（北大荒站）和全国钓鱼锦标赛（北大荒站），先后在八五二农场蛤蟆通水库火热举行。央视媒体、龙视媒体以及垦区主流媒体、国家各大网站对这两项赛事进行了全方位的报道，向全国人民充分宣传展示了现代北大荒、绿色北大荒、幸福北大荒，提升了北大荒文化的影响力。2015 年垦区继续实施文化信息资源共享工程，为 5 个独立区域的管理局、农垦职业学院和 18 个农场购置广场灯光音响。

广播电视事业稳步发展。各级广播电视台站共开办专栏 130 余个，累计播出 1 640 余期。农垦广播电视台开辟电视栏目 9 个，播出 1 437 期，农垦广播电视台和网络电视台共播出新闻 1.7 万余条，其中省级以上媒体播发新闻 170 余条。“龙广 · 北大荒之声”实现了 24 个频点覆盖，自办栏目《北大荒新闻》《农科天地》和《北大荒文化》3 个，共计播出 670 期。继续推进数字电视平移，目前用户已达到 38 万户。

体育事业平稳发展。年末垦区拥有体育场馆 156 个，全年组织各类体育运动会及体育比赛 1 073次，有 16.5 万人参加了各种类型的体育运动项目。继续加大全民健身工程投入力度，积极争取上级扶持资金，建设雪炭工程 2 个、健身苑 8 个、社区多功能运动场 10 个、体质测试站 2 个、援建体育场馆 29 个、建设室内综合活动室 50 个、为 70 个农场铺设室外健身路径 440 条。

八、社会保障和环境保护

社会保险工作持续深入开展，各险种全部实现总局以上级别统筹。年末垦区参加企业职工基本养老保险 89 万人，其中在职参保 46.7 万人，离退休人员 42.3 万人，全年累计发放养老金 97.4 亿元，比上年增长 16.7%；参加机关事业养老保险 5.5 万人，其中参保职工 3.2 万人，离退休人员 2.3 万人；参加城镇社会养老保险 0.8 万人，其中享受待遇人数 0.6 万人。参加基本医疗保险 133.9 万人，其中参加职工医疗保险 74.9 万人，参加居民医疗保险 59.0 万人，全年支付医疗保险基金 20.3 亿元，比上年增长 20.1%。参加失业保险 36.2 万人，全年发放失业金 1 203 万元。参加工伤保险 38.3 万人，全年支付工伤保险基金 6 331 万元。参加生育保险 36.8 万人，支付生育保险基金 3 317 万元。

保险事业加快发展。全年保费收入 27.7 亿元，比上年增长 2.1%，其中，农险保费收入 23.5 亿元，比上年增长 1.9%，农业保险承保面积

7 579.6万亩。全年赔付额18.0亿元，比上年增长10.1%，其中，农险赔付金额16.2亿元，比上年增长10 %。

资源环境保护力度加大。年末垦区已建各级各类自然保护区21个，总面积51.5万公顷，占垦区土地总面积的9.1%。继续加强农村环境保护和自然生态保护工作，2015年垦区完成国家级生态局2个，省级生态局（管理局）1个，省级生态乡镇（农场）5个，生态系列创建工作走在全省前列。狠抓污染防治工作，列入“十二五”松花江流域规划的8个项目完成率达62.5%，本年度淘汰营运黄标车7 574台，完成年度任务。认真做好污染减排工作，全垦区新建生活污水处理项目13个，大气脱硫脱硝项目12个，严格控制污染物排放量，如期完成年度减排目标。

九、人口与人民生活

人口保持低速下降。全年垦区人口出生率为3.73‰，比上年下降0.88个千分点，人口自然增长率为−1.39‰，比上年上升0.63个千分点。年末垦区常住总人口167.2万人，比年初减少2.5万人，下降1.5%。其中，农场人口146.4万人，占总人口的87.6%。

职工工资水平稳步增长。年末全部在岗职工37.5万人，在岗职工年平均工资为32 496元/人，比上年增长7.1%。

居民生活水平快速提高。全年垦区居民人均可支配收入达到23 855元，同比增长7.2%。其中，工资性收入、经营性净收入、财产性净收入和转移性净收入同比分别增长10.8%、3.9%、15.3%和7.5%。垦区居民人均生活消费支出12 179元，比上年增长8.4%，其中食品消费支出所占比重即恩格尔系数26.2%。耐用消费品数量与去年同期基本持平，年末平均每百户居民拥有彩色电视机100.3台、洗衣机93.3台、电冰箱88.5台、空调1.4台、摩托车35.2辆、热水器60.3台、微波炉21.8台、照相机25.6台、家用计算机51.8台、移动电话202.9部、生活用汽车15辆。

居民居住条件和环境得到持续改善。垦区继续加快城镇居民住宅基础设施、公共设施建设步伐。到年末，垦区居民住房面积达到5 386.4万米^2，比上年增长0.5%，人均住房面积32.2米^2，比上年增加0.6米^2。城镇集中供热面积3 667万米^2，比上年增长1.4%；城镇硬化道路长度3 249千米，硬化率100%；城镇人均绿地面积45.5米^2，增长2.2%；城镇化率达到85.8%，与上年持平。

居民储蓄存款继续增加。年末垦区居民储蓄总额495.2亿元，比上年增长23.1%，人均储蓄额29 620元。

注：1. 地区生产总值、各产业增加值、人均地区生产总值及其构成项目绝对数按现价计算，增长速度按可比价格计算。

2. 公报数据为初步统计数据，最终数据以《2016年黑龙江垦区统计年鉴》为准。

上海农垦2015年经济和社会发展统计公报

光明食品集团有限公司

2015年是国家“十二五”规划和集团第三个三年计划的收获之年。光明食品集团坚持“安全食品的模范、保障供应的中坚、整合资源的领头羊”企业使命，主动适应经济发展新常态，全年经济运行总体平稳，三年发展战略规划圆满收官。

一、综合

2015年，光明食品集团全年实现增加值163.6亿元，比上年增长7.1%。其中：

第一产业增加值16.1亿元，比上年增长4.8%，占总增加值的9.8%；

第二产业增加值65.4亿元，比上年增长28.9%，占总增加值的40%。第二产业的增加值中，工业增加值62.7亿元，建筑业增加值2.7亿元；

第三产业增加值82.1亿元，比上年下降5.3%，占总增加值的50.2%。

2015年，光明食品集团工农业总产值（按现行价）401.7亿元，比上年增长15.7%。全年完成工农业出口商品额10亿元，比上年增长5.4%。其中：工业出口9.7亿元，比上年增长5.6%；农业出口0.3亿元，与上年持平。

2015年，光明食品集团固定资产投资完成额29亿元，比上年增长45%。

2015年，光明食品集团年末从业人员14.1万人，比上年增长3.6%。

二、第一产业

2015年农业生产稳定发展。种植业粮食产量略有下降，但食用菌、盆栽花卉、草坪产量增长较大。畜牧业产量产值同步增长。

2015年完成农业总产值602 027万元，比上年增长9.3%。其中：种植业203 843万元，比上年增长5.6%；林业6 490万元，比上年增长36.3%；畜牧业337 461万元，比上年增长13.3%；渔业54 232万元，比上年下降1.3%。

2015年，种植业生产情况：粮食播种面积41 076公顷，比上年下降4.2%，粮食总产量31.9万吨，比上年下降4.1%；蔬菜及食用菌产量24.7万吨，比上年增长7.8%；西瓜产量3.8万吨，比上年下降10%；鲜切花987万枝；盆栽花卉984万盆；草坪销售量128万米²。全年新增造林面积204公顷。

2015年，畜牧业生产情况：生奶产量、生猪上市量、禽蛋产量和水产品产量增长。全年牛奶产量36.2万吨，比上年增长19.1%；生猪上市量95.1万头，比上年增长20.2%；家禽上市量57.7万只，比上年下降30%；禽蛋产量8 065吨，比上年增长24%；鸽子上市量50.5万羽，比上年增长20.7%。

全年水产品产量41 426吨，比上年增长0.5%，其中鱼类产量39 164吨，虾蟹类产量2 262吨。

三、第二产业

2015年光明食品集团的工业，农副食品加工业规模有所扩大，产量比上年有更大增长，产品销售同步发展。

2015年，全年完成工业总产值341.5亿元，比上年增长16.9%，工业销售产值为339.3亿元，比上年增长16.6%，产销率为99.6%。大中型企业总产值275.5亿元，占80.7%；农副食品加工业、食品制造业和饮料制造业企业总产值为309.2亿元，占总产值的90.5%。

全年工业企业主要产品产量见表1。

表 1　全年工业企业主要产品产量

产品名称	单位	产量	比上年增减（%）
大米	吨	241 086	163.0
成品糖	吨	1 497 325	17.7
糖果	吨	20 944	0.2
乳制品	吨	1 127 915	−3.3
其中：液体乳	吨	1 118 962	−3.1
罐头	吨	54 837	−16.1
味精（谷氨酸钠）	吨	24 650	7.6
蜂蜜营养制品	吨	14 725	−8.5
饮料酒	千升	114 811	15.5
软饮料	吨	342 186	−6.7

建筑业生产情况：全年完成建筑业施工产值27.5亿元，比上年增长55.2%。施工面积155.7万米^2；竣工面积81.6万米^2。

四、第三产业

2015年，光明食品集团的商业、住宿餐饮业、服务业稳步发展。房地产业销售比上年增幅较大。

年末，批发零售贸易业的营业网点有4 427个，比上年增长10.2%，营业面积108.3万米^2，比上年增长6.9%。

营运的出租车辆11 037辆，比上年下降2.9%。

全年房地产销售面积116.4万米^2，比上年增长44.5%；销售额142.9亿元，比上年增长107%。

五、固定资产投资

2015年，光明食品集团完成固定资产投资29.1亿元，比上年增长45%，其中本年完成投资5 000万元以上项目占52.6%，比上年增长77.8%。固定资产投资总额中，第一产业9.4亿元，比上年增长49.8%；第二产业9亿元，比上年增长8.2%；第三产业10.6亿元，比上年增长96.2%。一、二、三产业的投资比重分别为32.5%、31.1%和36.4%。当年新增固定资产23.1亿元。

六、职工和工资

2015年，光明食品集团年末从业人员141 458人，比上年增长3.6%。其中：第一产业11 490人，第二产业45 646人，第三产业84 320人。一、二、三产业的从业人员比重分别为8.1%、32.3%和59.6%。第三产业中批发和零售业的从业人员48 630人，占全部从业人员的34.4%。全部职工人数100 047人，其中：在岗职工人数95 245人。

2015年，从业人员年平均报酬52 596元，比上年增长8.6%；全部职工年平均工资57 624元，比上年增长10.1%；在岗职工年平均工资60 291元，比上年增长8.3%。

说明：一、公报中提到的增加值按现行价格计算。

二、公报中的统计数据口径是集团控股企业财务合并、事业单位和控股财务不合并的单位。

江苏农垦2015年经济和社会发展统计公报

江苏省农垦集团有限公司

2015年，在省委、省政府坚强领导下，认真落实省国资委工作要求，坚决执行集团党委决定和董事会决策，有效应对预期内和预期外的挑战与冲击，集团经济在转型升级中实现了持续健康发展。

一、综合

2015年，垦区实现生产总值138.54亿元，比上年增长9.85%。其中，第一产业增加值24.45亿元，比上年增长1.07%；第二产业增加值75.48亿元，比上年增长15.39%；第三产业增加值38.61亿元，比上年增长5.72%。三次产业比重为18∶54∶28，非农产业比重较上年提高1个百分点。人均生产总值净增加5 999元，达到68 664元，比上年增长9.57%。

集团经济健康发展。全年实现国有营业收入224.09亿元，增长7.77%；国有利润总额30.87亿元，增长12.39%；归属集团母公司净利润11.18亿元，增长0.54%。经济增加值20.41亿元，增长10.62%；净资产收益率15.16%，稳定在15%以上。截至2015年年末，集团净资产118.12亿元，增长20.05%；归属集团母公司所有者权益78.83亿元，增长14.81%。

二、农业

着力统筹数量质量效益，农业生产水平稳步提升。粮食总产116.61万吨，较上年增长15.26%，再创历史新高；垦区大麦、小麦、水稻公顷产分别达6 441千克、6 491千克、9 180千克，弶港、新曹两家分公司大麦亩产超500千克，黄海、弶港、滨淮、淮海、临海、东辛、新曹七家分公司水稻高产示范方亩产达850千克以上，白马湖分公司保质保量繁育生产稻麦品种达38个。

推广应用新品种新技术。农发公司稻麦自主品种种植面积17.28万亩，增长26%，其中弶港分公司“华麦5号”、新洋分公司“华粳7号”分别实现高产田亩产658千克、899千克，均创下省内相关历史最高纪录。稻麦规模化高产技术体系得到有效集成和普遍应用，为粮食持续增产增效发挥了关键作用，被农业部农垦局作为长江中下游垦区稻麦高产技术模式加以推广。东辛、岗埠、临海、白马湖等农场，以及金鲤渔业公司积极引进试养新品种，开展苗种培育、单品精养、多品混养、反季节养殖等技术试验。

推进农产品质量追溯体系建设。涉及苏垦米业公司的稻米、农发公司弶港分公司的西瓜、新曹农场的林下草鸡蛋、东辛农场水产公司的南美白对虾、连云港东米公司的肉鸡、连云港吉本多公司的水煮莲藕和速冻韭菜6家企业7个产品，其中稻米追溯规模67万亩，稳居全国第一。

主要农产品产量见表1，牲畜产末存栏总数及主要畜产品产量见表2。

表1　主要农产品产量

指标	单位	数量	比上年增减（%）
稻谷	万吨	65.89	27.03
小麦	万吨	40.89	9.07
大豆	万吨	0.07	－41.67
油料	万吨	0.05	－44.44

表2　牲畜年末存栏总数及主要畜产品产量

指标	单位	数量	比上年增减（%）
肉类总产量	万吨	5.50	－12.14
猪牛羊肉	万吨	1.63	－12.83
禽肉	万吨	3.86	－11.87
生猪年末存栏	万头	6.75	－7.78
牛年末存栏	万头	0.75	38.89
羊年末存栏	万只	1.09	－27.81
家禽年末存栏	万只	516.00	24.92
肉猪出栏数	万头	18.46	－13.17
禽蛋产量	吨	17 699	32.23
牛奶产量	吨	26 239	96.99

三、工业和建筑业

2015年，垦区拥有工业企业335个，其中规模以上44个。全年实现工业总产值（现行价）250.74亿元，比上年增长28.17%。产品销售收入244.85亿元，比上年增长23.27%。

坚持不懈降本增效。正大天晴创新甘草酸系列产品生产工艺取得突破，批收率提高30%以上，年可降本超过4 000万元。南京正大天晴创新绩效考核机制，全员劳动生产率增幅达15%。正大丰海开展QC攻关项目40余项，有三项获得国家优秀成果奖。苏垦银河、勤奋药业等企业加强采购成本和产品质量控制，成为效益大幅增长的主要来源。主要工业产品数量见表3。

表3　主要工业产品产量

指标	单位	数量	比上年增减（%）
大米	吨	396 078	6.93
食用植物油	吨	8 947	1.36
棉纱	万吨	2.64	1.15
针织服装	万件	3 849	18.57
电子元件	万只	47 280	0.92

建筑业稳步发展。2015年建筑业实现产值149 199万元，比上年增长6.1%；实现增加值56 286万元，比上年增长13.91%；实现利润总额14 348万元，比上年增长9.54%；上缴税金3 093万元，比上年下降5.93%。

四、第三产业

2015年，垦区第三产业完成营业收入122.49亿元，比上年下降2.08%。其中批发零售贸易业83.98亿元，比上年下降4.56%；餐饮业3.52亿元，比上年增长16.17%；服务业34.99亿元，比上年增长2.67%。

通宇公司实现营业收入14.48亿元，较上年增加2.03亿元，增长16.3%，实现利润总额4.54亿元，较上年增加3 469万元，增长8.28%，对三产企业起到强大的支撑作用，使集团经济平稳健康发展。

五、固定资产投资

2015年，全垦区完成固定资产总投资34.69亿元，比上年下降0.74%，基本建设投资完成27.81亿元，占固定资产总投资的80.17%。在整个固定资产投资中，生产性固定资产完成26.47亿元，占整个固定资产总投资的76.3%。

在全部固定投资中，第一产业投资完成3.17亿元，第二产投资完成13.86亿元，第三产业投资完成17.66亿元，分别占总投资的9.14%、39.95%、50.91%，其中通宇房地产公司投资13.42亿元。

在全部固定资产投资中，国有固定资产投资完成24.12亿元，占整个投资的69.53%。

六、科技、卫生

2015年，全垦区共有各级各类科技专业技术人员902人。全年投入科研经费83 736万元。

2015年，卫生事业继续改善，全垦区共有医疗单位17个，其中，医院17个，病床1 104张，各类卫生技术人员1 015人，其中医生570人。全年医疗卫生经费支出16 242万元，比上年增长3.76%。

七、人口和职工收入

2015年，全垦区总人口202 011人。其中，农场人口173 120人，总人口比上年减少144人。全垦区人口出生率7.47‰，人口死亡率6.37‰，人口自然增长率为1.11‰。2015年，全系统平均社会从业人员88 763人，其中，第一产业26 872人，第二产业31 805人，第三产业30 086人，分别占全部从业人数的30%、36%、34%。职工收入继续提高，垦区职工全年平均收入53 417元，比上年增长9.42%。2015年垦区农场居民人均纯收入24 343元，较上年增长8.77%。

八、非国有经济

2015年，全垦区非国有增加值571 503万元，比上年增长0.56%，其中，第一产业增加值100 762万元，第二产业增加值233 306万元，第三产业增加值237 435万元，分别比上年下降25.38%、增长7.6%、增长9.69%。三次产业比重为18∶41∶41。年末非国有经营单位16 043个。其中，私营企业996个，个体经济15 033个。从业人员53 327人，其中，第一产业11 458人，第二产业18 996人，第三产业22 873人。从业人员收入总额 260 789 万元。全年共实现利税 188 433 万元，其中，利润 161 828 万元。当年非国有经济完成固定资产投资额 105 679 万元。

九、其他

（1）全系统 18 个农场中，生产总值超过 1 亿元的有 15 个。这 15 个农场平均职工人数为 33 658 人，耕地面积 20 755 公顷。2015 年实现生产总值 656 913 万元，占垦区生产总值的 47.42%。其中，农业增加值 142 144 万元，工业增加值 176 691 万元。销售税金 29 964 万元，利润总额 161 916 万元。东辛农场、岗埠农场、新曹农场列生产总值前三位。

（2）全系统有大中型工业企业 8 家，共实现现价总产值 1 493 024 万元，销售产值 1 477 973 万元。增加值 512 165 万元，增加值占垦区全部工业企业增加值的 73.32%。年末固定资产原值 326 128元，职工人数 9 186 人，实现利税总额 434 316万元。

浙江农垦2015年经济和社会发展统计公报

浙江省农业厅农场管理局

2015年，浙江垦区工作认真贯彻落实党的十八届五中全会精神，紧紧围绕建设“高效生态农业强省、特色精品农业大省”的总要求，以加快推进现代农场建设为主线，进一步创新发展机制；深入推进以危旧房改造为重点的住房解困，进一步改善农场民生；推进现代农业建设，进一步提升农场产业发展水平和示范带动能力，促进农场转型发展。

一、经济运行特点

1. 经济结构转型升级影响大 2015年全系统实现生产总值16.19亿元，同比下降25.3%，其中：第一产业增加值1.41亿元，第二产业增加值14.5亿元，第三产业增加值0.28亿元，三次产业增加值比重为8.7∶89.6∶1.7。生产总值大幅下降的主要原因是：占垦区生产总值比重达82.7%的萧山垦区受经济下行压力、部分农场体制调整退出统计口径和浙江“退二进三”政策等多重因素影响，近一半工业企业关停并转。垦区人均生产总值44 966元，比上年增长11.9%。实现利润2.88亿元，上缴税金2 140万元。

2. 农业生产结构调整较大 全年农牧渔业总产值4.3亿元，同比下降25.3%，其中农业产值2.5亿元，牧业产值同比下降69.2%，仅为1.17亿元；全年农作物播种面积4 580公顷，其中粮食作物播种面积1 821公顷，粮食总产量8 807吨；蔬菜瓜类总产量5.2万吨，茶叶总产量4 331吨；水产品总产量2 994吨；全年肉类总产量5 901吨，同比减少72.7%，肉类产量下降的主要原因是浙江省开展“五水共治”“三改一拆”行动，垦区位于禁限养区的中小型猪场进行关停搬迁。

3. 工业生产下降明显 全年完成工业总产值106.4亿元，同比降低14.4%，垦区主要工业覆盖农副产品加工业、纺织业、化学纤维制造业等，其中萧山农垦工业总产值占垦区的80%。

4. 固定资产投资较大幅度减少 全年完成固定资产投资2.45亿元，同比降低27.9%。其中：第一产业完成投资0.04亿元，第二产业完成投资2.3亿元。非国有经济单位仍是农场投资的主体，占农场固定资产投资的99%。

5. 外贸出口大幅下降 全年外贸出口商品总金额2.55亿元，比上年降低64.4%，主要原因是受国际贸易大形势影响，萧山垦区出口需求大幅减少。出口商品主要是速冻蔬菜、茶叶和镀锌板等。

二、主要工作措施

（一）推进现代农场改革建设，提升示范带动能力

1. 组织开展深化国有农场改革课题调研 今年中央1号文件将农垦改革纳入全面深化农村改革的重点任务，为将政策机遇转化为发展良机，联合浙江大学中国农村发展研究院开展关于推进现代国有农场建设的课题调研，通过实地调研结合问卷调查，获得了大量农场发展的新情况和新问题，完成《深化浙江省国有农场体制机制改革的研究》调研报告和决策咨询意见书，为下一步制订浙江省推进国有农场改革发展的实施方案做好前期准备。

2. 推进现代农场建设 根据“两区”建设现场会精神，督促指导各地国有农场立足自身优势，积极争取当地政府和各有关部门的重视和支持，把农场现代农业发展列入当地“两区”建设总体规划。指导25家已经列入省级现代农业园区和省级粮食生产功能区的农场做好园区建设项目规划实施。举办深化国有农场改革场长研讨班，提高国有农场管理人员政策水平和工作能力。

3. 推进农垦农产品质量追溯等项目建设 继续组织有关国有农场开展创建工作，组织举办一期全省农垦农产品质量追溯系统建设项目培训班，指导开展农垦农产品质量追溯建设，确保项目顺利开展。加强农产品质量安全和追溯标识使用监管，积极开展农垦可追溯产品电商工作。目前，已有9家

全国农垦农产品质量安全追溯项目建设单位，5 家单位获得标识使用授权。组织实施 2 个农垦农业技术试验示范项目、3 个农垦畜牧高产攻关项目。完成 3 家全国农垦现代化养殖示范场复审工作。

4. 开展美丽农场建设试点 下发《浙江省农业厅农场管理局关于开展美丽农场建设试点工作的通知》，在全省农场系统开展美丽农场建设试点工作，首批确定 8 家美丽农场建设试点单位，率先在全省建设一批可看、可学、可借鉴的美丽农场建设典型和样板。

（二）深入推进国有农场危旧房改造，改善农场民生

深入贯彻落实《浙江省人民政府办公厅关于做好国有农场危旧房改造工作的通知》《关于做好国有农场危旧房改造工作的实施意见》和保障性住房建设要求，继续组织实施危旧房改造计划，切实加快危旧房改造进程。

1. 加强督促检查 及时全面掌握农场危旧房改造项目实施进度。对全省危旧房改造项目建设进展情况以文件形式进行通报，督促未动工农场抓紧开工，在建项目加强管理规范操作，完工项目做好项目竣工验收、分配入住、资料归档等。联合浙江省发改委，对台州、绍兴等地进展缓慢农场进行专门督查，现场召集当地发改委、项目主管部门和实施单位共同商讨解决办法。目前，列入中央预算投资计划的 5 885 户危旧房改造任务总体进展良好，已开工 4 908 户，开工率 83.4%，建成 4 436 户。

2. 落实整改措施 根据审计署上海特派办对浙江省稳增长促改革调结构惠民生政策措施落实情况跟踪审计要求，督促诸暨十里牌农场落实整改工作。目前，已落实用回迁经济适用房方式解决，135 套安置房已交给农场，正在进行分配安置。配合审计厅对余杭农林集团危旧房改造项目开展审计监管，督促余杭农林集团妥善解决好剩余安置房处置问题。配合浙江省发改委做好莲都区三家农场、台州农垦场危旧房项目的计划调整工作。通过实施危旧房改造项目，基本解决了农场职工这一弱势群体的住房困难，累计 13 754 户农场职工的危旧房得到改造，共新建和改造职工安置房 136 万米^2，农场职工人均住房面积从 2009 年的 17.1 米^2 提高到 2015 年的 39.4 米^2，居住条件和农场面貌得到极大改善。

（三）维护职工合法权益，推动农场社区和谐稳定

1. 继续完善农场职工社会保障工作 职工养老、医疗、最低生活保障等覆盖面进一步扩大，养老、医疗保险率分别达到 100%和 96%，部分农场家属工、遗属、精简人员等社会保障问题已基本解决，困难家庭基本纳入城镇居民最低生活保障。妥善处理农场职工信访 7 件次，努力维护农场社区和谐稳定。

2. 做好扶贫相关工作 召开国家扶贫开发重点扶持农场“十三五”规划编制布置会，及时将垦区和 5 个单位的扶贫规划上报农业部农垦局，争取 2016 年扶贫资金计划。做好厅确定的江山市扶贫结对帮扶工作。通过为村图书馆购买一批农业科技类书籍，帮助农民学习掌握农业科技知识。积极促成农垦农产品质量追溯单位嵊州市江夏茭白产销专业合作社与江山市石门镇琚家岗村开展茭白生产销售合作，并通过土地流转已在琚家岗村建成 60 亩茭白生产示范基地，帮助村民增收 87 万余元。

3. 做好农场山塘水库安全管理工作 继续提高农场抗灾救灾能力，指导农场系统做好雨雪冰冻天气防御工作。明确全省国有农场水库安全管理责任人，并在浙江国有农场与“三品一标”网上公布，加强汛期现场检查，督促农场健全和落实相关安全生产责任制度。天津港“8·12”危险品仓库爆炸后，下发紧急通知，要求农场主管部门及各农场对山塘水库、职工住房、办公用房及生产经营用房等进行全面摸排，切实整改存在的安全隐患，确保群众生命财产安全和农场稳定。

安徽农垦2015年经济和社会发展统计公报

安徽省农垦集团有限公司

2015年是实施“十二五”规划收官的一年，一年来，在垦区上下共同努力下，面对经济下行的大环境，集团公司领导适应新常态，把握新机遇，创新工作方法，推进经济转型发展，垦区保持经济规模持续扩大、产业结构逐步优化、盈利水平不断提高的良好发展态势，圆满完成了年度目标任务。

以强化生产经营通盘调度和督导为抓手，以推进十项改革为动力，以统筹发展为着力点，经过垦区上下共同努力，圆满完成了年度发展任务以及“两个一体化”平台搭建、土地作价出资、集团中票发行、省级农业投资平台论证推进、涉农政策落实等重大工作事项，保持了经济平稳健康运行的良好态势，为明年改革发展奠定了坚实基础。

一、主要经济指标完成情况

垦区主要经济指标完成情况见表1。

表1 垦区主要经济指标完成情况

指标名称	单位	2015年	2014年	增长（%）	指标名称	单位	2015年	2014年	增长（%）
农垦生产总值	亿元	24.7	23.9	3.6	第三产业比重	%	34.8	33.1	5.0
其中：国有部分	亿元	16.5	16.2	3.8	人均生产总值	万元/（人·年）	1.9	1.9	4.0
国有部分比重	%	66.8	67.8	−1.5	全员劳动生产率	万元/（人·年）	4.1	4.0	2.5
第一产业增加值	亿元	11.3	10.9	3.8	工农业总产值	亿元	39.1	40.9	−4.3
第二产业增加值	亿元	4.8	5.1	−5.1	农业总产值	亿元	20.5	20.2	1.1
第三产业增加值	亿元	8.6	7.9	8.7	工业总产值	亿元	18.7	20.7	−9.7
第一产业比重	%	45.7	45.6	0.3	在岗职工年均收入	万元/（人·年）	3.2	2.9	10.2
第二产业比重	%	19.5	21.3	−8.4	垦区人均年纯收入	万元/（人·年）	2.0	1.8	10.7

二、第一产业

垦区主要经济指标完成情况见表2。

表2 垦区主要经济指标完成情况

指标名称	单位	2015年	2014年	增长（%）	指标名称	单位	2015年	2014年	增长（%）
粮食总产	万吨	34.19	34.70	−1.5	蔬菜瓜类	万公顷	0.19	0.18	10.3
其中：小麦	万吨	16.92	18.47	−8.4	干毛茶产量	万吨	1.28	1.27	0.5
水稻	万吨	12.58	10.90	15.4	其中：精制茶产量	万吨	0.03	0.03	2.7
大豆	万吨	3.32	3.35	−1.1	茶园面积	千公顷	2.36	2.38	−0.7
粮食亩产	千克	413.0	418.0	−1.2	农业自然灾害受灾面积	万公顷	1.17	0.28	323.3
农作物总播种面积	万公顷	5.93	5.94	−0.2	园林水果合计产量	万吨	1.36	2.98	−54.4
粮食播种面积	万公顷	5.48	5.48	0.0	园林水果合计面积	千公顷	1.35	1.32	1.9
油料播种面积	万公顷	0.08	0.08	3.3	高标准农田	千公顷	5.3	5.2	0.3
棉花播种面积	万公顷	0.03	0.07	−52.6	农业机械总动力	万千瓦	45.41	43.74	3.8

农业生产战胜自然灾害，在稳定粮食种植面积的同时，优化品种结构，大力发展现代农业、高效农业及养殖业。

畜牧业渔业方面，肉类总产量 15 475 吨，同比上升 1.1%；水产品产量 5 741 吨，同比上升 3.6%。

全年农业固定资产投资 2.06 亿元，其中国有投资 1.68 亿元，主要项目为农业综合开发、现代农业、农田水利基本建设、土地复垦、农机购置等项目。全系统家庭农场纯收入 8.14 亿元，比上年增长 4.4%。

三、第二产业

垦区主要经济指标完成情况见表 3。

表 3　垦区主要经济指标完成情况

指标名称	单位	2015 年	2014 年	增长（%）	指标名称	单位	2015 年	2014 年	增长（%）
工业企业个数	个	144	145	−0.7	工业产销率	%	88.75	90.16	−1.6
工业总产值	亿元	18.67	20.66	−9.7	工业增加值率	%	16.48	15.72	4.9
其中：国有部分	亿元	2.76	3.40	−18.7	建筑业总产值	亿元	5.49	6.78	−19.0

四、第三产业

垦区主要经济指标完成情况见表 4。

表 4　垦区主要经济指标完成情况

指标名称	单位	2015 年	2014 年	增长（%）	指标名称	单位	2015 年	2014 年	增长（%）
批发零售营业额	亿元	11.90	11.55	3.0	第三产业增加值	亿元	8.60	7.91	8.7
其中：国有部分	亿元	0.25	0.34	−25.1	其中：交通运输及仓储	亿元	0.58	0.57	1.7
批发零售利润总额	亿元	0.40	0.38	3.4	批发和零售业	亿元	1.63	1.47	11.0
其中：国有部分	亿元	0.03	0.03	−1.8	住宿和餐饮业	亿元	1.73	1.61	7.2
住宿餐饮营业额	亿元	4.03	3.97	1.5	房地产业	亿元	2.55	2.14	19.4
其中：国有部分	亿元	2.71	2.84	−4.9	租赁和商务服务业	亿元	0.20	0.16	22.6
住宿餐饮利润总额	亿元	0.16	0.15	7.8	科学研究和综合技术服务业	亿元	0.05	0.05	−3.5
其中：国有部分	亿元	0.08	0.07	13.3	居民服务修理和其他服务业	亿元	0.93	0.85	9.8
服务业营业额	亿元	1.65	1.45	14.3	教育	亿元	0.02	0.02	0.0
其中：国有部分	亿元	0.58	0.52	11.2	卫生和社会工作	亿元	0.26	0.24	9.0
服务业利润总额	亿元	0.33	0.34	−2.1	其他	亿元	0.65	0.80	−19.0
其中：国有部分	亿元	0.27	0.28	−1.7					

住宿餐饮业面对严峻的市场挑战，主动适应消费变化，积极调整营业结构，经营模式进一步创新，推动了主体酒店托管模式改革。房地产业战略性调整取得积极成效，收缩市县，集中合肥，增强政策和市场的应对能力；新的经济增长点快速发展，类金融业逐步成长为集团三大主业之外的主要经营业态；皖垦小贷、参保国元农业保险等经营取得良好绩效；银企合作不断加强，有力保障了集团发展的资金需求。

五、对外经济

农业“走出去”步伐加快，皖津公司已开垦 10 个农场，土地开发总面积 1.2 万公顷。

六、固定资产投资

全社会固定资产投资总额 5.91 亿元，同比下降 10.3%；其中国有投资完成 4.1 亿元，同比下降 30.6%，非国有投资 1.81 亿元，上升 166.1%，二者比重分别为69.37%、30.63%。

在全部投资中，投资于第一产业2.06亿元，第二产业1.30亿元，第三产业0.93亿元，住宅建设1.62亿元；第一产业同比上升13.0%，第二产业同比上升85.5%；第三产业同比下降65.1%，住宅建设同比下降89.1%。

七、人口、生活及从业人员情况

农场基础设施条件进一步提高，辖区内长途通信线路1 403千米，同比增加13千米；沙石及以上等级公路1 380千米，同比增加33千米；水泥晒场108.1万米^2，同比增加1万米^2。生活条件进一步改善，农场人均住房面积37.7米^2，比上年增加0.5米^2；自来水管线长度、使用管道水、电视、电话、互联网用户均比上年增加。

垦区年末总人口12.70万人，比去年增加0.2万人。

全社会年末从业人数59 563人，其中，第一产业33 986人，第二产业9 427人，第三产业16 150人，其比重分别为57.1%、15.8%和27.1%；年末从业人数第一、二产业略有下降第三产业同比上升。

国有单位年末从业人数38 045人，其中，第一产业31 641人，第二产业2 861人，第三产业3 543人，其比重分别为83.2%、7.5%和9.3%，年末从业人数与去年同期比略有下降，从业人数从第一产业向第三产业发生转移。

劳动者年总收入17.55亿元，比去年增长8.5%。国有从业人员总收入11.36亿元，同比增长5.1%；承包家庭农场人员平均收入26 602元，比去年增长6.3%。全系统在岗职工平均工资31 818元，比去年增长10.2%；人均纯收入19 773元，同比增长10.7%。

福建农垦2015年经济和社会发展统计公报

福建省农业厅农垦处

2015年，全省农垦系统认真贯彻党的十八大、十八届四中、五中全会精神，根据中央和省委、省政府以及部局和厅里的工作部署，结合全省农垦的实际，继续加快民生建设，加强现代农业建设，不断推进产业发展，维护垦区和谐稳定，扶贫开发，各项工作都取得一定成效。

一、概况

全省农垦系统现有独立核算企业124个，其中农场113个，工业企业5个，商业6个，与上年保持一致。土地总面积116千公顷，比上年增长0.87%，耕地面积10.7千公顷，比上年减少0.84%。全省农垦系统总人口23.65万人，比上年增长0.47%，从业人员10.67万人，比上年减少1.36%。全垦区完成国民生产总值62.51亿元，扣除价格因素（下同），比上年增长18.41%，人均国民生产总值27 748元，比上年增长20.11%。一、二、三产的比例为15∶76∶9，比去年19∶70∶11，第一产业所占的比例下降了4个百分点，第二产业所占的比例上升了6个百分点，第三产业所占的比例下降了2个百分点。出口商品总金额4.20亿元，比上年减少12.14%。人均纯收入11 041元，与上年增长13.72%。福建省农垦经济是多种经济成分并存，国有、集体、个体、私营、三资经济成分在国民生产总值中所占比例分别为14∶4∶10∶41∶31，非国有经济所占比例达82%，比上年增加4个百分点。非公经济占绝对比例，继续得到迅速发展。

二、第一产业

农业生产今年受旱灾、冻害、台风、暴雨等自然灾害影响，产值略有下降。第一产业增加值9.62亿元，比上年减少7.67%。农业总产值23.02亿元，比上年减少1.97%。农业总产值中国有、集体、个体、私营、三资经济、所占比例分别为58∶11∶21∶7∶3。国有经济仍保持优势，占58%，非国有经济所占比例达42%，比上年减少3个百分点，农业的非国有经济虽有所发展，但所占比例还偏小，发展速度很慢，还需要继续积极鼓励发展。农林牧渔结构为52∶4∶32∶12。农业产业结构有所调整，但还不尽合理，需进一步加大力度进行调整，发展畜牧业、渔业。

种植业生产受市场经济、自然灾害、各种惠农政策等影响，农产品产量有增有减。农作物总播种面积21 726公顷，比上年减少1.39%，复种指数达203%，比上年减少2个百分点，其中粮食种植面积11 107公顷，比上年减少2.24%。水果种植面积12 038公顷，比上年减少1.46%。茶叶种植面积5 398公顷，比上年增长23.47%。种植业结构有所调整，但还不够完善，需进一步加强调整。主要农产品产量见表1。

表1　主要农产品产量

指标名称	产量（吨）	比2014年增减（%）
粮食	60 997	−2.59
油料	3 947	0.74
甘蔗	23 966	−0.26
水果	112 562	−0.30
茶叶	7 045	0.77

造林绿化面积保持稳步发展。全垦区现有林地总面积54 888公顷，与上年基本持平。森林覆盖率达47%，与上年持平。2014年全垦区共完成造林面积1 461公顷，比上年减少7.23%。木材采伐25 653米^3，比上年增长5.31%，多采伐1 294米^3；毛竹采伐295.4万根，比上年减少7.69%，少砍24.6万根。森林面积持平，采伐量比去年有所增加，不利于保护森林资源，要继续保持生态平衡。

因各种主客观因素影响，今年畜牧业大幅下滑。主要畜产品产量和牲畜存栏见表2。

表2 主要畜产品产量和牲畜存栏量

指标名称	计量单位	产量	比2014年增减（%）
肉类总产量	吨	37 345	－17.71
其中：猪肉	吨	32 199	－19.76
禽蛋	吨	6 326	11.79
牛奶	吨	4 298	－2.12
牛年末存栏	头	11 853	－0.44
猪年末存栏	头	399 588	1.00
猪全年出栏	头	442 790	－20.45

全年水产品产量30 590吨，比上年增长1.81%，养殖面积1 989公顷，比上年增长3.32%。主要受气候与市场价格因素的影响，渔业生产今年保持相对稳定发展。

橡胶生产。福建省诏安县建设农场种植橡胶，种植橡胶达74公顷，总计5万株，还未开割。

年末全垦区拥有农业机械总动力76 620千瓦，占上年减少1.28%。全年化肥施用量（折纯量）38 297吨，比去年多施9吨；全年农药施用量达1 031吨，比上年减少22.83%，减少305吨。农业生产应大力提倡施用有机肥，少用化肥、农药，农业现代化水平、生产条件没有得到很好改善，农产品生产的无公害问题还应引起各级有关部门和企业高度重视。

三、第二产业

工业生产高速发展。工业增加值达45.25亿元，比上年增长32.04%，工业产值148.78亿元，比上年增长30%，其中非国有经济占98%以上，占绝对主导地位，私营企业经济所占比例大大提高，主要原因是大力发展、完善工业园区、开发区的建设，积极鼓励发展非公经济，新引进一批非公的工业企业，迁入、新建一批企业，更新改造提高产品的档次、以提高企业经济效益。主要产品产量见表3。

建筑业继续保持高速增长。建筑业增加值达1.99亿元，比上年增长25.50%。年末固定资产原值1 067万元，比上年增长6.81%。2015年施工房屋建筑面积45.24万米^2，比上年增长4.36%。年末拥有机械设备总台数324台，比上年减少6台。

表3 主要工业产品产量

指标名称	计量单位	产量	比2014年增减（%）
原煤	吨	26 500	－8.30
液体奶	吨	1 158	－3.10
罐头	吨	7 410	25.70
饮料酒	千升	13 720	125.07
软饮料	吨	2 754	－43.91
精制茶	吨	4 528	0.73
机制纸	吨	3 920	2.62
水泥	吨	809 075	85.74
砖	万块	18 433	－9.13
发电量	万千瓦时	10 913	－3.78

四、第三产业

第三产业保持平稳发展。第三产业增加值达5.66亿元，比上年增长0.18%，占国民生产总值比重达9%，比上年下降了2个百分点，所占比例还很小，应继续大力鼓励发展。

运输业保持发展。营业总收入15 088万元，比上年增长3.25%。其中：货运收入12 852万元，比上年增长4.63%。年末拥有主要运输工具1 212台，比上年增加49台。

商业、餐饮业、服务业保持稳定发展。年末营业单位数3 391个，比上年增加28个，比上年增长8.32%。商品销售总额或营业收入达15.89亿元，比上年增长7.22%。年末固定资产原值4.41亿元，比上年增长26%。

五、市场经济

农业商品产值、商品量及出口供货商品量均有所下降。农业商品产值达17.47亿元，比上年减少4.8%，商品率达76%，比上年下降了3个百分点。出口供货商品金额4.2亿元，比上年减少12.14%。

六、农垦从业人员生活

农垦从业人员生活水平有所提高。全省农垦系统人均纯收入11 041元，比上年增长13.72%，突破1万元，职工收入有所改善提高。人均住房面积达到31.5米^2，比上年减少4.89%，人均少了1.62米^2。

江西农垦2015年经济和社会发展统计公报

江西省农垦事业管理办公室

“十二五”时期，是我国在实现“两个一百年”奋斗目标历史进程中极为重要的五年，也是江西省转型升级、绿色崛起的五年。在党的十八大、十八届四中、五中全会精神的指引下，全省农垦深入贯彻落实省委十三届七次、八次、九次、十次、十一次全会精神，在省委、省政府的统一部署，农业部农垦局的精心指导下，按照“快乐农业、幸福农工、美丽农场”的规划蓝图，坚持“人口向总部集中、产业向园区聚集、农业向现代化转变，构筑新型城区、现代园区、旅游景区新三元结构”的发展战略，在实现兴垦富民、再度辉煌“农垦愿”的征程中，迈出了“发展升级、小康提速、绿色崛起、实干兴赣”的扎实步伐，取得了显著成绩。现将2015年江西垦区经济建设和社会发展情况报告如下。

一、基本情况

1. 全垦区独立核算企业个数统计 2015年，江西垦区减少1家农工商公司，即上饶市铅山农垦农工商公司，垦区现有独立核算农垦农工商公司5个，即乐平市农垦农工商公司、景德镇市农垦农工商公司、鹰潭市独立核算农垦农工商公司、贵溪市农垦农工商联合公司、九江市农垦农工商公司（表1）。

表1 全垦区独立核算企业统计

指标名称	计量单位	2015年实际	上年同期
独立核算企业合计	个	163	164
1. 垦殖场、企业集团	个	156	156
其中：企业集团	个	9	9
其中：场办工业	个	1 034	1 034
场办商业	个	2 272	2 124
场办建筑业	个	82	84
场办运输业	个	289	287
2. 独立核算的工业企业	个	2	2
3. 独立核算的农垦农工商公司	个	5	6

全年农垦年末总户数378 740户，较上年增长1.7%；总人口1 299 379人，较上年增长2.83%；人口自然增长率为4.15‰；年内出生人口10 164人；年内死亡人口4 971人，死亡率3.83‰；土地总面积691 743.62公顷，较上年增长0.04 %。

2. 主要经济指标平稳发展 在下行压力不断加大的不利形势下，经济保持全面持续健康发展（表2）。

表2 主要经济指标

指标名称	计量单位	2015年实际	上年同期	增减率（%）
生产总值	万元	2 106 153	1 993 943	5.63
其中：第一产业增加值	万元	260 371	253 737	2.61
第二产业增加值	万元	1 384 019	1 298 103	6.62
第三产业增加值	万元	461 763	442 103	4.45
工农业总产值	万元	7 174 131	6 619 488	8.38
其中：工业产值	万元	6 637 587	6 107 783	8.67
农业产值	万元	536 544	511 705	4.85
全垦区固定资产总投入	亿元	253.41	219.73	15.33
人均纯收入	元/年	11 373	10 422	9.12

2015年，一、二、三产业结构比例由2014年13∶65∶22变化为12∶66∶22。

3. 农场按工农业总产值大小排序 2015年，全省农垦工农业总产值达到上亿元的场（企业集团、厂）48家，比上年增加了3家。其中：本年新增加了3家，即景德镇垦区的十里岗垦殖场、抚州垦区的华山垦殖场、宜春垦区相城垦殖场。具体见表3（按工农业总产值大小顺序排列）。

表3 农场按工农业总产值大小排序

排 序	农场名称	工农业总产值（万元）	人均年纯收入（元）
1	共青场	4 090 699	18 500
2	云山集团	307 880	9 532
3	梅岩	245 337	11 027
4	桑海场	185 346	18 000
5	恒丰场	158 271	10 860
6	芙蓉场	153 829	9 150
7	大茅山场	145 396	12 290
8	新岗山场	141 166	11 080
9	黄岗山场	119 297	7 280
10	墨山场	110 206	7 530
11	罗家场	88 106	12 838
12	南英场	73 515	12 800
13	红星场	70 866	8 260
14	花亭场	68 900	10 720
15	阁山场	64 084	11 576
16	西郊场	59 326	16 632
17	介桥场	56 040	14 575
18	旭光场	49 660	9 370
19	九龙山场	47 000	11 160
20	五府山场	44 199	9 880
21	上十岭场	43 800	11 660
22	武夷山场	39 897	9 200
23	赛湖场	38 232	11 478
24	长红场	35 187	7 890
25	刘家站场	34 130	8 900
26	万埠场	28 291	7 800
27	洋峰场	25 584	4 882
28	饶丰场	24 598	11 630
29	鸡冠山场	22 334	12 765
30	乐丰场	21 477	8 201
31	东风场	20 538	9 962
32	干州场	20 278	7 480
33	怀玉山场	19 973	8 478
34	恒湖场	19 567	10 815
35	永平场	18 500	9 700
36	五星场	18 000	7 000

（续）

排　序	农场名称	工农业总产值（万元）	人均年纯收入（元）
37	扬子洲场	16 206	11 500
38	金坪场	13 487	9 439
39	鸦鹊湖场	13 168	9 135
40	高家岭场	11 870	11 520
41	荷塘场	11 792	12 913
42	银山场	11 615	9 450
43	石花尖场	11 375	7 100
44	武山场	10 963	11 389
45	十里岗	10 792	10 925
46	华山场	10 614	7 940
47	七里岗场	10 114	7 230
48	相城场	10 088	10 504

二、工业方面

“十二五”期间，垦区工业企业利润、居民收入持续增长，节能降耗成效显著，单位产出能耗水平大幅下降，涌现一批省“四率”标兵企业、“四率”先进企业和全省100强企业，以及梅岩垦殖场等循环经济先进典型。同时，由于工业的各项主要经济指标保持了增长态势，从而带动了与之关联的一、三产业的发展，扩大了社会就业，促进了企业增效，农工增收。

2015年，全垦区实现工业产值663.76亿元，比上年增长8.67%；工业企业实现增加值125.43亿元、利润39.04亿元，分别比上年增长6.44%、8.41%。

其中规模较大的上5亿元的行业有20个，较上年增加1个，累计完成工业产值637.61亿元，占工业总产值96.06%，比上年同期增加9.7%。其中，纺织服装、服饰业产值198.02亿元，较上年增长34.73%；计算机、通信和其他电子设备制造业产值151.36亿元，较上年增长3.47%；化学原料和化学制品制造业产值33.85亿元，较上年增长9.4%。

产值5亿元以上的行业见表4（按产值大小顺序排列）。

表4　产值5亿元以上行业合计

排　序	指标名称	企业个数（个）	工业产值（万元）	占工业总产值（%）
	5亿元以上行业合计	909	6 376 135	96.06
1	纺织服装、服饰业	174	1 980 227	29.83
2	计算机、通信和其他电子设备制造业	95	1 513 637	22.80
3	化学原料和化学制品制造业	55	338 482	5.10
4	非金属矿物制品业	110	321 966	4.85
5	纺织业	21	275 039	4.14
6	医药制造业	22	264 860	3.99
7	电气机械和器材制造业	21	210 401	3.17
8	农副食品加工业	63	185 668	2.80
9	木材加工和木、竹、藤、棕、草制品业	95	174 628	2.63
10	造纸及纸制品业	24	168 300	2.54
11	有色金属矿采选业	2	139 694	2.10

（续）

排　序	指标名称	企业个数（个）	工业产值（万元）	占工业总产值（%）
12	食品制造业	31	120 246	1.81
13	金属制造业	23	111 782	1.68
14	家具制品业	22	103 368	1.56
15	酒、饮料和精制茶制造业	26	102 367	1.54
16	电力、热力生产和供应业	33	89 686	1.35
17	其他制造业	64	80 905	1.22
18	橡胶和塑料制品业	13	71 480	1.08
19	石油加工、炼焦和核燃料加工业	2	69 161	1.04
20	煤炭开采和洗选业	13	54 238	0.82

从轻重工业方面看，江西农垦工业发展还是以轻工业为主，轻工业产值 546.88 亿元，占工业总产值的 82.39%。

从工业产品产量看，几个主要工业产品产量分别为：原煤 731 459 吨；大米 1 355 269 吨；饮料酒 127 116 千升；纱 34 349 吨；人造板 166 662 米^3；机制纸 77 162 吨；中成药 15 819 吨；手机 3 250万台；黄金 4 012 千克；发电量 75 810 万千瓦时。

三、农业方面

“十二五”期间，全系统粮食产量实现五连增，2015 年，江西垦区粮食产量达 72.98 万吨，实现“十二连丰”。经中国工程院院士、沈阳农业大学教授陈温福和湖南农业大学、江西省农业科学院、江西省农业厅、江西省农业技术推广总站的专家，对由江西农业大学负责实施的“双季稻机插高产栽培技术”鸦鹊湖垦殖场百亩综合示范区进行实割测产（实割、实脱、称重），三块晚稻田平均亩产达 728.1 千克，早稻平均亩产 607.1 千克，双季稻机插单产达 1 335.2 千克，再创全省新高。粮食商品率达 84.9%。农业生产结构调整成效显著，“十二五”期间，全系统农业生产结构得到充分调整。种植业方面，推广水稻“籼改粳”、稻蛙（虾）共作，实施粮棉油高产创建和水稻新品种展示、推广水稻良种良法，康山、鸦鹊湖等场亩产达到“吨粮田”。畜牧水产方面，发展特种养殖，中华鲟、甲鱼、黄颡鱼、黄鳝等得到大力发展。全系统拥有全国农业信息化示范场 1 个、全国农垦现代农业示范区（场）4 个、农业部水产健康养殖示范场 16 个；另有 26 个垦殖场纳入省级现代农业示范区建设范围。农业机械化水平不断提升。主要农作物耕种收综合机械化率达到 68%，水稻耕种收综合机械化率达到 73.6%，乐丰、饶丰、鸦鹊湖、恒湖、共青、康山等场远赴河南、河北、安徽、山东、湖北等省开展农机跨区作业服务，恒湖、五星、乐丰成为全国农垦农机标准化示范农场。

2015 年实现农业增加值 260 371 万元，比上年增长 2.61 %，完成农业产值 536 544 万元，其中包含服务业 31 489.1 万元，占工农业总产值的 7.48%。其中：种植业产值 272 896.2 万元，占农业总产值的 50.86%；林业产值 41 184 万元，占农业总产值的 7.68%；牧业产值 140 727.5 万元，占农业总产值的 26.23%；渔业产值 50 247.2 万元，占农业总产值的 9.36%；服务业产值 31 489.1 万元，占农业产值的 5.87%。农作物方面情况见表 5。

表 5　农作物情况

指　标	播种面积（公顷）		比 2014 年增减（%）	产量（吨）		比 2014 年增减（%）
	2015 年	2014 年		2015 年	2014 年	
农作物合计	138 998.71	140 443	−1.03	—	—	—
其中：粮豆	105 642.74	104 997	0.62	729 840	720 669	1.27
油料	14 695.2	15 507	−5.24	29 665.86	31 163	−4.80

（续）

指　标	播种面积（公顷）		比2014年增减（%）	产量（吨）		比2014年增减（%）
	2015年	2014年		2015年	2014年	
棉花	1 984.95	2 915	−31.91	4 252.65	8 952	−52.49
茶叶	5 953.13	5 982	−0.48	4 346	4 228	2.79
水果	8 954.63	9 307	−3.79	79 678	79 418	0.33

畜牧业方面情况见表6。

表6　畜牧业情况

指　标	计量单位	2015年	2014年	比上年增减（%）
大牲畜存栏	万头	4.01	4.03	−0.50
其中：奶牛	万头	0.41	0.45	−8.89
牛奶产量	吨	12 407	13 701	−9.44
生猪出栏	万头	89.57	91.32	−1.92
肉类总产量	吨	89 931	90 361	−0.48
其中：肉类交售量	吨	82 405	82 457	−0.06
商品率	%	91.63	91.25	0.42

水产业方面：2015年，全垦区水产品养殖面积20 006.74公顷，其中：精养鱼池1 039.75公顷。全年水产品产量48 183吨，其中：养殖产量35 316吨，占水产品的总产量的73.3%。

土地总面积情况见表7。

表7　土地总面积情况

指　标	2015年	占土地总面积（%）	2014年	占土地总面积（%）
土地总面积（公顷）	691 743.62	—	691 496.79	—
其中：耕地	83 153.34	12.02	83 154.35	12.03
林地	475 855.94	68.79	474 708.09	68.65
水面	29 865.27	4.32	30 369.48	4.39
宜林荒山	6 676.06	0.97	6 702.92	0.97
茶桑、果园	15 142.86	2.19	15 523.96	2.24

林地面积情况见表8。

表8　林地面积情况

指　标	2015年	占林地总面积（%）	2014年	占林地总面积（%）
林地总面积（公顷）	475 855.94	—	474 708	—
其中：用材林	299 285.15	62.89	300 499	63.30
经济林	39 835.66	8.37	40 355	8.50
防护林	96 509.42	20.28	93 627	19.72
薪炭林	17 739.07	3.73	17 838	3.76
特种用材林	22 486.64	4.73	22 389	4.72
当年造林面积	5 087.16	—	4 679	—
当年幼林抚育面积	23 630.09	—	21 784	—

四、农业商品产值及出口商品总金额方面

农产品商品量情况见表 9。

表 9　农产品商品量情况

指　标	计量单位	2015 年	2014 年	比上年增减（%）
农业商品产值	万元	463 196	433 071	6.96
粮豆	吨	619 619	563 228	10.01
棉花	吨	3 868	7 760	−50.15
肉类	吨	82 405	82 457	−0.06
其中：猪肉	吨	74 369	75 409	−1.38

出口商品情况见表 10。

表 10　出口商品情况

指　标	计量单位	2015 年	2014 年	比上年增减（%）
出口商品总金额	万元	339 962	318 410	6.77
其中：水产品	万元	983	1 100	−10.64
工业产品	万元	338 971	309 452	9.54
其中：纺织品	万元	16 435	16 926	−2.90
出口的主要产品	—	—	—	—
其中：手机	万台	2 200	2 170	1.38
活性炭	吨	5 215	5 215	0
羽绒制品及服装	万件	298	888	−66.44
瓷砖	万米^2	108	107	0.93
异抗坏血酸钠	吨	15 001	15 001	0
龙虾	吨	1 130	860	31.40

五、固定资产投资方面

2015 年，江西垦区共完成固定资产投资总额 2 534 062万元，较上年增长 15.33%，其中：第一产业 86 780 万元，占投资总额的 3.42%；第二产业 1 568 735 万元，占投资总额的 61.91%；第三产业 878 547 万元，占投资总额的 34.67%。

六、科技、教育、卫生事业方面

2015 年，全垦区科研单位 8 个，职工 702 人，其中科研人员 405 人，占职工人数的 57.69 %，科研经费 3 028 万元。

医疗卫生单位 35 个，其中医院 26 个，病床 296 张，从业人员 304 人，其中医务人员 241 人，占职工人数的 79.28%。

各类学校 51 所，教职工人数 997 人，其中教师 869 人，在校学生 12 395 人，其中新招收的学生 3 767 人，当年毕业生 2 692 人。学校总数中，普通中等学校 1 所（即江西省通用技术工程学校），有教职员工 76 人，其中教师 64 人，在校学生 2 808人，当年新招收学生 1 152 人，当年毕业生 1 026人；普通中学 4 所；职业中学 1 所；小学 45 所。

七、劳动工资与人口方面

2015 年，全省农垦年末从业人员 314 401 人，离开本单位仍保留劳动关系的职工有 44 330 人，其中内部退养职工 2 105 人，全年从业人员劳动报

酬和生活费533 869万元，年平均收入16 981元，较上年增加1 052元。

八、非国有经济方面

2015年，全垦区14 035户非国有经营单位拉动了区域经济跨越发展，从分类情况看，其中：集体经济39个，私有经济单位2 290个，港澳台经济单位10个，个体经济11 696个。现有从业人员143 470人，从业人员收入280 363万元，年平均收入19 542元，较上年增加1 103元。实现生产总值1 080 126万元，资产总额877 127万元，固定资产原值532 508万元，全年实现利润70 057万元，税金37 949万元。

山东农垦2015年经济和社会发展统计公报

山东省农业厅农垦局

2015年，在省委、省政府的正确领导和农业部的关心指导下，在全省农垦系统的共同努力下，紧紧围绕推进农垦改革发展这一主线，解放思想，大胆创新，加快转变经济发展方式，积极调整产业结构，着力保障和改善民生，农垦经济和各项社会事业均呈现出平稳较快发展的良好局面。

一、综合

截至2015年年底，全省共有国有农场14个，土地总面积38 031.11公顷，耕地面积14 492.5公顷，总人口22 717人。垦区实现国民生产总值217 184万元（现价，下同），与2014年基本持平。其中第一产业增加值66 456万元，第二产业增加值135 804万元，第三产业增加值14 924万元。一、二、三产业增加值分别占生产总值的31%、62%、7%。人均纯收入14 350元，同比增长6.4%。

二、第一产业

受天气因素影响，粮食产量有所下降。垦区农作物播种面积17 669公顷，其中粮食播种面积12 742公顷。粮食总产83 987吨，同比减少15%，其中，小麦总产31 151吨，比上年增长3%；稻谷产量23 400吨，高粱产量1 405吨，玉米产量26 508吨。棉花总产2 112吨，蔬菜14 469吨，瓜果7 923吨，瓜菜同比增长20%。

畜牧养殖业平稳发展。大牲畜年末存栏8 200头，猪年末存栏1.505万头，羊年末存栏0.899万只，家禽100万只。肉类总产量10 683吨，其中当年猪出栏2.27万头，产量2 634吨；牛奶产量40 972吨，禽蛋产量332吨。水产养殖面积5 670公顷，水产品总产量7 972吨，其中鱼类产量2 605吨，虾蟹类产量3 625吨，贝类产量917吨。

植树造林工作扎实开展。当年造林面积131公顷，其中防护林101公顷，零星植树10.5万株，当年育苗面积100公顷，采伐木材2 130米^3。

农业机械化水平不断提升。全年拥有农业机械总动力57 206千瓦。其中，拖拉机及配套机械方面：拥有大中型拖拉机500台，小型及手扶拖拉机1 375台，大中型拖拉机配套农具521部，小型农具805部，播种机573台，排灌机械914台，农用水泵1 530台，滴喷灌溉机械148套，植保机动喷雾机965台，联合收获机115台，脱粒机58台；农副产品加工机械方面：拥有粮食加工机械31台，棉花加工机8台，油料加工机7台；畜牧业机械方面：拥有牧草播种机4台，牧草收割机4台，牧草打捆机4台；农田基本建设机械方面：拥有推土机19台，挖掘机18台，开沟机22台。当年机播面积达到14 569.3公顷。全年农用化肥施用总量7 695.08吨，有机肥施用量3 500吨，农药施用量323.7吨。农田水利建设方面，已配套建设机电井454眼，排灌站14座，有效灌溉面积12 482.37公顷，其中机灌面积8 921公顷，电灌面积1 636公顷。

全年完成农林牧渔业总产值110 321万元，与去年基本持平。其中，农业总产值44 011万元，林业总产值2 425万元，牧业总产值17 042万元，渔业总产值46 843万元。为社会提供商品粮豆83 987吨，棉花商品2 112吨，肉类商品8 418吨，商品率均接近100%。

三、第二产业

2015年，全省农垦累计发展工业企业26个，国有企业6个。其中，非金属矿采选业4个，农副食品加工业3个，食品制造业2个，石油加工及炼焦业2个，化学原料制造业8个，非金属矿制品业3个，通用设备制造业3个，金属制品业1个。实现工业总产值932 541万元，完成工业销售产值951 719万元，实现利润总额64 874.7万元，从业人员1 998人，从业人员年劳动报酬总额6 546万元，人均年收入 32 312 元。

主要工业产品完成原盐 379 768 吨，小麦粉 150 吨，饲料 167 吨，泵 10 500 台，燃烧油 29 万吨，液化石油气 13 万吨。

年末建筑业单位 6 个，从业人员 488 人，从业人员年报酬总额 2 294 万元。建筑业单位固定资产原值 4 007 万元，拥有机械设备 167 台。

四、第三产业

年末交通运输业单位 12 个，从业人员 166 人，从业人员年报酬 862 万元，拥有固定资产原值 2 698万元，载货汽车 30 辆，载客汽车 10 辆。全年货运量 110.4 万吨，客运量 1.3 万人，实现营业总收入 3 435 万元。

年末批发零售业单位 208 个，从业人员 627 人，实现营业收入 25 346 万元；餐饮业单位 48 个，从业人员 167 人，实现营业收入 1 911 万元；服务业单位 109 个，从业人员 360 人，实现营业收入 6 955 万元。

五、固定资产投资和新增生产能力

2015 年，固定资产投资总额 269 573 万元，其中，第一产业投资 46 759 万元，占投资总额的 17％；第二产业投资 133 647 万元，占投资总额的 50％；第三产业投资 89 167 万元，占投资总额的 33％。当年新增固定资产总额 260 911 万元。

六、从业人员及劳动报酬

2015 年，山东农垦社会年末从业人数 10 714 人，其中，第一产业社会从业人数 6 310 人，第二产业 3 017 人，第三产业 1 387 人。国有单位在岗职工 4 327 人，在岗职工劳动报酬 11 864 万元。国有单位年末从业人员 5 010 人，报酬总额 13 043 万元。

七、非国有经济基本情况

2015 年，全省非国有经营单位 469 个，其中集体经济 5 个，个体经济 178 个，私营经济 284 个。非国有经营单位资产总额 618 520 万元，固定资产 159 446 万元；拥有从业人员 6 260 人，从业人员劳动报酬 35 394 万元。非国有经济实现国内生产总值 183 668 万元，实现利润 102 183 万元；上缴税金 21 869 万元。

河南农垦2015年经济和社会发展统计公报

河南省农业厅农场管理局

2015年是“十二五”规划的收官之年，也是全面深化改革的关键之年，河南农垦广大干部职工按照农业部农垦局、省委、省政府和省农业厅的总体工作部署，全面贯彻落实党的十八届三中、四中全会精神，以率先实现农业现代化和率先全面建成小康社会为总目标，主动适应经济发展新常态，全面推进农垦体制机制改革，转变农垦发展方式，加快现代农业建设，扎实推进各项工作的开展，河南农垦经济社会保持平稳健康发展。

一、综合

2015年河南农垦经济保持健康发展，全年实现生产总值199 892万元（现价，下同），比2014年的174 738万元增长14.4%。其中：第一产业增加值97 285万元，比2014年的86 420万元增长12.6%；第二产业增加值63 732万元，比2014年的57 006万元增长11.8%；第三产业增加值38 875万元，比2014年的31 312万元增长24.1%。一、二、三产业增加值在生产总值中的比重分别为48.7∶31.9∶19.4。职工群众生活条件进一步提高，人均年纯收入12 000元，比上年增长9%。

二、农业

2015年实现农林牧渔业总产值234 795万元，比2014年的197 916万元增长18.6%。其中：种植业产值125 092万元，比2014年的110 329万元增长13.4%；林业产值1 358万元，比2014年的1 137万元增长19.5%；牧业产值100 576万元，比2014年的78 435万元增长28.2%；渔业产值7 769万元，比2014年的8 015万元降低3%。农、林、牧、渔比重为53.3∶0.6∶42.8∶3.3。

全年农作物播种面积为56 563公顷，比2014年的57 093公顷减少530公顷，降低0.9%。其中，粮食播种面积44 872公顷，与2014年的44 819公顷基本持平，占农作物播种面积的79.3%；油料面积6 449公顷，与2014年的6 559公顷基本持平；棉花面积676公顷，比2014年的980公顷减少304公顷，降低31%。水果面积2 070公顷，比2014年的2 057公顷增加13公顷，增长1%。

粮食产量持续增长，实现“十二连增”。粮食总产量达到321 041吨，比2014年的306 816吨增产14 226吨，增长4.6%；商品粮285 581吨，商品率为89%。油料和棉花产量较2014年有所减少，水果产量较2014年略有增长。主要农产品产量见表1。

表1 主要农产品产量

产品名称	2015年产量（吨）	比2014年增减（%）
粮食	321 041	4.6
#大豆	14 727	−13.0
棉花	755	−13.5
油料	21 824	−2.5
水果	59 198	2.0

畜牧业生产继续保持较快增长势头，生猪养殖量增长较快，奶牛、家禽养殖量有所增加。全年实现牧业总产值100 576万元，占全系统农林牧渔业总产值的比重为42.8%，较去年增长28.2%，畜牧业生产效益增长明显。牲畜年末存栏总数及主要畜产品产量见表2。

表2 牲畜年末存栏总数及主要畜产品产量

指标名称	计量单位	2015年产量	比2014年增减（%）
大牲畜存栏	头	11 587	−1.7
奶牛	头	7 045	−3.9
猪年末存栏	万头	45.2	15.4
猪年末出栏	万头	58.5	13.0
肉类总产量	万吨	4.4	14.8
牛奶	吨	17 735	141.6
水产品	吨	7 380	−3.1

年末农业机械总动力 29.6 万千瓦，大中型农用拖拉机 1 306 台；农用小型及手扶拖拉机 7 582 台；播种机 3 966 台；联合收获机 700 台。

三、工业和建筑业

2015 年垦区工业平稳发展，河南农垦现有工业企业 54 个，全年实现工业总产值 35.2 亿元，比 2014 年的 33.3 亿元增长 5.4%，完成工业增加值 5.8 亿元，比去年的 5.2 亿元增长 11.2%。其中国有及规模以上非国有工业企业 31 个，全年实现工业销售产值 33.6 亿元。产值前三位的行业是农副食品加工业 10.7 亿元，食品制造业 6.6 亿元，酒、饮料和精制茶制造业 7.5 亿元。主要工业企业的主要产品稳定增长，产品产量见表 3。

表 3　主要工业产品产量

产品名称	2015 年产量（吨）	比 2014 年增减（%）
方便面	87 546	27.1
中西药	2 125	−24.1
酒精	80 000	−2.2
饮料酒	2 631	9.2
乳制品	14 329	0.2
面粉	84 633	13.6
饲料加工	159 381	3.3
硫酸	35 713	−25.7
农用磷肥	5 052	23.6

年末建筑企业 9 个，从业人员 1 380 人，全年实现增加值 5 440 万元。年末固定资产原值 1 185 万元，全年施工房屋建筑面积达 25.5 万米^2。

四、人口、就业和劳动工资

2015 年年末总人口 182 916 人，比 2014 年的 180 908 人增长 1%。其中：农场人口 140 815 人；场带农村人口 42 101 人。农垦年末社会从业人员 66 080 人，其中：第一产业 49 963 人，第二产业 9 123人，第三产业 6 994 人，第一产业从业人员数较上年增加 5.9%，第二产业从业人员数较上年减少 11.8%，第三产业从业人员数较上年增长 8.5%。国有经济从业人员 49 060 人，其中在岗职工 32 066 人，在岗职工全年劳动工资 5.5 亿元，职工年人均工资 17 152 元，比 2014 年的 14 964 元增长 2 188 元，增幅为 14.6%。

湖北农垦2015年经济和社会发展统计公报

湖北省农垦事业管理局

2015年是“十二五”的收官之年，也是贯彻落实党的十八届四中、五中全会精神，推进农垦改革发展的启动之年。湖北农垦在湖北省委、省政府的正确领导下，在农业部及相关部门的大力支持下，按照稳中求进的总基调，主动适应经济发展新常态，进一步解放思想，抢抓机遇，开拓创新，坚持“三抓三突破两率先”工作目标，以科学发展观统领工作全局，围绕调整优化产业结构，转变经济发展方式，做强优势产业，全面完成了年初的目标任务，实现了经济跨越式发展。通过全系统努力，出现了农垦工业快速发展，企业效益大稳步提升长，职工收入逐步提高，社会事业全面进步的良好局面。

一、农垦综合情况

2015年，湖北农垦经济较快发展，经济规模逐步扩大，职工收入快速增长，产业结构加快调整，一产业比重逐步缩小，二产业比重逐步增大。全年实现农垦生产总值985亿元（现价），比上年增加117亿元，按可比价计算增长12%（下同）；其中：第一产业增加值99.8亿元，增长6%；第二产业增加值683亿元，增长14.2%；第三产业增加值201亿元，增长8.1%；人均创增加值6.7万元；一二三产业增加值占的比例为10.1∶69.3∶20.6，产业结构进一步优化。全系统人均纯收入15 650元，比上年增加1 450元，增长10.2%；实现工农业总产值2 147亿元（现价），比上年增长9.5%；垦区国有经济实现利润2.4亿元，上缴税金（全社会口径）150.6亿元。

全省农垦国有农场中，增加值超过1亿元的农场有46个，总值达981亿元，占全省农垦增加值的99%，排在前几名的农场是：①东西湖农管局625亿元；②汉南农管局128亿元；③武湖农场31.5亿元；④龙感湖农场20.8亿元；⑤总口18.8亿元；⑥五三农场16.7亿元；⑦后湖14.2亿元。

2015年年末，湖北农垦拥有国土面积34.87万公顷，比上年略增，其中耕地面积13.50万公顷，比上年减少900公顷；年末国有及国有控股工业企业87家；国有商业企业15家；分场204个；农业渔业生产队2 136个。

2015年年末，湖北农垦拥有46.88万户家庭，145.37万人，比上年减少0.23万人，人口出生率为10.2‰，人口死亡率为4.99‰，人口自然增长率为5.21‰，低于全省同期水平。

二、农业发展情况

2015年，受农产品需求结构的影响，湖北农垦积极调整农业种植结构，主要农产品产量粮、油、菜、渔、肉、果等均有小幅度的增长，棉花产量下降，农业职工收入稳步增长。全系统全面实施了农业税费改革、粮食补贴、农机补贴和农资综合补贴等政策，各项惠农政策提高了农工的种粮积极性，农业种植业全面推进机械化。全年实现农业总产值211亿元，比上年增加13亿元，增长6.6%。其中种植业产值99.7亿元，畜牧业产值51亿元，渔业产值53亿元，林业产值3.3亿元。

全年农作物播种总面积28.5万公顷，比上年减少1万公顷。其中粮食播种面积17.8万公顷，比上年增加0.8万公顷；棉花播种面积1.3万公顷，比上年减少1.7万公顷；油料播种面积3.1万公顷，比上年减少2 000公顷。主要农产品产量见表1。

表1 主要农产品产量

农产品名称	计量单位	2015年	2014年	增减（%）
粮食	万吨	110	102.7	7.1
棉花	万吨	1.78	4.24	−57.9
油料	万吨	8.97	9.38	−4.4

（续）

农产品名称	计量单位	2015 年	2014 年	增减（%）
蔬菜瓜类	万吨	182.8	209	−12.8
肉类	万吨	19.1	19.6	−2.0
水产品	万吨	44.2	42.6	3.7
水果	万吨	10.97	10.1	8.4

农垦畜牧、水产业生产平稳发展，势头良好。大牲畜年末存栏 3.8 万头，肉猪出栏 202 万头，下降 1.8%；肉类总产量 19.2 万吨，下降 2%；禽蛋总产量 5.18 万吨；水产品 44.2 万吨，增长 3.7%；牛奶 4.49 万吨。

2015 年，垦区农业生产条件进一步改善，主要种植业基本实现了机械化。全系统年末拥有农业机械总动力 189.4 万千瓦，其中大中型拖拉机 8 481台，小型拖拉机 4.80 万台；排灌机械 2.57 万台，总动力 35.79 万千瓦，农用运输车 9 278 台，农业用电量 5.0 亿千瓦时，农用化肥施用折纯量 15.8 万吨，当年机械播种面积 7.2 万公顷，机械收割面积 14.9 万公顷，2015 年新增造林面积 4 025公顷，新增水泥晒场 9 万米^2，新增输电线路 316 千米。

三、工业和建筑业发展情况

2015 年，湖北农垦工业顶住经济下行压力，实现了平稳发展，近年来招商引资项目、工业园区项目已陆续投产，并产生效益，产值规模快速扩大，企业效益稳定提升，全系统规模以上的工业企业达 807 家。

2015 年，全垦区实现工业增加值 565 亿元，按可比价比上年增长 14.2%；实现工业总产值 1 936亿元（现价），国有及规模以上的非国有工业企业实现产品销售收入 1 400 亿元，实现工业利润 84.8 亿元。主要产品产量见表 2。

表 2　主要工业产品产量

名称	计量单位	产量	增减（%）	名称	计量单位	产量	增减（%）
水　泥	万吨	279	−7.4	乳制品	万吨	31.3	40.0
红　砖	亿块	32.2	−8.5	饮料酒	万吨	28.2	4.6
玻　璃	万箱	1 172	−6.3	家　具	万件	100	44.0
棉　纱	万吨	34	10.7	发　电	亿千瓦时	4.3	196.0
机织布	万米^2	36 262	−1.7	植物油	万吨	112	−5.5
机制纸	万吨	10.8	27.6	饲　料	万吨	191	39.0
人造板	万米^3	26.1	72.4	自来水	万吨	13 933	36.0
服　装	万件	4 456	0.4	软饮料	万吨	216	21.0

2015 年年末，垦区拥有大中型工业企业 59 家，其中大型企业 9 家，中型企业 50 家，实现工业总产值 554 亿元；实现工业增加值 142 亿元；共创利税 46.2 亿元（以上工业指标均为全社会口径）。

2015 年农垦建筑业平稳增长，经济效益进一步好转，全年共实现增加值 118.2 亿元（现价），比上年增长 15.3%。年末拥有各类建筑单位 827 个（含个体），从业人员 13.87 万人，年末固定资产原值 46.5 亿元，各种机械总台数 2.26 万台，全年完成施工建筑面积 10 165 万米^2，建筑工程造价 633 亿元。

四、第三产业及对外贸易

2015 年，湖北农垦系统第三产业得到进一步发展，经营领域不断拓宽，结构更趋合理，服务水平进一步提高。全系统共拥有批发零售贸易单位 3.3 万个（含个体，下同），从业人员 7.9 万人，实现销售收入 772 亿元；服务业单位 5 115 个，从业人员 1.3 万人，营业收入 11 亿元；旅馆及餐饮业年末营业单位 6 799 个，从业人数 2.2 万人，营业收入 44 亿元。有个体运输户 1.15 万个，各类运输车辆 2.37 万台，全年运输业总收入 39 亿元。

2015 年，由于实施积极的出口政策，湖北省农垦商品出口呈快速增长态势，全年外贸出口供货商品金额为 46.2 亿元，比上年增加 6 亿元，增长 14%，出口生猪 4.3 万头，再制蛋 845 万枚，罐头 1 200 吨，服装 128 万件，冷冻食品 1 514 吨。出口金额最高的 4 个农场分别是：①东西湖农场 27 亿元；②后湖农场 11.3 亿元；③龙王嘴农场 1.4 亿元；④华严农场 1.05 亿元。

五、固定资产投资

随着国家拉动内需政策的出台，2015 年湖北省国有农场工业园区、土地整理、危房改造建设力度明显加大，全年投资超过 1 亿元的农场有 41 个，全年完成固定资产投资 876 亿元，比上年增加 101 亿元，增长 13%。其中第一产业 47 亿元，第二产业 619 亿元，第三产业 214 亿元（按全社会口径统计）。全年改造危旧房 3.2 万套。

六、科研、教育、卫生

湖北省农垦继续坚持“科教兴垦”的战略，加大教育和科研资金投入，促进农垦经济发展，农垦系统教育、卫生基础设施得到较大改善。2015 年垦区拥有科研单位 31 个，从业人员 824 人，其中科技人员 286 人，投入科研经费 1 643 万元。全系统教育事业继续平稳发展，垦区年末共有各类学校 263 所；教职工 1.15 万人，在校学生 12.7 万人，当年毕业生 2.9 万人。通过多年的努力，农垦系统卫生医疗条件有了较大的改善，2015 年年末拥有医疗单位 616 个，其中医院 85 所，病床 7 879 张，医生 3 020 人。

七、职工就业、劳动报酬、职工生活

2015 年年末，湖北垦区国有单位从业人员 38.9 万人，其中：国有职工 36.8 万人，比上年有少量减少。垦区国有单位从业人员劳动报酬及生活费 96.5 亿元，比上年增长 5%。

2015 年，湖北垦区社会平均从业人数为 83.4 万人，比上年减少 0.2 万人。其中第一产业为 34.3 万人，第二产业为 28.8 万人，第三产业为 20.2 万人。农垦从业人员劳平收入 23 038 元，人均纯收入 15 650 元，增长 10%。

2015 年年末，湖北农垦有 26.2 万退休人员和 32.2 万在职人员进入社保，退休农工月平均工资 1 368元，月增资 198 元，退休非农工月平均工资 1 972元，月增资 202 元，全系统当年发放退休费 49.8 亿元，社保净收入 37.4 亿元，解决了农垦职工老有所养的问题。全系统年末住房面积 5 292 万米^2，户均面积为 112 米^2。

八、主要不足及存在的问题

湖北省国有农场经过综合改革和连续多年的平稳发展，垦区经济和社会事业取得了显著成效，但也存在一些不足，主要表现在：①农业生产基础条件仍然比较薄弱，抵御自然灾害能力还不强；②农场职工住房、教育、医疗、交通等生活基础设施还不够完善；③少数农场经营体制不活，发展较慢。

湖南农垦 2015 年经济和社会发展统计公报

湖南省农垦局

2015 年，面对复杂多变的国内外经济运行环境，湖南农垦在农业部农垦局和省农业委员会的正确领导下，继续坚持稳中求进的工作总基调，主动适应新常态，积极作为，全面深化农垦改革，大力推进小康社会建设，农垦经济社会发展呈现稳中求进、稳中求质的良好局面。

一、综合

经济持续发展势态良好。2015 年，全垦区总人口数为 71.3 万人，农场人口 60.7 万人。人均生产总值为 20 799 元，比上年减少 1 011 元，减幅 5%。实现国民生产总值为 148.3 亿元，其中第一产业增加值 1.358 亿元，比上年增加 4%；第二产业增加值 6.06 亿元，比上年增加 8%；第三产业增加值 0.423 亿元，比上年增加 16%。人均纯收入 10 228 元，比上年增加 130 元，增幅达 1%。

危房改造年度任务全面完成。湖南农垦从 2011 年起连续搞了五年危房改造，累计下达任务 19.215 万套。面对这项时间紧、配套少、底子薄、任务重、要求高的民生工程，我们在省农业委员会党组的领导和省直相关部门以及垦区当地党委政府的大力支持下，从省局到各项项目实施单位，上下一盘棋，强化领导，统筹安排、精心组织，扎实工作，战胜困难，全面完成了危房改造目标任务。全年危房改造任务为 25 852 套，实际开工 25 852 套，开工率达 100%，基本建成 20 910 套，实现了按时、保质、保量、零事故的工作目标。

二、农业

农业生产稳定增长。2015 年，全省农作物播种面积 152 267 公顷，比去年增加 1 264 公顷，其中粮食播种面积 96 661 公顷，比去年增加 1 114 公顷。油料种植面积 23 721 公顷，增加 0.38%。棉花种植面积 7 005 公顷，与去年基本持平。蔬菜种植面积 20 341 公顷，增加 0.21%。粮食总产量 63.79 万吨，增长 1.63%，其中稻谷产量 58.61 万吨，增长 1.68%。

现代农业示范迈出重大步伐。示范区建设成效显著，大通湖水稻高产示范区，君山、西洞庭棉花高产示范区，西湖油菜高产示范区，屈原生猪高产示范区等示范区建设，都取得较好成效；西湖、西洞庭和大通湖管理区继屈原管理区之后，又被农业部认定为第二批国家现代农业示范区，自此，湖南省垦区国家级现代农业示范区实际已有 4 家。

农业综合生产能力继续提高。全垦区新增农田有效灌溉面积 62010 公顷，新增造林面积 859 公顷，新增果树定植 15 公顷，新增茶树定植 23 公顷，受国家农机补贴政策影响，新增大中型拖拉机 112 台，小型及手扶拖拉机 30 台。

2015 年 5～7 月湖南南部及西南部遭受了严重的旱灾，造成受灾面积 9 448 公顷，其中绝收 118 公顷。受灾面积中：旱灾面积 7 001 公顷；病虫灾面积 998 公顷，其中绝收 85 公顷；霜冻灾 889 公顷，其中绝收 10 公顷。成灾人口 7 221 人，减产粮食 6 500 吨、棉花 1 001 吨、油料 10 123 吨，直接经济损失 8 025 万元。

三、工业和建筑业

工业生产进入稳定期。2015 年，垦区工业经济出现一定增长，第二产业完成总产值 80.19 亿元，比上年增长 8%，完成增加值 6.06 亿元。同时，工业园区建设态势良好，常德农垦办公室和西洞庭管理区通过积极争取，落户的大型食品加工企业达 50 多家，2015 年园区投入建设的资金 2 亿多元，园区加工业产值达 12.6 亿元，增长 30%。通过结构调整，淘汰落后工艺和产能，龙型经济产业链基本形成，并引导带动了周边地区的快速发展。

建筑业稳步发展。全垦区建筑企业 291 个，与上年持平。年末从业人数 13 101 人，比上年增加 170 人，增加 1.3%。年末固定资产原值368 925万元，比上年增加1.04%。

四、固定资产投资

固定资产投资总量有所增加。受国家宏观经济影响，在国家经济刺激政策的影响下，2015年全省全社会固定资产投资106.6亿元，比上年增加2.8%。第一产业固定资产投资29.9亿元，其中国有28.64亿元，分别比上年增长1.34%和2.87%。

五、科学技术和教育

年末垦区拥有各类科研单位22家，与上年持平，科研人员和技术工人人数保持稳定，总人数为761人，比上年减少2人。因贯彻省里相关文件精神，农场办教育、医疗卫生等职能进行了剥离，以往因教育遗留下来的债务也在进一步化解当中。

六、资源与环境保护

2015年垦区继续把粮食生产放在重要位置，确保粮食生产不动摇。全年未出现违规占用耕地建设的现象，农作物播种面积逐步增加。农工环保意识得到加强，全年未发生重大面源污染事件。全年新增造林面积16公顷，新增果树定植18公顷，少砍伐树木2 600米^3，荒山变了青山，生态环境得到明显改善。

七、人口与社会保障

2015年年末，全省农垦总人口为71.29万人，比去年增加2.09万人。其中农场人口60.71万人，城镇人口10.58万人，小城镇化进程得到发展，人口进一步集中。

社会保障工作全面发展。全省农垦职工参加基本养老保险人数26.84万人，企业参加基本养老保险的离退休人员12.25万人，参加失业保险人数7.7万人，参加医疗保险人数30万人，全年发放企业离退休人员基本养老金15.88亿元，社会化发放基本养老金16.21亿元，社会化发放人数13.01万人，企事业参保离退休人员人均养老金1 123元/月，离退休职工的生活待遇进一步提高。

广东农垦2015年经济和社会发展统计公报

广东省农垦总局

2015 年，广东农垦各级认真贯彻党的十八大和十八届三中、四中、五中全会精神，深入学习贯彻习近平总书记系列重要讲话精神，按照中央和省委、省政府的决策部署，认真落实《中共中央国务院关于进一步推进农垦改革发展的意见》。积极应对国内外经济持续下行、主产品价格持续下跌和遭受多次严重自然灾害袭击的不利影响，围绕“三个定位、两个率先”的战略目标，众志成城，攻坚克难，坚持深化改革，加快发展，较好地实现了稳增长、调结构、转方式、增效益、保民生、防风险的预期目标。

一、综合

2015 年，广东农垦实现生产总值 151.30 亿元，比上年增长 8.5%，其中：第一产业增加值 48.87 亿元，增长 12.3%，对 GDP 增长的贡献率为 45.2%；第二产业增加值 62.38 亿元，增长 1.7%，对 GDP 增长的贡献率为 8.8%；第三产业增加值 40.05 亿元，增长 15.7%，对 GDP 增长的贡献率为 46.0%；三次产业结构由上年的 31.21∶43.97∶24.82 变为 32.30∶41.23∶26.47。人均农垦生产总值达 39 983 元，增长 8.9%。国有在岗职工年均纯收入 46 305 元，增长 10.6%，垦区居民人均纯收入 21 649 元，增长 8.0%。全年国有企业营业总收入达 238 亿元，增长 13.5%，实现利润 3.8 亿元，增长 5.4%（图 1、图 2）。

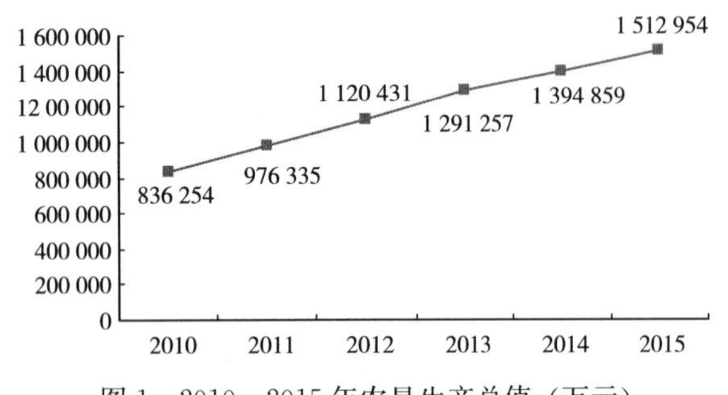

图 1　2010—2015 年农垦生产总值（万元）

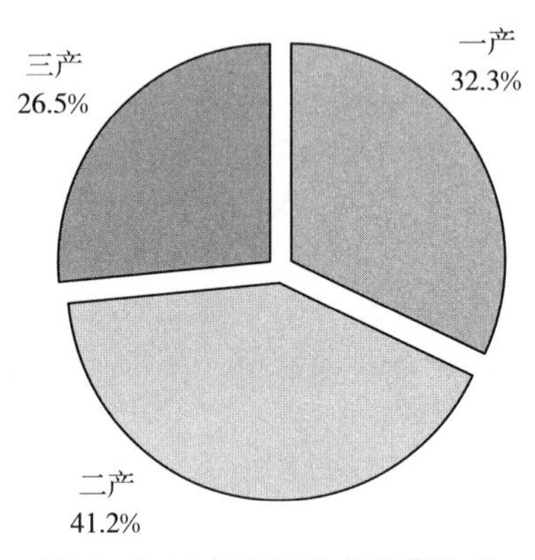

图 2　2015 年农垦生产总值构成

垦区经济和社会发展存在的主要困难和问题是：垦区产业发展的总体水平不高，经济总量仍然偏小，区域发展不平衡，抵御自然灾害能力薄弱，承担社会负担较重，部分单位生产经营仍较困难；经济下行压力大，垦区主产品橡胶、蔗糖等价格持续低迷；管理体制不顺、经营机制不活的问题依然存在，股权多元化改革刚刚起步，深化改革的任务依然繁重；产业链条还不完善，农产品精深加工、营销网络和品牌建设滞后，现代种业、物流配送、金融服务等产业仍处在起步阶段；人力资源与经济发展不相适应的矛盾突出，特别是市场营销、资本运营、企业管理以及适应国际化经营的复合型中高端人才更显不足。

二、农业

2015 年，广东农垦实现第一产业增加值 48.87 亿元，增长 12.3%，占生产总值的 32.30%。农业总产值按现行价计算达 91.31 亿元，增长 14.4%，农业商品产值为 87.15 亿元，农业商品率为 95.4%。

2015 年，实现农作物总播种面积 4.17 万公顷，负增长 1.6%，其中：粮食播种面积 0.86 万公顷，负增长 1.8%；糖蔗种植面积 2.24 万公顷，负增长 3.7%；油料播种面积 0.29 万公顷，负增长3.3%；蔬菜播种面积0.66万公顷，增长5.2%。

垦区国内外橡胶年末实有面积5.46万公顷，其中：国内基地橡胶年末实有面积4.44万公顷，负增长1.9%，其中当年新定植、更新定植12 923亩；油茶年末实有6 973公顷，其中当年新种27 330亩；水果年末实有面积3.27万公顷，增长2.3%；剑麻2 123公顷，负增长9.5%；茶叶480公顷，负增长14.7%。

全年生猪饲养量175.09万头，增长2.4%，其中年末存栏65.45万头；牛年末存栏2.73万头，其中奶牛1.02万头；家禽饲养量1 865.6万只，增长6.6%；全年水产养殖面积0.42万公顷。

全年粮食产量6.05万吨，增长3.2%；糖蔗产量168.61万吨，增长19.9%；油料产量0.81万吨，增长0.6%；蔬菜产量17.80万吨，增长15.2%；干胶产量17.87万吨（包含海外、海南和云南），增长4.3%；水果产量87.54万吨，增长32.4%；剑麻直纤维产量7 929吨，增长29.1%；茶叶产量617吨，负增长20.8%。

全年肉类总产量11.92万吨，增长4.2%，其中猪肉产量9.17万吨，增长1.1%；禽肉产量2.39万吨，增长6.2%；禽蛋产3 630吨，增长8.2%。全年水产品产量3.67万吨，增长1.2%，其中海水养殖1.14万吨，淡水养殖2.51万吨。鲜牛奶产量4.56万吨，增长20.3%。

全年农业固定资产投入8.80亿元，增长21.2%。年末农业机械总动力为38.16万千瓦，增长3.9%。全年农用化肥施用量（折纯）6.17万吨；农用塑料薄膜用量870吨；农药施用量6 148吨；农场用电量45 432万千瓦时；有效灌溉面积达18 263公顷。

三、工业和建筑业

2015年，实现第二产业增加值62.37亿元，增长1.7%，占生产总值的41.23%。

2015年，垦区各类工业企业539家，其中：国有及非国有规模以上工业企业107家，全年实现工业增加值55.49亿元，增长2.1%，其中：国有及非国有规模以上工业增加值49.50亿元，占89.2%。全年实现工业总产值按现行价计算（下同）为184.62亿元，增长3.0%，其中：轻工业产值166.21亿元，占工业总产值的90.0 %；重工业产值18.41亿元，占工业总产值的10.0%。国有及非国有规模以上工业总产值167.69亿元，占工业总产值的90.8%。工业产品销售率为91.7%。全年实现工业利润16.20亿元，应缴税金5.75亿元。

2015年垦区二十二大类工业产品中，产值排前十位的行业是：其他制造业63.03亿元，占34.1%；食品加工业产值47.83亿元，占25.9%；食品制造业产值29.81亿元，占16.1%；金属制品业9.31亿元，占5.0%；塑料制品业9.13亿元，占4.9%；家具制造业5.33亿元，占2.9%；建筑材料业4.02亿元，占2.2%；木材加工及竹藤、棕草制造业2.64亿元，占1.4%；服装及其他纤维制品制造业2.44亿元，占1.3%；纺织业2.19亿元，占1.2%。这十大产业创产值175.73亿元，占工业总产值的95.18%（表1、图3）。

表1 2015年垦区工业主要产品产量及其增减情况

产品名称	计量单位	产量	比上年增减（%）
机制糖	吨	364 552	−17.7
罐头	吨	2 264	−33.8
酒精	吨	8 970	−74.5
乳制品	吨	122 817	12.4
食用油	吨	472 985	1.5
有机复混肥	吨	83 058	9.9
剑麻（绳、布、条）	吨	5 989	−23.4
地毯	万米^2	15.1	−31.1
水泥	吨	309 376	−22.8
家具	万件	394.1	11.3

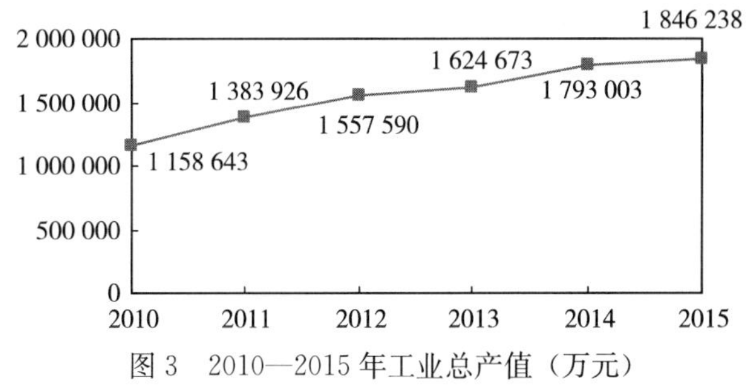

图3 2010—2015年工业总产值（万元）

2015年，全年完成建筑业产值18.08亿元，负增长1.8%，房屋施工面积79.49万米^2，房屋竣工面积65.51万米^2。建筑业增加值达6.89亿元，负增长1.4%，实现利润总额15 247万元，应缴税金 6 782 万元。

四、固定资产投资

2015 年，全年全社会固定资产投资总额 27.43 亿元，增长 7.1%，其中国有固定资产投资完成 17.98 亿元，增长 16.4%，非国有投资完成 9.45 亿元，负增长 7.2%。在国有固定资产投资额中，基本建设投资 16.31 亿元，占 90.7%；更改措施投资 1.67 亿元，占 9.3%（图 4）。

分三次产业看，第一产业投资 8.80 亿元，增长 21.2%；第二产业投资 6.08 亿元，负增长 6.7%；第三产业投资 12.55 亿元，增长 6.0%。主要投向两大主产业、六大支柱产业和公益民生工程。

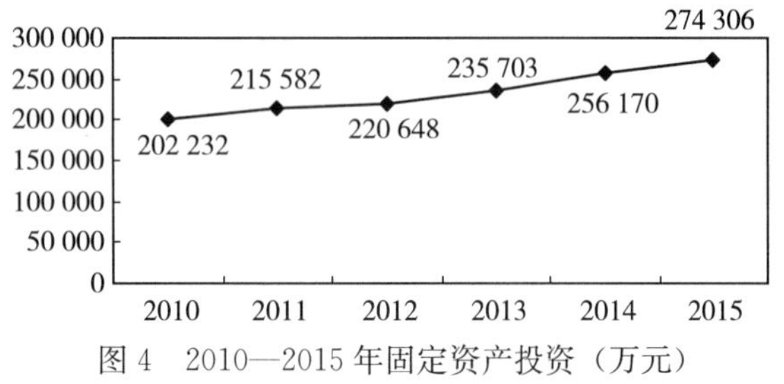

图 4　2010—2015 年固定资产投资（万元）

五、交通运输业、批零贸易业、餐饮业、服务业、房地产业及出口商品

2015 年，全年完成交通运输业总产值 9.15 亿元，比上年增长 30.9%，全年盈利 9 253 万元，应缴税金 3 843 万元。全年完成交通运输业增加值 4.31 亿元，比上年增长 14.0%。现有载货汽车1 753辆，载客汽车 1 290 辆；全年货运量 659.46 万吨，货运周转量 31 558 万吨公里；客运量 886.86 万人，旅客周转量 112 837 万人公里。

2015 年，全年实现社会消费品零售额 19.04 亿元，增长 0.3%。年末批零贸易业、餐饮业、居民服务业营业单位总数达 4 591 个，从业人员 18 894人，年末固定资产原值 24.99 亿元，营业用房 61.80 万米^2，销售和营业总额 195.35 亿元，增长 4.8%；利润总额 54 053 万元，应缴税金27 361 万元。

2015 年，垦区房地产开发企业 1 个，从业人员 79 人，年内销售商品房 4 951 米^2，利润总额 −584万元，缴纳税金 669 万元。

2015 年，年末共有物业管理公司 12 个，物业管理人员达 828 人，年末实有可出租房屋面积 72.17 万米^2，已出租房屋面积 72.07 万米^2，出租率达 99.8%，物业管理公司营业或服务收入达 16 414万元，增长 16.3%，其中物业管理费收入 3 898万元，占总收入的 23.7%；出租写字楼及宿舍收入达 4 481 万元，占总收入的 27.3%；出租厂房收入 5 504 万元，占总收入的 33.5%。

2015 年，出口商品总金额达到 69.29 亿元，增长 10.4%。出口创汇金额 108 071 万美元，增长 7.1%。其中：工业品出口达 65.27 亿元，占出口总额的 94.2%（图 5）。

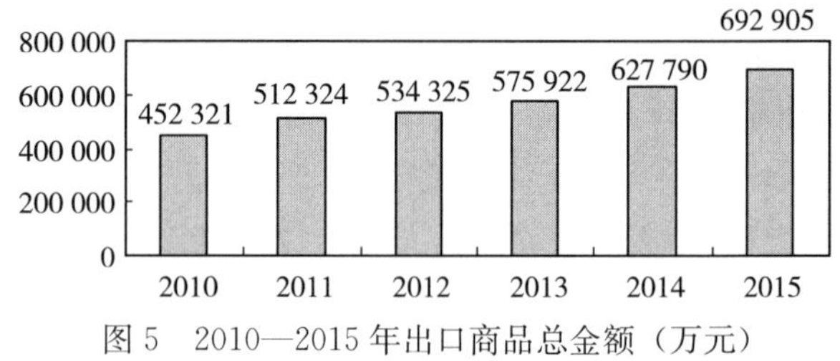

图 5　2010—2015 年出口商品总金额（万元）

六、科技生产、土地

2015 年，垦区共有科研单位 50 家，其中省地级 5 家，共有科研从业人员 189 人。2015 年年末垦区农技推广站 46 个，共投入科研经费 3 048 万元。垦区农业综合机械化水平、农业科技贡献率和良种覆盖率分别达到 70%、69%和 100%。

科技试验与推广应用。一是推进主产业在机耕、机管、机收各生产环节上的机械化进程。据统计，全年主产业机械耕作推广面积达到 120 万亩次，其中甘蔗机管率达 76%。二是建设生态胶园，推广葛藤覆盖。新种植橡胶园中全部种植葛藤，中小苗劳均管理额度提高到 5 000 株以上，部分岗位过万株。三是提升土壤有机质。通过增施有机肥、甘蔗叶和菠萝叶粉碎回田、种植绿肥、增施石灰等措施，推进垦区甘蔗园、橡胶园、麻园、油茶园的土壤改良。四是研究和推广生产节约化技术。橡胶生产技术和管理达到国际先进水平，实现籽苗全覆盖推广；低频高效割胶、胶杯凝固技术和白天割胶制度的试验推广，将人均割株提高到 3 000 株以上；建立起标准化的油茶育苗基地，年供苗能力超过 300 万株，油茶劳均管理定额超过 8 000 株。

标准化、品牌建设。一是垦区无公害农产品、有机食品、荣获部省名牌产品称号等均通过有效期复审，“燕塘牛奶”获得“广东百年老字号”称号，被评为“广州市民最喜爱的食品品牌”和“广东省著名商标”。二是推动丰收菠萝罐头、名富番石榴、华海蒸青绿茶三个追溯产品完善追溯制度和追溯系统建设。三是在广东现代农业博览会上，组织征集垦区剑麻、白砂糖、菠萝罐头、牛奶、番石榴、红江橙、蒸青绿茶、金萱红茶、华煌茶叶等四类共12个名优特色产品参展，集中展现广东农垦现代农业发展成果。

项目建设。一是农机补贴项目，落实2015年中央财政农机购置补贴资金3 000万元，其中预算内1 780万元，转移支付1 220万元，项目实施单位22个。二是水利建设项目，2015年度水利建设项目共3类40个。其中小型农田水利建设项目资金3 210.19万元，项目实施单位23个；小型农田水利设施建设补助资金项目资金计划安排3 500万元，项目实施单位7个；中央水利建设基金项目资金计划安排900万元，项目实施单位9个（10个项目）。

产学研合作取得新成果。参与组建广东省农业科技创新联盟，与中国热带农业科学院等科研院所合建广垦橡胶加工创新研究中心和广垦农产品质量安全检验检测中心等一批项目，提升了产学研合作水平。农工商学院发挥科技优势，主动服务垦区产业发展，与农场合作在甘蔗高产栽培技术方面取得了较好成果。2015年垦区获得地市级以上科技成果奖6项，其中国家级和省部级4项。

安全生产。2015年，垦区全面落实以安全生产“一岗双责”为核心的安全生产责任制，全年各级签订的安全生产责任书达2 700多份。全年发生各种生产安全事故及造成的直接经济损失均比上年有所下降，杜绝了重伤以上安全生产事故的发生，为实现“两个率先”、建设幸福垦区提供了安全保障。

一是全年垦区各种检查达860多次，其中由总局牵头组织的垦区全局性安全生产大检查3次。二是垦区各级认真落实企业安全生产主体责任，建立健全并严格执行各项安全生产管理制度，严格执行持证上岗和先培训后上岗制度，特种岗位持证上岗率达到100%。三是开展安全生产标准化达标创建工作，目前垦区通过安全生产标准化认证达标的企业已达13家。四是开展安全社区建设工作，目前已有10家农场开展了安全社区建设工作。五是开展以“加强安全法治、保障安全生产”为主题的“安全生产月”活动。购买发放“安全生产月”宣传资料和用品9 000多份，组织各种学习会、座谈会80多期，谈心对话活动60多次。六是在广州、湛江举办了2期注册安全主任培训班，参加培训人员110多人。10月份组织15名重点单位的安全生产监管人员参加了全国农垦系统安全生产管理人员培训班。

2015年，垦区年末土地总面积228 305公顷，其中：已开垦利用地215 288公顷，占94.3%，内有耕地37 911公顷。截至2015年年底，垦区累计完成农场土地确权发证20.71万公顷（其中包含与国土证不相覆盖的0.70万公顷林权证），已发证占应发证比率约达97%，居全国农垦系统前列。结合地籍管理工作，强化垦区农场土地权益保护，2015年组织清理收回历史被占土地348.39公顷，清理收回当年非法被占土地共198.16公顷，实现当年被占土地全部收回。国土信息化管理平台已经实现垦区农用地、农场建设用地、城区土地和物业全覆盖。

七、教育和卫生

教育事业。推进了“一场一校”的并校提质工作，6所中小学通过示范性学校验收；揭阳垦区27所中小学全部通过省教育强场（镇）验收。广东农工商职业技术学院成立多个特色产业学院，为产业集团和农场定向培养各类人才100多人。成立新型职业农工教育培训中心，培训新型职业农工440人。

2015年年末，垦区有各类学校144所，教职工5 049人，在校学生85 137人，当年毕业生21 920人。其中：普通高等学校1所，在校学生20 312人，当年新招生人数6 720人，当年毕业生6 793人；中专1所，在校学生7 095人，当年毕业生1 906人；技工学校2所，在校学生3 274人，当年毕业生1 246人；普通中学43所，在校学生18 392人，当年毕业生6 016人；小学97所，在校学生36 064人，当年毕业生5 959人；幼儿园62所，入园儿童10 218人，当年毕业儿童3 275人。

卫生事业。全年筹集资金1.65亿元，实施医院用房配套建设和医疗设备购置项目，提升了垦区职工医疗保障水平。垦区全年医疗收入达到11.9亿元，同比增长12.2%，收入过亿元的医院有4

家，分别为燕岭医院 1.54 亿元、省农垦中心医院 4.55 亿元、湛江农垦二院 1.75 亿元、茂名农垦医院 1.06 亿元。

2015 年年末，垦区现有医疗单位 61 个，其中：省地级医院 4 个，场级医院 55 个，分场级 2 个。病床 5 774 张，卫生技术人员 3 965 人，其中：医生 1 553 人。平均每个医生承担服务人口量为 244 人。

八、公路、小城镇和安居工程建设

2015 年，投入一事一议、公路建设、水库移民等项目资金 1.3 亿元，用于改善生产生活环境，农场面貌进一步改善，城镇化率达到 70%。基本实现职工安全饮水和生活垃圾、生活污水的无害化处理；以 6 个"美丽乡村"建设示范点为抓手，突出农垦特色，完成农场卫生净化、环境绿化、道路亮化等 800 多个工程建设；完成农场公路硬底化改造 80 千米，农场公路"队队通"建设进入扫尾阶段；水库移民危房改造项目的收尾工作加快，累计完成移民安居工程建设 19 510 户、62 937 人，基本完成目标任务。

九、人口、职工与垦区居民收入

2015 年全垦区年末总人口 37.84 万人，全年出生人口 3 272 人，年内死亡人口 1 994 人。

2015 年年末垦区国有职工总数 4.86 万人，其中：国有在岗职工为 4.75 万人，其中长期职工为 4.27 万人。全年国有在岗职工纯收入合计 221 171 万元，国有在岗职工年均纯收入 46 305 元，增长 10.6%。

2015 年年末从业人员 119 553 人，其中：从事第一产业 53 051 人，占从业人员总数的 44.4%；从事第二产业 30 969 人，占从业人员总数的 25.9%；从事第三产业 35 533 人，占从业人员总数的 29.7%。从业人员年平均收入 37 514 元，增长 7.1%。

2015 年垦区居民人均纯收入 21 649 元，增长 8.0%。

十、农综、农业产业化重点龙头企业和境外企业基本情况

2015 年，投入财政资金 2 260 万元，实施一批农业综合开发项目；新建成 2.3 万亩高标准农田和 17 个小型农田水利设施，改良土壤 5 万亩。新增农机具 960 多台（套），主产业机械耕作推广面积 120 万亩（次）。

2015 年，完成龙头企业的年审工作，至 2015 年年末，垦区共有 10 家省级以上龙头企业，其中 4 家为国家级龙头企业。

2015 年年末，垦区境外企业达 21 家，境外企业从业人员 1 737 人，境外企业全年总收入 33.65 亿元。

十一、财务状况

1. 资产负债情况 由于畜牧、粮油等产业的迅速发展，垦区国有资产规模进一步扩大。2015 年年末垦区资产总额为 316.6 亿元，比年初数增加 18.4 亿元，负债总额 172.7 亿元，比年初增加 12.2 亿元，资产负债率为 54.54%，与上年 53.86%相比略有上升，处于财务安全值的有效范围内。

2. 所有者权益增减变动情况 2015 年年末垦区所有者权益 143.9 亿元比年初增加 4.3 亿元，增加的主要原因：一是垦区实现盈利未分配利润增加 2.9 亿元；二是少数股东投入增加 1.5 亿元。

3. 国有资本情况 2015 年年末垦区国有资产总额 131.5 万元，比年初的 127.4 万元增加 4.1 万元。国有资产保值增值率在剔除了客观因素的影响后达 102.5%，与上年相比上升了 0.4 个百分点，国有资产实现了有效的保值增值。

4. 资产运营效率及债务风险情况 2015 年垦区资产负债率为 54.54%，处于较低的水平，有效地控制了企业的债务风险；流动比率 123.77%，比上年下降 16.01 个百分点，短期偿债能力有所减弱；应收账款周转率 16.58，垦区企业正常资金周转效率较高，资金运营情况较好；净资产利润率和总资产报酬率分别为 2.07%和 2.57%，企业资产的运营效率较好。

5. 国有营业总收入、利润情况 2015 年垦区实现营业收入 238.3 亿元，同比增加 28.4 亿元，增幅达 13.54%。营业总收入增长的主要原因是不断壮大支柱产业，整合优势资源，完善产业集团运营机制，产业规模不断扩大。实现利润总额 3.8 亿元，同比增盈 2 137 万元，增幅 5.4%。利润总额增长的主要原因是积极消除国内外经济下行压力和自然灾害等不利因素的影响（图 6）。

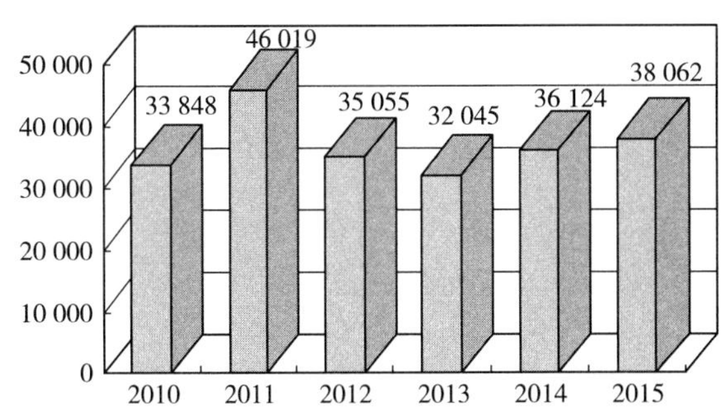

图 6　2010—2015 年利润总额（万元）

6. 税金缴纳情况　2015 年垦区共实现各项税费 39 535 万元，比上年减少 700 万元。

十二、非国有经济

2015 年，垦区实现非国有经济生产总值 72.61 亿元，增长 5.1%，占垦区经济总量的 48.0%。其中第一产业增加值 9.08 亿元，第二产业增加值 44.09 亿元，第三产业增加值 19.44 亿元，各产业占非国有经济总量的比重分别为 12.5%、60.7%、26.8%。非国有经营单位个数 5 999 个，从业人员达 5.92 万人，其中第一产业 2.03 万人，第二产业 2.06 万人，第三产业 1.83 万人。从业人员总收入 23.33 亿元，从业人员年平均报酬 39 371 元。全年共实现利税 30.06 亿元，增长 16.9%，其中：利润 23.98 亿元，增长 19.0%。

广西农垦 2015 年经济和社会发展统计公报

广西壮族自治区农垦局

2015 年，面对错综复杂的国内外形势和经济下行压力加大的严峻挑战，广西农垦坚持稳中求进工作总基调，坚持以提高经济发展质量和企业效益为中心，主动适应经济发展新常态，调结构、转方式，突出改革创新和“走出去”战略，大力推进开放合作，强化风险管控，着力保障民生，保持社会和谐稳定，管区经济呈现稳中有进、稳中有好的发展态势，经济社会发展迈上新台阶，实现了“十二五”圆满收官。

一、综合

全年管区实现全社会经营总收入[1] 1 299.4 亿元，同比增长 10.0%；实现地区生产总值[2] 449.6 亿元，按可比价[3]计算同比增长 9.1%，比全国高 2.2 个百分点，比全区高 1.0 个百分点。其中，第一产业增加值 49.9 亿元，增长 3.4%；第二产业增加值 280.9 亿元，增长 10.0%；第三产业增加值 118.8 亿元，增长 9.4%。三次产业对管区 GDP 增长的贡献率分别为 8.6%、57.6%、33.8%，分别拉动管区经济增长 0.8 个百分点、5.2 个百分点、3.1 个百分点（表 1、图 1、图 2）。

表 1　2015 年广西农垦主要经济指标与 2010 年对比

指标名称	计量单位	2010 年	2015 年	2015 年比 2010 年增长（倍）
地区生产总值	亿元	236.9	449.6	0.8
全社会经营总收入	亿元	605.0	1 299.4	1.1
全部工业增加值	亿元	113.5	218.4	1.0
全社会固定资产投资	亿元	131.3	300.6	1.3
招商引资资金到位	亿元	90.3	240.6	1.7
居民人均纯收入	元/（人·年）	13 310	23 446	0.8

图 1　2008—2015 年广西农垦全社会经营总收入及其增长速度

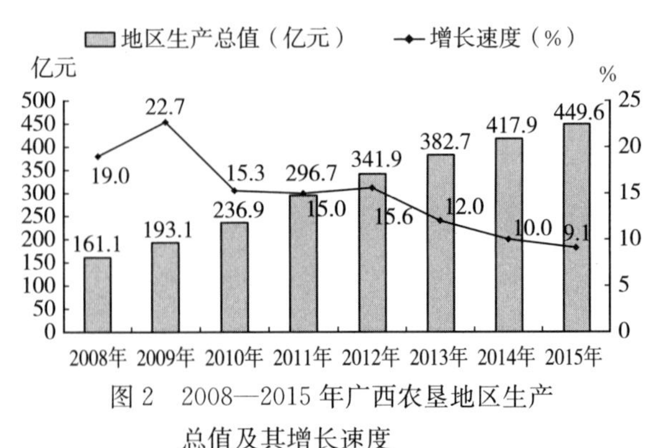

图 2　2008—2015 年广西农垦地区生产总值及其增长速度

从三次产业结构看，第一、二、三产业增加值占地区生产总值的比重分别为11.1%、62.5%、26.4%，与2014年相比，一产下降0.2个百分点，二产下降0.4个百分点，三产提高0.6个百分点（图3）。

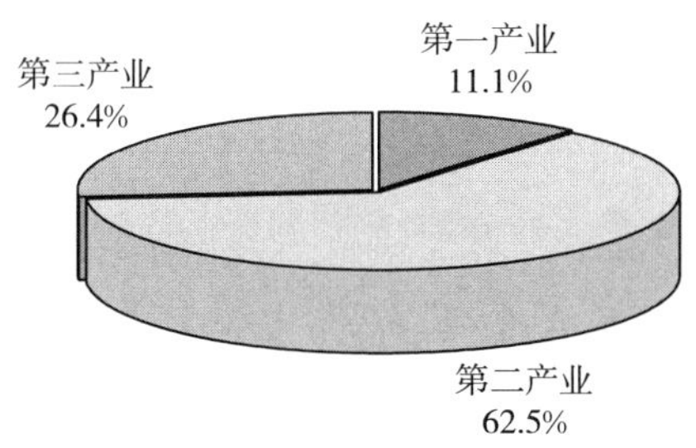

图3 2015年广西农垦地区生产总值构成

二、农业

全年管区实现全社会农业总产值86.5亿元，同比增长9.8%。其中，种植业产值34.7亿元，增长8.7%；林业产值3.3亿元，下降0.2%；畜牧业产值45.8亿元，增长11.8%；渔业产值2.7亿元，增长5.1%（图4）。

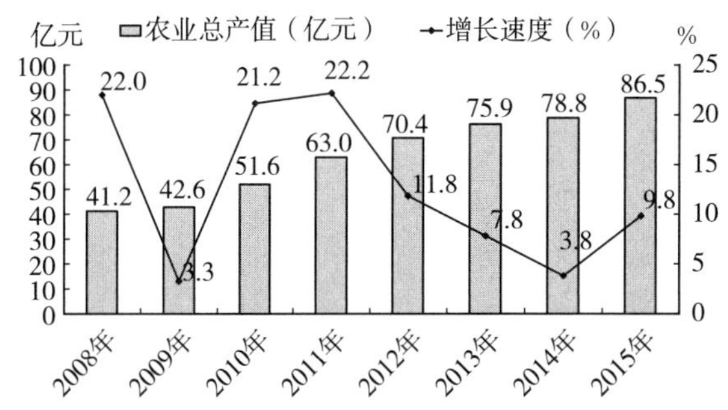

图4 2008—2015年广西农垦农业总产值及其增长速度

表2 2015年广西农垦主要农作物种植面积情况

指标名称	年末种植面积（万公顷）	比上年增长（%）
甘蔗	2.22	0.9
剑麻	0.33	−2.5
茶叶	0.06	−1.2
水果	1.07	5.5
其中：柑橙	0.36	3.9
蔬菜	0.27	1.7

年末管区甘蔗种植面积2.22万公顷，同比增加188.0公顷、增长0.9%；剑麻种植面积0.33万公顷，同比减少84.6公顷、下降2.5%；茶叶种植面积0.06万公顷，同比减少7.3公顷、下降1.2%；水果种植面积1.07万公顷，同比增加560.2公顷、增长5.5%。

全年畜牧业产值同比增长11.8%，增速同比提高10.5个百分点。生猪饲养量503.8万头，同比增长2.1%；出栏生猪215.9万头，同比增长11.7%；出售仔猪138.8万头，同比增长7.9%；出售种猪7.7万头，同比增长9.4%。2015年广西农垦主要农产品产量情况见表3。

表3 2015年广西农垦主要农产品产量情况

指标名称	计量单位	产量	比上年增长（%）
甘蔗	万吨	232.8	−0.7
剑麻纤维	万吨	1.8	−7.6
干毛茶	吨	770	−20.5
水果	万吨	30.7	19.4
其中：柑橙	万吨	14.3	1.2
蔬菜	万吨	14.4	0.6
橡胶	吨	151	−21.4
生猪出栏头数	万头	215.9	11.7
肉类总产量	万吨	16.5	12.3
水产品	万吨	1.7	4.6

甘蔗生产受到9号台风“威马逊”、15号台风“海鸥”的严重影响，全年产量同比下降0.7%。剑麻收割面积同比下降16.9%，剑麻纤维产量同比下降7.6%。

管区10家甘蔗基地农场共有1.47万公顷（合计22万亩）列入自治区优质高产高糖糖料蔗基地建设计划，截至2015年年底累计获得国家和自治区财政专项资金补助6.3亿元。

农业全年全社会固定资产投资达16.4亿元。年末新增有效灌溉面积1 801公顷，有效灌溉面积达1.54万公顷，同比增长13.3%。年末农业机械总动力达31.8万千瓦，同比增长14.9%。年末管区“三品”（绿色食品、有机食品、无公害农产品）认证数量47个，12个企业共有11种农产品实现全程质量可追溯，拥有国家农业标准化示范场、综合示范区各3个，农业部畜禽标准化示范场7个，农业部水产健康养殖示范场3个，热作（园艺）标准化示范园19个，建立4个测土配方工作中心站，农作物测土配方施肥面积达1.65万公顷。

三、工业

全年管区实现全社会工业总产值643.5亿元，

同比增长 13.1%。分经济类型看，国有及国有控股企业下降 1.6%；非公有制工业增长 15.7%。分门类看，34 个行业大类中，有 27 个大类增长，7 个大类减产。其中，农副食品加工业增长 2.5%，专用设备制造业增长 16.2%，汽车制造业增长 7.5%，木材加工和木、竹、藤、棕、草制品业增长 28.6%，橡胶和塑料制品业增长 22.6%，非金属矿物制品业增长 24.7%，酒、饮料和精制茶制造业增长 13.3%。从产品看，全年管区成品糖产量 80.5 万吨，同比下降 5.0%；剑麻制品产量 4.9 万吨，同比增长 11.7%；淀粉产量 27.7 万吨，同比下降 15.3%；酒精产量 20.4 万吨，同比下降 8.8%；饲料产量 82.3 万吨，同比增长 29.0%；机制砖产量 13.6 亿块，同比增长 13.6%（图 5、表 4）。

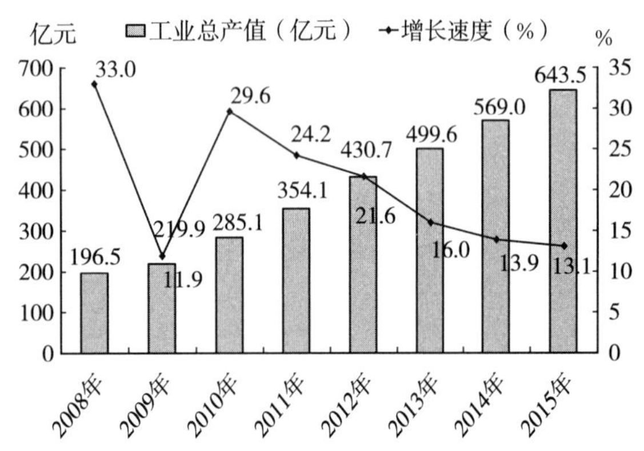

图 5　2008—2015 年广西农垦全社会工业总值及其增长速度

表 4　2015 年广西农垦主要工业产品产量情况

指标名称	计量单位	产量	比上年增长（%）
机制糖	万吨	80.5	−5.0
酒精	万吨	20.4	−8.8
剑麻制品	万吨	4.9	11.7
成品茶	吨	2 463	−9.1
淀粉	万吨	27.7	−15.3
软饮料	万吨	16.9	−5.3
乳制品	吨	1 980	18.3
人造板	万米^3	160.0	−0.7
水泥	万吨	45.3	−8.4
砖	亿块	13.6	13.6
饲料	万吨	82.3	29.0

全年管区实现全社会工业增加值 218.4 亿元，同比增长 13.0%；其中，规模以上工业增加值 200.9 亿元，同比增长 13.1%（图 6、图 7）。

全年管区规模以上工业企业实现利润 31.3 亿元，同比增长 4.6%；上缴税金 13.6 亿元，同比增长 8.7%。其中，国有及国有控股规模以上工业企业实现利润 2.3 亿元，同比增长 1.3 倍。

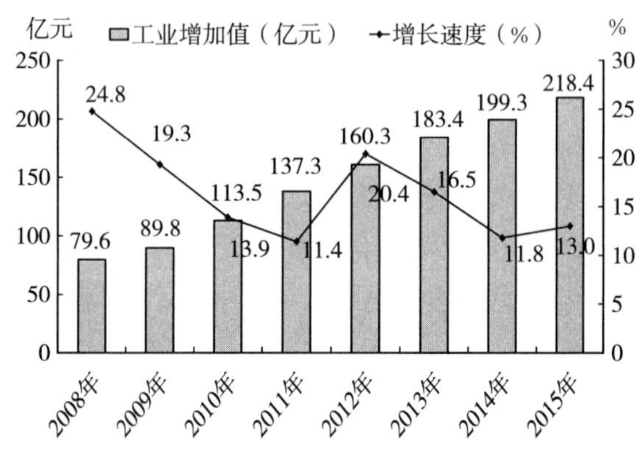

图 6　2008—2015 年广西农垦全社会工业增加值及其增长速度

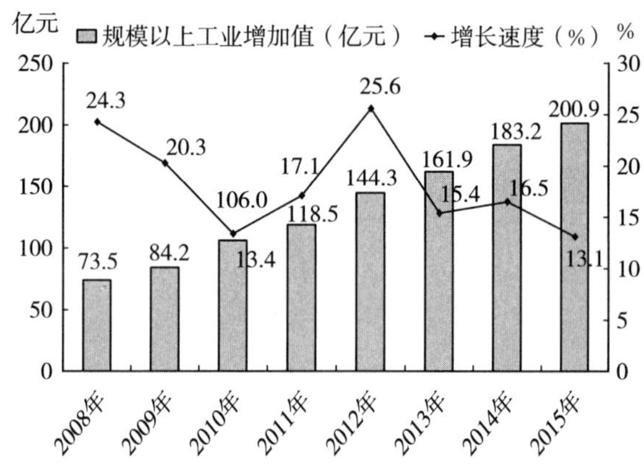

图 7　2008—2015 年广西农垦规模以上工业增加值及其增长速度

四、固定资产投资

全年管区完成全社会固定资产投资 300.6 亿元，同比增长 7.0%（图 8）。分经济类型看，公有经济完成固定资产投资 59.8 亿元，同比增长 20.3%，占管区固定资产投资的比重为 19.9%；非公有经济完成固定资产投资 240.8 亿元，同比增长 4.1%，占管区固定资产投资的比重为 80.1%。分产业看，一产、二产投资分别同比下降 13.8%、3.7%，三产投资同比增长 19.4%。分建设类型看，房地产开发、基本建设、其他投资分别同比增长 31.8%、0.9%、44.7%，更新改造、私人建房分别同比下降 15.4%、35.9%。全年管区在建固定资产投资项目 693 个，其中，计划总投资 1 000 万元以上项目 423 个，当年完成投资 292.9 亿元，占管区全部固定资产投资的比重为 97.4%；计划总投资亿元以上项目 175 个，完成投资 234.3 亿元，占管区全部固定资产投资的比重为 77.9%。当年完成投资额达 5 亿元及以上的项目有：嘉和城房地产项目 19.5 亿元，桂林良丰玉圭园环球名胜项目一、二期工程合计 18.8 亿元，新兴柳南换流站工程项目 10.1 亿元，北部湾产业园区城市综合体项目一期工程 6.1 亿元，新光农场广西灵山县骄丰化工有限公司项目 5.4 亿元，新兴工业区旗志福地商住楼建设项目 5.4 亿元，国悦·九曲湾碧湖园项目 5 亿元。

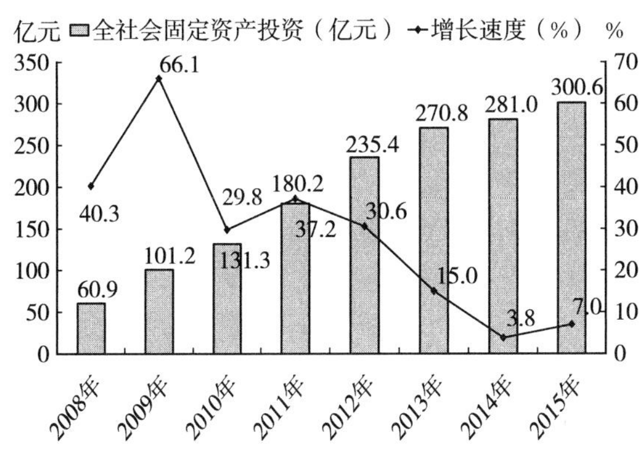

图 8　2008—2015 年广西农垦全社会固定资产投资及其增长速度

五、产业园区

全年管区 14 个产业园区（工业集中区）完成地区生产总值 334.2 亿元，同比增长 9.9%，高于管区 0.8 个百分点，占管区的比重为 74.3%，同比提高 0.5 个百分点。完成全社会经营总收入 942.4 亿元，同比增长 10.5%，高于管区 0.5 个百分点，占管区的比重为 72.5%，同比提高 1.0 个百分点。完成规模以上工业增加值 170.4 亿元，同比增长 14.4%，高于管区 1.3 个百分点，占管区的比重为 84.8%，同比提高 1.0 个百分点。完成全社会固定资产投资 252.0 亿元，同比增长 8.9%，高于管区 1.9 个百分点，占管区的比重为 83.8%，同比提高 1.2 个百分点。招商引资到位资金 219.1 亿元，同比增长 15.5%，占管区的比重为 91.1%（图 9 至图 11）。

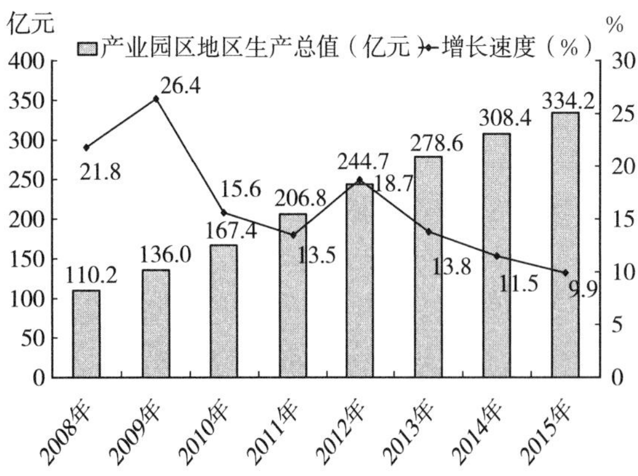

图 9　2008—2015 年广西农垦产业园区地区生产总值及其增长速度

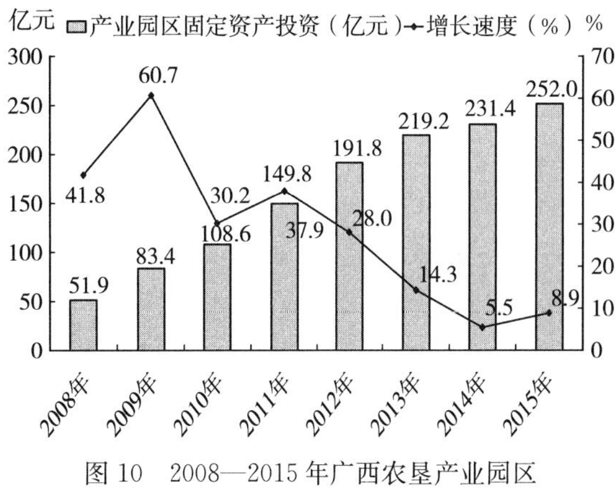

图 10　2008—2015 年广西农垦产业园区固定资产投资及其增长速度

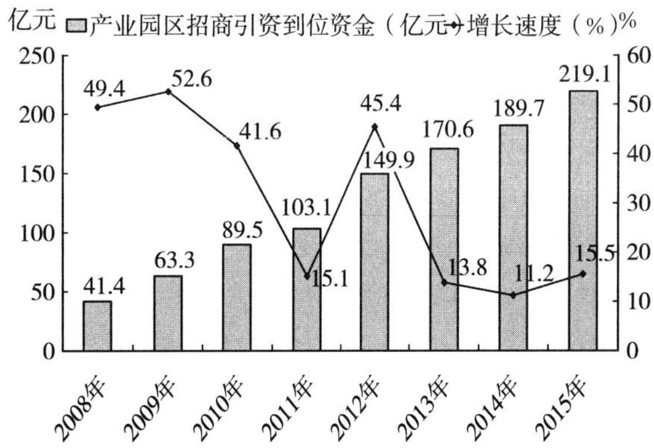

图 11　2008—2015 年广西农垦产业园区招商引资到位资金及其增长速度

六、对外经济

全年管区签订招商引资项目合同（协议）109 个，投资总额 195.0 亿元。招商引资实际到位资金 240.6 亿元，同比增长 15.7%。年末实有外来投资企业 1 129 个。中国·印度尼西亚经贸合作区累计投入资金约 1.2 亿美元，引进中国西电集团、南通市康桥油脂公司、法国斯伦贝谢公司（世界 500 强）等 31 家中外企业入园建设，项目投资总额约 4.85 亿美元。明阳生化集团越南归仁公司年产 10 万吨木薯干法变性淀粉及配套项目全面建成投产，全年生产木薯变性淀粉 7 888 吨。中缅替代种植合作项目累计已完成大田种植剑麻 0.05 万公顷，全年开割剑麻 0.04 万公顷，加工剑麻纤维 2 000 吨。全年管区工农业产品进出口总额 20.5 亿元，同比增长 11.9%，其中农垦糖业集团防城精制糖有限公司进口原糖 22.5 万吨，进口额 9.0 亿元（图 12、图 13）。

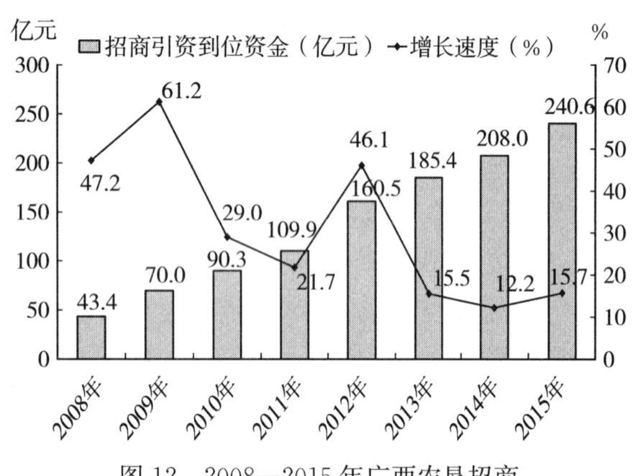

图 12　2008—2015 年广西农垦招商引资到位资金及其增长速度

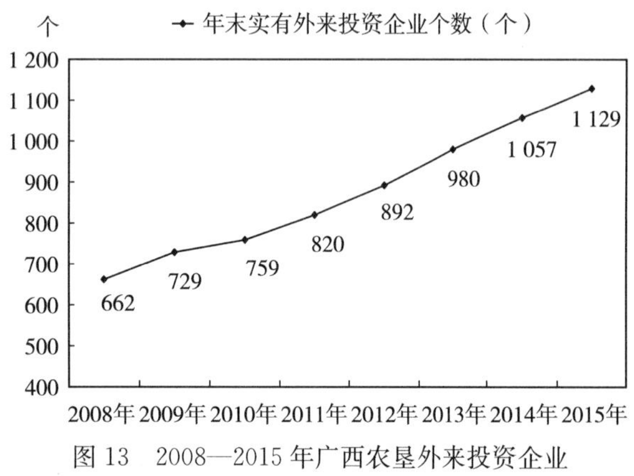

图 13　2008—2015 年广西农垦外来投资企业

七、科研

年末，管区有科研单位 3 家，从业人员 628 人，其中科技人员 295 人。全年管区企事业单位实施科研项目 175 个，建立甘蔗品比试验区 11 个、大田试验区 10 个，参加试验示范品种 30 多个。获得广西重要标准奖 1 项，广西技术发明奖二等奖 1 项，科学技术进步奖二等奖 1 项、三等奖 3 项，地市级科技进步二等奖 2 项。

八、人口、就业、社会保障

管区年末总人口 39.6 万人，同比增长 4.3%。社会从业人员 21.7 万人，同比增长 4.0%；其中外来就业 18.7 万人，增长 5.7%。农垦在册职工 29 538 人，离退休（含退职）41 119 人。全年管区居民人均纯收入 23 446 元，同比增长 8.3%。农垦在岗职工人均纯收入 37 388 元，同比增加 3 253 元/人，增长 9.5%（图 14、图 15）。

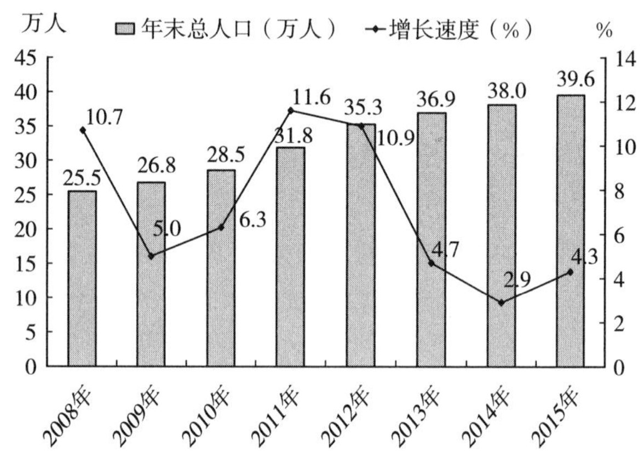

图 14　2008—2015 年广西农垦总人口及其增长速度

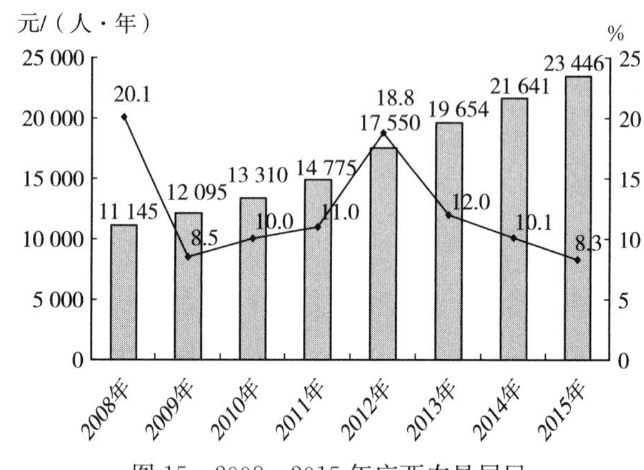

图 15　2008—2015 年广西农垦居民人均纯收入及其增长速度

年末农垦在册职工养老、医疗、失业、工伤、生育参保率分别为 100.0%、98.2%、36.7%、84.6%、12.6%。管区纳入城镇居民最低生活保障家庭 7 761 户、共 16 998 人，全年发放最低生活保障金 3 776 万元。

全年职工危房改造建设及私人建房完成投资 9.4 亿元，新增住宅面积 92.3 万米^2。2011—2015 年广西农垦共有 55 272 户（套）职工危房改造工程列入国家和自治区保障性住房建设规划和计划，到 2015 年年底，已全部开工建设，建成 54 516 户，占计划任务总数的 98.6%，累计争取到国家和自治区财政专项资金补助 10.28 亿元，累计完成投资 76.2 亿元。到 2015 年年末，管区居民人均居住面积达 33 米^2，是实施职工危房改造工程建设前的两倍多，广大职工群众生活居住条件和环境明显改善，场容厂貌焕然一新。

注释：[1] 广西农垦全社会经营总收入：是指管区所有国有企事业单位、非公企业、个体家庭年内从事生产经营、提供劳务所得的全部收入。该项指标是 2002 年自治区农垦局创立、报自治区统计局备案并开展统计至今。其计算公式如下：

广西农垦全社会经营总收入＝现价农业总产值＋工业主营业务收入＋工业其他业务收入＋工业应上交的增值税＋建筑业总收入＋交通运输业和仓储业营业收入＋批发和零售、住宿和餐饮业销售总额或营业收入＋房地产业总收入＋科研和专业技术服务业总收入＋居民服务业和修理业的营业收入＋文教卫生总收入＋其他行业营业收入

[2] 地区生产总值（GDP）：是指一个国家（地区）所有常住单位在一定时期内生产活动的最终成果。本公报是按收入法计算，它等于劳动者报酬、生产税净额、固定资产折旧和营业盈余之和。

[3] 本公报中，地区生产总值、各产业增加值绝对数按现价计算，增长速度按不变价格计算。

海南农垦2015年经济和社会发展统计公报

海南省农垦总局

2015年，在省委、省政府的关心和支持下，在总局党委和总局的坚强领导下，海南垦区在认真贯彻省委、省政府关于推进新一轮农垦改革发展的决策部署的同时，主动适应经济发展新常态，积极采取措施，勇于应对各种挑战，奋力攻坚克难，锐意开拓进取，扎实抓好经济建设发展工作，确保垦区经济社会稳定发展。

一、综合及主要指标

(1) 农垦系统经营总收入326.5亿元，比上年下降9.8%（与上年对比，下同），其中：①农垦集团公司营业总收入167.1亿元，下降21.3%；②农场国有经济总收入5.4亿元，下降6.9%；③农垦自营经济总收入135.9亿元，增长6.9%；④农垦三家直属医院经营总收入18.1亿元，增长9.0%。

(2) 工农业总产值（当年价）131.5亿元，按可比价计算下降6.5%。

(3) 固定资产投资63亿元，增长6.1%。

(4) 社会消费品零售总额28.7亿元，增长8.1%。

(5) 天然橡胶干胶总产15.03万吨，下降3.9%。

(6) 农垦劳动者人均报酬5.17万元，增长10.9%；农垦人均纯收入1.45万元，增长5.4%。

二、农林牧渔业

全年完成农林牧渔业总产值（现价）117.84亿元，按可比价计算比上年下降6.2%。产值构成：农业70.11亿元，林业18.77亿元，畜牧业26.23亿元，渔业2.72亿元（表1）。

全年天然橡胶当年新定植和更新定植面积6.90万亩，下降9.6%；胡椒种植面积0.12万亩，下降42.9%；槟榔种植面积0.46万亩，下降28%；水果种植面积3.86万亩，增长47.7%（表2）。

表1 主要农产品产量及增长

项　　目	计量单位	产量	比2014年增减（%）
粮食	万吨	14.87	0.1
糖料	万吨	26.24	−12.8
蔬菜	万吨	22.93	−21.2
水果	万吨	47.07	−13.4
＃荔枝	万吨	5.03	−23.3
龙眼	万吨	2.07	2.0
芒果	万吨	18.87	11.1
香蕉	万吨	12.43	−33.3
柑橘橙柚	万吨	0.80	−10.2
橡胶干胶	万吨	15.03	−3.9
胡椒	万吨	0.77	−36.6
槟榔干果	万吨	3.10	−16.6
椰子	万个	1 105.44	−4.7
干毛茶	吨	437	−9.9
肉类总产量	万吨	10.17	−4.2
＃猪牛羊	万吨	8.47	1.7
禽肉	万吨	1.69	−16.7
禽蛋	万吨	0.37	−10.6
水产品总产量	万吨	2.87	−2.6

表2 主要农业作物年末到达面积及增长

项　　目	计量单位	面积	比2014年增减（%）
天然橡胶	万亩	368.68	−1.4
热带作物	万亩	47.76	5.2
＃胡椒	万亩	8.36	4.0
槟榔	万亩	28.09	3.4
椰子	万亩	1.98	−3.9
茶叶	万亩	0.84	−5.6

（续）

项　　目	计量单位	面积	比 2014 年增减（%）
水果	万亩	52.71	3.9
＃荔枝	万亩	10.21	7.2
芒果	万亩	22.14	10.9
香蕉	万亩	6.61	−18.7
林地（含自然林）	万亩	198.52	15.1
＃人造林	万亩	89.06	11.3
水产品养殖	万亩	5.41	3.8
农作物播种	万亩	64.38	−11.1
＃粮食	万亩	36.83	−2.4
糖料	万亩	6.13	−12.2
瓜菜	万亩	17.87	−25.2

三、工业及建筑业

全年完成工业总产值（当年价）13.64 亿元，按可比价计算比上年下降 9.1%。分轻重工业看，轻工业产值 4.69 亿元，下降 1.8%；重工业产值 8.95 亿元，下降 12.5%。分经济类型看，国有经济产值 4.6 亿元，下降 37.7%；非国有经济产值 9.04 亿元，增长 18.6%。工业产品产销率 97.6%，比上年提高 6.9 个百分点（表 3）。

表 3　主要工业产品产量及增长

项　　目	计量单位	产量	比 2014 年增减（%）
发电量	万千瓦时	11 676	−19.4
水泥	万吨	55	19.6
成品糖	万吨	2.60	−23.0
人造板	万米^3	3.88	2.3
锯材	万米^3	19.39	−6.7
木制家具	万件	12	−14.3
塑料制品	吨	513	−1.0
汽车大中修	辆	93	−89.4
橡胶初加工设备	台	134	4.7
花岗石板材	万米^2	8.01	1.4

全年建筑业完成产值 53.84 亿元，按可比价计算比上年增长 24.8%。全年房屋施工面积 264.5 万米^2，增长 36.8%；房屋竣工面积 155.26 万米^2，增长 30.8%，其中住宅面积 133.42 万米^2，增长 27.5%。

四、社会消费品零售总额

全年社会消费品零售总额 26.68 亿元，增长 8.1%。其中：批发零售业 21.41 亿元，下降 1.9%，餐饮业 3.93 亿元，增长 2.3%。

五、交通运输业

全年完成营运总收入 6.60 亿元，增长 8.5%；货物运输收入 3.72 亿元，增长 14.2%，旅客运输收入 2.87 亿元，增长 1.8%。

六、外贸出口

全年完成出口总额 4 650 万元，下降 5.3%，创汇 716 万美元，下降 11.1%。

七、卫生

农垦医疗卫生机构 496 个，病床总数 7 120 张，增长 2.3%。年末职工 8 567 人，其中：医务人员 6 873 人，其中医生 2 368 人。

八、固定资产投资

全年完成固定资产投资总额 63.02 亿元，增长 6.1%。投资构成为：第一产业投资 9.77 亿元，下降 20.6%；第二产业投资 0.46 亿元，下降 79.7%；第三产业投资 52.78 亿元，增长 17.7%。资金来源为：国家投资 3.85 亿元，增长 88.7%；国内贷款 1.49 亿元，增长 16.4%；企事业单位自筹 21.06 亿元，下降 3.1%；其他资金 36.62 亿元，增长 22.6%。在固定资产投资总额中，省重点项目完成投资额 20.7 亿元，完成年度计划 72.9%。

九、职工群众收入和家庭生活水平

全年劳动者报酬总额 83.32 亿元，增长 7.2%。其中：在岗职工工资 26.17 亿元，下降 2.4%；自营经济纯收入 57.15 亿元，增长 12.3%。劳动者人均报酬 52 702 元，增长 10.9%，其中在岗职工平均工资 31 733 元，增长 13.8%；自营经济纯收入 19 969 元，增长 6.5%。农垦人均纯收入 14 485 元，增长 5.4%。

垦区职工家庭私人小轿车拥有量 13 375 辆，增长 14.5%。其中：农场（含海胶分公司）12 878 辆，增长 40.4%，平均每千户拥有小轿车 44 辆，比上年增加 13 辆。

十、人口与职工

农垦户籍总人口 91.38 万人，下降 1.7%。农垦常住总人口 90.10 万人，增长 0.8%，其中全部职工人数 11.12 万人，下降 12.4%，其中在岗职工 8.25 万人，下降 14.2%。离退休及病退人员 22.4 万人，增长 5.8%。

垦区人口出生率 11‰，自然增长率 5.8‰。

重庆农垦2015年经济与社会发展统计公报

重庆市农业投资集团有限公司

2015年，重庆农垦在宏观经济下行压力继续加大的背景下，全力推进“创新驱动、转型升级”，取得较好的经营成效，并保持了良好的发展态势。

一、综合指标

垦区主要经济指标继续保持较快增长。截至2015年年底，重庆农投集团资产总额达到132亿元，较上年同期增长5.6%；其中控股部分达到115亿元，较上年同期增长12.7%。经营收入实现116亿元，较上年同期增长9.4%；其中，控股部分实现60亿元，较上年同期增长8.6%。利润实现4.5亿元，较上年同期增长11.1%；其中，控股部分实现4.2亿元，较上年同期增长13.5%，主要经济指标全面完成市国资委下达的考核指标任务。2015年全集团实现生产总值（GDP）184 132万元，较2014年增长10.3%。其中，第一产业实现增加值16 218万元，同比增长16.9%；第二产业实现增加值114 874万元，同比增长7.7%；第三产业实现增加值53 040万元，同比增长14.6%。人均生产总值85 958元，较2014年增长8.3%（图1）。

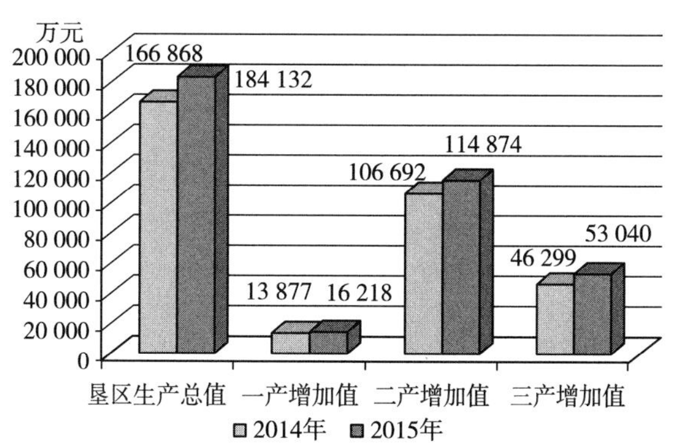

图1　集团生产总值（GDP）及构成

垦区职工收入保持增长，集团发展氛围和谐稳定。2015年，集团控股企业职工人均工资增幅12.8%，连续6年保持10%以上的增长，“五险一金”全覆盖；年末实有住房面积67.2万米^2；企业离退休干部和困难群体得到普遍帮扶慰问，全年涉及3 442人次，帮扶慰问金额达180.5万元，较2014年增长50%；全年垦区无较大集访群访事件发生。

二、第一产业

农业经济快速发展。2015年垦区实现农林牧渔业总产值97 822万元，较2014年增长13.4%，其中畜牧业产值82 902万元，占农业总产值的84.8%。垦区年末存栏奶牛2.97万头，较2014年增长29.1%；垦区战略重组集团内部近7亿元生猪产业资源，成为涵盖饲料、兽药、种猪、商品猪、屠宰、精深加工、冷链储存、运输、终端销售为一体的全产业链运营新平台，2015年年末垦区生猪存栏7.64万头，同比增长34.7%；年末家禽存栏59.2万只，基本与去年持平。全年肉类总产量13 978吨，同比增长38.5%；牛奶产量98 090吨，同比增长15.4%；禽蛋产量4 069吨，同比略有下降；有机鱼2 693吨，同比增长3.3%。

三、第二产业

工业利润较快增长，产值增幅放缓。2015年年末垦区实现工业总产值884 925万元，较2014年实现小幅增长，但通过调整产品结构优化产品战略、推进精细化管理提升盈利能力，全年实现利润总额2.33亿元，较2014年增长17.1%；产销率达到99.4%；产品销售收入879 293万元，较2014年实现小幅增长；工业增加值111 085万元，较2014年增长7.5%；全年亏损户仅1户。

建筑业重信誉保质量。垦区唯一的建筑企业全年施工面积49万米^2，比2014年增长58%，其中，竣工面积19万米^2，全年实现营业收入43 308万元，实现利润1 594万元，增长25.4%。

四、第三产业

商业地产实现强势增长。宏帆公司 2015 年经营收入突破 10 亿元大关，利润达到 2.3 亿元，同比增长 48.7%，创历史新高。首个县域城市“宏帆广场”在四川邻水建成投入运营，日均人流量超过 5 万人次，成为邻水当地最具吸引力和影响力的商业新坐标；四川南江“宏帆广场”全面开工，四川宣汉“宏帆广场”完成主体工程建设。

信息化建设跃上新台阶，电子商务模式持续推进。恒天物流运输管理信息系统 TMS 正式投入运行，运输成本下降，管理效率提升，为实施“大客户”营销战略提供有力支撑，成为重庆第三方冷链物流最大服务提供商；三峡渔业建成“三峡渔”产销信息化网络平台，形成集生产、物流、销售于一体的信息系。

新增融资租赁业务新模式。打造农业产业链综合金融服务平台，全年累计签合同 31 个，累计放款 35 255 万元，累计收入 7 143 万元，实现利润总额 4 173 万元。创新实施“融资租赁＋互联网”金融 A2P 模式，打造多元化、符合未来发展方向的互联网金融新模式，助力实体经济发展。

存量资产盘活取得新进展。清理盘活房屋土地资产，签订外围资产经营合同 40 份，年新增收入 60 万元；实现存量资产农垦大厦提前招租，引入爱尔眼科，完成招租 2 万米^2；清理僵尸企业，推绿叶公司破产。

五、固定资产投资

2015 年固定资产投资 25 112 万元，较去年同期减少投资 5 071 万元，在宏观经济进入调整阶段严控各项固定资产投资，规避市场风险。主要投资于第一产业畜牧业发展、第二产业工业技改扩能以及第三产业房地产、存量资产盘活和冷链物流建设。主要项目包括利乐冠酸奶包装线扩建项目、江津养殖场生长舍及配套改造项目、德佳技改扩能项目、渝荣 1 号猪配套系恢复性选育建设项目、重庆市忠县三峡库区规模化生态渔业示范项目、金穗种业水稻、玉米“两杂”新品种示范推广及惠农直供体系建设项目、陕西万头奶牛养殖基地建设项目、宁夏红寺堡万头胚胎移植受体牛养殖园区 2 000 肉牛养殖场建设项目等。

六、2015 年主要工作及成效

（一）五大农业产业链实现产业转型升级

一是乳业产业建成全国第一个中字头乳业企业。出资 1 亿元，发起组建中垦乳业股份有限公司，建成全国第一个中字头乳业企业，成为中国奶业 D20 企业联盟成员企业（中国奶业 20 强）、中国农垦乳业联盟成员企业，参加中国奶业 D20 峰会，受到中共中央政治局委员、国务院副总理汪洋同志的高度肯定。二是肉业产业全产业链一体化经营正式起步。战略重组集团内部近 7 亿元生猪产业资源，华牧公司成为涵盖饲料、兽药、种猪、商品猪、屠宰、精深加工、冷链储存、运输、终端销售为一体的肉业全产业链运营新平台，集团肉业产业资源实现大整合、大重组、大集聚。三是生态渔业资源整合能力进一步提升。布局水域资源丰富、生态环境良好的甘肃文县，起步建设西北生态养殖基地近 50 000 亩；选点三江交汇的重庆合川，利用生态渔业的排他性技术优势，规划建设涪江库区、嘉陵江草街库区、小安溪等 3 个水域牧场示范区，形成天然水域牧场面积超过 10 万亩的规模。四是冷链物流开始筹建全国经营平台。农业部农垦局在渝召集全国农垦系统 20 多个垦区商议、协调中垦冷链公司平台搭建，黑龙江、山东、湖北等垦区已明确表达共同发起筹建中垦冷链公司的合作意向。五是种业产业建设全国育繁推一体化企业取得重大进展。出资近 1.6 亿元，完成湖南科裕隆种业公司 51%控股股权并购工作，成为全国种子骨干企业前 40 强，提速集团种业产业至少 8 年发展进程。

（二）经营管理升级实现新突破

一是天友乳业品质和结构进一步优化升级。打造两江牧场成为西南地区首个有机牧场，推出“淳源”系列西南首款高端有机乳品，推出“希腊神话”高端酸奶，开创酸奶 3.0 时代。二是三峡渔业按上市要求规范管理。在华融证券辅导下，按上市要求，进一步清晰产权、规范运作、实施整改，顺利完成股份制改造，完成筹备上市的标志性节点任务，为三峡生态渔业新三板上市打下坚实基础。三是重庆市水产科学研究所企业化运行进一步深化。江泓公司 2015 年实现经营收入 581 万元、增长 73.4%，利润 145 万元、增长 130%，利润率近 25%，呈现较好发展势头。与中国水产科学研究院长江水产研究所签署科技合作框架协议，发挥各自优势建立起科技人才与管理团队互派互访机制，联合申报项目、课题，重庆市水产科学研究所的行业地位和形象进一步提升。

（三）创新发展迈上新台阶

一是信息化创新跃上新台阶，天友乳业确定5年发展战略、建立“1+3”应用架构，统筹推进全产业链信息化建设，提高组织运营效率，强化市场分析应变能力；天宁牧业推进“智慧牧场”综合管理信息系统建设，集成办公自动化OA系统、仓储及供应链管理系统、人力资源管理系统、数据综合分析系统，已于2015年12月正式上线投入运行。二是商业模式创新取得新进展，中垦乳业围绕草场、牧场、工场、市场起步建设“本地化、新鲜化、高端化、组团式”的“三化一式”巴氏鲜奶商业运营模式，构建牧场到工场、工场到市场的乳品新鲜半径。按照这一模式，总投资3亿元、总产能30万吨的低温乳制品加工中心已于2015年11月23日在陕西渭南开工建设。三是技术创新扎实推进，立足推动实用技术和创新成果转化应用，提升全要素生产率，实施“集团科技创新研发中心”“水域牧场隐形电拦鱼系统应用试验”“生猪代养远程监控信息化管理”等12项年度重点科技创新项目，有效增强企业竞争力。

（四）重庆农垦影响力持续向好

一是各级领导和业内专家关心关注集团发展，中共中央政治局委员、国务院副总理汪洋，中共中央政治局委员、市委书记孙政才，市长黄奇帆，市人大常委会主任张轩，农业部党组成员杨绍品等分别听取集团有关工作汇报，到集团有关企业视察、调研或参加活动，给予关心、指导。中国“杂交水稻之父”、中国工程院院士袁隆平也亲临集团，指导集团种业产业发展。二是集团及所属企业影响力明显增强，集团被市级有关部门评为“重庆企业100强”第51位，“重庆企业效益50佳”第31位。天友乳业、华牧公司和重庆正大分别入围“重庆制造业企业100强”；天友乳业被中国食品工业协会授予2014—2015年度“全国食品工业优秀龙头食品企业”殊荣、被中国质量检验协会用户委员会评为“2015年度全国液态奶行业消费者满意品牌”、荣获中国质量检验协会颁发的“全国质量检验稳定合格产品”和“全国质量诚信优秀企业”证书，成为“国家学生饮用奶计划推广先进企业”；天宁牧业成为“全国农垦现代化养殖示范场”；三峡渔业被评为“2015重庆高科技高成长20强企业”。三是争取资金取得新突破，争取国家、重庆市及区县有关部门无偿财政支农惠农扶持资金达到1.5亿元，再创历史新高。

（五）安全管理取得实效

一是企业本质安全有效推进，天友乳品一厂、万吨公司等4户企业通过国家安全生产标准化二级创建工作验收；天友大酒店通过职业卫生示范单位创建验收；天友乳业、三峡渔业通过质量追溯项目中期验收；天友乳业获批农业部质量追溯标识使用。二是强化安全整治和培训，开展危险化学品和易燃易爆物品安全大排查大整治工作、“除隐患、保平安”集中检查行动，尝试专家诊断排查“以检代训”模式；组织开展两次近100人的新《安全生产法》及《环境保护法》集中培训和安全管理资格证培训。三是信访维稳扎实有效，接待群众来访22批112人次，较上年减幅达50%以上，企业离退休人员和困难群体得到重点帮扶慰问，集团和谐稳定氛围持续好转。

四川农垦 2015 年经济和社会发展统计公报

四川省农业厅农垦局

2015 年，四川省农场系统在各级党委、政府和省农业厅党组的领导下，在农业部农垦局的指导下，坚持以邓小平理论、“三个代表”重要思想和科学发展观为指导，认真贯彻落实党的十八大、十八届四中全会、五中全会、省委十届四次、五次全会精神和全国农垦专业会议精神，紧紧围绕积极发展现代农业，以科学发展观统领农场社会经济发展，推进农场经济又好又快发展，扎实推进社会主义新农村示范场建设，坚持以人为本，坚持改革开放，转变经济发展方式，突出科技创新，加快结构调整，实施创新驱动，提高经济增长总量。全省农场系统实现了农场增效、职工增收，推进了农场经济社会全面协调可持续发展。

一、农场经济持续健康平稳发展

2015 年四川省农场系统总的经济形势是：经济得到又好又快发展，生产安全，场区社会继续保持稳定，民生工程得到较大发展，尤其是农场系统棚户区改造取得显著成效，全省农场系统地震灾后恢复重建后的农场经济得到较大发展，新农村示范场建设取得新进展，全面完成年初制定的各项目标任务。

（一）综合

四川农垦统计报表汇总企业数 40 个，较上年减少 2 个（一个是德阳市园艺场改由德阳市国资委管理；另一个是雅安熊猫乳业有限责任公司改制为民营企业，不再是农垦企业，不纳入农垦场统计范畴）。2015 年四川农垦实现了农场经济效益和职工收入、生活水平平稳发展的良好态势，经济总量因经济发展结构调整较上年有所减少，全年农垦实现国民生产总值 17 637 万元，扣除减少两个农场的因素影响较上年同比减少 1 655 万元，减少 8.6%。其中，第一产业增加值 5 817 万元，较上年同比减少 163 万元，减少 5.47%；第二产业增加值11 345 万元，较上年减少 1 227 万元，减少 9.76%；第三产业增加值 475 万元，较上年同比减少 265 万元，减少 35%。第一、第二、第三产业增加值占农垦生产总值的比重分别为 33%、64.3%、2.7%，第一产业比重较上年上升 4.1%，第二产业比重上升 7.4%，第三产业比重下降。第三产业比重下降主要是一个占比重的农垦企业宾馆改建缘故。人均农垦生产总值 12 306 元；人均纯收入 6 021 元；职均收入 25 513 元，较上年增加 3 527 元。

土地总面积 499 331 公顷，比上年减少 710 公顷（一是统计的农场减少 2 个因素，减少 89 公顷；二是有畜牧场土地重新核实勘察减少了 621 公顷）。其中：耕地 873 公顷，牧草地 352 964 公顷，林地面积 27 531 公顷，水面 60 公顷，茶果桑园 1 156 公顷，宜林地面积 967 公顷，可垦荒地面积 436 公顷，居民点及工矿用地面积和其他面积 115 344 公顷。

（二）农牧渔业

切实抓好农产品生产，在“稳面积、优结构、增单产、提质量”上下功夫。为了保护生态环境，农场响应“退耕还林、退耕还草”的国家政策，2015 年四川农垦全年农作物总播种面积为 734 公顷，较上年减少 333 公顷。其中：粮食播种面积 436 公顷，占农作物总播种面积 59.4%；油料、蔬菜、瓜类、烟叶面积 92 公顷，占农作物总播种面积 12.7%；其他作物面积 205 公顷，占农作物总播种面积 27.9%。农作物总产量 9 626 吨。其中：粮食产量 4 243 吨；油料、蔬菜、瓜类等产量 605 吨；其他作物（主要是青饲料）4 777 吨。

茶、果、桑等经济作物产量有升有降。茶叶产量 1 028 吨，较上年减少 8 吨，主要是采茶人工成本增加，减少了采茶量；水果产量 1 691 吨，因水果生产大小年的缘故，较上年减少 212 吨；桑产量 61 吨，较上年增加 42 吨，主要是蚕茧恢复生产。

牲畜年末存栏总数 10.66 万头（只），较上年减少 0.23 万头，规模化饲养的奶牛场较上年减少

1个；大牲畜年末存栏数较上年同比增加0.04万头，年末奶牛规模化养殖场1个；主要畜产品产量中肉类2 021吨，较上年增加5吨；牛奶产量5 232吨，较上年较少2 360吨，主要是减少了1个奶牛规模化养殖场（雅安熊猫乳业有限责任公司）和畜牧场淘汰奶牛品种。受国家道路建设占地影响，全年淡水养殖面积减少，水产品产量下降为11吨。

全年实现农林牧渔业总产值9 116万元，扣除农垦企业减少因素与上年持平。其中：农业产值3 333万元，林业产值24万元，牧业产值5 735万元，渔业产值24万元。

全年植树造林1公顷；木材采伐120米^3，较上年减少15米^3。森林覆盖率8.42%。

加快现代农业进程，提高农业机械化程度，2015年四川农垦保有农业机械总动力2 099千瓦，扣除农场减少的因素比上年略增。发展设施农业，有大棚3.3万米^3。保护环境、休养土壤，全年使用化肥673吨，较上年减少1 025吨，减少60.4%。

（三）第二产业

发展环境友好型产业，加大第二产业的转型升级，积极配合地方政府环境保护政策执行。污染环境的重工业——四川泸山铁合金有限公司已成功转型为发展清洁能源的企业。全年农垦实现工业总值25 511万元，较上年减少2 073万元，减少7.5%；实现利润2 886万元，较上年增加1 203万元，增长71.5%，主要是企业扭亏为盈。从工业主要行业划分看：食品制造业33.6万元，酒、饮料和精茶制造业22 964万元，纺织业478万元，电力生产2 035.9万元。从所有制形式划分看：国有工业总产值1 061万元，较上年增加489万元，占工业总产值4.1%，较上年上升2个百分点；非国有工业总产值24 450万元，占工业总产值95.9%。其中：轻工业产值23 475万元，占工业总产值92%，较上年上升4个百分点。全年工业企业9家，其中轻工业8家，重工业1家。全省农垦规模以上企业2家。

因企业改制四川全省农垦已无建筑企业，运输业。

（四）餐饮业、服务业

调整产业结构，加强第三产业的发展，促进农场增收。2015年年末餐饮业、服务业营业单位总个数3个，较上年减少1个（因德阳市园艺场不纳入统计范围），从业人员69人，拥有固定资产原值162万元，营业用房总面积2 754平方米，实现销售或营业收入2 288万元，比上年增加382万元。

（五）固定资产投资

继续实行技术升级换代，四川农垦全年完成固定资产投资3 899万元，其中：第一产业投资额854万元，占总投资额21.9%；第二产业投资额3 045万元，占总投资额78.1%。争取多渠道融资，从资金来源看投资额，其中：国家预算内资金259万元，占总投资额的6.6%；国内贷款3 000万元，占总投资额的76.9%；自筹资金640万元，占总投资额的23.6%，农垦场自筹资金能力较强。当年新增固定资产452万元。

（六）人口、职工和劳动报酬

年末全垦区总人口14 333人，其中少数民族人口7 101人，全年出生人口73人，年内死亡人口47人。年末全垦区总人口较上年增加732人，是因阿坝藏族羌族自治州2个畜牧场牧民定居后，2015年重新调查了牧场人口。

年末社会从业人员6 258人，扣除减少农场因素的影响，较上年实际减少426人。其中第一产业5 332人，第二产业778人，第三产业148人，分别占社会劳动从业人员总数的85.2%、12.4%、2.4%。第一产业从业人员占比较上年增加3.6个百分点，第二、三产业从业人员占比较上年有所下降。

从业人员劳动报酬继续提高。年末职工6 258人，其中：在岗职工2 466人，其他人员3 792人。全年从业人员劳动报酬8 630.5万元，其中在岗职工劳动报酬6 291.6万元，其他从业人员劳动报酬2 338.9万元。职工年平均工资25 513元，较上年增加3 527元；人均纯收入6 021元。

（七）非国有经济

非国有经济继续保持良好的增长态势，继续实现盈利。2015年非国有经济完成生产总值10 510万元，其中：第一产业增加值1 338万元，第二产业增加值9 172万元，分别占非国有经济总量的12.7 %和87.3%，与上年比较第二产业占比增加1个百分点；无第三产业。年末非国有经济从业人员1 005人，其中：第一产业246人，第二产业759人。从业人员劳动报酬3 184万元，年人均收入31 682元，较上年增加5 723元。全年实现利税

5 298 万元，较上年增加 608 万元，其中，利润 2 990万元，较上年增加 1 232 万元。

二、全面推进农场经济又好又快发展

1. 加大农场现代农业发展力度 发展农场现代农业，是农场立足之本和发展之基。根据全省农场实际，按照高产、优质、高效、生态、安全的要求，我局加大了农场现代农业发展力度。在有条件的农场，建立各具特色的农产品生产示范基地，全面提升农场现代农业建设水平。同时根据农场优势和市场需求，进一步调整优化结构，建设了一定规模的茶果、奶牛、肉羊、肉禽、蔬菜等种养业生产基地，朝着规模化、标准化生产方向发展。向社会提供一定数量的优质安全的名特优新稀农产品、绿色食品、有机食品、名牌产品和特色产品。在农场现代农业建设中，大力推广农业优质安全高效绿色的适用技术。建立完善以农场为主体、市场为导向、产学研结合的技术创新体系和农场与基地农户相连的技术推广体系，提高科技创新能力和成本转化能力。加大推广种养业优质安全高效适用新技术、新品种推广力度，特别是加大防冻抗低温、抗干旱、疫病防治和生态环保技术推广力度。围绕省上的优势农产品区域布局，加大优化农场农业产业结构。重点狠抓了种子种苗，优质种牛、种猪、种羊、种禽等的引进和繁育。结合省上产业示范基地建设，扎实抓好现代示范场建设，提高农场农业科技创新、新技术应用能力和社会地位，在现代农业发展中，发挥示范带动作用。

2. 大力发展二、三产业 对农场二、三产业发展，我局始终坚持以农业为基础，以农业产业化经营为主要模式。以市场为导向，以营销为抓手，以农产品加工为重点。二产业发展，主要以农产品精深加工为主，进一步巩固提高乳业、酒业等优势产业，打造名牌产品，提高产品市场竞争能力。充分利用全国糖酒会、农博会这些平台，加强对各类产品的营销促销，提高各类产品的效益。三产业发展，主要是积极拓展农业功能，发展经营以生态、观光、旅游、休闲娱乐和产前产中产后服务为一体的现代服务业，提高农场的综合经济效益。

3. 发展培育壮大产业化龙头企业 重点培育已经拥有知名品牌和自主知识产权，主业突出，有一定规模、核心竞争力较强农场的企业。积极争创国家级、省级名牌产品称号。2015 年，积极为宜宾叙府酒业有限公司、邛崃嘉乐集团有限公司、南充川北农产品批发市场 3 家省级龙头企业争取政策扶持，壮大经济实力，这 3 家龙头企业在当地起到了较大带动作用。发展龙头企业，农民专业合作组织、协会、生产基地、家庭农场和农户多位一体、紧密联系的产业化经营的新机制和新模式，3 家龙头企业已建立自己的基地近 15 万亩，取得了显著经济效益，促进了农场增效、职工增收。

4. 狠抓全省农场系统棚户区改造 全省农场系统棚户区改造工程是一项重大的民生工程，惠及四川省 20 个市州的 93 个农场。自 2011 年开展这项工作以来，我局高度重视，狠抓落实。2015 年，我局主要抓了 2013 年下达的改造任务和申报 2016 年改造计划。一是积极协调国家有关部委、省级有关部门，争取对农场棚户区改造的支持，全面落实了补助配套资金及各项优惠政策。二是下达的棚户区改造计划任务，已全面开工，并且到年底能完工 95%以上。三是加强督查，组织督查组到市州开展督查，确保了棚户区改造工程的建设质量和廉政建设。四是积极与省发改委、省住建厅协商，申报 2016 年农场系统棚户区改造计划，现已完成计划申报，并得到住建厅确认。已完成棚户区改造的农场，极大改善了农场职工的居住和生活条件。对促进农场经济社会发展，建设和谐农场打下了坚实基础。

5. 积极争取政策，农场扶贫开发工作取得新成效 2015 年，农业部农垦局批准安排了四川省 6 个重点贫困农场的扶贫开发工作。我局高度重视，积极落实实施，一是与省财政厅专门研究落实了 6 个重点贫困农场。二是召集 6 个贫困农场的领导来局里，研究具体实施方案。三是专门审查了 6 个农场的扶贫开发方案。四是具体组织落实实施。五是定期督促检查验收。2015 年已 7 次到项目实施农场检查。目前，6 个贫困农场项目实施顺利。

6. 深化规范农场改革取得新进展 2015 年，继续按照省政府函（2007）12 号文件确定的把农场建设成为社会主义新农村示范场的目标要求。年初，给各地农场主管部门提出明确建设要求，积极协调各有关部门，推进新农村示范场建设目标任务。各地也加大了社会主义新农村示范场建设力度，为落实好省上提出的“经济发展、生活富裕、和谐文明、场容整洁、管理民主、示范带动”的总要求，各级农场主管部门积极协调地方各级政府，把示范场建设纳入到县上新农村建设规划，优先组织实施。认真总结社会主义新农村示范场的经验，加以宣传、推广。及时总结两个农场已开展示范场建设试点工作的经验，在全省农场系统推广。通过抓落实，推动了全省农场系统新农村示范场建设。

7. 深化规范农场改革取得新进展 2015 年，我局在农业部农垦局指导下，采取多种形式推进农场改革，提高农场运行效率和管理效能。按照国家和省上对企业事业单位改革的政策，分类指导全省农场系统改革工作。要求企业性质的农场，重点是逐步建立现代企业制度，促进多种所有制经济共同发展。事业性质的场要继续强化为“三农”服务的职能，重点解决人员岗位制和分配制度的改革。

贵州农垦 2015 年经济和社会发展统计公报

贵州省农业厅农垦局

2015 年，贵州农垦系统在各级党委政府的领导和支持下，基本完成垦区危房改造工作进度，产业上调整和优化种植业、养殖业结构。经过全系统广大干部职工的共同努力，艰苦奋斗，克服了种种困难，2015 年保持了经济增长的好势头，人均收入水平得到大幅提高，农场竞争力得到较大提高，经济和社会发展取得了较好的成绩，全垦区生产总值 4.3 亿元，比去年增加 1 000 万元，实现盈利 720 万元，实现贵州垦区连续 13 年盈利。

一、基本情况

2015 年贵州省垦区农垦企业 37 个，和 2014 年持平；农垦年末总人口为 24 107 人，比去年减少 229 人，年末在职职工总数为 4 627 人，比去年减少 116 人；人均纯收入 7 013 元，比去年增加 799 元，增长 12.8%。

二、农业情况

农牧渔业总产值 34 655 万元（现价），比去年增加 3 168 万元，增加 10.01%，原因是贵州省垦区奶牛场近两年来大规模更新奶牛种群，牛奶产量和质量大幅增加，2016 年预计还将以两位数幅度增长；垦区总面积 17 208 公顷，比去年略有增加，原因为土地确权后实际面积略大于原来图纸面积；农作物播种面积 2 849 公顷；粮食产量 6 729 吨，比 2014 年均有小幅增加；茶叶产量 4 760 吨，比去年增加 423 吨；水果产量 12 170 吨，比去年增加 3 050 吨，也是贵州垦区水果产量第一次突破万吨；牛奶产量 47 835 吨，比去年增加 1 590 吨；奶牛存栏数 2.33 万头，比上年减少 0.3 万头，原因为淘汰了大量的低产奶牛。

三、工业情况

工业总产值 66 424 万元（现价），比去年增加 1 953 万元，增幅 3.0%。原煤产量为 0，原因为贵州垦区唯一煤矿 2015 年 5 月再次冒顶停工至今，预计 2016 年仍难以恢复生产；混合饲料产量 2 044 吨，比去年略有增加；名优茶产量超过 1 400 吨；水电发电量 120 万千瓦时，与去年持平。

四、评价

（一）主要问题

2015 年，贵州农垦总体形势保持良好势头，自然灾害的影响较 2014 年也较小，其中水果获得历史上最大丰产，全垦区虽然继续保持盈利，但是比 2014 年略有减少，而且农垦系统进入社会养老统筹后，虽然保障了退休职工的养老金，但企业缴费负担仍然十分沉重，部分企业不能按时缴纳社保基金现象仍然存在，特别是职工医疗保险方面，因没有统一政策，各农垦农场入保方式、补贴水平不一，职工困难较大；各地区企业办社会职能因为各方面原因暂时不能剥离，企业负担仍然严重；垦区危房改造全面推进后，职工出现大面积借债建房，负债较高，这些已成为制约我省农垦企业的进一步发展的主要因素。

（二）发展形势

2015 年，我省垦区在加大企业改革力度的情况下，通过经济转向，着重加大了效益明显的产业投入，特别是乳业、茶业和水果业有较大的发展，茶叶生产由以往的生产普通茶重点转向生产名优茶为主，质量得到提高，因而增加了产品的附加值，提高了经济效益；乳业在得到地方政府支持后，2014—2015 年新增的优质品种奶牛 0.4 万头已全面投产，单产明显超过去年，2016 年计划再淘汰 0.3 万头低产奶牛。

（三）2016 年目标

2016 年农垦经济指标：农牧渔业总产值 3.6 亿元，工业总产值 6.8 亿元；生产总值 4.5 亿元；粮食产量稳定在 6 300 吨左右；茶叶总产量稳定在

4 500 吨；水果总产量稳定在 10 000 吨以上；牛奶总产量力争达到 5 万吨；全系统盈利达到 900 万元，80%以上农场力争实现盈利。同时，继续缩减经济效益差的行业，进一步扩大效益明显行业的投入，确保经济效益有明显的提高。

云南农垦2015年经济和社会发展统计公报

云南农垦集团有限责任公司

2015年，在省委、省政府的正确领导下，在农业部农垦局的关心支持下，云南农垦以“四个全面”战略布局为统领，深入贯彻落实习近平总书记系列重要讲话和对云南工作重要指示精神，全面贯彻落实党的十八大和十八届三中、四中、五中全会精神以及党中央、国务院和省委、省政府关于农垦工作的决策部署，主动服务和融入国家发展战略，努力适应经济发展新常态，锐意进取，扎实工作，推动农垦改革不断深化，经济平稳发展，社会和谐稳定。

一、综合

垦区经济总量（GDP）保持持续增长态势，第一、二、三产业同比均有不同程度增长，产业结构调整初见成效，整体经济形势良好。

2015年云南农垦实现生产总值（现价，下同）52.02亿元，同比增长23.9%。其中第一产业增加值28.26亿元，同比增长6.8%；第二产业增加值4.11亿元，同比增长8.9%，第三产业增加值19.66亿元，同比增长67.1%。

一、二、三产业比重由2014年的63∶9∶28调整为54.3∶7.9∶37.8。

全年共完成工农业总产值68.91亿元，其中工业总产值14.30亿元，农业总产值54.61亿元，同比分别增长6.6%、12.5%、5.2%（表1）。

二、第一产业

农业生产在橡胶价格持续下滑的情况下，主要农作物产品和种植规模保持稳定，橡胶、水果、糖料（甘蔗）、肉类、粮食、蔬菜瓜果、咖啡等主要农产品产量均保持增长。面对天然橡胶价格下滑、经济效益不佳的发展新常态，垦区在稳定传统优势产业的基础上，积极稳妥加快高原特色农业发展步伐，进一步调整优化产业结构，热带水果、咖啡、畜牧业、水产养殖业等特色产业呈现良好的发展态势。

表1　云南农垦2015年农业产值情况（万元）

指标名称	2015年	2014年	增减量	增减（%）
农林牧渔业总产值	546 124.4	519 311.9	26 812.5	5.2
一、种植业（农业）产值	141 123.0	137 911.8	3 211.2	2.3
粮食产值	16 620.6	16 735.5	－114.9	－0.7
糖料（甘蔗）产值	21 420.1	19 604.9	1 815.2	9.3
蔬菜瓜果产值	7 566.4	6 108.7	1 457.7	23.9
茶叶产值	15 941.3	20 407.9	－4 466.6	－21.9
水果产值	70 599.8	65 396.0	5 203.8	8.0
热带亚热带作物产值	8 094.2	8 934.9	－840.7	－9.4
二、林业产值	360 359.1	349 216.3	11 142.8	3.2
其中：橡胶产值	344 382.5	339 335.8	5 046.7	1.5
三、牧业产值	33 371.0	22 706.2	10 664.8	47.0
四、渔业产值	11 115.0	9 430.4	1 684.6	17.9
五、农林牧渔服务业产值	156.3	47.2	109.1	231.1

1. 橡胶种植面积、投产面积、橡胶产量不同程度增长 云南农垦农业产业支柱作物天然橡胶，种植面积连续多年保持增长，但由于热区土地资源限制，增长速度逐步趋缓。截至2015年年末，垦区共种植橡胶149 492公顷（含农垦控制的境外胶园面积），同比增长1.9%，其中国有橡胶119 201公顷，同比增长0.5%。橡胶投产面积有所增长，2015年橡胶平均开割面积104 176公顷，同比增长2.9%。

2015年垦区生产橡胶14.57万吨，同比增产0.18万吨，同比增长1.3%；其中国有橡胶产量11.56万吨，同比减少0.26万吨，降幅为2.2%。全垦区橡胶平均亩产93.2千克，平均株产4.2千克，基本保持上年水平。

2015年全年收购加工橡胶17.56万吨，同比增长40.4%。生产成本居高不下，2015年垦区橡胶平均生产成本为1.44万元/吨，高于平均销售价格3 100元/吨。

橡胶销售价格持续下滑，2013年橡胶销售均价为18 300元，2014年橡胶销售均价为12 725元，比2013年下跌30.5%，2015年橡胶销售均价为11 266元，比2014年下跌11.5%。

2. 茶叶种植面积基本稳定，但产量有所下降 2015年年末垦区茶叶种植面积4 646公顷，基本与上年持平。全年生产干毛茶10 219吨，同比减少329吨，减幅为3.1%。

3. 水果种植面积和产量增长幅度较大 天然橡胶产业遇冷，总局积极调整产业结构，水果产业产销两旺，垦区职工生产水果积极性高涨。2015年垦区水果种植面积达到11 762公顷，同比增加1 965公顷，增幅为20.1%。水果产量24.95万吨（其中：香蕉14.48万吨、柑橘橙柚0.98万吨、葡萄4.23万吨、菠萝3.04万吨、芒果1.36万吨），同比增加5.50万吨，增长28.3%。河口四农场的香蕉、弥勒东风农场的葡萄、堂上农场的柑橘、勐底农场的芒果已成为农垦优质水果的代表。

4. 粮食种植面积和产量不同程度增长 2015年垦区粮食种植面积10 924公顷，同比增长1.1%，生产粮食59 358吨，同比增长3.9%。

表2 云南农垦2015年主要农业生产情况

指标名称	计量单位	2015年	2014年	增减量	增减（%）
年末橡胶面积	公顷	149 492	145 455	4 037	2.8
其中：国有橡胶	公顷	119 201	118 591	610	0.5
年末橡胶株数	万株	5 801.7	5 670.3	131	2.3
橡胶年均开割面积	公顷	104 176	101 209	2 967	2.9
橡胶总产量	吨	145 713	143 906	1 807	1.3
其中：国有橡胶	吨	115 644	118 207	−2 563	−2.2
橡胶平均亩产	千克	93.2	94.8	−1.6	−1.7
橡胶平均株产	千克	4.2	4.1	0.1	2.4
收购加工橡胶	吨	175 617	125 104	50 513	40.4
粮食作物播种	公顷	10 924	10 805	119	1.1
粮食总产量	吨	59 358	57 132	2 226	3.9
甘蔗种植面积	公顷	4 502	4 744	−242	−5.1
甘蔗产量	吨	495 874	456 820	39 054	8.5
蔬菜瓜果种植面积	公顷	1 610	1 613	−3	−0.2
蔬菜瓜果产量	吨	28 590	22 695	5 895	26.0
茶叶种植面积	公顷	4 646	4 670	−24	−0.5
茶叶产量	吨	10 219	10 548	−329	−3.1
水果种植面积	公顷	11 762	9 797	1 965	20.1

（续）

指标名称	计量单位	2015 年	2014 年	增减量	增减（%）
水果总产量	吨	249 464	194 497	54 967	28.3
咖啡种植面积	公顷	1 035	1 143	−108	−9.4
咖啡产量	吨	1 557	1 472	85	5.8
肉类总产量	吨	9 741	8 035	1 706	21.2
水产品产量	吨	8 440	7 800	640	8.2

5. 糖料（甘蔗）的种植面积下降和产量增长 2014/2015 榨季垦区种植甘蔗 4 502 公顷，同比下降 5.1%，整个榨季产甘蔗 49.59 万吨，同比增长 8.5%。

6. 畜牧业、渔业生产与上年相比不同程度增长 由于垦区加大畜牧业和渔业扶持力度，2015 年垦区肉类总产量为 9 741 吨，同比增长 21.2%。全年生产水产品 8 440 吨，同比增长 8.2%。

云南农垦 2015 年主要农业生产情况见表 2。

三、第二产业

1. 工业生产企稳回升，工业企业生产及经济效益全面好转，建筑业保持增长 2015 年垦区共完成第二产业增加值 4.11 亿元，同比增长 8.9%，其中工业增加值 3.71 亿元，同比增长 6.0%；建筑业增加值 0.26 亿元，同比增长 152%。

2015 年垦区共实现工业总产值 14.30 亿元，比上年增长 1.59 亿元，同比增长 12.5%，其中国有企业完成工业总产值 10.89 亿元，比上年增加 1.26 亿元，同比增长 13.1%。

由表 3 可以看出垦区主要工业品种食糖、酒精、人造板材、精制茶、土豆片、钢模板、汽车配件产量均不同程度增长，由于以上产品产量和产值的增长的拉动效应，抵消了减产产品对产值下降的影响，因此 2015 年度工业产值保持了增长。

表 3 云南农垦 2015 年主要工业产品产量

产品名称	计量单位	2015 年	2014 年	增减量	增减（%）
食糖	吨	71 137	55 407	15 730	28.4
酒精	吨	5 451	4 778	673	14.1
发电量	万千瓦时	34 984	38 747	−3 763	−9.7
各种胶鞋	万双	412	468	−56	−12.0
锯材及人造板材	米^3	53 224	45 173	8 051	17.8
精制茶	吨	7 396	6 942	454	6.5
土豆片	吨	1 074	1 060	14	1.3
咖啡粉	吨	359	389	−30	−7.7
水泥	吨	183 732	213 588	−29 856	−14.0
钢模板	吨	6 050	2 784	3 266	117.3
汽车配件	套	9 351	7 960	1 391	17.5
热作机械	台	109	189	−80	−42.3

垦区各类工业企业全年亏损 2 991 万元，继续亏损。

就全垦区综合情况来看，2015 年工业企业加大销售力度，工业品产销率略好于上年。各工业企业全年完成工业销售产值 13.98 亿元，同比增长 13.0%。工业品产销率为 97.7%，比 2014 年提高 0.4 个百分点。

四、第三产业

第三产业继续保持高速增长态势，2015 年全垦区第三产业实现增加值 19.66 亿元，比上年增加 7.89 亿元，同比增长 67.1%。

1. 交通运输业收入及利润同比增长 2015 年垦区拥有各类主要运输工具 7 324 辆，交通运输业实现营业收入 33 773 万元，比去年增加 19 571 万元，同比增长 72.6%。实现利润 5 230 万元，比去年增加 1 351 万元，同比增长 34.8%。

2. 贸易住宿餐饮及服务业收入大幅增长，效益良好 2015 年垦区贸易住宿餐饮及服务业大幅增长，实现营业收入 60.30 亿元，比去年增加 37.29 亿元，同比增长 162.1%，上缴税金 8 063 万元，比去年增加 1 107 万元，同比增长 15.9%，实现利润 3.29 亿元，比去年增加 2.23 亿元，同比增长 210.4%。

五、固定资产投资

固定资产投资大幅度增加。2015 年，全垦区固定资产投资总额为 13.99 亿元，比上年增加 3.58 亿元，同比增长 34.4%。第一产业投资额 2.12 亿元，同比基本持平，其中橡胶投资额 1.61 亿元，同比基本持平；第二产业投资额 0.75 亿元，同比减少 52.6%；第三产业投资额 11.13 亿元，同比增长 66.2%。

六、劳动报酬

劳动者年收入继续增长。2015 年垦区劳动者年均劳动收入 18 281 元，比上年增加 3 562 元，增幅为 24.2%。

七、非国有经济

非公经济及管区经济保持高速增长。2015 年云南垦区非公及管区经济实现生产总值 28.96 亿元，占垦区生产总值的 55.7%，非公经济生产总值同比增长 48.5%。

非公及管区经济劳动报酬 16.57 亿元，比上年增加 4.13 亿元，同比增长 33.2%。

非公及管区经济上缴税金 7 207 万元，比上年减少 840 万元，同比下降 10.4%。

非公及管区经济实现利润 5.06 亿元，比上年增加 2.8 亿元，同比增长 123.9%。

陕西农垦2015年经济和社会发展统计公报

陕西省农垦集团有限责任公司

2015年是全面完成"十二五"规划的收官之年。一年来，集团公司领导班子以党的十八大和十八届三中、四中、五中全会精神为指引，紧紧围绕率先实现农业现代化和率先全面建成农垦小康社会奋斗目标，以现代农业建设为主线，以开放办垦为抓手，主动认识新常态，适应新常态，引领新常态，牢牢把握推进经济发展的主动权，农垦经济在宏观经济增速继续回落、农产品价格持续走低等复杂形势下，继续保持良好的发展势头。农垦各项工作出现了新局面，取得了新发展。

在我国经济增长放缓、农作物病虫害偏重发生和煤炭市场需求疲软等复杂形势下，2015年全省农垦实现国民生产总值42 298万元（现价，下同），同比减少10.41%。其中：第一产业增加值29 234万元，同比减少2%；第二产业增加值5 660万元，同比减少39.35%；第三产业增加值7 404万元，同比减少8.01%。

全省实现农业总产值37 484万元，农林牧渔服务业总产值3 912万元，工业总产值8 176万元。

一、农业

一是狠抓农业生产，夏粮、秋粮和大樱桃生产均获丰收。小麦、秋收玉米总产和单产均比去年有较大提高。6 000亩大樱桃总产91.17万千克，较去年增产47.36万千克，增幅108.1%。

二是稳步扩大农产品贸易，四个农场全部实现收入过亿元。各农场在严控经营风险的基础上，大力发展农产品贸易，华阴农场农产品贸易公司和果业公司分别对外合作开展玉米和果品贸易，其中玉米收购实现销售收入2.71亿元。沙苑农场供销公司棉粕、豆粕贸易收入5 525万元；果蔬贸易收入3 800万元。朝邑农场收储小麦2 000余万千克、玉米8 50万千克、黄豆150余万千克，创历史最好成绩。大荔农场贸易公司实现收入1.17亿元，比去年增加了9 467万元。

三是加强农业基础设施建设，努力提高农业综合生产能力。2015年，集团和农场继续落实和实施一批农业综合开发、"一事一议"、高标准农田建设、扶贫农场、省级现代农业示范区以及引水灌溉、节水灌溉等农业基础设施建设项目，各农场农业生产条件进一步得到改善。

深化开放合作，整合资源求突破。

一是与重庆农垦合资建设的首个万头牧场建成投产。4 564头基础牛群经和来自世界排名靠前的优秀种公牛的性控冻精配种，全年累计产犊2 434头，产奶3 710吨，销售3 545吨。

二是与重庆农垦、宁夏农垦联合发起设立的中垦乳业股份有限公司于4月份注册成立。中垦乳业投资3亿元的30万吨乳制品加工厂于11月23日在渭南市经开区开工建设。

三是与江苏农垦合资的陕西农垦大华种业公司已拥有9个自主品种，2015年生产的自有小麦新品种"淮麦33"，平均亩产达到620千克，实现了从代繁向自有品种开发转型。

四是冯原牧场开发荒山草地，引进新能源项目，一期风力发电项目已经并网发电，二期光伏发电项目正在签署协议阶段。

五是沙苑农场在新疆承包6 300亩耕地种植棉花取得初步成功。

六是华阴农场现代农业生态旅游观光综合体项目，计划总投资30亿～50亿元。目前，招商引资工作正在紧锣密鼓地进行中，争取在2016年年初与合作方签署战略合作框架协议，作为2016年的重大项目启动实施。

七是与陕西欧凯现代农业综合开发有限公司和西安欧凯农林市场有限公司三方签署了共同发起设立"陕西农垦欧凯农资交易市场有限公司"框架协议书，注册资本金暂定5 000万元，其中，省农垦集团持股40%，为第一大股东。新公司将收购欧凯农林市场，并逐步打造西部规模最大最专业的农资市场。

八是集团公司组团赴塔吉克斯坦，为进一步实施农业“走出去”进行了实地考察调研。

九是与西安现代农业综合开发总公司签署了并购西安草滩牧业公司的战略重组协议。

2015年陕西农垦共产粮食93 795吨。主要农作物产量如下：稻谷1 421吨，小麦37 996吨，玉米48 528吨，大豆577吨。油料合计703吨，其中花生388吨，向日葵315吨。棉花904吨，水果总产量8 070吨，蔬菜、瓜类23 218吨。

2015年农垦克服畜禽类疫病影响，共生产牛奶4 006吨，肉类1 247吨，禽蛋78吨，水产品45吨。存栏奶牛0.11万头，猪1.08万头，羊3.68万只。

二、工业

农垦是一个特殊的社会经济系统，具有企业性、社会性、区域性等多重特征。我们要准确把握农垦的这些行业特征和内在规律，在农业部农垦局的宏观指导和有关配套政策的支持下，借鉴兄弟垦区的成功经验，积极稳妥地推进工业体制改革。

2015年全省共实现工业总产值8 176万元。

2015年主要工业产品产量有：原煤240 480吨，液体乳3 780吨。

三、商贸服务业

2015年年末商业经营单位28个，商品销售总额389万元。住宿餐饮业年末经营单位22个，营业收入1 212万元。服务业经营单位18个，营业收入3 190万元。

四、固定资产投资

全省农垦固定资产投资14 138万元，其中：第一产业9 303万元，占投资总额的65.80%；第二产业701万元，占投资总额的4.96%；第三产业4 134万元，占投资总额的29.24%。

按投资来源划分，国家预算内资金529万元，自筹资金13 489万元，其他资金120万元。当年新增固定资产1 181万元。

五、劳动工资、人口

2015年年末农垦社会从业人员8 985人，其中：第一产业7 171人，第二产业369人，第三产业1 445人，分别占总数的79.81%、4.11%、16.08%。

农垦从业人员中，属于国有经济从业人员的共有4 254人，劳动报酬10 248万元。其中：在岗职工4 156人，劳动报酬10 014万元；其他从业人员98人，劳动报酬234万元。农场的国有经济从业人员有3 932人，劳动报酬9 377万元。全年人均纯收入8 505元。

六、科研、文教、卫生

农垦现有医疗单位12个，医院12所，病床237张，从业人员157人，其中：医生49人。

近两年来，农垦办中小学校部分移交地方政府，农垦现有学校1所，教职工26人，其中：教师26人。在校生1 090人，当年新招生541人，当年毕业生165人。

甘肃农垦2015年经济和社会发展统计公报

甘肃省农垦集团有限责任公司

2015年是农垦改革发展的关键之年，也是承前启后加快发展的重要之年。一年来，甘肃农垦在省委、省政府的正确领导下，在农业部农垦局和省国资委的监管支持下，认真贯彻党的十八大、十八届五中全会、全国农业和农垦工作会议精神，积极认识新常态、适应新常态、引领新常态，努力克服宏观环境不利因素影响，牢牢牵住转方式、调结构、提质量、降成本、增效益的工作主基调，攻坚克难，主动作为，真抓实干，扎实推进重点工作部署落实，垦区经济运行保持了稳中有进，稳中向好，持续健康发展的良好态势。

一、综合

2015年甘肃农垦继续坚持加快推进垦区现代农业建设，以打造百亿集团为旗帜的奋斗目标，坚持结构调整、产业培育、农业现代化、项目建设和资本运营五维一体发展，攻坚克难、锐意改革，团结带领垦区10万职工群众向全面小康目标迈进，取得了来之不易的显著成绩。农垦经济发展的基础更加牢靠、态势更加向好、动能更加强劲。

垦区全年实现国内生产总值16.07亿元，比上年增加1.51亿元，增长了10.39%。其中：第一产业增加值8.35亿元，比上年增加1.34亿元，增长了19.19%；第二产业增加值6.31亿元，比上年增加0.14亿元，增长了2.20%；第三产业增加值1.41亿元，比上年增加0.03亿元，增长了2.31%。第一、二、三产业增加值占垦区生产总值的比重分别为51.95%、39.30%、8.75%。人均国内生产总值15 387元，比上年减少1 344元，下降8.03%。全年实现营业收入45.52亿元，比上年增加0.38亿元，增长8.41%。

二、第一产业

2015年垦区围绕“形成大基地、培育大产业”的发展思路，积极调整种植结构，培育主导作物，建成了牧草（苜蓿、燕麦草、青贮）、玉米（制种、甜糯玉米）、食葵、蔬菜（马铃薯、高原夏菜、辣椒）、特药（甜叶菊）、果品（红枣、枸杞）6个大基地。具有甘肃农垦特色的专用、优质、稳定的农产品食品原料大基地基本形成。通过大条田、大农机、大产业、水肥一体化“三大一化”建设，垦区现代农业基础设施装备水平和条件大幅提升。截至2015年年底，建成大条田25万亩，农业机械总动力达到30.74万千瓦，水肥一体化面积40万亩。中低产田改造力度逐年加大，农机农艺措施的融合进一步提升，精准高效的农业措施进一步应用。条山、黑土洼、八一、永昌农场通过修建大型蓄水池建设滴灌、管灌增加有效灌溉面积，彻底改变了“靠天吃饭”的历史。加快了啤酒花、特药、果蔬、葡萄等作物全程机械化攻关力度，田园牧歌牧草、黄羊河玉米、条山马铃薯、饮马、八一食葵基本实现全程机械化。扎实开展高产示范创建活动，农业生产标准化体系日益完善，2015年结合高产示范创建评选奖励了一批现代农业先进工作者和高产创建示范户，为加快垦区主导作物技术体系推广应用树立了标杆，为推进农业规模化、标准化生产起到了很好的示范带动作用。

垦区全年完成农作物种植面积63.76千公顷，比上年减少6.94千公顷，下降9.82%；粮食作物种植面积30.75千公顷，比上年减少1.81千公顷，降低5.56%；果园面积5.18千公顷，比上年增加1.42千公顷，增长37.77%；果品产量6.94万吨，比上年增加3.54万吨，增长了103.8%，是由于上年果品受到霜冻、病虫等自然灾害的影响，今年新增了果园面积且生产状况良好引起的。

主要作物种植面积见表1，主要农产品产量见表2，牲畜年末存出栏总数及主要畜产品产量见表3。

表 1　主要作物种植面积

指标名称	计量单位	面积	比 2014 年增减%
小麦	千公顷	10.49	−15.40
玉米	千公顷	15.72	−0.19
豆类	千公顷	0.35	−30.00
薯类	千公顷	2.63	7.79
棉花	千公顷	7.04	50.75
油料	千公顷	5.37	−22.51
啤酒花	千公顷	0.84	−1.18
药材	千公顷	4.44	−5.13
牧草	千公顷	8.67	−11.71

表 2　主要农产品产量

指标名称	计量单位	产量	比 2014 年增减（%）
小麦	万吨	5.99	−16.92
玉米	万吨	20.10	25.94
豆类	万吨	0.07	−36.36
薯类	万吨	3.30	22.00
棉花	万吨	1.13	46.75
油料	万吨	1.88	−26.85
啤酒花	万吨	0.22	−74.12
牧草	万吨	4.95	−11.76

表 3　牲畜年末存出栏总数及主要畜产品产量

指标名称	计量单位	产量	比 2014 年增减（%）
猪年末存栏	万头	1.51	−33.19
猪年末出栏	万头	1.91	21.66
牛年末存栏	万头	1.31	−6.43
牛年末出栏	万头	0.24	−46.67
羊年末存栏	万头	23.05	5.20
羊年末出栏	万头	14.23	25.26
家禽年末存栏	万只	23.82	−1.24
肉类总产量	吨	5 324	1.76
禽蛋产量	吨	2 434	−8.39
牛奶产量	吨	305	−74.26

三、第二产业

2015 年，垦区共有工业企业 52 个，其中：规模以上 13 个。全年实现工业总产值（现价）16.09 亿元，比上年减少了 2.37 亿元，降低 12.84%；工业销售产值 15.05 亿元，比上年增加 0.95 亿元，增长了 6.74%；主营业务收入 18.53 亿元，比上年减少 2.73 亿元，降低了 12.84%。利润总额 0.7 亿元，扭亏为盈。

龙头企业转变经营理念，注重科技、质量、市场、品牌、管理等方面的提升，增强核心竞争力。亚盛国贸率先整合垦区优质农产品食品资源，创办首家“好食邦”品牌旗舰店，与广东农垦“佳鲜农庄”深入合作，进驻大型电商平台；莫高股份强化品牌塑造和宣传，品牌价值突破百亿大关，荣获“中国最具全球竞争力葡萄酒品牌”，稳居全国葡萄酒电商销售前三甲；普安制药公司宣肺止嗽合剂销量突破 650 万瓶；医药药材公司推进特药销售的同时拓展中药材市场；龙头企业+基地农场（专业合作社）+家庭农场（农户）的经营模式日益成熟，利益链接机制更加健全，产业发展带动企业壮大，企业发展推动现代农业建设的良性循环体系基本形成。大基地、大企业、大产业建设初具规模。

垦区建筑业共有单位 20 个，其中国有及国有控股单位 4 个，全年实现增加值 0.35 亿元，比上年增加 0.02 亿元，增长 6.06%，全年施工建筑房屋面积 8 万米^2。

四、第三产业

全年垦区实现第三产业增加值 1.41 亿元，比上年增加 0.04 亿元，增长了 2.92%。

全年运输业实现增加值 0.05 亿元，比上年减少 0.03 亿元，降低了 37.5%。年末垦区运输业从业人员 133 人，拥有各种运输车辆 97 台，全年完成货运量 90 万吨，客运量 38 万人。

批发零售业保持稳定增长态势，全年实现增加值 0.52 亿元，比上年增加 0.18 亿元，增长了 52.94%。年末批发零售业拥有网点数 169 个，从业人员 554 人。

住宿餐饮业保持稳定增长态势，全年实现增加值 0.14 亿元，比上年增加 0.01 亿元，增长了 7.7%。年末住宿餐饮业营业网点 52 个，从业人员 318 人。

五、固定资产投资

2015 年，垦区完成固定资产总投资 10.83 亿元，比上年减少 3.12 亿元，下降 22.37%。其中国有固定资产投资 10.54 亿元，占投资总额的

97.32%。投资按用途分别为：第一产业 5.43 亿元，比上年减少 0.18 亿元，下降 3.21%；第二产业 4.73 亿元，比上年增加 2.54 亿元，增长 115.98%；第三产业 0.67 亿元，比上年减少 5.48 亿元，降低 89.11%。

企业重点项目加快实施，其中 6 个（类）重点项目投资情况是：莫高股份 2 万亩酿酒葡萄基地及榨汁发酵站、葡萄酒营销网络建设项目，计划投资 3.78 亿元，实际完成投资 3.8 亿元，完成计划投资的 103%，已建成投产。莫高股份 2 万吨（一期）生物降解母粒及制品加工项目，总投资 9 980 万元，截至目前已累计完成投资 9 980 万元，完成 100%，已建成投产。甘肃农垦饮马农场肉牛养殖项目，总投资 6 852 万元，到 2015 年年底已完成投资 6 852 万元，完成 100%，已建成投产。甘肃农垦生物科技发展园区建设项目，总投资 1.2 亿元，到 2015 年年底已完成投资 0.13 亿元，完成 11%。甘肃农垦天牧乳业公司奶牛养殖项目，总投资 4.68 亿元，到 2015 年年底累计完成投资 4.03 亿元，完成 86%。高效节水、土地整理、公路建设、农业综合开发、敦煌水资源综合利用及生态环境保护项目和保障性安居工程等项目，总投资 5.05 亿元，截至 2015 年年底已完成投资 4.85 亿元，完成 96%。

六、教育、卫生、科研

2015 年，垦区共有各类学校 3 所，其中：成人高等学校 2 所，共有教职工 96 人，在校学生 7 656人；成人中等专业学校 1 所，共有教职工 29 人，在校学生 477 人。

垦区共有医疗单位 38 个，其中：场属医疗单位 22 个，从业人员 304 人；分场属医疗单位 16 个，从业人员 61 人。

年末垦区科研单位 9 家，从业人员 192 人，其中科技人员 113 人。用于科研的经费 753 万元，其中：省地局自筹 11 万元，企业自筹 742 万元。

七、人口、社会保障

2015 年年末垦区总人口 10.44 万人，社会从业人员 31 765 人，比上年增加 2 849 人，增长了 9.85%，其中：第一产业从业人员 22 486 人，比上年增加 2 711 人，增长了 13.71%；第二产业从业人员 6 425 人，比上年减少 161 人，降低了 2.44%；第三产业从业人员 2 854 人，比上年增加 299 人，增长了 11.7%。垦区所属农场的增加以及外来人口增加（包括进入垦区从事各种生产经营的外来从业人员）是引起垦区人口增长的主要原因。

社会保障事业进一步完善。全年实施职工危房改造户数 5 950 户，当年共完成危房改造工程建设投资 0.6 亿元。年末参加社会统筹养老保险的在册职工人数 15 295 人，占应参保在册职工人数的 100%。

青海农垦2015年经济和社会发展统计公报

青海省农垦局

2015年青海垦区认真贯彻中央和省上一号文件，牢牢坚持稳中求进的总基调，努力落实稳增长、促改革、调结构、惠民生、保稳定一系列政策措施，攻坚克难，锐意进取，垦区稳定发展，经济稳中有增，保持了平稳的发展势头。

一、综合情况

到2015年年底，农垦农牧场（企业）有19家（2014年增加了海西查农公司，2015年增加了海西金穗公司，因从2014年起年度基数不一样，无法与上年作同口径比较），其中牧场9家，农场11家，垦区总人口48 872人，农场人口30 898人，社会从业人员18 718人，农场职工7 287人；2015年垦区生产总值4.07亿元，其中：第一产业3.27亿元，第二产业4 264.8万元，第三产业3 735万元，固定资产投资7 282万元，人均纯收入9 200元。

二、农业

全年农作物播种面积为3.53万公顷，其中：粮食作物1.38万公顷，粮食产量2.6万吨；油料作物1.37万公顷，油料作物产量1.19万吨；其他作物0.78万公顷。

三、畜牧

年末大牲畜4.74万头，其中牛4.56万头，羊29.26万只，肉产量3 062吨，羊毛654吨。

四、林业

全年造林面积1 523公顷，其中防护林933公顷，经济林164公顷，当年零星植树3.03万株，年末实有育苗面积1.55万公顷，成林抚育面积1 602公顷。

宁夏农垦 2015 年经济和社会发展统计公报

宁夏回族自治区农垦事业管理局

2015 年，是全面深化农垦改革发展的关键之年，是全面推进农垦集团化运营的开局之年，也是全面完成“十二五”规划的收官之年。一年来，在自治区党委、政府的正确领导下，宁夏农垦坚持稳中求进工作总基调，主动适应经济发展新常态，以提高经济发展质量和经济效益为中心，进一步深化改革，完善体制机制，加强制度建设，规范企业管理，推进开放合作，转化优势资源，调整产业结构，加快转型升级，保障改善民生，巩固和谐稳定局面，克服经济下行压力、自然灾害和农产品价格下跌等不利因素的影响，积极施策，共同努力，拼搏奋进，垦区经济保持稳定增长的良好态势。

一、综合

2015 年，宁夏农垦经济保持稳步增长。全年实现农垦生产总值（现价，下同）22.26 亿元，比上年增长 1.1%（图 1）。其中，第一产业增加值 11.54 亿元，增长 6.5%；第二产业增加值 6.28 亿元，减少 10.7%；第三产业增加值 4.44 亿元，增长 7.2%。一、二、三产业增加值构成比例为 52∶28∶20（2014 年比例为 49∶32∶19）。

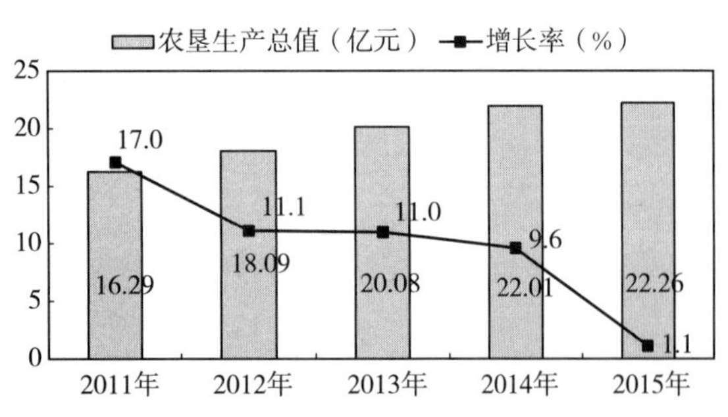

图 1　2011—2015 年农垦生产总值及增长速度

2015 年垦区人均纯收入为 18 316 元，比上年增加 1 060 元，增长 6.1%，是全区农民人均可支配收入 9 119 元的 2.01 倍，是全区城镇居民人均可支配收入 25 186 元的 72.7%。垦区职均收入 30 875元，比上年增加 1 844 元，增长 6.4%。

2015 年垦区总户数 44 982 户，总人口147 926 人，其中：达到小城镇规模农场个数 14 个。年末单位从业人员人数 14 160 人，其中：职工人数 14 030人。离退休职工 19 587 人。年末单位从业人员工资总额 49 371.2 万元，职工人均工资收入 33 370 元，比上年增长 1.9%。

二、农业

2015 年，宁夏农垦坚持“一特三高”现代农业发展理念，着力推进优势特色产业转型升级和稳健发展。全年实现农林牧渔服务业总产值 27.02 亿元（现价，下同），比上年增长 5.4%，其中：种植业 15.28 亿元，增长 4.8%；林业 0.34 亿元，减少 36.2%；牧业 9.5 亿元，增长 10.1%；渔业 1.09 亿元，下降 0.4%；服务业 0.81 亿元，增长 2.9%（图 2）。

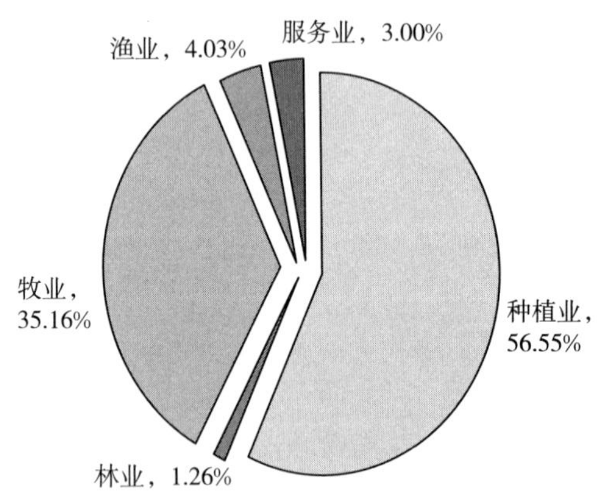

图 2　农林牧渔业产值比例结构图

由于垦区种植业结构调整，粮食种植面积增加，2015 年农作物总播种面积 42 023 公顷，比上年增加 512 公顷，增长 1.2%，主要是今年玉米播种面积增加。全年粮食播种面积 35 859 公顷，比上年增加 380 公顷，增长 1.1%。其中：夏粮播种面积 814 公顷，下降 4.8%；秋粮播种面积 35 045 公顷，增长 1.2%。春小麦播种面积 767 公顷，下降 6.9%；冬小麦播种面积 47 公顷，增加 51.6%；

水稻播种面积 9 720 公顷，下降 6.2%；玉米播种面积 25 178 公顷，增长 5.8%。

全年粮食总产量 36.42 万吨，比上年增长 2.8%，占自治区粮食总产量 372.6 万吨的 9.8%。其中：夏粮产量 0.55 万吨，下降 2.9%；秋粮产量 35.87 万吨，增长 2.9%（表 1）。

表 1　2015 年垦区种植业基本情况

产　　品	产　量	比上年增长（%）
粮食产量（吨）	364 230	2.8
其中：小麦（吨）	5 514	−2.9
水稻（吨）	79 753	−6.2
玉米（吨）	278 720	5.8
油料（吨）	3 509	−4.7
蔬菜（吨）	65 724	−12.7
水果（吨）	56 457	14.4
其中：葡萄（吨）	35 614	34.3

畜牧业继续保持快速增长。面对乳品国内市场国际化和鲜奶价格下行压力，垦区私人奶牛养殖锐减，国有奶产业规模稳步扩大，强化“十统一”管理，降本增效，14 个规模奶牛场全部投产运营，积极寻求发展，与重庆、陕西农垦联合联营联盟，组建中垦乳业股份公司，乳品加工企业在陕西渭南开工建设，延长了企业链，拓宽企业发展空间。2015 年国有奶产业实现总产值 5.02 亿元，比上年增长 24.9%，占畜牧业总产值的 52.8%；年末奶牛存栏 3.3 万头，增长 16.2%，占总存栏数的 72.4%；奶产量 14.5 万吨，增长 31.7%，占总产量的 74.4%，极大地推动了垦区畜牧业的发展（表 2）。

2015 年水产养殖业保持平稳增长。年末养殖面积 10.8 万亩，与上年相比基本持平，全年水产品产量 11 887 吨，增长 2.5%。

2015 年植树造林面积 287 公顷，其中：经济林 205 公顷，防护林 82 公顷。当年零星植树 21.92 万株。

2015 年垦区农业物质装备水平不断增强，农业机械化水平进一步提高，年末拥有大中型拖拉机 2 487 台，比上年增长 4.6%；拥有联合收割机 507 台，下降 19.5%（旧机淘汰）；农业机械总动力 31.72 万千瓦，增长 3.4%。

表 2　2015 年垦区畜牧业基本情况

产品或存栏	数　量	比上年增减（%）
年末大牲畜存栏（头）	51 345	0.2
年末牛存栏（头）	51 253	0.3
其中：奶牛（头）	45 601	−0.9
年末羊存栏（只）	86 711	7.1
其中：山羊	27 227	11.4
绵羊	59 484	5.2
猪年末存栏（头）	37 936	−3.9
其中：能繁母猪（头）	4 465	−6.8
当年牲畜出栏		
其中：牛出栏（头）	14 139	40.3
羊出栏（只）	48 565	7.0
生猪出栏（头）	46 923	−7.6
家禽出栏（百只）	3 895	−6.8
肉类总产量（吨）	6 718	6.5
其中：猪肉产量（吨）	3 089	−7.7
牛肉产量（吨）	2 167	38.7
羊肉产量（吨）	797	9.2
禽肉产量（吨）	661	−1.5
牛奶产量（吨）	194 872	10.8
禽蛋产量（吨）	996	−0.9

三、工业和建筑业

工业经济稳步发展。年末垦区工业企业个数 59 个，其中：国有及年销售收入 2 000 万元以上的工业企业 6 个。全年实现工业总产值（现价）12 亿元，比上年下降 1.2%；实现工业增加值 4.68 亿元，增长 0.6%，占第二产业增加值的 74.5%，其中：西夏嘉酿啤酒有限公司实现工业增加值 2.14 亿元，下降 1.4%，占工业增加值 45.7%（表 3）。

表 3　2015 年垦区工业产品产量

产　　品	数　量	比上年增减（%）
鲜肉（吨）	1 218	－11.8
乳制品（吨）	21 883	－15.0
其中：酸奶（吨）	985	18.0
饮料酒（千升）	208 088	－4.0
其中：啤酒（千升）	202 900	－4.2
白酒（千升）	685	64.7
葡萄酒（千升）	4 403	1.5
其中：西夏王（千升）	3 120	26.8
混配合饲料（吨）	41 570	8.1
大米（吨）	16 801	－13.2

受房地产市场低迷的影响，垦区建筑业新开工面积减少，经济总量相应减少。年末建筑企业 18 个，从业人员 1 844 人，全年实现建筑业增加值 1.6 亿元，比上年下降 32.8%，占第二产业增加值的 25.5%。当年房屋建筑施工面积 31.2 万米^2，总竣工面积 30.8 万米^2。

四、固定资产投资

2015 年完成固定资产投资总额 7.14 亿元，比上年下降 60.5%。其中：国有投资 6.81 亿元，下降 61.4%，主要是上年房地产公司开发新楼盘，今年为后期续建，没有新增开发面积，且今年无大的新建项目；非国有投资 0.33 亿元，下降 19.5%（图 3）。

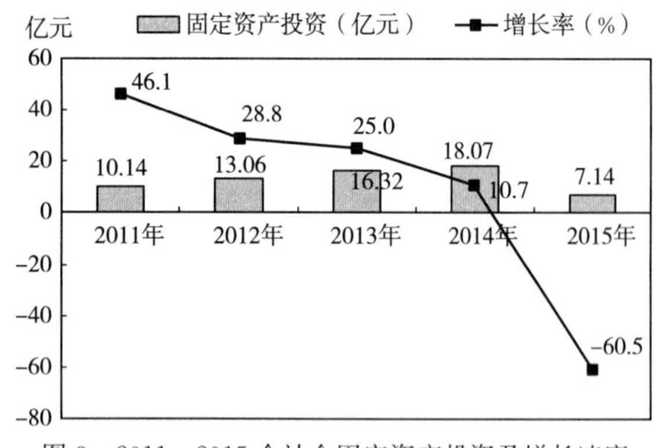

图 3　2011—2015 全社会固定资产投资及增长速度

在当年固定资产投资中，基本建设完成投资 5.96 亿元，下降 63.9%，占总投资额的 83.5%；更新改造完成投资 1.18 亿元，下降 23.8%，占总投资的 16.5%。

在当年主要投资项目中，完成奶牛场续建及改扩建项目 0.9 亿元；西夏王万吨发酵车间及暖泉酒庄建设项目 0.84 亿元；沙湖景区栈道、水生植物种植、水环境治理及生态修复保护工程 0.23 亿元；示范园区旱涝保收、试点和示范基地建设项目 0.88 亿元；高标准农田建设项目（含亚行和财政小农水资金）0.67 亿元；高效节水灌溉项目 0.71 亿元；大型泵站更新改造工程 0.29 亿元；退耕还林及盐碱地改良建设项目 0.13 亿元；移民项目安置工程及库区移民工程 0.7 亿元；危房改造及基础设施续建新建项目和保障性住房建设项目 0.89 亿元；农垦创业城建设项目 1.5 亿元。

五、交通运输业、批零贸易业、住宿和餐饮业、旅游业、房地产业及出口商品

2015 年，全年拥有载货汽车 338 辆，载客汽车 583 辆，实现货运量 151.4 万吨，客运量 371 万人；实现营业收入 8 660.6 万元。

年末批零贸易业、住宿和餐饮业营业单位总数 1 575 个，从业人员 4 632 人，拥有固定资产原值 23 358.4 万元，营业用房面积 9.62 万米^2，实现社会消费品零售额 41 064.2 万元，比上年下降 1.5%，其中：批发零售贸易业 31 549.5 万元，下降 1%；住宿餐饮业 9 514.7 万元，下降 3%。

垦区特色沙湖旅游业在整顿中提高，景区形象得以提升，荣获“2015 中国年度休闲养生度假胜地”的称号。全年接待游客 121 万人次，年末实现增加值 12 432 万元，实现旅游收入 22 606 万元，实现利润 2 021 万元，缴纳税金 2 448 万元，有力带动了垦区第三产业的发展。

垦区国有房地产开发企业在市场低迷中求发展，年内建筑面积 25 万米^2，销售面积 7 万米^2，收入 30 344 万元，利润 5 972 万元，缴纳税金 2 622万元。

2015 年垦区商品出口主要以供港蔬菜为主，年末商品出口总金额 3 405 万元，出口蔬菜 3 403.6吨。

六、绿色、有机食品、无公害农产品

年末垦区绿色、有机、无公害农产品认证数 44 个，带动农户 3 204 人，其中：从事农作物蔬菜

种植5个，带动农户1 423人，种植面积绿色A级123公顷，产量8 685吨；从事水果种植3个，带动农户470人，种植面积绿色A级749公顷，产量6 720吨；碧宝枸杞5个，带动农户450户，种植面积无公害农产品352公顷，产量1 110吨；西夏啤酒7个；西夏王葡萄酒9个，带动农户342人；灵农猪肉1个，带动农户263人，无公害农产品产量1 218吨；贺兰山清真羊肉系列羊肉5个；沙湖系列大米和金夏贡米4个，带动农户256人，绿色A级产量16 633吨；沙湖水产品5个。

七、科研

年末农垦科研单位1个；科研职工17人，其中：科研人员10人；争取科研经费22万元。

八、非国有经济

2015年垦区非国有经济实现生产总值7.55亿元，比上年增长10.1%，占垦区经济总量的33.92%。其中：第一产业增加值3.35亿元；第二产业增加值1.8亿元；第三产业增加值2.4亿元。各产业在非国有经济中的构成比例为44∶24∶32。年末非国有经济单位个数10 008个，从业人员29 624人，从业人员总收入45 676万元，实现利税18 069万元，其中利润15 900万元。

新疆生产建设兵团2015年经济和社会发展统计公报

新疆生产建设兵团统计局　国家统计局兵团调查总队

2015年，在党中央、国务院重视关怀和自治区党委统一领导下，兵团党委、兵团团结带领广大职工群众，认真贯彻落实党的十八大、十八届三中、四中、五中全会和第二次中央新疆工作座谈会精神，按照兵团党委六届十四次全委（扩大）会议总体部署，围绕维护新疆社会稳定和长治久安总目标，坚持稳中求进、改革创新、提质增效总基调，积极应对经济下行压力挑战，有针对性加强经济运行调控，着力稳增长、调结构、促改革、惠民生，兵团经济在新常态下平稳运行，结构调整逐步优化，改革开放不断深化，民生事业持续进步，经济社会发展迈上新台阶，实现了“十二五”圆满收官。

一、综合

全年兵团生产总值1 934.91亿元，比上年增长12.3%。其中，第一产业增加值428.04亿元，增长6.9%；第二产业增加值883.88亿元，增长15.5%；第三产业增加值622.99亿元，增长11.8%。三次产业增加值占生产总值比重分别为22.1%、45.7%、32.2%。三次产业对经济的贡献率分别为13.8%、59.3%和26.9%，分别拉动经济增长1.7、7.3和3.3个百分点。全年人均生产总值70 380元，比上年增长11.0%（图1、图2）。

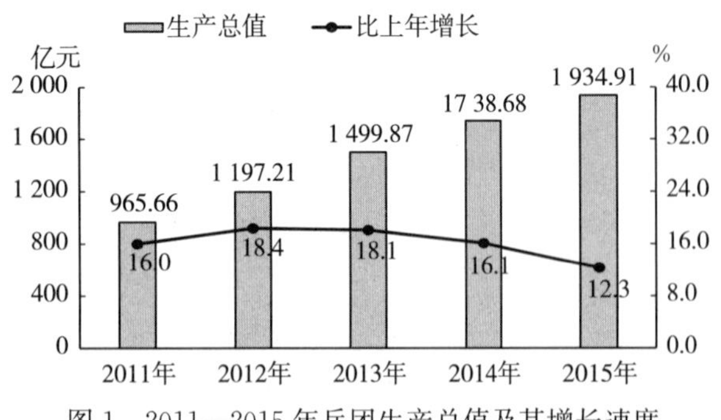

图1　2011—2015年兵团生产总值及其增长速度

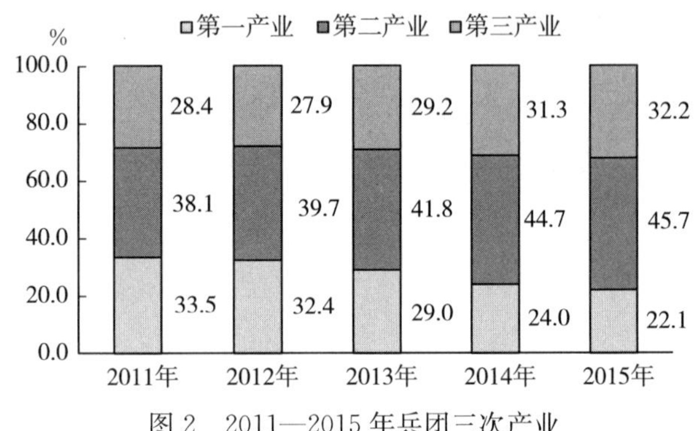

图2　2011—2015年兵团三次产业增加值占生产总值比重

兵团年末总人口276.56万人，比上年增长1.2%。其中，男性144.70万人，女性131.86万人。总人口性别比（以女性为100，男性对女性的比例）为109.74。全年出生人口1.66万人，出生率为6.04‰；死亡人口1.33万人，死亡率为4.84‰；人口自然增长率为1.20‰。

年末从业人员136.18万人。年末在岗职工71.69万人。全年新增就业10.59万人，团场劳动力转移就业2.87万人（次），实现就业困难人员就业1.29万人（次）。“双五千”劳动力招收安置11 601人。城镇登记失业率控制在3%以内。全年完成各类职业技能培训14.83万人（次）（图3）。

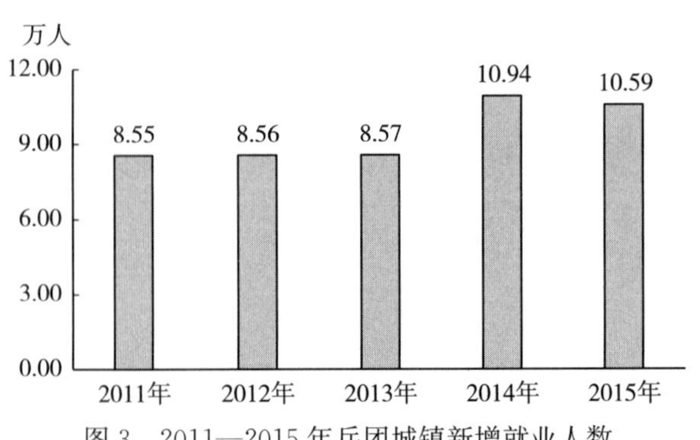

图3　2011—2015年兵团城镇新增就业人数

全年全员劳动生产率为 121 330 元/人，比上年提高 7.8%（图 4）。

图 4　2011—2015 年全员劳动生产率

全年新疆居民消费价格比上年上涨 0.6%，其中，食品价格下降 0.8%，居住价格上涨 2.0%（表 1）。农业生产资料价格下降 1.4%。固定资产投资价格下降 1.7%。

表 1　2015 年新疆居民消费价格增减变动情况

指　　标	比上年增长（%）
居民消费价格总水平	0.6
#城　市	0.5
农　村	0.6
食　品	−0.8
#粮　食	1.7
肉禽及其制品	−6.5
油脂类	−2.3
蛋　类	−7.2
水产品	−1.7
菜　类	1.3
烟酒及用品	2.0
衣　着	3.4
家庭设备用品及服务	0.6
医疗保健和个人用品	1.5
交通和通信	−0.7
娱乐教育文化用品及服务	0.9
居　住	2.0

全年兵团工业生产者出厂价格下降 3.6%。工业生产者购进价格下降 3.4%。农产品生产者价格下降 3.5%。

初步统计，全年上缴各类税费 174.68 亿元，比上年增长 3.6%。

全年兵团国有及国有控股企业实现利润 62.62 亿元，比上年增加 2.29 亿元、增长 3.8%。

年末兵、师国资委监管企业合计资产总额 3 301.85亿元，比上年增长 12.1%；所有者权益 777.01 亿元，增长 8.6%。全年实现营业收入 1 635.46亿元，增长 2.8%；实现利润总额 29.40 亿元，增长 7.0%。

全年组织引进外国专家项目 34 项，引进专家 135 人次。实施出国（境）培训项目 12 项，培训各级各类人员 165 人。

4 月 12 日，第四师可克达拉市挂牌成立。兵团已有 8 座城市，6 个建制镇。预计年末城镇化率达到 65%。

二、农业

全年农作物播种面积 1 352.90 千公顷，比上年增长 1.9%。其中，粮食面积 322.47 千公顷，增长 15.5%；棉花面积 629.49 千公顷，下降 10.1%；油料面积 57.46 千公顷，增长 7.4%；甜菜面积 20.99 千公顷，下降 12.1%；蔬菜面积（含菜用瓜）87.65 千公顷，增长 7.9%。

作物精量半精量播种面积 924.60 千公顷，比上年增长 3.5%。其中，棉花精量播种面积 566.00 千公顷，增长 9.0%。测土配方施肥面积 973.33 千公顷，增长 13.0%。

全年粮食产量 265.37 万吨，比上年增长 19.1%；棉花产量 146.53 万吨，下降 10.4%（图 5）；油料产量 19.32 万吨，增长 13.7%；甜菜产量 184.41 万吨，下降 9.4%；蔬菜产量 682.07 万吨，增长 10.9%，其中，工业用番茄 396.91 万吨，增长 5.9%。

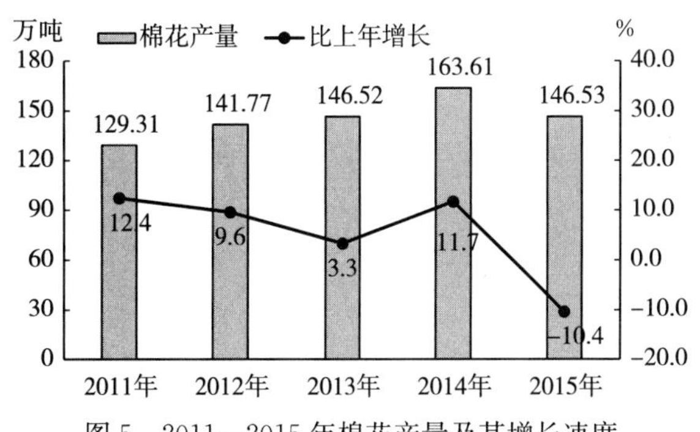

图 5　2011—2015 年棉花产量及其增长速度

年末牲畜存栏 771.28 万头（只），比上年增长 6.8%。其中，牛 46.80 万头，增长 5.5%；猪 147.39 万头，增长 2.7%；羊 572.69 万只，增长 7.9%。年内牲畜出栏 803.40 万头（只），增长 4.3%。全年肉类总产量 39.00 万吨，增长 5.9%。羊毛产量 1.77 万吨，增长 16.3%。禽蛋产量 8.14 万吨，增长 6.8%。牛奶产量 62.90 万吨，增长 6.5%。

全年园林水果产量 348.91 万吨，比上年增长 26.1%。其中，红枣 161.86 万吨，增长 23.7%；葡萄 86.72 万吨，增长 39.0%；香梨 32.69 万吨，增长 31.1%；苹果 46.64 万吨，增长 20.8%。全年核桃产量 2.03 万吨，增长 30.1%（图 6）。

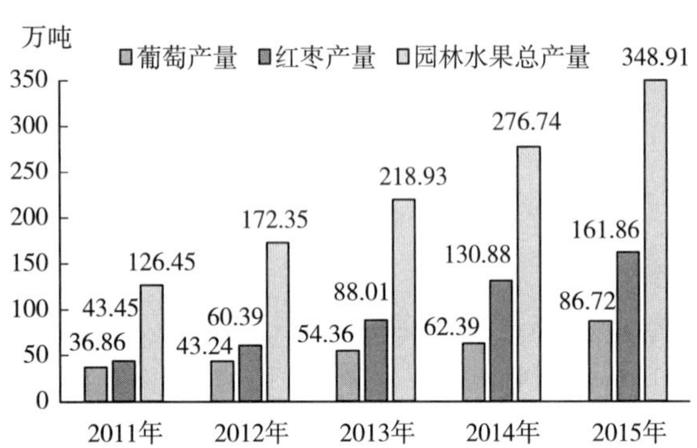

图 6　2011—2015 年园林水果、红枣、葡萄产量

全年水产品产量 4.61 万吨，比上年增长 4.2%。

有效灌溉面积 1 213.19 千公顷（1 819.79 万亩），比上年增长 0.5%。其中，高新节水灌溉面积 973.83 千公顷，增长 3.6%。

种植业耕种收综合机械化率 93.1%。采棉机 1 820台，机采棉面积 433.33 千公顷，棉花机采率 68.9%。畜牧业机械化水平 73.0%。

全年新建及改扩建各类标准化规模养殖场 190 个，累计达标创建全国标准化示范场 74 个。畜禽良种推广覆盖率达到 75.0%，养殖粪污资源化利用率达到 67.0%。

年末各级农业产业化龙头企业 477 个。其中，国家级 15 家，兵团级 92 家，销售收入超 100 亿元的企业 2 家，超 30 亿元的企业 3 家，超 10 亿元的 18 家。已建成 2 个全国农业产业化示范基地，4 个全国现代农业示范区，23 个国家级无公害农产品示范基地和国家级农业标准化示范农场，31 个全国"一村一品"示范团场。

三、工业和建筑业

全年全部工业增加值 583.39 亿元，比上年增长 16.2%（图 7）。规模以上工业增加值增长 13.7%。在规模以上工业中，分经济类型看，国有控股企业增长 5.6%；股份制企业增长 13.3%；外商及港澳台商投资企业下降 2.7%；私营企业增长 23.4%。分门类看，采矿业下降 6.7%，制造业增长 14.7%，电力、热力、燃气及水生产和供应业增长 14.5%。分轻重工业看，轻工业增长 15.3%，重工业增长 12.9%。

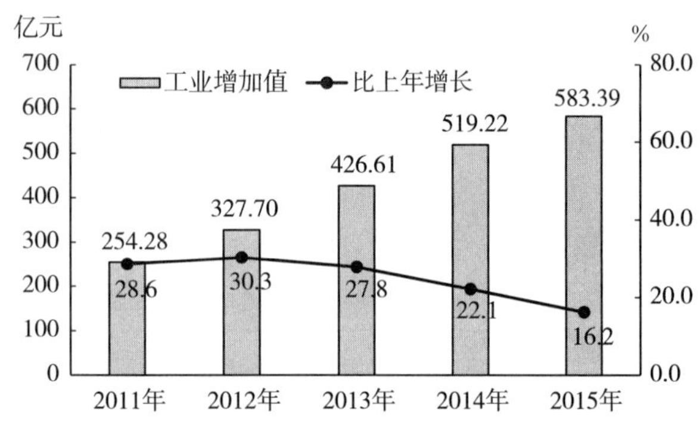

图 7　2011—2015 年全部工业增加值及其增长速度

全年规模以上工业中，煤炭开采和洗选业增加值比上年下降 16.1%，农副食品加工业增长 22.2%，食品制造业增长 21.9%，酒饮料和精制茶制造业增长 12.2%，纺织业增长 26.6%，化学原料及化学制品制造业增长 26.3%，非金属矿物制品业下降 1.4%，有色金属冶炼及压延加工业增长 18.7%，电力、热力生产和供应业增长 15.2%。六大高耗能行业增加值比上年增长 13.1%，占规模以上工业增加值的比重为 56.4%。高技术制造业增加值增长 20.4%，占规模以上工业增加值的比重为 3.3%。装备制造业增加值增长 34.0%，占规模以上工业增加值的比重为 2.7%。

主要工业产品产量大部分保持增长，见表 2。

表 2　2015 年全部工业主要产品产量及其增长速度

指　　标	计量单位	绝对数	比上年增长（%）
发电量	亿千瓦时	664.54	16.2
＃火电	亿千瓦时	619.19	14.1
水电	亿千瓦时	14.07	15.5
太阳能	亿千瓦时	21.48	107.5
精制食用植物油	万吨	80.31	5.8

（续）

指　　标	计量单位	绝对数	比上年增长（%）
乳制品	万吨	15.65	17.1
番茄酱罐头	万吨	61.03	23.0
饮料酒	万千升	22.97	−5.1
软饮料	万吨	71.75	7.7
纱	万吨	27.24	29.7
布	亿米	0.64	7.1
机制纸及纸板	万吨	11.39	−23.6
农用氮、磷、钾化学肥料（折纯）	万吨	55.81	5.7
初级形态的塑料	万吨	141.78	4.0
塑料制品	万吨	115.61	43.0
硅酸盐水泥熟料	万吨	879.65	−31.4
水　泥	万吨	1 368.49	−24.3
钢　材	万吨	71.47	−30.3
原　铝	万吨	256.25	14.8

全年规模以上工业企业实现利润 140.09 亿元，比上年增长 11.7%。分经济类型看，国有控股企业实现利润 25.15 亿元，比上年增长 2.9%；股份制企业 132.49 亿元，增长 11.0%；外商及港澳台商投资企业 2.54 亿元，下降 34.9%；私营企业 95.18 亿元，增长 20.1%。分门类看，采矿业实现利润 1.70 亿元，下降 45.6%；制造业实现利润 110.35 亿元，增长 9.3%；电力、热力、燃气及水的生产和供应业实现利润 28.11 亿元，增长 30.6%。

年末共有各类园区 29 个，其中国家级经济开发区 5 个，自治区级园区 4 个，兵团级园区 20 个。

全年全社会建筑业增加值 300.49 亿元，比上年增长 13.7%（图 8）。兵团具有资质等级的总承包和专业承包建筑企业实现利润 17.06 亿元，下降 1.0%，其中国有控股企业 10.53 亿元，下降 19.1%。各类建筑施工单位（含十一师海外项目）签订合同额 1 830.17 亿元，比上年增长 9.1%。全年房屋建筑施工面积 5 967.73 万米^2，下降 9.6%。

图 8　2011—2015 年建筑业增加值及其增长速度

四、固定资产投资

全年全社会固定资产投资 1 785.80 亿元，比上年增长 1.4%（图 9）。其中，第一产业 149.38 亿元，增长 20.5%；第二产业 780.14 亿元，下降 1.0%；第三产业 856.28 亿元，增长 0.8%（表 3）。固定资产投资三次产业构成为 8.4∶43.7∶47.9。南疆垦区投资 472.16 亿元，增长 5.9%；北疆垦区投资 1 313.64 亿元，下降 0.2%。民间固定资产投资 780.62 亿元，增长 1.3%，占固定资产投资的比重为 43.7%。基础设施投资 707.78 亿元，增长 18.6%，占固定资产投资的比重为 39.6%。高技术产业投资 27.39 亿元，增长 11.5%，占固定资产投资的比重为 1.5%。

表 3　2015 年全社会固定资产投资及其增长速度

指　　标	绝对数（亿元）	比上年增长（%）
全社会固定资产投资	1 785.80	1.4
#房地产开发投资	209.07	−4.6
按经济类型分		
#国有经济	803.80	14.0
集体经济	2.08	102.6
私营个体	466.33	−1.0
其　　他	513.59	−12.0
按用途分		
第一产业	149.38	20.5
第二产业	780.14	−1.0
第三产业	856.28	0.8

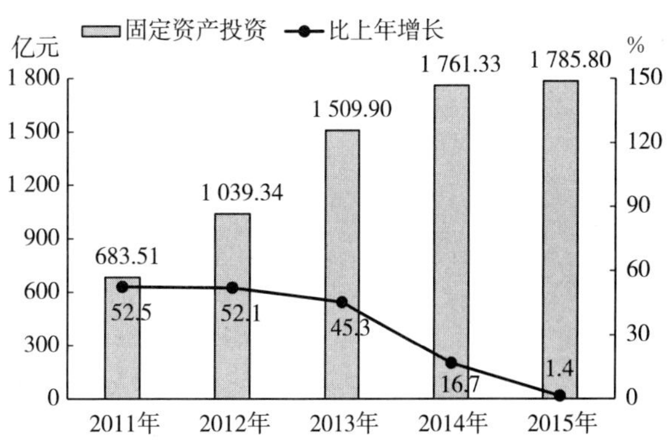

图 9　2011—2015 年全社会固定资产投资及其增长速度

全年工业投资 767.34 亿元，比上年下降 2.4%。其中，采矿业 13.69 亿元，下降 37.1%；制造业 372.08 亿元，下降 12.0%；电力、热力、燃气及水的生产和供应业 381.57 亿元，增长 11.8%。交通运输业投资 100.13 亿元，比上年增长 50.0%（图 10、表 4）。

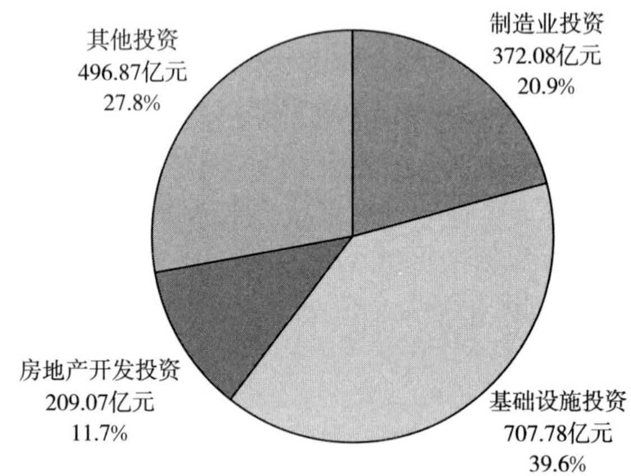

图 10　2015 年按领域分固定资产投资及其占比

全年房地产开发投资 209.07 亿元，比上年下降 4.6%。商品房销售面积 415.67 万米^2，增长 10.8%。其中，住宅 337.18 万米^2，增长 9.8%。商品房待售面积 180.08 万米^2，增长 28.6%。商品房销售额 174.67 亿元，增长 5.7%。

全年新开工建设城镇保障性住房 6.50 万户，实施城镇棚户区改造 10.5 万户，续建及新建项目基本建成 6.79 万户。建设改造农村安居工程 5.65 万户。

以民生建设和生产服务设施条件改善为主的“十件实事”完成投资 399.71 亿元，其中，基本建设实事 224.59 亿元，财政补助实事 175.12 亿元。基本建设实事中城镇保障性安居工程、农村安居工程、安全饮水工程、通营连公路建设、纺织服装等投资规模较大的 8 项实事完成投资 201.70 亿元，财政补助实事中 5 项社会保障工程完成投资 140.40 亿元。

固定资产投资建设资金来源总额 1 705.13 亿元，其中本年资金 1 621.56 亿元。本年资金来源中，国家预算内资金 236.66 亿元，国内贷款 156.78 亿元，自筹资金 1 047.99 亿元，其他资金 179.83 亿元。在自筹资金中，企事业单位自有资金 719.74 亿元，下降 10.7%。

全年新增固定资产 1 463.91 亿元，比上年增长 25.6%。主要新增生产能力或效益：造林 40 700公顷，果树定植 3 696 公顷，有效灌溉面积 65 391 公顷，塑料树脂及共聚物 0.14 万吨，白酒 0.20 万吨，其他酒 5 万吨，钾肥 20.06 万吨，水泥 5.20 万吨，棉纺锭 178.84 万锭，焦炭 120 万吨，电解铝 15 万吨，发电装机容量 506.25 万千瓦，输电线路 1 385 千米，城市自来水供水能力 35.02 万吨/日，城市污水处理能力 13.63 万

表 4　2015 年分行业全社会固定资产投资及其增长速度

指　　标	绝对数（万元）	比上年增长（%）
总　计	17 858 038	1.4
农、林、牧、渔业	1 493 817	20.5
采矿业	136 930	−37.1
制造业	3 720 785	−12.0
＃农副食品加工业	208 206	−45.4
食品制造业	190 908	95.6
酒、饮料和精制茶制造业	55 173	−44.8
纺织业	639 543	570.5
石油加工、炼焦及核燃料加工业	456 689	−31.9
化学原料及化学制品制造业	1 058 682	−21.5
非金属矿物制品业	454 218	7.5
黑色金属冶炼及压延加工业	90 887	−40.1
有色金属冶炼及压延加工业	48 730	−89.6
电力、热力、燃气及水的生产和供应业	3 815 660	11.8
建筑业	128 043	439.1
批发和零售业	568 121	−13.1
交通运输、仓储和邮政业	1 379 515	39.1
住宿和餐饮业	44 803	−62.4
信息传输、软件和信息技术服务业	88 970	209.6
金融业	13 768	165.1
房地产业	3 484 860	−20.5
租赁和商务服务业	51 492	188.5
科学研究和技术服务	46 913	467.5
水利、环境和公共设施管理业	2 241 507	19.5
居民服务、修理和其他服务业	20 364	−23.3
教　育	236 052	38.6
卫生和社会工作	100 666	98.2
文化、体育和娱乐业	142 595	58.1
公共管理、社会保障和社会组织	143 177	110.6

吨/日，新建公路359千米，改（扩）建公路1 741千米，医院535个病床床位，各类学校15 912个学生席位。

五、国内贸易

全年批发零售业商品销售总额2 926.35亿元，比上年增长20.1%。

全年社会消费品零售总额552.34亿元，比上年增长20.4%，扣除价格因素，实际增长20.9%（图11）。按消费类型统计，实现商品零售额464.05亿元，增长19.8%；实现餐饮收入88.29亿元，增长23.5%。

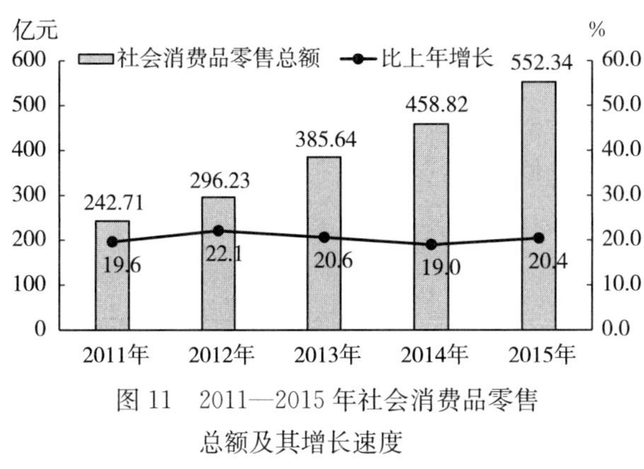

图11　2011—2015年社会消费品零售总额及其增长速度

六、对外经济

全年货物进出口总额102.48亿美元，比上年下降14.5%。其中，货物出口96.21亿美元，下降12.2%；货物进口6.27亿美元，下降39.5%。货物出口中，自产品出口23.40亿美元，增长17.0%，占货物出口比重24.3%。货物进出口差额（出口减进口）89.94亿美元（表5至表7、图12）。

表5　2015年货物进出口总额及其增长速度

指　　标	金额（亿美元）	比上年增长（%）
货物进出口总额	102.48	−14.5
货物出口额	96.21	−12.2
其中：一般贸易	44.56	−14.7
边境小额贸易	49.35	−11.5
货物进口额	6.27	−39.5
其中：一般贸易	4.60	−39.2
边境小额贸易	0.93	−37.5
货物进出口差额（出口减进口）	89.94	—

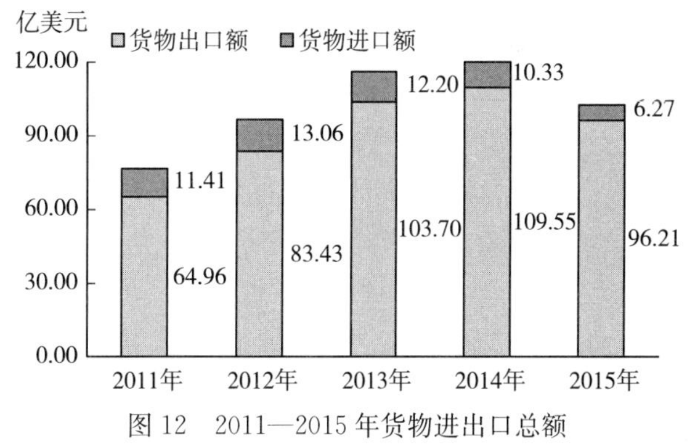

图12　2011—2015年货物进出口总额

表6　2015年主要进出口商品数量、金额及其增长速度

商品名称	数量（吨）	比上年增长（%）	金额（万美元）	比上年增长（%）
主要出口商品				
番茄酱	200 004	12.4	17 485	−9.5
鲜、干水果及坚果	42 903	−25.2	3 883	−10.7
蔬菜	28 025	47.1	2 405	34.3
纺织纱线、织物及制品	—	—	41 330	−19.2
服装及衣着附件	—	—	168 538	−35.7
鞋类	87 265	−23.0	122 513	−18.5
机电产品	—	—	299 034	4.4
纸及纸板（未切成型的）	5 051	−69.4	2 556	−59.6
塑料制品	18 411	−51.8	22 636	−27.6
高新技术产品	—	—	10 979	−40.3
主要进口商品				
棉花	56 217	−49.7	9 292	−57.2

（续）

商品名称	数量（吨）	比上年增长（%）	金额（万美元）	比上年增长（%）
羊毛	8 370	239.4	1 152	210.2
原木	8 634	53.4	274	100.4
锯材	141 988	−34.0	3 539	−36.3
钢材	18 790	−4.9	788	−21.8
机电产品	—	—	21 821	38.1
成品油	11 229	−47.1	293	−75.9
氧化铝	63 000		1 953	
高新技术产品	—	—	5 415	268.1

表 7　2015 年对主要国家和地区货物进出口额及其增长速度

国别（地区）	出口额（万美元）	比上年增长（%）	进口额（万美元）	比上年增长（%）
哈萨克斯坦	264 689	−31.1	12 080	−19.1
美国	154 463	233.7	12 896	112.9
吉尔吉斯斯坦	98 613	3.1	638	24.6
塔吉克斯坦	70 790	−28.8	52	−82.1
俄罗斯联邦	61 023	127.9	4 090	−90.3
伊朗	37 638	−36.5	1 783	—
荷兰	27 984	191.2	701	2 709.5
英国	21 309	82.9	140	−9.5
德国	18 222	77.7	2 642	6.4
新加坡	17 575	−30.4	332	27.4
印度	12 241	−56.9	1 442	19.8
巴基斯坦	10 396	59.5	1 829	1 657.3
马来西亚	11 053	−56.4	52	−32.5

全年实际利用外资 2.68 亿美元，比上年增长 17.1%。

全年对外投资 7 160 万美元，比上年下降 16.8%。对外承包工程和劳务合作营业额 6.03 亿美元，增长 3.5%。对外劳务合作外派劳务人员 2 064人，下降 22.5%。

全年招商引资项目 1 928 个，当年引进兵团以外项目到位资金 1 236.30 亿元，比上年增长 18.8%。其中，第一产业 60.50 亿元，增长 19.6%；第二产业 752.40 亿元，增长 10.5%；第三产业 382.30 亿元，增长 23.6%。与 19 个援疆省市产业合作项目 446 个，引进兵团外到位资金 511.80 亿元，占全兵团招商引资到位资金的 41.4%。

全年对口援疆项目 200 个，总投资 35.55 亿元，其中援助资金 17.74 亿元。当年援疆项目全部开工，实际完成投资 37.10 亿元，到位援助资金 17.96 亿元。

七、交通运输和旅游

全年道路运输货运量 4.94 亿吨，比上年增长 20.4%。货物周转量 546.75 亿吨公里，增长 36.2%。客运量 2.12 亿人，增长 16.4%。旅客周转量 116.66 亿人公里，增长 17.8%（表 8）。

表 8　2015 年道路运输业营运情况

指　　标	计量单位	绝对数	比上年增长（%）
货运量	亿吨	4.94	20.4
＃个体	亿吨	3.58	1.7
货运周转量	亿吨公里	546.75	36.2
＃个体	亿吨公里	426.18	17.8
客运量	亿人	2.12	16.4
＃个体	亿人	1.52	15.2
旅客周转量	亿人公里	116.66	17.8
＃个体	亿人公里	79.89	15.2
营运收入	亿元	219.63	28.1
个体纯收入	亿元	75.79	21.3

年末民用汽车保有量 26.08 万辆，比上年末增长 15.1%。其中，载客汽车 16.84 万辆，增长 19.4%；载货汽车 6.03 万辆，增长 9.9%；其他汽车 3.21 万辆，增长 4.8%。民用轿车保有量 13.77 万辆，增长 18.4%。

年末兵团公路通达里程 34 077 千米。其中，一级 83 千米、二级 3 152 千米、三级 5 544 千米、四级 11 927 千米。全年新改建二级以上公路 877 千米，改扩建通营、连公路 2 276 千米。

年末执管飞机 39 架。全年总飞行时间 4 239 小时，起落 5 550 架次。其中，用于农林牧业飞行 3 134 小时，作业处理土地面积 226.78 千公顷；工业飞行 540 小时。

年末拥有旅游企业 322 家。其中，国家等级景区（点）45 个（4A 级 10 个），全国红色旅游经典景区 3 个，全国工农业旅游示范点 12 家，全国休闲农业与乡村旅游示范县 3 个，全国休闲农业与乡村旅游示范点 8 个，星级农家乐 64 个，星级旅游饭店 62 家（4 星级饭店 9 家），旅行社 134 家，旅游集团公司 6 家（出境社 22 家）。全国优秀旅游城市 1 座。全国特色景观旅游名镇 9 个。导游员 2 753人。全年旅游直接就业人员 3 万人，间接就业人员 12 万人。

全年接待旅游者 1 045.00 万人次，比上年增长 15.0%。其中，国内旅游人数 1 029.30 万人次，增长 14.2%；入境旅游人数 15.70 万人次，增长 30.8%。组织新疆居民出境游人数 5.20 万人次，增长 34.4%。旅游总收入 52.80 亿元，增长 19.0%。其中，国内旅游收入 44.31 亿元，增长 15.1%。入境旅游外汇收入 0.98 亿美元，增长 39.7%。

八、金融

全年驻疆银行金融机构对兵团贷款余额 2 030 亿元（不含个人消费、住房、经营贷款），比上年增长 12.2%。

兵团农业银行年末各项本外币存款余额 1 084.89亿元，比年初增长 5.0%。其中，个人存款 565.07 亿元，增长 3.3%；单位存款 512.98 亿元，增长 6.7%。各项贷款年末余额 516.37 亿元，增长 8.5%。

全年共有 22 家企业通过银行间债券市场实现直接融资 225 亿元，同比增长 57.0%。其中超短期融资券 35 亿元，短期融资券 89.5 亿元，中期票据 24 亿元，企业债 13.5 亿元，公司债 28 亿元，非公开定向债务融资工具 29 亿元，其他融资 6 亿元。全年有 3 家上市公司和 3 家“新三板”挂牌企业通过资本市场实现再融资，合计融资 34.3 亿元。

九、人民生活和社会保障

全年兵团居民人均可支配收入 25 287 元，比上年增长 10.9%，扣除价格因素，实际增长 10.2%。按常住地分，城镇居民人均可支配收入 31 432 元，比上年增长 14.1%，扣除价格因素，实际增长 13.5%；连队居民人均可支配收入 15 053元，比上年增长 8.1%，扣除价格因素，实际增长 7.5%。兵团居民人均消费支出 17 769 元，比上年增长 3.6%，扣除价格因素，实际增长 3.0%。按常住地分，城镇居民人均消费支出 20 308元，增长 3.9%，扣除价格因素，实际增长 3.3%；连队居民人均消费支出 13 539 元，增长 7.0%，扣除价格因素，实际增长 6.5%（图 13）。

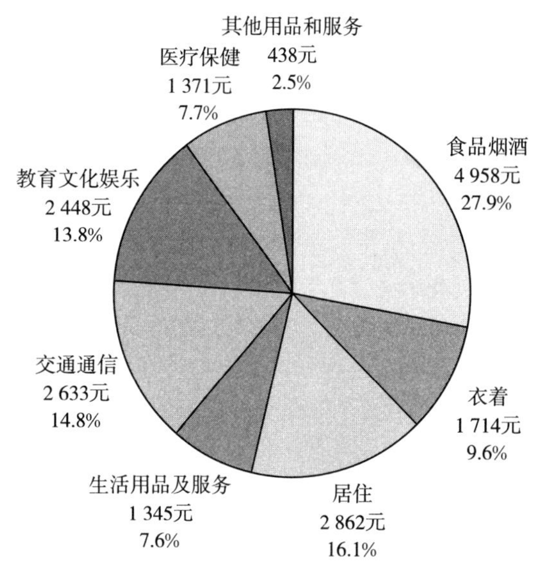

图 13　2015 年兵团居民人均消费性支出及构成

全年在岗职工工资总额 467.80 亿元，比上年增长 12.8%。在岗职工平均工资 54 599 元，比上年增加 4 931 元，增长 9.9%。

年末参加基本养老保险人数 169.47 万人，比上年末增加 2.23 万人。其中，参加城镇职工基本养老保险人数 154.09 万人，增加 1.83 万人；参加城乡居民基本养老保险人数 15.38 万人，增加 0.78 万人。参加基本医疗保险人数 234.13 万人，增加 2.91 万人。其中，参加职工基本医疗保险人数 129.37 万人，增加 0.18 万人；参加城镇居民基本医疗保险人数 104.76 万人，增加 2.73 万人。参加失业保险人数 65.53 万人，增加 0.34 万人。年末兵团领取失业保险金人数 1.56 万人。参加工伤保险人数 70.80 万人，增加 0.17 万人。参加生育保险人数 66.85 万人，增加 0.11 万人。全年兵团发放低保资金 5.50 亿元，8.90 万人享受最低生活保障；发放医疗救助资金 1.10 亿元，20.50 万人次得到医疗救助。按照每人每年 3 500 元（2010 年不变价）的兵团扶贫标准计算，2015 年贫困团场贫困人口 8.11 万人。

全年兵团各级调解仲裁机构共受理劳动争议案件 2 321 起，结案 2 256 起，结案率 97.2%。其中，受理劳动保障监察案件 1 500 件，结案 1 470 件，结案率 98%；受理行政复议案件 25 件，结案 25 件，结案率 100%。

十、教育、科学技术和文化体育

年末有各类学校 583 所。在校学生 46.67 万人，教职工 4.22 万人。全年研究生教育招生 0.13 万人，在学研究生 0.34 万人，毕业生 0.12 万人。普通本专科招生 1.35 万人，在校生 4.79 万人，毕业生 1.13 万人。中等职业教育招生 1.13 万人，在校生 2.95 万人，毕业生 1.16 万人。普通高中招生 1.88 万人，在校生 5.52 万人，毕业生 1.89 万人。初中招生 2.85 万人，在校生 8.66 万人，毕业生 3.07 万人。普通小学招生 2.56 万人，在校生 16.00 万人，毕业生 2.76 万人（表 9）。小学适龄儿童入学率 99.9%，初中适龄人口入学率 97.1%。九年义务教育巩固率为 98.0%，高中阶段毛入学率为 91.1%（图 14）。

表 9　2015 年各类学校基本情况

单位：所、人

指　标	学校数	在校生数		教职工人数		毕业生数
			新招生		专任教师	
合计	583	466 720	133 759	42 163	33 772	130 840
普通高等学校	6	51 595	14 873	4 605	3 205	12 449
#研究生	2	3 662	1 346			1 190
成人高等学校	2	22 206	6 208	924	651	6 813
中等职业学校	21	29 515	11 312	1 638	1 197	11 557
普通中学	247	141 730	47 296	29 454	13 833	49 629
#高中	47	55 166	18 843		4 249	18 927
初中	200	86 564	28 453		9 584	30 702
普通小学	50	160 032	25 647		11 576	27 596
幼儿园	257	61 642	28 423	5 542	3 310	22 796

注：普通中学教职工数含普通小学。

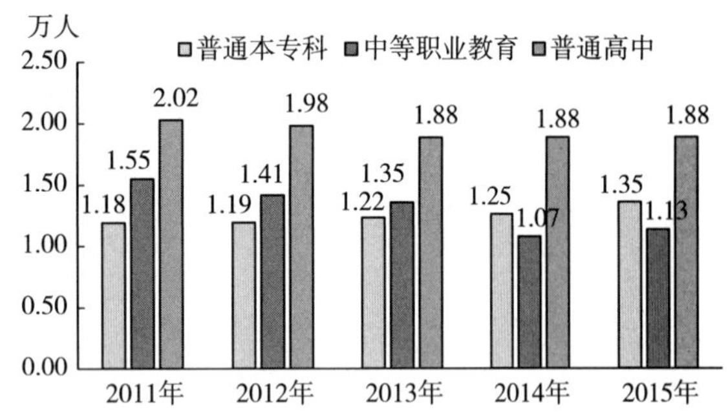

图 14　2011—2015 年普通本专科、中等职业教育及普通高中招生人数

年末有科学研究与技术开发机构 18 个。全年兵团争取各类国家科技计划项目批准立项 190 项，国拨经费到位资金 1.29 亿元。兵团本级科技计划项目立项 359 项，兵团本级财务科技拨款 1.42 亿元，同比增长 20.3%，项目年投入强度每项 39.55 万元。

全年批准建设工程技术研究中心 3 家、各类科技服务机构 7 家、科技企业孵化器 3 家，6 家高新技术企业通过认定。

截至年底，累计建设国家和地方联合认定工程研究中心5个、工程实验室8个，国家认定企业技术中心5家，自治区认定企业技术中心48家。

全年获兵团科技进步奖57项，其中一等奖6项，二等奖19项，三等奖32项。专利申请量1 537件，同比增长42.5%，专利授权量930件，同比增长56.8%，其中发明专利174件，发明专利授权量同比增长85.1%，每万人口发明专利拥有量1.57件。

年末兵团共有产品检测实验室4个。兵团现有产品质量、体系认证机构1个，已累计完成对296个企业的产品认证。兵团共有法定计量技术机构1个。

年末兵团共有专业文艺团体9个，其中兵团直属4个、师（市）5个，从业人员600余人。各级拥有博物馆、纪念馆89座，图书馆2座（其中国家三级图书馆1座），美术馆1座。已建成1个兵团文化中心、13个师综合文化活动中心、170个团场综合文化活动中心和1 230个连队综合文化活动室。年末广播节目综合人口覆盖率为98.5%，电视节目综合人口覆盖率为99.5%，有线电视入户率达到75%。全年出版各类报纸6 429万份，各类期刊119万册，图书306种。

兵团参加全国首届青年运动会，石河子市组团代表兵团参赛，参加6个大项16个小项比赛，共获得1金1银2铜4枚奖牌和5个前八名的优异成绩，代表团获得“体育道德风尚奖”。

十一、卫生和社会服务

年末有各类卫生机构1 305个（含营利性卫生机构），其中医院211个，门诊部15个，社区卫生服务中心32个，社区卫生服务站87个，诊所、卫生所、医务室784个，疾病预防控制中心（防疫站）99个，卫生监督所52个。各类卫生技术人员25 941人（图15）。其中，执业医师和执业助理医师9 174人，注册护士11 113人。医疗卫生机构床位21 165张，其中医院20 682张，社区卫生服务中心393张。每千人执业（助理）医师3.34人，每千人注册护士4.04人，每千人有医院床位7.52张。传染病报告发病率（甲乙类传染病）259.43/10万，婴儿死亡率5.88‰，孕产妇死亡率7/10万。

全年国家抚恤、补助各类优抚对象3 900人，接收安置退役士兵956人。年末有养老服务机构

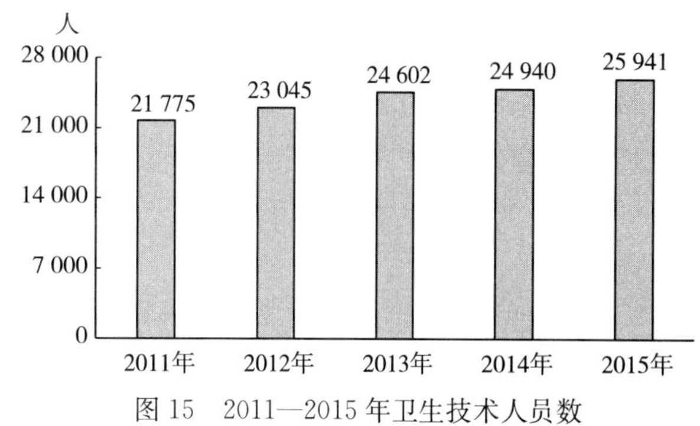

图15　2011—2015年卫生技术人员数

120个，床位数12 230张，收养人数7 300人。年末有城镇社区服务设施558个。

十二、资源、环境和安全生产

全年批准建设用地5.65千公顷，供应土地5.29千公顷，土地出让合同价款44.03亿元。

年末已建成水库137座，总库容33.58亿米^3。其中，大型水库10座，中型水库31座，小型水库96座。已建成水电站99座、泵站（含节水灌溉首部）3 667座、水闸5 702座、机电井28 354眼（均为浅层地下水机电井）。堤防建设长度1 889.81千米，堤防保护人口137.87万人，保护耕地面积530.50千公顷。现有2 000亩以上灌区108处，干、支、斗渠道长度37 670千米。

全年总灌溉面积1 522.24千公顷。其中，耕地灌溉面积1 156.48千公顷，林地灌溉面积150.38千公顷，园地灌溉面积182.97千公顷，牧草地灌溉面积14.62千公顷。

全年总用水量120.85亿米^3，比上年增长3.4%。其中，农业灌溉用水110.20亿米^3，增长3.5%；工业生产用水4.01亿米^3，增长30.6%；城镇生活用水1.34亿米^3，增长28.8%；乡村生活用水0.63亿米^3，与上年持平；生态补水4.67亿米^3，下降18.6%。

全年完成造林面积46 754公顷，其中人工造林25 976公顷。林业重点生态工程完成造林面积25 062公顷，占全部造林面积的53.6%。新增水土流失治理面积222千米^2，新增实施水土流失地区封育保护面积180千米^2。

全年规模以上工业企业综合能源消费量2 891.87万吨标准煤，比上年增长3.9%。其中，煤炭消费量下降0.9%；汽油消费量增长8.3%；天然气消费量下降13.5%；电力消费量增长

16.6%；热力消费量增长 59.3%。

全年化学需氧量排放量 10.00 万吨，比上年增长 1.99%；氨氮排放量 0.54 万吨，增长 1.97%；二氧化硫排放量 11.03 万吨，比上年下降 34.78%；氮氧化物排放量 9.92 万吨，下降 33.50%。

年末兵团燃气普及率达到 87.7%，集中供热普及率达到 90.4%，污水处理率达到 78.9%，生活垃圾集中处理率达到 78.1%（其中无害化处理率 45.0%）。城镇自来水普及率达到 99.0%。城市集中供热面积 3 683 万千米^2，比上年增长 52.0%。城市污水处理厂日处理能力达到 36 万米^3。

全年农作物受灾面积 507.30 千公顷，其中绝收 28.80 千公顷。全年因洪涝灾害造成直接经济损失 2.79 亿元，因旱灾造成直接经济损失 11.40 亿元，因低温冷冻和雪灾造成直接经济损失 5.58 亿元。全年兵团辖区共发生 5 级以上地震 4 次，成灾 2 次，造成直接经济损失 9.11 亿元。

全年兵团工矿商贸企业共发生职工死亡事故 3 起，事故死亡 6 人。亿元生产总值生产安全事故死亡人数 0.003 人。工矿商贸企业就业人员 10 万人生产安全事故死亡人数 0.597 人。煤矿百万吨死亡人数为 0.117 人。

注释：

[1] 本公报中数据均为初步统计数或预计数，最终数据以《2016 年兵团统计年鉴》为准。

[2] 生产总值、各产业增加值和人均生产总值绝对数按现价计算，增长速度按可比价格计算。

[3] 本公报中三次产业按照国家新的划分标准将农、林、牧、渔服务业由第一产业划归至第三产业。

[4] 六大高耗能行业包括石油加工、炼焦和核燃料加工业，化学原料和化学制品制造业，非金属矿物制品业，黑色金属冶炼和压延加工业，有色金属冶炼和压延加工业，电力、热力生产和供应业。

[5] 高技术制造业包括医药制造业，航空、航天器及设备制造业，电子及通信设备制造业，计算机及办公设备制造业，医疗仪器设备及仪器仪表制造业，信息化学品制造业。

[6] 装备制造业包括金属制品业，通用设备制造业，专用设备制造业，汽车制造业，铁路、船舶、航空航天和其他运输设备制造业，电气机械和器材制造业，计算机、通信和其他电子设备制造业，仪器仪表制造业。

[7] 本公报中南疆垦区为一、二、三、十四师，北疆垦区为四、五、六、七、八、九、十、十一（建工师）、十二、十三师及兵团直属单位。

[8] 基础设施投资是指建造或购置为社会生产和生活提供基础性、大众性服务的工程和设施的支出。本文中的基础设施投资包括交通运输、邮政业，电信、广播电视和卫星传输服务业，互联网和相关服务业，水利、环境和公共设施管理业投资。

[9] 民间固定资产投资是指具有集体、私营、个人性质的内资企事业单位以及由其控股（包括绝对控股和相对控股）的企业单位建造或购置固定资产的投资。

[10] 高技术产业投资包括医药制造、航空航天器及设备制造等六大类高技术制造业投资和信息服务、电子商务服务等九大类高技术服务业投资。

[11] 房地产业投资除房地产开发投资外，还包括建设单位自建房屋以及物业管理、中介服务和其他房地产投资。

资料来源：

本公报中主要经济指标数据来自兵团统计局和国家统计局兵团调查总队，其他数据来源于相关部门。其中，新增就业、登记失业率、外国专家、社会保险、劳动保障监察数据来自人力资源和社会保障局；物价数据来自国家统计局新疆调查总队；税费、国有控股农工建交商企业利润数据来自财务局；监管企业数据来自国资委；设市建镇、低保补助、医疗救助、优抚、收养、灾害数据来自民政局；农作物精量播种面积、测土配方施肥面积、机械化、良种推广、龙头企业、“三品一标”、农业示范区、造林等数据来自农业局（畜牧局、林业局）；工业园区数据来自工信委；公路通达里程数据来自交通局；保障性住房、主要污染物排放、城镇自来水普及率、集中供热普及率、燃气普及率、污水处理率、生活垃圾集中处理率、地震等数据来自建设局（环保局）；“十件实事”、金融信贷、扶贫开发、工程研究中心、企业技术中心等数据来自发改委；兵团农行存贷款数据来自农行兵团分行；货物进出口、利用外资、对外承包工程、劳务合作数据来自商务局；招商引资、对口援疆数据来自经协办（援疆办）；飞机、飞行时间数据来自兵团航空企业管理局；旅游数据来自旅游局；教育、体育数据来自教育局（体育局）；科技、专利数据来自科技局；质量检验数据来自质监局；广播、电视、出版、文化数据来自宣传部（文广局、新闻出版局）；卫生数据来自卫生局；国有建设用地、供应地、土地出让数据来自国土局；水利设施、供水量、灌溉面积、水土流失等数据来自水利局；安全生产数据来自安监局。

新疆地方国有农场
2015年经济和社会发展统计公报

新疆维吾尔自治区农业厅农场管理局

2015年，新疆地方国有农场在自治区党委、人民政府及农业部的正确领导下，认真贯彻党的十八大会议精神，紧紧围绕自治区农业农村工作会议确定的各项工作任务，以实现农场增效、职工增收为目标，不断深化体制改革和机制创新，提高农场经济运行质量和效益，实现了新疆地方国有农场经济和社会又好又快发展。

一、综合

2015年全区地方国有农场完成国民生产总值256 025万元，比上年增长5.49%，其中第一产业增加值182 999万元，增长10.59%；第二产业增加值39 410万元，增长0.7%；第三产业增加值33 254万元，增长1.27%。国民经济中三次产业比例为71∶15∶14，人均纯收入9 395元，比上年增加356元。

二、农业

2015年，新疆地方国有农场战胜低温、旱灾、风雹、病虫害等自然灾害的不利影响，充分发挥农业企业特有优势，继续保持了社会经济全面发展的好势头。完成农林牧渔业总产值370 231万元。其中，农业产值达298 538万元，林业产值达9 870万元，牧业产值达57 059万元，渔业产值达4 764万元，农林牧渔服务业产值达3 295万元。按经济类型划分，国有为248 915万元，增长3.29%；集体为48 372万元，增长14.13%；个体为69 043万元，增长12.53%；其他经济类型为3 901万元，增长23.88%。

1. 种植业 全年农作物播种面积91 822公顷，其中：粮食播种面积39 850公顷，比上年增长3 670公顷；棉花播种面积37 675公顷；较去年减少4 894公顷；糖料播种面积1 215公顷，较去年增加13公顷；油料播种面积5 150公顷，无增减面积；瓜菜种植面积5 200公顷，较去年减少51公顷；其他作物播种面积为1 240公顷，较去年增加344公顷。其主要产品产量见表1。

表1 主要农产品产量

产品名称	计量单位	2015年	比上年增减（%）
粮食	吨	295 700	6.90
棉花	吨	77 869	－12.67
油料	吨	12 509	0.60
甜菜	吨	69 320	10.10
瓜菜	吨	178 268	2.99
麻类	吨	3 074	47.65

2015年，新疆地方国有农场不同程度地遭受了洪涝、旱灾、病虫害、霜冻及风雹灾等自然灾害，受灾面积达24 303公顷，绝收面积达4 317公顷。其中：粮食受灾面积2 681公顷，减产粮食2 282吨，棉花受灾面积12 593公顷，减产棉花8 680吨，糖料受灾面积106公顷，减产糖料108吨，直接经济损失17 380万元。

2. 畜牧业及水产业 2015年新疆地方国有农场畜牧业发展总体呈上升趋势，主要牲畜和畜禽产品产量见表2。

表2 主要牲畜和畜禽产品产量

产品名称	计量单位	2015年	比上年增减（%）
大牲畜	万头	7.56	6.18
猪	万头	5.65	9.70
羊	万只	32.70	1.58
家禽饲养量	万只	144.20	1.87
肉类总产量	吨	10 805	5.28
牛奶产量	吨	17 650	8.81
禽蛋产量	吨	10 125	1.58

2015年新疆地方国有农场水产品养殖面积为3 458公顷，水产品产量为2 000吨，比上年增加6.67%。

3. 水果及林业 2015年新疆地方国有农场水果种植面积和产量均有所下降，总面积40 099公顷，较去年减少271公顷，总产168 750吨，较去年减产5.49%，其主要产品见表3。

表3 主要水果产品产量

产品名称	计量单位	2015年	比上年增减（%）
苹果	吨	46 756	−7.75
梨	吨	40 823	−10.88
葡萄	吨	71 529	−1.06
桃	吨	1 635	−5.76
红枣	吨	2 873	8.99
其他水果	吨	5 134	−4.77

2015年新疆地方国有农场林地总面积50 139公顷。当年新造林1 625公顷，其中用材林201公顷，经济林609公顷，防护林810公顷，薪炭林5公顷。当年零星植树368万株，育苗面积533公顷，其中当年新育面积97公顷。

2015年新疆地方国有农场生产条件进一步改善，农业机械总动力为367 236千瓦，拥有大中型农用拖拉机3 732台，机械总动力141 275千瓦，小型拖拉机8 515台，机械总动力113 021千瓦，大中型拖拉机配套农机具4 735台，小型拖拉机配套农机具27 969台，联合收获机170台，推土机286台，挖掘机94台，开沟机230台，农用运输汽车1 325辆。农场用电量16 432万千瓦时，农用化肥施用总量（按折纯量计算）28 727吨，农药施用量381吨，农用塑料薄膜使用量3 541吨。

三、工业和建筑业

2015年新疆地方国有农场完成工业产值70 731万元，比上年增加0.15%。按行业划分，煤矿开采和洗选业1 246万元，占1.76%；农副食品加工业12 096万元，占17.1%；食品制造业9 680万元，占13.68%；纺织业22 730万元，占32.14%；非金属矿制品业4 776万元，占6.75%。其主要工业产品见表4。

表4 主要工业产品产量

产品名称	计量单位	2015年	比上年增减（%）
原煤	吨	87 127	−24.80
小麦粉	吨	18 102	8.84
食用植物油	吨	12 330	10.06
胶合板	米^3	32 480	1.66
砖	万块	32 760	−11.76
发电量	万千瓦时	1 566.3	6.75
棉纱	万吨	2.07	−9.60
奶粉	吨	216	−15.62

年末建筑业单位60个，其中国有14个，年末从业人员1 766人，拥有固定资产原值6 411万元，机械设备总数为763台，全年施工房屋建筑面积22万米^2。

四、固定资产完成情况及新增生产能力

2015年，完成固定资产投资26 342万元（含国有20 127元），其中第一产业17 888万元，占67.91%，第二产业4 342万元，占16.48%，第三产业4 112万元，占15.61%；按资金来源分，国家预算内资金14 134万元，占53.47%，自筹资金3 895万元，占14.78%，当年新增固定资产13 445万元，其中国有10 221万元。

全年造林面积1 625公顷。新增大中型拖拉机48台，4 684千瓦；小型拖拉机36台，838千瓦；农用运输车132辆。新建公路33千米，电话线路3公里，住房6.63万米^2。

五、科研、教育和卫生

2015年，新疆地方国有农场有科研单位11所，科技人员105人，科技经费330万元，其中企业自筹310万元。

六、人口、土地

2015年，新疆地方国有农场年末总人口356 825人，年末土地总面积802 772公顷，其中耕地面积103 230公顷，牧草地面积519 000公顷，已利用牧草地面积336 700公顷，林地面积50 139公顷，水面面积4 348公顷，果园面积为28 420公顷，可垦荒地面积17 821公顷，宜林地面积12 352公顷，居民点及工矿用地面积28 827公顷，其他面积38 635公顷。

七、非公有经济发展情况

2015 年，新疆地方国有农场年末非国有经营单位 2 776 个，其中，第一产业 452 个，第二产业 339 个，第三产业 1 985 个。年末从业人员有 11 062人，从业人员劳动报酬 11 282 万元，生产总值 46 173 万元，当年固定资产投资为 5 619 万元，年末资产总额 21 952 万元，固定资产原值为 17 495 万元，应缴税金 1 418 万元，利润总额 8 198万元 。

新疆地方国有牧场 2015年经济和社会发展统计公报

新疆维吾尔自治区畜牧厅产业发展与牧场管理局

2015年新疆地方国有牧场广大干部职工在农业部农垦局和自治区畜牧厅的正确领导下，全区地方国有牧场广大干部职工全面贯彻党的十八大、十八届三中、四中、五中全会和中央经济工作会议、第二次中央新疆工作座谈会精神，深入落实自治区第八次党代会和八届六次、七次、八次全委（扩大）会议部署以及自治区党委经济工作会议、稳定工作会、“访民情惠民生聚民心”工作。继续以“改造提升传统畜牧业、开拓创新现代畜牧业”为方向，以牧业增效、农牧民增收为核心，坚持统筹规划、科学布局、突出重点、分类指导，狠抓中央、自治区支牧惠牧政策的落实和重点民生工程建设，紧紧围绕新疆跨越式发展和长治久安两大历史任务，坚持不懈地抓好“强供给、保生态、促发展、惠民生”的各项工作及国有牧场改革工作，较好完成了各项工作任务，全区国有牧场发展取得积极的成效。

一、综合

2015年，新疆有123个地方国有牧场，其中自治区属3个，地州属5个，县属115个，土地总面积1 325.66万公顷。其中，耕地面积24.58万公顷，草场面积963.19万公顷，林地面积30.89万公顷，水域面积5.57万公顷，茶果桑园面积0.39万公顷，可垦荒地面积36.18万公顷，居民点及工矿用地面积3.99万公顷，其他面积260.69万公顷。2015年年末总人口47.68万人，其中社会从业人员25.13万人。全年实现生产总值（按现行价计算增加值，下同）52.85亿元，比上年减少7.8%，其中：第一产业生产总值42.85亿元，比上年减少11.48%；第二产业生产总值3.73亿元，比上年减少30.9%；第三产业生产总值6.20亿元，比上年增加187.03%。国有牧场经济中仍然以畜牧养殖业和种植业为主，农畜产品深加工能力有一定提升。

二、农牧业生产

2015年，国有牧场农作物总播种面积为24.13万公顷，较上年减少1.7万公顷，减幅6.58%。其中：粮食播种面积11.61万公顷，增加1.45万公顷，增幅14.27%；油料面积1.86万公顷，增加0.04万公顷，增幅2.19%；棉花面积5.53万公顷，减少4.43万公顷，减幅44.48%。

主要农产品产量：2015年粮食总产量82.77万吨，较上年增加5.16万吨，增幅6.64%。其中：小麦22.15万吨，增加了4.09万吨，增幅22.65%；玉米51.38万吨，增加了2.41万吨，增幅48.5%；油料总产量3.28万吨，减少0.32万吨，减幅8.8%；棉花总产量14.55万吨，减少6.32万吨，减幅30.2%。

2015年年末国有牧场牲畜存栏436.91万头（只），较上年减少8.69万头（只），减幅1.95%。其中：牛43.39万头，增加0.67万头，增长1.56%；羊373.09万只，减少7.59万只，减幅1.99%。

主要畜产品产量：2015年国有牧场肉类总产量7.58万吨，同上年相比增加0.18万吨，增幅2.4%，其中：牛肉2.48吨，增加13.76%；羊肉3.07万吨，减少1.59万吨，减幅34.12%。牛奶总产量14.63万吨，较上年减少0.82吨，减幅5.31%。绵羊毛总产量4 794吨，较上年减少649吨，减幅11.9%。

2015年完成农林牧渔业总产值76.32亿元，较上年增长8.14亿元，增长11.96%，其中农业产值33.13亿元，减幅4.7%；牧业产值42.11亿元，增长38.11%；林业产值1.02亿元，减少 62.22%；渔业产值 532 万元，减少 41.53%。

2015 年，全区国有牧场农牧机械总动力为 684 112 千瓦，大中型农用拖拉机 544 台，小型拖拉机 10 444 台，国有牧场农业机械化装备程度不断提高，农用拖拉机结构变化明显，技术结构不断优化，进一步改善了农牧业生产条件。

三、固定资产投资

全年固定资产投资总额 123 629 万元，比上年增加 0.99%。投资总额中，用于第一产业的投资85 912万元，占投资总额的 53.67%；第二产业投资为 5 732 万元，占投资总额的 3.58%；第三产业为 68 432 万元，占投资总额的 42.75%。其中国家预算内资金 4.62 亿元、自筹资金 6.96 亿元。

四、教育、卫生

2015 年，自治区所属牧场学校及地县牧场移交当地政府管理。

现有卫生医疗单位 28 个，病床 302 张；医务人员 287 人，其中：医生 100 人。

五、人口、就业和劳动工资

2015 年年末全疆地方国有牧场总人口 476 873 人，社会从业人员 251 287 人。其中：第一产业从业人员 236 174 人，占总从业人员 93.98%；第二产业从业人员 4 150 人，占总从业人员 1.67%；第三产业从业人员 10 963 人，占总从业人员 4.36%。从业人员劳动报酬 40.49 亿元，在岗职工劳动报酬 21.61 亿元。年人均收入 9 478 元，较上年人均增加 647 元，增长 7.3%。

中国热带农业科学院2015年基本概况

中国热带农业科学院

一、基本概况

中国热带农业科学院（简称热科院）拥有海口、儋州、湛江三个院区，筹建三亚、文昌两个院区，设有14个科研机构，分布在海南、广东“两省六市”。拥有国家重要热带作物工程技术研究中心、省部共建国家重点实验室培育基地、农业部综合性重点实验室等77个部省级以上科技平台和3个博士后科研工作站。拥有享受政府特殊津贴专家、国家级有突出贡献专家、中央直接联系高级专家、新世纪百千万人才工程国家级人选、农业部有突出贡献的中青年专家、中华农业英才奖获得者等在内的各类高级专家180多人。

热带农业科学研究在国内外享有较高的知名度。在橡胶、木薯、香蕉等热带作物的基础性研究方面，部分成果处于国际领先水平。木薯全基因组测序、香蕉枯萎病基因密码破译、橡胶树产胶机理研究等，已取得重大突破。应用研究方面，紧密结合热区农业发展需要，不断创新、研究、推广了一大批橡胶、木薯、水果、香饮料作物等新品种、新技术，为满足国家战略需要、确保热带农产品有效供给、带动农民增收提供了强有力的支撑。

先后承担了“973”计划、“863”计划、国家科技支撑计划等一批重大项目和联合国粮农组织（FAO）、联合国开发计划署（UNDP）等国际组织重点资助项目，取得科技成果1 000多项。其中包括国家发明一等奖、国家科技进步一等奖在内的国家级奖励近50项，部、省级奖励400多项，授权专利近500项；获颁布国家和农业行业标准近400项；开发科技产品200多个品种。

二、人员情况

2007年农业部核定热科院编制总数5 500人，其中：财政拨款补贴人员编制4 300人、经费自理人员编制1 200人。2015年年末常住总人口12 088人，比2014年增加320人。年内平均人口11 959人，少数民族2 465人，年末从业人员4 035人，其中在编在岗职工2 848人（管理人员364人，专业技术人员1 516人，工勤人员968人），编制外人员1 187人。全年职工劳动报酬33 187.49万元，比2014年增加5 087.49万元，人均纯收入2.74万元，比2014年增长0.35万元。年末实有住房面积136.62万米^2，比2014年增长98.58万米^2。

三、第三产业

1. 土地情况 截至2015年12月31日，热科院有土地52宗，总面积68 126.60亩，已确权取得土地证。土地面积4 794.63公顷，其中：耕地面积613.62公顷，林地面积1 987.78公顷（橡胶面积1 668.25公顷），水面面积55.68公顷，茶果桑园面积28.83公顷，可垦荒地面积30.33公顷，宜林地面积167.15公顷（宜植橡胶面积144.10公顷），居民点及工矿用地面积355.79公顷，其他面积1 302.59公顷。耕地面积中：水田114.07公顷、旱地499.55公顷。

因把宜林地面积调整种植了橡胶，土地面积有所变动，试验场部分林地更新植株但未新种植，所以橡胶减产。因把原来旱田旱地改种橡胶和其他，所以水田面积减少。经济林增长原因：橡胶定植增长，成林抚育面积减少，防护林减少。木材减少原因：定期进行砍伐更新。

2. 热科院属科学研究和综合技术服务业，生产总值均列入第三产业增加值中 全年生产总值63 081.22万元，比2014年减少10 384.61万元，减少14.14％。其中：科学研究和综合技术服务业生产总值61 911.89万元，减少15.24％；批发和零售业271.86万元，增长105.95％；住宿和餐饮业147.98万元，减少26.89％；租赁和商务服务业749.49万元，增长727.25％。其他产业中，从事批发零售业、住宿餐饮业的单位4个，主要分布在批发零售业、住宿餐饮业、服务业、租赁业，从业人员 40 人，营业收入 1 157 万元（表 1）。

表 1　生产总值情况

生产总值情况（万元）	2015 年	2014 年	增减额	比上年增减（%）
科学研究和综合技术服务业	61 911.89	73 040.80	－11 128.91	－15.24
批发和零售业	271.86	132.00	139.86	105.95
住宿和餐饮业	147.98	202.43	－54.45	－26.89
租赁和商务服务业	749.49	90.60	658.89	727.25
合 计	63 081.22	73 465.83	－10 384.61	－14.14

全年农林牧渔业总产值 4 009.36 万元，比 2014 年增长 23.25%，其中：农业产值 782.79 万元，比 2014 年减少 5.24%；林业产值 2 228.20 万元，比 2014 年增长 63.40%（其中橡胶产值 1 141.03万元，比 2014 年减少 4.17%）；牧业产值 864.03 万元，比 2014 年减少 12.79%；渔业产值 134.34 万元，比 2014 年增长 73.21%。减少的原因：①由于橡胶价格逐年下降，今年橡胶产品价格也持续下降，造成增产而不增值；②水稻种植面积减少；③并场队橡胶树更新；④职工把旱田和部分水田改种橡胶等作物，造成经济作物如药材类种植面积大幅度减少（表 2）。

表 2　农林牧渔业总产值情况

指标名称	2015 年	2014 年	增减额	比上年增减（%）
农林牧渔业总产值（万元）	4 009.36	3 253.10	756.26	23.25
农业产值	782.79	826.10	－43.31	－5.24
林业产值	2 228.20	1 358.68	869.52	63.40
其中：橡胶产值	1 141.03	1 190.68	－49.65	－4.17
牧业产值	864.03	990.76	－126.73	－12.79
渔业产值	134.34	77.56	56.78	73.21

农作物播种面积 174.97 公顷，总产量 2 104.48吨，单产 12 027.66 千克。其中，粮食面积减少 18.39%，产量减少 11.49%；由于试验用地更新换代，油料面积比 2014 年减少 96.28%；麻类作物面积比 2014 年减少 100%；糖类作物比 2014 年减少 68.39%；蔬菜、瓜类比 2014 年减少 48.69%（表 3）。

表 3　农作物播种面积情况（公顷）

指标名称	2015 年	2014 年	增减额	比上年增减（%）
农作物播种面积	174.97	352.60	－177.63	－50.38
粮食作物	156.92	192.27	－35.35	－18.39
其中：稻谷	143.62	167.07	－23.45	－14.04
玉米	8	0	8	100.00
油料作物	4.63	124.33	－119.7	－96.28
麻类作物		2.83	－2.83	－100.00
糖料作物	2.75	8.7	－5.95	－68.39
蔬菜、瓜类	10.57	20.21	－9.64	－48.69

热带亚热带作物年末种植面积 207.77 公顷，总产量 59.18 吨，比 2014 年增加 4.79 公顷。作物

主要分布在剑麻、胡椒、咖啡、椰子、油棕、可可、槟榔、澳洲坚果等热带作物。其中：椰子种植面积112.55公顷，产量19.75万个，与2014年持平；油棕种植面积34.60公顷，比2014年减少12公顷；槟榔种植面积31.69公顷，产量24.33吨，比2014年增加4.29公顷，产量增加8.91吨。

当年造林面积430公顷，比2014年增长26.47%，其中：薪炭林103公顷、特种用材林120公顷；当年零星植树137公顷、幼林抚育面积188公顷、成林抚育面积207公顷，采伐木材21 089.80米^3，森林覆盖率达222%，

全年水果产量面积77.32公顷，比2014年增加6.77公顷，产量186.60吨，比2014年减少64.7吨，水果主要有香蕉、菠萝、荔枝、龙眼、芒果、火龙果和其他热带水果（毛叶枣）等。

肉类总产量336.73吨，比2014年减少104.71吨，其中：猪肉产量277.22吨；牛肉产量8.79吨；羊肉产量7.76吨；禽肉产量37.86吨；禽蛋产量6.89吨。

水产品总产量191.91吨，比2014年增加23.72%，全部养殖淡水鱼类，养殖面积24.86公顷，比2014年增加20.15%。

四、综合情况

2015年，热科院按照农业部的工作部署，紧紧围绕“转方式、调结构”和改革创新的总体要求，立足产业发展需求，牢牢把握“抓发展、重民生、促和谐”主线，不断完善科技创新体系，深化创新研究，加快成果转化和人才培养，发挥科技引领支撑作用。

一是科技创新能力进一步增强。围绕热带经济作物、南繁育种、粮食作物、冬季瓜菜、热带畜牧和热带海洋生物资源6大领域，建立了16个一级学科。承担了一批重大专项和产业体系项目，取得了一批国家级、部省级重要科技成果。在种质资源创新利用方面，围绕橡胶、木薯、热带果树、油棕、咖啡和胡椒等作物建立了种质资源库；培育了适宜热区种植的水稻、木薯、蔬菜、芒果等新品种，推动优势产业带的形成。在高性能天然橡胶研究、甘蔗健康种苗及重大病虫防控等方面取得重要突破，为保障农业生产安全、农产品质量安全和农业生态安全等提供了强有力的科技支撑。

二是成果转化与服务“三农”取得明显成效。在热区9省（自治区）建立了一批高产高效示范区，为促进热区农业转方式、调结构和农业增产、农民增收发挥了重要作用。在四川攀枝花大面积推广芒果种植，促进当地农民增收致富，得到当地政府和群众的高度评价。此外，还在云南、贵州等省推广应用澳洲坚果、火龙果、香蕉等水果的健康栽培技术，在海南、广西等省（自治区）积极推广橡胶、甘蔗、咖啡等经济作物标准化种植。在新型职业农民培训、推广节本增效技术、探索院地合作、院企合作和发挥全国热带农业科技协作网方面也有很多成功的做法和值得借鉴的经验。同时，在院所科技开发服务方面也加大了力度，通过成果转让、技术合作和自主开发等形式，增加了经济收益，壮大了自身实力。

三是服务国家农业对外合作方面可圈可点。热科院和10多个国际组织、30多个国家和地区建立了合作关系；承担了国际合作重点项目30多项，派出了15批专家赴境外执行援外项目。利用FAO在热科院建立的热带农业研究培训参考中心平台，举办热带农业技术国际培训班50多期，为90多个国家培训了1 260多名学员。在服务“一带一路”建设和农业“走出去”方面主动作为，积极发挥优势，在刚果（布）率先建立了我国首个境外农业科学试验站，发挥了很好的技术示范作用，得到刚果（布）政府赞许。在其他的“一带一路”沿线国家也开展了富有成效的合作交流，如在油棕、椰枣的病虫害防控方面已经有了良好的开端，得到了商务部、科技部等部门的肯定和赞誉。

四是自身建设取得良好成效。在重点实验室、科研基地和仪器设备配置等基础设施和条件建设方面都得到改善，科研经费逐年增加，保障了科研工作的有序开展。加大高层次人才及青年骨干人才的培养力度，稳步实施“十百千人才工程”，培养一批有影响力的学科带头人和首席科学家，加强创新团队建设，增加科技创新的核心竞争力。在党建工作方面，严格落实部党组关于“三严三实”专题教育、落实“两个责任”、推进“一岗双责”等重要部署，得到部领导的充分肯定。

五、橡胶生产

橡胶年末实有面积1 668.25公顷，全年干胶总产量992.20吨，比2014年增长9.34%。年内实际到达开割面积1 102.29公顷，比2014年减少

11.10%，当年新开割面积 86.11 公顷，开割到达株数 35.89 万株。橡胶生产总产值 1 141.03 万元，比 2014 年减少 38.65 万元，减少 3.27%。

六、固定资产

截至 2015 年 12 月 31 日，资产总额 22 亿元，比 2014 年增加 3 亿元，增长 15.79 %，其中：固定资产价值 12.8 亿元，比上年增加 1.8 亿元，增加 16.36 %。2015 年固定资产投资总额为 3.54 亿元，比 2014 年增长 77%，包括基本支出（办公设备、专业设备、交通工具）和项目支出两部分。2015 年新增固定资产 2.05 亿元，比 2014 年增加 0.2 亿元，增长 10.81%。主要原因是：新建房屋、购置大型仪器设备、在建项目通过验收等。

七、教育和卫生

全年院属普通中学 1 所，小学 5 所。教职工数共计 162 人，其中教师 126 人。在校生 1 979 人，其中新招生 562 人，当年毕业生 448 人。现有医疗单位 1 个，医务人员 15 人，其中医生 5 人。

广州农垦2015年经济和社会发展统计公报

广州风行发展集团

2015年，广州风行发展集团在农业部农垦局、广州市国资委的正确领导下，继续全面发展核心主业，进一步强化企业内部管理，加大力度推进乳业重点项目建设。在新班子主持集团全面工作并部署新一轮深化改革工作任务的指引下，不断改进和优化组织结构，完善企业运行机制，提升营运效益和管理效率，增强企业发展动力，积极开拓新业务，寻求新的经济增长点。集团上下全力以赴开展各项工作，经济运行情况良好，主要经济指标保持稳步增长。

一、综合情况

风行集团按照市国资委制定的突出主业、做大做强的工作指导方针，通过产业整合、结构调整，已形成以乳业发展为主线，打通上下游产业链，建立产供销一体化的现代产业发展模式。一方面立足本地市场，加强渠道建设，创新营销方式，树立良好品牌形象，使乳品产销量持续保持快速增长势头；另一方面集中资源，加快重点项目建设，扩展畜牧养殖和乳制品加工的发展规模，推动主导产业集约化、规模化发展，增强集团发展后劲；同时加快推进乳业资产整合和股改工作，为下一步成立股份公司及上市奠定基础。为服务主业，助推集团跨越发展，大力发展现代服务业，利用集团拥有的优质物业及土地资源，通过合作开发、经营等多种形式，盘活现有物业资产，提高经营收益，为乳业发展提供资金保障，并积极拓展新业务，成立商贸公司，进一步夯实集团产业协同发展基础。

集团现有子公司3家，各级独立核算企业26家，年末职工人数1 790人，土地总面积41公顷。

2015年集团实现国内生产总值26 989万元，同比增长6.57%，其中：第一产业因奶价普降，以及受华美牛场搬迁和珠江牛场准备搬迁影响，奶牛单产下降，生鲜奶销量及收入同比下降，实现生产总值4 382万元，同比下降35.88%；第二产业通过车间升级改造提升产能，加大品牌建设，开拓市内外市场，继续优化产品结构等举措，产销量持续增长，并受益于乳制品原材料成本降低，销售毛利同比增加，实现生产总值15 909万元，同比增长36.43%；第三产业新增商贸业务，征地补偿收入同比增长，但油品销售及租赁业务同比有所下降，实现生产总值6 698万元，增长1.93%。集团全年实现利润总额8 950万元，同比下降55.84%，主要是同比减少了投资收益12 325万元（上年转让属下新花城公司30%国有股权实现投资收益12 331万元）。人均年收入64 603元，同比增长7.25%。

二、农业生产情况

由于集团原有的农用地已全部被政府征收，目前集团已没有农业用地及农作物生产。

三、畜牧业生产情况

集团畜牧业以奶牛饲养为主，上年原有牧场3个，在建牧场1个，分布在广州市郊。2015年，集团加快在建牧场建设，努力实现标准化养殖目标，进一步提升现代化牧场管理水平，其中穗新良种奶牛场扩建、从化青龙基地生产A区（第一期）建设已完工并投产。牧场在升级改造的同时，集团持续开展牧场高产攻关工作，积极参加农业部每年组织的农垦系统畜牧高产攻关活动，确保奶牛养殖技术一直处于华南地区领先水平。2015年3个牧场的成年母牛年平均单产达7.5吨，“十二五”期间平均单产最高达7.7吨；着力推进核心牛群建设，完成核心牛群耳牌识别标记的安装，预备核心牛群选种选配工作正在开展；与华南农业大学合作实施木本饲料（黄梁木、辣木）在奶牛养殖中的应用研究试验技术开发项目，目前已完成约100亩的辣木密植试验圃种植，并进入辣木青贮试验阶段，该项目开发成功不但可部分取代昂贵的进口饲料、降低奶牛饲养成本、提高奶产量及质量，而且可促进集团乃至全国奶牛饲料种植的革新。

年末奶牛总存栏 7 500 头，比上年增加 900 头，增长 13.64%，主要是从智利和澳大利亚引进优良品种奶牛 1 000 头，其中：能繁殖母畜 3 300 头，比上年减少 100 头；当年生仔畜 3 300 头，比上年增加 1 100 头。受奶价普降及牧场搬迁奶牛单产下降的影响，2015 年实现生鲜奶产量 24 017 吨，比上年减少 655 吨，下降 2.65%，实现销售收入 14 390 万元，同比减少 4.32%，其中出口鲜奶 3 650吨，同比减少 2 631 吨，实现销售收入 2 199 万元，比上年减少 1 631 万元。为实现集团乳业的战略目标，牧场建设在不断地扩建与续建当中，预计集团全面项目建成投产后，将新增奶牛存栏 1.5 万头，鲜奶产量 6.3 万吨。

四、工业生产情况

根据广州市国资委产业整合的要求，集团工业以乳制品加工为主，2015 年纳入统计范围的工业企业 2 个，1 家是乳品加工厂，1 家是筹建中的乳品加工基地。2015 年，在产能及管理提升方面，巴氏奶车间升级改造和第一期的信息管理系统升级改造已完成并投产，进一步提高了产能与品质管理，系统信息管理水平提升，门店管理系统全覆盖。在产品销售方面，通过不断完善专卖店、商超、电商等渠道建设，对本地市场进一步深耕细作，着力提高市场占有率，并根据“扩区增量”发展策略，以广州为中心，扩大产品销售半径，进一步拓展外区市场，同时积极运用微信、微博、网站等自媒体，开展线上和线下互动，不断提升品牌的知名度和美誉度。在产品研发方面，以市场为导向，加大投入研发新产品，2015 年自主研发了 7 种新产品并投入市场，取得了良好的市场效果。

全年实现工业总产值 41 705 万元，同比增加 5 289万元，增长 14.52%，工业销售产值 57 381 万元，同比增加 5 423 万元，增长 10.44%，持续保持增长势头，通过加大品牌建设，开拓市内外市场，继续优化产品结构，进一步提升了盈利能力。2015 年实现销量同比增长 8.49%、收入同比增长 10.45%；全年生产乳制品 58 304 吨，比上年增加 4 445 吨，其中自产 40 322 吨，同比增加 4 228 吨。全年实现利润 1 460 万元，同比增加 1 328 万元。

五、现代服务业情况

集团 2015 年纳入统计范围批发零售、服务业企业 20 个，主要经营成品油销售、物业租赁、商贸等业务，其中：正常经营企业 14 个，关停企业 6 个；年末从业人员 121 人，其中：批发零售业 27 人，服务业 94 人；全年实现营业收入 37 507 万元，同比增长 90.15%，其中：批发零售业营业收入 33 750 万元，同比增长 136.93%；其中主要是增加了商贸业务，2015 年实现商贸收入 21 407 万元；成品油销售同比下降 13.35%，主要是油价下跌所致；服务业营业收入 3 757 万元，同比下降 31.44%，主要原因是受政府土地收储出租面积减少，租赁业务的收入同比下降。

年末固定资产原值 3 710 万元，其中：批发零售业 75 万元，服务业 3 635 万元；营业用房 130 011米^2，其中：批发零售业 642 米^2，服务业 129 369 米^2。

六、固定资产投资情况

2015 年集团继续推进重点项目建设，全年完成固定资产投资总额 12 263 万元，同比增长 11.87%。其中：第一产业完成投资 6 791 万元，主要是青龙基地项目投资支出 2 628 万元，穗新牛场投资 3 965 万元；第二产业完成投资 5 432 万元，主要是巴氏奶车间改造投资支出 3 924 万元，购买生产办公设备等投资 647 万元，仓库、厂房改造装修支出 337 万元，湛江办公室投资 224 万元，ERP 系统建设支出 183 万元等；第三产业完成投资 40 万元。其中：投资资金通过自筹解决 9 341 万元，地方财政性资金拨款 2 922 万元。当年新增固定资产 13 531 万元，主要是在建工程完工转入固定资产核算。

七、其他生产及社会负担情况

2015 年年末集团没有渔业、林业、建筑业生产企业，也没有受托管理的非国有经济实体；集团原办理的教育、医疗卫生机构已全部移交地方管理。

八、经济发展中存在的主要问题与 2016 年工作措施

2015 年，在国际和国内经济形势错综复杂的

形势下，风行集团虽然积极采取有效措施，极大消化了生产成本上涨、市场竞争激烈等各种不利因素，生产经营持续保持稳定增长，但集团发展仍存在着一些较突出的问题：一是集团规模偏小，自身抗风险能力相对较弱，与大规模的企业同台竞争往往处于明显劣势；二是部分重点项目受客观或主观因素影响，未能按计划推进到位；三是集团资产运作效率较慢，乳业资产尚未实现上市，缺乏资本运作平台；四是乳业过于依赖广州区域市场，不利于风行集团牛奶以后的发展和壮大；五是营销、资本运营等专业人才相对不足。

南京农垦2015年经济和社会发展统计公报

南京农垦产业（集团）有限公司

2015年，南京农垦在农业部农垦局及市委、市政府的正确领导下，主动适应新形势、新常态、新要求，积极探索转型发展路径，全面推进资源盘活、项目发展、综合改革、产品贸易等中心工作，努力实现一、二、三产业的深度融合发展。截至2015年12月底，垦区资产总额8.05亿元；净资产2.10亿元，比上年增长57.89%；实现收入3 715万元，比上年增长29.17%；利润总额6 457万元，比上年增长640.68%。

一、综合

2015年，垦区实现生产总值1.32亿元，比上年增长248.39%。一、二、三产业增加值占国民生产总值的比重分别为4∶9∶87，因垦区目前正处于转型发展期间，故一、二、三产业增加值较往年有较大变动。其中：第一产业增加值451.18万元，比上年减少5.16%；第二产业增加值1 053万元，比上年减少6.57%；第三产业增加值11 720.97万元，比上年增长434.39%，主要是垦区在国有房产出租、土地运作、资本运作等方面取得了一定的成效，大大提高了垦区经济效益。

垦区全年总人口3 085人，其中农场人口2 813人。国有单位从业人员241人，劳动报酬1 140万元，全年人均收入达4.73万元，比上年增加20%。全垦区年人均纯收入达2.33万元，比上年增加12%，年末实有住房面积达11.32万米^2。

二、农业

南京市青龙山林场是垦区唯一一个国有林场，土地总面积约1.1万亩。2015年，垦区实现农业总产值117万元，比上年减少15%；渔业总产值8万元，比上年减少11%；牧业总产值1 443万元，比上年减少10.41%。

农业方面：由于林场目前转型的发展需要，土地正在整合，已不再对外承租用于蔬菜的种植，故农业产值较上年有所减少。

渔业方面：因林场职工人员较少，鱼塘分布零散且淤积多年，已不适宜养殖鱼类，存塘鱼仍存在，产值约为8万元，比上年减少1万元。

畜牧业方面：垦区现有一家从事畜牧业经营的单位，经营主体为一家民营禽业养殖单位，占地面积200亩，主要从事家禽的规模化饲养，养殖量约为10万只，2015年禽肉年产量68吨，比上年减少9.33%，禽蛋产量1 345吨，比上年减少10.41%。因2015年上半年，该养殖单位对鸡舍进行了改造，耗时近3个月，直接导致养殖数量减少，蛋鸡出栏量比上年减少5 000只，禽肉年产量比上年减少7吨，禽蛋产量比上年减少140吨。

种植业生产方面：垦区全年茶叶实际产量4吨，比上年增长33.33%。在品牌创建方面，垦区“南京雨花茶”和“地方名特优茶（龙雾茶）”分别荣获“金奖”殊荣；“宝石花”牌茶产品荣获“江苏省十大名茶生产基地”和“江苏省十大名茶”等荣誉，这是垦区的无形资产，也为今后茶叶销售奠定了稳固基础。

林业生产方面：林场成林抚育面积为434公顷，森林覆盖率达到52.1%。因垦区种植的都是生态林，多年来一直没有计算林业产值，故本次也没有列入填报范围。

三、工业

2015年，垦区工业销售总产值6 954万元，比上年减少37.03%；利润总额亏损109万元，较上年减亏84万元。亏损原因：一方面是由于垦区为积极配合南京市青龙山林场棚户区改造项目，对青龙山林场下属南京起重电器厂实行了关闭与双集中管理，造成国有工业产值减少，经济情况下降；另一方面由于人工成本增长过快，且原有产品技术创新能力不强，产品科技含量不高，附加值较低，销售利润薄弱。这些都使得垦区工业生产经营步履维艰。

四、第三产业

2015 年，垦区第三产业国民生产总值 1.15 亿元，比上年增长 347.02 %，创历史新高。一是垦区通过市场化运作方式，不断提高国有房产出租效益；二是垦区积极利用政府城中村改造和低效土地再提升利用的契机，主动与政府沟通，成功将不可再利用的土地盘活，获得补偿收益；三是垦区不断寻求资本运作方式，充分利用暂时闲置的资金做好理财项目，全年实现理财收益较往年有较大增长；四是自 2014 年与其他农垦建立战略合作关系以来，垦区商贸业务逐步打开销售渠道，并已取得南京农垦品牌注册，目前已建立良好合作关系共 20 余家，下一步垦区将不断扩大销售覆盖范围，增强品牌社会影响力，实现社会价值和商业价值双赢。

五、其他

多年来，青龙山林场建设用地布局分散凌乱，农业用地低效荒废，林业资源规模不大，诸多历史遗留问题和现实矛盾等因素使得林场负担不断加重，相当一部分职工生活条件十分简陋，基础设施非常不完善。

为了确保国有资产保值增值，垦区不断探索转型发展路径，2015 年根据中共中央、国务院关于《国有林场改革方案》《国有林区改革指导意见》《关于进一步推进农垦改革发展的意见》等文件精神，垦区借鉴先进经验，结合林场实际，明确以保护林场生态、保障和改善林场职工生活为前提，以吸引社会资本开拓具有市场价值可持续经营的盈利项目为目标，拟通过在林场中北片 6 000 亩土地范围内打造生态智慧养老产业“南京健康谷”，实现青龙山林场的转型发展、持续发展。

目前，垦区“南京健康谷”项目已被全国老龄委列入“全国生态智慧养老基地”首批示范基地，被初步纳入全市“十三五”期间重点项目。同时，为解决林场内职工群众出行难的问题和林场未来发展需要，在南京市、江宁区交通、财政等部门大力支持下，垦区启动了林场道路建设项目，并通过市交通局等部门验收。

据垦区初步测算，项目建成后，可吸引上万人在“南京健康谷”养生养老，各项目运营将带来年均营业额数十亿元，年综合纳税达亿元的经济效益；也将形成直接就业吸纳上万人，间接就业带动数万人，年度假及健康理疗游客接待量达百万人次的社会效益。

三

主要经济与社会指标

综合情况

1－1 主要年份全国农垦经济主要指标

指标名称	计量单位	2000 年	2005 年	2010 年	2014 年	2015 年	2015 年比 2014 年增长	
							绝对数	（%）
一、基本情况								
农垦独立核算企业	个	5 469	6 197	5 261	5 107	5 175	68	1.3
＃农牧企业	个	2 026	1 923	1 807	1 789	1 785	－4	－0.2
工业企业	个	1 677	1 809	1 290	1 192	1 237	45	3.8
建筑企业	个	237	443	537	439	378	－61	－13.9
运输企业	个	67	270	290	244	205	－39	－16.0
批零贸易餐饮企业	个	1 462	1 752	1 337	1 443	1 570	127	8.8
农垦年末总人口	万人	1 198.49	1 259.53	1 332.31	1 420.34	1 445.95	25.61	1.8
职工总数	万人	391.88	335.93	330.75	299.15	287.64	－11.51	－3.8
耕地面积	千公顷	4 803.54	5 038.13	5 989.27	6 283.54	6 325.42	41.88	0.7
当年造林面积	千公顷	75.76	126.18	88.25	53.57	68.50	14.93	27.9
橡胶面积	千公顷	382.34	424.16	469.40	423.39	443.27	19.88	4.7
农垦生产总值（现价）	亿元	720.62	1 358.65	3 382.67	6 420.37	6 902.76	482.39	7.5
第一产业增加值	亿元	311.33	560.43	1 171.30	1 743.45	1 768.45	24.25	1.4
第二产业增加值	亿元	219.16	417.18	1 341.69	2 866.25	3 132.65	266.40	9.3
第三产业增加值	亿元	190.13	381.04	869.68	1 810.67	2 001.65	190.98	10.5
各产业占生产总值比重								
第一产业	%	43.2	41.2	34.6	27.2	25.6		－1.4
第二产业	%	30.4	30.7	39.7	44.6	45.4		0.3
第三产业	%	26.4	28.1	25.7	28.2	29.0		1.1
人均生产总值	元/人	5 991	10 851	25 669	46 129	48 648	2 519	5.5
工农业总产值（现价）	亿元	1 379.48	2 472.34	6 535.24	12 101.82	12 528.98	427.16	3.5
农林牧渔业总产值	亿元	644.04	1 118.51	2 342.34	3 415.23	3 449.67	34.44	1.0
占工农业总产值	%	46.7	45.2	35.8	28.2	27.5		－0.4
工业总产值	亿元	735.44	1 353.83	4 192.90	8 686.58	9 079.31	392.73	4.5
占工农业总产值	%	53.3	54.8	64.2	71.8	72.5		0.4
工资总额	亿元	210.97	277.30	546.06	844.34	878.82	34.48	4.1
职工平均工资	元/（人·年）	5 384	8 255	16 510	28 224	30 553	2 329	8.3
人均纯收入	元/（人·年）	3 036	4 195	8 232	13 495	14 629	1 134	7.0
固定资产投资	亿元	153.21	449.54	1 811.22	4 555.78	4 593.17	37.39	0.8
固定资产投资按来源合计	亿元	153.80	448.29	1 808.79	4 430.03	4 327.40	－102.63	－2.3
＃国家预算内资金	亿元	22.51	47.50	169.01	408.86	480.03	71.17	17.4
利用外资	亿元	4.53	20.18	56.89	51.63	53.89	2.26	4.4
自筹资金	亿元	79.96	282.84	1 074.21	3 050.74	3 091.72	40.98	1.3

注：表中生产总值、总产值等价值量均按当年价格计算，增长速度按扣除统计口径变动因素的可比价格计算。

1－1续表1

指 标 名 称	计量单位	2000年	2005年	2010年	2014年	2015年	2015年比2014年增长	
							绝对数	（%）
二、主要农作物播种面积								
农作物播种面积	千公顷	4 755.82	5 145.25	6 310.42	6 907.30	6 924.35	17.05	0.2
粮食作物播种面积	千公顷	3 163.87	3 375.83	4 557.64	4 923.60	5 037.99	114.39	2.3
总产量	万吨	1 465.21	1 858.99	2 953.29	3 538.07	3 667.47	129.40	3.7
公顷产量	千克	4 631	5 507	6 480	7 186	7 335	149	2.1
棉花播种面积	千公顷	527.28	649.37	665.37	905.26	762.97	−142.29	−15.7
总产量	万吨	83.16	124.69	143.93	211.39	175.04	−36.35	−17.2
公顷产量	千克	1 577	1 920	2 163	2 335	2 098	−237	−10.1
油料合计播种面积	千公顷	461.19	371.20	375.36	364.41	356.18	−8.23	−2.3
总产量	万吨	71.25	66.94	80.34	82.57	80.81	−1.76	−2.1
公顷产量	千克	1 545	1 803	2 140	2 266	2 294	28	1.2
糖料合计播种面积	千公顷	103.55	100.51	103.89	84.33	81.40	−2.93	−3.5
总产量	万吨	589.48	667.52	766.86	706.82	718.26	11.44	1.6
公顷产量	千克	56 927	66 416	73 815	83 813	85 194	1 381	1.6
干胶总产量	万吨	34.68	31.99	32.78	31.34	31.02	−0.32	−1.0
剑麻总产量	万吨	2.79	2.60	3.21	2.59	2.61	0.02	0.8
水果总产量	万吨	118.63	178.79	323.40	547.11	649.21	102.10	18.7
#主要热带水果产量	万吨	30.79	55.32	100.00	175.24	199.34	24.10	13.8
茶叶总产量	万吨	3.90	4.64	4.63	4.96	5.01	0.05	1.0
人参总产量	吨	2 365.00	187.22	646.16	199.7	143.00	−56.70	−28.4
三、畜牧、水产情况								
年末牲畜存栏头数	万头	1 797.45	2 622.04	2 752.10	2 967.64	3 001.45	33.81	1.1
大牲畜年末头数	万头	214.62	305.03	319.22	276.08	281.98	5.90	2.1
牛	万头	173.12	270.69	292.01	246.15	249.80	3.65	1.5
#良种及改良种乳牛	万头	51.32	101.63	143.15	139.2	146.44	7.24	5.2
猪	万头	478.14	722.82	1 134.18	1 256.85	1 227.28	−29.57	−2.4
羊	万只	1 104.69	1 591.57	1 298.74	1 434.70	1 492.20	57.50	4.0
肉类总产量	万吨	84.96	145.76	256.43	261.46	254.58	−6.88	−2.6
牛奶产量	万吨	116.50	245.49	366.09	375.14	369.08	−6.06	−1.6
羊毛产量	万吨	2.09	2.92	2.72	3.17	3.28	0.11	3.5
禽蛋产量	万吨	20.44	22.38	39.71	46.72	48.25	1.53	3.3
鹿茸产量	吨	41.47	78.56	77.45	74.34	79.13	4.79	6.3
蜂蜜产量	吨	2 565	6 504	8 481	12 675	12 953	278	2.2
水产品总产量	万吨	49.10	79.48	115.17	153.43	152.47	−0.96	−0.6

1－1 续表 2

指　标　名　称	计量单位	2000 年	2005 年	2010 年	2014 年	2015 年	2015 年比 2014 年增长	
							绝对数	（%）
四、主要农业机械、电、化肥用量								
农业机械总动力	万千瓦	1 159.44	1 463.07	2 126.49	2 725.90	2 838.32	112.42	4.1
大中型拖拉机	万台	6.66	8.00	14.60	19.25	19.72	0.47	2.4
小型及手扶拖拉机	万台	21.35	26.98	32.97	32.09	30.85	－1.24	－4.0
农用运输车	万辆	1.25	5.73	8.33	8.90	8.36	－0.54	－6.1
排灌动力机械	万台	13.89	19.19	24.84	29.25	27.99	－1.26	－4.3
联合收获机	万台	1.49	2.03	3.92	5.29	5.69	0.40	7.6
农场用电量	亿千瓦时	57.02	72.38	174.12	186.32	142.65	－43.67	－23.4
农用化肥施用总量（按折纯量计算）	万吨	131.69	159.60	227.81	273.20	269.87	－3.33	－1.2
五、主要工业产品产量								
原煤	万吨	607.42	576.48	2 901.05	2 661.34	2 505.01	－156.33	－5.9
混配合饲料	万吨	149.54	213.63	483.13	862.00	916.22	54.22	6.3
食用植物油	万吨	38.99	82.06	193.08	407.32	463.32	56.00	13.7
成品糖	万吨	76.10	115.02	205.79	283.57	293.36	9.79	3.5
乳制品	万吨	10.42	15.37	283.99	371.76	380.17	8.41	2.3
液体乳	万吨	74.53	93.59	247.60	349.44	351.55	2.11	0.6
饮料酒（混合量）	万千升	117.65	141.16	144.42	168.37	160.49	－7.88	－4.7
纱	万吨	19.56	26.43	51.16	64.06	73.48	9.42	14.7
布	亿米	2.98	4.88	6.48	4.83	5.78	0.95	19.7
机制纸及纸板	万吨	74.35	100.44	61.72	64.47	56.98	－7.49	－11.6
农用氮•磷•钾化学肥料总计（折纯量）	万吨	15.78	23.60	35.67	198.91	90.21	－108.70	－54.6
水泥	万吨	618.37	1 046.00	2 245.07	2 741.25	2 158.38	－582.87	－21.3
砖	亿块	67.92	60.79	94.02	176.90	179.88	2.98	1.7
发电量	亿千瓦时	34.23	59.04	156.63	622.35	738.31	115.96	18.6
拖拉机配件	万元	2 751	8 852	4 345				
六、粮豆商品量	万吨	1 115.43	1 404.40	2 605.24	3 233.30	3 343.16	109.86	3.4
粮豆商品率	%	76.13	84.29	88.21	91.4	91.22	－0.18	1.1
七、外贸出口供货商品金额	（人民币）亿元	98.26	254.22	541.50	944.84	822.61	－122.23	－12.9
工业品	（人民币）亿元	71.26	215.96	468.25	798.21	754.72	－43.49	－5.4
八、批发零售贸易业、餐饮业销售总额	亿元	472.13	764.25	2 490.73	6 304.28	7 120.48	816.20	12.9
九、服务业营业收入	亿元	44.19	68.38	127.18	285.13	317.56	32.43	11.4

注：乳制品从 2009 年始含液体乳。

1－2 主要年份全国农垦主要经济指标占全国比重

计量单位：%

指 标 名 称	2009年	2010年	2011年	2012年	2013年	2014年	2015年
农垦年末总人口	0.99	0.99	1.00	1.01	1.04	1.04	1.05
生产总值	0.82	0.85	0.89	0.98	1.04	1.01	1.02
固定资产投资	0.60	0.65	0.78	0.89	0.89	0.89	0.82
农作物播种面积总计	3.83	3.93	3.95	3.98	4.05	4.17	4.15
粮食作物播种面积	4.02	4.15	4.17	4.25	4.32	4.37	4.41
粮食作物总产量	5.22	5.40	5.60	5.72	5.68	5.83	5.90
棉花播种面积	13.25	13.72	14.27	15.58	17.70	21.45	21.95
总产量	22.15	24.11	24.82	25.19	27.92	34.32	31.20
油料合计播种面积	2.72	2.70	2.74	2.71	2.53	2.59	2.50
总产量	2.57	2.49	2.52	2.25	2.28	2.35	2.28
糖料播种面积	5.41	5.41	5.77	5.52	5.59	4.41	4.84
总产量	6.18	6.37	6.54	6.30	6.15	5.27	5.73
大牲畜年末头数	2.57	2.61	2.85	2.90	2.49	2.30	2.31
肉类总产量	2.92	3.24	3.51	3.54	3.35	3.00	2.95
牛奶产量	9.80	10.25	11.10	11.62	11.39	10.07	9.83
羊毛产量	6.10	6.33	6.34	6.25	6.86	6.90	6.78
禽蛋产量	1.14	1.44	1.57	1.66	1.66	1.61	1.61
蜂蜜产量	1.62	2.11	1.57	2.43	2.55	2.14	2.73
农业机械总动力	2.25	2.29	1.69	2.40	2.57	2.52	2.54
大中型（台）	3.76	3.72	2.34	3.59	3.36	3.39	3.25
小型及手扶拖拉机（台）	1.85	1.85	3.67	1.85	1.93	1.86	1.81
原煤	0.54	0.90	0.85	0.90	0.93	0.70	0.67
纱	1.76	1.88	1.82	2.12	2.12	1.90	2.08
布	0.88	0.81	0.83	0.69	0.71	0.54	0.65
发电量	0.38	0.37	0.48	0.72	0.91	1.10	1.27

1－3 农垦基本情况

计量单位：个

地区	农垦国有企业个数					
	合计	农场	工业企业	建筑企业	运输企业	商业企业
全国农垦	**5 175**	**1 785**	**1 237**	**378**	**205**	**1 570**
北京	63	9	30	2	1	21
天津	77	15	26	2	1	33
河北	82	33	20	8	3	18
山西	31	26	2			3
内蒙古	160	104	24		1	31
辽宁	245	109	7	7	1	121
吉林	133	88	2			43
黑龙江	753	113	216	48	67	309
上海	511	19	131	9	53	299
江苏	50	18	21	6		5
浙江	64	56	2			6
安徽	55	20	9	3		23
福建	156	113	29			14
江西	278	156	81	16	3	22
山东	30	14	6	2		8
河南	122	97	14	1		10
湖北	186	53	87	18	4	24
湖南	310	69	127	88	11	15
广东	271	48	97	11	12	103
广西	184	41	74	28	3	38
海南	152	40	38	18	5	51
重庆	28	17	4	1	1	5
四川	40	35	4			1
贵州	42	37	5			0
云南	109	43	30	4	10	22
陕西	67	12	5			50
甘肃	90	25	50	4	1	10
青海	26	20	5			1
宁夏	37	14	14	2		7
新疆（兵团）	554	176	20	81	10	267
新疆（农业）	160	40	51	14	10	45
新疆（畜牧）	143	123	5	5	8	2
热科院	1	1				0
广州	3		1			2
南京	3	1				2

1-3 续表 1

地　　区	出口商品总金额（万元）	耕地面积（公顷）	大中型农用拖拉机（台）	联合收割机（台）
全国农垦	**8 226 148**	**6 325 422**	**197 212**	**56 942**
北　京	55 366	1 439	67	19
天　津	14 838	2 574	120	2
河　北	164 525	97 763	4 749	806
山　西		6 735	52	13
内蒙古	95	663 362	13 257	2 564
辽　宁	271 804	161 232	5 051	1 973
吉　林		125 332	5 535	3 632
黑龙江	371 021	2 902 038	76 502	32 020
上　海	99 593	35 763	1 403	163
江　苏	16 029	70 821	3 796	1 795
浙　江	25 512	4 054	39	2
安　徽		29 563	2 886	1 372
福　建	42 009	10 708	85	50
江　西	339 962	83 153	1 828	1 620
山　东		14 493	500	115
河　南	2 829	29 789	1 306	700
湖　北	462 203	135 040	8 481	3 470
湖　南	25 897	67 141	3 880	1 750
广　东	692 905	37 911	523	55
广　西	93 788	33 875	1 425	18
海　南	4 650	36 694	430	
重　庆	867	306	7	
四　川		873		
贵　州		1 763	56	
云　南	2 001	12 801	764	40
陕　西		9 205	221	44
甘　肃	4 139	65 494	6 175	111
青　海		37 828	497	197
宁　夏	3 405	43 039	2 487	507
新疆（兵团）	5 517 835	1 254 983	50 798	3 168
新疆（农业）	12 676	103 230	3 732	170
新疆（畜牧）		245 807	544	566
热科院		614	5	
广　州	2 199		11	
南　京				

1－3 续表 2

地　　区	农垦生产总值（万元）	第一产业		第二产业		第三产业	
		增加值（万元）	占农垦生产总值（%）	增加值（万元）	占农垦生产总值（%）	增加值（万元）	占农垦生产总值（%）
全国农垦	**69 027 629**	**17 684 564**	**25.6**	**31 326 545**	**45.4**	**20 016 521**	**29.0**
北　　京	561 634	89 637	16.0	169 814	30.2	302 183	53.8
天　　津	255 523	32 207	12.6	71 884	28.1	151 432	59.3
河　　北	4 556 119	478 212	10.5	2 350 473	51.6	1 727 434	37.9
山　　西	57 179	13 402	23.4	23 560	41.2	20 217	35.4
内 蒙 古	1 289 443	753 067	58.4	284 330	22.1	252 046	19.5
辽　　宁	3 332 378	1 038 608	31.2	1 664 064	49.9	629 706	18.9
吉　　林	444 295	179 171	40.3	158 438	35.7	106 686	24.0
黑 龙 江	11 726 821	5 545 732	47.3	2 424 111	20.7	3 756 978	32.0
上　　海	1 636 163	161 034	9.8	653 890	40.0	821 239	50.2
江　　苏	1 385 429	244 451	17.6	754 845	54.5	386 133	27.9
浙　　江	161 907	14 057	8.7	145 100	89.6	2 751	1.7
安　　徽	247 281	113 096	45.7	48 147	19.5	86 037	34.8
福　　建	625 115	96 190	15.4	472 345	75.6	56 580	9.1
江　　西	2 106 153	260 371	12.4	1 384 019	65.7	461 763	21.9
山　　东	217 184	66 456	30.6	135 804	62.5	14 924	6.9
河　　南	199 892	97 285	48.7	63 732	31.9	38 875	19.4
湖　　北	9 850 000	998 804	10.1	6 832 891	69.4	2 018 305	20.5
湖　　南	1 482 661	367 905	24.8	801 986	54.1	312 770	21.1
广　　东	1 512 954	488 695	32.3	623 741	41.2	400 518	26.5
广　　西	4 495 930	499 136	11.1	2 808 972	62.5	1 187 822	26.4
海　　南	1 413 427	673 980	47.7	186 988	13.2	552 459	39.1
重　　庆	184 132	16 218	8.8	114 874	62.4	53 040	28.8
四　　川	17 637	5 817	33.0	11 345	64.3	475	2.7
贵　　州	43 096	11 342	26.3	31 754	73.7		
云　　南	519 916	282 186	54.3	41 110	7.9	196 620	37.8
陕　　西	42 298	29 234	69.1	5 660	13.4	7 404	17.5
甘　　肃	160 675	83 474	52.0	63 144	39.3	14 057	8.7
青　　海	40 649	32 655	80.3	4 283	10.5	3 711	9.1
宁　　夏	222 571	115 370	51.8	62 838	28.2	44 363	19.9
新疆(兵团)	19 349 123	4 280 411	22.1	8 838 760	45.7	6 229 952	32.2
新疆(农业)	255 663	182 999	71.6	39 410	15.4	33 254	13.0
新疆(畜牧)	527 759	428 528	81.2	37 272	7.1	61 958	11.7
热 科 院	66 409					66 409	100.0
广　　州	26 989	4 382	16.2	15 909	58.9	6 698	24.8
南　　京	13 225	451	3.4	1 053	8.0	11 721	88.6

1－3续表3

地区	农垦生产总值（万元）	排序	第一产业		第二产业		第三产业	
			增加值（万元）	排序	增加值（万元）	排序	增加值（万元）	排序
全国农垦	**69 027 629**		**17 684 563**		**31 326 545**		**20 016 521**	
北京	561 634	15	89 637	22	169 814	15	302 183	13
天津	255 523	20	32 207	26	71 884	20	151 432	16
河北	4 556 119	4	478 212	9	2 350 473	5	1 727 434	4
山西	57 179	29	13 402	30	23 560	29	20 217	26
内蒙古	1 289 443	13	753 067	5	284 330	13	252 046	14
辽宁	3 332 378	6	1 038 608	3	1 664 064	6	629 706	7
吉林	444 295	18	179 171	16	158 438	16	106 686	17
黑龙江	11 726 821	2	5 545 732	1	2 424 111	4	3 756 978	2
上海	1 636 163	8	161 034	17	653 890	10	821 239	6
江苏	1 385 429	12	244 451	14	754 845	9	386 133	11
浙江	161 907	26	14 057	29	145 100	17	2 751	33
安徽	247 281	21	113 096	19	48 147	24	86 037	18
福建	625 115	14	96 190	21	472 345	12	56 580	21
江西	2 106 153	7	260 371	13	1 384 019	7	461 763	9
山东	217 184	23	66 456	24	135 804	18	14 924	27
河南	199 892	24	97 285	20	63 732	21	38 875	24
湖北	9 850 000	3	998 804	4	6 832 891	2	2 018 305	3
湖南	1 482 661	10	367 905	11	801 986	8	312 770	12
广东	1 512 954	9	488 695	8	623 741	11	400 518	10
广西	4 495 930	5	499 136	7	2 808 972	3	1 187 822	5
海南	1 413 427	11	673 980	6	186 988	14	552 459	8
重庆	184 132	25	16 218	28	114 874	19	53 040	22
四川	17 637	34	5 817	32	11 345	31	475	34
贵州	43 096	30	11 342	31	31 754	28		
云南	519 916	17	282 186	12	41 110	25	196 620	15
陕西	42 298	31	29 234	27	5 660	32	7 404	30
甘肃	160 675	27	83 474	23	63 144	22	14 057	28
青海	40 649	32	32 655	25	4 283	33	3 711	32
宁夏	222 571	22	115 370	18	62 838	23	44 363	23
新疆（兵团）	19 349 123	1	4 280 411	2	8 838 760	1	6 229 952	1
新疆（农业）	255 663	19	182 999	15	39 410	26	33 254	25
新疆（畜牧）	527 759	16	428 528	10	37 272	27	61 958	20
热科院	66 409	28	66 409	19				
广州	26 989	33	4 382	33	15 909	30	6 698	31
南京	13 225	35	451	34	1 053	34	11 721	29

1－3续表4

地　区	工农业总产值（万元）	农业总产值（万元）	占工农业总产值比重（%）	工业总产值（万元）	占工农业总产值比重（%）
全国农垦	**125 289 767**	**34 496 656**	**27.5**	**90 793 111**	**72.5**
北　京	1 501 202	717 585	47.8	783 617	52.2
天　津	417 971	131 532	31.5	286 439	68.5
河　北	8 856 233	889 766	10.0	7 966 467	90.0
山　西	83 317	26 632	32.0	56 685	68.0
内蒙古	1 745 211	1 408 000	80.7	337 211	19.3
辽　宁	7 883 870	1 772 907	22.5	6 110 963	77.5
吉　林	884 511	373 545	42.2	510 966	57.8
黑龙江	17 073 428	9 573 789	56.1	7 499 639	43.9
上　海	4 017 048	602 027	15.0	3 415 021	85.0
江　苏	3 117 232	609 826	19.6	2 507 406	80.4
浙　江	1 107 290	43 417	3.9	1 063 873	96.1
安　徽	391 224	204 563	52.3	186 661	47.7
福　建	1 718 014	230 232	13.4	1 487 782	86.6
江　西	7 142 642	505 055	7.1	6 637 587	92.9
山　东	1 042 862	110 321	10.6	932 541	89.4
河　南	586 299	234 795	40.0	351 504	60.0
湖　北	21 435 075	2 070 136	9.7	19 364 939	90.3
湖　南	1 722 266	560 640	32.6	1 161 626	67.4
广　东	2 759 359	913 121	33.1	1 846 238	66.9
广　西	7 300 155	865 421	11.9	6 434 734	88.1
海　南	1 314 730	1 178 376	89.6	136 354	10.4
重　庆	982 747	97 822	10.0	884 925	90.0
四　川	34 627	9 116	26.3	25 511	73.7
贵　州	101 079	34 655	34.3	66 424	65.7
云　南	688 842	545 843	79.2	142 999	20.8
陕　西	45 660	37 484	82.1	8 176	17.9
甘　肃	374 027	213 161	57.0	160 866	43.0
青　海	42 707	38 409	89.9	4 298	10.1
宁　夏	382 091	262 094	68.6	119 997	31.4
新疆（兵团）	29 166 937	9 082 987	31.1	20 083 950	68.9
新疆（农业）	440 962	370 231	84.0	70 731	16.0
新疆（畜牧）	858 528	763 200	88.9	95 328	11.1
热科院	4 009	4 009	100.0		
广　州	56 095	14 390	25.7	41 705	74.3
南　京	11 518	1 568	13.6	9 950	86.4

1-4 各垦区主要农产品产量

计量单位：吨

地区	粮食	棉花	油料	糖料	水果
全国农垦	**36 674 706**	**1 750 354**	**808 124**	**7 182 559**	**6 492 046**
北京	2 673		6		861
天津	11 589	111			5 485
河北	536 883	9 410	1 324	10 079	24 276
山西	33 806	32	133	450	548
内蒙古	2 118 884		272 525	50 870	10 788
辽宁	1 413 571		11 102	360	174 301
吉林	851 590		9 923		22 867
黑龙江	22 066 613		7 028	630	50 645
上海	319 081		5 204		1 937
江苏	1 166 074	64	541		2 346
浙江	8 807	45	158	44	12 900
安徽	341 888	888	1 977		13 597
福建	60 997		3 947	23 966	112 562
江西	729 840	4 253	29 666	8 058	79 678
山东	83 987	2 112	282		664
河南	321 041	755	21 824		59 198
湖北	1 099 630	17 838	89 667	9 542	109 779
湖南	637 921	14 213	62 145	62 057	33 602
广东	60 510		8 044	1 686 146	875 421
广西	17 878		3 874	2 328 308	306 677
海南	148 697		4 395	262 405	470 698
重庆	3 515				5 077
四川	4 243		27		1 691
贵州	6 729		782		12 170
云南	59 358		72	495 874	249 464
陕西	93 795	904	703		8 070
甘肃	306 064	11 324	18 782		69 448
青海	26 018		11 872		
宁夏	364 230		3 509		56 457
新疆(兵团)	2 653 734	1 465 007	193 230	1 844 093	3 489 107
新疆(农业)	295 700	77 869	12 509	69 320	168 750
新疆(畜牧)	827 654	145 529	32 860	330 156	62 797
热科院	1 705		14	201	187
广州					
南京					

1-5 各垦区主要工业产品产量

地　区	发电量（万千瓦时）	原煤（吨）	农用化肥（吨）	水泥（吨）	砖（万块）	机制纸及纸板（吨）
全国农垦	**7 383 097**	**25 050 083**	**902 127**	**21 583 790**	**1 798 840**	**569 767**
北　京						
天　津						
河　北	194 443		2 315	294 405	1 437	32 449
山　西			1 300			
内蒙古	8 300	15 530 000		420 000	40 189	
辽　宁			12 214	110 606	6 519	
吉　林	28 250			452 441		36 124
黑龙江	121 886	148 000	111 197	514 155	85 656	3 017
上　海						
江　苏			1 004		25 432	
浙　江	34 293			513 580	1 250	
安　徽					1 680	
福　建	10 913	26 500		809 075	18 433	3 920
江　西	75 810	731 459	8 294	156 602	50 198	77 162
山　东			3 798			
河　南			5 052		6 466	
湖　北	42 900		82 466	2 791 845	322 922	108 206
湖　南	6 889				42 159	40 258
广　东	18 535			309 376	46 379	17 660
广　西	15 876		91 538	453 107	135 527	136 903
海　南	11 676			550 000	14 483	120
重　庆						
四　川	2 223					
贵　州	120					
云　南	349 842		3 543	183 732	121 209	
陕　西		240 480				
甘　肃	26		21 344	340 000		
青　海					110	
宁　夏					30 183	
新疆（兵团）	6 459 548	8 281 061	558 062	13 684 866	815 848	113 948
新疆（农业）	1 566	87 127			32 760	
新疆（畜牧）		5 456				
热科院						
广　州						
南　京						

1－5续表

地　　区	纱 （吨）	布 （万米）	成品糖 （吨）	饮料酒 （千升）	乳制品 （吨）	食用植物油 （吨）
全国农垦	**734 763**	**57 761**	**2 933 593**	**1 604 943**	**3 801 713**	**4 633 213**
北　京				10	522 617	
天　津				18 660	61 952	
河　北		10 018		5 734	628 879	875
山　西				211	360	
内蒙古			4 193	1 782	3 173	79 513
辽　宁			19 936	313 196	81 151	64 657
吉　林					6 597	
黑龙江				61 489	271 127	1 809 569
上　海			1 497 325	114 811	1 127 915	209 259
江　苏						8 947
浙　江		2 929			4 700	
安　徽	8 200			4 511	2 669	2 669
福　建		1 520		13 720	1 158	3 525
江　西	34 349	288		127 116		32 021
山　东						
河　南	18 940			2 631	14 329	
湖　北	340 528	36 262		281 997	373 407	1 128 755
湖　南	39 566	345	4 489	5 012	5 598	4 088
广　东			364 552	3 148	122 817	472 985
广　西			805 211	16 482	1 980	833
海　南			25 958	66		80
重　庆					235 444	
四　川				7 458	1 008	
贵　州					46 832	
云　南			71 137	2 489		
陕　西					3 780	
甘　肃				182 756		
青　海						
宁　夏				208 088	20 898	12
新疆（兵团）	272 438	6 398	140 792	229 747	156 478	803 095
新疆（农业）	20 742			3 829	648	12 330
新疆（畜牧）					65 874	
热科院						
广　州					40 322	
南　京						

1-6 主要农产品商品量

计量单位：吨

地区	1. 粮豆合计	#大豆	2. 棉花	3. 油料	4. 肉类	#猪肉
全国农垦	**33 431 619**	**1 329 327**	**1 715 871**	**738 426**	**2 402 829**	**1 435 325**
北京	536			6	175 434	5 288
天津	11 577	5	111		2 302	1 399
河北	422 084	171	9 394	1 242	60 083	46 924
山西	26 650	115	32	102	3 737	1 550
内蒙古	1 716 296	172 694		241 269	78 468	16 848
辽宁	1 149 823	11 000		9 454	271 138	119 649
吉林	805 344	5 521		9 268	47 560	19 561
黑龙江	20 829 506	1 021 640		5 876	218 164	126 524
上海	313 954			5 197	73 160	72 294
江苏	869 827	678	64	511	55 019	15 461
浙江	2 926	538	45	67	5 901	5 853
安徽	328 425	33 020	786	1 433	14 776	6 215
福建	45 601	1 839		3 769	36 739	31 864
江西	619 619	4 995	3 868	18 214	82 405	74 369
山东	83 987	994	2 112	279	8 418	2 634
河南	285 581	14 117	729	20 174	42 564	41 388
湖北	884 978	20 376	17 139	88 719	185 000	162 570
湖南	616 337	2 725	14 213	62 145	161 630	152 400
广东	45 560	222		4 585	116 562	91 079
广西	11 721	382		2 679	164 543	150 332
海南	122 530	763		4 395	101 699	81 487
重庆					13 978	10 900
四川	1 138	4		24	1 957	264
贵州	4 320	14		566	294	31
云南	27 513				7 724	5 243
陕西	93 702	269	901	433	1 128	904
甘肃	239 202	728	11 247	18 605	4 845	2 188
青海	24 896			8 340	1 880	231
宁夏	342 603	208		3 223	6 337	2 989
新疆（兵团）	2 696 525	22 675	1 465 000	193 230	390 043	179 657
新疆（农业）	279 590	3 082	77 869	12 509	10 805	4 372
新疆（畜牧）	529 268	10 553	112 361	22 112	58 158	2 596
热科院					311	262
广州						
南京					68	

1-7 固定资产投资完成情况

计量单位：万元

地区	投资总额	投资中：			新增固定资产
		第一产业	第二产业	第三产业	
全国农垦	**47 112 310**	**5 189 191**	**22 994 212**	**18 928 908**	**32 870 298**
北京	225 325	57 227	53 464	114 634	80 716
天津	3 166		1 226	1 940	
河北	4 806 682	646 731	2 710 979	1 448 972	2 346 604
山西	5 134	4 463	500	171	5 071
内蒙古	424 387	196 742	138 974	88 671	229 210
辽宁	3 258 323	497 326	1 286 692	1 474 305	3 245 240
吉林	34 121	8 991	23 389	1 741	11 132
黑龙江	1 862 754	616 423	144 710	1 101 621	1 105 633
上海	290 525	89 108	84 709	116 709	231 017
江苏	346 871	31 663	138 612	176 596	112 208
浙江	24 561	401	23 285	875	24 659
安徽	59 069	20 561	12 952	25 556	36 398
福建	677 658	8 760	652 020	16 878	114 664
江西	2 534 062	86 780	1 568 735	878 547	415 723
山东	269 573	46 759	133 647	89 167	260 911
河南	80 381	15 475	51 181	13 725	73 962
湖北	8 810 117	474 292	6 195 130	2 140 695	7 079 125
湖南	1 066 245	298 504	645 215	122 526	454 935
广东	274 278	88 037	60 781	125 460	208 570
广西	3 006 001	164 010	1 190 507	1 651 484	1 313 961
海南	630 176	97 746	4 606	527 824	591 389
重庆	25 112	15 368	8 356	1 388	10 821
四川	3 899	854	3 045		452
贵州	5 238	770	4 468		5 238
云南	139 948	21 153	7 473	111 322	47 085
陕西	14 138	9 303	701	4 134	1 181
甘肃	108 256	54 298	47 294	6 664	68 767
青海	7 282	6 694		588	8 181
宁夏	71 362	30 004	9 811	31 548	28 240
新疆(兵团)	17 813 458	1 490 156	7 776 245	8 547 057	14 578 097
新疆(农业)	26 342	17 888	4 342	4 112	13 445
新疆(畜牧)	160 077	85 913	5 732	68 432	133 556
热科院	35 483			35 483	20 533
广州	12 263	6 791	5 432	40	13 531
南京	43			43	43

1－8 各垦区粮、油产量的位次及比重

地 区	粮食总产量（吨）	排序	占全国农垦比重（%）	油料总产量（吨）	排序	占全国农垦比重（%）
全国农垦	**36 674 706**			**808 124**		
北 京	2 673	32	0.01	6	31	…
天 津	11 589	27	0.03			
河 北	536 883	11	1.46	1 324	21	0.16
山 西	33 806	24	0.09	133	27	0.02
内蒙古	2 118 884	3	5.78	272 525	1	33.72
辽 宁	1 413 571	4	3.85	11 102	11	1.37
吉 林	851 590	7	2.32	9 923	12	1.23
黑龙江	22 066 613	1	60.17	7 028	14	0.87
上 海	319 081	15	0.87	5 204	15	0.64
江 苏	1 166 074	5	3.18	541	24	0.07
浙 江	8 807	28	0.02	158	26	0.02
安 徽	341 888	13	0.93	1 977	20	0.24
福 建	60 997	21	0.17	3 947	17	0.49
江 西	729 840	9	1.99	29 666	6	3.67
山 东	83 987	20	0.23	282	25	0.03
河 南	321 041	14	0.88	21 824	7	2.70
湖 北	1 099 630	6	3.00	89 667	3	11.10
湖 南	637 921	10	1.74	62 145	4	7.69
广 东	60 510	22	0.16	8 044	13	1.00
广 西	17 878	26	0.05	3 874	18	0.48
海 南	148 697	18	0.41	4 395	16	0.54
重 庆	3 515	31				
四 川	4 243	30	0.01	27	29	0.00
贵 州	6 729	29	0.02	782	22	0.10
云 南	59 358	23	0.16	72	28	0.01
陕 西	93 795	19	0.26	703	23	0.09
甘 肃	306 064	16	0.83	18 782	8	2.32
青 海	26 018	25	0.07	11 872	10	1.47
宁 夏	364 230	12	0.99	3 509	19	0.43
新疆（兵团）	2 653 734	2	7.24	193 230	2	23.91
新疆（农业）	295 700	17	0.81	12 509	9	1.55
新疆（畜牧）	827 654	8	2.26	32 860	5	4.07
热科院	1 705	33	…	14	30	…
广 州						
南 京						

1-9 各垦区糖料、水果产量的位次及比重

地区	糖料总产量（吨）	排序	占全国农垦比重（%）	水果总产量（吨）	排序	占全国农垦比重（%）
全国农垦	**7 182 559**			**6 492 046**		
北京				861	29	0.01
天津				5 485	24	0.08
河北	10 079	11	0.14	24 276	17	0.37
山西	450	15	0.01	548	31	0.01
内蒙古	50 870	9	0.71	10 788	22	0.17
辽宁	360	16	…	174 301	6	2.68
吉林				22 867	18	0.35
黑龙江	630	14	0.01	50 645	15	0.78
上海				1 937	27	0.03
江苏				2 346	26	0.04
浙江	44			12 900	20	0.20
安徽				13 597	19	0.21
福建	23 966	10	0.33	112 562	8	1.73
江西	8 058	13	0.11	79 678	10	1.23
山东				664	30	0.01
河南				59 198	13	0.91
湖北	9 542	12	0.13	109 779	9	1.69
湖南	62 057	8	0.86	33 602	16	0.52
广东	1 686 146	3	23.48	875 421	2	13.48
广西	2 328 308	1	32.42	306 677	4	4.72
海南	262 405	6	3.65	470 698	3	7.25
重庆				5 077	25	0.08
四川				1 691	28	0.03
贵州				12 170	21	0.19
云南	495 874	4	6.90	249 464	5	3.84
陕西				8 070	23	0.12
甘肃				69 448	11	1.07
青海						
宁夏				56 457	14	0.87
新疆（兵团）	1 844 093	2	25.67	3 489 107	1	53.74
新疆（农业）	69 320	7	0.97	168 750	7	2.60
新疆（畜牧）	330 156	5	4.60	62 797	12	0.97
热科院	201			187	32	…
广州						
南京						

1－10　各垦区肉类、牛奶产量的位次及比重

地　　区	肉类总产量（吨）	排序	占全国农垦比重（%）	牛奶总产量（吨）	排序	占全国农垦比重（%）
全国农垦	**2 545 786**			**3 690 806**		
北　　京	183 749	5	7.22	371 317	4	10.06
天　　津	2 302	29	0.09	141 055	9	3.82
河　　北	61 005	14	2.40	538 743	2	14.60
山　　西	3 798	27	0.15	31 600	16	0.86
内 蒙 古	91 363	10	3.59	353 813	6	9.59
辽　　宁	331 774	2	13.03	139 924	10	3.79
吉　　林	48 801	16	1.92	9 484	22	0.26
黑 龙 江	229 369	3	9.01	374 586	3	10.15
上　　海	73 160	13	2.87	362 190	5	9.81
江　　苏	55 019	15	2.16	26 239	17	0.71
浙　　江	5 901	25	0.23			
安　　徽	15 475	19	0.61	2 310	27	0.06
福　　建	37 345	18	1.47	4 298	25	0.12
江　　西	89 931	11	3.53	12 407	21	0.34
山　　东	10 683	22	0.42	40 972	15	1.11
河　　南	43 629	17	1.71	17 735	19	0.48
湖　　北	192 153	4	7.55	44 920	14	1.22
湖　　南	164 451	7	6.46	745	28	0.02
广　　东	119 212	8	4.68	45 618	13	1.24
广　　西	165 315	6	6.49	4 641	24	0.13
海　　南	101 699	9	3.99			
重　　庆	13 978	20	0.55	98 090	11	2.66
四　　川	2 021	30	0.08	5 232	23	0.14
贵　　州	409	32	0.02	47 835	12	1.30
云　　南	9 741	23	0.38	607	29	0.02
陕　　西	1 247	31	0.05	4 006	26	0.11
甘　　肃	5 324	26	0.21	305	30	0.01
青　　海	3 062	28	0.12	254	31	0.01
宁　　夏	6 718	24	0.26	194 872	7	5.28
新疆（兵团）	390 043	1	15.32	629 008	1	17.04
新疆（农业）	10 805	21	0.42	17 650	20	0.48
新疆（畜牧）	75 898	12	2.98	146 333	8	3.96
热 科 院	337	33	0.01			
广　　州				24 017	18	0.65
南　　京	68	34	…			

1－11　生产总值

（2015 年）　　计量单位：万元

指标名称	增加值合计（按当年价格计算）	劳动者报酬	固定资产折旧	生产税净额		营业盈余
					补贴	
一、收入总值	**69 027 519**	**32 578 349**	**8 416 958**	**6 385 224**	**658 297**	**21 646 989**
二、生产总值	**69 027 628**	**32 578 458**	**8 416 958**	**6 385 224**	**658 297**	**21 646 989**
第一产业（不含农林牧渔服务业）	17 684 564	10 536 045	1 557 948	－130 392	390 754	5 720 962
第二产业	31 326 545	11 970 007	4 313 916	4 438 579	97 655	10 604 043
采矿业（不含开采辅助活动）	783 374	284 734	139 209	116 293	246	243 138
制造业（不含金属制品机械和设备修理业）	22 036 712	6 969 282	3 333 382	3 295 549	44 731	8 438 499
电力热力燃气及水生产和供应业	1 484 133	493 034	396 504	226 010	8	368 585
建筑业	7 022 326	4 222 958	444 821	800 726	52 670	1 553 821
第三产业	20 016 521	10 072 405	2 545 093	2 077 038	169 888	5 321 984
批发和零售业	5 997 740	2 672 285	453 413	910 980	26 457	1 961 063
交通运输仓储和邮政业	2 465 608	1 186 715	379 576	244 199	130 837	655 117
住宿和餐饮业	1 600 219	798 077	212 493	150 049	89	439 599
信息传输软件和信息技术服务业	276 337	65 453	60 514	33 646	1	116 725
金融业	1 074 093	377 441	61 827	79 199	255	555 626
房地产业	1 944 386	365 707	544 082	429 487	29	605 110
租赁和商务服务业	407 942	280 077	77 598	64 278	7 455	－14 010
科学研究和技术服务业	311 895	188 476	54 068	14 509	6	54 842
水利环境和公共设施管理业	294 775	195 903	55 520	6 750	259	36 602
居民服务修理和其他服务业	1 318 624	744 468	144 338	74 920	333	354 898
教育	1 109 238	941 745	119 946	4 326	195	43 222
卫生和社会工作	864 955	649 913	92 316	2 762	160	119 964
文化体育和娱乐业	156 775	84 511	24 144	10 964	73	37 156
公共管理社会保障和社会组织	1 383 485	1 126 105	131 342	27 724	3 760	98 314
国际组织	141	141				
农林牧渔业中的服务业，采矿业中的开采辅助活动，制造业中的金属制品机械和设备修理业	810 306	395 389	133 916	23 244	－21	257 757
三、国（地区）外净要素收入	－109	－109				
国（地区）外汇回要素收入	30 265	30 265				
国（地区）内汇出要素收入	31 894	31 894				

1－12　各垦区按产业分的农垦总收入

（2015 年）　　计量单位：万元

地　　区	农垦总收入	生产总值	第一产业（农业）	第二产业	采矿业（不含辅助业）	制造业（不含修理业）	电力热力燃气及水生产供应业	建筑业
全国农垦	**69 027 519**	**69 027 629**	**17 684 564**	**31 326 545**	**783 374**	**22 036 712**	**1 484 133**	**7 022 326**
北　　京	561 634	561 634	89 637	169 814	1 636	167 022		1 156
天　　津	255 523	255 523	32 207	71 884		70 629		1 255
河　　北	4 556 119	4 556 119	478 212	2 350 473	536	1 991 814	93 439	264 684
山　　西	57 179	57 179	13 402	23 560		23 560		
内 蒙 古	1 289 443	1 289 443	753 067	284 330	77 555	129 186	13 291	64 298
辽　　宁	3 332 378	3 332 378	1 038 608	1 664 064	103 162	1 167 965	89 014	303 923
吉　　林	445 055	444 295	179 171	158 438		120 948	34 321	3 169
黑 龙 江	11 726 821	11 726 821	5 545 732	2 424 111	139 944	1 516 947	202 667	564 553
上　　海	1 636 163	1 636 163	161 034	653 890		626 464	514	26 912
江　　苏	1 385 429	1 385 429	244 451	754 845		698 571		56 274
浙　　江	161 907	161 907	14 057	145 100		132 244	12 856	
安　　徽	247 281	247 281	113 096	48 147		30 766	644	16 737
福　　建	625 115	625 115	96 190	472 345	6 822	430 030	15 643	19 850
江　　西	2 106 153	2 106 153	260 371	1 384 019	95 210	1 127 395	31 662	129 752
山　　东	217 184	217 184	66 456	135 804		127 012		8 792
河　　南	199 892	199 892	97 285	63 732		58 292		5 440
湖　　北	9 850 000	9 850 000	998 804	6 832 891	20 299	5 551 854	78 315	1 182 423
湖　　南	1 482 661	1 482 661	367 905	801 986		317 191		484 795
广　　东	1 512 954	1 512 954	488 695	623 741		554 865		68 876
广　　西	4 495 930	4 495 930	499 136	2 808 972	91 776	2 080 378	11 991	624 827
海　　南	1 413 427	1 413 427	673 980	186 988	1 903	42 126	3 552	139 407
重　　庆	184 132	184 132	16 218	114 874		111 085		3 789
四　　川	17 637	17 637	5 817	11 345			11 345	
贵　　州	43 096	43 096	11 342	31 754		31 754		
云　　南	519 916	519 916	282 186	41 110		24 542	12 663	3 905
陕　　西	42 298	42 298	29 234	5 660	2 521	3 139		
甘　　肃	160 675	160 675	83 474	63 144	210	54 951	4 486	3 498
青　　海	40 649	40 649	32 655	4 283	3 452	11	820	
宁　　夏	222 571	222 571	115 370	62 838		46 802		16 036
新疆（兵团）	19 348 253	19 349 123	4 280 411	8 838 760	236 619	4 736 408	860 830	3 004 903
新疆（农业）	255 663	255 663	182 999	39 410	1 394	23 054	430	14 532
新疆（畜牧）	527 759	527 759	428 528	37 272	335	22 746	5 650	8 541
热 科 院	66 409	66 409						
广　　州	26 989	26 989	4 382	15 909		15 909		
南　　京	13 225	13 225	451	1 053		1 053		

1－12续表1

地　　区	第三产业	批发和零售业	交通运输及仓储业	住宿和餐饮业	信息传输、计算机服务和软件业	金融业	房地产业	租赁和商务服务业
全国农垦	**20 016 521**	**5 997 740**	**2 465 608**	**1 600 219**	**276 337**	**1 074 093**	**1 944 386**	**407 942**
北　　京	302 183	23 390	21 923	105 128			89 683	32 916
天　　津	151 432	79 689	12 747	1 672		13 605	27 728	3 236
河　　北	1 727 434	446 453	297 083	182 067	105 844	104 413	147 282	41 837
山　　西	20 217	16 113	226	1 160				520
内 蒙 古	252 046	78 567	43 774	41 631	2 247	9 314	11 758	3 369
辽　　宁	629 706	192 720	123 445	94 778	7 412	14 432	74 519	12 390
吉　　林	106 686	75 989	11 938	9 743	11			
黑 龙 江	3 756 978	1 091 481	502 803	254 893	42 188	229 518	256 983	76 585
上　　海	821 239	382 424	72 790	27 100	509	2 590	307 227	−9 597
江　　苏	386 133	130 530	34 672	23 219	130	249	66 287	648
浙　　江	2 751	439	12	398			4	1 240
安　　徽	86 037	16 286	5 832	17 286			25 538	1 952
福　　建	56 580	16 158	11 068	6 208	893	392	57	2 177
江　　西	461 763	125 434	48 944	83 671	405	3 894	30 159	37 216
山　　东	14 924	5 143	2 895	1 824				
河　　南	38 875	14 391	4 451	2 898	16	2 050	970	144
湖　　北	2 018 305	814 807	184 178	111 541	36 517	103 719	193 664	52 806
湖　　南	312 770	76 162	81 766	19 409	6 659	9 964	37 911	1 977
广　　东	400 518	88 185	43 140	42 421			1 835	
广　　西	1 187 822	547 786	153 848	140 959		35 630	89 171	965
海　　南	552 459	116 145	33 111	34 307	752	8 150	44 596	7 241
重　　庆	53 040	691	5 973	3 389		1 353	34 887	6 643
四　　川	475			216				8
贵　　州								
云　　南	196 620	39 755	16 172	36 276				
陕　　西	7 404	587		1 522				162
甘　　肃	14 057	5 242	525	1 351				609
青　　海	3 711			380				3 331
宁　　夏	44 363	9 576	7 294	4 366	22	32	3 787	
新疆（兵团）	6 229 952	1 577 871	718 912	333 393	72 604	534 697	499 404	113 366
新疆（农业）	33 254	11 656	9 469	5 887			879	912
新疆（畜牧）	61 958	10 566	16 553	10 742	128	91	58	47
热 科 院	66 409	272		148				749
广　　州	6 698	2 662						4 036
南　　京	11 721	571	65	236				10 458

1－12续表2

地　区	第三产业					
	科学研究和综合技术服务业	水利、环境和公共设施管理业	居民服务和其他服务业	教育	卫生、社会保障和社会福利业	文化、体育和娱乐业
全国农垦	**311 895**	**294 775**	**1 318 624**	**1 109 238**	**864 955**	**156 775**
北　京			24 681	537	44	83
天　津	1 040		9 868	1 667	180	
河　北	4 695	19 681	133 606	51 214	30 242	10 139
山　西			346		108	
内蒙古	1 030	1 077	16 589	8 632	14 932	629
辽　宁	5 436	9 871	32 309	13 892	8 830	5 291
吉　林	9		1 185	5 955	1 233	31
黑龙江	27 493	122 533	244 183	233 478	220 929	14 921
上　海	3 357	927	11 401	9 703	9 029	
江　苏	1 222	694	101 580	1 598	5 891	812
浙　江			373	23	19	
安　徽	521		9 305	242	2 620	
福　建	1 708	1 258	7 099	1 906	455	177
江　西	541	2 993	107 319	12 048	1 167	4 100
山　东	4		2 713		40	
河　南	−47	721	330	1 090	649	78
湖　北	44 387	31 570	47 599	120 864	54 569	11 704
湖　南	499	1 567	20 103	21 802	6 432	19 037
广　东	2 424		90 349	41 700	50 752	
广　西	8 034		120 474	21 481	9 663	5 257
海　南	2 934	37	101 657	5 105	79 491	4 814
重　庆	104					
四　川			251			
贵　州						
云　南	4 259	151	22 229		172	
陕　西			1 435	352	176	
甘　肃	−10	−68	1 135	1 974	549	
青　海						
宁　夏	1 161		16 884		70	
新疆(兵团)	135 392	101 417	187 179	547 502	363 272	79 160
新疆(农业)	330	207	417		772	225
新疆(畜牧)	134	139	5 634	6 473	2 669	318
热科院	65 240					
广　州						
南　京			391			

1-12续表3

地区	第三产业			国（地区）外净要素收入	国（地区）外汇回要素收入	国（地区）内汇出要素收入
	公共管理和社会组织	国际组织	农林牧渔服务业采矿辅助业制造业中修理业			
全国农垦	**1 383 485**	**141**	**810 305**	**—109**	**30 265**	**31 894**
北京	2 530		1 270			
天津						
河北	89 726		63 152			
山西	507		1 237			
内蒙古	17 347		1 150			
辽宁	34 381					
吉林	301		291	760		760
黑龙江	217 622		221 368			
上海			3 779			
江苏	18 601					
浙江	188		55			
安徽			6 457			
福建	2 954		4 070			
江西	2 971	141	760			
山东	1 346		959			
河南	8 904		2 230			
湖北	146 069		64 311			
湖南	9 482					
广东	39 712					
广西	17 730		36 824			
海南	58 851		55 268			
重庆						
四川						
贵州						
云南	11 295		66 311			
陕西	—13		3 183			
甘肃	864		1 888			
青海						
宁夏	1 172					
新疆(兵团)	697 686		268 097	—869	30 265	31 134
新疆(农业)	111		2 389			
新疆(畜牧)	3 148		5 258			
热科院						
广州						
南京						

1－13 各垦区生产总值构成

（2015 年） 生产总值＝100

地 区	第一产业（不含农林牧渔服务业）	第二产业	工业	采矿业（不含辅助业）	制造业（不含修理业）	电力热力燃气及水生产供应业	建筑业	第三产业
全国农垦	**25.6**	**45.4**	**35.2**	**1.1**	**31.9**	**2.2**	**10.2**	**29.0**
北 京	16.0	30.2	30.0	0.3	29.7	0.0	0.2	53.8
天 津	12.6	28.1	27.6	0.0	27.6	0.0	0.5	59.3
河 北	10.5	51.6	45.8	0.0	43.7	2.1	5.8	37.9
山 西	23.4	41.2	41.2	0.0	41.2	0.0	0.0	35.4
内 蒙 古	58.4	22.1	17.1	6.0	10.0	1.0	5.0	19.5
辽 宁	31.2	49.9	40.8	3.1	35.0	2.7	9.1	18.9
吉 林	40.3	35.7	34.9	0.0	27.2	7.7	0.7	24.0
黑 龙 江	47.3	20.7	15.9	1.2	12.9	1.7	4.8	32.0
上 海	9.8	40.0	38.3	0.0	38.3	0.0	1.6	50.2
江 苏	17.6	54.5	50.4	0.0	50.4	0.0	4.1	27.9
浙 江	8.7	89.6	89.6	0.0	81.7	7.9	0.0	1.7
安 徽	45.7	19.5	12.7	0.0	12.4	0.3	6.8	34.8
福 建	15.4	75.6	72.4	1.1	68.8	2.5	3.2	9.1
江 西	12.4	65.7	59.6	4.5	53.5	1.5	6.2	21.9
山 东	30.6	62.5	58.5	0.0	58.5	0.0	4.0	6.9
河 南	48.7	31.9	29.2	0.0	29.2	0.0	2.7	19.4
湖 北	10.1	69.4	57.4	0.2	56.4	0.8	12.0	20.5
湖 南	24.8	54.1	21.4	0.0	21.4	0.0	32.7	21.1
广 东	32.3	41.2	36.7	0.0	36.7	0.0	4.6	26.5
广 西	11.1	62.5	48.6	2.0	46.3	0.3	13.9	26.4
海 南	47.7	13.2	3.4	0.1	3.0	0.3	9.9	39.1
重 庆	8.8	62.4	60.3	0.0	60.3	0.0	2.1	28.8
四 川	33.0	64.3	64.3	0.0	0.0	64.3	0.0	2.7
贵 州	26.3	73.7	73.7	0.0	73.7	0.0	0.0	0.0
云 南	54.3	7.9	7.2	0.0	4.7	2.4	0.8	37.8
陕 西	69.1	13.4	13.4	6.0	7.4	0.0	0.0	17.5
甘 肃	52.0	39.3	37.1	0.1	34.2	2.8	2.2	8.7
青 海	80.3	10.5	10.5	8.5	0.0	2.0	0.0	9.1
宁 夏	51.8	28.2	21.0	0.0	21.0	0.0	7.2	19.9
新疆（兵团）	22.1	45.7	30.2	1.2	24.5	4.4	15.5	32.2
新疆（农业）	71.6	15.4	9.7	0.5	9.0	0.2	5.7	13.0
新疆（畜牧）	81.2	7.1	5.4	0.1	4.3	1.1	1.6	11.7
热 科 院	0.0	0.0	0.0	0.0	0.0	0.0	0.0	100.0
广 州	16.2	58.9	58.9	0.0	58.9	0.0	0.0	24.8
南 京	3.4	8.0	8.0	0.0	8.0	0.0	0.0	88.6

1－14　各垦区按要素分的生产总值

（2015 年）　　计量单位：万元

地　区	合计（按当年价格计算）	劳动者报酬	固定资产折旧	生产税净额	# 补贴	营业盈余
全国农垦	**69 027 628**	**32 578 458**	**8 416 958**	**6 385 224**	**658 297**	**21 646 989**
北　京	561 634	342 940	67 037	128 943	5 827	22 713
天　津	255 523	126 796	29 995	52 548		46 184
河　北	4 556 119	1 607 765	754 554	543 609	3 964	1 650 191
山　西	57 179	28 195	6 071	7 563	815	15 350
内蒙古	1 289 443	720 485	222 468	34 502	576	311 989
辽　宁	3 332 378	1 382 071	580 002	350 392	3 730	1 019 913
吉　林	444 295	362 724	20 083	9 913	426	51 575
黑龙江	11 726 821	4 428 084	1 474 873	149 752	292 429	5 674 112
上　海	1 636 163	987 989	208 025	403 730	175 281	36 419
江　苏	1 385 429	492 143	158 768	203 278		531 240
浙　江	161 907	89 178	21 108	19 360	18	32 262
安　徽	247 281	157 706	21 348	15 473		52 753
福　建	625 115	267 828	124 755	51 424	515	181 108
江　西	2 106 153	1 218 289	247 022	255 056	1 244	385 786
山　东	217 184	54 261	31 197	21 833		109 893
河　南	199 892	110 055	17 541	9 540	666	62 756
湖　北	9 850 000	4 424 055	883 649	1 202 735		3 339 561
湖　南	1 482 661	617 181	159 150	139 591	57 297	566 739
广　东	1 512 954	596 565	122 436	96 143		697 810
广　西	4 495 930	1 674 478	243 480	337 622		2 240 350
海　南	1 413 427	1 058 895	138 541	68 899		147 092
重　庆	184 132	79 595	25 704	26 898	2 596	51 935
四　川	17 637	8 993	1 044	4 521	159	3 079
贵　州	43 096	39 314	2 098	964		720
云　南	519 916	378 988	92 143	16 560		32 225
陕　西	42 298	23 569	6 221	1 743	877	10 765
甘　肃	160 675	90 966	30 655	17 002	830	22 052
青　海	40 649	29 199	7 188	2 136	908	2 125
宁　夏	222 571	108 995	23 704	24 222		65 649
新疆（兵团）	19 349 123	10 468 542	2 603 321	2 114 848	69 193	4 162 412
新疆（农业）	255 663	139 792	28 633	37 083	23 670	50 155
新疆（畜牧）	527 759	411 245	29 547	28 935	17 275	58 032
热科院	66 409	33 187	32 037	271		914
广　州	26 989	15 366	2 112	6 508		3 003
南　京	13 225	3 023	449	1 627		8 127

1－15　各垦区生产总值要素构成

（2015 年）　　　　生产总值＝100

地　区	劳动者报酬	固定资产折旧	生产税净额	营业盈余
全国农垦	**47.2**	**12.2**	**9.3**	**31.4**
北　京	61.1	11.9	23.0	4.0
天　津	49.6	11.7	20.6	18.1
河　北	35.3	16.6	11.9	36.2
山　西	49.3	10.6	13.2	26.8
内蒙古	55.9	17.3	2.7	24.2
辽　宁	41.5	17.4	10.5	30.6
吉　林	81.6	4.5	2.2	11.6
黑龙江	37.8	12.6	1.3	48.4
上　海	60.4	12.7	24.7	2.2
江　苏	35.5	11.5	14.7	38.3
浙　江	55.1	13.0	12.0	19.9
安　徽	63.8	8.6	6.3	21.3
福　建	42.8	20.0	8.2	29.0
江　西	57.8	11.7	12.1	18.3
山　东	25.0	14.4	10.1	50.6
河　南	55.1	8.8	4.8	31.4
湖　北	44.9	9.0	12.2	33.9
湖　南	41.6	10.7	9.4	38.2
广　东	39.4	8.1	6.4	46.1
广　西	37.2	5.4	7.5	49.8
海　南	74.9	9.8	4.9	10.4
重　庆	43.2	14.0	14.6	28.2
四　川	51.0	5.9	25.6	17.5
贵　州	91.2	4.9	2.2	1.7
云　南	72.9	17.7	3.2	6.2
陕　西	55.7	14.7	4.1	25.5
甘　肃	56.6	19.1	10.6	13.7
青　海	71.8	17.7	5.3	5.2
宁　夏	49.0	10.7	10.9	29.5
新疆（兵团）	54.1	13.5	10.9	21.5
新疆（农业）	54.7	11.2	14.5	19.6
新疆（畜牧）	77.9	5.6	5.5	11.0
热科院	50.0	48.2	0.4	1.4
广　州	56.9	7.8	24.1	11.1
南　京	22.9	3.4	12.3	61.4

1－16 各垦区第一产业增加值

（2015年） 计量单位：万元

地区	合计（按当年价格计算）	劳动者报酬	固定资产折旧	生产税净额	#补贴	营业盈余
全国农垦	**17 684 563**	**10 536 045**	**1 557 948**	**－130 392**	**390 754**	**5 720 962**
北京	89 637	108 276	22 543	－1 365	－2 393	－39 817
天津	32 207	19 402	4 774	310		7 721
河北	478 212	272 741	45 938	8 215		151 318
山西	13 402	8 764	721	1 813	815	2 104
内蒙古	753 067	486 683	102 872	3 800	491	159 712
辽宁	1 038 608	539 091	124 148	45 843	2 855	329 526
吉林	179 171	166 296	3 497			9 378
黑龙江	5 545 732	2 086 869	520 385	－288 445	288 787	3 226 923
上海	161 034	83 365	26 470	822	21 195	50 377
江苏	244 451	121 481	23 505	252		99 213
浙江	14 057	9 522	1 201	240	18	3 094
安徽	113 096	83 459	10 752	240		18 646
福建	96 190	65 230	6 580	1 850	52	22 530
江西	260 371	207 098	13 379	11 581	1 127	28 313
山东	66 456	35 325	5 296	－17		25 852
河南	97 285	68 472	4 170	715	666	23 927
湖北	998 804	694 336	46 534	8 334		249 600
湖南	367 905	143 267	67 886	36 251	7 468	120 501
广东	488 695	240 514	50 109			198 072
广西	499 136	400 280	32 758	838		65 260
海南	673 980	626 866	33 076	6 126		7 912
重庆	16 218	10 500	4 856		573	862
四川	5 817	5 020	293	325	148	179
贵州	11 342	10 778	349			215
云南	282 186	270 971	18 678	1 237		－8 700
陕西	29 234	16 387	1 593	814	767	10 440
甘肃	83 474	60 025	14 710	－148	528	8 888
青海	32 655	25 723	3 825	974	908	2 133
宁夏	115 370	70 783	10 732	1 010		32 845
新疆（兵团）	4 280 411	3 128 271	327 093	－21 461	26 321	846 508
新疆（农业）	182 999	114 743	7 780	30 598	23 670	29 878
新疆（畜牧）	428 528	352 556	20 137	18 839	16 758	36 996
热科院						
广州	4 382	2 499	1 290	16		577
南京	451	453	17	2		－21

1－17 各垦区第二产业增加值

（2015 年） 计量单位：万元

地　　区	合计（按当年价格计算）	劳动者报酬	固定资产折旧	生产税净额	#补贴	营业盈余
全国农垦	**31 326 545**	**11 970 007**	**4 313 916**	**4 438 579**	**97 655**	**10 604 043**
北　　京	169 814	96 864	19 749	39 513	638	13 688
天　　津	71 884	44 997	9 696	16 575		616
河　　北	2 350 473	658 500	473 324	375 916		842 733
山　　西	23 560	10 071	4 056	4 038		5 395
内 蒙 古	284 330	103 558	72 312	19 120	18	89 340
辽　　宁	1 664 064	501 522	373 384	241 354	745	547 804
吉　　林	158 438	117 556	15 949	6 121	426	18 812
黑 龙 江	2 424 111	789 809	277 838	260 234	4 174	1 096 230
上　　海	653 890	307 561	88 002	148 089	23 701	110 238
江　　苏	754 845	194 546	69 767	176 950		313 582
浙　　江	145 100	78 224	19 718	18 626		28 532
安　　徽	48 147	29 703	4 686	6 623		7 135
福　　建	472 345	167 539	113 777	45 814	368	145 215
江　　西	1 384 019	679 027	191 636	217 558	223	295 798
山　　东	135 804	12 645	23 416	20 675		79 068
河　　南	63 732	24 995	9 271	6 766		22 699
湖　　北	6 832 891	2 850 888	661 774	834 770		2 485 459
湖　　南	801 986	296 121	59 581	92 154	49 829	354 130
广　　东	623 741	147 807	44 339	64 270		367 325
广　　西	2 808 972	552 734	142 637	237 795		1 875 806
海　　南	186 988	72 280	24 080	27 743		62 885
重　　庆	114 874	55 133	17 696	18 415	2 014	23 630
四　　川	11 345	3 654	650	4 178		2 863
贵　　州	31 754	28 536	1 749	964		505
云　　南	41 110	23 981	8 215	6 346		2 568
陕　　西	5 660	3 118	1 572	810		160
甘　　肃	63 144	23 370	12 864	16 104	6	10 807
青　　海	4 283	578	3 166	775		－236
宁　　夏	62 838	15 163	7 747	17 652		22 276
新疆（兵团）	8 838 760	4 036 292	1 540 733	1 501 960	15 401	1 759 775
新疆（农业）	39 410	13 144	14 966	4 405		6 895
新疆（畜牧）	37 272	18 725	4 728	2 754	112	11 066
热 科 院						
广　　州	15 909	10 565	744	3 184		1 416
南　　京	1 053	802	95	327		－171

1-18 各垦区工业增加值

（2015年）　　计量单位：万元

地　区	采矿业合计（不含辅助业）（按当年价格计算）	劳动者报酬	固定资产折旧	生产税净额	#补贴	营业盈余
全国农垦	**783 374**	**284 734**	**139 209**	**116 293**	**246**	**243 138**
北　京	1 636	648	322	362		304
天　津						
河　北	536	402	239	49		－154
山　西						
内蒙古	77 555	19 580	32 257	5 586		20 132
辽　宁	103 162	33 150	20 710	22 745		26 557
吉　林						
黑龙江	139 944	47 188	15 020	11 181		66 555
上　海						
江　苏						
浙　江						
安　徽						
福　建	6 822	4 812	431	651		928
江　西	95 210	46 408	19 002	14 229		15 571
山　东						
河　南						
湖　北	20 299	5 959	2 367	3 498		8 475
湖　南						
广　东						
广　西	91 776	14 256	3 706	8 095		65 719
海　南	1 903	665	470	194		574
重　庆						
四　川						
贵　州						
云　南						
陕　西	2 521	1 214	728	575		4
甘　肃	210	205	39	11		－44
青　海	3 452	349	3 103			
宁　夏						
新疆（兵团）	236 619	109 026	40 021	49 098	235	38 474
新疆（农业）	1 394	708	720			－34
新疆（畜牧）	335	165	74	19	11	77
热科院						
广　州						
南　京						

1-18 续表 1

地　　区	制造业合计（不含修理业）（按当年价计算）	劳动者报酬	固定资产折旧	生产税净额	# 补贴	营业盈余
全国农垦	**22 036 712**	**6 969 282**	**3 333 382**	**3 295 549**	**44 731**	**8 438 499**
北　京	167 022	95 598	19 409	38 716	638	13 299
天　津	70 629	43 977	9 666	16 380		606
河　北	1 991 814	529 745	371 712	344 399		745 958
山　西	23 560	10 071	4 056	4 038		5 395
内蒙古	129 186	51 752	30 783	8 805	18	37 846
辽　宁	1 167 965	308 935	288 482	148 489	720	422 059
吉　林	120 948	80 831	15 452	6 106	426	18 559
黑龙江	1 516 947	406 412	172 916	168 460	4 170	769 160
上　海	626 464	297 135	87 552	142 034	23 701	99 743
江　苏	698 571	169 925	57 830	173 857		296 959
浙　江	132 244	76 412	16 508	16 535		22 789
安　徽	30 766	16 292	4 241	4 568		5 664
福　建	430 030	146 000	111 201	40 253	355	132 576
江　西	1 127 395	543 638	132 694	183 959	221	267 104
山　东	127 012	9 448	22 883	19 358		75 323
河　南	58 292	21 357	9 052	6 569		21 313
湖　北	5 551 854	2 086 950	591 961	648 180		2 224 763
湖　南	317 191	160 765	38 256	39 365		78 805
广　东	554 865	116 703	37 820	57 488		342 854
广　西	2 080 378	323 300	84 044	183 591		1 489 443
海　南	42 126	25 908	7 168	9 501		−451
重　庆	111 085	54 393	17 616	17 041	2 014	22 035
四　川						
贵　州	31 754	28 536	1 749	964		505
云　南	24 542	16 440	5 443	4 191		−1 532
陕　西	3 139	1 904	844	235		156
甘　肃	54 951	20 597	10 033	14 085	6	10 235
青　海	11	11				
宁　夏	46 802	9 805	7 239	15 812		13 946
新疆（兵团）	4 736 408	1 287 592	1 166 148	975 118	12 411	1 307 550
新疆（农业）	23 054	8 912	7 109	2 173		4 860
新疆（畜牧）	22 746	8 571	2 675	1 768	51	9 732
热科院						
广　州	15 909	10 565	744	3 184		1 416
南　京	1 053	802	95	327		−171

1－18 续表 2

地　区	电力热力燃气及水生产供应业（按当年价计算）	劳动者报酬	固定资产折旧	生产税净额	＃补贴	营业盈余
全国农垦	**1 484 133**	**493 034**	**396 504**	**226 010**	**8**	**368 585**
北　京						
天　津						
河　北	93 439	22 946	40 967	9 117		20 409
山　西						
内蒙古	13 291	3 342	2 263	410		7 276
辽　宁	89 014	22 280	30 316	16 714		19 704
吉　林	34 321	34 321				
黑龙江	202 667	94 966	43 406	19 644	4	44 651
上　海	514	179	222	78		35
江　苏						
浙　江	12 856	1 813	3 210	2 091		5 743
安　徽	644	363	164	80		37
福　建	15 643	4 875	1 618	2 447		6 703
江　西	31 662	22 270	7 984	501		907
山　东						
河　南						
湖　北	78 315	41 356	9 840	10 211		16 908
湖　南						
广　东						
广　西	11 991	1 867	485	1 060		8 579
海　南	3 552	1 171	556	456		1 369
重　庆						
四　川	11 345	3 654	650	4 178		2 863
贵　州						
云　南	12 663	5 592	2 327	1 865		2 879
陕　西						
甘　肃	4 486	379	2 741	1 090		276
青　海	820	218	63	775		−236
宁　夏						
新疆（兵团）	860 830	227 711	247 856	154 397		230 866
新疆（农业）	430	203	86	22		119
新疆（畜牧）	5 650	3 528	1 750	875	4	−503
热科院						
广　州						
南　京						

1-19 各垦区建筑业增加值

（2015 年） 计量单位：万元

地　　区	合计（按当年价格计算）	劳动者报酬	固定资产折旧	生产税净额	＃补贴	营业盈余
全国农垦	**7 022 326**	**4 222 958**	**444 821**	**800 726**	**52 670**	**1 553 821**
北　　京	1 156	618	18	436		85
天　　津	1 255	1 020	30	195		10
河　　北	264 684	105 407	60 406	22 351		76 520
山　　西						
内 蒙 古	64 298	28 884	7 009	4 319		24 086
辽　　宁	303 923	137 157	33 876	53 406	25	79 484
吉　　林	3 169	2 404	497	15		253
黑 龙 江	564 553	241 243	46 496	60 950		215 864
上　　海	26 912	10 247	228	5 977		10 460
江　　苏	56 274	24 621	11 937	3 093		16 623
浙　　江						
安　　徽	16 737	13 049	280	1 975		1 433
福　　建	19 850	11 852	527	2 463	13	5 008
江　　西	129 752	66 711	31 956	18 869	2	12 216
山　　东	8 792	3 197	533	1 317		3 745
河　　南	5 440	3 638	219	197		1 386
湖　　北	1 182 423	716 623	57 606	172 881		235 313
湖　　南	484 795	135 356	21 325	52 789	49 829	275 325
广　　东	68 876	31 104	6 519	6 782		24 471
广　　西	624 827	213 311	54 402	45 049		312 065
海　　南	139 407	44 536	15 886	17 592		61 393
重　　庆	3 789	740	80	1 374		1 595
四　　川						
贵　　州						
云　　南	3 905	1 949	445	290		1 221
陕　　西						
甘　　肃	3 498	2 189	51	918		340
青　　海						
宁　　夏	16 036	5 357	508	1 840		8 331
新疆（兵团）	3 004 903	2 411 963	86 708	323 347	2 755	182 885
新疆（农业）	14 532	3 321	7 051	2 210		1 950
新疆（畜牧）	8 541	6 460	229	92	46	1 760
热 科 院						
广　　州						
南　　京						

1-20　各垦区第三产业增加值

（2015年）　　计量单位：万元

地　　区	合计（按当年价格计算）	劳动者报酬	固定资产折旧	生产税净额	#补贴	营业盈余
全国农垦	**20 016 521**	**10 072 406**	**2 545 093**	**2 077 038**	**169 888**	**5 321 984**
北　　京	302 183	137 800	24 745	90 795	7 582	48 843
天　　津	151 432	62 397	15 525	35 663		37 847
河　　北	1 727 434	676 524	235 292	159 478	3 964	656 140
山　　西	20 217	9 360	1 294	1 712		7 851
内 蒙 古	252 046	130 244	47 284	11 582	67	62 937
辽　　宁	629 706	341 458	82 470	63 195	130	142 583
吉　　林	106 686	78 871	637	3 793		23 385
黑 龙 江	3 756 978	1 551 407	676 650	177 962	−532	1 350 959
上　　海	821 239	597 063	93 553	254 819	130 385	−124 196
江　　苏	386 133	176 116	65 496	26 076		118 445
浙　　江	2 751	1 432	188	494		636
安　　徽	86 037	44 544	5 911	8 609		26 973
福　　建	56 580	35 059	4 398	3 760	95	13 363
江　　西	461 763	332 164	42 007	25 917	−106	61 675
山　　东	14 924	6 291	2 485	1 175		4 973
河　　南	38 875	16 588	4 099	2 059		16 129
湖　　北	2 018 305	878 831	175 341	359 631		604 502
湖　　南	312 770	177 793	31 683	11 186		92 108
广　　东	400 518	208 244	27 988	31 873		132 413
广　　西	1 187 822	721 464	68 085	98 989		299 284
海　　南	552 459	359 749	81 385	35 030		76 295
重　　庆	53 040	13 962	3 152	8 483	9	27 443
四　　川	475	319	101	18	11	37
贵　　州						
云　　南	196 620	84 036	65 250	8 977		38 357
陕　　西	7 404	4 064	3 056	119	110	165
甘　　肃	14 057	7 572	3 081	1 047	296	2 357
青　　海	3 711	2 899	197	387		228
宁　　夏	44 363	23 050	5 225	5 561		10 528
新疆（兵团）	6 229 952	3 303 979	735 495	634 349	27 471	1 556 129
新疆（农业）	33 254	11 905	5 887	2 080		13 382
新疆（畜牧）	61 958	39 964	4 682	7 343	405	9 970
热 科 院	66 409	33 187	32 037	271		914
广　　州	6 698	2 302	78	3 308		1 010
南　　京	11 721	1 768	337	1 298		8 318

1－21 各垦区交通运输、仓储和邮政业增加值

（2015 年）　　计量单位：万元

地区	合计（按当年价格计算）	劳动者报酬	固定资产折旧	生产税净额	#补贴	营业盈余
全国农垦	**2 465 608**	**1 186 715**	**379 576**	**244 199**	**130 837**	**655 117**
北京	21 923	11 672	3 586	1 769	287	4 896
天津	12 747	5 682	2 639	884		3 542
河北	297 083	122 161	34 237	25 718		114 967
山西	226	156	16	7		47
内蒙古	43 774	23 360	9 298	3 247		7 869
辽宁	123 445	65 977	16 728	13 406		27 334
吉林	11 938	6 431	142	755		4 610
黑龙江	502 803	175 953	73 042	28 283	359	225 525
上海	72 790	139 857	27 544	13 536	130 051	－108 147
江苏	34 672	17 042	8 947	2 087		6 596
浙江	12	7	1			4
安徽	5 832	3 666	756	425		985
福建	11 068	6 739	1 240	783		2 306
江西	48 944	36 632	4 467	2 363		5 482
山东	2 895	369	775	438		1 313
河南	4 451	2 812	987	15		637
湖北	184 178	75 184	30 597	21 433		56 964
湖南	81 766	40 562	2 312	30		38 862
广东	43 140	21 143	5 754	3 843		12 400
广西	153 848	90 645	8 729	12 321		42 153
海南	33 111	21 420	3 828	2 517		5 346
重庆	5 973	3 057	1 418	888		610
四川						
贵州						
云南	16 172	6 773	3 429	739		5 231
陕西						
甘肃	525	334	35	44		112
青海						
宁夏	7 294	3 891	1 269	396		1 738
新疆（兵团）	718 912	291 284	135 150	105 204		187 274
新疆（农业）	9 469	3 956	1 455	689		3 369
新疆（畜牧）	16 553	9 913	1 184	2 376	140	3 080
热科院						
广州						
南京	65	38	13	3		11

1－22 各垦区信息传输、计算机服务和软件业增加值

（2015年）　　计量单位：万元

地　区	合计（按当年价格计算）	劳动者报酬	固定资产折旧	生产税净额	#补贴	营业盈余
全国农垦	**276 337**	**65 453**	**60 514**	**33 646**	**1**	**116 725**
北　京						
天　津						
河　北	105 844	6 688	23 264	20 810		55 082
山　西						
内蒙古	2 247	649	579	35		984
辽　宁	7 412	4 085	1 869	388		1 070
吉　林	11	11	0			
黑龙江	42 188	25 662	7 701	1 089		7 736
上　海	509	391	11	35		72
江　苏	130	117	10	1		2
浙　江						
安　徽						
福　建	893	390	106	265		132
江　西	405	303	68	21		13
山　东						
河　南	16	6				10
湖　北	36 517	4 401	8 369	7 521		16 226
湖　南	6 659	5 610	75	13		961
广　东						
广　西						
海　南	752	257	449	11		35
重　庆						
四　川						
贵　州						
云　南						
陕　西						
甘　肃						
青　海						
宁　夏	22	13	1	2		6
新疆（兵团）	72 604	16 808	18 012	3 453		34 331
新疆（农业）						
新疆（畜牧）	128	62	0	1	1	64
热科院						
广　州						
南　京						

1－23 各垦区批发和零售业增加值

(2015 年) 计量单位：万元

地 区	合计（按当年价格计算）	劳动者报酬	固定资产折旧	生产税净额	# 补贴	营业盈余
全国农垦	**5 997 741**	**2 672 285**	**453 413**	**910 980**	**26 457**	**1 961 063**
北 京	23 390	7 640	1 865	6 125		7 760
天 津	79 689	25 150	9 387	20 801		24 351
河 北	446 453	159 384	35 212	55 563		196 294
山 西	16 113	6 206	1 008	1 490		7 409
内 蒙 古	78 567	38 930	10 453	4 030	67	25 155
辽 宁	192 720	106 013	22 344	18 744		45 619
吉 林	75 989	57 167	171	2 791		15 860
黑 龙 江	1 091 481	394 458	130 977	76 863	23	489 183
上 海	382 424	316 358	27 800	107 234		－68 968
江 苏	130 530	62 515	15 036	2 159		50 820
浙 江	439	295	14	22		108
安 徽	16 286	10 233	812	1 242		3 998
福 建	16 158	7 185	730	1 618	44	6 625
江 西	125 434	80 079	12 748	8 538	1	24 069
山 东	5 143	1 880	785	591		1 887
河 南	14 391	5 636	1 436	413		6 907
湖 北	814 807	241 697	31 061	221 795		320 254
湖 南	76 162	68 563	3 425	2 424		1 750
广 东	88 185	40 090	5 448	14 354		28 293
广 西	547 786	388 648	12 624	56 490		90 024
海 南	116 145	61 200	4 190	5 393		45 362
重 庆	691	123	187	151		230
四 川						
贵 州						
云 南	39 755	18 154	3 442	3 022		15 137
陕 西	587	342	91			154
甘 肃	5 242	1 763	617	645	282	2 216
青 海						
宁 夏	9 576	6 036	601	866		2 073
新疆（兵团）	1 577 871	556 489	117 713	295 166	26 008	608 503
新疆（农业）	11 656	2 484	2 350	946		5 876
新疆（畜牧）	10 566	6 844	811	472	32	2 440
热 科 院	272	137	2			133
广 州	2 662	286	4	862		1 510
南 京	571	301	70	170		30

1－24 各垦区住宿和餐饮业增加值

（2015年）　　计量单位：万元

地区	合计（按当年价格计算）	劳动者报酬	固定资产折旧	生产税净额	#补贴	营业盈余
全国农垦	**1 600 219**	**798 077**	**212 493**	**150 049**	**89**	**439 599**
北　京	105 128	72 066	9 232	16 819		7 011
天　津	1 672	1 535	118	164		－145
河　北	182 067	74 599	29 059	16 743		61 666
山　西	1 160	855	25	37		243
内蒙古	41 631	23 207	5 630	1 569		11 225
辽　宁	94 778	57 860	10 089	6 881		19 948
吉　林	9 743	6 700	57	232		2 754
黑龙江	254 893	92 003	40 668	16 752		105 470
上　海	27 100	16 172	2 612	3 811		4 505
江　苏	23 219	11 854	4 548	1 725		5 092
浙　江	398	293	28	15		62
安　徽	17 286	12 510	1 144	1 611		2 020
福　建	6 208	3 960	685	371	45	1 192
江　西	83 671	47 413	8 799	7 418		20 041
山　东	1 824	892	160	65		707
河　南	2 898	1 786	241	92		779
湖　北	111 541	59 483	11 698	19 058		21 302
湖　南	19 409	4 166	7 563	3 428		4 252
广　东	42 421	15 491	4 241	5 039		17 650
广　西	140 959	88 282	4 022	8 016		40 639
海　南	34 307	21 797	8 427	4 310		－227
重　庆	3 389	2 220	412	335	9	422
四　川	216	113	82	12	11	9
贵　州						
云　南	36 276	13 490	14 858	2 324		5 604
陕　西	1 522	1 238	414			－130
甘　肃	1 351	1 112	261	100		－123
青　海	380	348	32			
宁　夏	4 366	3 186	735	458		－14
新疆（兵团）	333 393	153 848	45 085	31 076		103 384
新疆（农业）	5 887	1 871	822	320		2 874
新疆（畜牧）	10 742	7 549	712	1 178	24	1 303
热科院	148	91	1	31		25
广　州						
南　京	236	88	32	58		58

1－25 各垦区金融业增加值

（2015 年） 计量单位：万元

地　　区	合计（按当年价格计算）	劳动者报酬	固定资产折旧	生产税净额	#补贴	营业盈余
全国农垦	**1 074 093**	**377 441**	**61 827**	**79 199**	**255**	**555 626**
北　　京						
天　　津	13 605	454	158	245		12 748
河　　北	104 413	33 038	6 051	9 970		55 354
山　　西						
内 蒙 古	9 314	2 007	979	359		5 969
辽　　宁	14 432	7 417	1 735	1 422		3 858
吉　　林						
黑 龙 江	229 518	62 783	16 878	14 648	133	135 210
上　　海	2 590	682	28	161		1 719
江　　苏	249	185	39	4		21
浙　　江						
安　　徽						
福　　建	392	287	15	7		83
江　　西	3 894	3 400	104	130		260
山　　东						
河　　南	2 050	270	45			1 735
湖　　北	103 719	39 757	6 076	9 537		48 349
湖　　南	9 964	4 109	3 398	682		1 775
广　　东						
广　　西	35 630	2 278	281	1 334		31 737
海　　南	8 150	445	217	1 959		5 529
重　　庆	1 353	253	11			1 089
四　　川						
贵　　州						
云　　南						
陕　　西						
甘　　肃						
青　　海						
宁　　夏	32	24	1	1		5
新疆（兵团）	534 697	219 961	25 811	38 740	122	250 185
新疆（农业）						
新疆（畜牧）	91	91				
热 科 院						
广　　州						
南　　京						

1－26　各垦区房地产业增加值

（2015 年）　　　　计量单位：万元

地　　区	合计（按当年价格计算）	劳动者报酬	固定资产折旧	生产税净额	# 补贴	营业盈余
全国农垦	**1 944 386**	**365 707**	**544 082**	**429 487**	**29**	**605 110**
北　　京	89 683	16 827	1 174	52 924		18 758
天　　津	27 728	3 689	224	9 940		13 875
河　　北	147 282	35 737	46 929	9 207		55 409
山　　西						
内 蒙 古	11 758	1 846	4 443	1 212		4 257
辽　　宁	74 519	19 802	12 630	15 486		26 601
吉　　林						
黑 龙 江	256 983	7 336	225 784	11 339		12 524
上　　海	307 227	45 732	6 226	116 419		138 850
江　　苏	66 287	4 676	2 235	15 443		43 933
浙　　江	4		4			
安　　徽	25 538	6 732	578	4 261		13 967
福　　建	57	18	1	1		37
江　　西	30 159	16 159	8 115	3 055		2 830
山　　东						
河　　南	970	193	499	1		277
湖　　北	193 664	73 184	21 790	51 439		47 251
湖　　南	37 911	15 968	3 212	395		18 336
广　　东	1 835	1 336	30	669		－200
广　　西	89 171	11 138	27 448	13 771		36 814
海　　南	44 596	3 405	39 593	1 736		－138
重　　庆	34 887	6 670	467	6 901		20 849
四　　川						
贵　　州						
云　　南						
陕　　西						
甘　　肃						
青　　海						
宁　　夏	3 787	376	26	1 210		2 175
新疆（兵团）	499 404	94 322	142 562	114 043	29	148 477
新疆（农业）	879	503	112	36		228
新疆（畜牧）	58	58				
热 科 院						
广　　州						
南　　京						

1－27 各垦区租赁和商务服务业增加值

（2015 年） 计量单位：万元

地 区	合计（按当年价格计算）	劳动者报酬	固定资产折旧	生产税净额	# 补贴	营业盈余
全国农垦	**407 942**	**280 077**	**77 598**	**64 278**	**7 455**	**－14 010**
北 京	32 916	10 786	4 348	7 092	7 293	10 690
天 津	3 236	17 543	2 512	2 162		－18 981
河 北	41 837	24 036	6 903	1 107		9 791
山 西	520	285	98	88		49
内 蒙 古	3 369	1 368	385	289		1 327
辽 宁	12 390	5 628	2 117	1 416		3 229
吉 林						
黑 龙 江	76 585	31 189	7 356	5 488		32 551
上 海	－9 597	53 582	23 875	11 142		－98 196
江 苏	648	500	120	8		20
浙 江	1 240	327	56	420		437
安 徽	1 952	1 469	133			350
福 建	2 177	634	119	351		1 073
江 西	37 216	31 105	909	1 251		3 951
山 东						
河 南	144	119	5	2		19
湖 北	52 806	23 928	9 979	9 323		9 576
湖 南	1 977	1 665	49	68		195
广 东						
广 西	965	799	111	50		5
海 南	7 241	2 745	895	586		3 015
重 庆	6 643	1 535	657	208		4 243
四 川	8					8
贵 州						
云 南						
陕 西	162	178	99	9		－124
甘 肃	609	126	320	144		19
青 海	3 331	2 551	165	387		228
宁 夏						
新疆（兵团）	113 366	64 437	15 930	19 068	162	13 931
新疆（农业）	912	362	212	49		289
新疆（畜牧）	47	47				
热 科 院	749	30		81		638
广 州	4 036	2 016	74	2 446		－500
南 京	10 458	1 086	172	1 043		8 157

1-28 各垦区科学研究、技术服务业和地质勘察业增加值

（2015年）

计量单位：万元

地区	合计（按当年价格计算）	劳动者报酬	固定资产折旧	生产税净额	#补贴	营业盈余
全国农垦	**311 895**	**188 476**	**54 068**	**14 509**	**6**	**54 842**
北京						
天津	1 040	1 006	157	51		-174
河北	4 695	3 229	211	123		1 132
山西						
内蒙古	1 030	704	274	2		50
辽宁	5 436	3 340	1 434	200		462
吉林	9	9				
黑龙江	27 493	17 896	3 274	1 466		4 858
上海	3 357	2 223	444	86		604
江苏	1 222	950	252	5		15
浙江						
安徽	521	306	98	78		39
福建	1 708	1 664	20	4		20
江西	541	499	42			
山东	4	4				
河南	-47	200	25			-272
湖北	44 387	21 559	5 090	5 034		12 704
湖南	499	380	28	2		89
广东	2 424	1 712	578			134
广西	8 034	6 779	355	211		689
海南	2 934	1 996	37	397		504
重庆	104	104				
四川						
贵州						
云南	4 259	3 586	651	107		-85
陕西						
甘肃	-10	66	1			-77
青海						
宁夏	1 161	610	44	73		433
新疆（兵团）	135 392	86 410	8 947	6 497	6	33 538
新疆（农业）	330	182	71	15		62
新疆（畜牧）	134	134				
热科院	65 240	32 929	32 034	159		117
广州						
南京						

1－29 各垦区水利、环境和公共设施管理业增加值

（2015 年）　　计量单位：万元

地　　区	合计（按当年价格计算）	劳动者报酬	固定资产折旧	生产税净额	# 补贴	营业盈余
全国农垦	**294 775**	**195 903**	**55 520**	**6 750**	**259**	**36 602**
北　　京						
天　　津						
河　　北	19 681	6 611	10 758	402	251	1 910
山　　西						
内 蒙 古	1 077	551	526			
辽　　宁	9 871	4 578	1 921	1 133		2 239
吉　　林						
黑 龙 江	122 533	78 828	17 519	2 283	8	23 903
上　　海	927	3 272	1 982	1 204		−5 531
江　　苏	694	500	160	10		24
浙　　江						
安　　徽						
福　　建	1 258	771	352	26		109
江　　西	2 993	2 190	803			
山　　东						
河　　南	721	415	286			20
湖　　北	31 570	15 771	7 713	761		7 325
湖　　南	1 567	1 355	41	18		153
广　　东						
广　　西						
海　　南	37	22				15
重　　庆						
四　　川						
贵　　州						
云　　南	151	151				
陕　　西						
甘　　肃	−68	324	95			−487
青　　海						
宁　　夏						
新疆（兵团）	101 417	80 257	13 292	897		6 971
新疆（农业）	207	121	70	16		
新疆（畜牧）	139	186	2			−49
热 科 院						
广　　州						
南　　京						

1－30 各垦区居民服务和其他服务业增加值

（2015 年）

计量单位：万元

地　　区	合计（按当年价格计算）	劳动者报酬	固定资产折旧	生产税净额	＃补贴	营业盈余
全国农垦	**1 318 624**	**744 468**	**144 338**	**74 920**	**333**	**354 898**
北　　京	24 681	15 649	4 325	5 494	2	－787
天　　津	9 868	5 499	330	1 416		2 623
河　　北	133 606	45 147	10 240	3 532		74 687
山　　西	346	204	40	18		84
内 蒙 古	16 589	9 651	2 419	661		3 858
辽　　宁	32 309	19 152	4 327	2 385		6 445
吉　　林	1 185	828	27	8		323
黑 龙 江	244 183	91 081	41 717	15 985	150	95 400
上　　海	11 401	4 646	1 001	402		5 352
江　　苏	101 580	57 149	29 414	4 449		10 568
浙　　江	373	274	64	25		10
安　　徽	9 305	4 357	340	534		4 074
福　　建	7 099	5 522	318	197	6	1 062
江　　西	107 319	96 865	3 784	1 750		4 920
山　　东	2 713	1 493	266	81		873
河　　南	330	266	18			47
湖　　北	47 599	32 021	3 174	1 839		10 565
湖　　南	20 103	3 193	4 112	2 468		10 330
广　　东	90 349	33 147	5 646	7 968		43 588
广　　西	120 474	87 950	3 637	5 484		23 403
海　　南	101 657	100 105	1 200	1 145		－793
重　　庆						
四　　川	251	206	19	6		20
贵　　州						
云　　南	22 229	10 042	1 158	1 540		9 489
陕　　西	1 435	1 425	2			8
甘　　肃	1 135	1 066	13	2		55
青　　海						
宁　　夏	16 884	7 676	2 543	2 555		4 112
新疆（兵团）	187 179	106 738	23 698	13 177		43 566
新疆（农业）	417	277	70	9		61
新疆（畜牧）	5 634	2 586	387	1 767	175	894
热 科 院						
广　　州						
南　　京	391	255	50	24		62

1-31 各垦区教育增加值

（2015 年） 计量单位：万元

地区	合计（按当年价格计算）	劳动者报酬	固定资产折旧	生产税净额	# 补贴	营业盈余
全国农垦	**1 109 238**	**941 745**	**119 946**	**4 326**	**195**	**43 222**
北京	537	674	41	3		-180
天津	1 667	1 667				
河北	51 214	43 169	7 497	210		338
山西						
内蒙古	8 632	5 331	3 261			40
辽宁	13 892	12 915	528	72		377
吉林	5 955	5 948	7			
黑龙江	233 478	194 953	29 308	271	195	8 947
上海	9 703	2 984	600	728		5 391
江苏	1 598	1 320	230	8		40
浙江	23	18	3			2
安徽	242	227	15			
福建	1 906	1 724	74	22		86
江西	12 048	11 116	1 003	10		-81
山东						
河南	1 090	975	105			10
湖北	120 864	100 386	14 004	1 202		5 272
湖南	21 802	15 822	3 450	378		2 152
广东	41 700	39 511	2 013			176
广西	21 481	8 792	8 018	79		4 592
海南	5 105	4 004	725	24		352
重庆						
四川						
贵州						
云南						
陕西	352	286	66			
甘肃	1 974	644	1 330			
青海						
宁夏						
新疆（兵团）	547 502	484 324	47 039	508		15 631
新疆（农业）						
新疆（畜牧）	6 473	4 955	629	812		78
热科院						
广州						
南京						

1－32　各垦区卫生、社会保障和社会福利业增加值

（2015 年）　　　　计量单位：万元

地　　区	合计（按当年价格计算）	劳动者报酬	固定资产折旧	生产税净额	＃补贴	营业盈余
全国农垦	**864 955**	**649 913**	**92 316**	**2 762**	**160**	**119 964**
北　　京	44	44	0			0
天　　津	180	172				8
河　　北	30 242	20 774	4 753	340	89	4 375
山　　西	108	80	10	3		15
内 蒙 古	14 932	9 344	4 285	4		1 299
辽　　宁	8 830	4 837	1 122	287	57	2 584
吉　　林	1 233	1 199	25	2		6
黑 龙 江	220 929	135 245	21 661	229		63 795
上　　海	9 029	6 823	972			1 234
江　　苏	5 891	3 870	1 680	65		276
浙　　江	19	16	1			2
安　　徽	2 620	1 876	234	91		420
福　　建	455	361	43	9		42
江　　西	1 167	1 047	120	4		−4
山　　东	40	39	1			
河　　南	649	435	75			139
湖　　北	54 569	44 652	4 357	614		4 946
湖　　南	6 432	5 721	278	68		365
广　　东	50 752	40 859	3 147			6 746
广　　西	9 663	8 581	427	147		508
海　　南	79 491	60 328	14 966	84		4 113
重　　庆						
四　　川						
贵　　州						
云　　南	172	170	2			
陕　　西	176	146	2			28
甘　　肃	549	504	26	14	14	4
青　　海						
宁　　夏	70	65	5			
新疆（兵团）	363 272	300 227	33 831	154		29 060
新疆（农业）	772	606	166			
新疆（畜牧）	2 669	1 893	127	647		3
热 科 院						
广　　州						
南　　京						

1－33　各垦区文化、体育和娱乐业增加值

（2015 年）　　　　　　　　　　　　　　　　　　　　　计量单位：万元

地　　区	合计（按当年价格计算）	劳动者报酬	固定资产折旧	生产税净额	＃补贴	营业盈余
全国农垦	**156 775**	**84 511**	**24 144**	**10 964**	**73**	**37 156**
北　　京	83	569	30	79		－595
天　　津						
河　　北	10 139	5 476	4 337	67		259
山　　西						
内 蒙 古	629	206	98	52		273
辽　　宁	5 291	2 467	1 048	391	73	1 385
吉　　林	31	31	205	4		－208
黑 龙 江	14 921	11 045	1 880	509		1 486
上　　海						
江　　苏	812	700	70	12		30
浙　　江						
安　　徽						
福　　建	177	152	7	7		11
江　　西	4 100	2 417	861	790		32
山　　东						
河　　南	78	56	22			
湖　　北	11 704	6 083	1 433	1 777		2 411
湖　　南	19 037	3 601	2 765	1 102		11 569
广　　东						
广　　西	5 257	3 100	774	91		1 292
海　　南	4 814	2 985	1 200	152		477
重　　庆						
四　　川						
贵　　州						
云　　南						
陕　　西						
甘　　肃						
青　　海						
宁　　夏						
新疆（兵团）	79 160	45 141	9 375	5 931		18 713
新疆（农业）	225	166	38			21
新疆（畜牧）	318	317	1			
热 科 院						
广　　州						
南　　京						

1－34　各垦区公共管理和社会组织增加值

（2015 年）　　计量单位：万元

地　区	合计（按当年价格计算）	劳动者报酬	固定资产折旧	生产税净额	# 补贴	营业盈余
全国农垦	**1 383 485**	**1 126 105**	**131 342**	**27 724**	**3 760**	**98 314**
北京	2 530	880	123	330		1 197
天津						
河北	89 726	69 115	12 772	4 824	3 624	3 015
山西	507	494	4	2		7
内蒙古	17 347	12 813	4 516	13		5
辽宁	34 381	27 387	4 578	984		1 432
吉林	301	297	4			1
黑龙江	217 622	150 663	34 534	421	99	32 005
上海						
江苏	18 601	14 738	2 755	100		1 008
浙江	188	160	10			18
安徽						
福建	2 954	1 988	599	26		341
江西	2 971	2 730	181	－92	－107	152
山东	1 346	1 078	133			135
河南	8 904	1 941	347	1 536		5 080
湖北	146 069	118 514	14 415	2 475		10 665
湖南	9 482	7 078	975	110		1 319
广东	39 712	14 955	1 131			23 626
广西	17 730	3 345	1 261	624		12 500
海南	58 851	39 528	4 412	16 017		－1 106
重庆						
四川						
贵州						
云南	11 295	11 183	98	14		
陕西	－13	6	2	110	110	－131
甘肃	864	691	68	97		7
青海						
宁夏	1 172	1 172				
新疆（兵团）	697 686	642 533	48 107	46		7 000
新疆（农业）	111	89	22			
新疆（畜牧）	3 148	2 727	296	87	34	38
热科院						
广州						
南京						

1-35 各垦区农林牧渔服务业采矿辅助业制造业中修理业增加值

（2015 年）　　　　计量单位：万元

地区	合计（按当年价格计算）	劳动者报酬	固定资产折旧	生产税净额	#补贴	营业盈余
全国农垦	**810 306**	**395 389**	**133 916**	**23 244**	**−21**	**257 757**
北京	1 270	994	23	159		93
天津						
河北	63 152	27 361	3 069	10 861		21 861
山西	1 237	1 080	93	67		−3
内蒙古	1 150	277	138	109		626
辽宁						
吉林	291	251				40
黑龙江	221 368	82 313	24 352	2 338	−1 499	112 365
上海	3 779	4 341	458	61	334	−1 081
江苏						
浙江	55	43	7	12		−7
安徽	6 457	3 169	1 800	368		1 120
福建	4 070	3 664	89	73		244
江西	760	68	3	679		10
山东	959	536	365			58
河南	2 230	1 479	8	1		742
湖北	64 311	22 211	5 585	5 823		30 692
湖南						
广东						
广西	36 824	21 127	398	371		14 928
海南	55 268	39 512	1 246	699		13 811
重庆						
四川						
贵州						
云南	66 311	20 487	41 612	1 231		2 981
陕西	3 183	443	2 380			360
甘肃	1 888	942	315			631
青海						
宁夏						
新疆（兵团）	268 096	161 200	50 942	389	1 144	55 565
新疆（农业）	2 389	1 288	499			602
新疆（畜牧）	5 258	2 603	533	3		2 119
热科院						
广州						
南京						

1－36　各垦区非国有经济基本情况

（2015年）

项　目	计量单位	合　计	第一产业	第二产业	#工业	第三产业
一、经营单位个数	个	543 812	222 853	34 669	24 423	286 290
1. 集体经济	个	5 003	2 763	629	476	1 611
#股份合作制经济	个	283	37	186	156	71
2. 个体经济	个	487 390	213 724	20 976	13 636	252 690
3. 私营经济	个	47 213	6 190	12 310	10 017	28 713
4. 港澳台及外商经济	人	799	34	716	258	49
二、从业人员	人	2 279 586	703 282	809 226	593 861	767 078
1. 集体经济	人	98 077	63 229	26 487	20 549	8 361
#股份合作制经济	人	10 105	1 173	7 723	5 381	1 209
2. 个体经济	人	1 290 739	529 733	188 953	102 292	572 053
3. 私营经济	人	800 182	103 493	532 642	412 723	164 047
4. 港澳台及外商经济	人	73 808	4 614	58 801	56 171	10 393
三、从业人员劳动报酬	万元	14 482 199	5 983 682	4 140 706	3 061 443	4 357 812
1. 集体经济	万元	168 625	87 636	55 905	48 288	25 084
#股份合作制经济	万元	29 396	3 993	22 625	20 694	2 778
2. 个体经济	万元	10 013 785	5 621 203	1 054 962	652 698	3 337 619
3. 私营经济	万元	3 544 200	215 176	2 658 728	1 997 620	670 297
4. 港澳台及外商经济	万元	376 316	23 030	292 352	290 248	60 934
四、生产总值	万元	27 359 577	3 360 891	15 502 217	11 311 344	8 493 781
1. 集体经济	万元	527 259	175 542	217 094	191 389	134 622
#股份合作制经济	万元	148 992	10 562	69 325	62 928	69 104
2. 个体经济	万元	9 830 157	2 472 662	1 909 519	1 277 255	5 447 976
3. 私营经济	万元	13 665 238	534 959	10 551 243	7 166 327	2 579 036
4. 港澳台及外商经济	万元	3 099 325	138 991	2 770 589	2 617 874	189 745

1－36续表

项　目	计量单位	合　计	第一产业	第二产业	＃工业	第三产业
五、当年固定资产投资额	万元	21 374 803	1 734 319	13 468 420	11 806 733	6 172 064
1. 集体经济	万元	176 136	23 147	134 469	96 433	18 520
＃股份合作制经济	万元	14 556	6 028	8 231	8 202	297
2. 个体经济	万元	3 132 214	512 049	1 068 078	632 319	1 552 088
3. 私营经济	万元	17 053 851	1 176 754	11 481 972	10 129 832	4 395 124
4. 港澳台及外商经济	万元	352 858	12 857	322 469	319 452	17 532
六、资产总额	万元	53 254 995	2 901 431	39 808 395	25 539 987	10 545 168
1. 集体经济	万元	508 437	137 192	217 167	109 327	154 078
＃股份合作制经济	万元	221 278	9 400	172 514	81 529	39 364
2. 个体经济	万元	8 089 895	1 736 293	2 370 420	1 816 056	3 983 182
3. 私营经济	万元	38 178 600	802 803	33 003 010	19 203 545	4 372 787
4. 港澳台及外商经济	万元	4 945 519	165 223	3 684 671	3 681 162	1 095 624
七、固定资产原值	万元	27 527 253	2 179 493	18 936 110	16 236 442	6 411 651
1. 集体经济	万元	376 878	104 119	155 558	112 608	117 201
＃股份合作制经济	万元	170 337	17 708	122 462	79 144	30 167
2. 个体经济	万元	6 655 909	1 253 400	2 131 101	1 532 287	3 271 408
3. 私营经济	万元	16 943 616	673 952	13 608 068	11 586 160	2 661 596
4. 港澳台及外商经济	万元	3 235 984	130 000	2 839 495	2 805 778	266 489
八、税金	万元	2 144 401	18 133	1 352 870	1 127 393	773 398
＃1. 集体经济	万元	31 486	2 414	22 085	18 365	6 987
2. 港澳台及外商经济	万元	275 758	1 960	252 643	241 246	43 328
九、利润总额	万元	3 929 876	592 673	2 068 718	1 541 102	1 268 485
＃1. 集体经济	万元	84 376	14 998	53 762	36 038	15 591
2. 港澳台及外商经济	万元	377 131	－5 917	354 774	354 771	28 274

1－37 各垦区非国有经济经营单位个数

（2015年） 计量单位：个

地区	合计	第一产业	第二产业	#工业	第三产业
全国农垦	**543 812**	**222 853**	**34 669**	**24 423**	**286 290**
北京	15	2	7	7	6
天津					
河北	21 865	1 003	3 367	2 799	17 495
山西	1 509	142	65	65	1 302
内蒙古	33 829	20 840	2 090	1 468	10 899
辽宁	53 054	24 555	6 609	5 256	21 890
吉林	6 823	1 376	163	99	5 284
黑龙江	102 203	38 349	4 323	3 264	59 531
上海					
江苏	16 043	7 733	572	295	7 738
浙江	205	99	44	44	62
安徽	4 604	638	280	134	3 686
福建	7 582	2 441	1 209	1 009	3 932
江西	14 035	3 033	2 544	1 214	8 458
山东	469	70	29	23	370
河南	2 166	733	64	60	1 369
湖北	70 132	2 129	7 495	6 348	60 508
湖南	16 275	8 267	995	677	7 013
广东	5 999	58	656	447	5 285
广西	19 946	1 135	1 138	711	17 673
海南	93 901	59 754	1 839	95	32 308
重庆	6	1	5	5	
四川	5	3	2	2	
贵州					
云南	38 975	26 949	75	50	11 951
陕西	195	33	38	38	124
甘肃	2 087	520	497	6	1 070
青海	3	2			1
宁夏	10 008	6 886	61	45	3 061
新疆（兵团）					
新疆（农业）	2 776	452	339	186	1 985
新疆（畜牧）	18 959	15 649	158	71	3 152
热科院					
广州					
南京	143	1	5	5	137

1－38 各垦区非国有经济从业人员

（2015 年）　　计量单位：人

地　　区	合　计	第一产业	第二产业	#工业	第三产业
全国农垦	**2 279 586**	**703 282**	**809 226**	**593 861**	**767 078**
北　　京	12 843	2 473	1 574	1 574	8 796
天　　津					
河　　北	181 155	45 687	65 206	54 296	70 262
山　　西	9 349	1 201	4 009	4 009	4 139
内 蒙 古	74 662	31 017	19 290	9 194	24 355
辽　　宁	250 808	62 132	96 468	74 266	92 208
吉　　林	41 819	2 365	7 299	6 043	32 155
黑 龙 江	235 047	72 951	61 229	47 061	100 867
上　　海					
江　　苏	53 327	11 458	18 996	16 975	22 873
浙　　江	8 697	331	7 764	7 764	602
安　　徽	21 515	2 807	6 897	5 149	11 811
福　　建	66 256	19 593	34 372	29 619	12 291
江　　西	143 470	17 680	87 857	70 781	37 933
山　　东	6 260	1 893	3 189	2 366	1 178
河　　南	8 721	2 065	2 723	2 717	3 933
湖　　北	378 752	43 897	217 910	151 155	116 945
湖　　南	124 803	58 652	38 154	20 288	27 997
广　　东	59 255	20 316	20 644	15 771	18 295
广　　西	156 968	21 776	84 156	57 667	51 036
海　　南	258 418	155 307	15 027	4 824	88 084
重　　庆	6 694	418	6 276	6 276	
四　　川	1 005	246	759	759	
贵　　州					
云　　南	68 859	45 910	2 231	1 736	20 718
陕　　西	570	58	255	255	257
甘　　肃	2 444	610	513	45	1 321
青　　海					
宁　　夏	29 624	19 544	2 745	1 391	7 335
新疆（兵团）					
新疆（农业）	11 062	2 910	1 556	987	6 596
新疆（畜牧）	66 798	59 965	1 977	743	4 856
热 科 院					
广　　州					
南　　京	405	20	150	150	235

1－39　各垦区非国有经济从业人员劳动报酬

（2015 年）　　计量单位：万元

地　区	合　计	第一产业	第二产业	#工业	第三产业
全国农垦	**14 482 199**	**5 983 682**	**4 140 706**	**3 061 443**	**4 357 812**
北　京	80 150	16 121	15 714	15 714	48 315
天　津					
河　北	416 000	73 057	171 840	143 861	171 103
山　西	19 790	1 907	9 618	9 618	8 265
内蒙古	276 060	108 797	73 974	52 986	93 289
辽　宁	566 942	110 849	296 569	233 970	159 524
吉　林	115 195	8 667	19 276	17 868	87 253
黑龙江	9 094 855	4 650 408	1 840 441	1 348 383	2 604 006
上　海					
江　苏	260 789	49 804	101 761	78 793	109 224
浙　江	5 789	1 007	4 169	4 169	613
安　徽	51 062	5 775	16 912	14 353	28 375
福　建	153 934	18 193	114 233	100 003	21 508
江　西	280 363	17 365	185 141	144 708	77 857
山　东	35 394	19 196	12 136	8 627	4 062
河　南	21 044	4 333	9 368	8 981	7 343
湖　北	1 082 934	80 010	738 202	527 756	264 722
湖　南	135 011	44 571	45 391	39 111	45 049
广　东	233 290	61 778	93 072	69 966	78 440
广　西	569 235	65 529	291 052	185 849	212 654
海　南	741 630	455 055	52 002	16 016	234 573
重　庆	28 782	2 937	25 845	25 845	
四　川	3 184	526	2 658	2 658	
贵　州					
云　南	165 248	98 497	6 251	4 411	60 500
陕　西	989	502	180	180	307
甘　肃	6 590	1 995	1 418	88	3 177
青　海	1 571	1 223			348
宁　夏	45 677	24 769	5 270	3 513	15 638
新疆（兵团）					
新疆（农业）	11 282	4 208	1 954	1 101	5 120
新疆（畜牧）	78 004	56 553	5 458	2 112	15 993
热科院					
广　州					
南　京	1 407	50	802	802	555

1-40 各垦区非国有经济生产总值

（2015 年） 计量单位：万元

地区	合计	第一产业	第二产业	#工业	第三产业
全国农垦	**27 359 577**	**3 360 891**	**15 502 217**	**11 311 344**	**8 493 781**
北京	283 903	126 137	42 944	42 944	114 822
天津					
河北	3 624 379	205 671	1 758 690	1 576 538	1 660 018
山西	44 899	3 055	23 534	23 534	18 310
内蒙古	469 712	122 290	205 307	167 644	142 115
辽宁	2 166 040	352 205	1 255 476	963 413	558 359
吉林	217 525	10 963	189 565	185 770	16 998
黑龙江	4 552 000	896 993	1 634 360	1 215 685	2 020 647
上海					
江苏	571 503	100 762	233 306	177 094	237 435
浙江	138 219	3 821	133 460	133 460	938
安徽	82 159	5 668	34 390	28 533	42 101
福建	536 387	28 809	471 686	141 104	35 892
江西	1 080 126	41 913	875 500	754 493	162 713
山东	183 668	36 805	134 045	126 328	12 818
河南	35 130	3 953	26 179	25 628	4 998
湖北	6 807 049	161 977	5 159 195	3 213 574	1 485 877
湖南	373 015	89 681	200 704	144 831	82 630
广东	726 059	90 769	440 870	387 118	194 420
广西	3 772 374	270 824	2 446 126	1 891 670	1 055 424
海南	1 096 076	563 413	133 366	27 137	399 297
重庆	36 632	468	36 164	36 164	
四川	10 510	1 338	9 172	9 172	
贵州					
云南	289 184	112 224	13 675	9 961	163 285
陕西	3 144	981	1 130	1 130	1 033
甘肃	10 246	2 859	1 870	111	5 517
青海	1 800	1 420			380
宁夏	75 513	33 497	18 030	11 342	23 986
新疆（兵团）					
新疆（农业）	46 173	11 822	11 686	8 670	19 977
新疆（畜牧）	123 632	80 188	10 733	7 243	32 710
热科院					
广州					
南京	2 520	385	1 053	1 053	1 082

1－41 各垦区非国有经济资产总额

（2015年） 计量单位：万元

地 区	合 计	第一产业	第二产业	#工业	第三产业
全国农垦	**53 254 995**	**2 901 431**	**39 808 395**	**25 539 987**	**10 545 168**
北 京	509 714	122 170	135 601	135 601	251 942
天 津					
河 北	4 861 778	358 763	3 236 393	3 224 844	1 266 622
山 西	86 540	3 786	61 649	61 649	21 105
内 蒙 古	1 598 427	250 458	909 577	852 773	438 392
辽 宁	4 814 601	434 866	3 464 205	2 392 381	915 530
吉 林	615 470	11 470	596 292	592 818	7 708
黑 龙 江	5 436 088	600 528	2 754 352	2 452 283	2 081 209
上 海					
江 苏	829 818	67 199	558 717	492 763	203 902
浙 江	1 044 064	4 192	1 039 796	1 039 796	76
安 徽	151 521	11 613	83 984	80 758	55 924
福 建	2 013 773	27 857	1 928 975	1 800 783	56 941
江 西	877 127	87 031	677 420	303 722	112 676
山 东	618 520	22 632	552 178	526 677	43 710
河 南	174 792	7 946	159 709	158 634	7 137
湖 北	19 499 638	227 024	18 275 957	7 578 125	996 657
湖 南	654 093	76 304	421 230	291 846	156 559
广 东	356 281	24 973	183 616	159 823	147 692
广 西	7 331 434	302 450	4 412 533	3 062 484	2 616 451
海 南	432 139	70 967	50 507	40 760	310 665
重 庆	138 650	15 654	122 996	122 996	
四 川	89 763	4 253	85 510	85 510	
贵 州					
云 南	914 816	76 039	40 511	33 728	798 266
陕 西	4 537	900	1 731	1 731	1 906
甘 肃	19 414	13 111	3 233	285	3 070
青 海	45 264	45 264			
宁 夏	77 242	21 141	27 924	26 291	28 177
新疆（兵团）					
新疆（农业）	21 952	2 428	9 347	6 764	10 177
新疆（畜牧）	30 273	9 729	8 733	8 442	11 810
热 科 院					
广 州					
南 京	7 268	684	5 720	5 720	864

1－42 各垦区非国有经济利润总额

（2015 年） 计量单位：万元

地区	合计	第一产业	第二产业	#工业	第三产业
全国农垦	**3 929 876**	**592 673**	**2 068 718**	**1 541 102**	**1 268 485**
北京	11 808	－7 286	3 018	3 018	16 076
天津					
河北	356 469	33 539	246 443	234 695	76 487
山西	9 541	316	5 073	5 073	4 152
内蒙古	106 145	21 540	45 123	23 663	39 482
辽宁	517 802	64 736	317 886	105 765	135 180
吉林	91 766	1 067	25 005	23 669	65 694
黑龙江	1 130 779	280 325	229 572	133 490	620 883
上海					
江苏	161 828	42 792	59 370	46 046	59 666
浙江	30 537	1 812	28 505	27 973	220
安徽	10 748	600	6 247	5 703	3 901
福建	75 126	2 515	68 170	64 905	4 440
江西	70 057	13 377	41 312	29 767	15 368
山东	102 183	18 585	78 867	75 260	4 731
河南	19 357	2 646	14 758	14 731	1 953
湖北	383 737	15 826	307 500	271 052	60 411
湖南	4 276	99	1 921	1 861	2 256
广东	239 778	22 793	163 545	149 341	53 440
广西	433 030	5 649	391 220	303 250	36 161
海南	69 335	41 996	10 923	1 329	16 416
重庆	7 156	－1 855	9 011	9 011	
四川	2 990	92	2 898	2 898	
贵州					
云南	50 616	10 684	4 106	2 915	35 826
陕西	374	98			276
甘肃	353	292	－135	－137	196
青海	－13	－13			
宁夏	15 899	7 471	2 877	2 149	5 551
新疆（兵团）					
新疆（农业）	8 198	644	2 186	1 388	5 368
新疆（畜牧）	19 996	12 353	3 470	2 287	4 173
热科院					
广州					
南京	6	－20	－152		178

农场组织

2-1 农场、小城镇和农垦所属乡（镇）情况

（2015 年）　　　　计量单位：个

地区	农场个数	小城镇情况			乡（镇）情况		
		小城镇个数	小城镇人口（人）	小城镇占地面积（公顷）	乡（镇）政权个数	村民委员会个数	乡（镇）办工业个数
全国农垦	**1 785**	**929**	**4 672 931**	**558 351**	**158**	**3 559**	**567**
北京	9						
天津	15						
河北	33	46	171 543	27 574	8	92	
山西	26	1	3 400	25			
内蒙古	104	36	112 338	12 871	4	29	1
辽宁	109	39	177 988	10 296	57	372	
吉林	88	7	40 176	10 854	4	29	
黑龙江	113	113	1 366 154	36 797			
上海	19						
江苏	18	28	131 157	2 810			
浙江	56						
安徽	20	10	72 070	1 254			
福建	113	39	95 988	44 684	9	42	1
江西	156	75	387 047	306 174		2 104	
山东	14					10	
河南	97	10	37 809	2 415		27	
湖北	53	52	378 032	9 634	6	174	93
湖南	69	69	160 348	403	40	419	185
广东	48	47	146 620	6 672			
广西	41	28	193 767	3 078			
海南	40	77	243 391	11 448			
重庆	17						
四川	35						
贵州	37	17	11 640	219			
云南	43	21	77 934	4 380			
陕西	12	7	21 579	1 274			
甘肃	25	4	29 040	157			
青海	20					1	
宁夏	14	14	50 507	12 935			
新疆（兵团）	176	176	709 005	1 770	8	27	71
新疆（农业）	40	6	32 241	1 311	2	98	212
新疆（畜牧）	123	7	23 157	49 314	20	134	4
热科院	1						
广州							
南京	1					1	

2－2　农场按生产总值排序

农场名称	生产总值（万元）	排序	工业增加值（万元）	排序	农业增加值（万元）	排序	耕地面积（公顷）	排序	年平均职工人数（人）	排序
河北省国营中捷友谊农场	1 300 999	1	347 400	5	191 000	3	6 375	208	10 125	79
河北省国营柏各庄农场	1 018 727	2	281 156	6	200 535	2	28 457	52	36 001	7
江西省九江市共青垦殖场	903 219	3	631 091	1	22 952	198	3 100	314	55 256	3
河北省国营南大港农场	850 000	4	495 000	3	29 000	153	6 345	210	7 369	137
湖南省岳阳市君山农场	801 113	5	365 072	4	157 610	7	18 838	79	52 837	4
湖南省屈原管理区	784 300	6	521 000	2	139 400	12	9 700	150	56 652	2
新疆兵团石总场	549 772	7	123 654	15	102 684	17	20 432	73	24 233	12
广西农垦国有新兴农场	412 516	8	246 776	8	10 123	356	2 555	330	13 092	50
河北省芦台农场	385 000	9	275 000	7	32 587	129	7 676	186	3 229	319
黑龙江省友谊农场	368 570	10	67 506	29	217 005	1	109 800	1	46 103	6
湖北省武湖农场	315 739	11	141 491	11	14 225	292	658	440	23 415	15
河北省汉沽农场	302 586	12	128 075	14	50 698	71	6 047	217	2 576	354
黑龙江省查哈阳农场	294 609	13	33 172	70	87 019	26	63 777	9	26 973	10
新疆兵团芳草湖农场	289 756	14	66 382	31	73 963	43	38 471	25	24 169	13
黑龙江省八五二农场	285 646	15	53 625	41	145 062	9	79 427	4	28 722	9
湖南省大通湖管理区	276 680	16	48 550	46	188 680	4	13 791	112	79 234	1
河北省国营察北农场	252 000	17	160 000	9	65 000	53	9 713	148	1 301	452
黑龙江省八五三农场	250 276	18	45 332	50	141 237	11	68 000	7	19 778	21
黑龙江省七星农场	249 567	19	12 826	205	176 438	5	82 200	3	21 362	18
广西农垦国有西江农场	233 221	20	24 301	112	27 747	160	1 959	358	12 323	58
辽宁铁岭市种畜场	230 643	21	119 853	18	30 739	143	1 486	383	1 945	397
黑龙江省八五六农场	227 827	22	15 022	182	157 779	6	78 867	5	13 927	41
新疆兵团新湖农场	227 133	23	27 492	93	86 716	27	35 108	37	16 536	29
黑龙江省八五四农场	223 976	24	27 184	94	156 867	8	67 927	8	8 472	110
黑龙江省宝泉岭农场	222 992	25	9 005	261	102 868	16	38 307	29	8 431	113
黑龙江省五九七农场	218 642	26	33 600	66	112 311	14	42 567	17	17 888	23
新疆兵团十二团	210 234	27	56 702	39	82 636	33	11 553	127	7 525	135
湖北省龙感湖农场	208 271	28	137 362	13	28 686	156	4 102	261	20 471	20
湖南省常德市西洞庭管理区	200 366	29	102 256	19	35 505	112	6 556	204	20 568	19
辽宁凌海市大有农场	199 172	30	141 935	10	55 638	64	3 952	267	2 505	359
黑龙江省八五九农场	193 493	31	11 617	221	144 662	10	87 200	2	17 478	26
新疆兵团十团	189 940	32	58 151	36	90 022	23	8 891	163	7 870	126
新疆兵团十六团	188 620	33	43 375	51	92 139	22	10 090	144	8 695	106
湖北省总口农场	188 532	34	140 440	12	33 439	123	5 723	225	15 833	32
黑龙江省前进农场	186 305	35	23 561	115	105 764	15	53 067	11	13 039	52
新疆兵团奇台农场	185 325	36	60 934	33	49 335	75	26 448	58	13 781	42
新疆兵团一四三团	180 142	37	31 439	75	59 323	61	16 922	87	13 586	46

2-2 续表 1

农场名称	生产总值（万元）	排序	工业增加值（万元）	排序	农业增加值（万元）	排序	耕地面积（公顷）	排序	年平均职工人数（人）	排序
广西农垦国有九曲湾农场	179 085	38	11 170	225	2 313	495	243	491	6 683	160
新疆兵团一四二团	179 078	39	18 888	148	88 649	24	22 317	67	11 692	63
山东广北农场	172 534	40	122 545	16	34 678	116	2 866	321	1 018	481
江苏省国营东辛农场	171 620	41	46 043	49	22 933	199	3 911	270	4 617	249
河北省国营沽源牧场	170 179	42	122 145	17	10 241	353	8 529	169	963	491
湖北省五三农场	167 525	43	51 033	44	38 055	105	9 300	158	34 757	8
新疆兵团一〇一团	167 243	44	5 467	340	14 497	290	3 688	282	12 188	60
黑龙江省绥滨农场	166 044	45	22 200	121	85 162	28	35 800	35	9 384	88
新疆兵团一团	163 855	46	48 243	47	76 826	40	14 556	104	8 333	116
黑龙江省军川农场	162 639	47	17 666	159	77 946	37	41 396	18	7 212	141
新疆兵团火箭农场	160 126	48	55 615	40	21 810	207	3 231	307	8 442	112
新疆兵团一二一团	158 960	49	10 495	236	72 078	45	30 364	46	15 191	34
黑龙江省前锋农场	158 594	50	4 749	359	128 119	13	71 334	6	13 223	49
河北省大曹庄农场	158 194	51	98 430	21	26 697	169	5 502	228	1 580	427
新疆兵团二十九团	155 799	52	81 095	25	50 173	72	12 443	122	12 485	57
新疆兵团十三团	155 683	53	31 647	74	93 219	21	11 597	126	8 294	117
新疆兵团二团	150 152	54	26 973	95	77 872	38	15 137	102	5 010	225
黑龙江省兴凯湖农场	148 902	55	4 360	369	87 506	25	39 090	22	5 632	202
辽宁锦州市果树农场	148 170	56	15 260	176	12 000	328	186	498	1 187	464
黑龙江省八五七农场	147 774	57	22 985	118	84 590	29	36 063	33	8 054	122
黑龙江省八五八农场	145 724	58	23 255	117	95 849	20	40 267	21	9 355	90
辽宁营口西海农场	145 430	59	74 820	27	26 940	167	802	424	60	551
黑龙江省二九〇农场	142 928	60	22 023	123	77 669	39	41 111	19	10 329	77
湖北省后湖农场	142 885	61	99 727	20	34 540	118	3 008	315	14 472	39
黑龙江省创业农场	141 950	62	29 680	85	72 629	44	37 333	31	9 831	84
黑龙江省饶河农场	141 285	63	14 180	194	82 606	34	34 667	38	9 146	96
广西农垦国有旺茂农场	137 823	64	83 457	24	32 685	128	257	490	6 915	151
黑龙江省勤得利农场	137 603	65	8 301	271	100 667	18	62 420	10	12 287	59
广西农垦国有北部湾总场	132 937	66	30 509	81	40 423	99	5 226	231	13 542	47
新疆兵团一四四团	131 517	67	20 121	134	61 191	55	15 822	95	7 305	139
辽宁阜新市农场	131 386	68	88 961	23	7 204	411	192	497	8 110	119
新疆兵团三团	129 066	69	30 839	80	76 595	41	10 990	134	6 398	166
黑龙江省八五〇农场	128 333	70	25 003	107	71 261	47	33 445	41	7 170	142
黑龙江省共青农场	127 841	71	26 037	103	66 064	51	31 467	44	5 963	182
黑龙江省二九一农场	127 808	72	7 069	301	78 218	36	37 877	30	7 283	140
黑龙江省红卫农场	125 923	73	2 627	420	83 708	30	38 667	24	13 052	51
黑龙江省胜利农场	125 772	74	9 033	259	83 261	31	46 200	13	13 747	44

2-2续表2

农场名称	生产总值（万元）	排序	工业增加值（万元）	排序	农业增加值（万元）	排序	耕地面积（公顷）	排序	年平均职工人数（人）	排序
新疆兵团四十五团	125 727	75	17 804	158	57 734	62	15 528	98	9 969	82
黑龙江省普阳农场	124 692	76	19 209	144	71 432	46	30 533	45	7 345	138
黑龙江省大兴农场	123 052	77	3 110	407	98 921	19	50 646	12	6 732	157
黑龙江省庆丰农场	121 828	78	21 476	126	79 147	35	44 431	14	11 315	68
广西农垦国有金光农场	121 183	79	8 245	273	31 887	134	4 677	245	6 946	150
广西农垦国有五星总场	119 000	80	90 656	22	12 265	324	289	485	5 861	187
黑龙江省云山农场	118 456	81	10 805	230	70 457	48	31 480	43	4 590	251
新疆兵团八十八团	117 534	82	19 657	140	25 552	181	3 992	265	1 873	405
黑龙江省红旗岭农场	115 573	83	16 989	164	60 541	57	19 867	77	6 096	176
新疆兵团一零四团	115 093	84	20 282	131	7 630	403	983	408	9 087	97
黑龙江省新华农场	114 573	85	19 000	147	65 545	52	29 307	50	8 523	109
新疆兵团一二九团	114 419	86	26 279	101	41 370	96	11 025	133	9 179	95
黑龙江省赵光农场	113 970	87	8 000	279	48 770	77	33 831	39	11 256	69
新疆兵团八团	113 928	88	41 815	55	48 141	78	9 023	161	4 631	248
新疆兵团七团	113 239	89	39 650	59	55 515	65	8 771	165	4 910	231
新疆兵团一三〇团	111 433	90	21 799	124	49 322	76	16 355	92	10 115	80
新疆兵团八十三团	111 126	91	13 882	199	32 709	127	10 282	143	10 156	78
黑龙江省江川农场	110 555	92	13 218	201	60 555	56	18 947	78	11 719	62
新疆兵团六十二团	110 061	93	47 312	48	30 298	147	4 892	241	8 249	118
新疆兵团二十二团	109 294	94	66 979	30	28 740	155	9 447	156	8 828	102
新疆兵团一三一团	108 099	95	19 042	146	45 612	81	11 029	132	8 051	123
新疆兵团一五二团	107 385	96	20 670	130	15 850	272	876	416	4 013	279
黑龙江省北兴农场	107 106	97	13 847	200	66 528	50	33 334	42	12 127	61
黑龙江省八五一一农场	106 946	98	21 378	127	56 369	63	22 993	65	5 854	188
黑龙江省铁力农场	104 544	99	19 452	142	40 048	102	15 872	94	4 996	226
辽宁盘锦市前进农场	104 165	100	59 101	34	19 217	231	3 673	284	22 689	17
新疆兵团一五〇团	103 234	101	12 954	204	42 876	88	18 038	84	5 232	213
新疆兵团一〇二团	103 106	102	31 949	71	19 221	230	8 218	174	8 642	107
新疆兵团五团	102 741	103	14 441	191	51 232	70	6 350	209	12 853	55
黑龙江省浓江农场	102 687	104	2 692	419	83 192	32	39 065	23	3 843	289
新疆兵团十四团	100 786	105	15 102	181	60 485	58	7 331	192	3 972	283
新疆兵团六十六团	98 936	106	39 426	60	33 646	122	6 158	216	11 104	72
黑龙江省江滨农场	98 245	107	18 400	151	47 098	80	22 513	66	6 279	172
新疆兵团红星一场	96 615	108	53 530	42	21 108	218	3 359	299	5 481	205
新疆兵团黄田农场	96 388	109	58 665	35	22 360	202	2 469	334	7 931	125
新疆兵团十一团	95 984	110	15 341	175	59 798	60	9 736	147	5 684	198
湖北省草埠湖农场	95 874	111	41 523	57	31 518	140	4 600	248	16 571	28

2-2 续表 3

农场名称	生产总值（万元）	排序	工业增加值（万元）	排序	农业增加值（万元）	排序	耕地面积（公顷）	排序	年平均职工人数（人）	排序
新疆兵团一二八团	95 870	112	31 831	73	41 659	94	13 081	117	6 976	148
湖北省沙市农场	93 932	113	75 253	26	12 041	327	1 003	403	15 140	35
黑龙江省洪河农场	93 657	114	3 629	390	74 234	42	42 666	16	9 209	93
新疆兵团一四八团	93 199	115	8 416	267	32 785	125	16 195	93	10 863	73
新疆兵团红星二场	93 014	116	57 828	37	16 677	263	3 114	313	3 702	298
江西云山集团有限责任公司	92 364	117	74 757	28	11 054	339	1 764	369	11 377	67
新疆兵团一四七团	91 677	118	22 307	120	35 199	114	12 281	124	5 428	207
新疆兵团四十四团	91 227	119	26 808	97	44 810	84	10 688	136	9 384	88
黑龙江省青龙山农场	90 881	120	3 760	385	64 462	54	38 319	28	7 514	136
新疆兵团一二五团	90 571	121	6 333	319	52 242	69	16 752	88	9 220	92
新疆兵团一八八团	89 098	122	42 750	53	13 252	306	7 357	189	6 301	170
新疆兵团七十三团	88 043	123	56 849	38	17 092	257	3 239	306	4 861	235
黑龙江省二道河农场	87 422	124	3 243	405	70 433	49	36 313	32	6 715	159
黑龙江省前哨农场	86 980	125	4 018	380	59 873	59	38 333	27	6 721	158
新疆兵团一八四团	86 952	126	24 365	110	31 145	142	13 046	118	3 745	294
黑龙江省二龙山农场	85 671	127	12 642	207	37 188	107	27 286	54	6 408	165
黑龙江省克山农场	84 929	128	5 418	344	40 853	98	29 607	49	11 587	66
黑龙江省名山农场	84 202	129	16 501	168	36 956	108	17 071	86	3 597	305
新疆兵团三十三团	83 769	130	20 685	129	45 424	82	8 201	175	4 358	265
辽宁盘锦市清水农场	83 570	131	50 053	45	18 599	238	4 602	247	15 915	31
新疆兵团一二三团	83 384	132	8 260	272	34 978	115	12 486	121	9 308	91
新疆兵团一四九团	82 547	133	4 728	360	33 289	124	13 243	115	8 017	124
黑龙江省曙光农场	81 873	134	15 213	178	42 702	90	13 659	113	6 304	169
辽宁盘锦市唐家农场	81 162	135	33 261	69	16 264	269	6 580	203	19 687	22
新疆兵团一三四团	81 145	136	3 633	389	42 820	89	18 341	82	9 881	83
新疆兵团三十六团	80 751	137	22 046	122	45 037	83	2 951	317	4 370	264
黑龙江省八五一〇农场	79 721	138	14 121	195	37 304	106	21 629	69	4 897	232
辽宁盘锦市新兴农场	78 707	139	34 120	64	26 001	174	3 334	301	13 750	43
江苏省国营岗埠农场	78 243	140	20 830	128	18 975	233	2 302	343	1 752	417
黑龙江省海伦农场	78 157	141	5 444	343	30 455	145	16 577	89	6 083	178
湖北省张集农场	77 587	142	13 931	197	54 265	67	8 716	166	25 445	11
广西柳州市绿达公司	77 573	143	26 757	99	7 184	412	137	508	5 271	212
广西农垦国有龙北总场	77 000	144	10 860	228	31 737	136	3 007	316	11 150	71
新疆兵团六十四团	76 671	145	30 935	79	31 536	139	8 235	172	9 193	94
黑龙江省双鸭山农场	76 602	146	12 635	208	33 786	121	14 800	103	7 849	127
新疆兵团六十一团	76 548	147	39 753	58	28 761	154	5 899	220	5 819	192

2－2续表4

农场名称	生产总值（万元）	排序	工业增加值（万元）	排序	农业增加值（万元）	排序	耕地面积（公顷）	排序	年平均职工人数（人）	排序
新疆兵团一〇三团	76 311	148	16 664	166	32 784	126	11 264	130	7 848	128
黑龙江省八五五农场	75 941	149	2 496	422	49 837	73	30 014	48	5 719	197
新疆兵团一二四团	75 109	150	6 197	323	47 885	79	11 313	128	5 358	210
新疆兵团一四一团	74 083	151	4 873	354	40 160	101	10 287	142	3 862	287
黑龙江省引龙河农场	73 728	152	9 508	252	34 634	117	25 122	60	5 624	203
新疆兵团六团	73 583	153	24 309	111	35 211	113	4 445	254	4 460	258
新疆兵团四十九团	73 523	154	8 147	276	41 219	97	9 321	157	6 262	173
黑龙江省鹤山农场	73 311	155	6 638	312	49 432	74	35 578	36	8 092	120
新疆兵团淖毛湖农场	72 686	156	52 173	43	4 163	469	1 545	382	2 147	385
新疆兵团七十一团	72 371	157	31 271	76	23 348	192	6 913	196	5 869	186
黑龙江省七星泡农场	71 713	158	5 166	347	39 441	103	33 529	40	6 987	147
海南省国营西联农场	71 347	159	2 613	421	21 685	209	1 386	389	2 362	370
海南省国营南田农场	71 340	160	205	516	34 489	119	983	407	2 680	348
广西农垦国有山圩农场	70 906	161	62 194	32	4 689	457	1 146	401	2 868	333
黑龙江省梧桐河农场	70 816	162	20 232	132	39 075	104	18 534	81	4 441	259
湖北省运粮湖农场	70 599	163	42 291	54	24 559	183	3 209	309	7 731	131
广西农垦国有良圻农场	70 509	164	28 741	89	15 773	274	2 102	352	5 172	215
黑龙江省鸭绿河农场	70 077	165	1 896	440	55 338	66	29 067	51	5 635	201
新疆兵团一八三团	70 044	166	26 062	102	23 049	196	9 694	151	3 084	324
新疆兵团一三三团	69 990	167	3 487	396	44 106	85	20 653	71	7 740	130
辽宁盘锦市东风农场	69 550	168	12 084	217	21 619	211	5 036	235	15 020	36
黑龙江省海林农场	69 141	169	12 721	206	34 309	120	9 210	160	4 094	277
新疆兵团六十三团	68 420	170	29 574	86	27 188	165	5 947	218	4 336	266
新疆兵团共青团农场	68 000	171	4 023	379	41 593	95	9 688	153	4 745	243
新疆兵团八十六团	67 423	172	17 547	160	30 080	148	7 695	185	8 080	121
新疆兵团七十七团	67 245	173	28 943	87	23 897	186	13 855	110	3 815	291
江苏省国营新曹农场	66 885	174	6 809	307	42 931	87	3 328	303	5 103	219
新疆兵团五十三团	66 161	175	10 364	239	32 280	131	9 221	159	8 980	100
新疆兵团七十团	66 139	176	31 010	78	21 565	212	4 524	252	5 877	185
新疆兵团一三六团	65 692	177	2 114	434	26 800	168	10 295	141	4 492	257
新疆兵团柳树泉农场	65 116	178	35 497	63	18 453	241	919	410	5 522	204
新疆兵团五十一团	64 198	179	14 940	185	31 295	141	12 049	125	17 501	25
新疆兵团红山农场	64 081	180	38 822	61	12 337	323	5 813	222	5 822	191
海南省国营金江农场	63 681	181	1 991	438	29 010	152	448	468	1 225	459
河南省黄泛区农场	63 642	182	8 673	264	29 160	151	6 251	213	8 825	103
黑龙江省延军农场	62 735	183	22 950	119	27 247	163	15 182	101	4 723	246
辽宁抚顺高湾种畜农场	62 679	184	11 775	218	5 509	443	721	438	1 845	408

2-2续表5

农场名称	生产总值（万元）	排序	工业增加值（万元）	排序	农业增加值（万元）	排序	耕地面积（公顷）	排序	年平均职工人数（人）	排序
黑龙江省逊克农场	62 284	185	1 651	449	40 256	100	43 823	15	8 468	111
黑龙江省长水河农场	62 100	186	4 515	366	35 982	110	24 067	61	3 839	290
湖北省太湖农场	61 597	187	12 140	213	18 976	232	4 359	255	23 672	14
黑龙江省襄河农场	61 417	188	6 201	322	26 446	171	18 686	80	3 703	296
新疆兵团二二四团	61 308	189	553	494	53 806	68	5 844	221	6 383	167
黑龙江省尖山农场	61 299	190	2 484	423	42 996	86	27 130	55	4 839	237
黑龙江省嫩北农场	61 100	191	4 909	351	32 103	133	27 012	56	7 133	144
黑龙江省嘉荫农场	60 968	192	1 164	466	31 664	137	17 790	85	7 139	143
新疆兵团八十一团	60 692	193	12 614	209	25 957	175	5 576	227	4 923	229
新疆兵团五一农场	60 353	194	6 712	309	17 001	259	2 731	323	5 837	190
湖北省中洲垸农场	60 304	195	13 924	198	20 461	223	3 613	289	11 651	64
新疆兵团三坪农场	60 295	196	4 787	358	11 193	337	3 798	275	5 291	211
黑龙江省富裕牧场	60 207	197	2 460	424	42 539	91	13 409	114	5 931	184
黑龙江省龙镇农场	60 177	198	5 500	338	27 059	166	23 580	62	5 123	216
辽宁盘锦市新立农场	59 763	199	30 313	82	25 606	180	3 932	269	11 194	70
广西农垦国有明阳农场	59 617	200	759	486	4 193	467	501	460	2 720	345
黑龙江省大西江农场	59 567	201	4 505	367	32 548	130	20 428	74	5 936	183
新疆兵团头屯河农场	58 881	202	2 138	433	11 772	332	1 209	397	5 982	181
新疆兵团三十四团	58 657	203	4 025	378	41 870	93	7 965	179	4 678	247
新疆兵团红星四场	58 058	204	24 814	109	15 249	278	4 027	263	4 111	275
辽宁盘锦市城郊农场	57 998	205	33 934	65	16 639	265	1 990	357	6 560	163
河北省国营御道口牧场	57 987	206	43 198	52	5 576	441	2 120	351	1 099	472
新疆兵团红旗农场	57 904	207	9 867	246	25 920	176	12 856	119	6 063	179
新疆兵团五十团	57 898	208	7 598	287	32 249	132	10 433	138	6 627	161
海南省国营南新农场	57 539	209	731	487	3 414	480	148	506	1 474	435
辽宁盘锦市西安农场	57 048	210	29 987	83	19 292	229	4 707	244	13 518	48
新疆兵团一八一团	56 835	211	24 076	113	12 558	319	8 408	170	4 614	250
黑龙江省和平牧场	56 814	212	13 004	203	20 515	222	7 718	184	4 924	228
湖南省常德市西湖管理区	56 652	213	7 565	290	28 657	157	4 221	259	6 898	153
新疆兵团七十六团	56 627	214	19 489	141	27 219	164	14 498	106	6 028	180
江西省分宜县介桥垦殖场	56 040	215	2 930	415	1 000	523	729	435	14 062	40
新疆兵团六十七团	55 799	216	10 638	231	30 627	144	8 172	177	5 104	218
辽宁盘锦市平安农场	55 796	217	28 242	90	20 651	221	3 763	277	14 860	38
新疆兵团八十九团	55 510	218	8 673	264	22 278	204	8 219	173	8 700	105
广东省丰收糖业发展有限公司	55 467	219	26 776	98	15 992	271	3 625	287	2 222	379
黑龙江省红星农场	54 892	220	4 657	361	29 893	149	27 333	53	4 996	226

2-2续表6

农场名称	生产总值（万元）	排序	工业增加值（万元）	排序	农业增加值（万元）	排序	耕地面积（公顷）	排序	年平均职工人数（人）	排序
新疆兵团一六八团	54 552	221	1 705	446	18 966	234	8 248	171	5 810	193
新疆兵团三十一团	54 403	222	10 534	234	29 373	150	6 300	212	5 232	213
湖北省人民大垸农场	53 855	223	14 507	190	27 717	161	7 452	187	17 624	24
辽宁盘锦市王家农场	53 635	224	26 578	100	18 466	240	3 133	310	9 975	81
黑龙江省建边农场	53 600	225	4 056	377	20 823	219	20 225	75	5 640	200
海南省国营八一农场	53 367	226	6 477	317	22 285	203	3 830	273	879	500
辽宁辽阳市首山农场	53 366	227	31 044	77	12 870	315	836	420	2 076	388
黑龙江省山河农场	53 366	228	3 225	406	36 285	109	26 767	57	6 244	174
江西省南昌市桑海农场	53 284	229	28 792	88	3 289	482	1 402	387	6 857	154
新疆兵团一〇五团	53 087	230	6 621	313	23 578	189	10 391	139	5 664	199
海南省国营红明农场	52 933	231	413	505	30 435	146	1 317	392	294	540
北京市西郊农场	52 578	232			1 134	518	76	520	883	497
黑龙江省宁安农场	51 621	233	17 415	162	21 149	217	4 589	250	3 121	323
黑龙江省建设农场	51 244	234	1 523	452	23 342	193	20 080	76	8 400	115
新疆兵团三十团	51 231	235	14 776	188	26 237	172	6 400	206	4 570	253
辽宁盘锦市榆树农场	51 222	236	25 122	106	24 423	185	5 010	237	6 556	164
辽宁盘锦市高家农场	50 243	237	26 839	96	17 360	255	2 185	349	8 740	104
海南省国营新中农场	50 223	238	182	517	35 959	111	386	473	1 445	439
光明食品集团上海五四有限公司	50 130	239	11 592	222	18 860	236	2 685	325	4 396	263
海南省国营西培农场	49 906	240	1 187	464	28 499	158	5 323	229	2 812	339
新疆兵团四十八团	49 654	241	4 839	357	31 612	138	3 423	294	2 195	380
光明食品集团上海东海总公司	49 520	242	9 159	256	7 240	410	558	452	1 876	404
辽宁盘锦市太平农场	49 051	243	25 959	104	18 511	239	3 676	283	7 800	129
黑龙江省荣军农场	48 905	244	3 779	384	23 436	191	16 408	91	4 726	245
黑龙江省绥棱农场	48 863	245	765	485	27 276	162	15 321	99	2 806	340
云南曼沙农场	48 742	246	606	491	7 152	413	7	545	301	537
辽宁锦州小东种畜场	48 270	247	1 800	442	42 075	92	12 712	120	16 991	27
新疆兵团一二六团	47 949	248	3 297	402	22 987	197	7 398	188	4 308	267
新疆兵团二十四团	47 340	249	10 301	243	25 783	178	6 659	199	4 233	269
湖北省阳新综合农场	47 219	250	6 720	308	8 248	389	454	467	12 925	53
湖北省华严农场	46 536	251	33 539	67	6 192	433	1 287	394	10 636	76
黑龙江省嫩江农场	46 519	252	4 305	371	31 744	135	30 050	47	8 604	108
新疆兵团军户农场	45 952	253	1 421	457	26 221	173	4 971	239	5 114	217
广东省铜锣湖农场	44 931	254	9 604	250	22 162	205	774	431	650	519
新疆兵团一八七团	44 822	255	17 871	157	10 950	340	8 880	164	3 160	320
黑龙江省红光农场	44 703	256	900	480	19 462	228	9 928	146	2 855	335
新疆兵团六十九团	44 651	257	18 196	153	13 760	300	5 039	234	2 971	330

2－2续表7

农场名称	生产总值（万元）	排序	工业增加值（万元）	排序	农业增加值（万元）	排序	耕地面积（公顷）	排序	年平均职工人数（人）	排序
广东广前糖业发展有限公司	44 631	258	41 627	56	201	546	6 613	200	2 069	390
湖北省朱湖农场	44 545	259	12 114	215	22 919	200	2 241	348	10 766	74
江苏省国营黄海农场	43 936	260	7 276	296	9 900	361	2 007	354	4 836	239
黑龙江省香坊实验农场	43 643	261	18 255	152	2 524	492	598	443	3 083	325
黑龙江省汤原农场	43 626	262	9 029	260	18 281	244	9 690	152	2 162	384
广西农垦国有东风农场	43 557	263	15 446	173	14 986	281	562	451	3 472	309
海南省国营南滨农场	43 472	264	76	526	22 682	201	334	479	1 793	414
新疆兵团兵团伽师总场	42 912	265	8 240	274	23 476	190	6 787	198	4 832	240
湖北省大同湖农场	42 729	266	3 735	386	25 730	179	1 865	362	15 926	30
新疆兵团七十二团	42 420	267	10 502	235	15 208	279	6 311	211	5 011	224
福建漳浦县大南坂农场	42 406	268	31 934	72	5 781	437	525	455	158	547
江西省上饶市五府山场	41 529	269	21 700	125	887	526	665	439	11 638	65
黑龙江省尾山农场	41 375	270	5 470	339	18 755	237	15 238	100	3 353	315
新疆兵团八十四团	41 358	271	15 369	174	14 717	286	7 813	183	3 257	316
新疆兵团一二七团	41 290	272	3 567	393	19 529	227	7 928	180	4 824	241
黑龙江省锦河农场	40 943	273	7 053	302	17 603	252	11 279	129	3 527	306
黑龙江省龙门农场	40 427	274	3 813	382	17 250	256	15 765	96	2 333	374
广西农垦国有红河农场	40 301	275	1 991	438	7 633	402	1 285	395	3 425	311
辽宁盘锦市赵圈河苇场	39 989	276	18 169	154	17 427	253	1 893	360	2 561	355
辽宁盘锦石山种畜场	39 748	277	7 282	295	20 340	224	5 713	226	6 282	171
新疆兵团二十一团	39 468	278	15 244	177	16 728	260	6 177	215	4 078	278
辽宁盘锦市胡家农场	39 158	279	16 412	169	12 155	325	8 098	178	5 803	194
江西省上饶市新岗山场	39 150	280	36 270	62	361	535	34	531	1 883	403
新疆兵团六十八团	38 517	281	10 817	229	18 289	243	6 178	214	3 399	312
江西省宜春市黄岗山垦殖场	38 482	282	33 435	68	4 091	470	1 400	388	110	549
内蒙古自治区上库力农场	38 461	283	428	503	26 502	170	40 313	20	1 527	431
广西农垦国有源头农场	37 913	284	4 215	374	14 625	287	147	507	2 029	391
内蒙古自治区甘河农场	37 516	285	3 289	403	24 535	184	23 356	64	1 893	401
北京市南郊农场	37 237	286	10 465	237	6 135	434	343	477	2 026	393
广西农垦国有昌菱农场	37 146	287	279	514	11 244	336	2 414	336	4 913	230
黑龙江省红色边疆农场	37 122	288	3 503	394	16 068	270	15 621	97	4 796	242
黑龙江省齐齐哈尔种畜场	36 990	289	4 899	352	19 989	226	5 000	238	3 614	303
江苏省国营白马湖农场	36 914	290	7 916	280	7 108	416	1 407	386	2 613	352
江苏省国营滨淮农场	36 747	291	552	495	972	525			1 344	450
黑龙江省肇源农场	36 745	292	7 518	292	20 139	225	3 963	266	2 738	343
辽宁本溪张其寨畜牧场	36 715	293	27 735	91	5 733	439	865	417	2 743	342
湖北省蒋湖农场	36 361	294	10 334	240	10 401	351	3 328	303	9 035	99

2-2续表8

农场名称	生产总值（万元）	排序	工业增加值（万元）	排序	农业增加值（万元）	排序	耕地面积（公顷）	排序	年平均职工人数（人）	排序
江苏省国营三河农场	36 250	295	11 168	226	8 335	388	2 628	328	2 320	375
江苏省国营江心沙农场	36 162	296	23 653	114	3 360	481	896	413	1 099	472
广东省湖光农场	36 103	297	19 868	138	5 841	436	2 393	338	1 669	425
广西农垦国有黔江农场	35 913	298	16 635	167	6 700	423	1 860	363	1 817	411
新疆兵团一六六团	35 813	299	7 206	297	21 282	215	12 373	123	4 013	279
海南省国营乌石农场	35 726	300	1 895	441	16 589	266	467	465	1 156	468
黑龙江省红五月农场	35 571	301	3 500	395	21 171	216	16 487	90	4 839	237
湖北省白鹭湖农场	35 536	302	19 966	136	13 192	309	2 887	320	6 902	152
辽宁盘锦荣兴农场	35 254	303	4 540	365	10 320	352	1 857	364	10 746	75
北京市北郊农场（合并）	35 241	304	676	489	1 768	507	0	547	675	514
广西农垦国有立新农场	35 078	305	16 980	165	9 712	365	106	514	2 832	337
新疆兵团二十七团	34 885	306	14 285	193	13 188	310	4 120	260	4 135	272
江西省上饶市大茅山场	34 744	307	29 756	84	4 472	463	280	486	5 102	220
黑龙江省格球山农场	34 600	308	3 000	412	23 798	187	14 400	107	4 198	270
广西农垦国有新光农场	34 537	309	6 573	315	11 784	331	590	444	2 935	331
辽宁盘锦市坝墙子农场	34 168	310	19 679	139	9 587	366	3 616	288	6 325	168
湖北省大沙湖农场	34 149	311	10 044	244	13 932	298	2 889	319	15 482	33
江西省上饶市武夷山场	33 743	312	17 242	163	1 700	509	916	411	1 863	407
内蒙古自治区谢尔塔拉种牛场	33 739	313	8 045	278	23 137	195	20 560	72	973	490
新疆兵团四团	33 738	314	6 142	327	18 877	235	5 180	232	3 883	284
新疆兵团四十一团	33 675	315	1 525	451	12 883	314	3 541	292	2 578	353
黑龙江省依安农场	33 557	316	7 820	281	17 363	254	5 744	224	2 710	347
辽宁抚顺兰山种畜场	33 446	317	23 537	116	3 108	484	515	457	1 493	433
内蒙古自治区那吉屯农场	33 253	318	5 055	348	17 988	248	20 663	70	162	546
辽宁阜新市阿尔乡畜牧场	33 250	319	3 800	383	12 100	326	3 889	271	2 296	376
新疆兵团七十五团	33 221	320	17 499	161	7 654	401	7 081	194	1 688	421
湖北省荒湖农场	33 183	321	5 194	346	17 766	251	3 700	281	9 079	98
安徽省皖河农场	33 063	322	4 221	372	23 241	194	3 611	290	2 346	372
黑龙江省绿色草原牧场	32 815	323	1 476	455	22 001	206	7 333	191	3 015	327
新疆兵团西山农场	32 532	324	6 650	311	4 689	457	1 593	380	2 827	338
湖北省军垦农场	32 507	325	4 208	375	21 653	210	1 699	371	4 550	255
湖北省熊口农场	32 487	326	15 178	179	14 140	294	2 433	335	7 601	133
黑龙江省红旗农场	32 214	327	14 773	189	7 119	415	831	421	4 407	262
湖北省长港农场	31 876	328	6 817	306	15 660	275	1 345	390	9 637	87
黑龙江省庆阳农场	31 654	329	12 441	211	12 858	316	4 592	249	3 047	326
湖北省南湖农场	31 555	330	24 825	108	3 994	473	416	471	3 692	300
新疆兵团七十八团	31 436	331	8 222	275	17 013	258	989	406	2 104	387

2-2 续表 9

农场名称	生产总值（万元）	排序	工业增加值（万元）	排序	农业增加值（万元）	排序	耕地面积（公顷）	排序	年平均职工人数（人）	排序
新疆兵团皮山农场	31 287	332	3 060	409	17 916	250	2 163	350	8 873	101
海南省国营东太农场	31 265	333	638	490	23 581	188	508	459	1 367	447
海南省国营乐光农场	31 236	334			25 793	177	261	489	1 181	465
湖北省王集农场	31 100	335	6 152	326	18 157	246	4 281	256	23 388	16
海南省国营中坤农场	31 012	336	411	506	14 531	289	635	442	1 240	458
广西农垦国有桂北农场	30 870	337	17 881	156	3 464	479	46	526	1 998	394
海南省国营龙江农场	30 801	338	551	496	21 809	208	774	430	1 814	412
新疆兵团七十九团	30 630	339	13 191	202	13 020	311	2 513	331	2 188	382
新疆兵团一三七团	30 525	340	4 590	362	11 868	329	2 408	337	5 034	223
上海市上海农场	30 267	341	814	482	28 388	159	14 262	108	1 180	466
广东省平岗农场	30 245	342	25 272	105					391	531
内蒙古自治区三河马场	29 962	343	57	529	21 544	213	38 352	26	1 327	451
江苏省国营弶港农场	29 709	344	5 988	328	10 111	357	729	435	1 708	420
黑龙江省宝山农场	29 590	345	2 101	435	16 715	261	7 357	189	2 354	371
湖北省三湖农场	29 280	346	6 280	320	18 136	247	3 126	311	9 669	86
湖南省茶盘洲镇	29 200	347	1 450	456	1 600	510	3 335	300	12 921	54
湖北省周矶农场	28 868	348	18 761	150	6 680	424	786	426	6 991	146
湖北省万福店农场	28 822	349	6 831	305	9 160	376	1 998	356	15 015	37
海南省国营东兴农场	28 688	350	568	493	20 743	220	476	461	1 247	457
江苏省国营宝应湖农场	28 412	351	11 285	223	5 333	445	2 351	341	1 927	399
黑龙江省闫家岗农场	28 358	352	4 897	353	4 749	456	439	470	1 364	449
江西省景德镇市罗家场	28 306	353	27 625	92	566	532	100	515	3 143	321
新疆兵团一〇六团	28 126	354	2 459	425	13 865	299	5 930	219	2 663	349
云南勐捧农场	27 905	355			25 015	182	37	529	6 830	155
河南省国营博爱农场	27 842	356	18 085	155	2 530	491	885	414	2 615	351
海南省国营中建农场	27 780	357	933	476	16 685	262	583	448	1 199	463
广东省胜利农场	27 527	358	12 173	212	3 517	478	31	532	1 051	477
新疆兵团一八二团	27 278	359	9 341	255	9 218	374	7 901	182	2 411	365
新疆兵团七十四团	27 239	360	7 638	285	11 252	335	4 918	240	1 945	397
新疆兵团二二三团	27 140	361	10 618	232	8 627	384	2 731	323	3 254	317
新疆兵团土墩子农场	26 945	362	8 306	270	11 185	338	5 180	232	3 741	295
辽宁盘锦市新开农场	26 929	363	18 846	149	7 142	414	3 333	302	12 626	56
云南思茅农场	26 294	364	910	478	345	537	11	544	296	538
海南省国营阳江农场	26 082	365	1 275	462	10 830	344	1 478	384	1 504	432
广西农垦国有垌美农场	26 038	366	20 180	133	2 194	497	443	469	2 496	360
云南弥勒东风农场	25 940	367	1 125	467	21 493	214	461	466	914	494
海南省国营西达农场	25 767	368			14 836	284	1 726	370	2 370	369

2-2续表10

农场名称	生产总值（万元）	排序	工业增加值（万元）	排序	农业增加值（万元）	排序	耕地面积（公顷）	排序	年平均职工人数（人）	排序
江西省新余市南英垦殖场	25 729	369	7 658	284	14 120	295	6 395	207	48 765	5
新疆兵团一六四团	25 664	370	2 172	431	16 669	264	10 039	145	3 014	328
黑龙江省哈拉海农场	25 631	371	4 545	363	13 487	305	11 174	131	2 654	350
江西省九江市芙蓉农场	25 603	372	20 118	135	3 790	475	854	419	5 762	195
广东省曙光农场	25 473	373	15 531	172	1 285	512	78	517	733	511
黑龙江省泰来农场	25 217	374	4 219	373	15 653	276	4 854	242	1 890	402
湖北省清河农场	24 988	375	7 591	289	14 046	296	1 455	385	6 614	162
新疆兵团一六一团	24 814	376	343	510	13 717	301	7 924	181	2 544	356
江苏省国营临海农场	24 807	377	7 768	283	6 308	431	373	475	1 831	410
新疆兵团四十六团	24 750	378	1 005	473	14 972	282	2 022	353	1 456	436
黑龙江省松花江农场	24 735	379	15 177	180	5 522	442	4 504	253	2 190	381
辽宁盘锦市大荒农场	24 469	380	9 540	251	7 362	409	4 550	251	8 424	114
江苏省国营新洋农场	24 419	381	10 332	241	1 265	516			2 174	383
湖北省江北农场	24 239	382	14 950	184	2 892	488			2 853	336
安徽省华阳河农场	24 159	383	912	477	17 923	249	6 602	201	339	534
新疆兵团一六三团	24 050	384	3 045	410	10 836	343	8 604	168	5 400	208
江西省宜春市阁山垦殖场	23 992	385	19 051	145	2 152	498	2 478	333	556	524
山东黄河农场	23 831	386			18 361	242	5 013	236	1 031	480
黑龙江省五大连池农场	23 810	387	850	481	13 605	303	10 352	140	4 891	233
广西农垦国有火光农场	23 586	388	9 343	254	2 751	490	15	539	2 072	389
辽宁鞍山新华农场	23 581	389	8 509	266	13 011	313	3 511	293	3 869	286
江西省宜春市上高县墨山垦殖场	23 568	390	19 882	137	1 965	503	550	453	3 685	302
湖北省菱角湖农场	23 157	391	5 462	341	12 481	320	2 266	347	6 084	177
广东省团结农场	23 113	392	9 657	249	1 970	501	48	525	762	509
云南东风农场	22 988	393	501	498	13 013	312	264	488	4 577	252
湖南省回龙圩管理区	22 919	394	7 367	293	10 458	350	1 881	361	7 618	132
云南南联山农场	22 799	395	431	502	2 906	486	15	540	292	541
广东省南华农场	22 749	396	16 212	171	1 546	511	1 677	374	1 277	453
新疆兵团四十二团	22 658	397	5 892	330	10 636	347	3 863	272	1 782	415
海南省国营立才农场	22 631	398	119	524	10 900	341	826	422	1 262	454
海南省国营东红农场	22 599	399	1 386	458	16 413	268	276	487	883	497
广东省红峰农场	22 565	400	8 402	268	4 183	468	27	534	645	520
新疆兵团一六七团	22 519	401	1 488	454	14 566	288	10 644	137	2 879	332
云南景洪农场	22 466	402	1 765	444	14 437	291	95	516	3 796	292
江西省萍乡市鸡冠山场	22 334	403	5 727	334	300	541	797	425	4 171	271
江西省上饶市旭光场	22 261	404	5 452	342	568	531	299	484	2 338	373
黑龙江省四方山农场	22 257	405	2 044	437	15 334	277	7 319	193	1 842	409

2-2 续表 11

农场名称	生产总值（万元）	排序	工业增加值（万元）	排序	农业增加值（万元）	排序	耕地面积（公顷）	排序	年平均职工人数（人）	排序
广东省东方红农场	22 153	406	19 441	143	198	547	589	446	1 008	482
安徽省寿西湖农场	21 614	407	8 083	277	9 226	373	3 737	279	3 131	322
广东省火星农场	21 512	408	9 735	248	818	527	15	540	763	508
辽宁盘锦市甜水农场	21 388	409	9 881	245	7 736	400	3 601	291	4 500	256
安徽省十字铺茶场	21 370	410	14 876	186	4 325	465	804	423	4 007	281
内蒙古自治区拉布大林农牧场	21 307	411	946	475	16 507	267	35 951	34	1 378	446
光明食品集团上海长江总公司	21 284	412	11 251	224	3 533	477	18 055	83	2 027	392
新疆兵团二二一团	21 247	413	2 258	429	6 194	432	724	437	2 464	362
广西农垦国有沙塘农场	21 126	414	5 046	349	10 515	349	204	494	1 456	436
江西省上饶市康山场	20 795	415	2 076	436	4 385	464	2 359	340	2 719	346
辽宁昌图新乡农场	20 662	416	6 175	325	13 500	304	781	427	2 518	358
湖北省万丈湖农场	20 460	417	10 566	233	9 211	375	1 592	381	7 526	134
云南江城橡胶公司	20 305	418			18 238	245	21	535	4 411	261
湖北省龙王咀农场	20 234	419	11 752	219	4 035	472	408	472	5 039	222
云南橄榄坝农场	19 905	420	1 528	450	14 936	283	178	499	2 738	343
湖北省桐湖农场	19 790	421	6 366	318	8 014	396	518	456	2 534	357
广西农垦国有东湖农场	19 730	422	3 444	398	9 029	379	385	474	2 256	377
河南扶沟县农牧场	19 512	423	14 983	183	2 046	500	926	409	2 255	378
安徽省龙亢农场	19 419	424	3 288	404	9 408	369	2 280	344	1 489	434
广东省新时代农场	19 306	425	7 614	286	1 968	502	15	540	673	516
云南勐腊农场	19 191	426	41	534	15 788	273	340	478	2 446	363
湖北省车河农场	18 969	427	5 532	337	9 291	372	1 168	399	5 478	206
广西农垦国有华山农场	18 900	428	170	519	4 875	454	13	543	2 423	364
吉林省前郭灌区国营红旗农场	18 582	429	5 589	336	11 314	334	2 746	322	3 979	282
新疆兵团六运湖农场	18 258	430	1 781	443	7 421	407	3 744	278	2 973	329
湖北省六合垸农场	18 243	431	7 361	294	6 629	427	1 776	367	4 248	268
内蒙古自治区格尼河农场	18 228	432	595	492	15 019	280	13 155	116	238	543
新疆兵团北塔山牧场	18 171	433	8 783	262	1 809	506	468	464	1 745	418
江西省九江市赛湖农场	17 990	434	6 953	304	5 956	435	738	434	13 669	45
海南省国营东昌农场	17 949	435	66	527	13 238	307	777	429	931	492
广东省五一农场	17 932	436	14 349	192	744	528	1 681	373	977	488
新疆兵团一六五团	17 927	437	1 036	472	13 197	308	3 941	268	2 403	366
海南省国营红华农场	17 895	438			8 019	395	4 001	264	3 520	308
内蒙古自治区特泥河牧场	17 883	439	415	504	14 166	293	25 521	59	1 091	476
黑龙江省依兰农场	17 754	440	4 000	381	6 895	421	3 632	286	1 366	448
湖北省小港农场	17 693	441	5 636	335	4 602	460	741	433	9 802	85
云南黎明农场	17 616	442	53	530	13 965	297	2 672	326	3 697	299

2－2续表12

农场名称	生产总值（万元）	排序	工业增加值（万元）	排序	农业增加值（万元）	排序	耕地面积（公顷）	排序	年平均职工人数（人）	排序
新疆兵团八十七团	17 583	443	3 729	387	8 030	393	3 375	298	1 954	395
江苏省国营海安农场	17 506	444	16 226	170	300	541	45	527	30	553
广东省新华农场	17 473	445	5 832	332	1 709	508	36	530	653	517
黑龙江省岔林河农场	17 450	446	3 430	399	8 677	383	4 272	257	1 541	429
辽宁朝阳市贾家店农场	17 433	447	2 735	417	10 065	358	6 523	205	4 733	244
广东省幸福农场	17 307	448	12 582	210	1 273	515	2 365	339	1 165	467
黑龙江省繁荣种畜场	17 268	449	2 292	428	9 881	362	9 710	149	3 455	310
福建云霄县和平农场	17 188	450	4 462	368	9 025	380	208	493	2 373	368
广东省建设农场	17 068	451	9 058	258	2 117	499	123	512	515	525
新疆兵团二十五团	17 043	452	4 327	370	6 650	426	1 917	359	2 475	361
湖南省常德市东山峰管理区	17 003	453	10 332	241	2 899	487	756	432	2 133	386
广西农垦国有东方农场	16 802	454	5 970	329	4 596	461	304	483	3 856	288
宁夏农垦平吉堡农场有限公司	16 729	455	803	483	13 668	302	3 395	296	820	506
黑龙江省安达牧场	16 725	456	395	508	4 672	459	997	404	981	485
黑龙江省柳河农场	16 655	457	377	509	7 457	405	4 252	258	1 409	445
江西省新余市九龙山垦殖场	16 582	458	9 760	247	3 221	483	6 596	202	5 040	221
江西省上饶市禾斛岭场	16 571	459	1 166	465	1 045	521	5 242	230	3 233	318
海南省国营三道农场	16 477	460	131	523	12 455	321	50	524	1 205	462
江西省彭泽县上十岭综合垦殖场	16 380	461	12 110	216	3 070	485	173	501	1 954	395
新疆兵团九十一团	16 314	462	3 319	400	6 920	419	3 300	305	1 899	400
辽宁铁岭八家子农场	16 153	463	2 808	416	9 394	371	3 123	312	5 762	195
广东省火炬农场	16 014	464	9 097	257	2 815	489	1 636	377	768	507
江西省南昌市扬子洲农场	16 000	465	5 800	333	214	545	77	519	734	510
江西省上饶市怀玉山场	15 983	466	6 560	316	244	544	162	504	1 431	440
江西省抚州市红星垦殖场	15 919	467	11 625	220	3 920	474	882	415	3 357	314
内蒙古自治区巴彦农场	15 873	468	506	497	12 817	317	13 800	111	1 679	422
海南省国营金安农场	15 839	469			12 645	318	1 314	393	1 451	438
海南省国营山荣农场	15 742	470	48	532	8 171	391	117	513	643	521
黑龙江省青年农场	15 740	471	7 110	300	2 510	493	331	480	1 674	423
内蒙古自治区哈达图牧场	15 688	472	330	511	11 826	330	21 893	68	850	504
宁夏农垦沙湖实业有限公司本部（前进农场）	15 608	473	2 403	427	9 866	363	4 050	262	979	486
宁夏农垦贺兰山实业公司	15 452	474	2 151	432	10 140	355	3 656	285	379	532
新疆兵团一七〇团	15 313	475	6 213	321	4 501	462	530	454	1 872	406
海南省国营保国农场	15 231	476			6 342	429	195	496	566	523
海南省国营南海农场	15 163	477	167	520	9 841	364	1 319	391	1 711	419

2-2续表13

农场名称	生产总值（万元）	排序	工业增加值（万元）	排序	农业增加值（万元）	排序	耕地面积（公顷）	排序	年平均职工人数（人）	排序
辽宁丹东市五四农场	15 100	478	3 300	401	10 704	345	1 264	396	3 600	304
内蒙古自治区扎兰屯马场	15 000	479	483	499	6 330	430	4 667	246	110	549
吉林省四平辽河农垦管理区辽河农场	14 992	480			14 734	285	7 039	195	4 565	254
宁夏农垦灵武农场有限公司	14 883	481	1 289	460	9 098	378	3 768	276	1 413	444
江西省景德镇市梅岩场	14 882	482	14 049	196	369	534	65	521	1 674	423
河北文安县国营新桥农场	14 850	483	14 822	187			510	458	296	538
江西省上饶市花亭场	14 700	484	6 193	324	678	529	468	463	2 862	334
云南瑞丽农场	14 531	485	18	536	6 529	428	200	495	1 216	461
云南勐满农场	14 390	486			11 432	333	78	517	3 522	307
广东省红湖农场	14 365	487	8 699	263	334	538	169	502	400	530
内蒙古自治区欧肯河农场	14 241	488	313	513	12 429	322	9 521	155	1 035	479
广东省金星农场	14 121	489	7 154	299	183	548	2 341	342	859	503
内蒙古自治区大河湾农场	14 062	490	171	518	9 935	360	10 810	135	224	544
兵团团结农场	13 964	491	3 710	388	7 744	399	2 937	318	1 567	428
湖北省涨渡湖农场	13 878	492	3 465	397	6 654	425	1 626	378	4 122	273
海南省国营东和农场	13 845	493	134	522	9 405	370	326	481	651	518
北京市双桥农工商公司	13 841	494	3 581	392	1 040	522	125	511	919	493
江西省上饶市鸦鹊湖场	13 821	495	6 694	310	1 891	504	1 692	372	4 883	234
湖北省八里湖农场	13 771	496	3 042	411	4 923	451	1 010	402	6 959	149
湖北省黄盖湖农场	13 754	497	4 186	376	7 450	406	911	412	3 691	301
新疆兵团一八五团	13 735	498	1 062	470	5 254	448	3 822	274	1 529	430
广东省梅陇农场	13 693	499	7 816	282	1 220	517	575	450	1 005	483
云南陇川农场	13 667	500	1 704	447	9 938	359	3 415	295	4 118	274
云南孟定农场	13 577	501	1 040	471	3 562	476	233	492	3 883	284
广东省和平农场	13 514	502	7 529	291	309	540	169	502	629	522
广东省红星农场	13 353	503	12 116	214	83	550	1 824	365	1 096	475
江西省上饶市银山场	13 247	504	4 931	350	1 091	519	582	449	1 771	416
广东省友好农场	13 240	505	11 068	227	318	539	1 201	398	883	497
江苏省国营云台农场	13 209	506	682	488	2 474	494	778	428	888	496
内蒙古自治区宜里农场	13 158	507	401	507	10 861	342	8 181	176	834	505
新疆兵团四十七团	13 149	508	903	479	9 114	377	1 656	375	2 377	367
黑龙江省大山种羊场	13 148	509	2 721	418	7 078	418	3 230	308	1 795	413
江西省上饶市永平场	13 014	510	6 610	314	262	543	20	538	322	536
广东省红阳农场	12 970	511	6 990	303	180	549	53	523	425	528
黑龙江省巨浪牧场	12 918	512	1 491	453	8 023	394	2 272	346	1 414	443
江西省鹰潭市余江县刘家站垦殖场	12 819	513	3 600	391	7 093	417	1 152	400	7 053	145

2-2续表14

农场名称	生产总值（万元）	排序	工业增加值（万元）	排序	农业增加值（万元）	排序	耕地面积（公顷）	排序	年平均职工人数（人）	排序
广西农垦国有良丰农场	12 639	514	2 453	426	4 773	455	126	510	1 601	426
内蒙古自治区扎兰河农场	12 397	515	240	515	10 594	348	8 963	162	339	534
海南省国营邦溪农场	12 379	516	43	533	5 311	446	590	445	715	513
辽宁盘锦羊圈子苇场	12 371	517	2 181	430	4 290	466	2 275	345	3 757	293
海南省国营广坝农场	12 352	518	1 274	463	4 064	471	476	462	1 114	470
江西省上饶市乐丰场	12 343	519	5 232	345	4 886	452	1 776	367	3 391	313
海南省国营红光农场	12 309	520			8 859	381	2 654	327	675	514
湖北省金水农场	12 214	521	2 949	414	4 981	450	855	418	2 750	341
内蒙古自治区苏沁牧场	12 176	522	49	531	10 216	354	23 393	63	721	512
黑龙江省阿城原种场	12 108	523	4 545	363	5 776	438	1 810	366	1 424	441
江苏省国营淮海农场	12 094	524	163	521	1 839	505			1 416	442
内蒙古自治区东方红农场	12 015	525	1 101	468	9 577	367	8 710	167	1 100	471
吉林省四平市双辽种羊场	11 973	526			5 502	444	5 789	223	6 218	175
广西农垦国有大明山农场	11 635	527	7 155	298	1 277	514	54	522	1 260	456
广西农垦国有荣光农场	11 513	528	3 091	408	1 084	520	38	528	907	495
广东省红五月农场	11 459	529	8 374	269	533	533	20	537	410	529
新疆兵团九十团	11 455	530	1 715	445	6 906	420	6 898	197	4 440	260
海南省国营蓝洋农场	11 380	531	58	528	4 884	453	358	476	984	484
广东省三叶农场	11 359	532	5 845	331	1 281	513	175	500	1 140	469
辽宁营口熊岳农场	11 287	533	10 450	238	355	536	7	545	35	552
辽宁铁岭市两家子农场	11 196	534	784	484	8 369	387	3 713	280	6 816	156
内蒙古自治区陶海牧场	11 192	535	25	535	10 647	346	9 600	154	149	548
广东省红江农场	11 166	536	7 598	287			651	441	360	533
湖北省东风农场	11 057	537	972	474	8 176	390	587	447	5 853	189
福建龙海市程溪农场	11 055	538	9 371	253	586	530	21	535	224	544
湖北省官庄湖农场	10 991	539	1 386	458	7 364	408	2 478	332	5 377	209
海南省国营南阳农场	10 745	540			7 536	404	149	505	266	542
湖北省头墩农场	10 668	541	2 985	413	5 598	440	990	405	4 106	276
江西省上饶市莲花山场	10 626	542	4 870	355	995	524	324	482	3 703	296
宁夏连湖现代农业发展有限责任公司	10 515	543	327	512	5 187	449	1 607	379	979	486
海南省国营东升农场	10 495	544	465	500	7 855	397	137	509	864	501
宁夏农垦暖泉农场有限公司本部	10 443	545			9 417	368	4 762	243	1 046	478
新疆兵团一八六团	10 438	546	4 864	356	2 243	496	2 564	329	1 097	474
内蒙古自治区莫拐农场	10 346	547	439	501	8 808	382	14 528	105	499	527
河南开封杏花营农场	10 277	548	1 700	448	8 442	385	2 000	355	860	502
云南坝洒农场	10 243	549			5 256	447			1 261	455
甘肃省国营条山农场	10 232	550	92	525	8 412	386	1 648	376	976	489
云南勐醒农场	10 213	551			8 154	392	30	533	1 223	460
内蒙古自治区牙克石农场	10 206	552	1 063	469	6 779	422	13 871	109	514	526
吉林省前郭灌区国营红光农场	10 064	553	1 284	461	7 834	398	3 387	297	4 861	235

人口、从业人员和劳动报酬

3-1 农垦人口和收入情况

（2015 年） 计量单位：人

地区	年末总人口	农场人口	乡镇总人口	少数民族人口	年内平均人口	年内出生人口	年内死亡人口	人均纯收入（元/年）
全国农垦	**14 459 513**	**11 772 595**	**2 189 240**	**1 455 190**	**14 188 823**	**106 215**	**71 469**	**14 629**
北京	59 462	15 078	401	147	60 312	47	161	57 060
天津	34 277	9 754		242	34 354	30	319	56 416
河北	459 210	305 430	153 655	10 304	457 000	5 128	3 332	13 495
山西	32 922	27 965		20	31 882	109	89	8 421
内蒙古	496 511	444 428	26 352	100 331	496 049	2 663	1 974	12 564
辽宁	942 607	833 874	81 814	48 242	927 966	6 110	5 157	15 337
吉林	295 002	214 677	79 453	9 533	292 344	1 441	1 420	9 370
黑龙江	1 671 766	1 463 684		35 382	1 684 609	5 973	9 281	22 385
上海	146 094	12 235		36	149 228	40	49	52 512
江苏	202 011	173 120			201 768	1 508	1 285	22 369
浙江	52 609	35 788		126	54 000	288	231	21 125
安徽	126 977	117 310	4 166	2 229	124 156	3 566	1 098	19 773
福建	236 530	127 494	60 060	1 969	225 283	2 761	1 267	11 041
江西	1 299 379	1 296 003	466 610	2 539	1 251 033	10 164	4 971	11 373
山东	22 717	18 092	4 273	20	21 857	118	188	14 350
河南	182 916	140 815	42 101	351	161 852	2 038	505	12 000
湖北	1 453 787	1 330 784	88 610	7 845	1 454 798	14 016	7 264	15 650
湖南	712 898	607 063	105 835	9 711	659 869	6 901	3 744	10 228
广东	377 975	338 959		8 104	378 398	3 272	1 994	21 649
广西	396 145	262 919		106 881	378 533	1 681	1 794	23 446
海南	900 995	789 622		157 749	890 705	9 807	4 661	14 485
重庆	21 200	3 520		182	21 120	16	18	11 000
四川	14 333	10 976		7 101	13 443	73	47	6 034
贵州	24 107	24 107		4 276	21 966	114	187	7 013
云南	351 510	337 669		105 028	345 992	2 159	2 185	16 833
陕西	28 084	27 237		48	27 875	149	110	8 505
甘肃	104 422	72 658		3 467	95 708	264	335	8 711
青海	48 872	30 898		6 639	45 693	232	646	9 200
宁夏	147 926	144 018		42 317	140 468	1 091	484	18 316
新疆（兵团）	2 765 608	1 789 627	975 981	392 720	2 749 238	16 619	13 303	15 053
新疆（农业）	356 825	322 431	64 353	115 035	325 389	2 843	1 546	9 395
新疆（畜牧）	476 873	441 297	35 576	274 151	449 364	4 820	1 738	9 478
热科院	12 088			2 465	11 959	150	68	27 455
广州	1 790	250			1 719			64 603
南京	3 085	2 813			2 893	24	18	23 324

3－2　农垦社会从业人员

（2015年）　　计量单位：人

地　区	总　计		第一产业		种植业		林　业	
	年末人数	平均人数	年末人数	平均人数	年末人数	平均人数	年末人数	平均人数
全国农垦	**6 826 838**	**6 875 013**	**3 280 627**	**3 214 597**	**2 448 697**	**2 406 904**	**262 648**	**259 447**
北　京	44 011	45 482	15 815	17 498	3 038	3 721	125	122
天　津	11 681	11 659	1 979	1 989	466	473		
河　北	281 100	280 743	109 961	110 297	82 132	82 600	1 278	1 270
山　西	15 540	15 079	6 922	6 863	5 572	5 525	167	162
内蒙古	235 961	207 695	181 507	157 552	144 008	121 847	1 140	797
辽　宁	522 475	445 325	275 117	224 336	226 432	175 651	5 193	5 193
吉　林	146 114	145 252	100 059	99 395	95 380	94 718	371	369
黑龙江	776 551	881 451	460 522	551 192	407 727	496 284	3 541	3 801
上　海	141 458	144 119	11 490	12 296	4 356	5 318		
江　苏	87 464	88 763	26 207	26 872	20 832	21 361	813	842
浙　江	11 778	11 978	3 018	3 109	2 585	2 668	53	55
安　徽	59 563	59 938	33 986	34 776	32 860	33 650	260	257
福　建	106 706	83 998	58 250	47 398	42 498	35 957	4 122	2 978
江　西	392 665	381 746	211 932	206 967	163 953	160 494	28 236	27 117
山　东	10 714	10 764	6 310	6 341	5 187	5 200	271	277
河　南	66 080	65 995	49 963	49 737	47 265	47 051	100	99
湖　北	839 009	834 426	346 158	343 465	273 652	271 279	4 403	4 368
湖　南	376 680	320 736	206 098	173 545	191 365	160 355	5 501	5 150
广　东	119 553	119 964	53 051	53 729	30 997	31 627	10 079	10 261
广　西	216 887	213 532	61 967	62 466	41 284	41 290	3 857	3 854
海　南	350 077	338 207	219 740	214 671	104 399	100 079	80 025	80 341
重　庆	13 325	13 298	1 393	1 387	337	325		
四　川	6 258	6 320	5 332	5 422	1 125	1 174	9	9
贵　州	5 308	5 308	4 966	4 966	3 391	3 391	21	21
云　南	150 873	138 521	118 980	117 772	30 967	28 943	87 527	88 187
陕　西	8 985	9 334	7 171	7 275	7 063	7 165	18	18
甘　肃	31 765	31 541	22 486	22 478	21 230	21 248	109	117
青　海	18 718	8 299	16 883	7 826	15 098	6 097	204	148
宁　夏	62 364	62 165	48 086	47 730	41 545	41 008	1 140	1 142
新疆（兵团）	1 361 319	1 572 125	294 232	308 215	209 211	226 858	14 661	14 547
新疆（农业）	99 525	91 471	84 505	77 859	66 930	62 024	6 463	4 956
新疆（畜牧）	251 287	223 381	236 174	208 776	125 715	111 415	2 961	2 989
热科院	4 035	4 036						
广　州	371	1 719	250	268				
南　京	638	644	117	129	97	109		

3-2续表1

地区	牧业		渔业		第二产业		采矿业	
	年末人数	平均人数	年末人数	平均人数	年末人数	平均人数	年末人数	平均人数
全国农垦	**449 714**	**431 634**	**119 568**	**116 612**	**1 592 264**	**1 785 830**	**34 992**	**36 550**
北京	12 652	13 655			11 702	11 686		
天津	1 336	1 332	177	184	4 657	4 597		
河北	21 630	21 581	4 921	4 846	91 924	90 770	127	130
山西	1 183	1 176			4 020	3 627		
内蒙古	35 081	34 055	1 278	853	17 492	18 014	1 057	1 340
辽宁	24 417	24 417	19 075	19 075	127 073	104 859	2 412	2 412
吉林	3 226	3 223	1 082	1 085	7 735	7 673		
黑龙江	46 865	48 644	2 389	2 463	91 102	105 954	2 995	3 798
上海	7 055	6 892	79	86	45 646	45 485		
江苏	2 975	3 050	1 587	1 619	31 249	31 805		
浙江	230	229	150	157	7 843	7 928		
安徽	660	661	206	208	9 427	9 782		
福建	7 359	5 054	4 271	3 409	29 365	21 360	1 059	1 018
江西	12 207	12 170	7 536	7 186	125 674	123 454	9 155	9 213
山东	374	379	478	485	3 017	3 032		
河南	1 998	1 990	600	597	9 123	9 505		
湖北	15 921	16 037	52 182	51 781	287 562	288 245	3 271	3 242
湖南	2 220	2 025	7 012	6 015	94 542	80 349		
广东	8 914	8 762	3 061	3 079	30 969	31 592		
广西	14 923	15 524	1 903	1 798	99 609	97 786	1 853	1 801
海南	30 669	29 666	4 647	4 585	19 525	19 150	323	314
重庆	925	937	131	125	10 245	10 225		
四川	4 190	4 231	8	8	778	750		
贵州	1 542	1 542	12	12	342	342	6	6
云南	42	86	444	556	6 044	5 253		10
陕西	90	93			369	464	334	426
甘肃	1 145	1 111	2	2	6 425	6 416	54	60
青海	1 581	1 581			581	114	65	65
宁夏	5 058	5 240	343	340	4 530	4 806		
新疆(兵团)	68 620	65 017	1 740	1 793	403 449	629 162	12 261	12 695
新疆(农业)	7 222	6 974	3 890	3 905	5 945	6 022		
新疆(畜牧)	107 134	94 012	364	360	4 150	4 152	20	20
热科院								
广州	250	268				1 326		
南京	20	20			150	145		

3－2续表2

地　区	制造业		电力热力燃气及水生产和供应业		建筑业		第三产业	
	年末人数	平均人数	年末人数	平均人数	年末人数	平均人数	年末人数	平均人数
全国农垦	**1 065 007**	**1 031 062**	**50 578**	**49 833**	**441 687**	**668 384**	**1 953 947**	**1 874 586**
北　京	11 633	11 621			69	65	16 494	16 298
天　津	4 590	4 530			67	67	5 045	5 073
河　北	74 522	73 756	2 476	2 134	14 799	14 750	79 215	79 676
山　西	4 020	3 627					4 598	4 589
内蒙古	7 366	8 160	548	532	8 521	7 982	36 962	32 129
辽　宁	94 145	72 931	2 277	2 277	28 239	27 239	120 285	116 130
吉　林	6 684	6 606			1 051	1 067	38 320	38 184
黑龙江	59 549	64 438	9 427	9 987	19 131	27 731	224 927	224 305
上　海	44 550	44 514	21	21	1 075	950	84 322	86 338
江　苏	28 689	29 154			2 560	2 651	30 008	30 086
浙　江	7 634	7 713	209	215			917	941
安　徽	5 350	5 595	95	107	3 982	4 080	16 150	15 380
福　建	23 615	16 373	1 112	1 114	3 579	2 855	19 091	15 240
江　西	98 118	96 355	2 963	2 883	15 438	15 003	55 059	51 325
山　东	1 567	1 570			1 450	1 462	1 387	1 391
河　南	7 743	7 845			1 380	1 660	6 994	6 753
湖　北	168 387	168 047	7 186	7 070	108 718	109 886	205 289	202 716
湖　南	62 206	59 226			32 336	21 123	76 040	66 842
广　东	25 195	25 749			5 774	5 843	35 533	34 643
广　西	68 311	65 426	176	174	29 269	30 385	55 311	53 280
海　南	5 999	5 965	557	394	12 646	12 477	110 812	104 386
重　庆	10 155	10 138			90	87	1 687	1 686
四　川			778	750			148	148
贵　州	322	322	14	14				
云　南	4 918	4 359	597	594	529	290	25 849	15 496
陕　西	35	37					1 445	1 594
甘　肃	5 632	5 704	122	146	617	506	2 854	2 647
青　海	203		49	49	264		1 254	359
宁　夏	2 686	2 792			1 844	2 014	9 748	9 629
新疆(兵团)	225 362	221 416	21 724	21 130	144 102	373 921	663 638	634 748
新疆(农业)	4 375	4 200			1 570	1 822	9 075	7 590
新疆(畜牧)	1 296	1 422	247	242	2 587	2 468	10 963	10 453
热科院							4 035	4 036
广　州		1 326					121	125
南　京	150	145					371	370

3-2续表3

地区	批发和零售业		交通运输及仓储业		住宿和餐饮业		信息传输、计算机服务和软件业	
	年末人数	平均人数	年末人数	平均人数	年末人数	平均人数	年末人数	平均人数
全国农垦	**576 158**	**546 631**	**247 593**	**218 586**	**218 040**	**220 532**	**19 423**	**31 682**
北京	844	820	2 817	2 797	9 216	9 124		
天津	2 612	2 600	387	392	128	128		
河北	22 086	22 456	14 770	14 750	9 755	9 960	670	671
山西	3 178	3 170	116	117	288	291		
内蒙古	12 413	11 269	3 961	3 519	7 361	6 146	169	109
辽宁	34 010	24 061	24 061	4 112	17 869	33 010	4 112	16 864
吉林	27 319	27 253	2 817	2 822	3 310	3 301		
黑龙江	50 324	49 893	20 327	20 789	22 703	23 624	3 138	3 137
上海	48 630	49 736	24 643	25 248	2 438	2 568	34	36
江苏	12 963	12 970	2 340	2 343	2 429	2 379	22	26
浙江	160	161	2	2	99	100		
安徽	5 860	5 771	891	895	4 024	3 947		
福建	5 891	5 075	2 104	1 483	2 183	1 745	368	306
江西	16 318	15 473	5 105	4 925	9 183	7 480	1 386	1 206
山东	517	517	134	134	224	224		
河南	2 556	2 298	513	574	839	842	82	82
湖北	63 581	62 843	29 815	29 593	14 479	14 275	6 100	6 098
湖南	20 116	19 001	7 125	6 535	10 262	8 898	590	501
广东	8 196	7 802	4 167	4 025	3 747	3 597		
广西	23 325	22 567	10 398	9 686	6 411	6 163		
海南	24 030	21 990	7 282	6 770	8 163	7 254	53	53
重庆	15	15	421	433	381	377		
四川							17	17
贵州								
云南	8 365	4 300	3 249	1 734	4 454	2 428		
陕西	130	252			263	247		
甘肃	948	717	157	143	308	276	5	4
青海	463		223		120	24		
宁夏	2 694	2 645	1 496	1 491	1 938	1 932	37	36
新疆(兵团)	172 406	165 316	75 586	70 607	72 294	67 398	2 560	2 472
新疆(农业)	2 080	1 758	1 358	1 105	1 682	1 367	58	45
新疆(畜牧)	3 989	3 772	1 313	1 545	1 438	1 373	22	19
热科院	18	18			19	19		
广州	27	27						
南京	94	85	15	17	32	35		

3-2 续表 4

地　区	金融业		房地产业		租赁和商务服务业		科学研究和综合技术服务业	
	年末人数	平均人数	年末人数	平均人数	年末人数	平均人数	年末人数	平均人数
全国农垦	**18 214**	**17 515**	**47 122**	**44 953**	**46 156**	**45 345**	**30 326**	**30 462**
北　　京			1 350	1 319	661	663		
天　　津	23	24	266	276	746	763	122	123
河　　北	1 095	1 101	1 205	1 149	3 557	3 622	402	398
山　　西					209	211		
内 蒙 古	125	110	52	119	425	447	179	210
辽　　宁	983	933	2 840	2 740	2 440	2 440	914	914
吉　　林							7	7
黑 龙 江	2 007	2 006	1 696	1 698	4 765	4 608	2 303	2 338
上　　海	26	26	3 731	3 834	2 580	2 690	135	135
江　　苏	32	32	417	403	51	55	230	236
浙　　江					484	499		
安　　徽			1 704	1 144	83	83	133	131
福　　建	106	93	97	70	280	241	692	414
江　　西	980	974	2 992	2 904	659	653	350	347
山　　东					6	6	1	1
河　　南	67	74	52	53	119	111	108	107
湖　　北	3 315	3 307	8 954	9 004	6 941	6 473	5 681	5 497
湖　　南	1 085	1 021	4 498	3 665	1 700	1 535	335	335
广　　东			79	75			334	351
广　　西	183	172	1 176	1 076	136	132	787	788
海　　南	49	49	1 368	1 222	1 035	947	180	175
重　　庆	14	14	647	639	127	127	82	81
四　　川					19	19		
贵　　州								
云　　南							434	443
陕　　西					40	39		
甘　　肃			3	2	37	36	28	28
青　　海					49		24	24
宁　　夏	12	12	48	64			112	99
新疆（兵团）	8 082	7 547	13 697	13 324	16 966	17 099	12 412	13 090
新疆（农业）			180	123	1 800	1 602	330	181
新疆（畜牧）	30	20	70	50	29	24	16	13
热 科 院					3	3	3 995	3 996
广　　州					94	98		
南　　京					115	119		

3-2续表5

地区	水利、环境和公共设施管理业		居民服务和其他服务业		教育		卫生、社会保障和社会福利业	
	年末人数	平均人数	年末人数	平均人数	年末人数	平均人数	年末人数	平均人数
全国农垦	**48 843**	**48 057**	**230 928**	**213 484**	**122 092**	**120 229**	**91 649**	**89 460**
北京			1 342	1 311	78	76	14	14
天津			585	597	153	148	23	22
河北	891	897	6 243	6 215	4 914	4 928	2 697	2 692
山西			231	229			87	86
内蒙古	232	245	5 132	3 809	1 304	1 186	2 798	2 235
辽宁	2 009	2 009	16 380	15 380	5 966	5 466	2 263	2 263
吉林			2 642	2 570	1 415	1 415	762	770
黑龙江	24 828	23 837	18 362	15 806	24 960	25 030	16 309	16 308
上海	293	302	646	655	311	291	619	559
江苏	30	30	9 736	9 769	191	189	1 226	1 312
浙江			136	143	8	8	2	2
安徽			2 086	2 039			787	762
福建	27	17	4 234	2 913	368	329	253	212
江西	505	467	5 973	5 557	4 367	4 328	1 580	1 456
山东			291	291			8	8
河南	259	262	392	340	460	421	353	350
湖北	3 692	3 686	14 653	14 438	17 276	17 242	9 614	9 385
湖南	960	915	5 536	4 285	5 604	4 601	2 489	2 499
广东			6 951	6 810	4 557	4 746	5 148	4 956
广西			8 813	8 694	1 642	1 575	803	804
海南	12	1	43 572	41 229	1 352	1 286	8 824	8 476
重庆								
四川			112	112				
贵州								
云南	78	88	3 829	2 049			54	57
陕西			578	580	102	89	78	91
甘肃	81	82	505	553	123	123	258	253
青海	4	4			181	181	124	124
宁夏			2 809	2 755			28	28
新疆(兵团)	14 161	14 509	66 933	62 302	45 779	45 804	33 858	33 188
新疆(农业)	735	680	288	236			186	160
新疆(畜牧)	46	26	1 823	1 703	981	767	404	388
热科院								
广州								
南京			115	114				

3-2续表6

地区	文化、体育和娱乐业		公共管理和社会组织		国际组织		农林牧渔中的服务业采矿中的辅助活动和制造业中修理业	
	年末人数	平均人数	年末人数	平均人数	年末人数	平均人数	年末人数	平均人数
全国农垦	**21 633**	**20 722**	**141 277**	**135 320**	**22**	**22**	**94 904**	**91 996**
北京	47	49	40	39			85	86
天津								
河北	921	935	8 627	8 599			1 382	1 303
山西			155	155			334	330
内蒙古	364	354	1 815	1 866			632	505
辽宁	1 004	1 004	5 434	4 934				
吉林	9	7					39	39
黑龙江	1 427	1 209	19 938	19 542			11 840	14 480
上海							236	258
江苏	56	57	285	285				
浙江			19	19			7	7
安徽							582	608
福建	142	65	909	834			1 437	1 443
江西	1 455	1 424	2 510	2 391			1 696	1 740
山东			145	149			61	61
河南	29	29	469	474			696	736
湖北	2 758	2 854	13 820	13 493	22	22	4 588	4 506
湖南	850	827	14 890	12 224				
广东			2 354	2 281				
广西	519	503	308	308			810	812
海南	1 061	977	11 078	10 939			2 753	3 018
重庆								
四川								
贵州								
云南	12	15	2 468	2 461			2 906	1 921
陕西			146	136			108	160
甘肃			265	269			136	161
青海			66	2				
宁夏			190	194			384	373
新疆(兵团)	10 663	10 126	55 091	53 476			63 150	58 490
新疆(农业)	190	170	188	163			433	410
新疆(畜牧)	126	117	67	87			609	549
热科院								
广州								
南京								

3－3　国有经济从业人员

（2015 年）　　计量单位：人

地　区	从业人员			年平均从业人员	离开本单位仍保留劳动关系的职工	
		在岗职工	其他从业人员			内部退养职工
全国农垦	**3 806 079**	**2 714 563**	**1 088 443**	**3 652 096**	**161 787**	**59 618**
北　京	39 756	35 717	4 039	38 562	279	198
天　津	7 838	6 259	1 579	7 841	651	390
河　北	66 735	60 862	5 873	64 376	3 748	78
山　西	4 101	3 165	936	4 152	830	168
内蒙古	208 778	84 846	123 932	158 603	4 708	776
辽　宁	279 153	225 580	53 573	221 047	11 084	12 058
吉　林	61 470	39 514	21 956	58 293	1 601	15
黑龙江	475 394	304 776	170 618	500 412		
上　海	141 458	95 411	46 047	144 119	4 802	337
江　苏	53 340	53 087	253	54 213	6 175	2 318
浙　江	3 019	1 311	1 621	3 019	373	25
安　徽	38 045	23 625	14 420	38 423	521	490
福　建	47 654	24 727	22 927	20 239	1 764	284
江　西	314 401	312 880	1 521	312 531	44 330	2 105
山　东	5 010	4 327	683	5 050	89	89
河　南	49 060	32 066	16 994		2 741	583
湖　北	389 164	336 343	52 821	382 188	32 508	3 695
湖　南	228 521	143 900	84 621	234 100	4 600	1 270
广　东	69 347	47 512	21 835	68 845	1 066	633
广　西	59 919	25 540	34 379	58 359	2 796	381
海　南	350 077	82 482	267 595	345 307	28 753	28 753
重　庆	6 604	6 604		6 654	12	
四　川	6 258	2 466	3 792	5 881	15	15
贵　州	4 627	4 627		4 627		
云　南	81 271	57 207	24 064	103 715	3 433	3 433
陕　西	4 254	4 156	98	4 386		
甘　肃	29 426	15 295	14 131	28 381	518	387
青　海	7 287	5 985	1 302	3 244	1 938	184
宁　夏	14 160	14 030	130	14 795	314	223
新疆（兵团）	525 968	517 412	5 914	533 904		
新疆（农业）	59 848	44 104	15 744	59 310	1 460	405
新疆（畜牧）	168 070	93 322	74 404	161 517	466	149
热科院	4 035	3 410	625	4 036	1	
广　州	1 790	1 790		1 719		
南　京	241	225	16	248	211	176

3－4　国有经济从业人员劳动报酬

（2015年）　　计量单位：万元

地　区	从业人员劳动报酬			离开本单位仍保留劳动关系的职工生活费
		在岗职工劳动报酬总额	其他从业人员劳动报酬	
全国农垦	**11 252 328**	**8 643 397**	**2 594 449**	**144 809**
北　京	226 840	209 725	17 116	737
天　津	60 132	51 319	8 813	2 744
河　北	167 395	86 891	80 504	346
山　西	5 860	4 684	1 176	250
内蒙古	557 064	254 488	302 576	3 531
辽　宁	488 119	403 761	84 358	8 312
吉　林	70 105	52 205	17 900	345
黑龙江	1 469 164	941 372	527 792	
上　海	757 266	572 858	184 409	5 393
江　苏	302 883	302 278	605	2 745
浙　江	6 273	5 151	2 707	274
安　徽	113 633	77 419	36 214	300
福　建	55 539	35 425	20 114	48 220
江　西	533 869	530 390	3 479	3 682
山　东	13 043	11 864	1 179	155
河　南	73 847	54 871	18 976	920
湖　北	965 223	847 774	117 449	5 942
湖　南	371 432	192 200	179 232	27 790
广　东	359 369	289 330	70 039	1 711
广　西	177 974	93 120	84 854	691
海　南	870 275	311 098	559 177	24 065
重　庆	48 870	48 870		21
四　川	8 631	6 292	2 339	9
贵　州	13 774	13 774		
云　南	118 164	98 687	19 477	3 316
陕　西	10 248	10 014	234	
甘　肃	89 405	66 031	23 374	42
青　海	15 062	13 595	1 467	345
宁　夏	49 371	49 165	207	320
新疆（兵团）	2 718 786	2 685 859	16 860	
新疆（农业）	80 070	59 260	20 810	36
新疆（畜牧）	404 948	216 136	188 812	2 278
热科院	33 187	31 063	2 124	
广　州	15 366	15 366		
南　京	1 140	1 063	77	291

3－5 农场国有经济从业人员

（2015 年）　　计量单位：人

地区	从业人员			年平均从业人员	离开本单位仍保留劳动关系的职工	
		在岗职工	其他从业人员			内部退养职工
全国农垦	**3 175 555**	**2 211 307**	**963 729**	**2 847 257**	**145 422**	**49 233**
北京	4 857	4 407	450	4 801	209	140
天津	1 736	1 498	238	1 769	292	143
河北	66 661	60 788	5 873	64 302	3 748	78
山西	3 500	3 135	365	3 548	807	168
内蒙古	200 612	82 503	118 109	151 380	4 591	664
辽宁	265 422	217 266	48 156	208 970	9 673	10 494
吉林	61 117	39 451	21 666	58 220	1 600	4
黑龙江	430 214	270 051	160 163	454 018		
上海	9 429	6 965	2 464	9 688	2 806	32
江苏	33 726	33 723	3	34 718	6 085	2 158
浙江	3 019	1 311	1 621	3 019	373	25
安徽	32 809	20 653	12 156	33 174	517	486
福建	29 635	20 163	9 472	9 818	885	80
江西	314 117	312 605	1 512	312 259	44 308	2 100
山东	5 010	4 327	683	5 050	89	89
河南	49 060	32 066	16 994		2 741	583
湖北	383 362	330 985	52 377	373 677	32 490	3 620
湖南	163 326	94 005	69 321	16 220	1 800	689
广东	50 972	32 995	17 977	51 069	883	597
广西	48 432	16 462	31 970	48 480	2 061	273
海南	286 191	24 737	261 454	276 261	22 629	22 629
重庆	1 094	1 094		1 088		
四川	5 253	1 468	3 785	4 886	15	15
贵州	4 627	4 627		4 627		
云南	75 714	53 522	22 192	96 623	2 991	2 991
陕西	3 932	3 910	22	4 074		
甘肃	22 011	11 022	10 989	20 492	188	147
青海	6 784	5 491	1 293	3 106	1 365	184
宁夏	11 411	11 282	129	13 365	198	143
新疆（兵团）	374 780	372 545	2 147	363 358		
新疆（农业）	59 848	44 104	15 744	59 310	1 460	405
新疆（畜牧）	166 547	91 799	74 404	155 516	455	156
热科院						
广州	250	250		268		
南京	97	97		103	163	140

3-6 农场国有经济从业人员劳动报酬

（2015 年） 计量单位：万元

地区	从业人员劳动报酬			离开本单位仍保留劳动关系的职工生活费
		在岗职工劳动报酬总额	其他从业人员劳动报酬	
全国农垦	**7 911 867**	**5 727 156**	**2 183 196**	**96 783**
北京	42 699	40 712	1 987	525
天津	13 202	12 248	954	902
河北	167 089	86 585	80 504	346
山西	5 500	4 647	853	135
内蒙古	523 713	239 307	284 406	3 187
辽宁	454 165	381 402	73 566	8 290
吉林	69 803	51 923	17 880	345
黑龙江	1 227 056	733 373	493 683	
上海	66 742	52 971	13 772	1 597
江苏	151 192	151 185	7	2 628
浙江	6 273	5 151	2 707	274
安徽	91 385	63 285	28 100	295
福建	38 502	27 726	10 776	48 100
江西	533 411	529 946	3 465	3 677
山东	13 043	11 864	1 179	155
河南	73 847	54 871	18 976	920
湖北	934 248	818 516	115 732	5 917
湖南	216 001	86 020	129 981	1 203
广东	211 268	162 279	48 989	808
广西	106 127	44 956	61 171	632
海南	651 585	107 299	544 286	10 844
重庆	6 050	6 050		
四川	5 447	3 162	2 285	9
贵州	13 774	13 774		
云南	94 991	79 577	15 414	2 870
陕西	9 377	9 330	47	
甘肃	67 483	46 961	20 522	22
青海	13 140	11 677	1 463	345
宁夏	41 069	40 897	172	303
新疆（兵团）	1 588 165	1 578 207	6 056	
新疆（农业）	80 070	59 260	20 810	36
新疆（畜牧）	392 650	209 197	183 454	2 223
热科院				
广州	2 499	2 499		
南京	301	301		197

固定资产投资

4-1 固定资产投资完成情况

（2015年） 计量单位：万元

地区	本年完成投资总额				资金来源合计	
		第一产业	第二产业	第三产业		国家预算内资金
全国农垦	**47 112 310**	**5 189 191**	**22 994 212**	**18 928 908**	**44 675 286**	**4 800 274**
北京	225 325	57 227	53 464	114 634	225 325	
天津	3 166		1 226	1 940	3 166	
河北	4 806 682	646 731	2 710 979	1 448 972	4 806 682	30 462
山西	5 134	4 463	500	171	5 134	876
内蒙古	424 387	196 742	138 974	88 671	424 387	100 037
辽宁	3 258 323	497 326	1 286 692	1 474 305	3 258 323	23 678
吉林	34 121	8 991	23 389	1 741	34 121	2 031
黑龙江	1 862 754	616 423	144 710	1 101 621	1 830 069	574 891
上海	290 525	89 108	84 709	116 709	311 978	11 300
江苏	346 871	31 663	138 612	176 596	346 871	68 527
浙江	24 561	401	23 285	875	24 561	60
安徽	59 069	20 561	12 952	25 556	59 069	19 824
福建	677 658	8 760	652 020	16 878	677 658	4 717
江西	2 534 062	86 780	1 568 735	878 547	2 534 062	542 608
山东	269 573	46 759	133 647	89 167	269 573	435
河南	80 381	15 475	51 181	13 725	80 381	1 089
湖北	8 810 117	474 292	6 195 130	2 140 695	8 810 117	701 739
湖南	1 066 245	298 504	645 215	122 526	450 989	50 121
广东	274 278	88 037	60 781	125 460	274 278	58 387
广西	3 006 001	164 010	1 190 507	1 651 484	3 006 001	53 065
海南	630 176	97 746	4 606	527 824	630 176	38 505
重庆	25 112	15 368	8 356	1 388	25 112	408
四川	3 899	854	3 045		3 899	259
贵州	5 238	770	4 468		5 238	2 340
云南	139 948	21 153	7 473	111 322	139 948	33 842
陕西	14 138	9 303	701	4 134	14 138	529
甘肃	108 256	54 298	47 294	6 664	108 256	15 772
青海	7 282	6 694		588	7 051	1 810
宁夏	71 362	30 004	9 811	31 548	71 362	15 103
新疆（兵团）	17 813 458	1 490 156	7 776 245	8 547 057	16 041 767	2 363 952
新疆（农业）	26 342	17 888	4 342	4 112	26 342	14 134
新疆（畜牧）	160 077	85 913	5 732	68 432	121 463	46 242
热科院	35 483			35 483	35 483	23 530
广州	12 263	6 791	5 432	40	12 263	
南京	43			43	43	

4-1续表

地　区	资金来源合计					当年新增固定资产	附记
	国内贷款	债券	利用外资	自筹资金	其他资金		年末实有住房面积（万米^2）
全国农垦	**3 419 515**	**28 877**	**538 930**	**30 811 669**	**5 076 021**	**32 870 298**	**62 079**
北　京	43 354			149 989	31 982	80 716	85
天　津				3 166			99
河　北	594 219		6 625	4 043 169	132 207	2 346 604	1 538
山　西				3 128	1 130	5 071	40
内蒙古	3 270		3 290	287 128	30 662	229 210	7 689
辽　宁	431 439		107 500	2 589 093	106 613	3 245 240	3 075
吉　林	15		5 800	25 498	777	11 132	638
黑龙江	180 566		2 900	643 434	428 278	1 105 633	5 386
上　海	22 156		985	224 534	53 003	231 017	39
江　苏	2 826			267 886	7 632	112 208	897
浙　江				24 501		24 659	128
安　徽				30 911	8 333	36 398	468
福　建			224 290	419 362	29 289	114 664	710
江　西	31 211		112 540	1 603 753	243 950	415 723	3 905
山　东			7 810	259 568	1 760	260 911	106
河　南	2 900			75 962	430	73 962	430
湖　北	100 520	28 746	25 701	6 462 546	1 490 865	7 079 125	5 292
湖　南	149 332	131	15 526	234 939	940	454 935	3 601
广　东	10 660		2 035	101 564	101 632	208 570	1 274
广　西	266 918		14 128	2 515 200	156 690	1 313 961	1 254
海　南	14 863			210 604	366 204	591 389	2 203
重　庆				10 821	13 883	10 821	67
四　川	3 000			640		452	36
贵　州					2 898	5 238	69
云　南	5 046			47 801	53 259	47 085	910
陕　西				13 489	120	1 181	69
甘　肃	10 600			74 067	7 818	68 767	648
青　海	3 000			2 111	130	8 181	51
宁　夏	3 435		6 800	20 198	25 825	28 240	428
新疆（兵团）	1 535 455		3 000	10 383 513	1 755 847	14 578 097	9 127
新疆（农业）	4 490			3 895	3 823	13 445	591
新疆（畜牧）	240			69 607	5 374	133 556	11 077
热科院				208	11 745	20 533	137
广　州				9 341	2 922	13 531	
南　京				43		43	11

4－2 国有单位固定资产投资完成情况

（2015 年）　　计量单位：万元

地　　区	本年完成投资总额				资金来源合计	
		第一产业	第二产业	第三产业		国家预算内资金
全国农垦	**15 921 906**	**3 112 951**	**3 346 085**	**9 462 870**	**14 383 587**	**4 615 164**
北　　京	206 450	52 712	49 928	103 810	206 450	
天　　津	3 166		1 226	1 940	3 166	
河　　北	650 006	121 443	26 071	502 492	650 006	27 583
山　　西	1 071	955		116	1 071	876
内 蒙 古	254 305	141 753	48 203	64 349	254 351	84 407
辽　　宁	341 646	172 777	38 108	130 761	341 646	6 794
吉　　林	4 357	3 126	1 023	208	4 374	1 826
黑 龙 江	1 304 358	452 511	81 964	769 883	1 282 541	570 645
上　　海	290 525	89 108	84 709	116 709	311 978	11 300
江　　苏	241 192	27 895	51 264	162 033	241 192	68 527
浙　　江	424	399		25	424	60
安　　徽	40 992	16 787	2 691	21 515	40 992	17 383
福　　建	29 174	3 853	10 574	14 747	29 174	4 564
江　　西	763 991	13 457	154 793	595 741	672 832	527 111
山　　东	135 286	7 385	57 504	70 397	135 286	435
河　　南	34 087	14 776	5 686	13 625	34 087	1 089
湖　　北	1 434 068	130 437	519 433	784 198	1 434 068	683 318
湖　　南	648 976	286 400	310 056	52 520	215 654	40 015
广　　东	179 753	77 075	28 576	74 102	179 753	55 911
广　　西	598 406	66 370	172 004	360 032	598 406	47 742
海　　南	256 435	73 308	3 498	179 629	256 435	35 352
重　　庆	24 093	15 368	7 337	1 388	24 093	408
四　　川	872	854	18		872	259
贵　　州	5 238	770	4 468		5 238	2 340
云　　南	77 757	20 190	7 328	50 239	77 757	33 661
陕　　西	13 341	9 156	384	3 801	13 341	529
甘　　肃	105 388	51 776	47 291	6 321	105 388	15 772
青　　海	1 281	693		588	1 050	310
宁　　夏	68 093	29 577	7 260	31 256	68 093	15 103
新疆（兵团）	8 020 126	1 150 771	1 611 395	5 257 960	7 045 433	2 282 260
新疆（农业）	20 127	13 372	3 373	3 382	20 127	13 056
新疆（畜牧）	119 133	61 107	4 488	53 538	80 519	42 997
热 科 院	35 483			35 483	35 483	23 530
广　　州	12 263	6 791	5 432	40	12 263	
南　　京	43			43	43	

4－2续表

地区	资金来源合计					当年新增固定资产
	国内贷款	债券	利用外资	自筹资金	其他资金	
全国农垦	**628 124**	**131**	**34 291**	**7 847 144**	**1 258 733**	**12 437 384**
北京	43 354			131 114	31 982	62 221
天津				3 166		
河北	15 910			577 305	29 208	222 962
山西				195		1 071
内蒙古	2 561			163 803	3 579	126 065
辽宁	37 571			297 045	236	344 500
吉林				1 771	777	2 732
黑龙江	176 373		1 900	410 108	123 515	792 335
上海	22 156		985	224 534	53 003	231 017
江苏	2 826			162 208	7 631	98 723
浙江				364		457
安徽				21 814	1 795	27 544
福建			750	23 666	194	25 558
江西	396			132 907	12 418	105 080
山东				133 091	1 760	135 064
河南	50			32 583	365	27 668
湖北	350			556 248	194 152	1 768 563
湖南	70 056	131	5 100	100 002	350	275 800
广东	10 597		2 035	72 569	38 641	146 528
广西	25 161		13 721	473 034	38 748	267 716
海南	14 863			196 370	9 850	269 712
重庆				9 802	13 883	9 803
四川				613		452
贵州					2 898	5 238
云南	1 696			39 360	3 040	32 839
陕西				12 692	120	1 181
甘肃	10 600			72 454	6 562	64 362
青海				610	130	2 180
宁夏	3 435		6 800	19 330	23 425	25 232
新疆（兵团）	188 357		3 000	3 929 979	641 837	7 227 442
新疆（农业）	1 802			3 137	2 132	10 221
新疆（畜牧）	10			35 678	1 835	93 012
热科院				208	11 745	20 533
广州				9 341	2 922	13 531
南京				43		43

4-3 新增生产能力

（2015 年）

地区	有效灌溉面积（公顷）	#喷灌面积（公顷）	造林（公顷）	果树定植（公顷）	茶树定植（公顷）	草原建设（公顷）	农用运输车（辆）	大中型拖拉机	
								台	千瓦
全国农垦	**107 065**	**49 670**	**21 453**	**12 142**	**174**	**7 628**	**1 606**	**9 482**	**536 905**
北京	437	425					2	4	225
天津									
河北	3 713	2 255	1 180				6	83	3 895
山西	27			20			1		
内蒙古	11 694	9 876	2 704	6		4 800	197	633	34 526
辽宁	11 365		1 835	570			294	518	37 668
吉林	4 676	787	192	5			16	436	14 637
黑龙江	29 138	29 138	915	20		690	408	4 622	319 396
上海			12					57	7 101
江苏	3 025		420	16				289	10 938
浙江									
安徽	16		147	25			1	130	8 291
福建	45	26	738	1	36		19		
江西	515		1 263					54	2 515
山东	1 370		465				1	3	220
河南	167	15	45	18			27	3	183
湖北	7 998	18	2 800	512	10	5	255	537	30 963
湖南	180		805	34	105			335	12 821
广东			2 448	5 692	23		22		
广西	1 801	1 221	529	253			41	125	6 494
海南	4	4	609	2 575					
重庆									
四川									
贵州									
云南	3 690	18	105	1 965					1 080
陕西	13			2				3	40
甘肃	6 335	5 331	270	153			2	1 266	17 422
青海			933			1 200	5	16	990
宁夏	681			10				110	6 389
新疆（兵团）									
新疆（农业）			1 625				132	48	4 684
新疆（畜牧）	20 174	556	1 412	261		933	177	202	16 086
热科院			1	4					
广州								8	341
南京									

4－3续表1

地区	小型及手扶拖拉机		联合收割机		机引农具（部）	植保机械（部）	林业机械（台）	畜牧机械（台）	烘干机（台）
	台	千瓦	台	千瓦					
全国农垦	**6 835**	**114 004**	**3 905**	**305 904**	**12 383**	**3 575**	**146**	**1 049**	**166**
北京	2	69			1	1		29	
天津									
河北	793	260	14	594			6	12	
山西	3	45						10	
内蒙古	2 300	42 492	109	11 671	859	8		151	11
辽宁	374	11 117	280	15 115	439	240		2	8
吉林	35	649	193	15 479	1				
黑龙江	841	22 546	2 746	228 719	6 499	173	102	181	74
上海	1	22	5	578	102	59		20	16
江苏	12	807	38	2 900	196	8			7
浙江									
安徽	15	101	91	8 892	320	6			
福建	19		1	20					
江西	206	2 677	47	2 253				3	1
山东	3	42	5	280	4				6
河南	59	1 765	2	90	44	1		3	
湖北	1 044	12 500	245	14 335	3 482	1 535	27	58	26
湖南	368	3 065	31	496		990			
广东					34	108		254	
广西	5	55			150			207	
海南	37	379			38	445	2		
重庆								39	
四川								1	
贵州									
云南		4 026	12	1 257					
陕西									1
甘肃	231	2 459	23	973	144	1		3	
青海			12						
宁夏								40	
新疆（兵团）									
新疆（农业）	36	838	5	566					12
新疆（畜牧）	451	8 090	46	1 686	70		6	21	2
热科院							3		2
广州								15	
南京									

4-3续表2

地　　区	水泥晒场（万米²）	水库		发电（千瓦）	输电线路（千米）	变电设备		公路（千米）	电话线路（千米）	畜禽生产用房（万米²）
		座	万米³			台	千伏安			
全国农垦	**926.88**	**9**	**4.60**	**5 559 653**	**2 241**	**1 155**	**82 095**	**4 290**	**310**	**1 015.93**
北　　京										2.60
天　　津										
河　　北					15	26	4 095	72		
山　　西	0.40				7					
内 蒙 古	14.96				58	84	2 730	590	20	30.34
辽　　宁		6	1.05		10	4	550	183	33	3.39
吉　　林								4		1.65
黑 龙 江	192.90			14 260	348	257	12 931	194	5	32.10
上　　海	1.21									21.51
江　　苏	48.00			138	26	40	902		20	5.00
浙　　江						1	250			
安　　徽	0.94				1	3	319	13		
福　　建					3			29		2.60
江　　西	4.49	1	0.05	1 100 000	8	1	300	528	2	0.71
山　　东	0.50				10	5	5 400	18	2	
河　　南	1.64	1	0.50			6	700	37		1.39
湖　　北	9.00			120 700	316	159	15 465	435	104	867.50
湖　　南	620.00			1 755	295	21		338	55	
广　　东					13			107		13.00
广　　西	28.80			18 000	3	2	19	23		19.11
海　　南				800		9	1 890	157		0.11
重　　庆										0.80
四　　川										
贵　　州								19		0.40
云　　南	0.49					457	29 826	362		
陕　　西	0.10					1	80			
甘　　肃	0.30				12	67	5 358	51	6	10.02
青　　海	1.18							20		0.20
宁　　夏	0.73					2	60	8		
新疆（兵团）				4 304 000	1 093			714		
新疆（农业）					17	6	660	33	3	
新疆（畜牧）	1.23	1	3.00		7	4	560	356	60	3.51
热 科 院										
广　　州										
南　　京										

4-3续表3

地区	仓库		学校（万米²）	医院（万米²）	住房（万米²）	棉纺锭（锭）	机制糖		机制纸及纸板（吨）
	座	万米²					年产（吨）	日处理原料（吨）	
全国农垦	**3 033**	**71.15**	**14.92**	**6.41**	**3 961.70**	**1 711 405**	**6**	**1 800**	**7 394**
北　京	1	1.20			1.13				
天　津									
河　北	1	0.03		0.22	6.30				580
山　西					0.06				
内蒙古	9	0.36		0.04	13.71				
辽　宁	22	1.11	0.30	0.30	46.12				
吉　林					1.30				
黑龙江	2 769	12.90	6.70	3.80	47.10				109
上　海	2	0.30							
江　苏	8	3.50			68.00				
浙　江									
安　徽	5	0.66			9.62				
福　建	7	0.90		0.10	8.15				
江　西	3	0.36	0.15		63.30				
山　东					32.80				
河　南	5	0.19	0.13		62.09				
湖　北	29	16.80	4.54	0.05	3 184.71	62 005			6 705
湖　南	44	14.00			28.00				
广　东	21	1.34	0.53	1.80	217.02				
广　西	55	12.32	1.89		138.15				
海　南									
重　庆									
四　川									
贵　州					3.00				
云　南	40	2.30							
陕　西					0.40				
甘　肃	8	2.63							
青　海	2	0.07	0.04						
宁　夏					7.00				
新疆（兵团）						1 643 400			
新疆（农业）					6.63				
新疆（畜牧）	2	0.19	0.63	0.10	15.16	6 000	6	1 800	
热科院					1.96				
广　州									
南　京									

5-1 按行业分的农业总产值

（2015 年）　　　　计量单位：万元

地　区	农林牧渔业总产值	农业产值	林业产值	牧业产值	渔业产值	农业服务业产值
全国农垦	**34 496 656**	**22 785 135**	**1 085 692**	**8 671 840**	**1 953 989**	**1 442 711**
北　京	717 585	6 195	2 520	708 869		984
天　津	131 532	29 887	148	84 165	17 332	
河　北	889 766	298 534	8 916	329 432	252 884	89 328
山　西	26 632	11 438	336	14 858		884
内蒙古	1 408 000	808 963	11 125	576 675	11 237	45 683
辽　宁	1 772 907	831 481	27 825	426 087	487 514	73 434
吉　林	373 545	220 686	749	149 832	2 278	3 964
黑龙江	9 573 789	7 731 108	82 737	1 691 242	68 701	354 273
上　海	602 027	203 843	6 490	337 461	54 232	
江　苏	609 826	409 350	11 819	122 040	66 617	
浙　江	43 417	25 139	794	11 704	5 780	399
安　徽	204 563	156 724	3 798	37 044	6 998	
福　建	230 232	119 539	8 445	74 723	27 525	985
江　西	505 055	272 896	41 184	140 728	50 247	31 489
山　东	110 321	44 011	2 425	17 042	46 843	8 604
河　南	234 795	125 092	1 358	100 576	7 769	7 247
湖　北	2 070 136	997 277	33 202	511 475	528 182	41 403
湖　南	560 640	304 900	33 200	145 095	77 445	9 722
广　东	913 121	523 568	49 861	257 174	82 518	
广　西	865 421	346 922	33 174	458 489	26 836	900
海　南	1 178 376	701 141	187 722	262 349	27 164	133 696
重　庆	97 822	10 842		82 902	4 078	
四　川	9 116	3 333	24	5 735	24	
贵　州	34 655	17 283	68	17 242	62	
云　南	545 843	140 998	360 359	33 371	11 115	156
陕　西	37 484	28 189	95	9 155	45	3 912
甘　肃	213 161	192 189	2 141	18 663	168	5 713
青　海	38 409	26 745	1 658	10 006		
宁　夏	262 094	152 810	3 386	95 041	10 857	8 127
新疆（兵团）	9 082 987	7 413 340	147 781	1 447 767	74 099	617 543
新疆（农业）	370 231	298 538	9 870	57 059	4 764	3 295
新疆（畜牧）	763 200	331 272	10 253	421 143	532	942
热科院	4 009	783	2 228	864	134	29
广　州	14 390			14 390		
南　京	1 568	117		1 443	8	

5－2 按经济类型分的农业总产值

（2015年） 计量单位：万元

地区	国有	集体	个体	其他
全国农垦	**25 402 336**	**1 253 373**	**7 156 057**	**1 345 820**
北京	616 019			102 550
天津	131 532			
河北	531 785	136 526	120 799	100 656
山西	11 429	1 300	9 532	4 371
内蒙古	523 349	4 759	843 261	36 631
辽宁	656 682	5 498	1 034 822	75 905
吉林	160 051	163 446	48 967	1 081
黑龙江	7 898 376		1 637 118	38 295
上海	602 027			
江苏	276 730		333 096	
浙江	14 063	1 454	17 819	10 081
安徽	169 580	973	27 850	6 160
福建	134 390	24 556	48 938	22 348
江西	288 969	25 591	159 050	31 445
山东	24 522	11 784	67 855	6 160
河南	142 165	9 132	54 513	28 986
湖北	1 748 347	166 557	78 477	118 158
湖南	275 100	20 000	209 000	56 540
广东	748 932		164 189	
广西	358 514		365 610	141 297
海南	185 479		968 025	24 872
重庆	81 956			15 866
四川	8 185			931
贵州	22 159		12 496	
云南	358 803		187 040	
陕西	36 824	660		
甘肃	206 718		3 873	2 570
青海	31 761	5 988	660	
宁夏	262 094			
新疆（兵团）	8 052 270	582 092	582 092	485 077
新疆（农业）	248 915	48 372	69 043	3 901
新疆（畜牧）	578 587	44 686	109 432	30 495
热科院	1 509		2 500	
广州	14 390			
南京	124			1 444

5－3 土地利用情况

（2015 年）　　　　计量单位：公顷

地区	土地总面积	耕地面积		牧草地面积		新增种草面积	林地面积		水面面积
			高标准农田面积		已利用面积			橡胶面积	
全国农垦	**38 069 861**	**6 325 422**	**1 676 966**	**15 891 739**	**8 336 498**	**2 105**	**4 056 473**	**419 811**	**1 117 447**
北京	7 302	1 439					1 351		33
天津	7 202	2 574					406		902
河北	393 149	97 763	333	94 430	63 911	6	79 527		26 702
山西	22 538	6 735		5 761	411		6 017		10
内蒙古	5 335 728	663 362	48 440	2 426 123	1 451 839		250 057		80 802
辽宁	518 416	161 232	14 776	18 540	2 028		75 210		81 720
吉林	315 320	125 332	10 447	68 184	23 338	8	33 730		3 123
黑龙江	5 536 487	2 902 038	1 314 333	342 742	139 017		924 929		256 682
上海	64 915	35 763					4 884		13 202
江苏	124 204	70 821	62 050				20 045		12 585
浙江	13 553	4 054	509				1 887		1 237
安徽	64 248	29 563	5 250	198	62		12 260		5 002
福建	116 361	10 708	1 475	3 120	284		54 888	74	3 690
江西	691 744	83 153	6 760	9 745		350	475 856		29 865
山东	38 031	14 493	2 917	1 218	600		1 206		8 092
河南	47 522	29 789	581	157	127		2 873		952
湖北	348 764	135 040	75 090	543			50 657		57 387
湖南	197 558	67 141	23 525	5 575	2 020		28 605		40 850
广东	228 305	37 911	26 541	154	154	13	72 021	44 389	6 498
广西	168 188	33 875	2 633	2 271	27		43 882	2 474	2 855
海南	696 120	36 694	5				378 134	245 786	3 772
重庆	3 128	306	80				27		1 296
四川	499 331	873		352 964	337 276		27 531		60
贵州	17 208	1 763	494	2 034	717		3 120		551
云南	227 663	12 801	325				135 741	125 379	3 583
陕西	25 824	9 205		1 544	136		1 991		58
甘肃	553 510	65 494	41 912	262 518	261 881	93	31 995		8 126
青海	505 247	37 828		370 262	90 003		54 267		267
宁夏	184 611	43 039	5 315	60 024	29 180		8 029		10 542
新疆（兵团）	7 052 851	1 254 983		1 712 729			913 789		396 812
新疆（农业）	802 772	103 230	8 198	519 000	336 700	683	50 139		4 348
新疆（畜牧）	13 256 646	245 807	24 976	9 631 903	5 596 787	952	308 998	41	55 786
热科院	4 542	614					1 988	1 668	56
广州	41								
南京	833						434		

5-3续表

地区	水面面积 养殖水面面积	茶果桑园面积	可垦荒地面积	宜林地面积	居民点及工矿用地面积	其他面积
全国农垦	**250 499**	**377 243**	**727 928**	**148 065**	**866 049**	**8 559 505**
北京		445	3		1 333	2 698
天津	791	311	433		857	1 719
河北	18 277	1 589	4 173	572	43 388	45 005
山西	10	48	530	241	1 244	1 952
内蒙古	3 643	1 078	122 811	30 789	78 102	1 682 604
辽宁	61 996	11 538	3 913	3 981	49 836	112 446
吉林	1 179	2 826	6 137	3 383	23 620	48 985
黑龙江	25 764	3 384	148 291	15 526	227 538	715 359
上海	3 430	636	1 536		8 192	702
江苏	4 061	348	8		6 371	14 026
浙江	773	2 132	157	461	1 819	1 805
安徽	674	3 755	865	701	4 233	7 670
福建	2 055	17 476	2 636	5 514	4 324	14 005
江西	18 204	15 143	8 190	6 676	30 174	32 942
山东	5 734	268	1 400	171	4 397	6 787
河南	676	2 100	89	240	3 755	7 566
湖北	48 255	8 065	3 685	2 635	51 634	39 118
湖南	32 069	7 532	1 401	7 213	14 218	25 023
广东	3 816	29 613	1 227	17 206	14 359	49 316
广西	1 354	13 678	4 306	11 321	13 887	42 113
海南	2 720	32 940			21 183	223 397
重庆	1 296	227			170	1 102
四川	33	1 156	436	967	4 922	110 422
贵州	124	5 086	1 372	307	477	2 498
云南	1 108	17 153	1 246	225	10 970	45 944
陕西	49	1 023	4 208	1 368	1 785	4 642
甘肃	499	5 181	22 605	8 825	10 249	138 517
青海			536	7 838	1 875	32 375
宁夏	7 199	9 086	6 050	7 860	4 575	35 406
新疆(兵团)		150 964			157 379	2 466 206
新疆(农业)	3 621	28 420	17 821	12 352	28 827	38 635
新疆(畜牧)	1 057	3 975	361 833	1 526	39 878	2 606 939
热科院	33	29	30	167	356	1 303
广州					41	
南京		38			81	280

5－4 耕地面积

（2015 年） 计量单位：公顷

地区	年初实有耕地面积	当年增加的耕地面积	当年减少的耕地面积			
				国家基建占地	农场（集体）占地	个人建房占地
全国农垦	**6 277 264**	**95 460**	**47 301**	**4 022**	**3 210**	**712**
北京	1 434	5				
天津	2 612	17	55	9		
河北	97 842	28	107		62	
山西	6 752	4	21	13		
内蒙古	660 308	6 034	2 980	74	152	
辽宁	154 835	7 653	1 256	174	818	130
吉林	123 697	2 334	699	625	66	
黑龙江	2 892 305	36 438	26 705	946	75	
上海	35 763					
江苏	71 084	2 155	2 418	846	1 572	
浙江	4 045	40	31	31		
安徽	30 104	97	638	38	1	
福建	10 799	1	92	37	45	
江西	83 154	7	8	8	0	
山东	14 199	304	10	8	2	
河南	29 501	581	293	170	83	
湖北	135 835	139	934	554	38	
湖南	67 146		5		5	
广东	37 921	177	187	134		
广西	33 846	331	302	107		
海南	36 833	876	1 015	0		
重庆	306					
四川	898		25	1		
贵州	1 722	41				
云南	12 380	747	326	106	4	3
陕西	9 217		12	12		
甘肃	65 202	4 200	3 908			
青海	25 866	11 961				
宁夏	42 346	1 010	317	86		
新疆（兵团）	1 251 925	6 273	3 215			
新疆（农业）	103 200	30				
新疆（畜牧）	233 570	13 945	1 707	42	286	579
热科院	617	32	35			
广州						
南京						

5－4续表

地区	当年减少的耕地面积		年末实有耕地面积		
	退耕还林	退耕还草		水田	旱地
全国农垦	**1 981**	**1 784**	**6 325 423**	**3 193 238**	**3 132 185**
北京			1 439		1 439
天津			2 574	851	1 723
河北			97 763	26 241	71 522
山西	8		6 735		6 735
内蒙古	1 435	1 267	663 362	5 390	657 972
辽宁	134		161 232	94 975	66 257
吉林		8	125 332	41 407	83 925
黑龙江			2 902 038	1 464 619	1 437 419
上海			35 763	34 032	1 731
江苏			70 821	64 995	5 826
浙江			4 054	2 363	1 691
安徽			29 563	10 398	19 166
福建	10		10 708	7 275	3 433
江西			83 153	66 568	16 586
山东			14 493	3 435	11 058
河南			29 789	989	28 800
湖北			135 040	50 987	84 053
湖南			67 141	34 096	33 045
广东			37 911	3 103	34 808
广西			33 875	929	32 946
海南			36 694	11 425	25 269
重庆			306		306
四川			873	1	872
贵州			1 763	484	1 279
云南			12 801	4 270	8 531
陕西			9 205	180	9 025
甘肃	67		65 494		65 494
青海			37 828		37 828
宁夏			43 039	43 039	
新疆（兵团）			1 254 983	1 200 414	54 569
新疆（农业）			103 230	2 189	101 041
新疆（畜牧）	292	509	245 808	18 469	227 339
热科院	35		614	114	500
广州					
南京					

5－5 农作物播种面积和产量

（2015 年）

项 目	播种面积（公顷）	总产量（吨）	每公顷产量（千克）
农作物播种面积总计	6 924 354		
一、粮食作物	5 037 987	36 674 706	7 280
#夏收作物	499 233	3 017 923	6 045
（一）谷物合计	4 353 002	34 645 366	7 959
1. 稻谷	2 055 745	18 231 998	8 869
#早稻	92 201	595 369	6 457
2. 小麦	636 105	3 278 566	5 154
#春小麦	278 956	1 185 574	4 250
3. 玉米	1 575 014	12 808 116	8 132
4. 谷子	5 450	20 833	3 823
5. 高粱	6 675	43 302	6 487
6. 其他谷物	72 888	262 314	3 599
（二）豆类合计	627 440	1 506 450	2 401
1. 大豆	592 941	1 431 760	2 415
2. 杂豆	34 499	74 689	2 165
（三）薯类	57 546	503 987	8 758
二、油料合计	356 177	808 124	2 269
#花生	30 134	106 270	3 527
油菜籽	229 053	428 543	1 871
芝麻	5 667	9 777	1 725
胡麻子	2 426	4 576	1 886
向日葵	82 097	247 519	3 015
三、棉花	762 967	1 750 354	2 294
#长绒棉	21 488	39 531	1 840
四、麻类合计	3 236	15 198	4 697
#黄红麻	7	21	3 000
苎麻	1 085	3 150	2 903
大麻（线麻）	109	199	1 826
亚麻	1 768	8 628	4 880
五、糖料合计	81 396	7 182 559	88 242
#甘蔗	54 732	4 876 601	89 100
甜菜	26 190	2 303 846	87 967
六、烟叶合计	1 939	3 674	1 895
#烤烟叶	1 723	3 204	1 860
七、药材类合计	40 376	202 978	5 027
八、蔬菜、瓜类	296 666	15 199 684	51 235
#蔬菜	227 326	12 279 540	54 017
瓜类	66 945	2 897 636	43 284
九、其他作物	340 279		
#啤酒花	2 764	7 695	2 784
青饲料	144 926	5 897 072	40 690

5-6 各垦区农作物播种面积和产量

(2015 年)

地区	农作物总播种面积（公顷）	一、粮食作物			#夏收作物		
		播种面积（公顷）	总产量（吨）	公顷产量（千克）	播种面积（公顷）	总产量（吨）	公顷产量（千克）
全国农垦	**6 924 354**	**5 037 987**	**36 674 706**	**7 280**	**499 233**	**3 017 923**	**6 045**
北京	1 200	439	2 673		97	523	5 392
天津	2 154	2 013	11 589	5 757	174	1 086	6 241
河北	100 706	74 908	536 883	6 804	12 727	68 370	5 372
山西	6 109	5 385	33 806	6 278	357	1 759	4 927
内蒙古	724 236	539 745	2 118 884	3 926			
辽宁	171 058	152 535	1 413 571	9 267	388	2 943	7 585
吉林	125 573	118 450	851 590	7 189			
黑龙江	2 861 184	2 825 386	22 066 613	7 810			
上海	57 219	41 076	319 081	7 768	18 611	123 602	6 641
江苏	155 117	149 530	1 166 074	7 798	72 921	471 985	6 473
浙江	4 580	1 821	8 807	4 836	415	1 690	4 072
安徽	59 311	55 130	341 888	6 201	28 834	184 642	6 404
福建	21 726	11 107	60 997	5 492	2 381	11 149	4 682
江西	138 999	105 643	729 840	6 909			
山东	17 669	12 742	83 987	6 591	4 668	31 151	6 673
河南	56 563	44 872	321 041	7 155	23 898	178 852	7 484
湖北	285 359	178 574	1 099 630	6 158	79 918	329 085	4 118
湖南	152 267	96 661	637 921	6 855	2 006	9 021	4 497
广东	41 748	8 592	60 510	7 043	3 313	21 478	6 483
广西	33 510	3 073	17 878	5 818	2 174	11 704	5 384
海南	42 922	24 551	148 697	6 057	11 426	71 646	6 270
重庆	730	730	3 515	4 815			
四川	734	436	4 243	9 732	68	388	5 706
贵州	2 849	1 308	6 729	5 145	265	1 786	6 740
云南	17 370	10 924	59 358	5 434	1 734	7 065	4 074
陕西	15 107	13 377	93 795	7 012	4 385	23 055	5 258
甘肃	63 758	30 746	306 064	9 955	11 794	68 515	5 809
青海	35 298	13 814	26 018	38 234			
宁夏	42 023	35 859	364 230	10 157	814	5 514	6 774
新疆（兵团）	1 353 991	322 476	2 653 734	8 229	191 624	1 263 497	6 594
新疆（农业）	91 822	39 850	295 700	6 425	12 870	62 338	4 844
新疆（畜牧）	241 289	116 078	827 654	7 130	11 276	64 471	5 717
热科院	175	157	1 705	10 867	95	607	6 376
广州							
南京							

5－6续表1

地　区	(一) 谷　物			稻　谷		
	播种面积（公顷）	总产量（吨）	公顷产量（千克）	播种面积（公顷）	总产量（吨）	公顷产量（千克）
全国农垦	**4 353 002**	**34 649 722**	**7 959**	**2 055 745**	**18 231 998**	**8 869**
北　京	439	2 666	6 073			
天　津	2 007	11 572	5 766	864	7 448	8 620
河　北	68 009	406 276	5 910	24 062	211 730	8 799
山　西	5 155	32 689	6 341			
内蒙古	410 430	1 865 966	4 546	2 051	13 362	6 515
辽　宁	147 359	1 397 965	9 487	97 045	1 027 524	10 588
吉　林	112 997	842 746	7 458	41 246	356 962	8 654
黑龙江	2 365 403	20 834 866	8 808	1 464 067	13 192 708	9 011
上　海	41 076	319 081	7 768	22 179	193 651	8 731
江　苏	149 433	1 165 396	7 799	71 777	658 939	9 180
浙　江	1 338	7 336	5 483	849	5 264	6 200
安　徽	41 521	308 021	7 418	12 828	125 827	9 809
福　建	8 112	46 265	5 703	7 462	43 501	5 830
江　西	100 542	705 416	7 016	98 655	696 831	7 063
山　东	12 315	82 614	6 708	3 392	23 400	6 899
河　南	39 459	303 344	7 688	969	7 598	7 843
湖　北	166 174	1 060 436	6 381	57 661	536 177	9 299
湖　南	92 863	624 340	6 723	84 715	586 058	6 918
广　东	6 165	41 623	6 752	5 238	36 835	7 032
广　西	2 074	12 950	6 244	628	4 189	6 670
海　南	20 430	121 058	5 926	19 573	114 847	5 868
重　庆	730	3 515	4 815	190	815	4 289
四　川	255	1 015	3 980	60	340	5 667
贵　州	1 063	4 828	4 542	427	2 722	6 375
云　南	10 388	57 544	5 539	3 749	28 790	7 679
陕　西	11 948	87 945	7 361	172	1 421	8 262
甘　肃	27 767	272 362	9 809			
青　海	13 807	25 868	38 108			
宁　夏	35 712	363 987	10 192	9 720	79 753	8 205
新疆（兵团）	308 995	2 568 788	8 313	17 240	192 565	11 170
新疆（农业）	38 250	268 696	7 025	3 830	33 506	8 748
新疆（畜牧）	110 633	801 042	7 241	4 954	47 791	9 648
热科院	152	1 505	9 928	144	1 445	10 063
广　州						
南　京						

5－6续表2

地　区	#早稻			小　麦		
	播种面积（公顷）	总产量（吨）	公顷产量（千克）	播种面积（公顷）	总产量（吨）	公顷产量（千克）
全国农垦	**92 201**	**595 369**	**6 457**	**636 105**	**3 288 566**	**5 154**
北　京				97	523	5 392
天　津				174	1 086	6 241
河　北				16 114	75 169	4 665
山　西				357	1 759	4 927
内蒙古				145 371	374 147	2 574
辽　宁				53	293	5 528
吉　林						
黑龙江				4 872	15 361	3 153
上　海				11 654	79 031	6 782
江　苏				62 997	408 892	6 491
浙　江	367	1 807	4 924	399	1 720	4 311
安　徽				26 953	169 152	6 276
福　建	2 266	12 442	5 491	19	128	6 737
江　西	37 208	243 534	6 545	726	2 606	3 591
山　东				4 668	31 151	6 673
河　南				23 868	178 035	7 459
湖　北	1 768	12 520	7 081	77 498	319 980	4 129
湖　南	35 975	227 895	6 335	2 915	10 805	3 707
广　东	2 488	16 449	6 611			
广　西	315	2 193	6 962			
海　南	9 859	61 730	6 261			
重　庆						
四　川				50	237	4 740
贵　州				53	92	1 736
云　南	1 255	9 617	7 663	223	367	1 646
陕　西				5 869	37 996	6 474
甘　肃				10 493	59 936	5 712
青　海				1 418	6 690	17 699
宁　夏				814	5 514	6 774
新疆（兵团）				174 526	1 209 303	6 929
新疆（农业）				14 530	77 104	5 307
新疆（畜牧）	611	6 608	10 824	49 394	221 488	4 484
热科院	90	574	6 393			
广　州						
南　京						

5－6 续表 3

地　区	#春小麦			玉　米		
	播种面积（公顷）	总产量（吨）	公顷产量（千克）	播种面积（公顷）	总产量（吨）	公顷产量（千克）
全国农垦	**278 956**	**1 185 574**	**4 250**	**1 575 014**	**12 808 116**	**8 132**
北　京				342	2 143	6 266
天　津	131	760	5 802	969	3 038	3 135
河　北	3 454	6 799	1 968	25 781	113 596	4 406
山　西				4 606	30 372	6 594
内蒙古	145 371	374 147	2 574	229 887	1 390 711	6 050
辽　宁	53	293	5 528	47 426	361 099	7 614
吉　林				67 900	469 478	6 914
黑龙江	4 872	15 361	3 153	895 355	7 619 471	8 510
上　海				287	1 828	6 380
江　苏				2 641	20 156	7 632
浙　江				73	304	4 164
安　徽				1 719	12 912	7 510
福　建				596	2 441	4 096
江　西				1 079	5 404	5 010
山　东				3 998	26 508	6 630
河　南				14 593	117 531	8 054
湖　北				29 608	198 407	6 701
湖　南				5 165	27 302	5 286
广　东				850	4 483	5 274
广　西				1 439	8 751	6 081
海　南				849	6 193	7 294
重　庆				540	2 700	5 000
四　川				35	184	5 257
贵　州				539	2 014	3 737
云　南				6 415	28 385	4 425
陕　西				5 907	48 528	8 215
甘　肃	9 853	58 592	5 947	15 722	201 002	12 785
青　海	732	3 841	5 247			
宁　夏	767	5 150	6 714	25 178	278 720	11 070
新疆（兵团）	94 864	635 391	6 698	112 599	1 134 286	10 074
新疆（农业）	4 212	18 629	4 423	19 730	176 320	8 937
新疆（畜牧）	14 647	66 611	4 548	53 180	513 789	9 661
热科院				8	60	7 500
广　州						
南　京						

5－6续表4

地　　区	谷子 播种面积（公顷）	谷子 总产量（吨）	谷子 公顷产量（千克）	高粱 播种面积（公顷）	高粱 总产量（吨）	高粱 公顷产量（千克）
全国农垦	**5 450**	**20 833**	**3 823**	**6 675**	**43 302**	**6 487**
北　　京						
天　　津						
河　　北				133	612	4 601
山　　西	33	147	4 455	3	3	1 000
内 蒙 古	1 373	3 637	2 649	1 228	5 463	4 449
辽　　宁	2 047	5 545	2 709	410	2 767	6 749
吉　　林	903	3 585	3 970	2 246	12 066	5 372
黑 龙 江	220	848	3 855	889	6 478	7 287
上　　海						
江　　苏						
浙　　江						
安　　徽						
福　　建						
江　　西						
山　　东	33	150	4 545	224	1 405	6 272
河　　南						
湖　　北				60	325	5 417
湖　　南				22	57	2 591
广　　东						
广　　西						
海　　南						
重　　庆						
四　　川						
贵　　州						
云　　南						
陕　　西						
甘　　肃				200	2 640	13 200
青　　海						
宁　　夏						
新疆（兵团）	841	6 921	8 230	1 132	11 046	9 759
新疆（农业）				90	376	4 178
新疆（畜牧）				38	64	1 671
热 科 院						
广　　州						
南　　京						

5-6续表5

地　区	其他谷物			(二) 豆　类		
	播种面积(公顷)	总产量(吨)	公顷产量(千克)	播种面积(公顷)	总产量(吨)	公顷产量(千克)
全国农垦	**72 888**	**262 314**	**3 599**	**627 440**	**1 506 450**	**2 401**
北　京						
天　津				3	5	1 667
河　北	3 742	5 169	1 381	60	154	2 567
山　西	156	408	2 615	186	419	2 253
内蒙古	30 520	78 646	2 577	123 265	208 979	1 695
辽　宁	378	737	1 950	4 952	13 973	2 822
吉　林	702	655	933	5 413	8 666	1 601
黑龙江				440 915	1 135 832	2 576
上　海	6 957	44 571	6 406			
江　苏	12 018	77 409	6 441	97	678	6 990
浙　江	14	48	3 429	468	1 361	2 908
安　徽	22	130	5 963	13 504	33 177	2 457
福　建	35	195	5 571	881	2 143	2 432
江　西	83	575	6 918	2 803	6 473	2 310
山　东				384	1 040	2 708
河　南	30	181	6 112	5 193	14 727	2 836
湖　北	474	5 547	11 703	10 213	26 954	2 639
湖　南	46	118	2 565	2 023	3 715	1 836
广　东	77	305	3 961	211	465	2 204
广　西	7	10	1 429	205	776	3 785
海　南	8	18	2 250	548	1 472	2 686
重　庆						
四　川	110	254	2 309	2	4	2 000
贵　州				37	56	1 514
云　南	1	2	2 000	158	265	1 677
陕　西				1 205	750	622
甘　肃	1 352	8 784	6 497	347	728	2 098
青　海	12 389	19 178	38 996			
宁　夏				147	243	1 653
新疆(兵团)	631	1 217	1 930	7 851	27 923	3 557
新疆(农业)	70	247	3 529	1 470	4 051	2 756
新疆(畜牧)	3 067	17 910	5 839	4 901	11 419	2 330
热科院						
广　州						
南　京						

5-6续表6

地　区	大豆			杂豆		
	播种面积（公顷）	总产量（吨）	公顷产量（千克）	播种面积（公顷）	总产量（吨）	公顷产量（千克）
全国农垦	**592 941**	**1 431 760**	**2 415**	**34 499**	**74 689**	**2 166**
北　京						
天　津	3	5	1 667			
河　北	50	142	2 840	10	12	1 200
山　西	73	165	2 260	113	254	2 248
内蒙古	121 184	205 589	1 697	2 082	3 390	1 629
辽　宁	4 438	13 737	3 096	514	236	459
吉　林	1 928	4 904	2 544	3 485	3 762	1 079
黑龙江	420 283	1 086 852	2 586	20 632	48 980	2 374
上　海						
江　苏	97	678	6 990			
浙　江	390	1 148	2 944	78	213	2 731
安　徽	13 496	33 160	2 457	8	17	2 125
福　建	731	1 839	2 516	150	304	2 027
江　西	2 120	5 026	2 371	683	1 447	2 119
山　东	375	1 019	2 717	9	21	2 333
河　南	5 193	14 727	2 836			
湖　北	8 945	23 066	2 579	1 268	3 888	3 066
湖　南	1 415	2 725	1 926	608	990	1 628
广　东	127	230	1 811	84	235	2 798
广　西	134	501	3 739	71	275	3 873
海　南	290	763	2 631	258	709	2 748
重　庆						
四　川	2	4	2 000			
贵　州	12	15	1 250	25	41	1 640
云　南				158	265	1 677
陕　西	1 190	717	603	15	33	2 200
甘　肃	347	728	2 098			
青　海						
宁　夏	147	243	1 653			
新疆（兵团）	6 060	22 675	3 742	1 791	5 248	2 931
新疆（农业）	1 100	3 082	2 802	370	969	2 619
新疆（畜牧）	2 813	8 019	2 851	2 087	3 400	1 629
热科院						
广　州						
南　京						

5－6续表7

地　区	（三）薯　类			二、油　料		
	播种面积（公顷）	总产量（吨）	公顷产量（千克）	播种面积（公顷）	总产量（吨）	公顷产量（千克）
全国农垦	**57 546**	**503 987**	**8 758**	**356 177**	**808 124**	**2 269**
北　京				3	6	2 000
天　津	3	12	4 000			
河　北	6 839	134 809	19 712	1 262	1 324	1 049
山　西	44	698	15 864	56	133	2 375
内蒙古	6 050	43 939	7 263	152 729	272 525	1 784
辽　宁	224	1 633	7 290	3 724	11 102	2 981
吉　林	40	178	4 450	5 526	9 923	1 796
黑龙江	19 068	95 915	5 030	4 472	7 028	1 572
上　海				1 912	5 204	2 721
江　苏				89	541	6 079
浙　江	15	110	7 333	79	158	2 000
安　徽	105	690	6 571	847	1 977	2 335
福　建	2 114	12 589	5 955	1 521	3 947	2 595
江　西	2 298	17 951	7 812	14 695	29 666	2 019
山　东	43	333	7 744	88	282	3 205
河　南	220	2 970	13 498	6 449	21 824	3 384
湖　北	2 187	12 240	5 597	31 251	89 667	2 869
湖　南	1 775	9 866	5 558	23 721	62 145	2 620
广　东	2 216	18 422	8 313	2 931	8 044	2 744
广　西	794	4 152	5 229	999	3 874	3 878
海　南	3 573	26 167	7 324	1 740	4 395	2 526
重　庆						
四　川	179	3 224	18 011	16	27	1 688
贵　州	208	1 845	8 870	615	782	1 272
云　南	378	1 549	4 098	50	72	1 440
陕　西	224	5 240	23 393	151	703	4 656
甘　肃	2 632	32 974	12 528	5 372	18 782	3 496
青　海	7	150	21 429	13 727	11 872	19 245
宁　夏				963	3 509	3 644
新疆（兵团）	5 630	57 023	10 128	57 462	193 230	3 363
新疆（农业）	130	3 910	30 077	5 150	12 509	2 429
新疆（畜牧）	544	15 193	27 925	18 573	32 860	1 769
热科院	5	200	37 736	5	14	3 089
广　州						
南　京						

5－6续表8

地　　区	花　生			油菜籽		
	播种面积（公顷）	总产量（吨）	公顷产量（千克）	播种面积（公顷）	总产量（吨）	公顷产量（千克）
全国农垦	**30 134**	**106 270**	**3 527**	**229 053**	**428 543**	**1 871**
北　　京						
天　　津						
河　　北	236	871	3 691	424	130	307
山　　西	7	12	1 714	11	30	2 727
内 蒙 古				126 953	203 716	1 605
辽　　宁	3 496	10 513	3 007	2	2	1 000
吉　　林	2 343	5 505	2 350			
黑 龙 江	326	799	2 451			
上　　海				1 912	5 204	2 721
江　　苏	12	31	2 583	77	510	6 623
浙　　江	14	23	1 643	65	135	2 077
安　　徽	312	930	2 980	363	842	2 318
福　　建	1 385	3 779	2 729	115	134	1 165
江　　西	3 728	11 066	2 968	10 137	17 141	1 691
山　　东	86	281	3 267			
河　　南	6 048	21 091	3 487	373	694	1 861
湖　　北	4 845	28 002	5 780	22 011	53 888	2 448
湖　　南	605	1 134	1 874	22 996	60 809	2 644
广　　东	2 775	7 825	2 820			
广　　西	990	3 865	3 904			
海　　南	1 740	4 395	2 526			
重　　庆						
四　　川	1	2	2 000	15	25	1 667
贵　　州				615	782	1 272
云　　南	27	45	1 667	23	27	1 174
陕　　西	81	388	4 790			
甘　　肃				313	426	1 361
青　　海				13 580	11 707	18 123
宁　　夏						
新疆（兵团）	987	5 503	5 574	17 098	54 194	3 170
新疆（农业）	60	191	3 183	3 100	6 393	2 062
新疆（畜牧）	24	5	215	8 870	11 754	1 325
热 科 院	5	14	3 089			
广　　州						
南　　京						

5－6续表9

地　区	芝麻			胡麻籽		
	播种面积（公顷）	总产量（吨）	公顷产量（千克）	播种面积（公顷）	总产量（吨）	公顷产量（千克）
全国农垦	**5 667**	**9 777**	**1 725**	**2 426**	**4 576**	**1 886**
北　京						
天　津						
河　北				599	311	519
山　西				2	5	2 500
内蒙古						
辽　宁	8	20	2 500			
吉　林	10	11	1 100			
黑龙江						
上　海						
江　苏						
浙　江						
安　徽	171	205	1 198			
福　建	21	34	1 619			
江　西	830	1 459	1 758			
山　东	2	1	500			
河　南	28	39	1 393			
湖　北	4 353	7 668	1 762			
湖　南	120	202	1 683			
广　东	112	125	1 116			
广　西	8	9	1 125			
海　南						
重　庆						
四　川						
贵　州						
云　南						
陕　西						
甘　肃				749	1 287	1 718
青　海						
宁　夏						
新疆（兵团）	4	4	984	828	2 637	3 186
新疆（农业）				220	303	1 377
新疆（畜牧）				28	33	1 158
热科院						
广　州						
南　京						

5－6 续表 10

地区	向日葵			三、棉花		
	播种面积（公顷）	总产量（吨）	公顷产量（千克）	播种面积（公顷）	总产量（吨）	公顷产量（千克）
全国农垦	**82 097**	**247 519**	**3 015**	**762 967**	**1 750 354**	**2 294**
北京	3	6	2 000			
天津				40	111	2 775
河北	3	12	4 000	7 657	9 410	1 229
山西	36	86	2 389	33	32	970
内蒙古	25 756	68 770	2 670			
辽宁	218	567	2 601			
吉林	3 173	4 407	1 389			
黑龙江						
上海						
江苏				42	64	1 524
浙江				37	45	1 216
安徽				317	888	2 799
福建						
江西				1 985	4 253	2 142
山东				2 274	2 112	929
河南				676	755	1 117
湖北	42	109	2 595	13 273	17 838	1 344
湖南				7 005	14 213	2 029
广东						
广西						
海南						
重庆						
四川						
贵州						
云南						
陕西	70	315	4 500	243	904	3 720
甘肃	4 310	17 069	3 960	7 042	11 324	1 608
青海						
宁夏	963	3 509	3 644			
新疆（兵团）	35 813	126 690	3 538	629 346	1 465 007	2 328
新疆（农业）	2 130	5 622	2 639	37 675	77 869	2 067
新疆（畜牧）	9 580	20 357	2 125	55 322	145 529	2 631
热科院						
广州						
南京						

5－6续表11

地　区	＃长绒棉			四、麻　类		
	播种面积（公顷）	总产量（吨）	公顷产量（千克）	播种面积（公顷）	总产量（吨）	公顷产量（千克）
全国农垦	**21 488**	**39 531**	**1 840**	**3 236**	**15 198**	**4 697**
北　京						
天　津						
河　北						
山　西						
内蒙古				13	12	923
辽　宁						
吉　林						
黑龙江				700	2 747	3 924
上　海						
江　苏						
浙　江						
安　徽						
福　建						
江　西						
山　东				7	21	3 000
河　南						
湖　北				40	36	900
湖　南				1 045	3 114	2 980
广　东						
广　西						
海　南						
重　庆						
四　川						
贵　州						
云　南						
陕　西						
甘　肃						
青　海						
宁　夏						
新疆（兵团）	12 566	23 145	1 842	460	4 653	10 106
新疆（农业）	7 395	12 081	1 634	687	3 074	4 475
新疆（畜牧）	1 527	4 305	2 820	284	1 541	5 431
热科院						
广　州						
南　京						

5-6续表12

地区	黄红麻			苎麻		
	播种面积（公顷）	总产量（吨）	公顷产量（千克）	播种面积（公顷）	总产量（吨）	公顷产量（千克）
全国农垦	**7**	**21**	**3 000**	**1 085**	**3 150**	**2 903**
北京						
天津						
河北						
山西						
内蒙古						
辽宁						
吉林						
黑龙江						
上海						
江苏						
浙江						
安徽						
福建						
江西						
山东	7	21	3 000			
河南						
湖北				40	36	900
湖南				1 045	3 114	2 980
广东						
广西						
海南						
重庆						
四川						
贵州						
云南						
陕西						
甘肃						
青海						
宁夏						
新疆（兵团）						
新疆（农业）						
新疆（畜牧）						
热科院						
广州						
南京						

5－6 续表 13

地　　区	大麻			亚麻		
	播种面积（公顷）	总产量（吨）	公顷产量（千克）	播种面积（公顷）	总产量（吨）	公顷产量（千克）
全国农垦	**109**	**199**	**1 826**	**1 768**	**8 628**	**4 880**
北　　京						
天　　津						
河　　北						
山　　西						
内 蒙 古	13	12	923			
辽　　宁						
吉　　林						
黑 龙 江	96	187	1 948	604	2 560	4 238
上　　海						
江　　苏						
浙　　江						
安　　徽						
福　　建						
江　　西						
山　　东						
河　　南						
湖　　北						
湖　　南						
广　　东						
广　　西						
海　　南						
重　　庆						
四　　川						
贵　　州						
云　　南						
陕　　西						
甘　　肃						
青　　海						
宁　　夏						
新疆（兵团）				194	1 453	7 500
新疆（农业）				687	3 074	4 475
新疆（畜牧）				284	1 541	5 431
热 科 院						
广　　州						
南　　京						

5－6续表14

地区	五、糖料			#甘蔗		
	播种面积（公顷）	总产量（吨）	公顷产量（千克）	播种面积（公顷）	总产量（吨）	公顷产量（千克）
全国农垦	**81 396**	**7 182 559**	**88 242**	**54 732**	**4 876 601**	**89 100**
北京						
天津						
河北	203	10 079	49 650			
山西	7	450	64 286			
内蒙古	1 087	50 870	46 799			
辽宁	14	360	25 714			
吉林						
黑龙江	14	630	45 000			
上海						
江苏						
浙江	1	44	44 000	1	44	44 000
安徽						
福建	345	23 966	69 467	345	23 966	69 467
江西	262	8 058	30 787	262	8 058	30 787
山东						
河南						
湖北	114	9 542	83 702	114	9 542	83 702
湖南	880	62 057	70 519	880	62 057	70 519
广东	22 368	1 686 146	75 382	22 368	1 686 146	75 382
广西	22 172	2 328 308	105 011	22 172	2 328 308	105 011
海南	4 086	262 405	64 221	4 086	262 405	64 221
重庆						
四川						
贵州						
云南	4 502	495 874	110 145	4 502	495 874	110 145
陕西						
甘肃						
青海						
宁夏						
新疆（兵团）	20 987	1 844 093	87 867			
新疆（农业）	1 340	69 320	51 731			
新疆（畜牧）	3 011	330 156	109 661			
热科院	3	201	73 164	3	201	73 164
广州						
南京						

5-6续表15

地区	甜菜			六、烟叶		
	播种面积（公顷）	总产量（吨）	公顷产量（千克）	播种面积（公顷）	总产量（吨）	公顷产量（千克）
全国农垦	**26 190**	**2 303 846**	**87 967**	**1 939**	**3 674**	**1 895**
北京						
天津						
河北	203	10 079	49 650			
山西	7	450	64 286			
内蒙古	1 087	50 870	46 799	13	49	3 769
辽宁	14	360	25 714	124	465	3 750
吉林						
黑龙江	14	630	45 000	300	421	1 403
上海						
江苏						
浙江						
安徽						
福建				358	767	2 142
江西				189	383	2 021
山东						
河南						
湖北				33	33	1 000
湖南				470	905	1 926
广东						
广西						
海南						
重庆						
四川				1	2	2 000
贵州				402	548	1 363
云南				49	101	2 061
陕西						
甘肃						
青海						
宁夏						
新疆（兵团）	20 987	1 844 093	87 867			
新疆（农业）	1 340	69 320	51 731			
新疆（畜牧）	2 538	328 044	129 244			
热科院						
广州						
南京						

5－6续表16

地　　区	#烤烟叶			七、药材类（公顷）	八、蔬菜、瓜类（公顷）	
	播种面积（公顷）	总产量（吨）	公顷产量（千克）			蔬菜（公顷）
全国农垦	**1 723**	**3 204**	**1 860**	**40 376**	**296 666**	**227 326**
北　　京					65	62
天　　津					53	52
河　　北				62	5 905	4 104
山　　西					310	291
内 蒙 古				7 829	4 629	2 771
辽　　宁	124	465	3 750	435	13 967	13 325
吉　　林				283	336	131
黑 龙 江	300	421	1 403	2 072	6 147	3 092
上　　海				191	5 386	4 720
江　　苏					5 143	3 309
浙　　江					1 606	1 095
安　　徽				18	1 933	1 262
福　　建	345	731	2 119	41	5 228	4 764
江　　西				606	10 381	8 183
山　　东				67	591	359
河　　南				32	4 423	2 218
湖　　北	33	33	1 000	814	50 281	40 565
湖　　南	470	905	1 926	122	20 341	17 355
广　　东				240	6 578	6 148
广　　西				58	5 605	2 741
海　　南					11 913	11 511
重　　庆						
四　　川					76	75
贵　　州	402	548	1 363		254	208
云　　南	49	101	2 061	24	1 610	1 322
陕　　西				110	756	448
甘　　肃				4 436	2 658	1 946
青　　海				2 004	317	314
宁　　夏				973	1 824	1 158
新疆（兵团）				18 505	115 612	87 651
新疆（农业）				680	5 200	3 200
新疆（畜牧）				773	7 526	2 935
热 科 院				0	11	10
广　　州						
南　　京						

5-6续表17

地　区	八、蔬菜、瓜类	九、其他作物（公顷）		
	瓜　类（公顷）		啤酒花（公顷）	青饲料（公顷）
全国农垦	**66 945**	**340 279**	**2 764**	**144 926**
北　京	3	693		685
天　津	1	48		21
河　北	1 801	7 378		7 291
山　西	19	318		318
内蒙古	1 858	18 191		18 191
辽　宁	642	259		259
吉　林	205	978		88
黑龙江	3 055	22 093		14 092
上　海	666	8 653		4 940
江　苏	1 834	313		50
浙　江	511	1 037		2
安　徽	671	1 066		7
福　建	464	3 126		748
江　西	2 198	5 238		1 582
山　东	232	1 900		1 900
河　南	2 206	110		110
湖　北	9 716	10 979		7 673
湖　南	2 986	2 022		2 001
广　东	430	1 039		252
广　西	2 864	1 603		60
海　南	402	632		65
重　庆				
四　川	1	205		205
贵　州	46	270		270
云　南	288	211		155
陕　西	308	470		470
甘　肃	712	13 504	844	8 670
青　海	3	5 435		5 431
宁　夏	666	2 404		2 404
新疆(兵团)	27 961	189 142	1 289	49 700
新疆(农业)	2 000	1 240	590	650
新疆(畜牧)	2 195	39 723	41	16 636
热科院	1			
广　州				
南　京				

5－7 林业生产情况

（2015年）

地 区	当年造林面积（公顷）					
		用材林（公顷）	经济林（公顷）	防护林（公顷）	薪炭林（公顷）	特种用材林（公顷）
全国农垦	**68 498**	**12 149**	**19 491**	**35 525**	**178**	**286**
北 京	20					20
天 津	21			21		
河 北	4 227	20	254	3 936		17
山 西	10		10			
内 蒙 古	3 647	36	191	2 750		
辽 宁	3 397	726	1 622	965		64
吉 林	192	61	3	128		
黑 龙 江	1 251	540		666		45
上 海	203	136		67		
江 苏	253	138	98	17		
浙 江						
安 徽	147	77	8			62
福 建	1 461	816	319	322		4
江 西	5 087	4 123	667	227	66	4
山 东		131	10	20	101	
河 南	61	10	27	22	2	
湖 北	4 025	2 477	1 120	401		27
湖 南	1 541	560	920	58	3	
广 东	2 448	252	1 974	222		
广 西	529	246	283			
海 南	609	258	327	24		
重 庆						
四 川	1		1			
贵 州						
云 南	367	338	28	1		
陕 西						
甘 肃	656	311	264	81		
青 海	1 524		164	933		
宁 夏	287		205	82		
新疆（兵团）	28 763	430	7 839	20 494		
新疆（农业）	1 625	201	609	810	5	
新疆（畜牧）	5 953	261	2 372	3 277		43
热 科 院	192		177	0	1	
广 州						
南 京						

5-7续表

地　　区	当年零星植树	年末实有育苗面积		幼林抚育面积	成林抚育面积	森林覆盖率
			#当年新育面积			
全国农垦	**231 750**	**36 939**	**8 967**	**262 872**	**119 635**	**33.6**
北　　京				292	100	
天　　津		35	20	6	6	
河　　北	103	590	248	497	4 939	18.6
山　　西	2	672		54		26.4
内 蒙 古	368	1 776	33	2 623	7 506	4.0
辽　　宁	158	205	158	1 354	4 308	32.0
吉　　林	15	4	2	4 686	327	35.0
黑 龙 江	75	2 958	1 592	30 913	24 559	17.1
上　　海	2	616	106	884	3 048	
江　　苏	238	603	142	3 155	1 679	16.1
浙　　江	1	20		4	48	77.0
安　　徽	89	94	84	3 609	3 050	19.1
福　　建	715	915	31	2 110	5 918	47.2
江　　西	482	570	101	20 683	10 881	68.8
山　　东		11	100	67	380	
河　　南	26	143	65	76	488	8.3
湖　　北	244	2 660	1 566	6 830	12 177	19.0
湖　　南	236	336	99	2 022	2 412	48.0
广　　东	2	51	51	1 858	4 859	48.0
广　　西		104	16	1 936	5 788	26.5
海　　南	49			1 580	3 108	61.5
重　　庆						
四　　川						8.4
贵　　州				184	203	16.0
云　　南	3	91	91	519	450	
陕　　西	1	7	1	77	339	
甘　　肃	14	211	3	2 702	7 184	33.7
青　　海	3	15 453		560	1 602	
宁　　夏	22	416	62	2 249	1 587	
新疆(兵团)	337	7 151	4 142	167 144		17.1
新疆(农业)	368	533	97	1 954	4 521	23.3
新疆(畜牧)	228 187	714	157	1 768	6 459	63.3
热 科 院	10			476	1 274	53.7
广　　州						
南　　京					434	52.1

5－8 林产品产量

（2015 年）

地区	生漆（吨）	油茶籽（吨）	乌桕籽（吨）	五倍子（吨）	棕片（吨）	松脂（吨）	竹笋干（吨）	核桃（吨）	板栗（吨）	竹木采伐	
										木材（米³）	毛竹（万根）
全国农垦	**147**	**3 011**		**2**	**135**	**1 199**	**1 786**	**23 769**	**1 261**	**1 318 469**	**5 501**
北京											
天津											
河北										1 621	
山西											
内蒙古										372	
辽宁										27 849	
吉林										5 515	
黑龙江								203		17 560	
上海										8 693	
江苏										14 020	
浙江										150	1
安徽									107	16 305	1
福建		174			12	97	698		147	25 653	295
江西	28	2 688		2	110	866	696		275	108 058	1 148
山东											2 130
河南									5	7 336	
湖北	119	25				5	2		674	69 669	60
湖南		112			13	222	232	3	6	31 889	147
广东						9				154 066	277
广西							80		30	299 431	407
海南		12					76			171 685	1 020
重庆											
四川										120	
贵州											12
云南							2		18	168 117	3
陕西								63		10	
甘肃								60			
青海											
宁夏								9			
新疆（兵团）								20 301		106 485	
新疆（农业）								832		4 213	
新疆（畜牧）								2 298		58 562	
热科院										21 090	
广州											
南京											

5－9　畜牧业生产情况

（2015 年）

地　区	大牲畜总头数（万头）				牛（万头）				
		从事农事劳役（万头）	规模化养殖场（个）	规模化养殖量（万头）		能繁殖的母畜（万头）	当年生仔畜（万头）	规模化养殖场（个）	规模化养殖量（万头）
全国农垦	**281.98**	**9.66**	**1 527**	**92.80**	**249.80**	**139.01**	**82.45**	**1 515**	**85.05**
北　京	8.12		40	8.15	8.12	4.35	1.44	40	8.15
天　津	2.97		17	2.97	2.68	2.21	0.47	16	2.68
河　北	20.28	0.03	57	16.18	19.94	12.54	4.08	57	16.22
山　西	1.25	0.02			1.24	0.78	0.48	14	0.59
内蒙古	37.19	0.02	38	2.70	32.95	17.31	11.88	38	2.71
辽　宁	8.67	1.68	8	0.70	7.15	3.10	1.60	8	0.70
吉　林	4.55	0.11			4.21	2.19	1.26		
黑龙江	19.39		67	6.80	19.25	9.20	2.90	67	6.80
上　海	7.71		44	7.71	7.71	3.75	2.20	44	7.71
江　苏	0.75	0.05	22	0.50	0.75	0.47	0.40		
浙　江									
安　徽	0.25	…	1	0.07	0.25	0.13	0.03	1	0.07
福　建	1.18	0.22	8	0.17	1.18	0.30	0.12	8	0.17
江　西	4.01	1.21	8	0.55	4.01	1.57	0.62	8	0.55
山　东	0.82				0.82	0.06	0.23		
河　南	1.16	0.01			1.16	0.58	0.21	9	0.52
湖　北	3.80	1.42	14	1.49	3.80	1.99	1.20	14	1.49
湖　南	5.20	0.90	2	0.30	5.20	1.36	0.40		
广　东	2.72	1.18	5	1.05	2.72	1.31	0.45	5	1.05
广　西	0.93	0.31	11	0.66	0.93	0.24	0.18	11	0.66
海　南	4.72	1.27			4.72	1.80	1.02		
重　庆	2.97		39	3.34	2.97	2.92	1.14	39	3.34
四　川	7.42		1	0.06	7.10	3.39	0.99	1	0.06
贵　州	2.43	0.10	4	2.33	2.41	2.10	1.53		
云　南	0.98	0.11			0.97	0.31	0.10		0.06
陕　西	0.21	0.05			0.21	0.15	0.05		
甘　肃	1.35		3	0.52	1.31	0.74	0.28	3	0.52
青　海	4.73				4.56	1.95	0.99		
宁　夏	5.13		17	1.07	5.13	3.46	1.21	17	1.07
新疆（兵团）	51.20	0.21	1 091	25.86	46.80	32.08	24.04	1 091	25.86
新疆（农业）	7.56	0.46			5.38	2.60	1.80		
新疆（畜牧）	61.54	0.29	27	8.88	43.40	23.73	18.81	21	3.33
热科院	0.03	…			0.03	0.02	0.00		
广　州	0.75		3	0.75	0.75	0.33	0.33	3	0.75
南　京									

5－9续表1

地　区	黄　牛（万头）	能繁殖的母畜（万头）	当年生仔畜（万头）	规模化养殖场（个）	规模化养殖量（万头）
全国农垦	**96.59**	**48.89**	**34.80**	**522**	**13.71**
北　京					
天　津					
河　北	1.47	0.81	0.46	1	0.05
山　西	0.17	0.11	0.08		
内蒙古	11.65	7.40	4.13		
辽　宁	4.52	1.94	1.32	1	0.01
吉　林	3.84	1.87	0.97	2	1.12
黑龙江	3.64	1.50	0.70	11	0.30
上　海					
江　苏	0.02				
浙　江					
安　徽	0.03	…	…		
福　建	0.67	0.16	0.07		
江　西	2.15	0.96	0.40		
山　东	0.01		0.01		
河　南	0.44	0.08	0.06	1	0.05
湖　北	2.20	0.84	0.72	6	0.35
湖　南	3.20	0.70	0.20	2	0.30
广　东	1.20	0.31	0.22	1	0.05
广　西	0.46	0.12	0.06		
海　南	2.35	0.89	0.63		
重　庆					
四　川	7.04	3.36	0.98		
贵　州	0.04	0.02	0.01		
云　南	0.72	0.20	0.10		
陕　西	0.10	0.06	0.02		
甘　肃	0.84	0.38	0.18	2	0.12
青　海	1.31	0.40	0.18		
宁　夏	0.57	0.17	0.08		
新疆(兵团)	22.40	14.78	14.30	491	10.98
新疆(农业)	3.62	1.40	1.10		
新疆(畜牧)	21.92	10.42	7.81	4	0.38
热科院	0.02	0.01	…		
广　州					
南　京					

5－9续表2

地　区	良种及改良种乳牛（万头）				
		能繁殖的母畜（万头）	当年生仔畜（万头）	规模化养殖场（个）	规模化养殖量（万头）
全国农垦	**146.44**	**87.15**	**46.70**	**961**	**73.03**
北　京	8.12	4.35	1.44	40	8.15
天　津	2.68	2.21	0.47	16	2.68
河　北	18.47	11.73	3.63	56	16.13
山　西	1.07	0.67	0.37	14	0.59
内蒙古	21.30	9.58	7.89	38	2.70
辽　宁	2.63	1.16	0.23	7	0.69
吉　林	0.37	0.32	0.29	2	0.27
黑龙江	15.61	7.70	2.20	56	6.50
上　海	7.71	3.75	2.20	44	7.71
江　苏	0.73	0.47	0.40		
浙　江					
安　徽	0.10	0.03	0.01	1	0.07
福　建	0.30	0.04	0.02		
江　西	1.45	0.55	0.18		
山　东	0.81	0.06	0.21		
河　南	0.70	0.49	0.14	8	0.47
湖　北	1.00	0.76	0.26	6	1.10
湖　南					
广　东	1.02	0.87	0.14	4	1.00
广　西	0.18	0.02	0.04	3	0.13
海　南	0.01				
重　庆	2.97	2.92	1.14	39	3.34
四　川	0.06	0.03	0.01	1	0.06
贵　州	2.33	2.05	1.50	4	2.33
云　南	0.02	0.01			
陕　西	0.11	0.09	0.02		
甘　肃	0.47	0.36	0.10	1	0.40
青　海	3.26	1.57	0.81	1	0.13
宁　夏	4.56	3.28	1.13		
新疆（兵团）	24.40	17.30	9.74	600	14.88
新疆（农业）	1.76	1.14	0.80		
新疆（畜牧）	21.48	13.31	11.00	17	2.95
热科院					
广　州	0.75	0.33	0.33	3	0.75
南　京					

5－9续表3

地　区	水　牛（万头）	能繁殖母畜（万头）	当年生仔畜（万头）	马（万匹）	能繁殖母畜（万匹）	当年生仔畜（万匹）
全国农垦	**6.79**	**2.56**	**1.08**	**22.66**	**10.87**	**7.22**
北　京						
天　津						
河　北				0.30	0.15	0.07
山　西						
内蒙古				2.84	1.39	0.92
辽　宁				0.15	0.07	0.05
吉　林				0.15	0.08	0.03
黑龙江				0.06		
上　海						
江　苏						
浙　江						
安　徽	0.12	0.10	0.02			
福　建	0.21	0.09	0.03			
江　西	0.41	0.06	0.04			
山　东						
河　南	0.02	0.01	0.00			
湖　北	0.60	0.39	0.22			
湖　南	2.00	0.66	0.20			
广　东	0.50	0.13	0.09			
广　西	0.29	0.10	0.08			
海　南	2.36	0.90	0.39			
重　庆						
四　川				0.24	0.07	0.02
贵　州	0.04	0.02	0.01	0.02	0.01	0.01
云　南	0.23	0.10		0.01		
陕　西						
甘　肃				0.01		
青　海				0.08	0.02	0.00
宁　夏						
新疆（兵团）				2.68	1.60	1.06
新疆（农业）				1.23	0.37	0.29
新疆（畜牧）				14.88	7.11	4.77
热科院	0.01	…	…			
广　州						
南　京						

5-9续表4

地　　区	驴（万头）			骡（万头）		骆驼（万头）		
		能繁殖母畜（万头）	当年生仔畜（万头）		当年生仔畜（万头）		能繁殖母畜（万头）	当年生仔畜（万头）
全国农垦	**5.65**	**2.86**	**1.62**	**0.40**	…	**3.46**	**1.48**	**0.87**
北　　京								
天　　津	0.29	0.26	0.03					
河　　北	0.04	0.02	0.01			…		
山　　西	0.01							
内 蒙 古	1.14	0.53	0.36	0.26		0.01		
辽　　宁	1.33	0.85	0.38	0.04				
吉　　林	0.19	0.12	0.05	…				
黑 龙 江	0.08							
上　　海								
江　　苏								
浙　　江								
安　　徽								
福　　建								
江　　西								
山　　东								
河　　南								
湖　　北								
湖　　南								
广　　东								
广　　西								
海　　南								
重　　庆								
四　　川				0.08				
贵　　州								
云　　南								
陕　　西								
甘　　肃	0.03	0.02	0.01					
青　　海						0.09	0.06	0.01
宁　　夏	0.01	…	…			…	…	
新疆（兵团）	1.25	0.58	0.43			0.46	0.25	0.18
新疆（农业）	0.69	0.21	0.18			0.26	0.11	0.08
新疆（畜牧）	0.59	0.27	0.18	0.02	…	2.64	1.06	0.60
热 科 院								
广　　州								
南　　京								

5－9续表5

地　　区	猪（万头）				羊（万只）			
		能繁殖母畜（万头）	规模化养殖场（个）	规模化养殖量（万头）		能繁殖的母畜（万只）	规模化养殖场（个）	规模化养殖量（万只）
全国农垦	**1 227.28**	**153.57**	**4 637**	**1 118.64**	**1 492.20**	**1 010.24**	**2 385**	**273.31**
北　　京	5.78	0.62	13	6.96				
天　　津	0.74	0.08	1	0.74				
河　　北	32.83	3.86	149	11.74	12.80	8.15	2	0.25
山　　西	0.92	0.34	3	0.39	8.97	6.21	7	8.26
内 蒙 古	17.60	2.90	3	1.42	329.89	213.02	16	3.83
辽　　宁	105.25	11.65	46	10.70	10.32	5.03	8	0.43
吉　　林	19.75	3.29	3	2.87	20.12	9.69		
黑 龙 江	80.60	9.40	49	87.40	26.60	11.60	17	3.60
上　　海	69.59	5.85	49	169.40				
江　　苏	6.75	0.65	70	8.00	1.09	0.09		
浙　　江	5.40	0.50	21	6.96				
安　　徽	4.51	0.48	13	3.30	0.87	0.35		
福　　建	39.96	3.73	35	6.54	1.11	0.31	1	0.04
江　　西	60.17	7.19	37	19.79	1.69	0.38	2	0.03
山　　东	1.51	0.14			0.90	0.31		
河　　南	45.23	4.35	50	39.59	1.30	0.33	1	0.05
湖　　北	155.00	15.70	404	147.90	6.99	3.04	18	1.62
湖　　南	128.00	24.00	1 575	91.00	3.00	0.70	80	1.60
广　　东	65.45	9.68	120	54.42	0.36			
广　　西	141.40	16.06	396	300.85	0.10	0.04	2	0.04
海　　南	62.19	8.61	28	23.58	8.45	3.39		
重　　庆	7.64	0.86	8	7.64				
四　　川	0.34	0.07			2.55	1.04		
贵　　州	0.50	0.10			0.92	0.65		
云　　南	7.42	0.57		0.73	10.88			
陕　　西	1.08	0.12			3.68	1.09		
甘　　肃	1.51	0.20	10	0.66	23.05	11.10	188	8.52
青　　海	0.64	0.11	1		29.26	15.40	2	3.88
宁　　夏	3.79	0.45	14	1.51	8.67	4.61		
新疆（兵团）	147.39	19.92	1 535	113.49	572.69	442.23	2 001	232.92
新疆（农业）	5.65	1.42	2	0.81	32.70	20.50		
新疆（畜牧）	2.30	0.59	2	0.25	373.09	250.91	40	8.25
热 科 院	0.39	0.08			0.16	0.08		
广　　州								
南　　京								

5－9续表6

地　　区	山　羊（万只）				绵　羊（万只）	
		能繁殖的母畜（万只）	规模化养殖场（个）	规模化养殖量（万只）		能繁殖的母畜（万只）
全国农垦	**243.22**	**139.83**	**111**	**13.67**	**1 248.95**	**871.49**
北　　京						
天　　津						
河　　北	0.36	0.03			12.44	8.05
山　　西	8.48	5.92	5	8.00	0.49	0.29
内 蒙 古	44.98	28.42			284.90	185.79
辽　　宁	5.92	2.53	1	0.07	4.40	2.50
吉　　林	3.03	1.13			17.09	8.56
黑 龙 江	6.90	2.50			19.70	9.10
上　　海						
江　　苏	1.09	0.09				
浙　　江						
安　　徽	0.87	0.35				
福　　建	1.11	0.31				
江　　西	1.69	0.38	2	0.03		
山　　东	0.32	0.11			0.58	0.20
河　　南	1.10	0.28	1	0.05	0.20	0.04
湖　　北	6.99	3.04	18	1.62		
湖　　南	3.00	0.70	80	1.60		
广　　东	0.36					
广　　西	0.10	0.04	2	0.04		
海　　南	8.45	3.39				
重　　庆						
四　　川	0.49	0.26			2.06	0.78
贵　　州	0.42	0.35			0.50	0.30
云　　南	10.88					
陕　　西	3.24	0.93			0.44	0.16
甘　　肃	3.11	1.14		0.27	19.94	9.96
青　　海	1.47	0.81			27.79	14.60
宁　　夏	2.72	1.38			5.95	3.22
新疆（兵团）	53.38	39.37			519.31	402.86
新疆（农业）	5.25	3.23			27.43	17.23
新疆（畜牧）	67.36	43.06	2	2.00	305.73	207.85
热 科 院	0.16	0.08				
广　　州						
南　　京						

5－9续表7

地　　区			绵　　羊（万只）			
	规模化养殖场（个）	规模化养殖量（万只）		能繁殖的母畜（万只）	规模化养殖场（个）	规模化养殖量（万只）
全国农垦	**271**	**27.03**	**37.14**	**21.95**	**2**	**2.27**
北　　京						
天　　津						
河　　北	1	0.60				
山　　西	2	0.26				
内 蒙 古	16	3.83	1.23	0.76		
辽　　宁	7	0.36	0.57	0.23		
吉　　林			1.97	0.73		
黑 龙 江	17	3.60	3.40			
上　　海						
江　　苏						
浙　　江						
安　　徽						
福　　建						
江　　西						
山　　东						
河　　南						
湖　　北						
湖　　南						
广　　东						
广　　西						
海　　南						
重　　庆						
四　　川						
贵　　州						
云　　南						
陕　　西			0.39	0.13		
甘　　肃	188	8.25	1.66	0.96	1	0.27
青　　海	2	3.88	0.13	0.09		
宁　　夏			0.28	0.21		
新疆（兵团）						
新疆（农业）						
新疆（畜牧）	38	6.25	27.51	18.85	1	2.00
热 科 院						
广　　州						
南　　京						

5-9续表8

地　　区	家　禽（万只）			兔（万只）		
		规模化养殖场（个）	规模化养殖量（万只）		规模化养殖场（个）	规模化养殖量（万只）
全国农垦	**16 667.58**	**1 446**	**10 283.33**	**84.00**	**8**	**5.60**
北　　京	445.00	54	1 367.00			
天　　津	6.25	1	6.00			
河　　北	285.81	35	384.41	1.84		
山　　西	13.83	4	9.58	0.03		
内 蒙 古	123.12	1	1.00	1.61		
辽　　宁	8 336.00	227	2 454.00	0.20		
吉　　林	392.46	4	26.23	0.03		
黑 龙 江	1 127.50	76	2 444.90	0.90		
上　　海	84.18	7	141.89			
江　　苏	516.00			1.12		
浙　　江	3.10					
安　　徽	125.84	16	247.62	0.11		
福　　建	217.39	8	51.11	4.73		
江　　西	249.90	9	70.89	0.08		
山　　东	100.15			0.16		
河　　南	48.65	5	7.42	0.10		
湖　　北	1 329.00	131	647.00	2.46	3	5.50
湖　　南	362.00	54	280.00	0.13	5	0.10
广　　东	468.57	26	365.70	1.61		
广　　西	327.18	161	660.75	0.16		
海　　南	397.00	1	2.00	3.01		
重　　庆	59.20	11	59.20			
四　　川	0.33			0.02		
贵　　州	5.00					
云　　南	176.94		72.34	0.01		
陕　　西	0.69					
甘　　肃	23.82	3	13.31	0.41		
青　　海	0.55			0.01		
宁　　夏	35.89					
新疆（兵团）	1 176.25	608	952.98	61.31		
新疆（农业）	144.20			3.90		
新疆（畜牧）	71.85	3	8.00	0.06		
热 科 院	3.94					
广　　州						
南　　京	10.00	1	10.00			

5－10　畜产品产量

（2015 年）

地　区	肉类总产量（吨）	当年出栏肉猪（万头）	猪肉产量（吨）	当年出售和自宰的肉用牛（万头）	牛肉产量（吨）	当年出售和自宰的肉用羊（万只）	羊肉产量（吨）
全国农垦	**2 545 786**	**1 836.18**	**1 463 633**	**119.37**	**179 707**	**1 291.87**	**197 529**
北　京	183 749	8.49	5 288				
天　津	2 302	1.27	1 399	0.39	800		
河　北	61 005	49.17	38 002	1.85	3 204	11.01	1 621
山　西	3 798	1.36	1 581	0.07	158	2.38	1 946
内蒙古	91 363	23.17	23 774	12.59	22 200	222.77	39 780
辽　宁	331 774	141.71	135 668	7.99	15 128	15.59	2 745
吉　林	48 801	25.90	20 815	2.88	4 112	7.87	1 277
黑龙江	229 369	164.26	129 815	19.06	33 742	37.94	9 335
上　海	73 160	95.12	72 294				
江　苏	55 019	18.46	15 461	0.09	288	1.93	548
浙　江	5 901	17.40	5 839			0.00	0
安　徽	15 475	7.24	6 451	0.20	305	1.27	243
福　建	37 345	44.28	32 199	0.57	589	1.07	178
江　西	89 931	89.57	81 576	2.30	2 775	1.43	201
山　东	10 683	2.27	2 634	0.05	55	0.70	113
河　南	43 629	58.52	42 003	0.29	573	0.77	144
湖　北	192 153	202.00	161 531	2.16	4 324	7.96	1 593
湖　南	164 451	181.00	151 122	10.00	3 738	3.90	690
广　东	119 212	109.63	91 699	0.33	514	0.28	80
广　西	165 315	215.86	151 104	0.45	672	0.08	16
海　南	101 699	90.55	81 487	1.35	1 273	13.29	1 936
重　庆	13 978	8.02	10 900				
四　川	2 021	0.31	264	1.37	1 560	0.52	190
贵　州	409	0.30	342			0.20	46
云　南	9 741	8.13	6 554	0.35	474	0.51	161
陕　西	1 247	1.12	910	0.04	52	1.63	223
甘　肃	5 324	1.96	2 384	0.24	401	14.23	2 256
青　海	3 062	0.31	219	1.13	858	221.98	1 972
宁　夏	6 718	4.69	3 089	1.41	2 167	4.86	797
新疆（兵团）	390 043	252.37	179 657	34.99	52 999	513.20	96 000
新疆（农业）	10 805	5.41	4 372	1.22	1 934	15.41	2 722
新疆（畜牧）	75 898	5.98	2 923	15.99	24 804	188.33	30 708
热科院	337	0.34	277	0.01	9	0.77	8
广　州							
南　京	68						

5－10 续表 1

地　　区	肉类总产量		牛奶产量（吨）	山羊毛产量（吨）	绵羊毛产量（吨）		
	兔肉产量（吨）	禽肉产量（吨）				细羊毛（吨）	半细羊毛（吨）
全国农垦	**7 819**	**666 058**	**3 690 806**	**1 857**	**30 939**	**10 865**	**10 059**
北　　京		178 461	371 317				
天　　津		50	141 055				
河　　北	100	18 078	538 743	4	252	70	162
山　　西	0	113	31 600	8	15		15
内 蒙 古	140	4 530	353 813	339	5 874	1 800	1 947
辽　　宁	12	177 331	139 924	11	264	264	
吉　　林		17 755	9 484	27	426	227	179
黑 龙 江	177	55 687	374 586	20	569	131	44
上　　海		866	362 190				
江　　苏	73	38 649	26 239				
浙　　江		48					
安　　徽	1	8 476	2 310				
福　　建	103	4 276	4 298				
江　　西	10	5 369	12 407				
山　　东	5	7 877	40 972		11		2
河　　南	2	906	17 735				
湖　　北	2 148	22 557	44 920				
湖　　南	11	8 890	745	747			
广　　东	105	23 880	45 618				
广　　西	26	13 497	4 641				
海　　南	118	16 885					
重　　庆		3 078	98 090				
四　　川	1	6	5 232	1	1		
贵　　州		21	47 835		4		4
云　　南		2 552	607				
陕　　西		29	4 006	15	7	1	6
甘　　肃	16	247	305	19	249	65	184
青　　海		9	254	10	644	173	363
宁　　夏		661	194 872	9	108	53	55
新疆（兵团）	4 573	51 369	629 008	278	17 220	6 773	5 783
新疆（农业）	16	1 761	17 650	38	501	418	83
新疆（畜牧）	181	2 037	146 333	330	4 794	890	1 234
热 科 院		38					
广　　州			24 017				
南　　京		68					

5-10续表2

地区	羊绒产量（吨）	蜂蜜产量（吨）	禽蛋产量（吨）	蚕茧产量（吨）	桑蚕茧产量（吨）	鹿茸产量（千克）
全国农垦	**2 015**	**35 035**	**482 519**	**1 643**	**1 121**	**79 128**
北京			48 700			
天津			846			
河北			12 438			160
山西			2 087			
内蒙古	180	1 336	5 090	115		266
辽宁		36	98 283			2 885
吉林	11	14	50 842			15 837
黑龙江	21	1 909	33 611			19 693
上海			8 065			
江苏		39	17 699	407		
浙江			62			
安徽		72	3 149			
福建		111	6 326			
江西		464	10 207	242	242	
山东			332			
河南		2	3 430			
湖北		830	51 850			11 280
湖南		340	8 536			12
广东		61	3 620	867	867	
广西		158	3 607			
海南		87	3 670			
重庆			4 069			
四川			2	12	12	
贵州			41			
云南			6 235			
陕西	4	2	78			
甘肃	4		2 434			
青海	11		3			
宁夏	9		996			
新疆（兵团）	95	7 406	81 403			28 345
新疆（农业）	19	64	10 125			628
新疆（畜牧）	1 660	22 104	3 472			22
热科院			7			
广州						
南京			1 205			

5－11 渔业生产情况

（2015 年）

地 区	水产品总产量（吨）			#养殖产量（吨）		
	合 计（吨）	海 水（吨）	淡 水（吨）	合 计（吨）	海 水（吨）	淡 水（吨）
全国农垦	**1 524 655**	**269 853**	**1 254 803**	**1 312 707**	**188 085**	**1 124 623**
北 京						
天 津	14 537	355	14 182	14 537	355	14 182
河 北	136 907	33 800	103 107	115 135	14 242	100 893
山 西	11		11	11		11
内 蒙 古	4 942		4 942	4 123		4 123
辽 宁	462 918	216 518	246 400	328 046	156 008	172 038
吉 林	988		988	664		664
黑 龙 江	33 636		33 636	24 765		24 765
上 海	41 425		41 425	41 425		41 425
江 苏	48 139		48 139	47 194		47 194
浙 江	2 994	887	2 108	2 048	887	1 161
安 徽	5 741		5 741	2 056		2 056
福 建	30 590	386	30 204	21 966	386	21 580
江 西	48 183		48 183	35 316		35 316
山 东	7 972	5 352	2 620	5 048	3 652	1 396
河 南	7 380		7 380	7 380		7 380
湖 北	442 052		442 052	442 052		442 052
湖 南	81 738		81 738	68 202		68 202
广 东	36 746	11 424	25 322	36 543	11 424	25 119
广 西	17 074	1 131	15 943	17 074	1 131	15 943
海 南	28 660		28 660	27 889		27 889
重 庆	2 693		2 693	2 693		2 693
四 川	11		11	11		11
贵 州	42		42	42		42
云 南	8 440		8 440	8 440		8 440
陕 西	45		45	45		45
甘 肃	77		77	77		77
青 海						
宁 夏	11 887		11 887	11 887		11 887
新疆（兵团）	46 117		46 117	45 680		45 680
新疆（农业）	2 000		2 000	1 961		1 961
新疆（畜牧）	512		512	206		206
热 科 院	192		192	192		192
广 州						
南 京	6		6			

5－11续表1

地区	在水产品产量中：					
	鱼类（吨）			虾蟹类（吨）		
		海水（吨）	淡水（吨）		海水（吨）	淡水（吨）
全国农垦	**1 104 242**	**52 691**	**1 051 551**	**224 275**	**64 527**	**159 748**
北京						
天津	14 079	353	13 726	293	2	291
河北	93 697	8 815	84 882	30 450	12 225	18 225
山西	11		11			
内蒙古	4 901		4 901	41		41
辽宁	186 317	40 803	145 514	135 319	38 235	97 084
吉林	888		888	100		100
黑龙江	33 254		33 254	382		382
上海	39 164		39 164	2 262		2 262
江苏	42 311		42 311	3 757		3 757
浙江	1 477	25	1 452	609	230	379
安徽	4 898		4 898	474		474
福建	27 188	86	27 102	1 247	132	1 115
江西	48 183		48 183			
山东	2 605	826	1 779	3 625	3 012	613
河南	7 380		7 380			
湖北	397 018		397 018	28 410		28 410
湖南	63 103		63 103	1 540		1 540
广东	22 484	1 783	20 701	14 056	9 641	4 415
广西	15 936		15 936	1 050	1 050	
海南	28 649		28 649			
重庆	2 693		2 693			
四川	11		11			
贵州	42		42			
云南	8 438		8 438			
陕西	45		45			
甘肃	77		77			
青海						
宁夏	11 859		11 859	28		28
新疆（兵团）	45 073		45 073	607		607
新疆（农业）	1 754		1 754	23		23
新疆（畜牧）	510		510	2		2
热科院	192		192			
广州						
南京	6		6			

5－11续表 2

地　区	在水产品产量中：						
	#对虾（吨）		贝　类（吨）			藻　类（吨）	
		海　水（吨）		海　水（吨）	淡　水（吨）		海　水（吨）
全国农垦	**45 304**	**21 068**	**145 939**	**130 614**	**15 325**	**7 123**	**3 333**
北　京							
天　津							
河　北	21 142	6 375	8 244	8 244			
山　西							
内 蒙 古	5						
辽　宁	5 483	5 483	120 894	120 882	12	7 042	3 252
吉　林							
黑 龙 江							
上　海							
江　苏	3 500		130		130		
浙　江	487	110	908	631	277		
安　徽			3		3		
福　建	1 122	40	1 178	168	1 010		
江　西							
山　东	1 935	1 845	917	689	228		
河　南							
湖　北							
湖　南			13 665		13 665		
广　东	10 837	6 422					
广　西	793	793				81	81
海　南							
重　庆							
四　川							
贵　州							
云　南							
陕　西							
甘　肃							
青　海							
宁　夏							
新疆（兵团）							
新疆（农业）							
新疆（畜牧）							
热 科 院							
广　州							
南　京							

5－11续表3

地区	在水产品产量中：其他产量（吨）	海水（吨）	淡水（吨）	养殖面积（公顷）	海水（公顷）	淡水（公顷）	#对虾（公顷）	海水（公顷）
全国农垦	**43 076**	**18 687**	**24 389**	**336 192**	**34 708**	**301 484**	**14 391**	**10 807**
北京								
天津	165		165	791	80	711		
河北	4 516	4 516		17 470	8 048	9 422	4 367	2 164
山西				9		9		
内蒙古				2 063		2 063	3	
辽宁	13 346	13 346		89 718	19 143	70 575	4 060	4 060
吉林				1 179		1 179		
黑龙江				25 764		25 764		
上海				3 430		3 430		
江苏	1 941		1 941	4 032		4 032	562	
浙江				773	96	677	376	96
安徽	366		366	674		674		
福建	977		977	2 055	232	1 823	304	147
江西				20 007		20 007		
山东	825	825		5 670	5 267	403	3 443	3 433
河南				676		676		
湖北	16 624		16 624	48 255		48 255		
湖南	3 430		3 430	51 025		51 025		
广东	206		206	4 141	1 675	2 466	1 151	782
广西	7		7	1 288	167	1 121	125	125
海南	11		11	3 604		3 604		
重庆				2 152		2 152		
四川				33		33		
贵州				124		124		
云南	2		2	1 288		1 288		
陕西				33		33		
甘肃				460		460		
青海								
宁夏				7 199		7 199		
新疆（兵团）	437		437	37 287		37 287		
新疆（农业）	223		223	3 458		3 458		
新疆（畜牧）				1 504		1 504		
热科院				25		25		
广州								
南京				6		6		

5－12　茶、果、桑和人参生产情况

（2015 年）

地区	茶叶		水果					
	年末实有面积（公顷）	实际产量（吨）	年末实有面积（公顷）	实际产量（吨）	香蕉		苹果	
					年末实有面积（公顷）	实际产量（吨）	年末实有面积（公顷）	实际产量（吨）
全国农垦	**29 431**	**50 085**	**422 650**	**6 492 046**	**23 454**	**769 612**	**44 359**	**681 259**
北京			272	861			168	665
天津			311	5 485			53	525
河北			1 809	24 276			391	11 855
山西			67	548			52	348
内蒙古			1 497	10 788			377	4 133
辽宁			11 586	174 301			7 148	119 463
吉林			2 826	22 867			631	2 106
黑龙江			2 745	50 645			2 323	42 716
上海	11	2	412	1 937				
江苏			132	2 346				
浙江	1 390	4 331	633	12 900				
安徽	2 363	12 804	1 347	13 597				
福建	5 398	7 045	12 038	112 562	1 157	26 685	67	333
江西	5 953	4 346	8 955	79 678			27	25
山东			82	664			25	151
河南	30	6	2 070	59 198			703	21 928
湖北	889	560	7 843	109 779			36	170
湖南	2 003	3 156	7 523	33 602				
广东	480	617	32 695	875 421	8 721	356 287		
广西	588	770	10 732	306 677	2 700	117 489		
海南	560	437	35 140	470 698	4 405	124 345		
重庆			1 461	5 077				
四川	1 055	1 028	223	1 691			32	323
贵州	4 057	4 760	1 142	12 170			24	42
云南	4 616	10 219	11 762	249 464	6 466	144 804		
陕西			1 023	8 070			166	2 593
甘肃			5 181	69 448			718	12 949
青海								
宁夏			8 112	56 457			1 240	17 237
新疆（兵团）			205 015	3 489 107			17 492	386 242
新疆（农业）			40 099	168 750			11 837	46 756
新疆（畜牧）			7 841	62 797			849	10 700
热科院			77	187	5	2		
广州								
南京	38	4						

5-12续表1

地区	水果							
	柑、橘、橙、柚		梨		桃		葡萄	
	年末实有面积（公顷）	实际产量（吨）	年末实有面积（公顷）	实际产量（吨）	年末实有面积（公顷）	实际产量（吨）	年末实有面积（公顷）	实际产量（吨）
全国农垦	**24 420**	**331 625**	**42 625**	**619 365**	**12 447**	**170 150**	**69 306**	**1 109 087**
北京			6	26	23	110	2	6
天津			52	1 633	19	270	152	2 975
河北			170	4 049	239	4 618	111	2 511
山西			7	105	3	50	4	41
内蒙古			154	4 850	1	20	33	253
辽宁			1 574	18 617	1 076	14 574	694	13 528
吉林			1 901	20 183	1	5	16	23
黑龙江			82	442			74	1 265
上海	15	187	132	260	130	560	94	747
江苏	1	22	97	1 857			14	298
浙江	348	9 696	22	236	45	804	103	1 961
安徽	4	200	784	6 215	391	4 872	76	2 006
福建	2 047	29 221	215	1 554	293	2 224	14	137
江西	6 623	63 023	1 144	7 213	721	7 184	207	1 764
山东					11	247	5	50
河南	29	210	596	24 566	363	9 318	181	2 503
湖北	1 780	30 871	948	17 069	4 005	43 421	558	12 592
湖南	6 113	17 995	775	1 812	116	756	93	924
广东	618	7 983						
广西	3 659	143 021	10	228	33	98	82	1 728
海南	815	7 957						
重庆	1 334	4 850	15	8	30	10	82	209
四川	83	462	11	26	12	112		
贵州	446	6 142	34	55	41	184	597	5 747
云南	505	9 785					1 772	42 287
陕西			96	266	74	300	34	223
甘肃			1 086	43 782			1 377	7 636
青海								
宁夏			32	765	20	296	6 405	35 614
新疆（兵团）			18 308	420 575	3 361	67 801	48 658	867 206
新疆（农业）			14 235	40 823	694	1 635	5 559	71 529
新疆（畜牧）			138	2 149	746	10 681	2 307	33 324
热科院							1	
广州								
南京								

5-12续表2

地　区	水　果					
	菠　萝		红　枣		柿　子	
	年末实有面积（公顷）	实际产量（吨）	年末实有面积（公顷）	实际产量（吨）	年末实有面积（公顷）	实际产量（吨）
全国农垦	**13 489**	**489 859**	**120 120**	**1 636 600**	**313**	**2 544**
北　京						
天　津						
河　北			832	961		
山　西						
内蒙古						
辽　宁			25	665		
吉　林						
黑龙江						
上　海						
江　苏					12	159
浙　江						
安　徽					19	281
福　建	187	6 027	50	72	120	403
江　西						
山　东			37	190		
河　南			20	138		
湖　北			15	56	162	1 701
湖　南						
广　东	10 436	422 764				
广　西	1	25				
海　南	1 773	30 644				
重　庆						
四　川						
贵　州						
云　南	1 089	30 387				
陕　西			281	3 540		
甘　肃			1 651	3 852		
青　海						
宁　夏			349	1 957		
新疆（兵团）			110 247	1 618 589		
新疆（农业）			3 451	2 873		
新疆（畜牧）			3 163	3 707		
热科院	3	12				
广　州						
南　京						

5-12续表3

地区	水果					
	荔枝		龙眼		芒果	
	年末实有面积（公顷）	实际产量（吨）	年末实有面积（公顷）	实际产量（吨）	年末实有面积（公顷）	实际产量（吨）
全国农垦	**16 709**	**113 308**	**10 335**	**61 430**	**16 773**	**207 269**
北京						
天津						
河北						
山西						
内蒙古						
辽宁						
吉林						
黑龙江						
上海						
江苏						
浙江						
安徽						
福建	1 997	7 678	2 885	12 618	32	32
江西						
山东						
河南						
湖北						
湖南						
广东	6 539	48 585	3 324	19 010	76	178
广西	1 187	6 038	1 367	7 763	778	4 661
海南	6 807	50 294	2 568	20 723	14 761	188 661
重庆						
四川	20	117	2	5		
贵州						
云南	150	593	186	1 306	1 094	13 583
陕西						
甘肃						
青海						
宁夏						
新疆（兵团）						
新疆（农业）						
新疆（畜牧）						
热科院	9	3	3	5	32	154
广州						
南京						

5-12续表4

地区	水果							
	杨桃		火龙果		番石榴		红毛丹	
	年末实有面积（公顷）	实际产量（吨）	年末实有面积（公顷）	实际产量（吨）	年末实有面积（公顷）	实际产量（吨）	年末实有面积（公顷）	实际产量（吨）
全国农垦	**520**	**3 377**	**483**	**7 325**	**319**	**5 007**	**633**	**4 530**
北京								
天津								
河北								
山西								
内蒙古								
辽宁								
吉林								
黑龙江								
上海								
江苏								
浙江								
安徽								
福建	46	600	8	192	12	105	2	12
江西	1	41						
山东								
河南								
湖北								
湖南								
广东	347	1 826	358	5 976	205	3 363		
广西	4	95						
海南	120	813	31	363	101	1 537	631	4 518
重庆								
四川								
贵州								
云南			85	792				
陕西								
甘肃								
青海								
宁夏								
新疆（兵团）								
新疆（农业）								
新疆（畜牧）								
热科院	1	2	1	2	1	2		
广州								
南京								

5－12续表5

地　　区	其　他		桑园年末实有面积（公顷）	人　参	
	年末实有面积（公顷）	实际产量（吨）		年末实有面积（米^2）	实际产量（千克）
全国农垦	**26 337**	**199 464**	**2 245**	**749 529**	**143 000**
北　京	73	54			
天　津	35	82			
河　北	66	282			
山　西	1	4			
内蒙古	932	1 532	1 000		
辽　宁	1 070	7 454		729	1 000
吉　林	277	550		748 800	142 000
黑龙江	266	6 222			
上　海	41	182			
江　苏	8	10	213		
浙　江	115	203	108		
安　徽	72	23			
福　建	2 897	24 634	40		
江　西	230	428	235		
山　东	4	26			
河　南	178	535			
湖　北	339	3 899			
湖　南	426	12 115			
广　东	2 071	9 449	401		
广　西	911	25 531			
海　南	3 128	40 843	162		
重　庆					
四　川	63	646	61		
贵　州			21		
云　南	415	5 927			
陕　西	372	1 148			
甘　肃	349	1 229			
青　海					
宁　夏	66	588			
新疆（兵团）	6 949	48 494			
新疆（农业）	4 323	5 134			
新疆（畜牧）	638	2 236			
热科院	21	5	4		
广　州					
南　京					

5－13 全国农垦热带作物生产情况

（2015 年）

项　　目	计量单位	全国农垦	福建	广东	广西	海南	云南	热科院
总面积合计	**公顷**	**44 727**	**147**	**2 621**	**6 489**	**31 840**	**3 422**	**208**
＃当年新植	公顷	10 539	15	682	2 918	6 404	493	27
＃收获面积	公顷	35 102	67	1 841	5 904	25 487	1 708	95
1. 剑麻（按纤维计算）								
年末实有面积	公顷	5 596	130	2 123	3 336			7
当年新植面积	公顷	396		288	104			4
收获面积	公顷	4 175	50	1 363	2 759			3
每公顷产量	千克	6 251	4 000	5 817	6 509			2 456
总产量	吨	26 095	200	7 929	17 959			7
2. 香辛料								
年末实有面积	公顷	7 145		95	1 404	5 576	65	5
当年新植面积	公顷	1 482			1 404	77		1
收获面积	公顷	6 599		83	1 404	5 078	32	2
每公顷产量	千克	1 379		2 855	836		1 031	851
总产量	吨	9 096		237	1 174	7 651	33	1
＃胡椒（按籽计算）								
年末实有面积	公顷	5 680		95		5 576	4	5
当年新植面积	公顷	78				77		1
收获面积	公顷	5 165		83		5 078	2	2
每公顷产量	千克	1 528		2 855		1 507	1 500	500
总产量	吨	7 892		237		7 651	3	1
＃肉桂（按干皮计算）								
年末实有面积	公顷	557			496		61	
当年新植面积	公顷	496			496			
收获面积	公顷	526			496		30	
每公顷产量	千克	1 681			1 722		1 000	
总产量	吨	884			854		30	
＃八角（按干果计算）								
年末实有面积	公顷	908			908			
当年新植面积	公顷	908			908			
收获面积	公顷	908			908			
每公顷产量	千克	352			352			
总产量	吨	320			320			
3. 咖啡（按干豆计产量）								
年末实有面积	公顷	1 056				18	1 035	3
当年新植面积	公顷	32				14	17	1
收获面积	公顷	965				4	959	2
每公顷产量	千克	1 622				1 750	1 624	1 000
总产量	吨	1 566				7	1 557	2
4. 椰子（按果计产量）								
年末实有面积	公顷	1 431				1 318		113
当年新植面积	公顷	4				4		0
收获面积	公顷	1 237				1 162		75
每公顷产量	个	9 091				9 510		218
总产量	万个	1 125				1 105		20
5. 油棕（按油计产量）								
年末实有面积	公顷	82				47		35

5－13续表

项　　目	计量单位	全国农垦	福建	广东	广西	海南	云南	热科院
当年新植面积	公顷	49				36		13
收获面积	公顷							
每公顷产量	千克							
总产量	吨							
6. 可可（按豆计产量）								
年末实有面积	公顷	6						6
当年新植面积	公顷							
收获面积	公顷	4						4
每公顷产量	千克	1 175						1 175
总产量	吨	5						5
7. 南药								
年末实有面积	公顷	19 447	2	13	58	19 127	215	32
当年新植面积	公顷	615		4		518	86	7
收获面积	公顷	13 716	2	5	58	13 489	153	9
每公顷产量	千克						2 529	3 200
总产量	吨	1 117		120	586		387	24
＃槟榔（按果计产量）								
年末实有面积	公顷	18 759				18 727		32
当年新植面积	公顷	311				304		7
收获面积	公顷	13 417				13 408		9
每公顷产量	千克	3 200						3 200
总产量	吨	31 031				31 007		24
＃益智（干果）								
年末实有面积	公顷	394				394		
当年新植面积	公顷	214				214		
收获面积	公顷	75				75		
每公顷产量	千克	1 400				1 400		
总产量	吨	105				105		
＃其他								
年末实有面积	公顷	274	2	13	58	6	195	
当年新植面积	公顷	78		4			74	
收获面积	公顷	215	2	5	58	6	144	
每公顷产量	千克							
总产量	吨	1 105		120	586	16	383	
8. 澳洲坚果（按干果计产量）								
年末实有面积	公顷	2 375			289		2 078	8
当年新植面积	公顷	374			8		366	
收获面积	公顷	813			281		532	
每公顷产量	千克	1 811			1 477		1 987	
总产量	吨	1 472			415		1 057	
9. 木薯（按干薯产量）								
年末实有面积	公顷	7 592	15	390	1 402	5 755	30	
当年新植面积	公顷	7 586	15	390	1 402	5 755	24	
收获面积	公顷	7 592	15	390	1 402	5 755	30	
每公顷产量	千克	7 768	28 000	21 746	10 253	6 068	25 900	
总产量	吨	58 976	420	8 481	14 375	34 923	777	

5－14 主要农业机械年末拥有量

（2015 年）　　计量单位：千瓦

地区	农业机械总动力	柴油发动机动力	汽油发动机动力	电动机动力	其他机械动力
全国农垦	**28 383 138**	**22 805 407**	**1 524 169**	**3 761 097**	**292 464**
北京	12 202	10 202	1 104	861	35
天津	23 064	15 194	303	7 567	
河北	1 194 207	847 261	13 465	296 686	36 795
山西	26 701	11 671	4 685	8 953	1 392
内蒙古	1 957 117	1 720 545	102 609	129 073	4 890
辽宁	1 201 135	872 814	96 901	180 997	50 424
吉林	1 107 523	1 002 698	58 586	45 142	1 097
黑龙江	9 804 264	8 544 264	555 526	638 021	66 453
上海	198 758	124 687	4 419	69 652	
江苏	490 627	434 657	8 211	46 178	1 581
浙江	11 368	3 632	822	5 953	961
安徽	454 076	357 507	13 788	82 781	
福建	76 620	46 593	9 376	19 026	1 625
江西	534 420	372 939	63 188	89 801	8 492
山东	57 206	44 581	808	8 888	2 929
河南	296 035	227 801	22 338	45 258	638
湖北	1 894 009	1 379 210	130 463	364 195	20 141
湖南	976 786	672 805	76 865	196 895	30 221
广东	381 556	222 486	58 941	91 267	8 862
广西	318 276	223 532	31 133	50 398	13 213
海南	322 297	210 706	73 281	23 074	15 236
重庆	7 311	7 069	41	201	
四川	3 330	2 716	132	252	230
贵州	19 773	18 789	527	442	15
云南	234 313	143 405	33 088	51 238	6 582
陕西	42 734	28 840	703	13 191	
甘肃	307 387	210 097	21 219	69 971	6 100
青海	60 808	53 634	4 708	989	1 478
宁夏	317 215	266 446	2 002	48 672	95
新疆（兵团）	4 996 477	3 837 720	53 867	1 104 890	
新疆（农业）	367 236	304 345	17 375	36 352	9 164
新疆（畜牧）	684 112	584 722	63 524	33 504	2 362
热科院	1 159	970	172	17	
广州	3 035	870		712	1 453
南京					

5－14 续表 1

地　区	拖拉机				拖拉机配套农具	
	大中型（台）	大中型（千瓦）	小型（台）	小型（千瓦）	大中型（部）	小型（部）
全国农垦	**197 213**	**9 047 366**	**308 452**	**3 792 438**	**324 103**	**321 314**
北　京	67	3 453	59	935	57	10
天　津	120	3 998				
河　北	4 749	185 027	23 186	284 385	4 520	16 905
山　西	52	2 673	328	4 690	42	120
内蒙古	13 257	551 042	47 294	756 984	19 183	45 655
辽　宁	5 051	179 140	11 585	120 716	7 485	9 257
吉　林	5 535	181 913	20 857	311 492	5 483	34 000
黑龙江	76 502	3 606 768	51 911	748 757	143 781	62 051
上　海	1 403	87 863	190	1 710	1 110	
江　苏	3 796	264 512	989	10 151	9 184	2 721
浙　江	39	654	52	303	5	3
安　徽	2 886	131 433	5 640	53 893	4 969	6 689
福　建	85	2 602	796	6 817	33	239
江　西	1 828	67 587	7 300	77 746	642	4 254
山　东	500	13 481	1 375	14 921	521	805
河　南	1 306	57 718	7 582	86 275	2 421	7 265
湖　北	8 481	318 701	47 997	359 361	15 936	48 101
湖　南	3 880	121 018	10 100	54 000	4 276	3 020
广　东	523	27 747	3 839	41 483	1 012	
广　西	1 425	70 553	5 249	60 018	2 050	7 131
海　南	430	22 939	5 475	69 023	214	911
重　庆	7	689	3	50	6	2
四　川			3	150		
贵　州	56	10 150	141	627		31
云　南	764	21 172	2 413	32 041	184	1 774
陕　西	221	7 911	804	8 423	284	292
甘　肃	6 175	99 794	2 041	24 614	4 161	5 019
青　海	498	20 812	803	7 844	444	976
宁　夏	2 487	117 164	1 671	20 148	4 638	1 277
新疆（兵团）	50 798	2 501 663	29 746	391 431	82 027	26 357
新疆（农业）	3 732	141 275	8 515	113 021	4 735	27 969
新疆（畜牧）	544	225 087	10 444	129 968	4 696	8 480
热科院	5	94	61	434		
广　州	11	733	3	27	4	
南　京						

5-14续表2

地区	耕整地及种植机械					农用排灌机械	
	播种机（台）	精量半精量播种机（台）	机动水稻插秧机（台）	化肥深施机（台）	机引铺膜机（台）	排灌动力机械（台）	排灌动力机械（千瓦）
全国农垦	**116 422**	**65 596**	**92 881**	**22 129**	**15 318**	**279 864**	**4 024 432**
北京	13	4		1		38	381
天津	28					77	4 674
河北	3 291	726	1 050	68	544	13 536	151 515
山西	90	14		1	37	717	8 666
内蒙古	26 549	15 003	22	1 720	2 653	9 046	93 176
辽宁	3 185	2 244	5 206	355	87	8 746	146 315
吉林	9 037	4 541	7 580	40	117	14 205	141 519
黑龙江	33 938	23 264	75 438	3 666	527	99 568	1 313 690
上海	570	12	105	91		832	19 985
江苏	1 000	679	827	189	50	663	33 392
浙江			12			1 300	2 602
安徽	1 832	945	568	130		4 958	75 452
福建			2			4 091	17 965
江西	54	51	273	75	1	10 315	88 899
山东	573	132	77	22	25	914	10 537
河南	3 966	1 791		1 894	29	7 869	55 467
湖北	2 946	2 024	560	2 014	1 590	25 717	357 910
湖南	1 228		66		7	15 786	187 830
广东						11 755	91 662
广西	50			286		4 613	86 651
海南						10 421	47 807
重庆						6	140
四川						15	848
贵州						294	1 840
云南	81					1 023	7 454
陕西	788	77	3	22	10	877	9 810
甘肃	2 782	1 068		327	1 939	752	18 558
青海	171	1			1	28	534
宁夏	509	231	3	87	53	1 396	42 162
新疆(兵团)	17 526	10 645	697	10 013	4 549	26 314	890 944
新疆(农业)	3 968	1 184	22	760	2 231	2 675	59 262
新疆(畜牧)	2 247	960	370	368	868	1 312	56 767
热科院						5	18
广州							
南京							

5-14 续表 3

地区	农用排灌机械						植保机械	
	柴油机（台）	柴油机（千瓦）	电动机（台）	电动机（千瓦）	农用水泵（台）	滴喷灌溉机械（套）	机动喷雾(粉)机（台）	机动喷雾(粉)机（千瓦）
全国农垦	**139 978**	**1 637 564**	**131 486**	**2 324 023**	**301 747**	**43 934**	**134 856**	**308 753**
北京	3	53	61	671	84	208	12	35
天津	6	973	71	3 701	149	5		
河北	5 024	54 750	8 840	97 817	11 757	1 108	1 048	4 625
山西	24	397	692	8 310	82	271	1	15
内蒙古	5 563	59 187	6 474	95 007	14 090	1 976	4 634	10 833
辽宁	3 291	60 719	4 669	74 420	26 851	1 649	1 298	8 473
吉林	12 606	112 759	1 408	16 938	24 603	169	921	802
黑龙江	60 852	795 933	38 716	517 757	93 513	10 420	26 184	73 973
上海	17	258	837	19 018	808	24	1 096	3 620
江苏	24	732	639	32 660	469	156	1 281	4 198
浙江	312	639	464	3 361	568	76	556	681
安徽	4 173	23 268	785	52 184	2 534	1 960	5 332	10 684
福建	988	7 710	3 435	10 578	1 062	84	605	2 166
江西	3 538	23 157	6 439	61 459	5 679	326	2 346	3 128
山东	491	5 290	418	5 452	1 530	148	965	1 337
河南	1 242	12 876	6 403	41 209	8 449	566	661	1 836
湖北	12 546	153 030	11 776	189 607	32 952	3 314	36 000	46 624
湖南	8 300	99 590	5 575	83 380	34 900		7 250	21 622
广东	5 909	40 630	1 552	10 730	4 025	338	14 088	28 360
广西	2 185	20 403	1 488	20 071	3 399	1 351	2 804	11 340
海南	7 047	37 406	2 449	5 686	6 933	147	7 648	26 625
重庆	1	12	3	9	3	3		
四川	2	30	13	818	1		40	119
贵州	86	1 346	208	3 144	267		18	129
云南	603	3 408	420	4 046	2 042	64	4 929	14 563
陕西	101	1 271	776	8 539	1 309	104	564	889
甘肃	18	813	478	14 301	529	1 063	312	2 742
青海	21	261	16	483	296	1	7	14
宁夏	77	1 881	1 319	40 281	1 281	50	246	2 426
新疆（兵团）	3 060	64 031	22 993	881 965	18 433	16 651	10 035	19 030
新疆（农业）	1 235	26 563	1 753	5 213	1 908	321	2 876	4 273
新疆（畜牧）	631	28 175	312	15 192	1 205	1 376	1 031	3 411
热科院	2	13	4	15	36	5	68	181
广州								
南京								

5－14 续表 4

地　区	收获机械							
	联合收获机（台）	联合收获机（千瓦）	＃自走式（台）	＃自走式（千瓦）	机动割晒机（台）	机动割晒机（千瓦）	其他作物收获机械（台）	其他作物收获机械（千瓦）
全国农垦	**56 942**	**4 449 976**	**46 139**	**3 868 419**	**6 661**	**156 731**	**20 240**	**597 506**
北　京	19	3 629	18	3 629			4	529
天　津	2	411	2	411				
河　北	806	53 889	448	33 728	1 090	8 407	583	3 142
山　西	13	1 406	8	986			3	300
内蒙古	2 564	255 281	2 095	229 122	827	29 126	135	6 937
辽　宁	1 973	84 861	447	28 263	106	2 837	808	13 460
吉　林	3 632	177 983	879	56 710	8	320	156	7 190
黑龙江	32 020	2 607 722	30 276	2 439 041	4 196	102 180	878	69 435
上　海	163	23 697	155	23 697			101	369
江　苏	1 795	126 161	1 783	125 681			1 320	1 821
浙　江	2	20						
安　徽	1 372	97 661	1 130	77 981	75	799		
福　建	50	861	37	786			579	905
江　西	1 620	59 917	348	9 662	15	96	275	1 058
山　东	115	6 033	44	1 816				
河　南	700	45 453	534	38 922	15	330	232	7 060
湖　北	3 470	199 690	2 296	152 207	36	516	715	12 176
湖　南	1 750	58 560	1 425	48 730				
广　东	55	3 194	16	130				
广　西	18	2 148	10	1 501			47	959
海　南					86	2 346		
重　庆							5	1 503
四　川								
贵　州							49	151
云　南	40	2 382			2	82	723	3 026
陕　西	44	3 198	20	1 184	2	132	34	2 015
甘　肃	111	10 782	60	5 628	59	2 059	295	9 846
青　海	197	15 116	92	6 587				
宁　夏	507	40 851	492	38 364			35	886
新疆（兵团）	3 168	514 107	3 168	514 107	86	4 719	12 818	436 000
新疆（农业）	170	15 168	116	12 091	36	1 547	22	904
新疆（畜牧）	566	39 796	240	17 455	22	1 235	423	17 834
热科院								
广　州								
南　京								

5-14续表5

地区	脱粒烘干机械		种子加工设备		设施农业设备			
	机动脱粒机（台）	谷物烘干机（台）	种子包衣机（台）	种子清洗机（台）	水稻工厂化育秧设备（套）	温室（米²）	大棚（米²）	田园管理机（台）
全国农垦	**28 726**	**2 165**	**762**	**1 943**	**69 036**	**78 275 033**	**267 372 383**	**6 807**
北京	1					284 349	299 947	2
天津						10 000	314 550	
河北	6 131	5	2	8	79	9 002 014	5 594 260	
山西	15	2	2	2		489 911	147 000	
内蒙古	1 802	79	68	292		865 262	960 423	185
辽宁	3 777	25	45	27	260	2 929 137	8 239 290	8
吉林	1 524	3		3	10	101 062	1 069 087	5
黑龙江	2 393	413	174	683	322	2 224 800	187 077 700	72
上海	6	61		8	50	1 097 196	2 024 728	12
江苏	1 008	95	27	50	50	1 152 738	236 820	19
浙江	26	2	2			43 300	942 175	
安徽	209	163	15	116		111 993	5 475 326	932
福建	2 351				60 000	12 000	227 091	
江西	692	37	26	11	6	22 765	503 640	5
山东	58		12	17		530 844		11
河南	76	4	42	210		351 536	253 913	
湖北	1 498	205	33	38	8 200	810 157	24 367 665	1 258
湖南	2 623	922				3 443	3 968	
广东	463					98 555	460 256	
广西	217					132 802		20
海南	446						67 634	
重庆	4		3	20		21 000		
四川							32 690	
贵州						6 533	18 440	
云南	768					186 222	369 268	
陕西	119	1	5	7		301 091	976 721	7
甘肃	580	3	20	3		74 000	23 300	
青海			3	14		1 294 432	968 484	
宁夏	224	31	11	51		3 008 706	337 596	717
新疆(兵团)	1 228	81	260	266		53 038 800	19 225 000	3 442
新疆(农业)	244	15	8	39			6 899 700	112
新疆(畜牧)	242	14	4	78	59	57 963	229 515	
热科院	1	4				12 422	26 196	
广州								
南京								

5－14 续表 6

地　区	农副产品加工机械（台）				畜牧业机械（台）		
	粮食加工机械	棉花加工机械	油料加工机械	橡胶加工机械	牧草播种机	牧草收割机	牧草打捆机
全国农垦	**9 885**	**2 374**	**4 224**	**5 152**	**2 020**	**19 903**	**3 219**
北　京					3	8	5
天　津							
河　北	513	136	49		61	390	60
山　西	19		6		3	1	
内蒙古	752	1	94		751	16 395	1 897
辽　宁	1 554	95	74		5	52	3
吉　林	316		9		1	36	5
黑龙江					196	440	158
上　海	5						
江　苏	136	18	9				
浙　江	2	40					
安　徽	17	4	11				
福　建	209		10	70		16	
江　西	1 392	175	2 368	15			
山　东	31	8	7		4	4	4
河　南	241	6	13		14	6	4
湖　北	1 441	995	599	15	3	262	
湖　南	1 215	172	200	225			
广　东	192		68	1 072			
广　西	204		30	107	4	13	3
海　南	857		68	466			
重　庆						2	12
四　川						45	
贵　州	45		9				
云　南	35			3 182			
陕　西	7	4	5		3	7	3
甘　肃	2	4	5			186	44
青　海			2		29	202	32
宁　夏	88		35		35	118	100
新疆（兵团）	326	320	231		698	706	492
新疆（农业）	246	392	286		74	43	104
新疆（畜牧）	40	4	36		136	971	293
热科院							
广　州							
南　京							

5-14续表7

地区	畜牧业机械		林业机械		渔业机械	运输机械	
	机动剪毛机（把）	机动挤奶器（套）	挖坑机（台）	植树机（台）	渔用机动船（艘）	农用运输车（辆）	农用运输车（千瓦）
全国农垦	**3 080**	**8 296**	**914**	**206**	**3 360**	**83 576**	**2 342 328**
北京		153	2			25	561
天津		27	1			94	2 599
河北		765	52	18	191	7 649	185 747
山西		142				190	5 176
内蒙古	238	710	86	21	216	5 929	135 488
辽宁		358	7	2	1 166	12 910	202 395
吉林	2	13	4	6		4 074	173 601
黑龙江	130	4 300	49	11	354	5 802	384 971
上海		161				28	711
江苏		31			3	620	2 462
浙江						35	894
安徽					3	1 192	19 143
福建		21			26	662	14 559
江西			8	60	440	1 750	70 532
山东		180	5		28	185	4 088
河南	3	3				1 015	21 292
湖北		1	23	2	462	9 278	227 695
湖南			65		282	2 210	38 277
广东		25	15	8	7	919	74 124
广西		1				1 195	38 305
海南			134		14	1 790	105 670
重庆		220			19	5	5
四川							
贵州							
云南						1 067	67 797
陕西						699	6 924
甘肃		2	8			1 185	22 375
青海	69					904	22 985
宁夏	1	182	17		8	2 624	51 745
新疆（兵团）	2 314	866	404	69	139	16 929	316 969
新疆（农业）	132	22	6	3		1 325	75 799
新疆（畜牧）	191	95	28	6	2	1 258	67 254
热科院						11	56
广州		18				17	2 129
南京							

5－14 续表 8

地区	农田基本建设机械					
	推土机（台）	推土机（千瓦）	挖掘机（台）	挖掘机（千瓦）	开沟机（台）	开沟机（千瓦）
全国农垦	**5 105**	**324 863**	**2 972**	**260 297**	**2 500**	**37 373**
北京	5	409	7	491		
天津	10	525	18	982	1	23
河北	365	34 600	291	29 360	48	4 704
山西	2	112	3	210		
内蒙古	317	24 353	132	12 062	41	1 971
辽宁	230	19 675	402	39 021	50	1 867
吉林	86	5 983	47	4 119	3	174
黑龙江	282	23 786	128	15 519	15	1 455
上海	6	704	7	524	5	69
江苏	99	8 640	61	779	965	4 056
浙江						
安徽	79	3 754	23	1 447	113	2 804
福建	32	1 569	81	4 721	9	1 070
江西	276	14 797	77	5 395	7	630
山东	19	1 544	18	1 684	22	428
河南	41	3 249	25	1 764	13	783
湖北	1 227	77 574	701	73 069	215	10 995
湖南	220	2 210	19	2 800		
广东	124	6 693	15	810		
广西	41	3 471	63	7 975		
海南	161	11 256	50	5 531	33	3 168
重庆						
四川						
贵州						
云南	114	8 459	27	6 758		
陕西	27	1 586	1	110	1	110
甘肃	13	626	12	657	16	234
青海	7	628	1	80		
宁夏	82	6 730	47	7 497		
新疆（兵团）	828	25 491	563	22 680	711	
新疆（农业）	286	19 780	94	9 430	230	2 712
新疆（畜牧）	126	16 660	59	4 822	2	120
热科院						
广州						
南京						

5－15　农业机械化、用电、化肥和水利情况

（2015 年）　　　　计量单位：公顷

地　　区	农业机械化情况				飞机作业情况			
	当年实际机耕面积	当年实际机播面积	机械插秧面积	当年机械收割面积	飞机播种面积	飞机施肥面积	飞机病虫害防治面积	自有农用飞机（架）
全国农垦	**6 107 794**	**6 024 827**	**1 477 483**	**5 620 582**	**1 655 125**	**1 189 287**	**1 474 744**	**84**
北　　京	714	1 092		1 960				
天　　津	2 536	2 514	864	1 358				
河　　北	85 531	87 049	22 405	65 846				
山　　西	5 978	5 251		1 562				
内 蒙 古	660 707	706 945	6 125	606 413		1 334	1 334	
辽　　宁	139 477	115 165	68 799	114 743				
吉　　林	115 437	113 905	35 083	87 694				
黑 龙 江	2 859 131	2 785 687	1 149 625	2 806 154	1 563 245	1 183 413	1 342 897	50
上　　海	28 142	44 067	7 979	47 492				
江　　苏	83 609	133 845	62 025	132 391			3 967	
浙　　江	913	83	45	359				
安　　徽	28 418	41 906	6 678	49 808				
福　　建	4 195	435		1 231				
江　　西	59 532	24 207	4 287	53 530	740		15	1
山　　东	14 569	16 426		13 122				
河　　南	27 981	38 715	33	34 044			111	
湖　　北	169 037	72 798	20 356	149 668				
湖　　南	36 450	25 480	1 725	49 950				
广　　东	31 172	2 899		3 706				
广　　西	20 349	823		1 063				
海　　南	17 057	1 481	407	6 310				
重　　庆	140	69						
四　　川								
贵　　州	422	597		351				
云　　南	3 397	1 602		2 100				
陕　　西	14 831	14 079	33	12 344				
甘　　肃	64 345	59 621		46 194				
青　　海	33 860	32 963	214	32 962				
宁　　夏	39 572	38 356		38 068				
新疆（兵团）	1 256 600	1 353 300	7 070	1 042 800	91 140	4 540	126 420	33
新疆（农业）	90 035	90 005	3 065	79 943				
新疆（畜牧）	213 642	213 462	80 664	137 415				
热 科 院	13							
广　　州								
南　　京								

5－15 续表 1

地区	农用化肥施用总量（按折纯量计算）（吨）	施用于农作物的数量（吨）	氮肥（吨）	磷肥（吨）	钾肥（吨）	复合肥（吨）	生物肥施用量（实物量）（吨）	有机肥施用量（实物量）（吨）	测土配方施肥面积（米²）
全国农垦	**2 698 735**	**2 183 496**	**1 085 000**	**527 951**	**342 311**	**775 961**	**465 967**	**3 346 526**	**2 878 317**
北京	2 145	2 095	124	115	57	1 849		27 116	
天津	621	621	213	48	4	356			
河北	33 443	31 186	13 969	4 403	2 892	11 377	9	884	568
山西	4 821	4 076	1 316	907	379	2 219	73	67 697	30
内蒙古	186 564	145 188	73 178	61 136	18 690	46 251	3 354	156 953	143 516
辽宁	115 594	55 194	53 775	17 976	16 937	26 906	6 476	139 671	49 114
吉林	39 789	37 400	15 752	7 857	3 600	12 580	5 686	19 685	9 625
黑龙江	587 229	587 229	217 002	149 457	119 208	101 562	8 448	579 653	2 344 573
上海	22 281	22 281	12 158	386	302	9 393		85 019	
江苏	74 103	74 003	49 067	11 363	1 888	11 785	9 324	75 633	
浙江	4 373	2 703	1 293	474	363	2 245		2 735	41
安徽	33 088	29 633	14 597	2 928	4 273	11 290	333	16 990	14 139
福建	38 297	28 832	10 464	6 226	7 170	14 437	3 659	25 566	250
江西	70 269	45 143	20 832	10 169	9 431	29 837	3 851	17 117	23 367
山东	7 695	7 671	2 694	38	236	4 227		3 500	47
河南	27 107	26 483	11 851	4 144	2 435	8 053	100	15 180	16 036
湖北	158 122	119 420	60 821	29 265	19 156	48 880	126 853	163 341	69 898
湖南	126 220	50 460	64 300	28 700	12 385	21 550	635	9 800	1 380
广东	61 689	43 017	19 688	13 245	13 777	14 979	41 876	157 781	56 568
广西	52 688	38 454	11 541	5 686	8 769	26 692	4 310	209 763	16 479
海南	86 330	21 394	21 556	6 939	7 480	50 355	225 414	1 284 131	
重庆	34	34	9	11	6	8		998	
四川	673	629	199	223	141	261		459	95
贵州	3 362	3 362	1 078	652	155	1 477		6 220	2 760
云南	66 853	66 853	15 020	6 843	10 424	34 566		35 591	15 211
陕西	9 848	8 256	5 512	1 783	866	1 687	2 666	3 476	14
甘肃	46 998	3 892	16 820	10 320	5 171	14 687	220	178 876	14 995
青海	5 759	5 757	3 834	2 332	211	1 284	744	15 026	100
宁夏	37 444	31 385	19 854	1 698	2 550	13 342	18 495	12 432	17 504
新疆（兵团）	765 365	660 969	331 031	133 417	71 209	229 708			
新疆（农业）	28 727	28 727	15 260	9 122	2 107	2 238	167	21 098	67 842
新疆（畜牧）						18 992	3 243	12 990	14 156
热科院	1 199	1 149	192	87	39	880	32	1 105	10
广州									
南京	6		2	1	1	7		40	

5－15 续表 2

地区	农药施用量			农用塑料薄膜使用量			沼气池	
	合计（吨）	化学除草剂（吨）	化学除草面积（公顷）	合计（吨）	地膜（吨）	地膜覆盖面积（公顷）	数量（个）	体积（米³）
全国农垦	**86 690**	**28 873**	**5 237 001**	**122 579**	**92 980**	**1 309 391**	**59 029**	**631 770**
北京	41	38	336	3		6	2	800
天津	54	50	1 563	10	10	186		
河北	1 000	209	20 995	756	718	12 126	2 064	23 648
山西	122	114	1 758	183	178	2 718	2	32
内蒙古	4 042	3 288	648 299	2 707	2 239	31 129	1 352	10 850
辽宁	2 808	1 518	708 135	4 319	2 053	8 779	2 630	61 195
吉林	729	585	102 626	585	341	3 334	66	396
黑龙江	15 904	12 088	2 782 221	16 890	2 535	33 759	779	13 304
上海	901	294	26 012	279	34	554		
江苏	2 528	326	124 514	1 579	377	2 889		
浙江	4 507	27	1 478	286	149	797	34	4 650
安徽	1 227	119	42 838	667	293	978		
福建	1 031	150	7 292	209	195	2 418	4 550	41 224
江西	2 316	1 127	56 352	919	490	3 077	2 745	38 028
山东	324	150	13 507	186	184	2 192	21	2 170
河南	1 242	61	179 448	512	173	5 095	505	6 680
湖北	7 220	1 386	98 883	3 526	2 112	33 853	15 119	107 154
湖南	2 560	580	20 100	3 800	3 790	11 780	22 140	251 350
广东	6 148	1 684	39 265	870	823	17 422	361	8 017
广西	2 920	848	34 581	751	553	9 586	1 259	11 925
海南	12 222	2 815	196 826	542	542	2 329	3 496	32 056
重庆							5	620
四川	15	5	205	15	15	64	13	270
贵州	146	25	1 770	122	37	213	217	1 893
云南	3 034	701	33 246	320	141	2 823	449	2 756
陕西	72	49	3 373	150	136	918	256	4 156
甘肃	1 093	237	39 339	2 620	2 615	38 488		
青海	22	12	3 442	25	11	105		
宁夏	443	335	32 500	116	55	1 181	612	5 928
新疆（兵团）	11 621			69 453	65 388	922 346		
新疆（农业）	381	30	15 180	3 541	3 212	57 405	60	890
新疆（畜牧）				6 628	3 571	100 838	156	672
热科院	17	23	916	10	10	4	136	1 106
广州								
南京								

5-15 续表 3

地区	农田水利情况						
	有效灌溉面积（公顷）	机灌面积（公顷）	电灌面积（公顷）	节水灌溉面积（公顷）	漫灌面积（公顷）	喷灌面积（公顷）	滴灌面积（公顷）
全国农垦	**3 956 723**	**2 015 305**	**1 240 583**	**1 673 288**	**247 520**	**1 107 402**	**282 833**
北京	697	85	460	242		377	224
天津	2 574		2 574	10		10	
河北	58 134	40 896	18 685	35 277	8 425	11 279	2 208
山西	3 820	1 100	2 659	2 091	267	67	1 757
内蒙古	185 909	52 384	70 024	73 905	76 020	29 777	21 851
辽宁	147 403	31 671	56 207	8 366	1 889	2 644	2 664
吉林	55 279	34 094	19 677	5 933	3 426	376	2 131
黑龙江	1 541 397	714 833	714 224	313 113		187 868	125 245
上海	24 553		24 553	146		20	126
江苏	74 016	4 315	67 087	11 861	2 988	3 659	2 348
浙江	1 829	491	923	130		81	49
安徽	26 908	13 343	12 933		8 892	6 082	2 513
福建	5 050	1 098	919	111	52		8
江西	57 646	6 802	27 867	7 758	2 043	22	76
山东	12 482	8 921	1 636	1 925			
河南	27 092	12 564	12 142	9 812	862	8 966	390
湖北	112 957	29 278	80 792	70 000	89 926	5 043	1 896
湖南	60 166	12 412	47 720		12	11	11
广东	18 263	4 384	9 784	4 095			4 095
广西	15 372	8 361	6 558	8 735	453	5 615	1 499
海南	14 974	4 246	2 084			271	
重庆	79	79		20			20
四川	356	300	36	20	20		
贵州	865	865					
云南	11 714	3 569	982	789	6 374	291	498
陕西	10 082	2 817	3 048	255		1 400	702
甘肃	52 796	20 569	11 451	43 618	14 708	571	33 646
青海	6 277		210	2 990	4 550		397
宁夏	41 414	15 893	5 241	2 781	10 099	1 460	2 096
新疆（兵团）	1 213 193	877 040		973 833		836 939	
新疆（农业）	79 249	34 698	24 211	20 340			22 340
新疆（畜牧）	94 093	78 197	15 896	75 047	16 515	4 569	53 963
热科院	85			85		5	80
广州							
南京							

5－15续表4

地　区	农田水利情况				农业电气化情况		
	机电井数量（眼）		排灌站数量（座）		农场用电量（万千瓦时）	水电站（个）	水电站发电能力（千瓦）
		已配套（眼）		排灌能力（米³/秒）			
全国农垦	**167 988**	**148 545**	**8 243**	**18 370**	**1 426 494**	**380**	**1 414 647**
北　京	93	74			5 973		
天　津	64	64	29	38	3 343		
河　北	4 553	4 017	188	682	206 115	90	
山　西	287	264	4	2	2 480	1	100
内蒙古	20 544	15 480	32	16	24 887		
辽　宁	4 747	4 195	238	842	162 101		
吉　林	4 661	2 735	2	130	37 620		
黑龙江	89 349	83 498	240	3 252	185 938		
上　海			459	252			
江　苏	65	25	1 118	1 164	36 363		
浙　江	8	6	16	57	25 307	2	538
安　徽	1 400	1 114	3 200	399	11 843		
福　建	174	131	23	25	10 285	28	1 135 897
江　西	1 325	12	431	662	59 376	119	23 905
山　东	667	454	14	21	1 549		
河　南	7 468	5 789	10	68	13 025		
湖　北	1 257	1 032	1 434	3 622	50 109	8	275
湖　南			275	3 160	32 700	6	28 700
广　东	2 411	2 401	47	14	45 432	10	3 423
广　西	954	564	239	56	44 350	4	3 920
海　南	490	200	21	1 711	43 312	44	80 384
重　庆					577		
四　川	1	1	2	1	51		
贵　州	64	64			20 385	1	120
云　南	19	19	14	17	23 144	20	66 098
陕　西	1 367	965	6	3	1 499		
甘　肃	2 017	1 790			20 493	1	
青　海	2	2			416		
宁　夏	915	909	189	123	9 869		
新疆（兵团）	20 768	20 768			331 195	35	69 600
新疆（农业）	822	807	6	3	16 432	11	1 687
新疆（畜牧）	1 488	1 165	6	2 051			
热科院	8				125		
广　州							
南　京					200		

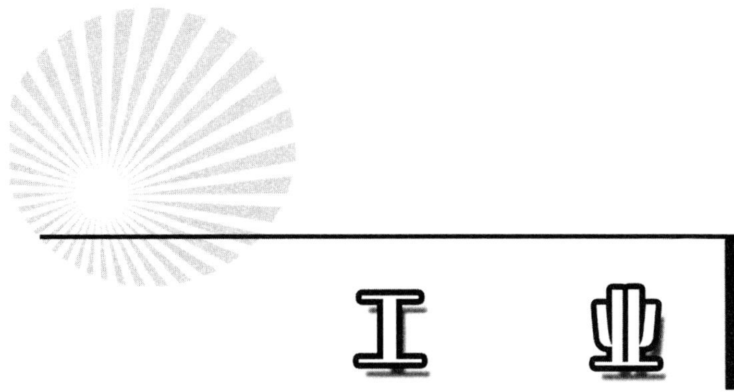

工　业

6-1 工业企业基本情况

(2015 年)

地区	企业个数（个）		#亏损企业数（个）		工业销售产值（现价）（万元）	
		国有（个）		国有（个）		国有（万元）
全国农垦	**6 603**	**1 237**	**707**	**292**	**81 977 650**	**17 437 012**
北京	38	30	15	12	799 024	648 709
天津	26	26	12	12	296 722	296 722
河北	207	20	37	2	7 321 177	1 051 557
山西	54	2	5	2	49 332	
内蒙古	306	24	16	6	339 273	115 891
辽宁	318	7	30	3	6 612 829	34 577
吉林	34	2	2		677 389	2 698
黑龙江	1 244	216	67	38	7 559 913	4 580 172
上海	131	131	47	47	3 393 130	3 393 130
江苏	335	21	22	7	2 474 277	1 720 456
浙江	33	2	16	1	1 004 256	452
安徽	26	9	2	2	117 735	24 618
福建	152	29	7	2	1 224 304	32 116
江西	405	81	49	32	5 682 329	289 740
山东	18	6	2	1	951 719	2 056
河南	31	14	4	4	336 401	120 812
湖北	878	87	91	5	15 919 326	1 465 701
湖南	400	127	20	3	2 239 089	814 552
广东	107	97	23	23	1 539 361	712 232
广西	400	74	16	11	5 818 896	807 460
海南	137	38	16	11	133 025	45 738
重庆	10	4	1	1	879 293	514 644
四川	9	4	2	1	25 639	1 086
贵州	5	5			73 465	73 465
云南	80	30	27	17	139 761	106 994
陕西	5	5	1	1	8 190	8 190
甘肃	52	50	28	27	150 533	128 352
青海	5	5			3 434	3 434
宁夏	59	14	9	6	118 928	84 259
新疆(兵团)	765	20	127	5	15 831 389	177 287
新疆(农业)	297	51	9	9	69 309	45 678
新疆(畜牧)	33	5	3	1	123 867	76 854
热科院						
广州	1	1			57 381	57 381
南京	2		1		6 954	

6－1续表1

地　区	主营业务收入（万元）	国有（万元）	主营业务成本（万元）	国有（万元）	主营业务费用（万元）	国有（万元）
全国农垦	**82 470 689**	**19 821 455**	**67 514 021**	**16 126 413**	**5 582 676**	**1 959 684**
北　京	794 361	638 063	569 058	451 817	176 725	151 050
天　津	332 315	332 315	282 270	282 270	32 406	32 406
河　北	7 559 140	1 038 064	6 006 631	772 347	162 846	48 563
山　西	43 985	153	29 108		5 105	
内蒙古	314 324	102 475	254 253	89 181	22 131	14 318
辽　宁	6 346 825	34 310	5 545 105	24 870	300 373	5 081
吉　林	673 475	2 698	620 125	1 974	27 718	788
黑龙江	8 605 979	5 788 723	7 852 620	5 417 954	500 736	326 125
上　海	4 760 000	4 760 000	3 962 738	3 962 738	482 382	482 382
江　苏	2 448 455	1 701 774	1 140 632	526 342	589 420	551 307
浙　江	920 307	451	831 082	352	44 910	23
安　徽	117 397	26 237	106 001	23 456	5 676	2 077
福　建	1 213 554	31 284	1 066 350	26 127	60 199	1 348
江　西	5 893 410	264 574	5 087 556	204 134	285 500	38 602
山　东	951 677	1 964	861 529	1 683	22 801	153
河　南	326 523	119 975	279 701	96 089	13 186	7 747
湖　北	14 003 043	1 298 580	10 776 840	1 061 685	643 046	26 996
湖　南	2 048 154	558 195	1 916 532	487 500	90 921	48 850
广　东	1 783 474	961 850	1 310 123	888 394	111 150	34 656
广　西	5 950 021	795 453	4 773 928	702 721	359 201	39 865
海　南	120 622	48 517	115 843	59 070	5 333	3 282
重　庆	876 421	522 224	769 421	449 033	54 147	43 211
四　川	28 645	1 119	17 784	796	6 482	101
贵　州	83 819	83 819	59 732	59 732	22 403	22 403
云　南	135 367	105 256	113 109	90 539	5 982	4 545
陕　西	8 377	8 377	4 071	4 071	3 476	3 476
甘　肃	185 309	149 145	134 944	105 340	15 811	13 695
青　海	4 417	4 417	2 670	2 670	614	614
宁　夏	121 448	86 751	78 399	51 489	19 558	15 610
新疆（兵团）	15 568 040	182 566	12 739 550	140 905	1 482 990	15 296
新疆（农业）	63 206	38 088	54 990	33 276	4 121	2 319
新疆（畜牧）	124 432	76 657	106 139	68 843	8 023	6 171
热科院						
广　州	57 381	57 381	39 015	39 015	16 624	16 624
南　京	6 786		6 173		681	

6-1续表2

地　区	主营业务税金及附加（万元）		主营业务利润（万元）		利润总额（万元）	
		国有（万元）		国有（万元）		国有（万元）
全国农垦	**1 512 341**	**261 516**	**6 734 150**	**1 375 282**	**4 451 756**	**773 384**
北　京	3 807	2 783	221 495	183 462	16 311	13 266
天　津	6 157	6 157	3 473	3 473	977	977
河　北	158 652	141 656	112 583	24 447	156 223	32 347
山　西	2 799		4 768		7 255	−93
内蒙古	7 058	1 880	30 882	−2 904	19 807	−10 815
辽　宁	99 587	419	401 760	3 940	193 632	2 508
吉　林	1 319	1	24 313	−65	24 466	−65
黑龙江	39 395	5 995	213 229	38 649	128 573	13 991
上　海	16 690	16 690	155 198	155 198	191 462	191 462
江　苏	24 760	21 900	658 274	566 856	332 750	286 704
浙　江	2 140	5	28 959	71	28 788	1
安　徽	484	124	5 237	581	2 979	−318
福　建	18 512	1 610	68 493	2 199	60 254	812
江　西	40 003	3 966	480 351	17 872	390 423	9 219
山　东	2 262	104	65 085	7	64 875	16
河　南	7 159	4 089	26 478	12 051	20 615	5 249
湖　北	858 656	13 883	1 724 501	196 016	848 173	118 574
湖　南	16 521	8 865	24 180	12 980	22 550	19 850
广　东	38 914	7 099	323 287	31 701	141 877	12 646
广　西	43 389	5 140	773 503	47 727	339 313	26 116
海　南	2 511	790	−3 065	−14 625	−10 225	−11 795
重　庆	5 521	1 046	47 331	28 934	23 276	13 154
四　川	2 237	152	2 142	70	2 886	−104
贵　州	964	964	720	720	720	720
云　南	1 130	440	2 917	−922	2 991	76
陕　西	428	428	402	402	−40	−40
甘　肃	5 461	5 273	29 093	24 837	6 956	6 732
青　海	327	327	805	805	805	805
宁　夏	6 636	6 107	12 235	9 232	11 469	9 370
新疆(兵团)	97 003	2 611	1 281 882	24 687	1 409 095	26 308
新疆(农业)	813	621	4 285	2 442	2 432	948
新疆(畜牧)	732	98	7 995	2 991	8 737	3 303
热科院						
广　州	294	294	1 448	1 448	1 460	1 460
南　京	21		−89		−109	

6-1续表3

地　　区	#亏损企业亏损额（万元）		固定资产原值（万元）		#生产经营用（万元）	
		国有（万元）		国有（万元）		国有（万元）
全国农垦	**726 446**	**261 798**	**40 071 436**	**8 183 044**	**18 090 327**	**6 367 171**
北　京	1 720	10 382	398 769	305 013	381 755	301 648
天　津	6 014	6 014	212 976	212 976	165 646	165 646
河　北	27 087	153	1 764 135	933 089	1 439 897	808 885
山　西	129	93	41 087	3 975	34 881	3 872
内蒙古	13 584	13 194	593 780	414 113	524 315	413 685
辽　宁	6 785	2 113	3 264 198	65 978	2 326 488	65 194
吉　林	136	390	339 178	768	332 043	752
黑龙江	107 938	91 393	2 834 173	1 782 789	2 576 360	722 030
上　海	78 937	78 937	1 566 514	1 566 514	1 493 527	1 493 527
江　苏	10 667	10 351	624 998	369 936	569 809	350 663
浙　江	133	17	30 737	84	353	82
安　徽	704	704	38 989	18 107	32 167	12 934
福　建	1 484	—34	849 136	4 657	705 931	2 585
江　西	1 178	821	463 564	75 157	259 877	48 706
山　东	39	20	103 262	1 609	86 898	1 609
河　南	3 167	3 167	132 413	52 221	97 728	30 609
湖　北	67 344	3 609	4 567 073	437 342	3 979 562	376 461
湖　南	880	723	368 925	3 382	139 523	3 165
广　东	12 703	12 703	476 815	409 460	415 159	365 652
广　西	33 034	21 671	1 825 662	587 098	1 688 737	546 001
海　南	15 466	14 618	131 382	73 245	115 121	69 275
重　庆	1 640	1 640	204 802	129 494	146 454	114 381
四　川	112	112	16 338	1 580	13 011	357
贵　州			48 330	48 330	43 217	43 217
云　南	3 958	3 921	129 182	106 751	80 321	66 902
陕　西	98	98	11 409	11 409	8 293	8 293
甘　肃	5 892	5 163	342 205	214 404	248 881	208 223
青　海			6 678	6 678	3 900	3 900
宁　夏	2 172	1 830	131 325	110 746	106 186	88 918
新疆（兵团）	329 790	2 675	18 440 181	155 274		
新疆（农业）	541	465	28 721	26 988	22 954	15 771
新疆（畜牧）	559	3 567	71 891	42 503	50 109	34 227
热科院						
广　州			11 373	11 373		
南　京	113		1 236		1 224	

6-1续表4

地　区	固定资产净值（万元）		本年折旧（万元）		从业人员年末人数（人）	
		国有（万元）		国有（万元）		国有（人）
全国农垦	**28 903 530**	**5 257 162**	**2 737 244**	**632 755**	**687 941**	**167 771**
北　京	211 519	169 096	19 871	14 965	11 700	9 563
天　津	109 133	109 133	9 666	9 666	4 590	4 590
河　北	1 367 547	776 171	149 687	89 654	39 862	2 674
山　西	31 103	2 391	4 534	201	4 499	484
内蒙古	366 939	271 874	182 523	133 788	5 173	2 019
辽　宁	2 255 135	59 195	101 004	2 298	49 699	357
吉　林	311 090	387	16 042	412	6 501	207
黑龙江	1 872 981	1 142 853	145 210	68 616	72 538	10 147
上　海	858 384	858 384	87 776	87 776	44 571	44 571
江　苏	434 865	260 355	57 828	34 640	28 689	10 815
浙　江	15 450		19 345		7 665	96
安　徽	26 510	13 413	1 760	822	2 619	529
福　建	647 276	2 280	68 995	383	20 667	1 015
江　西	317 086	46 076	22 231	3 209	83 806	9 821
山　东	100 534	489	20 220	287	1 998	70
河　南	96 868	29 517	15 110	13 100	6 820	3 902
湖　北	3 251 237	281 468	284 885	33 496	142 573	17 610
湖　南	338 698	2 905	53 726	520	33 452	3 312
广　东	271 793	207 689	37 317	34 899	19 368	10 064
广　西	1 663 366	432 687	81 253	20 886	59 364	12 648
海　南	67 556	38 134	7 950	4 319	6 357	2 716
重　庆	104 423	67 733	16 088	12 725	10 155	3 971
四　川	7 312	936	850	10	1 389	384
贵　州	38 022	38 022	1 749	1 749	1 542	1 542
云　南	54 841	44 781	7 493	5 699	5 515	3 779
陕　西	3 195	3 195	698	698	513	513
甘　肃	221 824	184 297	66 941	35 163	5 888	3 554
青　海	5 092	5 092	258	258	150	150
宁　夏	91 567	79 677	7 326	6 229	2 686	1 281
新疆(兵团)	13 688 618	81 556	1 237 825	8 245		
新疆(农业)	14 890	12 350	2 990	2 766	4 458	3 108
新疆(畜牧)	52 304	29 326	7 292	4 531	1 595	860
热科院						
广　州	5 702	5 702	744	744	1 419	1 419
南　京	670		57		120	

6－1续表5

地　　区	从业人员年平均人数（人）	国有（人）	从业人员年工资总额（万元）	国有（万元）	期末在用计算机数（台）	国有（台）	期末拥有网站数（个）	国有（个）
全国农垦	**683 541**	**165 361**	**2 633 674**	**885 309**	**77 267**	**34 001**	**926**	**420**
北　京	11 680	9 574	69 751	51 569	2 815	2 048	13	10
天　津	4 530	4 530	30 305	30 305	729	729	8	8
河　北	41 289	2 572	160 215	21 267	3 941	1 267	50	3
山　西	4 161	484	9 542	151	87	14		
内蒙古	5 071	2 057	34 534	10 626	661	406	6	1
辽　宁	52 045	362	136 103	1 067				
吉　林	6 122	207	16 955	328	233	2	2	
黑龙江	78 789	10 442	256 343	70 425	8 519	7 158	87	22
上　海	44 535	44 535	226 702	226 702	4 749	4 749	100	100
江　苏	29 138	10 611	215 179	132 038	2 487	882	126	14
浙　江	7 740	96	25 984	135	86		2	
安　徽	2 587	360	7 551	1 530	290	55	18	2
福　建	20 224	1 972	75 485	3 104	1 473	221	177	152
江　西	81 725	9 808	190 151	25 723	2 868	383	19	5
山　东	2 002	74	6 546	285	163		3	
河　南	6 815	3 930	17 803	12 239	283	242	7	6
湖　北	138 216	16 999	603 536	83 728	12 341	2 386	128	11
湖　南	29 789	2 921	68 956	5 465	22 335	5 701	19	19
广　东	18 791	9 495	93 568	46 737	1 940	1 641	13	12
广　西	56 628	11 307	196 418	48 850	3 473	1 610	66	16
海　南	6 382	2 761	31 583	10 292	535	201	27	10
重　庆	10 127	3 952	58 117	28 342	1 164	749	10	5
四　川	1 382	387	3 659	475	82	20	2	1
贵　州	1 542	1 542	5 123	5 123	427	427	2	2
云　南	5 372	3 638	17 500	13 090	721	684	15	8
陕　西	534	534	1 692	1 692	112	112	2	2
甘　肃	5 123	3 299	16 600	14 574	1 045	852	10	6
青　海	150	150	695	695	18	18		
宁　夏	2 793	1 277	9 805	6 292	323	297	5	3
新疆（兵团）								
新疆（农业）	4 277	3 010	27 990	21 389	2 790	623		
新疆（畜牧）	2 533	1 149	8 109	507	296	273	6	1
热科院								
广　州	1 326	1 326	10 565	10 565	251	251	1	1
南　京	123		610		30		2	

6－2 各垦区分行业工业企业个数和工业总产值

（2015 年）

地　　区	企业个数（个）	工业总产值（万元）	# 国有		# 轻工业		# 规模以上	
			企业个数（个）	工业总产值（万元）	企业个数（个）	工业总产值（万元）	企业个数（个）	工业总产值（万元）
全国农垦	**17 698**	**90 793 111**	**1 488**	**19 573 122**	**9 393**	**56 502 733**	**3 602**	**78 438 205**
北　　京	37	783 617	30	632 913	16	152 709	10	246 249
天　　津	26	286 439	26	286 439	25	283 382	14	278 340
河　　北	1 109	7 966 467	20	2 145 923	704	5 241 322	173	7 461 033
山　　西	54	56 685	2		10	18 425	2	3 521
内 蒙 古	218	337 211	24	147 629	36	124 021	23	291 681
辽　　宁	879	6 110 963	7	37 502	154	1 988 648	308	5 616 293
吉　　林	60	510 966	2	945	53	440 082	42	501 192
黑 龙 江	1 244	7 499 639	178	3 476 358	712	6 381 933	177	5 460 963
上　　海	131	3 415 021	131	3 415 021	114	3 277 554	107	3 387 780
江　　苏	335	2 507 406	21	1 724 834	137	1 693 759	44	2 218 059
浙　　江	46	1 063 873	2	463	14	2 709	29	935 592
安　　徽	144	186 661	9	27 648	119	119 127	26	130 878
福　　建	1 171	1 487 782	29	32 515	525	894 903	136	1 192 085
江　　西	1 034	6 637 587	81	229 000	722	5 468 774	211	5 519 394
山　　东	26	932 541	6	2 056	4	515	6	722 257
河　　南	54	351 504	14	122 113	34	313 776	24	333 774
湖　　北	2 762	19 364 939	87	3 232 239	2 507	17 079 824	807	18 342 282
湖　　南	384	1 161 626	127	323 877	226	502 112	166	466 655
广　　东	539	1 846 238	97	844 098	366	1 662 081	107	1 676 912
广　　西	785	6 434 734	74	860 766	345	2 260 070	356	5 883 696
海　　南	137	136 354	38	45 970	48	46 864	4	42 798
重　　庆	10	884 925	4	535 878	10	884 925	10	881 925
四　　川	9	25 511	4	1 061	8	23 475	2	23 323
贵　　州	5	66 424	5	66 424	5	66 424	5	66 424
云　　南	80	142 999	30	108 867	31	70 471	14	107 072
陕　　西	5	8 176	5	8 176	3	2 367	2	5 809
甘　　肃	52	160 866	50	145 304	10	28 964	13	97 718
青　　海	5	4 298	5	4 298				
宁　　夏	59	119 997	14	84 826	43	100 180	9	99 155
新疆（兵团）	5 960	20 083 950	310	865 434	2 359	7 201 800	765	16 336 898
新疆（农业）	297	70 731	51	45 678	49	55 281	3	18 909
新疆（畜牧）	35	95 328	4	77 163	3	74 550	4	82 586
热 科 院								
广　　州	1	41 705	1	41 705	1	41 705	1	
南　　京	5	9 950					2	6 954

6-2续表1

地区	一、煤炭开采和洗选业		二、石油和天然气开采业		三、黑色金属矿采选业		四、有色金属矿采选业	
	企业个数（个）	工业总产值（万元）	企业个数（个）	工业总产值（万元）	企业个数（个）	工业总产值（万元）	企业个数（个）	工业总产值（万元）
全国农垦	**40**	**432 731**			**63**	**384 822**	**39**	**252 427**
北京								
天津								
河北					1	3 309		
山西								
内蒙古	4	99 175			7	472	3	2 764
辽宁					5	12 712		
吉林								
黑龙江	10	48 729					2	43 390
上海								
江苏								
浙江								
安徽								
福建	1	6 323						
江西	13	54 238			9	39 700	2	139 694
山东								
河南								
湖北					6	20 900		
湖南								
广东								
广西					7	144 714	7	48 214
海南					2	2 138		
重庆								
四川								
贵州								
云南								
陕西	2	5 809						
甘肃								
青海								
宁夏	4	750						
新疆（兵团）		216 273			26	160 877	25	18 365
新疆（农业）	5	1 246						
新疆（畜牧）	1	188						
热科院								
广州								
南京								

6-2续表2

地　　区	五、非金属矿采选业		#采盐业		六、其他矿采选业		七、农副食品加工业	
	企业个数（个）	工业总产值（万元）	企业个数（个）	工业总产值（万元）	企业个数（个）	工业总产值（万元）	企业个数（个）	工业总产值（万元）
全国农垦	**376**	**551 341**	**166**	**21 645**	**79**	**132 664**	**2 641**	**19 524 982**
北　　京							5	74 705
天　　津							5	114 930
河　　北	2	1 269	2	1 269			60	328 563
山　　西					37	21 011	4	2 489
内 蒙 古					1	705	89	38 009
辽　　宁	162	12 645	158	9 200	15	25 600	191	1 343 761
吉　　林							39	185 193
黑 龙 江	43	133 761					499	5 473 705
上　　海							54	1 489 296
江　　苏							39	436 798
浙　　江							3	123 340
安　　徽							31	68 530
福　　建	9	5 865			5	6 460	115	73 947
江　　西	10	6 510			11	37 496	63	185 668
山　　东	4	7 252	4	7 252			3	1 238
河　　南							12	107 407
湖　　北	1	720			4	30 860	556	3 599 340
湖　　南	9	5 120					126	446 807
广　　东	36	21 328					71	478 324
广　　西	31	244 730			4	10 532	93	1 114 771
海　　南							10	18 866
重　　庆							4	268 324
四　　川								
贵　　州							2	5 701
云　　南	1	1 224					5	32 734
陕　　西							1	638
甘　　肃	1	490	1	490			13	36 694
青　　海	1	3 434	1	3 434				
宁　　夏	3	175			2		12	21 517
新疆（兵团）	62	106 670					451	3 416 264
新疆（农业）	1	148					69	12 096
新疆（畜牧）							15	24 388
[illegible]院								
[illegible]州								
[illegible]京							1	940

6－2续表3

地　　区	#谷物磨制业		饲料加工业		制糖业		八、食品制造业	
	企业个数（个）	工业总产值（万元）	企业个数（个）	工业总产值（万元）	企业个数（个）	工业总产值（万元）	企业个数（个）	工业总产值（万元）
全国农垦	**1 019**	**3 541 909**	**431**	**3 379 079**	**64**	**1 570 726**	**666**	**7 339 020**
北　京			3	62 403			20	684 254
天　津			1	422			7	84 443
河　北	29	6 705	11	141 021			25	834 475
山　西			3	2 369			4	13 285
内蒙古	30	13 588	55	5 918			13	81 605
辽　宁	75	560 106	31	259 974	1	39 873	50	114 413
吉　林	38	163 443	1	21 750			3	141 200
黑龙江	365	1 689 768	30	70 048	2	1 967	43	551 556
上　海	13	211 648	9	117 724	21	612 997	35	1 441 886
江　苏			16	47 324			10	33 228
浙　江			1	117 244				
安　徽	7	27 091	3	11 293			4	1 611
福　建	20	874	18	8 917			59	55 846
江　西	32	94 624	13	18 188			31	120 246
山　东	1	65	2	1 173			2	441
河　南	7	30 430	3	47 187			5	66 157
湖　北	174	329 966	71	1 060 142	11	63 471	153	1 044 551
湖　南	82	65 285	42	258 521	2	123 001	31	81 002
广　东	19	9 951	7	1 460	9	199 724	21	298 128
广　西	12	66 195	25	359 863	11	419 882	12	27 839
海　南	6	356			1	12 719	2	1 820
重　庆			3	127 355			2	369 909
四　川							1	34
贵　州	1	3 260	1	2 441			2	60 677
云　南			3	3 860	2	28 874	1	3 171
陕　西	1	638					2	1 729
甘　肃							3	1 802
青　海								
宁　夏	6	9 486	6	12 031			3	4 621
新疆（兵团）	55	243 230	43	597 254	4	68 219	114	1 111 994
新疆（农业）	41	11 343	28	3 953			5	9 680
新疆（畜牧）	5	3 857	1	18 305			2	55 712
热科院								
广　州							1	41 705
南　京			1	940				

6-2续表4

地 区	#液体乳及乳制品制造业		罐头制造业		九、酒、饮料和精制茶料制造业		十、烟草制品业	
	企业个数（个）	工业总产值（万元）	企业个数（个）	工业总产值（万元）	企业个数（个）	工业总产值（万元）	企业个数（个）	工业总产值（万元）
全国农垦	**110**	**4 071 967**	**81**	**774 066**	**593**	**2 787 435**	**4**	**1 755 969**
北　京	14	533 777	2	61 495	1	227		
天　津	2	46 769			4	41 306		
河　北	12	830 255			7	5 538		
山　西	1	226			1	211		
内蒙古					4	17 301		
辽　宁	3	4 492	1	960	17	73 314		
吉　林	1	19 206						
黑龙江	10	359 779			48	106 328		
上　海	18	1 196 206	5	104 228	13	160 698		
江　苏	2	7 860			5	3 268		
浙　江					3	6 350		
安　徽					17	11 900		
福　建	2	795	6	15 245	68	63 013		
江　西	2	27 370	8	3 622	26	102 367	3	1 009
山　东	2	441						
河　南	1	8 174			5	75 338		
湖　北	4	392 676	7	91 676	136	993 741	1	1 754 960
湖　南			3	37 912	6	27 182		
广　东	4	123 387	1	9 798	27	8 739		
广　西	1	1 932			59	141 516		
海　南					7	6 662		
重　庆	1	190 587	1	179 322				
四　川	1	34			6	22 964		
贵　州	2	60 677						
云　南					22	24 456		
陕　西	2	1 729						
甘　肃					5	67 877		
青　海								
宁　夏	1	1 286			11	70 768		
新疆（兵团）	20	166 193	44	260 828	93	752 651		
新疆（农业）	2	699	3	8 981	2	3 721		
新疆（畜牧）	1	55 712						
热科院								
广　州	1	41 705						
南　京								

6-2续表5

地区	十一、纺织业		十二、纺织服装、鞋、帽制造业		#机织服装制造业		十三、皮革、毛皮、羽毛（绒）及其制品业	
	企业个数（个）	工业总产值（万元）	企业个数（个）	工业总产值（万元）	企业个数（个）	工业总产值（万元）	企业个数（个）	工业总产值（万元）
全国农垦	**494**	**2 773 835**	**528**	**3 193 774**	**273**	**2 321 366**	**149**	**297 412**
北京								
天津	1	6 013						
河北	22	42 251	36	30 533	9	28 260	6	1 548
山西								
内蒙古								
辽宁	5	51 299	6	88 422			1	750
吉林			1	3 946			1	5 684
黑龙江	16	20 954	1	1 450			2	1 978
上海								
江苏	4	16 248	53	161 705				
浙江	9	52 772						
安徽	3	24 358	13	11 102	13	11 102	1	16
福建	37	31 123	7	11 238			45	76 822
江西	21	275 039	174	1 980 227	163	1 904 303	7	41 774
山东								
河南	3	41 664						
湖北	200	1 131 201	159	714 694	17	233 558	30	96 973
湖南	14	81 829	5	9 115	5	7 598	4	4 869
广东	25	21 903	61	24 428	61	24 428	42	8 769
广西	32	92 327	6	40 603	1	228	8	54 671
海南								
重庆								
四川	1	478						
贵州								
云南								
陕西								
甘肃	4	2 765	1					
青海								
宁夏								
新疆（兵团）	83	858 881	5	116 311	4	111 889	2	3 558
新疆（农业）	14	22 730						
新疆（畜牧）								
热科院								
广州								
南京								

6-2 续表 6

地区	十四、木材加工及竹、藤、棕、草制品业		十五、家具制造业		十六、造纸及纸制品业		#造纸业	
	企业个数（个）	工业总产值（万元）	企业个数（个）	工业总产值（万元）	企业个数（个）	工业总产值（万元）	企业个数（个）	工业总产值（万元）
全国农垦	**575**	**1 290 802**	**548**	**1 785 553**	**236**	**1 132 019**	**59**	**335 444**
北京								
天津					2	9 356		
河北	10	6 081	38	225 232	25	82 664	4	46 092
山西			1	70	1		1	
内蒙古	8	1 737						
辽宁	7	47 277	13	25 503	3	4 355		
吉林					2	19 799	1	19 561
黑龙江	47	100 754	6	5 467	4	3 219	4	3 219
上海					1	13 855		
江苏			1	238	4	18 303		
浙江			1	550	3	6 300		
安徽	8	2 268			1	1 109		
福建	104	43 244	66	64 373	29	4 014	3	991
江西	95	174 628	22	103 368	24	168 300	10	56 775
山东								
河南			3	3 859	1	830		
湖北	55	147 442	312	867 875	42	339 082	6	72 757
湖南	8	13 312	27	152 892	12	127 055	9	32 500
广东	45	26 399	16	53 348	7	7 481	2	19
广西	110	624 117	15	35 025	25	154 932	4	65 936
海南	31	35 031	10	6 719	1	36		
重庆			1	220 263				
四川								
贵州								
云南	11	10 848						
陕西								
甘肃								
青海								
宁夏								
新疆（兵团）	33	57 445	13	20 706	48	170 617	15	37 594
新疆（农业）	3	219	3	65	1	712		
新疆（畜牧）								
热科院								
广州								
南京								

6－2续表7

地　区	十七、印刷业、记录媒介复制业		十八、文教体育娱乐用品制造业		十九、石油加工、炼焦及核燃料加工业		二十、化学原料及化学制品制造业	
	企业个数（个）	工业总产值（万元）	企业个数（个）	工业总产值（万元）	企业个数（个）	工业总产值（万元）	企业个数（个）	工业总产值（万元）
全国农垦	**137**	**842 256**	**71**	**142 476**	**157**	**6 188 124**	**585**	**4 779 166**
北　京							2	2 829
天　津			2					
河　北	11	2 628	7	11 271	78	3 563 196	40	200 025
山　西							2	2 600
内蒙古							1	
辽　宁	2	10 468			40	1 321 734	49	563 650
吉　林								
黑龙江	9	7 590	2	1 950			44	92 477
上　海	4	46 615					6	54 772
江　苏	6	791	9	12 259			3	12 835
浙　江							3	15 884
安　徽	4	291	3	351				
福　建	7	3 792	8	2 875			38	60 376
江　西	10	11 900	3	2 439	2	69 161	55	338 482
山　东					2	613 275	8	303 437
河　南	1	89					2	4 307
湖　北	36	658 300	20	41 840			77	641 661
湖　南	6	1 065	4	57			11	60 889
广　东	1	86					7	10 527
广　西	5	71 044	4	45 951	1	23 540	43	275 284
海　南			1	1 300			6	3 777
重　庆								
四　川								
贵　州								
云　南	1	1 200					3	3 452
陕　西								
甘　肃							4	5 374
青　海								
宁　夏							3	1 273
新疆（兵团）	31	26 054	8	22 183	34	597 218	178	2 125 255
新疆（农业）	3	344						
新疆（畜牧）								
热科院								
广　州								
南　京								

6-2 续表 8

地　　区	＃肥料制造业		日用化学产品制造业		二十一、医药制造业		＃中药饮片加工业	
	企业个数（个）	工业总产值（万元）	企业个数（个）	工业总产值（万元）	企业个数（个）	工业总产值（万元）	企业个数（个）	工业总产值（万元）
全国农垦	**210**	**975 470**	**52**	**428 588**	**121**	**2 578 495**	**15**	**72 154**
北　　京					2	10 766		
天　　津								
河　　北	6	21 535	2	6 031	4	37 461		
山　　西					1	1 820		
内 蒙 古	1							
辽　　宁			3	98 333	8	128 044		
吉　　林					4	51 601		
黑 龙 江	35	78 355			10	67 144	3	11 111
上　　海	5	34 475			3	8 158	1	6 646
江　　苏					6	1 371 727		
浙　　江								
安　　徽					1	2 239		
福　　建	1	320	13	50 903	2	908		
江　　西	1	2 033	11	175 867	22	264 860	2	7 587
山　　东	1	500						
河　　南	1	4 007	1	300	1	17 000		
湖　　北	15	176 853	6	65 721	33	525 710	3	37 874
湖　　南								
广　　东	5	9 291	2	1 236				
广　　西	18	109 693	3	3 890	4	10 992		
海　　南	3	1 967	3	1 810	1	7 426		
重　　庆					1	1 129		1 129
四　　川								
贵　　州								
云　　南	3	3 452						
陕　　西								
甘　　肃	4	5 374			2	4 000	2	4 000
青　　海								
宁　　夏	2	606	1	667				
新疆（兵团）	109	527 010	7	23 830	15	66 871	3	3 167
新疆（农业）					1	640	1	640
新疆（畜牧）								
热 科 院								
广　　州								
南　　京								

6-2续表9

地　区	中成药制造业		二十二、化学纤维制造业		二十三、橡胶和塑料制品业	
	企业个数（个）	工业总产值（万元）	企业个数（个）	工业总产值（万元）	企业个数（个）	工业总产值（万元）
全国农垦	**42**	**593 849**	**70**	**623 607**	**603**	**2 454 465**
北　京						
天　津					1	15 102
河　北			5	31 333	58	97 335
山　西						
内蒙古					1	1 308
辽　宁	5	85 546	5	148 689	7	56 941
吉　林	4	51 601			2	23 578
黑龙江	6	54 773			18	22 220
上　海					4	101 098
江　苏			1	4 132	10	5 191
浙　江			1	337 706	2	7 996
安　徽	1	2 239			1	733
福　建	1	142	41	2 831	62	46 803
江　西	9	163 661			13	71 480
山　东						
河　南	1	17 000			4	5 139
湖　北	8	171 675	6	27 101	74	668 312
湖　南					6	2 012
广　东					16	104 993
广　西	1	9 270			30	427 733
海　南	1	7 426			5	13 667
重　庆					1	8 527
四　川						
贵　州						
云　南					2	8 909
陕　西						
甘　肃			3	179		
青　海						
宁　夏						
新疆（兵团）	5	30 516	8	71 636	278	763 564
新疆（农业）					3	220
新疆（畜牧）					5	1 604
热科院						
广　州						
南　京						

6－2续表10

地　区	二十四、非金属矿制品业		#水泥制造业		砖瓦、石灰和轻质建筑材料制造业		二十五、黑色金属冶炼及压延加工业	
	企业个数（个）	工业总产值（万元）	企业个数（个）	工业总产值（万元）	企业个数（个）	工业总产值（万元）	企业个数（个）	工业总产值（万元）
全国农垦	**1 521**	**4 617 031**	**158**	**857 775**	**729**	**1 201 738**	**100**	**1 460 674**
北　京	2	7 858			2	7 858	1	1 372
天　津	1	212						
河　北	41	175 075	3	15 082	8	12 860	12	563 915
山　西								
内蒙古	20	75 685	4	64 148	16	10 747		
辽　宁	40	252 615	7	49 432	15	19 821	9	75 958
吉　林	3	19 239	1	16 662	2	2 577	2	1 931
黑龙江	119	190 146	12	19 318	76	83 696		
上　海								
江　苏	26	23 578	12	13 684				
浙　江	6	52 456	1	14 125	5	38 332	1	319 875
安　徽	22	12 356			14	12 176		
福　建	181	472 225	4	34 522	61	60 834	9	23 398
江　西	110	321 966	26	76 274	43	101 207	4	8 078
山　东	3	3 823	1	3 552	2	271		
河　南	6	4 626	2	2 060	4	2 566		
湖　北	213	645 641	26	109 978	124	261 148	17	85 893
湖　南	69	39 968			39	15 221		
广　东	43	40 167	4	16 514	39	23 653		
广　西	92	389 957	11	82 331	59	198 912	14	187 635
海　南	22	30 011	2	21 234	20	8 777		
重　庆	1	16 773						
四　川								
贵　州								
云　南	18	15 671	2	4 680	10	5 684		
陕　西								
甘　肃	5	15 331	4	15 331				
青　海	1	44			1	44		
宁　夏	6	11 950			6	11 950		
新疆（兵团）	437	1 785 229	33	292 658	175	317 272	31	192 619
新疆（农业）	25	4 776			2	4 903		
新疆（畜牧）	9	9 654	3	6 190	6	1 230		
热科院								
广　州								
南　京								

6－2续表11

地　区	二十六、有色金属冶炼及压延加工业		二十七、金属制品业		#搪瓷制品制造业		不锈钢及金属制日用品制造业	
	企业个数（个）	工业总产值（万元）	企业个数（个）	工业总产值（万元）	企业个数（个）	工业总产值（万元）	企业个数（个）	工业总产值（万元）
全国农垦	**77**	**4 201 721**	**852**	**2 605 588**	**5**	**3 559**	**116**	**280 927**
北　京	1	341						
天　津								
河　北	2	27 235	207	185 723	1	1 825	2	618
山　西	1	12 430	2	2 769			2	2 769
内蒙古			1	39				
辽　宁	8	432 920	66	241 150			21	11 330
吉　林								
黑龙江	2	2 818	29	41 959				
上　海			7	53 187			3	40 246
江　苏								
浙　江	1	6 650	1	580				
安　徽			7	24 637				
福　建			124	219 762			9	26 201
江　西	7	40 751	23	111 782	4	1 734	5	37 718
山　东			1	536			1	536
河　南								
湖　北	11	64 718	163	1 224 489			14	39 912
湖　南			5	9 125			4	4 366
广　东			36	93 105			31	92 494
广　西	12	171 904	40	123 698			3	22 239
海　南			12	1 617			10	1 240
重　庆								
四　川								
贵　州								
云　南			1	3 516				
陕　西								
甘　肃								
青　海								
宁　夏			15	8 943			11	1 258
新疆（兵团）	32	3 441 954	112	258 971				
新疆（农业）								
新疆（畜牧）								
热科院								
广　州								
南　京								

6-2续表12

地区	二十八、通用设备制造业		二十九、专用设备制造业		#农、林、牧、渔专用机械制造业		三十、汽车制造业		三十一、铁路、船舶、航空航天和其他运输设备制造业	
	企业个数（个）	工业总产值（万元）	企业个数（个）	工业总产值（万元）	企业个数（个）	工业总产值（万元）	企业个数（个）	工业总产值（万元）	企业个数（个）	工业总产值（万元）
全国农垦	**278**	**1 156 652**	**414**	**2 101 393**	**198**	**408 921**	**160**	**2 065 683**	**231**	**985 515**
北京										
天津	1	3 057	1	767						
河北	38	120 465	17	102 377	2	5 130	4	25 925	145	794 332
山西										
内蒙古			55	2 549	55	2 549				
辽宁	14	77 743	39	500 747			15	158 396		
吉林										
黑龙江	13	12 164	42	81 509	42	81 509			3	3 564
上海	2	44 264	1		1					
江苏	36	39 229	10	9 783	4	8 404				
浙江	7	15 387								
安徽	3	4 484	8	7 899	4	102	2	1 739		
福建	24	112 595	35	10			5	7 494	4	420
江西	35	47 995	8	10 280	3	8 093			4	10 659
山东	3	2 539								
河南	3	9 453	3	11 051	1	51				
湖北	37	348 411	61	417 736	5	25 178	89	1 199 055	40	169 302
湖南	7	76 092	7	5 102	4	3 125				
广东			10	6 587	6	6 144			32	6 556
广西	14	183 768	28	705 350	7	97 044	39	653 886		
海南			3	1 082	3	1 082			2	594
重庆										
四川										
贵州										
云南			2	2 127	2	2 127	2	5 100		
陕西										
甘肃			1	8 900	1	8 900				
青海										
宁夏										
新疆(兵团)	37	49 998	83	227 537	58	159 483	4	14 087	1	88
新疆(农业)										
新疆(畜牧)										
热科院										
广州										
南京	4	9 010								

6－2续表13

地　　区	三十二、电气机械及器材制造业		#家用电力器具制造业		三十三、通信设备、计算机及其电子设备制造业	
	企业个数（个）	工业总产值（万元）	企业个数（个）	工业总产值（万元）	企业个数（个）	工业总产值（万元）
全国农垦	**147**	**2 296 371**	**6**	**504 814**	**159**	**1 797 282**
北　　京					1	93
天　　津	1	11 253				
河　　北	8	73 324			1	450
山　　西						
内 蒙 古						
辽　　宁	2	8 700			3	46 802
吉　　林					1	9 081
黑 龙 江						
上　　海						
江　　苏					30	46 924
浙　　江	3	70 549				
安　　徽	1	149				
福　　建	4	1 047			5	4 843
江　　西	21	210 401	1	320	95	1 513 637
山　　东						
河　　南						
湖　　北	51	1 320 758	2	499 603	14	157 513
湖　　南						
广　　东						
广　　西	10	247 365	1	1 997	6	9 341
海　　南						
重　　庆						
四　　川						
贵　　州						
云　　南						
陕　　西						
甘　　肃						
青　　海						
宁　　夏						
新疆（兵团）	46	352 824	2	2 894	3	8 597
新疆（农业）						
新疆（畜牧）						
热 科 院						
广　　州						
南　　京						

6-2续表14

地　区	#家用视听设备制造业		三十四、仪器仪表及文化、办公机械制造业		三十五、其他未列明制造业		三十六、废弃资源和废旧材料回收加工业	
	企业个数（个）	工业总产值（万元）	企业个数（个）	工业总产值（万元）	企业个数（个）	工业总产值（万元）	企业个数（个）	工业总产值（万元）
全国农垦	**5**	**50 094**	**153**	**73 980**	**544**	**1 601 649**	**33**	**162 567**
北　京					1	1 012		
天　津								
河　北			141	34 865	15	19 627	12	55 707
山　西								
内蒙古								
辽　宁			3	9 632	86	207 298		
吉　林								
黑龙江					10	8 059		
上　海								
江　苏					82	311 169		
浙　江								
安　徽					7	8 313		
福　建	1	42	2	2 960	47	38 090		
江　西	2	6 455	2	274	64	80 905	2	330
山　东								
河　南					2	744		
湖　北	2	43 597	3	15 968	85	203 308	6	68 418
湖　南							2	922
广　东					35	630 259		
广　西			2	10 281	9	67 398	4	30 677
海　南								
重　庆								
四　川								
贵　州								
云　南								
陕　西								
甘　肃					8	11 683		
青　海								
宁　夏								
新疆（兵团）					1	689	7	6 513
新疆（农业）					92	13 096		
新疆（畜牧）								
热科院								
广　州								
南　京								

6－2续表15

地　区	#电力生产业		三十八、燃气生产和供应业		三十九、水的生产和供应业		#自来水生产和供应	
	企业个数（个）	工业总产值（万元）	企业个数（个）	工业总产值（万元）	企业个数（个）	工业总产值（万元）	企业个数（个）	工业总产值（万元）
全国农垦	**267**	**1 874 399**	**79**	**226 029**	**183**	**159 394**	**139**	**108 809**
北　京					1	160		
天　津								
河　北	11	136 133	5	8 935	5	10 815	3	9 145
山　西								
内蒙古	1	6 900			6	694	6	694
辽　宁	3	35 690	4	29 690				
吉　林	1	41 986	1	7 728				
黑龙江	11	91 619			51	29 317	51	29 317
上　海								
江　苏								
浙　江	2	47 479						
安　徽	1	1 925			6	649	6	649
福　建	18	2 062	1	3 922	4	834	3	654
江　西	28	79 716	3	353	7	1 904	5	1 774
山　东								
河　南	1	3 622			1	92	1	92
湖　北	9	27 574	21	21 522	36	60 483	27	20 671
湖　南	6	3 320			9	4 321	7	4 298
广　东	8	5 111						
广　西	3	7 517	3	6 100	8	10 366	4	4 316
海　南	21	5 459						
重　庆								
四　川								
贵　州	1	46						
云　南	9	12 411			2	740	2	740
陕　西								
甘　肃	1	5 771						
青　海					2	144	2	144
宁　夏								
新疆（兵团）	119	1 355 889	21	147 421	24	38 830	22	36 315
新疆（农业）	11	386	20	358	21	44		
新疆（畜牧）	2	3 783						
热科院								
广　州								
南　京								

6－3 主要工业产品产量

（2015 年）

地 区	原煤（吨）	无烟煤（吨）	烟煤（吨）	炼焦烟煤（吨）	一般烟煤（吨）	褐煤（吨）	洗煤（吨）	洗精煤（吨）
全国农垦	**25 050 083**	**296 847**	**8 492 756**	**1 242 279**	**7 249 657**	**15 530 000**	**1 379 715**	**1 379 715**
北 京								
天 津								
河 北								
山 西								
内 蒙 古	15 530 000					15 530 000		
辽 宁								
吉 林								
黑 龙 江	148 000		148 000		148 000		138 555	138 555
上 海								
江 苏								
浙 江								
安 徽								
福 建	26 500		26 500		26 500			
江 西	731 459	240 639	820					
山 东								
河 南								
湖 北								
湖 南								
广 东								
广 西								
海 南								
重 庆								
四 川								
贵 州								
云 南								
陕 西	240 480							
甘 肃								
青 海								
宁 夏							20 052	20 052
新疆（兵团）	8 281 061		8 281 061	1 242 279	7 038 782		1 221 108	1 221 108
新疆（农业）	87 127	50 752	36 375		36 375			
新疆（畜牧）	5 456	5 456						
热 科 院								
广 州								
南 京								

6－3续表1

地　　区	铁矿石原矿（吨）	铜金属含量（吨）	锌金属含量（吨）	磷矿石（折含五氧化二磷30%）（吨）	原盐（吨）
全国农垦	**2 932 755**	**3 731**	**34 632**	**45 200**	**873 170**
北　　京					
天　　津					
河　　北	67 000				104 127
山　　西					
内 蒙 古					
辽　　宁					46 000
吉　　林					
黑 龙 江					
上　　海					
江　　苏					
浙　　江					
安　　徽					
福　　建	421				
江　　西	1 180 000		3 672		
山　　东					379 768
河　　南					
湖　　北					
湖　　南					
广　　东					
广　　西	1 268 484		30 000	45 200	
海　　南					
重　　庆					
四　　川					
贵　　州					
云　　南					
陕　　西					
甘　　肃					
青　　海					343 275
宁　　夏					
新疆（兵团）	416 850	3 731	960		
新疆（农业）					
新疆（畜牧）					
热 科 院					
广　　州					
南　　京					

6－3续表2

地　　区	大米（吨）	小麦粉（吨）	饲料（吨）			食用植物油（吨）	机制糖
				配合饲料（吨）	混合饲料（吨）		
全国农垦	**8 495 662**	**2 773 313**	**8 924 437**	**4 371 724**	**4 790 523**	**4 633 213**	**2 933 593**
北　　京			231 617	223 167	8 450		
天　　津	1 624 444						
河　　北	5 763	12 783	417 184	381 411	38 720	875	
山　　西			7 200	7 200	360		
内 蒙 古	7 000	25 380	31 449	17 257	13 110	79 513	4 193
辽　　宁		1 001 085	139 148	136 062	3 086	64 657	19 936
吉　　林		255 830	77 000				
黑 龙 江	77 474	4 026 180	360 918	181 039	172 059	1 809 569	
上　　海	350 825	241 086	1 131 654	217 073	331 003	209 259	1 497 325
江　　苏	64 782	396 078	108 562	61 238	47 324	8 947	
浙　　江			325 678	325 678			
安　　徽	29 373	35 264	51 133	19 589	31 544	2 669	
福　　建	8 000	85 546	26 740	12 383	13 782	3 525	
江　　西	2 000	1 355 269	28 870	18 050	10 800	32 021	
山　　东	150		4 107	3 940	167		
河　　南	84 633	7 857	159 381		79 381		
湖　　北	99 012	593 318	1 911 982	1 245 429	666 553	1 128 755	
湖　　南	2 319	81 819		11 895	1 149 885	4 088	4 489
广　　东		19 446	5 837	3 762		472 985	364 552
广　　西		120 899	738 189	591 918	18 769	833	805 211
海　　南		9 180				80	25 958
重　　庆			315 381	311 134			
四　　川							
贵　　州		3 220	3 044	3 044			
云　　南			9 532	9 532			71 137
陕　　西							
甘　　肃							
青　　海							
宁　　夏		16 801	41 570		41 570	12	
新疆（兵团）	399 356	194 632	2 739 234	588 105	2 088 246	803 095	140 792
新疆（农业）	18 102	12 689	55 607	2 818	11 883	12 330	
新疆（畜牧）	80	1 300			60 410		
热 科 院							
广　　州							
南　　京			3 420		3 420		

6-3续表3

地　　区	鲜、冷藏肉（吨）	冷冻水产品（吨）	糖果（吨）	速冻米面食品（吨）	方便面（吨）	乳制品（吨）	液体乳（吨）	#奶粉（吨）
全国农垦	**560 030**	**16 363**	**62 902**	**12 752**	**200 115**	**3 801 713**	**3 515 470**	**188 193**
北　　京	8 566			11 933		522 617	487 771	16 266
天　　津						61 952	61 952	
河　　北				53		628 879	540 875	88 004
山　　西	19 380					360	360	
内 蒙 古	7 423					3 173		3 173
辽　　宁						81 151	62 554	7 800
吉　　林	5 894					6 597		6 597
黑 龙 江	169 858				9 620	271 127	227 016	43 996
上　　海	166 188		20 944		3 755	1 127 915	1 118 962	3 063
江　　苏								
浙　　江						4 700	4 700	
安　　徽						2 669		
福　　建		4 860	320		30	1 158	1 158	
江　　西		1 130		507				
山　　东								
河　　南					87 546	14 329	14 329	
湖　　北	96 860		39 300		70 197	373 407	313 655	
湖　　南			2 079			5 598	5 598	
广　　东						122 817	122 817	
广　　西		9 242				1 980	1 980	
海　　南								
重　　庆	941					235 444	234 815	629
四　　川						1 008	1 008	
贵　　州						46 832	46 832	
云　　南								
陕　　西						3 780	3 780	
甘　　肃								
青　　海								
宁　　夏	1 218					20 898	20 898	
新疆（兵团）	83 702	1 131	259	259	28 967	156 478	138 165	18 066
新疆（农业）						648	432	216
新疆（畜牧）						65 874	65 491	383
热 科 院								
广　　州						40 322	40 322	
南　　京			3 420		3 420			

6－3 续表 4

地　　区	罐头（吨）	番茄酱罐头（吨）	味精（吨）	酱油（吨）	冷冻饮品（吨）	食品添加剂（吨）	发酵酒精（折 96 度，商品量）（千升）	饮料酒（混合量）（吨）
全国农垦	**814 835**	**622 462**	**25 403**	**20 093**	**17 013**	**43 740**	**395 111**	**1 604 943**
北　　京	10 860							10
天　　津				2 346		71		18 660
河　　北								5 734
山　　西								211
内 蒙 古								1 782
辽　　宁	1 890							313 196
吉　　林								
黑 龙 江	1 747	107		10 825				61 489
上　　海	54 837		24 650	1 902	13 622	159	21 233	114 811
江　　苏								
浙　　江								
安　　徽								4 511
福　　建	7 410			200				13 720
江　　西	4 487		470	470	1 650			127 116
山　　东								
河　　南							80 000	2 631
湖　　北	56 727			3 802				281 997
湖　　南	9 668							5 012
广　　东	2 264							3 148
广　　西						3 808	239 253	16 482
海　　南								66
重　　庆	11 586							
四　　川								7 458
贵　　州								
云　　南							5 450	2 489
陕　　西								
甘　　肃	4 823	4 823						182 756
青　　海								
宁　　夏								208 088
新疆（兵团）	641 272	610 268	283	548	1 741	39 702	49 175	229 747
新疆（农业）	7 264	7 264						3 829
新疆（畜牧）								
热 科 院								
广　　州						40 322	40 322	
南　　京			3 420		3 420			

6－3续表5

地　　区	#白酒（吨）	啤酒（吨）	葡萄酒（吨）	软饮料（吨）	碳酸饮料类（汽水）（吨）	包装饮用水类（吨）	果汁和蔬菜汁饮料类（吨）	精制茶（吨）
全国农垦	**183 899**	**1 205 459**	**64 648**	**3 975 773**	**579 101**	**1 472 384**	**535 152**	**30 565**
北　　京			10	2 530		2 530		
天　　津			18 660	9 506		9 506		
河　　北	5 734							
山　　西	211							
内 蒙 古	1 782			15 268		15 268		
辽　　宁	735	312 461		18 920				
吉　　林								
黑 龙 江	61 337			521 333		487 555	5 443	
上　　海	1 221			342 186	8 942	247 353	1 460	965
江　　苏								
浙　　江				1 450				1 800
安　　徽	3 058			741				2 900
福　　建	2 905			2 754		2 754		4 528
江　　西	2 216	124 000		12 650		12 650		1 001
山　　东								
河　　南	199		2 432					
湖　　北	17 458	254 157		2 160 036	503 958	43 631	375 761	529
湖　　南	5 012							4 789
广　　东	2 631							52
广　　西	8 197			168 771		151 788		4 070
海　　南	66			2 149	1 687	462		437
重　　庆								
四　　川	7 458							898
贵　　州								
云　　南								7 396
陕　　西								
甘　　肃	44	175 712	7 000					
青　　海								
宁　　夏	685	202 900	4 403					
新疆（兵团）	59 909	136 229	31 355	717 479	64 514	498 887	152 488	1 200
新疆（农业）	3 041		788					
新疆（畜牧）								
热 科 院								
广　　州								
南　　京								

6-3 续表 6

地区	纱（万吨）	棉纱（吨）	棉混纺纱（吨）	化学纤维纱（吨）	精梳纱（吨）	气流纺纱（吨）	布（万米）	其中：色织布（含牛仔布）（万米）
全国农垦	**734 763**	**656 603**	**69 654**	**34 472**	**58 302**	**5 517**	**57 761**	**1 805**
北京								
天津								
河北							10 018	
山西								
内蒙古								
辽宁								
吉林								
黑龙江								
上海								
江苏		26 397						
浙江							2 929	
安徽	8 200	8 200						
福建							1 520	
江西	34 349	26 770		7 579	7 579		288	288
山东								
河南	18 940	18 940						
湖北	340 528	278 919	36 952	24 657			36 262	1 172
湖南	39 566	14 669	22 230	2 236	2 236		345	345
广东								
广西								
海南								
重庆								
四川								
贵州								
云南								
陕西								
甘肃								
青海								
宁夏								
新疆（兵团）	272 438	261 966	10 472		48 487	5 517	6 398	
新疆（农业）	20 742	20 742						
新疆（畜牧）								
热科院								
广州								
南京								

6－3续表7

地　　区	其中：棉布（万米）	棉混纺布（万米）	印染布（万米）	毛线（吨）	呢绒（万米）	蚕丝（吨）	蚕丝被（万条）	无纺布（无纺织物）（吨）
全国农垦	**48 887**	**8 041**	**27 490**	**1 126**	**391**	**709**	**7**	**12 422**
北　　京								
天　　津								
河　　北	10 018			1 014				
山　　西								
内 蒙 古								
辽　　宁				112				
吉　　林								
黑 龙 江								
上　　海								
江　　苏			4 028					
浙　　江	2 929		22 142					
安　　徽								
福　　建	1 520							
江　　西	288		1 320			69		5 270
山　　东								
河　　南								
湖　　北	28 678	7 121						3 959
湖　　南								
广　　东								
广　　西						640		
海　　南								
重　　庆								
四　　川								
贵　　州								
云　　南								
陕　　西								
甘　　肃								
青　　海								
宁　　夏								
新疆（兵团）	5 453	920			391		7	3 193
新疆（农业）								
新疆（畜牧）								
热 科 院								
广　　州								
南　　京								

6－3续表8

地　　区	帘子布（吨）	服装（万件）	梭织服装（万件）	羽绒服装（万件）	西服套装（万件）	衬衫（万件）	针织服装（万件）	棉化纤针织衫裤（万件）	毛针织衫裤（万件）
全国农垦	**930**	**14 422**	**9 739**	**5 301**	**1 271**	**13**	**6 795**	**461**	**14**
北　　京									
天　　津									
河　　北		184	154				30	16	14
山　　西									
内 蒙 古									
辽　　宁		451							
吉　　林		53		53					
黑 龙 江		7					7		
上　　海									
江　　苏		298		298			3 849		
浙　　江									
安　　徽		135	135						
福　　建	2	94					3		
江　　西		5 434	5 010	4 530			111		
山　　东									
河　　南									
湖　　北		4 456	3 041	420	74	13	1 415		
湖　　南		378							
广　　东		1 181	1 181		1 181				
广　　西		1 241	185				908		
海　　南									
重　　庆									
四　　川									
贵　　州									
云　　南									
陕　　西									
甘　　肃									
青　　海									
宁　　夏									
新疆（兵团）	928	510	32		16		471	445	
新疆（农业）									
新疆（畜牧）									
热 科 院									
广　　州									
南　　京									

6-3续表9

地　　区	鞣制皮革（折合牛皮）（万张）	鞣制毛皮（折羊毛皮）（张）	皮鞋（万双）	人造板（米³）	胶合板（米³）	纤维板（米³）	刨花板（米³）	人造板表面装饰板（米³）
全国农垦	**12 653**	**984 900**	**1 485**	**2 355 498**	**819 918**	**876 550**	**482 497**	**3 478 319**
北　　京								
天　　津								
河　　北		960 000	53	19 320	19 320			
山　　西								
内 蒙 古				32 600	32 600			
辽　　宁			62	45 580	45 580			
吉　　林								
黑 龙 江				50 386			50 386	
上　　海								
江　　苏								
浙　　江								
安　　徽								
福　　建	12 653		711	82 700	73 200	9 500		57
江　　西			265	166 662	44 792	18 970	102 900	4 000
山　　东								
河　　南								
湖　　北			7	260 901	42 390	55 187		3 455 261
湖　　南				20 877	5 323	16 788	4 023	
广　　东				25 057	23 555	1 502		
广　　西		24 900	385	1 482 319	447 681	721 522	313 116	
海　　南				38 830	21 665			
重　　庆								
四　　川								
贵　　州								
云　　南				10 848	10 848			
陕　　西								
甘　　肃								
青　　海								
宁　　夏								
新疆（兵团）			1	86 938	20 484	53 081	12 072	19 001
新疆（农业）				32 480	32 480			
新疆（畜牧）								
热 科 院								
广　　州								
南　　京								

6-3 续表 10

地　　区	实木木地板（米²）	复合木地板（米²）	家具（万件）				纸浆（原生浆及废纸浆）（吨）	机制纸及纸板（吨）
				木质家具（件）	金属家具（件）	软体家具（件）		
全国农垦	**50 801**	**1 648 584**	**22 220 176**	**17 365 351**	**2 788 725**	**297 108**	**187 752**	**569 767**
北　　京								
天　　津								
河　　北			2 626 690		2 626 690			32 449
山　　西			700	700				
内 蒙 古								
辽　　宁			1 625 000					
吉　　林								36 124
黑 龙 江			38 449	22 549				3 017
上　　海							42 253	
江　　苏								
浙　　江			420	420				
安　　徽								
福　　建	6 951		10 376 988	10 343 841	33 147			3 920
江　　西	43 850	80 035	73 088	925			495	77 162
山　　东								
河　　南								
湖　　北		1 368 549	1 007 384	591 896	128 800	286 688		108 206
湖　　南			19 889	19 196				40 258
广　　东			3 940 800	3 940 800				17 660
广　　西			90 527	82 899	88	7 540	117 868	136 903
海　　南			120 000	80 000				120
重　　庆			1 940 998	1 940 998				
四　　川								
贵　　州								
云　　南								
陕　　西								
甘　　肃								
青　　海								
宁　　夏								
新疆（兵团）		200 000	344 473	326 357		2 880	27 136	113 948
新疆（农业）			14 770	14 770				
新疆（畜牧）								
热 科 院								
广　　州								
南　　京								

6－3续表11

地　　区	未涂布印刷书写用纸（吨）	涂布类印刷用纸（吨）	卫生用纸原纸（吨）	箱纸板（吨）	纸制品（吨）	其中：瓦楞纸箱（吨）	单色印刷品（令）	多色印刷品（对开色令）	原油加工量
全国农垦	**39 141**	**21 126**	**94 540**	**143 571**	**1 579 580**	**441 215**	**698 082**	**2 131 048**	**2 497 983**
北　　京									
天　　津					8 692	7 312			
河　　北		21 126			17 160	73			2 497 983
山　　西									
内 蒙 古									
辽　　宁									
吉　　林	36 124								
黑 龙 江	3 017				1 100				
上　　海								7 677	
江　　苏									
浙　　江					1 270				
安　　徽							7 500		
福　　建					19 627	17 894	1 194		
江　　西					1 004 516	1 288		6	
山　　东									
河　　南					4 283		240 000		
湖　　北					319 672	296 787	349 091	1 471 018	
湖　　南					30 525	30 525			
广　　东				17 636					
广　　西			83 305	53 598	49 471	5 442			
海　　南									
重　　庆									
四　　川									
贵　　州									
云　　南							2 500		
陕　　西									
甘　　肃									
青　　海									
宁　　夏									
新疆（兵团）			11 235	72 337	123 264	81 894	97 797	652 347	
新疆（农业）									
新疆（畜牧）									
热 科 院									
广　　州									
南　　京									

6-3续表12

地　区	汽油（吨）	柴油（吨）	燃料油（吨）	石脑油	溶剂油（吨）	液化石油气（吨）	石油沥青（吨）	焦炭（吨）	其中：机焦（吨）
全国农垦	**336 277**	**164 428**	**1 123 592**	**104 106**	**412**	**330 317**	**105 247**	**6 364 312**	**6 363 064**
北　京									
天　津									
河　北	333 828	162 282	835 798	104 106		196 531	10 023		
山　西									
内蒙古									
辽　宁	2 400	1 965					95 224		
吉　林									
黑龙江									
上　海									
江　苏									
浙　江									
安　徽									
福　建									
江　西					412			1 248	
山　东	49	50	287 794			133 786			
河　南									
湖　北									
湖　南									
广　东									
广　西									
海　南									
重　庆									
四　川									
贵　州									
云　南									
陕　西									
甘　肃									
青　海									
宁　夏									
新疆（兵团）								6 363 064	6 363 064
新疆（农业）									
新疆（畜牧）		131							
热科院									
广　州									
南　京									

6－3续表13

地　　区	硫酸（吨）	盐酸（氯化氢，含量31%）（吨）	氢氧化钠（烧碱）（吨）	其中：离子膜法烧碱（折100%）（吨）	碳化钙（电石，折300升/千克）（吨）	合成氨（吨）	农用氮、磷、钾化学肥料总计（折纯量）（吨）	氮肥（吨）
全国农垦	**58 295**	**240 484**	**944 643**	**944 563**	**2 227 677**	**674 058**	**902 127**	**680 683**
北　　京								
天　　津								
河　　北						5 753	2 315	
山　　西							1 300	
内 蒙 古								
辽　　宁							12 214	4 414
吉　　林								
黑 龙 江						119 838	111 197	101 406
上　　海								
江　　苏							1 004	148
浙　　江								
安　　徽								
福　　建			80					
江　　西	5 726						8 294	1 861
山　　东		17 876					3 798	
河　　南	35 713						5 052	
湖　　北	15 311						82 466	
湖　　南								
广　　东								
广　　西						49 960	91 538	63 961
海　　南								
重　　庆								
四　　川								
贵　　州								
云　　南							3 543	
陕　　西								
甘　　肃							21 344	
青　　海								
宁　　夏								
新疆（兵团）	1 545	222 608	944 563	944 563	2 227 677	498 507	558 062	508 893
新疆（农业）								
新疆（畜牧）								
热 科 院								
广　　州								
南　　京								

6-3续表14

地　　区	其中：尿素（折含N 100%）（吨）	磷肥（吨）	钾肥（吨）	磷酸一铵（实物量）（吨）	磷酸二铵（实物量）（吨）	化学农药（折有效成份100%）（吨）	其中：杀虫剂原药（吨）	杀菌剂原药（吨）
全国农垦	**584 780**	**145 300**	**65 948**	**720**	**4 066**	**5 207**	**4 512**	**30**
北　京								
天　津								
河　北	2 531	1 625						
山　西						2 832	2 832	
内蒙古								
辽　宁		6 276	1 524			67		
吉　林								
黑龙江	93 618	4 268	5 523					
上　海								
江　苏		672	184					
浙　江								
安　徽								
福　建								
江　西	41	5 442	126	720		150	120	30
山　东								
河　南		5 052						
湖　北		82 466				598		
湖　南								
广　东								
广　西	223	14 528	13 049					
海　南								
重　庆								
四　川								
贵　州								
云　南								
陕　西								
甘　肃		21 344						
青　海								
宁　夏								
新疆（兵团）	488 367	3 627	45 542		4 066	1 560	1 560	
新疆（农业）								
新疆（畜牧）								
热科院								
广　州								
南　京								

6－3 续表 15

地　　区	涂料（吨）	其中：建筑涂料（吨）	初级形态的塑料（吨）	聚氯乙烯树脂（吨）	合成橡胶（吨）	合成纤维单体（吨）	乙二醇（吨）	煤制乙二醇（吨）	化学试剂（吨）
全国农垦	**184 490**	**61 500**	**1 422 590**	**1 416 674**	**168 651**	**375**	**104 680**	**104 680**	**15 788**
北　　京	2 398	2 398							
天　　津									
河　　北									
山　　西									
内 蒙 古									
辽　　宁			4 777						
吉　　林									
黑 龙 江									
上　　海									
江　　苏									
浙　　江									
安　　徽									
福　　建	24 249	22 733	20		7 360				
江　　西					50				25
山　　东									
河　　南									
湖　　北	52 356	11							
湖　　南									
广　　东									
广　　西	78 302	10 075			161 241				
海　　南									
重　　庆									
四　　川									
贵　　州									
云　　南									
陕　　西									
甘　　肃									
青　　海									
宁　　夏									
新疆（兵团）	27 185	26 283	1 417 793	1 416 674		375	104 680	104 680	15 763
新疆（农业）									
新疆（畜牧）									
热 科 院									
广　　州									
南　　京									

6－3续表16

地　　区	多晶硅（千克）	合成洗涤剂（吨）	化学原料药（吨）	中成药（吨）	化学纤维用浆粕（吨）	化学纤维（吨）	其中：人造纤维（纤维素纤维）（吨）	其中：粘胶短纤维（吨）
全国农垦	**9 836 193**	**831**	**88 783**	**45 553**	**73 767**	**319 508**	**37 287**	**4 440**
北　　京								
天　　津								
河　　北		46						
山　　西								
内 蒙 古								
辽　　宁								
吉　　林				1 292				
黑 龙 江			1 439	2 016				
上　　海								
江　　苏			10 289	348				
浙　　江						281 751		
安　　徽				359				
福　　建			192	65		470		
江　　西			10 471	15 819	1 700	4 440	4 440	4 440
山　　东								
河　　南				2 125				
湖　　北			66 374	22 887				
湖　　南								
广　　东								
广　　西								
海　　南								
重　　庆								
四　　川								
贵　　州								
云　　南								
陕　　西								
甘　　肃								
青　　海								
宁　　夏								
新疆（兵团）	9 836 193	785	18	642	72 067	32 847	32 847	
新疆（农业）								
新疆（畜牧）								
热 科 院								
广　　州								
南　　京								

6－3 续表 17

地　　区	合成纤维（吨）	其中：锦纶（吨）	轮胎外胎（吨）	塑料制品（吨）	其中：塑料薄膜（吨）	农用地膜（吨）	塑料板、片（吨）	塑料管及其附件（吨）	滴灌管带（吨）
全国农垦	**281 751**	**281 751**	**61 172**	**1 836 861**	**144 822**	**126 756**	**200 713**	**699 210**	**402 479**
北　　京									
天　　津				9 998					
河　　北									
山　　西									
内 蒙 古				1 348	1 348	1 348			
辽　　宁				4 777		70			
吉　　林				13 900					
黑 龙 江									
上　　海				37 579	13 124	14			
江　　苏				2 148					
浙　　江	281 751	281 751		4 446					
安　　徽				980					
福　　建			5 800	32 400	400	400	352		
江　　西				33 127	4 880	970			
山　　东									
河　　南				1 756					
湖　　北				307 341	210			2 000	
湖　　南				203					
广　　东			43 012	3 031					
广　　西				227 185			162 582	161 982	
海　　南				513	258	258			
重　　庆									
四　　川									
贵　　州									
云　　南									
陕　　西									
甘　　肃									
青　　海					22		1 350		
宁　　夏									
新疆（兵团）			12 360	1 156 129	124 580	123 696	36 429	535 228	402 479
新疆（农业）									
新疆（畜牧）									
热 科 院									
广　　州									
南　　京									

6-3续表18

地　　区	塑料条、棒、型材（吨）	塑料丝、绳及编织品（吨）	泡沫塑料（吨）	塑料包装箱及容器（吨）	日用塑料制品（吨）	硅酸盐水泥熟料（吨）	其中：窑外分解窑水泥熟料（吨）
全国农垦	**24 368**	**90 369**	**374 987**	**64 033**	**142 560**	**10 941 584**	**9 448 157**
北　　京							
天　　津				9 998			
河　　北		20		179	170		
山　　西							
内 蒙 古						860 000	860 000
辽　　宁							
吉　　林		13 900					
黑 龙 江						46 400	46 400
上　　海				12 178			
江　　苏							
浙　　江							
安　　徽							
福　　建	295	25	223		12 280	6	
江　　西	7 652				16 118	958 675	
山　　东							
河　　南							
湖　　北		9 024			5		
湖　　南							
广　　东		1 823					
广　　西		14 720			49 883		
海　　南		255					
重　　庆							
四　　川							
贵　　州							
云　　南							
陕　　西							
甘　　肃						280 000	
青　　海							
宁　　夏							
新疆（兵团）	16 421	50 602	374 764	41 678	64 104	8 796 503	8 541 757
新疆（农业）							
新疆（畜牧）							
热 科 院							
广　　州							
南　　京							

6－3续表19

地　　区	水泥（万吨）	强度等级42.5水泥（含R型）（吨）	强度等级52.5水泥（含R型）（吨）	商品混凝土（米³）	水泥混凝土排水管（千米）	水泥混凝土压力管（千米）	水泥混凝土电杆（根）	预应力混凝土桩（米）
全国农垦	**21 583 790**	**8 039 199**	**492 765**	**25 393 366**	**5 385**	**18**	**260 490**	**710 362**
北　　京				195 188				
天　　津								
河　　北	294 405	294 405		645 000	77			349 000
山　　西								
内 蒙 古	420 000	320 000	100 000					
辽　　宁	110 606							
吉　　林	452 441	452 441		9 780				
黑 龙 江	514 155	514 155						
上　　海								
江　　苏								
浙　　江	513 580	513 580						
安　　徽								
福　　建	809 075	809 070		1 642 160	37			
江　　西	156 602	156 602		987 000	18			
山　　东								
河　　南								
湖　　北	2 791 845	21 600		1 263 671	391			
湖　　南								
广　　东	309 376							
广　　西	453 107	453 107		2 437 248	2 888		22 890	
海　　南	550 000							
重　　庆								
四　　川								
贵　　州								
云　　南	183 732	183 732		10 793				
陕　　西								
甘　　肃	340 000							
青　　海								
宁　　夏								
新疆（兵团）	13 684 866	4 320 507	392 765	18 202 526	1 974	18	237 600	361 362
新疆（农业）								
新疆（畜牧）								
热 科 院								
广　　州								
南　　京								

6－3续表20

地　　区	石膏板（万米²）	砖（万块）	瓦（万片）	瓷质砖（米²）	炻瓷砖（米²）	细炻砖（米²）	陶质砖（米²）	天然大理石建筑板材（米²）	天然花岗石建筑板材（米²）
全国农垦	**134**	**1 798 840**	**25 994**	**83 126**	**1 210**	**3 219**	**8 805 857**	**622 280**	**710 273**
北　　京									
天　　津									
河　　北		1 437							
山　　西									64 000
内 蒙 古		40 189							
辽　　宁		6 519	510						
吉　　林									
黑 龙 江		85 656	8						
上　　海									
江　　苏		25 432							
浙　　江		1 250							
安　　徽		1 680							
福　　建		18 433	772	3 126	1 210		2 564	25 000	86 260
江　　西		50 198	2 043			3 219		16 000	197 500
山　　东									
河　　南		6 466							
湖　　北		322 922	14 261					406 719	228 840
湖　　南		42 159	8 223						
广　　东		46 379							
广　　西	94	135 527					8 780 000		
海　　南		14 483							80 100
重　　庆									
四　　川									
贵　　州									
云　　南		121 209							
陕　　西									
甘　　肃									
青　　海		110							
宁　　夏		30 183							
新疆（兵团）	40	815 848	177	80 000			23 293	174 561	53 573
新疆（农业）		32 760							
新疆（畜牧）									
热 科 院									
广　　州									
南　　京									

6-3续表21

地　　区	沥青和改性沥青防水卷材（米²）	平板玻璃（重量箱）	钢化玻璃（米²）	夹层玻璃（米²）	中空玻璃（米²）	日用玻璃制品（吨）	玻璃包装容器（吨）	玻璃保温容器（万个）	纤维增强塑料制品（吨）
全国农垦	**1 925 376**	**16 634 136**	**146 548**	**20 000**	**112 965**	**7 197**	**98 647**	**1 020**	**15 787**
北　　京									
天　　津									
河　　北		2 399 947							
山　　西									
内 蒙 古									
辽　　宁									
吉　　林									
黑 龙 江									
上　　海									
江　　苏									
浙　　江									
安　　徽									
福　　建	78 750								
江　　西						7 197		1 020	
山　　东									
河　　南									
湖　　北		11 726 660	1 048						
湖　　南		133 873	100 000	20 000	5 000				
广　　东									
广　　西									
海　　南									
重　　庆									
四　　川									
贵　　州									
云　　南									
陕　　西									
甘　　肃									
青　　海									
宁　　夏									
新疆（兵团）	1 846 626	2 373 656	45 500		107 965		98 647		15 787
新疆（农业）									
新疆（畜牧）									
热 科 院									
广　　州									
南　　京									

6－3 续表 22

地　　区	卫生陶瓷制品（件）	耐火材料制品（吨）	石墨及炭素制品（吨）	生铁（吨）	钢（吨）	铸铁管（吨）	铸钢件（吨）	成品钢材（吨）
全国农垦	**1 564 997**	**120 005**	**796 476**	**2 315 263**	**236 764**	**47 885**	**315 007**	**2 546 060**
北　　京								274
天　　津						2 041		
河　　北	662 000			1 926 000				1 495 579
山　　西						350		
内 蒙 古								
辽　　宁						3 200		1 000
吉　　林								
黑 龙 江								
上　　海								
江　　苏								
浙　　江								
安　　徽						10 800		
福　　建	25 250			9 300	2 889	705	14 515	176 578
江　　西	877 747					660		
山　　东								
河　　南								
湖　　北						3 226		
湖　　南								
广　　东								
广　　西		13 950	52 310	82 283		16 020	288 530	157 953
海　　南								
重　　庆								
四　　川								
贵　　州								
云　　南								
陕　　西								
甘　　肃								
青　　海								
宁　　夏						1 595		
新疆（兵团）		106 055	744 166	297 680	233 875	9 052	11 962	714 676
新疆（农业）						236		
新疆（畜牧）								
热 科 院								
广　　州								
南　　京								

6－3续表23

地　　区	中小型型钢（吨）	钢筋（吨）	线材（盘条）（吨）	特厚板（吨）	热轧窄钢带（吨）	电工钢板（带）（吨）	无缝钢管（吨）
全国农垦	**1 660**	**241 450**	**283 910**	**1 145 000**	**156 918**	**152**	**84 905**
北　京							
天　津							
河　北				1 145 000	156 918		
山　西							
内蒙古							
辽　宁							
吉　林							
黑龙江							
上　海							
江　苏							
浙　江							
安　徽							
福　建							
江　西						152	152
山　东							
河　南							
湖　北							
湖　南							
广　东							
广　西							84 753
海　南							
重　庆							
四　川							
贵　州							
云　南							
陕　西							
甘　肃							
青　海							
宁　夏							
新疆（兵团）		241 450	283 910				
新疆（农业）							
新疆（畜牧）							
热科院							
广　州							
南　京	1 660						

6-3续表24

地　　区	焊接钢管（吨）	其他钢材（吨）	用外购国产钢材再加工生产的钢材（吨）	铁合金（吨）	其中：硅铁（折合含硅75%）（吨）	锰硅合金（吨）	十种有色金属（吨）
全国农垦	**33 327**	**182 237**	**543 151**	**29 261**	**3 654**	**5 607**	**2 572 626**
北　　京							
天　　津							
河　　北	16 378		156 918				
山　　西		6 900		20 000			
内 蒙 古							
辽　　宁							
吉　　林							
黑 龙 江							
上　　海							
江　　苏							
浙　　江							
安　　徽							
福　　建			176 578				
江　　西							
山　　东							
河　　南							
湖　　北							
湖　　南							
广　　东							
广　　西							
海　　南							
重　　庆							
四　　川							
贵　　州							
云　　南							
陕　　西							
甘　　肃							
青　　海							
宁　　夏							
新疆(兵团)	16 949	175 337	209 655	9 261	3 654	5 607	2 572 626
新疆(农业)							
新疆(畜牧)							
热 科 院							
广　　州							
南　　京	1 660						

6－3续表25

地　　区	锑品（吨）	原铝（电解铝）（吨）	镁（吨）	黄金（千克）	铜材（吨）	铝材（吨）	金属切削工具（万件）
全国农垦	**11 600**	**2 562 513**	**10 113**	**4 012**	**36 402**	**536 348**	**2**
北　　京							
天　　津							
河　　北							
山　　西							
内 蒙 古							
辽　　宁							
吉　　林							
黑 龙 江							
上　　海							
江　　苏							
浙　　江							
安　　徽							
福　　建							
江　　西				4 012	6 315		2
山　　东							
河　　南							
湖　　北					7 205		
湖　　南							
广　　东						1 649	
广　　西	11 600				19 590	1 297	
海　　南							
重　　庆							
四　　川							
贵　　州							
云　　南							
陕　　西							
甘　　肃							
青　　海							
宁　　夏							
新疆（兵团）		2 562 513	10 113		3 292	533 402	
新疆（农业）							
新疆（畜牧）							
热 科 院							
广　　州							
南　　京							

6-3 续表 26

地　　区	不锈钢日用制品（吨）	锻件（吨）	工业锅炉蒸发量（吨）	发动机（千瓦）	汽车用发动机（千瓦）	金属切削机床（台）	其中：数控金属切削机床（台）	金属成形机床（台）
全国农垦	**16 551**	**867**	**1 016**	**1 429 000**		**30**	**30**	**179**
北　京								
天　津								
河　北	300	867						
山　西								
内蒙古								
辽　宁								
吉　林								
黑龙江								
上　海	3 801							
江　苏								
浙　江								
安　徽								
福　建								
江　西								
山　东								
河　南								
湖　北	3 300							179
湖　南								
广　东								
广　西	9 150			1 429 000				
海　南								
重　庆								
四　川								
贵　州								
云　南								
陕　西								
甘　肃								
青　海								
宁　夏								
新疆（兵团）			1 016					
新疆（农业）								
新疆（畜牧）								
热科院								
广　州								
南　京						30	30	

6-3续表27

地区	铸造机械（台）	机床数控装置（套）	电动车辆（电动叉车）（吨）	泵（包括工业泵和农用水泵）（万台）	阀门（吨）	液压元件（件）	滚动轴承（万套）	齿轮（吨）
全国农垦	**56**	**24**	**3 286**	**19 850**	**15 484**	**8 716**	**629**	**2 175**
北京							7	
天津								
河北				8 568		8 716		
山西								
内蒙古								
辽宁								
吉林								
黑龙江								
上海							588	
江苏								
浙江								
安徽								
福建					9 256			
江西								1 762
山东				10 500				
河南								
湖北					6 228			
湖南								
广东								
广西							34	413
海南								
重庆								
四川								
贵州								
云南								
陕西								
甘肃								
青海								
宁夏								
新疆（兵团）	56	24	3 286	782				
新疆（农业）								
新疆（畜牧）								
热科院								
广州								
南京						30	30	

6-3 续表 28

地　　区	风机（台）	衡器（秤）（台）	金属密封件（万件）	金属紧固件（吨）	弹簧（吨）	减速机（台）	矿山专用设备（吨）
全国农垦	**12 218**	**3 720**	**15**	**22 138**	**980**	**1 596**	**12 473**
北　　京							
天　　津							
河　　北							12 000
山　　西							
内 蒙 古							
辽　　宁							
吉　　林							
黑 龙 江							
上　　海				22 138			
江　　苏						1 596	
浙　　江							
安　　徽							
福　　建							
江　　西							
山　　东							
河　　南							
湖　　北	11 077						
湖　　南							
广　　东							
广　　西							
海　　南							
重　　庆							
四　　川							
贵　　州							
云　　南							
陕　　西							
甘　　肃							
青　　海							
宁　　夏							
新疆（兵团）	1 141	3 720	15		980		473
新疆（农业）							
新疆（畜牧）							
热 科 院							
广　　州							
南　　京						30	30

6-3续表29

地　　区	石油钻井设备台（套）	混凝土机械（台）	金属冶炼设备（吨）	金属轧制设备（吨）	炼油、化工生产专用设备（吨）	塑料加工专用设备（台）	模具（套）
全国农垦	**1 520**	**8 260**	**882**	**150**	**14 832**	**86**	**70 461**
北　　京							
天　　津							
河　　北			882				24 000
山　　西							
内 蒙 古							
辽　　宁							
吉　　林							
黑 龙 江							
上　　海							
江　　苏							
浙　　江							
安　　徽							
福　　建							44 258
江　　西							
山　　东							
河　　南							
湖　　北	1 520			150		86	2 203
湖　　南							
广　　东							
广　　西		8 260					
海　　南							
重　　庆							
四　　川							
贵　　州							
云　　南							
陕　　西							
甘　　肃							
青　　海							
宁　　夏							
新疆（兵团）					14 832		
新疆（农业）							
新疆（畜牧）							
热 科 院							
广　　州							
南　　京							

6－3续表 30

地　　区	农产品初加工机械（台）	饲料加工机械（台）	大型拖拉机（台）	中型拖拉机（台）	小型拖拉机（台）	收获机械（台）	谷物收获机械（台）	收获后处理机械（台）
全国农垦	**1 399**	**10**	**2 413**	**4**	**48 160**	**1 523**	**668**	**109**
北　　京								
天　　津								
河　　北								
山　　西								
内 蒙 古			2 411					
辽　　宁								
吉　　林								
黑 龙 江						668	668	
上　　海								
江　　苏								
浙　　江								
安　　徽								
福　　建								
江　　西								
山　　东								
河　　南								
湖　　北	66	10			48 152			
湖　　南								
广　　东								
广　　西	679					597		
海　　南	134							
重　　庆								
四　　川								
贵　　州								
云　　南								109
陕　　西								
甘　　肃								
青　　海			2	4	8			
宁　　夏								
新疆（兵团）	520					258		
新疆（农业）								
新疆（畜牧）								
热 科 院								
广　　州								
南　　京								

6－3续表31

地　　区	棉花加工机械（台）	环境污染防治专用设备台（套）	固体废弃物处理设备（台）	改装汽车（辆）	低速载货汽车（辆）	电动自行车（辆）	发电机组（发电设备）（千瓦）	其中：水轮发电机组（千瓦）	风力发电机组（千瓦）
全国农垦	**503**	**652**	**302**	**859**	**160**	**1 350**	**532 615**	**5 555**	**513 060**
北　　京									
天　　津									
河　　北				381					
山　　西									
内 蒙 古									
辽　　宁									
吉　　林									
黑 龙 江									
上　　海									
江　　苏									
浙　　江									
安　　徽				160	160				
福　　建		302	302			1 350	14 000		
江　　西							5 555	5 555	
山　　东									
河　　南									
湖　　北									
湖　　南									
广　　东									
广　　西									
海　　南									
重　　庆									
四　　川									
贵　　州									
云　　南									
陕　　西									
甘　　肃									
青　　海									
宁　　夏									
新疆（兵团）	503	350		318			513 060		513 060
新疆（农业）									
新疆（畜牧）									
热 科 院									
广　　州									
南　　京									

6－3 续表 32

地　区	变压器（千伏安）	互感器（台）	高压开关板（面）	低压开关板（面）	高压开关设备（11 万伏以上）（台）	通信及电子网络用电缆（对千米）	电力电缆（千米）	锂离子电池只（自然只）	铅酸蓄电池（千伏安时）
全国农垦	**4 471 612**	**7 235**	**20 031**	**606 356**	**2 712**	**1 200 263**	**173 743**	**29 246 431**	**692 047**
北　京									
天　津							44 787		
河　北									
山　西									
内蒙古									
辽　宁									
吉　林									
黑龙江									
上　海									
江　苏									
浙　江									
安　徽									
福　建									
江　西							3 500		
山　东									
河　南									
湖　北	4 171 308					1 200 263	66 322	28 801 674	692 047
湖　南									
广　东									
广　西							58 619	444 757	
海　南									
重　庆									
四　川									
贵　州									
云　南									
陕　西									
甘　肃									
青　海									
宁　夏									
新疆（兵团）	300 304	7 235	20 031	606 356	2 712		515		
新疆（农业）									
新疆（畜牧）									
热科院									
广　州									
南　京									

6-3 续表 33

地　　区	碱性蓄电池（自然只）	房间空气调节器（台）	家用洗衣机（台）	太阳能热水器（平方米）	灯具及照明装置套（台、个）	服务器（台）	显示器（台）	平板显示器（台）
全国农垦	**9 850**	**2 588 890**	**40 000**	**1 984 876**	**22 996**	**148**	**251 400**	**14 879**
北　　京								
天　　津								
河　　北					17 000			
山　　西								
内 蒙 古								
辽　　宁								
吉　　林								
黑 龙 江								
上　　海								
江　　苏				1 983 276				
浙　　江								
安　　徽								
福　　建	9 850							
江　　西		115 000	40 000	1 600		148	251 400	14 879
山　　东								
河　　南								
湖　　北		2 473 890						
湖　　南								
广　　东								
广　　西								
海　　南								
重　　庆								
四　　川								
贵　　州								
云　　南								
陕　　西								
甘　　肃								
青　　海								
宁　　夏								
新疆（兵团）					5 996			
新疆（农业）								
新疆（畜牧）								
热 科 院								
广　　州								
南　　京								

6-3 续表 34

地　区	移动通信手持机（手机）（台）	集成电路（万块）	光电子器件（万只）	电子元件（万只）	工业自动调节仪表与控制系统台（套）	汽车仪器仪表（台）	光学仪器台（个）	船舶修理（载重吨）
全国农垦	**32 500 000**	**2 580**	**15 456**	**64 523**	**501**	**28 195**	**27 463**	**65 926**
北　京				46				
天　津								
河　北								
山　西								
内蒙古								
辽　宁								
吉　林				181				
黑龙江								
上　海								
江　苏				47 280				
浙　江								
安　徽								
福　建				2			27 463	
江　西	32 500 000	330	15 456	12 117				
山　东								
河　南								
湖　北				263				65 926
湖　南								
广　东								
广　西		2 250		4 634		28 195		
海　南								
重　庆								
四　川								
贵　州								
云　南								
陕　西								
甘　肃								
青　海								
宁　夏								
新疆（兵团）					501			
新疆（农业）								
新疆（畜牧）								
热科院								
广　州								
南　京								

6－3续表35

地　区	发电量（万千瓦时）	#火电（万千瓦时）	水电（万千瓦时）	风力发电量（万千瓦时）	太阳能发电（万千瓦时）	生物质能发电（万千瓦时）	供热量（万吉焦）	煤气生产量（米³）	自来水生产量（万米³）
全国农垦	**7 383 097**	**6 337 479**	**201 467**	**351 384**	**129 995**	**12 929**	**11 773**	**2 600**	**663 683**
北　京									
天　津									
河　北	194 443			194 443					
山　西									
内蒙古	8 300			8 300			64		103
辽　宁									
吉　林	28 250			28 250				2 600	
黑龙江	121 886	83 180		38 706			2 832		4 458
上　海									
江　苏									
浙　江	34 293	34 293							
安　徽									202
福　建	10 913		10 913						247
江　西	75 810		75 810						412
山　东									
河　南									44
湖　北	42 900	28 509	1 462			12 929			13 933
湖　南	6 889		6 889						
广　东	18 535	16 770	1 765						
广　西	15 876	14 076	1 800						5 034
海　南	11 676		5 176		6 500				
重　庆									
四　川	2 223		2 223						
贵　州	120		120						
云　南	349 842								615 871
陕　西									
甘　肃	26		26						
青　海									146
宁　夏									
新疆（兵团）	6 459 548	6 160 651	93 717	81 685	123 495		8 877		23 232
新疆（农业）	1 566		1 566						
新疆（畜牧）									
热科院									
广　州									
南　京									

6－4　农垦大中型工业

企业名称	行业类别	中型	增加值（现价）（万元）	排序
＊上海光明乳业股份有限公司	乳制品制造	龙头	402 160	1
江苏正大天晴药业股份有限公司	医药	大型	360 196	2
新疆生产建设兵团农八师天山铝业有限公司	铝冶炼	大型	359 377	3
黑龙江九三粮油工业集团有限公司	食用植物油加工	大型	343 951	4
河北省中海石油中捷石化	石油加工	中型	276 413	5
新疆农六师铝业有限公司	铝冶炼	大型	257 086	6
新疆农六师煤电有限公司	火力发电	大型	240 544	7
湖北益海嘉里（武汉）粮油工业有限公司	食用植物油加工	中型	210 262	8
上海农垦光明乳业股份有限公司（纯工业口径计）	乳制品制造	大型	195 053	9
＊上海农工商超市（集团）有限公司	超级市场零售	龙头	159 462	10
＊广西农垦糖业集团股份有限公司	农副食品加工业	大型	150 991	11
河北省唐山文丰机械设备有限公司	机械设备制造业	中型	126 345	12
新疆伊力特实业股份有限公司	白酒制造	大型	123 917	13
湖北 TCL 空调器（武汉）有限公司	家用空气调节器制造	大型	123 676	14
兵团天辰化工有限公司	初级形态塑料及合成树脂制造	大型	121 464	15
新疆天富能源股份有限公司	火力发电	大型	118 020	16
兵团天能化工有限公司	初级形态塑料及合成树脂制造	大型	114 877	17
＊河北新启元能源开发有限公司	石油制品	龙头	113 726	18
新疆梅花氨基酸有限责任公司	其他调味品、发酵制品制造	大型	112 429	19
北京市华都峪口禽业有限责任公司	饲养加工业	大型	107 345	20
山东东营齐润化工有限公司	石油化工	中型	101 601	21
＊海南天然橡胶产业集团股份有限公司	农业	龙头	100 293	22
兵团天伟化工有限公司	初级形态塑料及合成树脂制造	大型	99 390	23
湖北凌云科技集团（武汉）有限责任公司	金属门窗制造	大型	92 622	24
北京三元食品股份有限公司	液体乳及乳制品制造业	大型	92 558	25
湖北武汉玛丽文化用品有限公司	本册印制	中型	88 933	26
江苏南京正大天晴制药有限公司	医药	中型	84 785	27
河北省蒙牛塞北乳业有限公司	乳品制造	中型	84 133	28
黑龙江省完达山乳业股份有限公司	生产奶粉	大型	78 318	29
广西中国重汽集团柳州运力专用汽车有限公司	汽车制造业	中型	76 328	30
新疆西部天富合盛热电有限公司	火力发电	中型	64 300	31
重庆市天友乳业股份有限公司	乳制品制造	大型	58 575	32
＊上海蔬菜（集团）有限公司	企业总部管理	龙头	58 348	33
湖北武汉双汇食品有限公司	肉制品及副产品加工	大型	57 955	34
江西九江市共青场鸭鸭股份公司	机织服装制造	中型	54 631	35
广西柳州市威鹏汽车配件制造有限公司	汽车制造业	中型	54 549	36

企业、龙头企业一览表

总产值（现价）（万元）	排序	销售产值（万元）	排序	年末资产总额（万元）	排序	固定资产原值年末数（万元）	排序	年平均从业人员（人）	排序
1 431 951	3	1 443 844	3	2 239 765	3	553 047	9	26 022	9
1 062 000	7	1 060 800	8	665 991	19	146 910	41	4 284	62
1 210 135	6	1 179 882	7	2 041 343	4	1 739 126	1	38 559	3
3 150 604	1	3 293 841	1	2 573 268	2	542 662	10	4 176	63
1 410 302	4	1 410 302	4	231 662	49			9 648	26
1 512 109	2	1 473 920	2	1 967 945	5	883 482	3	32 627	5
349 236	26	349 236	26	924 428	14	624 940	7	9 687	25
820 376	8	568 959	12	245 350	47	70 107	76	634	249
548 461	13	549 506	14	942 759	13	228 466	23	9 768	23
10 106	385	10 106	382	949 783	11	286 538	17	28 735	7
449 036	16	404 201	20	1 683 224	7	393 475	12	7 415	36
493 321	14	481 865	15	509 330	26	173 390	32	7 131	38
167 914	44	167 856	50	202 686	54	29 522	169	14 526	17
482 544	15	351 701	25	146 851	67	20 115	207	1 500	158
421 952	19	406 844	19	1 387 638	8	960 616	2	52 099	2
385 138	21	385 138	21	1 706 765	6	788 345	5	23 612	12
292 678	29	290 336	30	912 419	15	615 613	8	30 707	6
591 574	11	348 979	27	209 971	52			3 371	77
416 453	20	419 707	18	875 020	16	827 968	4	26 508	8
108 275	81	19 112	292	108 275	101	64 871	79	3 718	69
1 288 952	5	1 281 330	6	627 542	22	90 568	60	800	213
165 551	48	837 050	10	1 288 260	9	242 557	21	54 879	1
263 568	31	264 281	32	646 705	20	519 546	11	23 698	11
368 571	23	359 480	23	382 150	32	148 041	40	3 085	87
446 161	17	457 467	16	753 382	17	227 234	24	7 915	32
346 986	27	248 426	34	134 401	78	15 712	247	951	191
172 669	42	170 976	48	108 475	100	37 202	145	1 630	151
290 115	30	254 008	33	110 785	96	35 875	146	1 695	149
376 169	22	344 543	28	338 499	37	250 170	19	5 035	53
206 500	36	196 175	40	89 305	115	21 300	202	671	241
100 904	89	91 800	90	255 494	45	183 912	29	3 276	81
190 587	38	190 629	41	120 420	93	93 841	59	2 279	123
				435 117	28	127 906	46	2 498	114
226 120	33	205 031	37	81 351	121	32 595	156	2 109	130
550 653	12	550 653	13	128 238	84	224 686	25	3 015	90
146 995	56	139 646	60	41 533	213	19 400	211	714	229

6－4续表1

企业名称	行业类别	中型	增加值（现价）（万元）	排序
新疆西部合盛硅业有限公司	其他稀有金属冶炼	大型	54 401	37
河北省蒙牛乳业（察北）有限公司	乳品制造	中型	51 024	38
新疆生产建设兵团第四师电力有限责任公司	电力供应	中型	50 008	39
湖北武汉统一企业食品有限公司	茶饮料及其他饮料制造	大型	47 023	40
＊上海光明米业（集团）有限公司	米、面制品及食用油批发	龙头	43 599	41
湖南正虹科技发展有限公司	饲料加工业	大型	43 521	42
黑龙江省北大荒肉业有限公司	分割肉产品	大型	43 219	43
湖北友芝友乳业有限责任公司	乳制品制造	中型	43 129	44
河北省张家口察哈尔乳业有限公司	乳品制造	中型	42 865	45
＊上海牛奶（集团）有限公司	企业总部管理	龙头	42 802	46
新疆农六师碳素有限公司	石墨及碳素制品制造	中型	42 568	47
新疆天康畜牧生物技术股份有限公司	饲料加工	大型	42 202	48
广西康明斯工业动力有限公司	汽车制造业	中型	41 192	49
湖北武汉娃哈哈恒枫饮料有限公司	含乳饮料和植物蛋白饮料制造	中型	40 085	50
河北华岳化工有限公司	石油制品业	中型	40 014	51
广西柳州市动力宝电源科技有限公司	通用设备制造业	中型	39 121	52
湖北东风（武汉）实业有限公司	汽车零部件及配件制造	大型	38 741	53
湖北武汉虹之彩包装印刷有限公司	包装装潢及其他印刷	中型	38 513	54
广东广垦糖业集团公司	制糖业	大型	38 010	55
湖北武汉航达航空科技发展有限公司	航空航天器修理	中型	37 863	56
湖北潜江市金松纱业有限公司	纺织	中型	37 201	57
江西上饶市新岗山场新岗山异VC钠厂	化工	中型	36 270	58
湖南正虹海原绿色食品有限公司	肉制品加工业	中型	36 221	59
湖北联塑科技发展（武汉）有限公司	塑料板、管、型材制造	中型	36 205	60
新疆生产建设兵团第一师电力有限责任公司	电力供应	大型	35 827	61
＊广东燕塘乳业股份有限公司	食品制造业	中型	35 112	62
湖北武汉百事可乐饮料有限公司	碳酸饮料制造	大型	34 586	63
广西农垦糖业集团防城精制糖有限公司	农副食品加工业	中型	34 012	64
江苏正大丰海制药有限公司	医药	中型	33 250	65
湖北东风扬子江汽车（武汉）有限责任公司	改装汽车制造	中型	33 248	66
兵团石河子市国能能源投资有限公司	火力发电	大型	32 584	67
＊广西农垦永新畜牧集团有限公司	畜牧业	大型	31 599	68
新疆大全新能源有限公司	信息化学品制造	中型	31 024	69
上海石库门酿酒有限公司	黄酒制造	大型	30 776	70
兵团奎屯锦疆化工有限公司	氮肥制造	中型	30 672	71
广西农垦糖业集团昌菱制糖有限公司	农副食品加工业	中型	29 890	72
湖北周黑鸭食品工业园有限公司	肉制品及副产品加工	中型	29 691	73

总产值（现价）（万元）	排序	销售产值（万元）	排序	年末资产总额（万元）	排序	固定资产原值年末数（万元）	排序	年平均从业人员（人）	排序
359 795	25	352 382	24	292 169	40	192 605	28	23 451	13
240 154	32	239 775	35	34 875	237	24 204	189	2 834	97
67 892	118	67 892	113	153 006	65	116 015	51	3 601	72
183 468	40	183 468	45	139 683	75	95 545	57	2 768	101
136 456	59	268 845	31	608 296	23	154 927	39	2 644	106
166 382	47	180 335	47	65 222	150	90 321	62	1 901	138
298 374	28	313 900	29	170 947	61	54 022	94	201	412
168 274	43	168 274	49	101 214	107	50 642	100	824	210
115 851	77	100 746	84	25 351	287	26 256	179	1 335	167
182 835	41	184 476	43	516 532	24	160 848	37	1 385	165
134 214	63	144 479	58	428 440	29	203 544	26	6 178	43
154 372	50	164 036	51	360 470	34	87 983	63	14 801	16
116 031	76	110 234	78	14 915	347	211	470	315	373
156 401	49	116 893	75	44 292	204	43 117	119	402	317
200 569	37	200 569	39	44 620	202			2 170	127
105 109	86	99 854	85	21 235	303	9 900	298	686	237
151 153	51	151 153	56	122 236	91	27 333	175	1 038	187
150 266	52	161 595	52	136 891	76	16 774	233	512	282
167 693	45	159 308	54	943 400	12	112 583	53	2 611	108
147 728	54	138 752	61	62 106	159	16 979	228	330	359
133 682	64	1 334 417	5	31 910	254	15 906	243	914	196
107 705	83	60 000	129	14 605	351	8 156	316	558	265
44 982	174	40 891	181	16 188	336	11 512	272	541	269
141 262	57	140 457	59	73 786	134	41 407	131	523	275
117 845	75	117 845	74	478 945	27	171 797	34	8 931	29
129 756	66	129 189	66	103 306	105	42 446	121	1 203	177
134 944	60	135 303	62	51 387	182	20 985	205	1 307	170
124 304	71	123 762	70	107 168	102	47 548	109	739	226
87 746	96	86 225	94	60 417	162	26 106	180	956	190
129 722	67	83 255	95	149 432	66	29 528	168	906	198
120 000	73	120 000	72	513 684	25	359 355	13	15 915	15
68 940	116	67 022	115	32 029	253	7 194	326	550	267
103 577	88	92 952	89	324 674	38	311 119	16	9 243	27
93 993	93	94 077	88	158 977	63	73 322	74	1 187	181
94 626	92	95 725	87	394 715	31	357 264	14	6 094	44
75 670	104	58 833	132	142 847	73	81 579	67	865	201
115 844	78	115 844	76	41 775	212	12 992	260	720	228

6-4 续表 2

企业名称	行业类别	中型	增加值（现价）（万元）	排序
江西九江市共青场江西回圆服饰有限公司	机织服装制造	大型	28 621	74
上海冠生园食品有限公司	糖果、巧克力制造	大型	27 483	75
上海农垦云南德宏英茂糖业有限公司	制糖业	大型	26 931	76
新疆如意纺织服装有限公司	机织服装制造	大型	26 886	77
江西九江市共青场共青城赛龙通信技术有限责任公司	通信终端设备制造	大型	26 688	78
*广西农垦明阳生化集团股份有限公司	农副食品加工业	大型	26 044	79
黑龙江红兴隆农垦弘盛粮油加工有限公司	谷物加工	中型	25 401	80
广西柳州市双飞汽车电器配件制造有限公司	汽车制造业	大型	25 392	81
广西柳州市永兴赛福机械制造有限公司	通用设备制造业	中型	24 084	82
新疆叶河源果业股份有限公司	水果和坚果加工	大型	23 875	83
辽宁华润雪花啤酒（鞍山）有限公司	饮料制造业	中型	23 782	84
江西上饶市大茅山场金山金矿	黄金采选业	中型	23 560	85
*广西农垦糖业集团柳兴制糖有限公司	农副食品加工业	中型	23 190	86
上海农垦武汉光明乳品有限公司	乳制品制造	中型	22 720	87
湖北伟福科技工业（武汉）有限公司	汽车零部件及配件制造	中型	22 277	88
北京艾莱发喜食品有限公司	液体乳及乳制品制造业	中型	21 763	89
广西东正木业有限公司	木材加工和木、竹、藤、棕、草制品业	中型	21 639	90
宁夏农垦西夏嘉酿啤酒有限公司	啤酒制造	大型	21 367	91
上海农垦广州光明乳品有限公司	乳制品制造	大型	20 307	92
上海农垦广西上上糖业有限公司	制糖业	大型	20 306	93
江西九江市共青场江西深傲服装有限公司	机织服装制造	中型	20 252	94
兵团库尔勒金川矿业有限公司	烟煤和无烟煤开采洗选	中型	20 064	95
*广东省广垦橡胶集团有限公司	农业	大型	19 962	96
江西九江市共青场共青城金源服装有限公司	机织服装制造	中型	19 884	97
*广西农垦国有金光农场	农业	大型	19 871	98
湖北武汉光明乳品有限公司	乳制品制造	中型	19 656	99
湖北际华三五零六（武汉）纺织服装有限公司	机织服装制造	中型	19 590	100
阿拉尔市金鲁纺织有限责任公司	棉纺纱加工	中型	19 460	101
新疆生产建设兵团第三师电力有限责任公司	电力供应	中型	19 390	102
上海乳品四厂有限公司	乳制品制造	中型	19 299	103
江西南昌市桑海场江西南昌济生制药厂	中成药生产	中型	19 048	104
上海农垦广西凤糖生化股份有限公司	制糖业	大型	18 884	105
湖北全有家私潜江有限公司	家具制造	中型	18 691	106
湖北武汉采之韵服饰有限公司	机织服装制造	中型	18 518	107
湖北武汉森六汽车配件有限公司	汽车零部件及配件制造	中型	18 448	108
新疆中硅科技有限公司	其他稀有金属冶炼	中型	18 267	109
重庆星星套装门（集团）有限责任公司	制造业	大型	18 230	110

总产值（现价）（万元）	排序	销售产值（万元）	排序	年末资产总额（万元）	排序	固定资产原值年末数（万元）	排序	年平均从业人员（人）	排序
442 795	18	442 795	17	128 541	83	94 889	58	3 510	74
53 287	149	51 064	153	132 030	81	3 494	397	1 129	183
148 636	53	149 339	57	172 929	60	124 716	49	1 946	137
108 165	82	74 034	103	240 653	48	197 511	27	9 799	22
660 746	10	660 746	11	269 113	44	284 057	18	2 600	109
65 160	123	60 306	126	423 548	30	49 648	103	1 090	186
89 480	95	89 480	92	45 000	196			321	366
66 470	120	66 470	116	35 000	236	15 890	244	2 350	120
61 649	130	58 567	133	50 541	183	8 408	314	387	329
79 096	99	74 991	101	64 116	154	41 561	129	6 907	39
36 654	205	36 753	203	27 550	277	5 855	352	21 959	14
87 594	97	60 000	129	39 460	219	16 807	232	752	224
53 665	147	42 886	174	100 806	109	52 845	97	767	220
56 957	140	76 690	97	44 680	201	17 967	220	459	300
86 920	98	86 920	93	56 206	169	42 390	123	668	244
69 645	113	75 700	99	75 362	130	18 065	219	395	322
62 003	128	56 540	139	12 351	370	8 937	308	301	382
53 054	150	53 167	148	62 265	158	47 980	108	519	278
65 742	122	64 643	117	37 853	223	21 843	201	1 254	173
139 101	58	70 268	109	67 715	147	59 405	86	912	197
365 046	24	365 046	22	46 239	191	34 134	149	787	218
22 953	269	24 367	260	76 200	127	50 408	101	5 297	51
167 319	46	160 449	53	644 168	21	86 839	64	2 280	122
118 725	74	118 725	73	16 521	334	2 622	413	523	275
30 846	227	29 680	230	145 659	69	17 140	227	2 721	103
76 690	102	76 690	97	32 582	250	17 354	224	471	294
76 434	103	62 739	121	54 862	171	11 009	279	1 280	171
50 869	154	49 335	158	39 200	220	33 214	154	2 805	98
60 256	133	57 372	136	175 523	59	173 465	31	4 755	56
61 605	131	61 604	124	29 906	261	16 216	239	586	258
47 996	164	50 204	155	25 392	286	10 502	289	1 123	184
56 081	141	60 049	128	65 393	149	62 930	82	1 577	152
66 020	121	61 431	125	10 304	390	6 152	341	320	367
72 253	107	72 253	104	27 725	275	10 901	283	1 097	185
71 976	108	71 976	105	47 014	189	46 087	113	448	302
59 464	136	59 592	131	48 024	186	35 575	147	3 034	89
220 263	35	220 260	36	61 004	161	42 438	122	3 688	71

6-4 续表 3

企 业 名 称	行 业 类 别	中型	增加值（现价）（万元）	排序
广西南宁市恒丰化肥有限责任公司	化学原料和化学制品制造业	中型	18 217	111
黑龙江北大荒药业有限公司	中成药制造	中型	18 145	112
河北省华润风力发电有限公司	风力发电	大型	18 139	113
湖北武汉径河化工有限公司	合成橡胶制造	中型	17 796	114
湖北荷贝克电源系统（武汉）有限公司	其他电池制造	中型	17 590	115
湖北武汉长玻璃（汉南）有限公司	建材玻璃	中型	17 472	116
上海农垦光明乳业（德州）有限公司	乳制品制造	中型	17 110	117
新疆锦龙电力有限责任公司	火力发电	中型	16 997	118
上海农垦天津光明梦得乳品有限公司	乳制品制造	中型	16 824	119
新疆依耐特新能源有限公司	其他非金属矿物制品制造	中型	16 798	120
湖北武汉艾帕克汽车配件有限公司	汽车零部件及配件制造	中型	16 275	121
新疆一和生物有限责任公司	淀粉及淀粉制品制造	中型	16 179	122
新疆锦域纺织有限公司	棉纺纱加工	中型	16 075	123
新疆锦宏科技发展有限公司	其他稀有金属冶炼	中型	16 004	124
*广东省丰收糖业发展有限公司	制糖业	大型	15 992	125
广州风行牛奶有限公司	液体乳及乳制品	中型	15 959	126
新疆燕京啤酒有限公司	啤酒制造	大型	15 923	127
广西农垦糖业集团红河制糖有限公司	农副食品加工业	中型	15 892	128
河北省唐山市蓝欣玻璃有限公司	非金属矿物制造业	中型	15 846	129
湖北华润雪花啤酒（武汉）有限公司	啤酒制造	大型	15 811	130
江苏承德苏垦银河连杆股份有限公司	机械	中型	15 806	131
黑龙江省北大荒米业集团有限公司	大米加工、销售	中型	15 480	132
*中法合营王朝葡萄酿酒有限公司	饮料制造业	中型	15 194	133
河南焦作市方便面厂	食品	大型	15 027	134
甘肃莫高实业发展股份有限公司	制造业	中型	14 941	135
新疆天润乳业股份有限公司	乳制品制造	大型	14 846	136
广西农垦糖业集团黔江制糖有限公司	农副食品加工业	中型	14 599	137
新疆昆仑钢铁有限公司	钢压延加工	大型	14 331	138
湖北武汉电信光电科技有限公司	电线、电缆制造	中型	14 259	139
新疆鑫立植物蛋白科技有限公司	饲料加工	中型	14 081	140
北京丘比食品有限公司	食品加工业	中型	14 016	141
新疆昌平矿业有限责任公司	烟煤和无烟煤开采洗选	中型	13 530	142
上海梅林食品有限公司	肉、禽类罐头制造	中型	13 472	143
湖北武汉非凡电源有限公司	机电产品	中型	13 430	144
河北省建投新能源风能公司	风力发电	中型	13 403	145
新疆动力源生物科技有限公司	酒精制造	中型	13 201	146
辽宁大成（铁岭）农牧有限公司	农业生产加工	中型	13 146	147

总产值（现价）（万元）	排序	销售产值（万元）	排序	年末资产总额（万元）	排序	固定资产原值年末数（万元）	排序	年平均从业人员（人）	排序
50 162	157	50 162	156	4 714	454	5 514	363	465	298
43 291	180	42 820	175	55 622	170	41 977	128	1 445	160
21 163	279	21 163	277	153 088	64	164 932	36	1 143	182
69 434	114	69 194	111	25 854	285	5 614	360	373	338
68 629	117	67 625	114	34 822	238	18 312	217	480	290
64 268	125	62 968	120	120 481	92	78 529	69	893	199
111 615	79	107 021	81	43 403	206	29 646	166	794	216
48 307	163	48 307	166	354 644	35	245 294	20	6 354	42
134 603	61	125 599	68	79 395	123	39 654	137	865	201
62 792	127	55 226	142	31 678	255	24 034	190	3 961	65
63 499	126	63 499	119	64 509	152	77 606	70	569	262
45 075	172	38 314	195	32 952	248	25 012	184	3 780	68
44 299	175	44 299	172	42 325	209	35 166	148	2 678	104
41 560	185	41 560	178	33 826	243	46 501	112	2 879	96
51 078	153	51 078	152	351 459	36	56 437	90	916	195
41 705	182	57 381	135	78 890	124	11 354	274	1 325	168
27 695	239	27 392	242	75 081	131	39 973	136	5 752	46
46 129	169	44 336	171	59 037	166	48 087	107	600	254
54 639	145	53 054	149	47 139	188	31 347	159	6 621	41
61 688	129	61 626	123	112 083	94	57 923	88	2 252	124
40 565	186	40 565	182	44 745	199	25 711	183	827	209
55 166	143	56 491	140	282 136	43	59 839	85	611	252
39 312	195	39 743	188	144 120	71	79 941	68	399	319
53 393	148	52 936	150	18 069	319	7 109	327	1 518	155
24 000	265	15 000	325	126 371	86	62 812	83	1 239	174
60 003	135	57 671	134	107 018	103	49 745	102	5 149	52
39 205	197	34 352	211	54 127	174	33 308	153	642	247
48 561	162	39 200	190	214 462	50	12 067	269	8 970	28
55 634	142	55 633	141	21 666	301	3 583	394	397	321
75 412	105	75 450	100	18 190	317	7 325	323	2 487	116
39 498	190	37 965	197	23 242	292	16 693	234	521	277
26 494	249	27 023	244	189 274	56	40 176	134	8 562	30
55 059	144	51 439	151	30 273	260	19 734	210	553	266
49 403	159	55 118	143	52 689	176	20 324	206	789	217
25 083	256	25 083	256	286 197	42	241 640	22	142	430
46 901	166	46 901	167	51 982	180	33 751	151	2 593	110
69 190	115	69 190	112	28 642	270	−1 616	490	24 480	10

6-4 续表 4

企业名称	行业类别	中型	增加值（现价）（万元）	排序
兵团石河子天富农电有限责任公司	电力供应	中型	13 012	148
广西南宁市横县君盈纸业公司	造纸和纸制品业	中型	13 005	149
新疆庆回归化肥有限公司	复混肥料制造	中型	12 882	150
上海农垦黑龙江省光明松鹤乳品有限责任公司	乳制品制造	中型	12 691	151
云南农垦电力公司	水力发电和电力供应业	中型	12 663	152
湖北康地饲料（中国武汉）有限公司	饲料加工	中型	12 626	153
*广东广垦畜牧有限公司	农业	中型	12 451	154
广西送变电建设公司铁塔厂	电气机械和器材制造业	中型	12 128	155
江苏正大清江制药有限公司	医药	中型	12 125	156
湖北武汉富拉司特汽车零部件有限公司	汽车零部件及配件制造	中型	11 827	157
湖北武汉金鼎食品有限公司	方便面及其他方便食品制造	中型	11 738	158
河北省华能风力发电有限公司	风力发电	中型	11 655	159
黑龙江省农垦总局建三江分局电业局	电力供应	中型	11 488	160
上海农垦广西风糖罗城制糖有限责任公司	制糖业	中型	11 447	161
江西九江市共青场共青焕利实业有限公司	机织服装制造	中型	11 329	162
新疆屯南煤业有限责任公司	烟煤和无烟煤开采洗选	中型	11 288	163
湖南伟业农牧发展有限公司	饲料加工	中型	11 269	164
新疆天业节水灌溉股份有限公司	塑料板、管、型材制造	中型	11 174	165
北京大发正大有限公司	饲养加工业	大型	11 173	166
新疆天智辰业化工有限公司	合成纤维单（聚合）体制造	大型	11 173	167
新疆隆平高科红安屯丰辣椒制品有限责任公司	其他未列明农副食品加工	中型	11 166	168
*上海光明森源生物科技有限公司	饼干及其他焙烤食品制造	龙头	11 102	169
广西农垦糖业集团良圻制糖有限公司	农副食品加工业	中型	11 065	170
*广西农垦永新畜牧集团西江有限公司	畜牧业	中型	10 965	171
新疆宇硅科技有限公司	其他稀有金属冶炼	中型	10 849	172
湖北本田制锁（武汉）有限公司	建筑、家具用金属配件制造	中型	10 680	173
兵团铁门关市新兴纺织有限公司	棉纺纱加工	中型	10 679	174
新疆若羌子母河枣业有限公司	水果和坚果加工	中型	10 663	175
新疆天昆百果果业股份有限公司	水果和坚果加工	中型	10 646	176
湖南大通湖口口香米业	食品加工业	中型	10 505	177
*上海都市农商社有限公司	其他企业管理服务	龙头	10 437	178
新疆六孚纺织工业园有限公司	棉纺纱加工	大型	10 373	179
广西柳州市华侨紧固件厂	汽车制造业	中型	9 972	180
北京荷美尔食品有限公司	食品制造业	中型	9 779	181
河北省唐山市三元食品有限公司	食品制造业	中型	9 715	182
黑龙江省建三江农垦三江热电有限责任公司	火力发电	中型	9 677	183
湖北建华管桩有限公司	水泥制品制造	中型	9 640	184

总产值（现价）（万元）	排序	销售产值（万元）	排序	年末资产总额（万元）	排序	固定资产原值年末数（万元）	排序	年平均从业人员（人）	排序
70 656	109	70 656	107	75 599	129	68 915	77	5 987	45
43 310	179	43 310	173	9 755	394	4 800	374	432	307
70 084	111	70 714	106	21 903	300	12 961	261	4 566	60
70 395	110	78 896	96	92 134	114	37 637	142	947	192
26 520	247	26 520	248	58 521	167	41 481	130	594	256
49 261	161	49 261	159	28 577	271	5 504	364	364	344
50 042	158	201 604	38	124 133	88	45 445	114	765	221
34 945	211	33 948	214	29 350	265	29 000	172	688	236
41 765	181	39 847	187	24 820	289	9 955	296	670	242
46 144	168	48 967	161	42 206	210	21 867	200	580	261
45 796	170	32 565	218	11 448	375	5 563	361	375	337
16 698	316	16 698	309	144 119	72	139 138	43	526	273
35 065	210	35 065	209	54 824	172	63 444	80	745	225
34 514	213	36 482	206	44 687	200	26 895	176	652	245
124 621	70	124 621	69	16 123	337	52 164	98	410	315
17 344	308	14 693	331	70 182	142	51 401	99	5 460	50
40 053	187	40 053	183	20 971	307	681	450	120	434
58 277	137	56 564	138	106 214	104	38 858	141	7 170	37
111 246	80	112 696	77	72 973	137	54 233	93		
132 285	65	132 023	65	734 969	18	156 418	38	10 320	21
27 491	241	27 491	239	8 047	415	4 329	381	1 409	163
33 533	216	33 650	216	101 901	106	11 328	275	852	204
33 131	217	29 608	231	32 548	251	18 536	216	582	259
19 945	285	19 945	281	10 448	389	4 713	376	203	411
35 445	209	35 445	208	38 665	221	23 753	191	2 042	134
41 671	183	41 671	177	23 062	293	12 638	263	388	327
34 379	214	34 348	213	21 178	305	20 084	208	3 361	79
36 045	207	35 492	207	12 595	368	5 906	350	4 465	61
43 467	178	36 609	205	17 683	322	8 583	309	961	188
44 990	173	44 990	170	109 845	97	42 070	127	220	402
74 314	106	74 783	102	207 682	53	58 324	87	1 777	147
51 723	151	54 441	144	134 711	77	40 431	133	6 648	40
26 106	251	26 106	251	10 600	387	8 520	312	700	234
35 961	208	37 012	201	27 661	276	16 232	238	467	296
39 286	196	39 208	189	10 653	386	16 110	240	3 072	88
27 967	236	25 613	252	52 587	177	54 502	92	761	222
37 611	201	37 611	198	30 360	259	16 365	237	703	231

6-4 续表 5

企 业 名 称	行 业 类 别	中型	增加值（现价）（万元）	排序
新疆顶益食品有限公司	方便面及其他方便食品制造	中型	9 631	185
湖北福美来油脂有限公司	农业加工	中型	9 611	186
天津海河乳业有限公司	食品制造业	中型	9 603	187
江西南昌市桑海场江西南昌桑海制药厂	中成药生产	中型	9 536	188
黑龙江牡丹江垦区兴凯湖电业局	电力供应	中型	9 476	189
湖北三叶士林电机（武汉）有限公司	汽车零部件及配件制造	中型	9 397	190
新疆天富天源燃气有限公司	燃气生产和供应业	中型	9 397	191
*广西农垦茶业集团有限公司	酒、饮料和精制茶制造业	中型	9 224	192
河北鑫泉石油化工有限公司	石油制品	中型	9 190	193
兵团五家渠中基蕃茄制品有限责任公司	蔬菜、水果罐头制造	大型	9 153	194
黑龙江北大荒马铃薯集团有限公司	马铃薯淀粉、木薯淀粉、全粉的生产和销售	中型	9 068	195
新疆天业股份有限公司（母公司）	无机碱制造	中型	9 006	196
黑龙江北大荒丰缘集团有限公司	面粉加工	大型	8 971	197
新疆三新煤业有限责任公司	烟煤和无烟煤开采洗选	中型	8 920	198
广西农垦糖业集团金光制糖有限公司	农副食品加工业	中型	8 787	199
黑龙江省人和米业有限公司	稻米加工	中型	8 735	200
新疆大黄山鸿基焦化有限责任公司	炼焦	大型	8 732	201
上海正广和饮用水有限公司	瓶（罐）装饮用水制造	中型	8 677	202
新疆金松硅业有限责任公司	无机盐制造	中型	8 653	203
湖南常德汇美农业科技有限公司	食品加工业	中型	8 600	204
上海梅林股份（绵阳）有限公司	肉、禽类罐头制造	中型	8 555	205
*河北省唐山市腾龙畜禽养殖有限公司	畜牧业	龙头	8 482	206
兵团哈密特鑫矿产加工有限公司	铁矿采选	中型	8 404	207
辽宁阜新鲁花浓香花生油有限公司	食品加工业	中型	8 355	208
兵团奎屯锦孚纺织有限公司	棉纺纱加工	大型	8 289	209
湖北武汉嘉华汽车塑料制品有限公司	塑料制品	中型	8 261	210
新疆胜星工程建设有限公司	炼油、化工生产专用设备制造	中型	8 245	211
河北省张家口市雪川农业发展股份有限公司	农业	中型	8 236	212
湖北纽兰药业有限公司	中成药生产	中型	8 161	213
兵团奎屯天北矿业投资有限责任公司	烟煤和无烟煤开采洗选	中型	8 053	214
黑龙江哈尔滨森鹰窗业股份有限公司	实木门窗	中型	7 961	215
新疆乌鲁木齐正大畜牧有限公司	饲料加工	中型	7 898	216
河南中亨纺织有限公司	纺织	中型	7 898	217
上海农垦广西凤糖鹿寨制糖有限责任公司	制糖业	中型	7 785	218
新疆美丰化工有限公司	氮肥制造	中型	7 588	219
新疆蒙鑫水泥有限公司	水泥制造	中型	7 573	220
黑龙江省红兴隆电业局	电力供应	中型	7 456	221

总产值（现价）（万元）	排序	销售产值（万元）	排序	年末资产总额（万元）	排序	固定资产原值年末数（万元）	排序	年平均从业人员（人）	排序
40 005	189	40 029	184	28 522	272	23 209	195	3 240	85
40 046	188	39 856	186	17 740	321	10 558	287	310	374
43 694	176	42 779	176	42 087	211	21 228	203	795	215
37 900	200	37 142	199	15 012	346	5 221	368	836	208
21 927	274	21 927	272	44 950	198	57 600	89	540	271
36 665	204	33 895	215	21 192	304	5 998	346	323	364
23 044	267	23 044	266	70 232	141	47 016	110	3 364	78
9 224	392	41 291	180	22 940	295	15 873	245	733	227
221 953	34	186 921	42	108 514	99	353 086	15	1 510	157
69 689	112	53 696	147	185 141	57	116 216	50	5 522	49
47 407	165	48 846	164	176 010	58	126 018	48	849	206
39 443	192	39 895	185	248 149	46	114 268	52	7 548	33
93 254	94	102 978	83	368 029	33	138 004	44	1 221	175
25 004	257	25 004	257	65 884	148	55 487	91	3 264	82
32 394	220	29 142	232	84 986	119	40 955	132	798	214
38 340	198	38 980	193	20 454	309	6 291	338	388	327
67 563	119	54 356	146	195 340	55	169 378	35	9 758	24
20 619	280	20 417	280	16 029	339	10 387	292	621	251
24 184	263	24 184	261	11 526	374	7 575	320	2 970	93
32 005	222	32 100	222	18 210	316	3 521	395	1 202	178
32 225	221	32 161	221	26 439	281	10 796	286	483	289
16 185	324	16 185	315	11 800	372	5 400	366	546	268
27 410	242	27 410	241	8 187	411	2 707	412	782	219
100 800	90	91 719	91	17 017	328	5 460	365	36 912	4
51 180	152	49 199	160	77 519	125	68 678	78	8 481	31
30 387	230	32 545	219	35 561	233	22 344	196	335	358
32 421	219	32 421	220	35 692	232	30 576	161	2 002	136
28 700	232	180 405	46	41 023	216	13 137	259	2 454	119
31 840	223	30 924	224	8 377	409	4 206	383	319	369
11 680	363	8 554	401	130 184	82	17 957	221	5 607	48
27 846	237	27 846	236	6 118	432	9 230	302	861	203
45 279	171	45 227	169	13 330	360	10 913	282	2 947	95
39 492	191	38 765	194	31 664	256	11 717	271	354	351
24 722	260	26 745	247	27 767	274	24 256	188	689	235
26 823	246	26 823	245	70 295	140	73 585	72	1 792	146
30 869	226	30 869	226	144 479	70	77 243	71	2 070	132
26 456	250	26 456	250	32 612	249	42 330	125	528	272

6-4续表6

企 业 名 称	行 业 类 别	中型	增加值（现价）（万元）	排序
*黑龙江红兴隆农垦小清河米业有限公司	谷物磨制	龙头	7 416	222
上海联豪食品有限公司	牲畜屠宰	中型	7 414	223
新疆绿原糖业有限公司	制糖业	中型	7 357	224
新疆石河子八棉纺织有限公司	棉纺纱加工	中型	7 320	225
上海农垦南京光明乳品有限公司	乳制品制造	中型	7 274	226
四川宜宾市叙府酒业股份有限公司	工业	中型	7 136	227
新疆兵团农五师电力公司	电力供应	中型	7 135	228
上海农垦广西凤糖六塘制糖有限责任公司	制糖业	中型	7 044	229
兵团华芳石河子纺织有限公司	棉纺纱加工	中型	7 005	230
*黑龙江清河泉米业有限责任公司	水稻加工	龙头	6 989	231
新疆天宏新八棉产业有限公司	棉纺纱加工	中型	6 956	232
重庆农垦上海梅林正广和重庆食品有限公司	农产品加工	中型	6 932	233
广西柳州商泰机械零部件有限公司	通用设备制造业	中型	6 858	234
上海农垦云南西双版纳英茂糖业有限公司	制糖业	中型	6 743	235
河北省现代牧业（察北）有限公司	畜牧养殖	中型	6 675	236
广西农垦糖业集团星星制糖有限公司	农副食品加工业	中型	6 661	237
上海农垦广西凤糖融水和睦制糖有限责任公司	制糖业	中型	6 632	238
江西九江市芙蓉场天祥科技	工业	中型	6 607	239
上海农垦无锡市振太酒业有限公司	黄酒制造	中型	6 588	240
北京金星鸭业有限公司	饲养加工业	中型	6 551	241
上海农垦广西凤糖鹿寨纸业有限公司	非木竹浆制造	中型	6 538	242
上海思乐得不锈钢制品有限公司	金属制餐具和器皿制造	中型	6 432	243
新疆嘉和毛纺织有限公司	毛织造加工	中型	6 419	244
兵团乌鲁木齐西城热力有限公司	热力生产和供应	中型	6 298	245
广西农垦集团天成纸业有限公司	造纸和纸制品业	中型	6 293	246
湖北武汉新世界制冷工业有限公司	制冷、空调设备制造	中型	6 245	247
湖南常德天宏纸业有限公司	造纸业	中型	6 228	248
江西宜春市干州场国营奉新县干洲综合垦殖场	农业	中型	6 210	249
湖北武汉艾特纸塑包装有限公司	包装装潢及其他印刷	中型	6 190	250
新疆青松建材化工（集团）股份有限公司	水泥制造	大型	6 149	251
新疆汇祥农业发展有限公司	其他未列明农副食品加工	中型	6 102	252
*黑龙江省建三江农垦荣氏粮油工贸有限公司	食品加工	龙头	5 988	253
湖北武汉瀚兴日月电源有限公司	机电制造	中型	5 984	254
山东大地石化集团有限公司	石油化工	中型	5 976	255
*广东省湛江市金丰糖业有限公司	制糖业	中型	5 970	256
*广西农垦国有源头农场	农业	中型	5 919	257
新疆华兴玻璃有限公司	玻璃包装容器制造	中型	5 904	258

总产值（现价）（万元）	排序	销售产值（万元）	排序	年末资产总额（万元）	排序	固定资产原值年末数（万元）	排序	年平均从业人员（人）	排序
23 726	266	23 726	264	3 516	468	897	442	210	407
27 303	243	30 200	228	13 289	362	3 314	400	391	326
15 109	331	23 948	263	43 594	205	26 549	177	3 263	83
20 257	282	13 923	336	38 339	222	44 197	117	3 394	76
38 227	199	38 227	196	29 653	264	14 069	253	395	322
21 287	276	21 056	278	45 620	192	6 791	329	517	280
27 801	238	27 801	237	76 625	126	53 652	95	2 634	107
11 486	364	13 168	346	25 172	288	16 913	229	489	286
57 568	138	56 747	137	98 915	111	73 584	73	4 676	57
27 513	240	27 513	238	17 638	323	16 568	236	430	308
27 031	245	26 766	246	29 814	262	15 935	242	4 156	64
106 609	85	108 628	80	289 010	41	16 885	231	369	341
18 203	297	17 293	302	14 755	350	652	452	672	240
43 654	177	48 743	165	36 940	226	38 967	140	651	246
123 021	72	48 849	163	123 021	90	102 212	55	2 460	118
18 681	292	15 122	322	35 006	235	23 691	192	485	288
12 597	350	15 259	321	17 149	327	16 617	235	513	281
34 772	212	34 772	210	6 885	425	5 000	373	112	437
11 166	371	11 001	369	11 316	377	6 175	340	297	385
46 362	167	45 585	168	36 804	227	7 914	317	935	194
13 855	341	13 891	339	9 912	392	13 815	256	476	292
30 629	229	28 709	234	14 034	356	5 754	358	489	286
28 102	234	30 912	225	18 045	320	5 848	353	1 804	145
16 341	320	16 341	313	64 593	151	49 355	104	1 746	148
17 979	301	17 979	297	111 374	95	63 120	81	378	336
24 367	262	23 033	267	45 175	195	22 151	197	814	212
23 005	268	21 412	276	8 765	402	9 022	307	702	232
17 236	311	11 095	366	7 409	420	1 169	436	1 218	176
24 150	264	24 150	262	14 553	352	4 140	384	346	352
36 976	202	36 896	202	986 814	10	110 304	54	10 998	20
31 005	225	21 751	274	27 458	278	2 905	409	503	284
27 172	244	27 415	240	15 211	345	3 709	392	120	434
22 012	273	16 879	305	15 226	344	2 295	419	610	253
60 157	134	60 157	127	109 673	98	10 843	285	680	238
22 839	271	21 697	275	20 627	308	12 425	266	526	273
10 079	386	10 061	383	33 003	247	5 697	359	820	211
17 116	312	13 909	338	17 165	326	18 706	214	2 133	128

6－4 续表 7

企业名称	行业类别	中型	增加值（现价）（万元）	排序
新疆北屯电力工业有限公司	水力发电	中型	5 775	259
湖北广泽精机（武汉）有限公司	机械制造	中型	5 759	260
*黑龙江益华米业有限公司	谷物磨制	龙头	5 645	261
新疆阿拉尔新农塑业有限公司	塑料薄膜制造	中型	5 619	262
新疆唐成棉业有限公司	棉纺纱加工	中型	5 582	263
江西上饶市旭光场旭光造纸厂	造纸	中型	5 554	264
黑龙江乌苏里江制药有限公司	刺五加注射液	中型	5 507	265
新疆兵团农五师新赛精纺有限公司	棉纺纱加工	中型	5 502	266
*黑龙江省建三江农垦金三江粮油工贸有限公司	稻米加工	龙头	5 443	267
江西九江市芙蓉场德润油脂	油脂化工	中型	5 377	268
江西九江市共青场共青城兴龙实业有限公司	羽毛（绒）加工	中型	5 331	269
黑龙江省九三农垦电业局	电力供应	中型	5 261	270
新疆华茂阿拉尔纺织有限公司	棉纺纱加工	中型	5 224	271
云南农垦陇川农场糖厂	制糖业	中型	5 205	272
黑龙江省宝泉岭电业局	电力供应	中型	5 201	273
广西扶绥县春江木材市场投资有限公司	木材加工和木、竹、藤、棕、草制品业	中型	5 187	274
兵团哈密中虎矿业有限公司	铁矿采选	中型	5 147	275
湖北武汉五景药业有限公司	化学药品制剂制造	中型	5 126	276
辽宁阜新小东北食品有限公司	食品制造业	中型	5 060	277
黑龙江东隆化工有限公司	原煤生产	中型	5 000	278
重庆双桥正大有限公司	农产品加工	中型	4 948	279
广西博白县亿丰工艺制品有限公司	文教、工美、体育和娱乐用品制造业	中型	4 919	280
*上海星辉蔬菜有限公司	食品制造业	龙头	4 809	281
*安徽皖垦种业有限公司	种子加工	龙头	4 798	282
宁夏农垦西夏王葡萄酒业有限公司	葡萄酒制造	中型	4 772	283
新疆绿翔糖业有限责任公司	制糖业	中型	4 735	284
重庆德佳肉类科技发展有限公司	农产品加工	中型	4 695	285
江西九江市芙蓉场振兴纺织	机织服装制造	中型	4 676	286
上海农垦浙江汇诚通用印务有限公司	包装装潢及其他印刷	中型	4 670	287
新疆华世丹药业股份有限公司	化学药品制剂制造	中型	4 655	288
*广西农垦国有立新农场	农业	中型	4 653	289
*广东省华海糖业发展有限公司	制糖业	中型	4 592	290
河南省孟州市华兴有限责任公司	制造业	中型	4 578	291
重庆正大有限公司	农产品加工	中型	4 537	292
上海良友海狮油脂实业有限公司	食用植物油加工	中型	4 534	293
*广东省廉江市华南糖业有限公司	制糖业	中型	4 532	294
广西柳州市利威车业橡胶机械制造有限公司	通用设备制造业	中型	4 490	295

总产值（现价）（万元）	排序	销售产值（万元）	排序	年末资产总额（万元）	排序	固定资产原值年末数（万元）	排序	年平均从业人员（人）	排序
15 881	326	14 133	335	60 077	164	42 910	120	3 718	70
21 184	278	20 836	279	14 910	348	5 305	367	300	383
31 364	224	31 364	223	18 262	315	5 162	371	79	451
16 573	319	15 779	318	10 852	383	9 950	297	2 551	112
33 017	218	32 975	217	42 923	208	27 776	174	4 630	58
18 538	293	17 572	298	7 300	421	24 500	186	300	383
13 855	340	13 855	341	34 176	241	10 395	291	541	269
28 007	235	22 481	269	28 893	268	25 792	181	2 011	135
21 774	275	21 841	273	16 738	331	2 054	421	113	436
28 302	233	28 302	235	10 782	384	3 641	393	181	417
11 057	372	11 057	367	11 592	373	2 500	415	600	254
6 526	423	6 526	424	19 220	310	24 343	187	395	322
13 896	339	11 869	356	30 703	257	30 237	164	1 341	166
25 328	254	25 251	255	19 189	311	13 857	254	346	352
15 297	330	15 297	320	37 535	225	44 315	115	2 096	131
14 922	334	13 616	342	8 335	410	7 240	324	303	381
16 918	313	16 918	304	2 579	476	394	464	2 768	101
20 000	284	19 206	288	24 160	290	8 516	313	327	361
18 146	298	18 146	296	5 145	444	750	448	2 197	125
8 863	398	8 863	395	33 693	244	31 208	160	475	293
34 079	215	34 352	211	8 990	401	7 577	319	152	428
13 198	343	13 198	344	3 385	470	3 370	398	305	379
29 914	231	29 914	229	34 408	239	39 544	138	359	346
6 114	426	30 398	227	45 233	194	18 850	213	260	392
10 920	376	10 850	373	81 634	120	38 974	139	243	397
25 341	253	22 228	271	63 842	156	43 146	118	4 584	59
21 242	277	19 818	283	14 068	354	6 668	333	317	371
24 610	261	24 610	259	35 320	234	8 261	315	265	390
36 776	203	36 726	204	16 894	329	10 932	281	308	375
8 479	403	7 385	414	35 764	231	13 563	257	2 649	105
6 648	420	6 535	423	52 491	178	5 164	370	559	264
11 296	370	11 296	364	297 754	39	29 989	165	359	346
99 263	91	97 050	86	88 728	116	61 262	84	760	223
50 377	156	50 090	157	16 575	332	9 208	303	207	409
64 544	124	64 544	118	44 976	197	24 734	185	371	339
17 339	309	16 472	312	16 873	330	11 143	277	385	331
11 426	366	10 855	372	6 350	429	800	446	430	308

6-4续表8

企业名称	行业类别	中型	增加值（现价）（万元）	排序
湖北武汉市华宇泰新型墙体材料有限公司	粘土砖瓦及建筑砌块制造	中型	4 489	296
*广西杨氏鲜果有限公司	农副食品加工业	中型	4 445	297
*黑龙江农垦爱邦实业有限公司	谷物磨制	龙头	4 432	298
兵团图木舒克市天华纺织有限公司	棉纺纱加工	中型	4 411	299
江西九江市芙蓉场义鑫服饰	机织服装制造	中型	4 349	300
辽宁阜新杰超煤矸石热电有限公司	火力发电	中型	4 348	301
江西九江市芙蓉场顺昌塑料包装	包装装潢及其他印刷	中型	4 230	302
湖南大通湖三星养殖	肉制品加工业	中型	4 216	303
辽宁营口建华管桩有限公司	砼结构构件制造	中型	4 200	304
兵团和布克赛尔县和什托洛盖一三七团煤矿	烟煤和无烟煤开采洗选	中型	4 172	305
广西农垦糖业集团西江制糖有限公司	农副食品加工业	中型	4 160	306
湖北武汉智迅创源科技发展股份有限公司	卫生材料及医药用品制造	中型	4 150	307
广西农垦集团华成纸业有限公司	造纸和纸制品业	中型	4 114	308
*黑龙江省牡丹江农垦绿源农业开发有限公司	谷物磨制	龙头	4 092	309
*黑龙江省农垦龙王食品有限责任公司	乳粉、豆粉生产	龙头	4 063	310
*黑龙江省建三江农垦双盛米业有限责任公司	谷物磨制	龙头	4 050	311
新疆石河子银河纺织有限责任公司	棉纺纱加工	中型	3 984	312
新疆天富阳光生物科技有限公司	兽用药品制造	中型	3 932	313
兵团伊犁伊力特玻璃制品有限公司	玻璃包装容器制造	中型	3 900	314
兵团燕京啤酒（阿拉尔）有限公司	啤酒制造	中型	3 717	315
重庆华牧实业（集团）有限公司	农产品加工	中型	3 714	316
上海梅林正广和重庆食品有限公司	牲畜屠宰	中型	3 679	317
*黑龙江农垦龙兴米业有限公司	谷物磨制	龙头	3 661	318
上海农垦广西凤糖柳江制糖有限责任公司	制糖业	中型	3 623	319
广西剑麻集团山圩剑麻制品有限公司	纺织业	中型	3 603	320
黑龙江北三峡食品有限公司	肉鸡屠宰	中型	3 527	321
吉林省四平市慧良牧业有限公司	食品制造业	中型	3 500	322
广西农垦糖业集团达华制糖有限公司	农副食品加工业	中型	3 491	323
兵团第二师天泰电力有限责任公司	电力供应	中型	3 437	324
辽宁华丰食品（阜新）有限公司	食品制造业	中型	3 428	325
新疆绿华糖业有限责任公司	制糖业	中型	3 410	326
辽宁营口大新不锈钢有限公司	金属制餐具盒器皿制造	中型	3 400	327
*黑龙江农垦卉菊海林甜菊糖有限公司	甜菊糖甙加工	龙头	3 370	328
*重庆万吨冷储物流有限公司	仓储物流	龙头	3 367	329
*吉林省延边宝利祥蜂业有限公司	农副食品加工业	龙头	3 321	330
*广东省东方剑麻集团有限公司	农业	大型	3 279	331
*黑龙江野宝药业有限公司	熊胆酒	龙头	3 270	332

总产值（现价）（万元）	排序	销售产值（万元）	排序	年末资产总额（万元）	排序	固定资产原值年末数（万元）	排序	年平均从业人员（人）	排序
17 513	307	17 513	300	12 580	369	6 431	335	327	361
11 695	362	11 695	358	6 520	426	3 270	402	358	349
16 247	321	16 723	308	8 396	407	2 784	410	215	405
17 272	310	16 116	316	23 310	291	17 298	225	1 554	153
22 887	270	22 887	268	4 660	455	126	476	160	421
19 615	287	19 615	284	29 294	266	−320	489	3 914	66
22 265	272	22 265	270	4 556	457	565	457	110	438
17 552	306	17 552	299	14 889	349	3 500	396	160	421
15 600	329	15 000	325	33 580	246	432	462		
11 484	365	8 870	394	17 607	324	9 031	306	3 261	84
11 888	359	9 979	386	16 298	335	11 308	276	330	359
16 193	323	14 912	328	18 927	313	6 035	345	427	310
12 875	345	12 875	349	74 430	132	72 054	75	471	294
15 005	333	15 508	319	5 244	441	2 708	411	198	413
18 524	294	19 224	287	28 157	273	9 103	304	280	387
16 200	322	16 200	314	13 297	361	4 633	378	54	467
19 701	286	19 923	282	36 355	228	29 436	170	2 548	113
10 293	383	10 329	379	22 975	294	15 020	250	2 065	133
8 901	396	8 776	397	7 436	418	7 720	318	1 896	139
8 939	394	8 982	393	36 328	229	26 300	178	2 471	117
134 268	62	134 377	64	36 248	230	9 872	299	446	303
106 609	84	108 629	79	28 901	267	16 885	230	371	339
13 416	342	13 889	340	5 140	445	2 263	420	131	431
11 834	360	11 899	355	25 885	284	13 820	255	519	278
10 120	384	10 150	381	13 249	363	8 558	310	341	354
17 635	304	16 800	306	41 067	215	33 361	152	701	233
19 361	289	19 361	285	6 467	427	3 081	405	102	442
12 648	349	13 188	345	64 100	155	29 595	167	295	386
16 664	318	16 664	311	61 557	160	32 248	157	3 283	80
17 748	303	17 490	301	8 378	408	10	484	5 019	54
16 799	314	16 791	307	28 890	269	15 389	249	2 796	100
12 300	354	12 300	352	13 560	358	330	466		
11 418	367	10 345	378	2 352	479			61	464
9 967	388	9 967	387	54 203	173	17 757	222	233	399
3 300	458	3 000	466	6 923	424	3 983	387	65	461
11 713	361	11 713	357	43 013	207	10 856	284	436	305
10 900	377	11 333	363	2 456	477	1 680	426	58	466

6-4 续表 9

企业名称	行业类别	中型	增加值（现价）（万元）	排序
上海农垦广西凤糖融安制糖有限责任公司	制糖业	中型	3 256	333
海南金路水泥有限责任公司	水泥制造	中型	3 251	334
兵团五家渠恒信铝业有限公司	铝压延加工	中型	3 181	335
湖北台玻武汉工程玻璃有限公司	其他玻璃制造	中型	3 174	336
新疆睿盛纺织有限公司	棉纺纱加工	中型	3 164	337
湖北武汉市东西湖自来水公司	自来水生产和供应	中型	3 101	338
重庆大正畜牧科技有限公司	畜牧业	中型	3 100	339
新疆浩源发饰制品有限公司	其他工艺美术品制造	中型	3 023	340
河南省淅川县制药集团	制药	中型	3 002	341
江苏省勤奋药业有限公司	医药	中型	2 994	342
广西扶绥县鑫源木业有限公司	木材加工和木、竹、藤、棕、草制品业	中型	2 989	343
江西九江市共青场江西省天翌光电有限公司	光电子器件及其他电子器件制造	中型	2 985	344
*上海鲜花港企业发展有限公司	蜜饯制作	龙头	2 981	345
*广西农垦钦州企业总公司	渔业	中型	2 963	346
*黑龙江齐齐哈尔农垦大强米业有限责任公司	谷物磨制	龙头	2 944	347
湖北武汉市帝元医用材料有限公司	纺织	中型	2 943	348
江西抚州市长红场佰仕通	电子	中型	2 924	349
新疆农六师大黄山豫新煤业有限公司	烟煤和无烟煤开采洗选	中型	2 900	350
上海东辰粮油有限公司	食用植物油加工	中型	2 866	351
兵团图木舒克市前海棉纺织有限责任公司	棉纺纱加工	中型	2 861	352
湖北武汉市帝元柴田纸业有限公司	制造	中型	2 827	353
新疆哈密瓜乡果业股份有限公司	水果和坚果加工	中型	2 807	354
湖北武汉市江汉医疗制药设备有限公司	机械治疗及病房护理设备制造	中型	2 775	355
上海农垦广西凤糖雒容制糖有限责任公司	制糖业	中型	2 755	356
新疆伊力特糖业有限公司	制糖业	中型	2 734	357
*黑龙江省建三江农垦雪那红米业有限责任公司	稻米加工	龙头	2 731	358
广西黄浦江制衣（贵港）有限公司	纺织服装、服饰业	中型	2 694	359
海南椰威糖业有限公司	制糖业	中型	2 688	360
北京三元种业科技股份有限公司饲料分公司	饲料加工	中型	2 667	361
湖北金龙福药业有限公司	工业	中型	2 585	362
江苏省农垦麦芽有限公司	加工	中型	2 577	363
湖北武汉蓝盾门业有限公司	金属门窗制造	中型	2 565	364
兵团哈密红山化工有限责任公司	无机盐制造	中型	2 524	365
广东湛江碧丽华模压木制品有限公司	木材加工制造业	中型	2 518	366
*广西富川富隆果业有限公司	农副食品加工业	小型	2 516	367
上海农垦广西凤糖白沙制糖有限责任公司	制糖业	中型	2 509	368
河南省黄泛区绿原化工公司	化工	中型	2 495	369

总产值（现价）（万元）	排序	销售产值（万元）	排序	年末资产总额（万元）	排序	固定资产原值年末数（万元）	排序	年平均从业人员（人）	排序
10 750	380	13 117	347	14 062	355	21 189	204	438	304
19 193	290	19 193	289	12 628	367	11 378	273	338	355
9 833	389	9 833	389	22 007	297	5 989	347	3 107	86
12 386	352	14 712	330	56 262	168	44 279	116	623	250
20 576	281	18 451	293	64 446	153	14 917	252	2 492	115
12 100	357	12 100	353	214 009	51	23 282	194	381	333
16 756	315	17 158	303	30 408	258	9 970	294	216	404
8 764	400	8 764	398	4 239	461	19	482	477	291
14 271	337	13 921	337	41 392	214	17 236	226	1 423	161
4 261	446	4 261	449	5 140	445	3 033	406	150	429
8 599	402	8 193	405	3 586	466	3 180	404	363	345
12 831	346	9 846	388	9 956	391	3 862	391	359	346
15 011	332			60 382	163	42 352	124	250	395
7 158	415	5 257	435	6 375	428	4 586	379	385	331
11 370	369	11 370	362	5 157	443	2 300	418	250	395
12 277	355	7 220	415	5 130	447	6 210	339	592	257
9 132	393	8 569	400	11 171	379	3 900	390	892	200
5 890	428	5 890	431	85 926	118	86 404	65	5 658	47
185 525	39	183 772	44	46 587	190	12 501	265	175	418
16 035	325	11 241	365	70 066	143	49 106	105	2 800	99
11 392	368	7 141	416	5 021	449	6 111	343	581	260
36 250	206	37 052	200	39 517	218	6 754	332	1 513	156
10 826	378	10 826	374	18 154	318	7 328	322	402	317
8 874	397	9 716	390	25 966	283	12 795	262	394	325
10 970	373	11 043	368	21 996	298	11 784	270	2 186	126
10 923	375	10 923	371	6 295	431			40	468
7 641	409	7 434	413	5 333	439	1 158	437	850	205
12 719	348	12 719	350	18 925	314	6 419	336	365	343
54 412	146	54 412	145	21 141	306	735	449	160	421
10 770	379	10 450	377	5 210	442	1 597	428	318	370
78 863	100	70 144	110	123 208	89	48 091	106	209	408
10 006	387	10 006	384	4 390	459	441	461	338	355
7 620	410	8 126	406	8 625	403	6 770	331	1 871	140
8 146	405	7 983	408	15 872	340	22 105	198	308	375
6 622	421	6 622	422	3 600	465	2 600	414	175	418
7 049	417	8 280	403	7 066	423	8 531	311	366	342
4 007	449	3 798	456	10 856	382	10 308	293	237	398

6-4 续表 10

企业名称	行业类别	中型	增加值（现价）（万元）	排序
*广西平乐宏源农业发展有限公司	农副食品加工业	中型	2 442	370
江西九江市共青场共青城雪狐服饰有限公司	机织服装制造	中型	2 430	371
*上海海丰米业有限公司	谷物磨制	龙头	2 414	372
上海农垦广西田林和平糖业有限公司	制糖业	中型	2 352	373
海南三叶制药厂有限公司	化学药品制剂制造	中型	2 340	374
江西九江市共青场九江华达医用材料有限公司	卫生材料及医药用品制造	中型	2 319	375
兵团阿拉尔新农棉浆有限责任公司	化纤浆粕制造	中型	2 314	376
辽宁北票电力电杆有限公司	水泥制造业	中型	2 300	377
*黑龙江省宝泉岭农垦宝泉酱业有限公司	大豆酱	龙头	2 265	378
新疆光大山河化工科技有限公司	其他家用纺织制成品制造	中型	2 259	379
新疆绿翔牧业有限责任公司	牲畜屠宰	中型	2 215	380
云南农垦南湖橡胶厂	橡胶鞋制造业	中型	2 212	381
江西九江市共青场金淞电器（九江）有限公司	家用空气调节器制造	中型	2 207	382
广西柳州延龙汽车有限公司	汽车制造业	中型	2 204	383
上海海丰米业有限公司	谷物磨制	中型	2 203	384
*黑龙江省建三江农垦富油商贸有限责任公司	谷物磨制	龙头	2 200	385
内蒙古农垦麦福劳公司	食品加工	中型	2 187	386
吉林省钓鱼台医药集团吉林天强制药股有限公司	医药制造业	中型	2 178	387
上海新三花薄膜有限公司	塑料薄膜制造	中型	2 168	388
*黑龙江省建三江农垦宝丰米业有限责任公司	谷物磨制	龙头	2 100	389
*黑龙江省宝泉岭农垦山林粮食加工有限责任公司	稻米加工	龙头	2 092	390
四川西昌泸山铁合金有限责任公司	工业	中型	2 036	391
辽宁本溪寨香生态农业有限公司	农副食品加工业	中型	1 945	392
云南农垦维克达公司	汽车配件制造业	中型	1 941	393
*黑龙江省宝泉岭农垦香其酱业	大豆酱	龙头	1 935	394
吉林省四平市种鹿场有限公司	农副食品加工业	中型	1 851	395
辽宁营口海宇农水产品有限公司	脱水蔬菜和海产品	中型	1 850	396
云南农垦景洪农场沧江木材厂	人造板制造业	中型	1 765	397
新疆昌恒纺织有限责任公司	棉纺纱加工	中型	1 707	398
新疆兵团水利水电工程集团钢结构有限公司	金属结构制造	中型	1 686	399
江西九江市共青场江西春蕾服饰有限公司	机织服装制造	中型	1 655	400
广西农垦南宁金光淀粉公司	农副食品加工业	中型	1 583	401
*广东省农垦集团进出口有限公司	农业	中型	1 524	402
兵团伊犁青松南岗建材有限责任公司	水泥制造	中型	1 505	403
湖北荆门儿梦宝贝童用品有限公司	工业	中型	1 502	404
上海乐惠米业有限公司	谷物磨制	中型	1 470	405
湖北武汉多美丽服饰有限公司	机织服装制造	中型	1 459	406

总产值（现价）（万元）	排序	销售产值（万元）	排序	年末资产总额（万元）	排序	固定资产原值年末数（万元）	排序	年平均从业人员（人）	排序
8 800	399	8 800	396	5 743	435	980	440	75	453
17 630	305	15 118	323	2 726	475	1 784	423	358	349
17 833	302	18 307	294	96 235	112	28 362	173	161	420
26 511	248	26 489	249	52 971	175	37 633	143	436	305
7 864	408	7 835	409	33 826	242	15 967	241	562	263
25 512	252	25 512	254	13 030	364	6 619	334	380	334
6 091	427	14 397	332	101 057	108	46 867	111	3 011	91
7 500	412	7 500	411	6 337	430	147	474	3 536	73
8 091	406	8 102	407	13 376	359	10 522	288	188	415
7 934	407	11 633	359	80 193	122	40 021	135	1 854	141
12 751	347	9 986	385	17 484	325	6 334	337	668	243
8 909	395	8 382	402	15 681	341	3 279	401	943	193
14 274	336	14 274	333	12 964	366	6 784	330	398	320
5 622	431	5 353	434	9 447	396	320	467	306	378
9 561	390	9 489	392	74 035	133	25 742	182	125	432
8 700	401	8 700	399	4 265	460	617	455	34	470
4 640	442	6 926	419	21 584	302	17 613	223	307	377
5 445	433	5 236	436	8 083	413	6 120	342	160	421
16 691	317	16 675	310	8 070	414	2 410	416	379	335
8 200	404	8 200	404	4 865	451	484	459	29	475
10 462	381	10 320	380	8 085	412	5 799	355	95	446
2 036	473	2 289	471	39 890	217	5 818	354	214	406
6 947	418	4 595	446	1 467	485	18	483	2 561	111
5 100	436	4 800	441	9 050	399	5 556	362	108	439
6 911	419	7 014	418	5 817	434	5 935	349	88	449
7 118	416	6 834	420	16 552	333	9 694	300	1 386	164
7 500	412	7 500	411	8 450	405	180	471		
3 931	450	3 837	455	4 743	452	3 941	388	252	394
1 900	475	1 697	475	13 945	357	42 177	126	1 257	172
6 130	425	6 130	427	4 997	450	472	460	1 422	162
18 206	296	18 206	295	5 283	440	9 045	305	280	387
4 832	439	4 991	438	5 920	433	4 791	375	153	426
3 007	463	135 203	63	68 645	145	668	451	73	458
24 739	259	24 749	258	126 783	85	98 204	56	7 478	35
6 259	424	6 078	428	2 359	478	785	447	323	364
49 374	160	48 934	162	44 324	203	1 296	433	75	453
5 693	430	5 489	433	10 775	385	6 066	344	500	285

6-4续表 11

企业名称	行业类别	中型	增加值（现价）（万元）	排序
*黑龙江省农垦胜利粮油食品有限责任公司	粮食加工	龙头	1 440	407
新疆芳婷针纺织有限责任公司	针织或钩针编织服装制造	中型	1 422	408
*重庆市三峡生态渔业股份	水产养殖	龙头	1 371	409
浙江御茶村茶业有限公司	农业种植业	中型	1 364	410
*吉林省四平金满春保健科技有限公司	食品制造业	龙头	1 346	411
首农承德三元金星鸭业有限责任公司	饲养加工业	中型	1 341	412
辽宁东港市港珠食品有限公司	农副食品加工业	中型	1 322	413
*河北省唐山市芦台喜氏兴米业有限公司	大米加工	龙头	1 303	414
云南农垦钢板弹簧厂	汽车配件制造业	中型	1 271	415
新疆普耀新型建材有限公司	平板玻璃制造	中型	1 266	416
*重庆金穗种业有限责任公司	农业	龙头	1 199	417
河南省黄泛区天鹰缸套公司	机械	中型	1 164	418
湖南德科纺织有限公司	纺织业	中型	1 162	419
上海农垦安徽光明槐祥工贸集团有限公司	谷物磨制	中型	1 153	420
上海方信包装材料有限公司	其他塑料制品制造	中型	1 145	421
兵团和田昆仑山枣业股份有限公司	水果和坚果加工	中型	1 129	422
云南农垦天使食品厂	食品制造业	中型	1 128	423
辽宁阜新市驰宇石油机械有限公司	石油钻采专用设备制造	中型	1 117	424
*黑龙江省农垦胜利东北黑蜂开发有限公司	蜂蜜加工	龙头	1 035	425
*黑龙江省建三江农垦嘉良米业有限责任规上	大米加工	龙头	976	426
云南农垦茶叶公司	茶饮料制造业	中型	958	427
湖北爱斯曼食品有限公司	工业	中型	925	428
*安徽华阳河棉花产业化集团	轧花	龙头	921	429
云南农垦热作机械公司	农业专用机械制造业	中型	920	430
*黑龙江省建三江农垦鑫盛源粮油工贸有限规上	大米加工	龙头	880	431
*黑龙江省建三江农垦伍峰工贸有限公司	水稻加工	龙头	871	432
内蒙古农垦合适佳公司	食品制造	中型	843	433
*黑龙江省建三江农垦北农粮油工贸有限公司	谷物磨制	龙头	789	434
黑龙江红兴隆农垦宝利采金有限公司	金矿采选	中型	780	435
*黑龙江省建三江农垦万顺米业有限责任公司	稻米加工	龙头	746	436
海南如来木业有限公司	木质家具制造	中型	732	437
*黑龙江省建三江农垦北斗星粮油工贸有限责任公司	谷物磨制	龙头	718	438
黑龙江北大荒农业股份有限公司浩良河化肥分公司	氮肥制造业	中型	710	439
江西鹰潭市青年场大地蔬菜制品有限公司	农业	中型	704	440
上海梅林（荣成）食品有限公司	蔬菜、水果罐头制造	中型	673	441
*重庆农投商贸有限公司	批发零售	龙头	663	442
辽宁东港市江源机械有限公司	交通运输设备制造业	中型	618	443

总产值（现价）（万元）	排序	销售产值（万元）	排序	年末资产总额（万元）	排序	固定资产原值年末数（万元）	排序	年平均从业人员（人）	排序
5 760	429	5 760	432	9 907	393	3 925	389	101	443
4 422	444	4 752	443	9 018	400	4 066	385	1 655	150
4 288	445	4 288	448	12 022	371	4 273	382	98	444
5 000	437	6 160	426	11 376	376	9 233	301	104	441
5 179	434	4 972	439	9 281	397	5 198	369	386	330
12 302	353	12 350	351	15 556	343	10 417	290	325	363
4 860	438	4 860	440	2 240	480	350	465	1 500	158
13 033	344	13 033	348	5 421	436	1 687	425	105	440
3 516	455	3 180	462	14 545	353	1 102	438	125	432
13 971	338	10 577	376	45 499	193	33 910	150	1 815	143
1 199	482	7 109	417	21 952	299	418	463	78	452
2 787	466	2 896	468	8 011	416	6 839	328	262	391
3 229	459	3 229	461	1 958	483	1 202	435	205	410
18 446	295	28 756	233	37 670	224	9 960	295	219	403
50 772	155	50 821	154	27 266	279	2 952	408	155	425
18 000	300	11 402	361	47 679	187	18 116	218	1 853	142
3 171	460	3 147	464	5 039	448	1 731	424	189	414
3 500	456	3 520	459	8 423	406	150	473	13 274	18
1 724	476	1 724	474	1 790	484	972	441	26	477
4 692	440	4 692	445	5 364	437	560	458	26	477
2 084	472	4 177	452	9 626	395	1 339	431	75	453
3 856	451	6 397	425	11 129	380	5 067	372	305	379
7 210	414	5 928	430	3 810	464	7 384	321	72	459
2 117	470	2 438	470	3 193	473	1 508	429	93	447
4 232	447	4 232	450	4 514	458			28	476
4 186	448	4 186	451	33 606	245	13 142	258	65	461
61 400	132	25 537	253	51 888	181	20 011	209	317	371
3 792	452	3 792	457	3 554	467	155	472	20	482
3 740	453	3 934	453	4 123	462	4 019	386	457	301
3 588	454	3 588	458	1 960	482	847	445	10	485
3 022	462	3 022	465	16 043	338	7 208	325	257	393
3 450	457	3 450	460	12 989	365	11 106	278	30	473
30 690	228	27 117	243	72 496	138	172 945	33	959	189
2 316	468	136	484	1 122	489	998	439	93	447
10 437	382	13 568	343	22 528	296	18 673	215	636	248
9 520	391	9 520	391	7 224	422	5 760	357	12	484
2 916	464	2 916	467	2 005	481	39	481	1 200	179

6-4续表12

企业名称	行业类别	中型	增加值（现价）（万元）	排序
上海福新面粉有限公司	谷物磨制	中型	615	444
*上海大瀛食品有限公司	肉制品及副产品加工	龙头	588	446
新疆新越丝路有限公司	针织或钩针编织品制造	大型	581	447
*黑龙江省建三江农垦阿祥粮油工贸有限公司	谷物加工	龙头	574	448
*黑龙江北珠精米加工有限公司	谷物磨制	龙头	557	449
江西九江市共青场江西羽博服饰有限公司	机织服装制造	中型	527	450
北京华都肉鸡公司	饲养加工业	大型	520	451
安徽雁湖面粉有限公司	碾磨业	中型	473	452
重庆正大农牧食品有限公司	畜牧业	中型	468	453
云南咖啡厂	固体饮料制造业	中型	459	454
江苏省金象传动设备股份有限公司	机械	中型	432	455
*安徽省安禽有限公司	禽业养殖	龙头	380	456
*安徽省青草湖酒业公司	酿酒	龙头	379	457
*黑龙江省建三江农垦稻福米业有限公司	谷物磨制	龙头	353	458
*安徽倮倮米业有限公司	碾磨业	龙头	343	459
*黑龙江省建三江农垦七星粮油工贸有限责任公司	谷物磨制	龙头	298	460
江西九江市共青场共青城欧唯诺太阳能科技股份有限公司	光伏设备及元器件制造	中型	288	461
*重庆市渝人园林工程有限公司	农业	龙头	242	462
*安徽省绿魁茶业有限公司	茶叶	龙头	232	463
*河北省唐山旺地种业有限公司	种植	龙头	220	464
辽宁东港市五四农场米业	农副食品加工业	中型	208	465
*广东省广前糖业发展有限公司	制糖业	中型	201	466
*重庆农投种业有限公司	农业	龙头	200	467
宁夏农垦贺兰山清真牛羊肉产业集团公司	牲畜屠宰	中型	121	468
新疆大安特种钢有限责任公司	钢压延加工	中型	53	469
新疆华春毛纺有限公司	针织或钩针编织物织造	中型	20	470
*上海一只鼎食品有限公司	水产品罐头制造	龙头	−68	471
*黑龙江省绥化农垦晨环生物科技有限责任公司	复合肥	龙头	−169	472
北京家禽育种有限公司	饲养加工业	中型	−187	473
云南农垦黎明农场糖厂	制糖业	中型	−282	474
上海农垦江苏淮安苏食肉品有限公司	牲畜屠宰	中型	−473	475
兵团石河子开发区天业化工有限责任公司	初级形态塑料及合成树脂制造	中型	−1 045	476
上海农垦绿都集团股份有限公司	谷物磨制	大型	−1 559	477
首农河北滦平华都食品有限公司	食品制造业	大型	−1 671	478
兵团阿克苏新农乳业有限责任公司	乳制品制造	中型	−1 849	479
上海光明饲料有限公司	饲料加工	中型	−2 211	480

总产值（现价）（万元）	排序	销售产值（万元）	排序	年末资产总额（万元）	排序	固定资产原值年末数（万元）	排序	年平均从业人员（人）	排序
39 395	193	39 025	191	73 232	135	12 319	267	222	400
1 627	478	1 627	478	8 497	404	3 317	399	278	389
20 241	283	14 934	327	162 208	62	1 645	427	3 889	67
2 760	467	2 760	469	4 736	453	1 298	432	30	473
1 639	477	1 621	479	3 279	471	601	456	34	470
7 549	411	7 549	410	3 421	469	15 000	251	705	230
104 682	87	104 682	82	52 227	179	32 248	157	2 130	129
18 048	299	15 115	324	9 230	398	4 660	377	185	416
15 866	327	15 866	317	15 654	342	5 791	356	413	314
12 013	358	11 480	360	4 650	456	3 184	403	96	445
5 155	435	5 155	437	34 275	240	29 120	171	460	299
1 530	479	1 650	477	1 387	486	878	443	60	465
581	483	1 202	482	2 848	474	642	454	74	457
1 472	480	1 472	480	1 289	487	643	453	15	483
4 439	443	3 856	454	11 018	381	3 032	407	84	450
1 242	481	1 242	481	7 424	419	4 550	380	25	479
78 791	101	70 652	108	76 044	128	177 078	30	420	312
242	485	4 578	447	11 286	378	130	475	7	486
2 005	474	1 690	476	3 945	463	1 922	422	35	469
2 190	469	2 190	472	1 200	488	858	444	75	453
2 100	471	2 100	473	810	490	57	480	1 200	179
300	484	300	483	141 525	74	88	478	31	472
200	486	27	485	32 228	252	1 447	430	25	479
				10 590	388	5 941	348	24	481
57 375	139	62 043	122	132 485	80	90 550	61	3 454	75
4 671	441	4 712	444	26 704	280	15 529	248	1 812	144
5 465	432	4 767	442	7 478	417	1 259	434	153	426
				3 261	472	2 319	417	64	463
14 891	335	14 891	329	49 198	184	22 039	199	410	315
6 551	422	6 710	421	5 356	438	10 967	280	337	357
128 437	68	122 997	71	26 053	282	15 786	246	675	239
127 198	69	127 382	67	86 148	117	140 293	42	7 510	34
3 165	461	3 165	463	100 297	110	33 159	155	839	207
147 308	55	158 308	55	69 730	144	52 956	96	2 966	94
24 783	258	19 168	290	62 554	157	30 544	162	2 282	121
12 388	351	11 937	354	59 248	165	232	469	67	460

6－4 续表 13

企业名称	行业类别	中型	增加值（现价）（万元）	排序
新疆天山盈达碳素有限公司	石墨及碳素制品制造	中型	－2 663	481
兵团伊力特煤化工有限责任公司	炼焦	中型	－2 814	482
北京辛普劳食品加工有限公司	食品加工业	中型	－3 925	483
上海农垦北京光明健能乳业有限公司	乳制品制造	中型	－5 325	484
*上海都市生活企业发展有限公司	果品、蔬菜批发	龙头	－5 602	485
兵团伊犁南岗化工有限责任公司	初级形态塑料及合成树脂制造	中型	－6 365	486
兵团阿拉尔青松化工有限责任公司	无机碱制造	中型	－8 593	487
北京百年栗园生态农业有限公司	食品加工业	中型	－12 552	488
上海农垦云南文山英茂糖业有限公司	制糖业	中型	－17 857	489
*上海良友（集团）有限公司	企业总部管理	龙头	－36 201	490

总产值（现价）（万元）	排序	销售产值（万元）	排序	年末资产总额（万元）	排序	固定资产原值年末数（万元）	排序	年平均从业人员（人）	排序
15 845	328	14 226	334	126 199	87	30 478	163	1 540	154
12 228	356	10 654	375	92 250	113	83 715	66	1 323	169
18 729	291	19 156	291	29 728	263	23 502	193	320	367
41 636	184	41 541	179	71 546	139	19 379	212	419	313
				68 376	146	5 873	351	466	297
25 237	255	23 563	265	133 901	79	130 237	45	4 948	55
2 836	465	5 930	429	146 741	68	127 488	47	3 002	92
10 933	374	10 933	370	18 993	312	12 605	264	507	283
19 456	288	19 358	286	48 909	185	37 372	144	426	311
717 806	9	858 086	9	3 983 103	1	782 312	6	12 137	19

建筑业、交通运输业、批发零售贸易、餐饮业

7－1 建筑业基本情况

（2015 年）

地区	年末单位个数（个）		有工作量的单位个数（个）		年末从业人员（人）		全年从业人员报酬（万元）	
		国有（个）		国有（个）		国有（人）		国有（万元）
全国农垦	**4 271**	**378**	**4 006**	**363**	**429 138**	**158 674**	**2 104 302**	**817 862**
北京	4	2	3	2	69	54	574	495
天津	2	2	2	2	67	67	1 020	1 020
河北	116	8	111	5	7 128	426	20 779	2 230
山西								
内蒙古	449		425		7 753		22 215	
辽宁	344	7	344	7	23 633	240	64 599	1 384
吉林	26		23		1 051		2 814	
黑龙江	326	48	326	48	19 131	2 192	71 284	6 577
上海	9	9	9	9	1 075	1 075	8 411	8 411
江苏	68	6	68	6	2 560	252	24 621	1 444
浙江								
安徽	157	3	126	3	3 982	2 332	13 049	8 648
福建	249		164		2 518		5 264	
江西	82	16	53	11	6 624	752	15 147	1 960
山东	6	2	5	2	488	59	2 294	140
河南	9	1	9	1	1 380	900	3 597	2 483
湖北	827	18	825	17	138 717	69 314	754 942	304 913
湖南	291	88	291	88	13 101	4 821	23 185	10 330
广东	220	11	220	11	5 774	464	31 104	7 998
广西	455	28	455	28	29 269	2 805	121 368	16 165
海南	241	18	241	18	13 283	1 888	43 944	7 887
重庆	1	1			90	90	740	740
四川								
贵州								
云南	29	4	24	4	529	34	1 949	108
陕西								
甘肃	20	4	20	4	617	163	2 203	932
青海								
宁夏	18	2	12	2	1 844	490	4 720	2 963
新疆(兵团)	172	81	165	79	144 102	69 169	835 792	428 848
新疆(农业)	60	14	55	14	1 766	870	3 321	1 218
新疆(畜牧)	90	5	30	2	2 587	217	25 366	968
热科院								
广州								
南京								

7－1续表1

地　区	年末固定资产原值（万元）	国有（万元）	年末拥有机械设备总台数（台）	国有（台）	全年施工房屋建筑面积（万米²）	国有（万米²）
全国农垦	**3 236 351**	**1 125 000**	**82 690**	**30 554**	**19 008.60**	**10 436.48**
北　京	913	898	16	16	7.70	7.70
天　津	456	456	4	4	8.12	8.12
河　北	28 539	5 511	3 225	867	158.02	
山　西						
内蒙古	41 325		1 397		55.92	
辽　宁	173 320	4 419	4 678	417	533.48	3.00
吉　林	1 474		209		6.53	
黑龙江	298 078	99 142	6 301	2 706	343.30	133.70
上　海	4 815	4 815	75	75	155.71	155.71
江　苏	49 111	4 128	727	48	13.72	3.70
浙　江						
安　徽	2 946	553	401	199	111.38	97.14
福　建	1 067		324		45.00	
江　西	20 683	1 157	2 411	121	186.32	8.85
山　东	4 007	4	167	30	3.40	0.30
河　南	1 185	900	422	326	25.54	24.47
湖　北	465 915	163 130	22 686	6 458	10 165.27	5 097.89
湖　南	32 368	15 525	6 889	4 522	210.00	70.00
广　东	26 408	9 851	741	60	80.00	13.00
广　西	1 002 183	66 435	9 707	875	703.04	55.97
海　南	189 761	3 263	1 322	5	264.50	139.43
重　庆	1 953	1 953	6	6	49.00	49.00
四　川						
贵　州						
云　南	5 602	117	107	15	9.69	4.21
陕　西						
甘　肃	776	258	45	14	8.00	1.00
青　海						
宁　夏	1 587	764	428	233	31.20	25.00
新疆（兵团）	856 661	725 638	19 159	13 185	5 776.33	4 523.50
新疆（农业）	6 411	4 082	763	362	22.00	14.00
新疆（畜牧）	18 806	12 000	480	10	35.43	0.80
热科院						
广　州						
南　京						

7-1续表2

地　区	本年新开工面积（万米²）	国有（万米²）	单位工程竣工个数（个）	国有（个）	房屋建筑竣工面积（万米²）	国有（万米²）
全国农垦	**8 109.61**	**3 299.96**	**21 247**	**4 230**	**8 812.99**	**3 918.18**
北　京	3.10	3.10	2	2	6.60	6.60
天　津	0.04	0.04	4	4	7.96	7.96
河　北	127.52		209	2	98.21	
山　西						
内蒙古	44.31		1 321		40.88	
辽　宁	277.41	2.50	377	1	301.55	1.50
吉　林	6.45		567		6.11	
黑龙江			4 033	567	220.70	19.10
上　海	64.88	64.88	62	62	81.58	81.58
江　苏	10.31	2.37	317	70	35.17	21.04
浙　江						
安　徽	26.72	16.04	18	12	13.32	6.35
福　建	18.00		114		29.00	
江　西	63.95	7.45	3 262	2 516	119.37	8.23
山　东	2.30		36		1.40	0.10
河　南	7.24	6.97	29	11	3.85	1.69
湖　北	3 561.43	1 233.39	2 079	152	4 354.90	1 755.78
湖　南	126.00	21.00			195.00	15.00
广　东	75.00	10.00	2 919	511	66.00	12.00
广　西	703.04	55.97	375	117	389.61	10.92
海　南	128.29	34.14	1 463	27	155.26	51.83
重　庆	20.00	20.00	3	3	19.00	19.00
四　川						
贵　州						
云　南	7.15	3.75	122	47	4.52	2.82
陕　西						
甘　肃	7.00		80	9	13.00	1.00
青　海						
宁　夏	0.10		26	16	30.80	25.00
新疆(兵团)	2 782.83	1 810.57			2 555.62	1 864.88
新疆(农业)	12.00	7.00	77	21	9.00	5.00
新疆(畜牧)	34.55	0.80	3 752	80	54.58	0.80
热科院						
广　州						
南　京						

7－2 交通运输业基本情况

（2015 年）

地 区	年末单位个数（个）		年末从业人员（人）		全年从业人员报酬（万元）		年末固定资产原值（万元）	
		国有（个）		国有（人）		国有（万元）		国有（万元）
全国农垦	**33 829**	**205**	**245 563**	**36 070**	**983 220**	**154 053**	**2 376 566**	**474 232**
北 京	3	1	2 517	2 517	6 553	6 553	21 461	21 461
天 津	1	1	8	8	74	74	13	13
河 北	5 795	3	19 122	48	29 908	138	92 259	214
山 西	45		100		226		605	
内 蒙 古	2 037	1	4 237	15	13 492	31	85 129	321
辽 宁	6 218	1	17 897	5	53 651	31	102 897	1 255
吉 林	339		2 790		6 285		10 623	
黑 龙 江	338	67	30 327	4 361	53 478	12 859	306 901	47 845
上 海	53	53	24 643	24 643	111 963	111 963	343 194	343 194
江 苏	35		2 378		17 042		21 880	
浙 江								
安 徽	566		891		3 666		7 147	
福 建	1 060		1 805		5 988		6 608	
江 西	289	3	1 813	216	4 400	423	10 555	746
山 东	12		166		862		2 698	
河 南								
湖 北	11 511	4	28 268	254	124 922	717	971 847	2 582
湖 南	560	11	4 090	637	8 505	998	17 545	3 012
广 东	853	12	4 167	1 089	21 143	8 694	30 695	11 426
广 西	17	3	9 975	66	46 620	454	97 935	2 397
海 南	7	5	7 022	210	20 837	1 040	33 974	7 380
重 庆	1	1	183	183	472	472	995	995
四 川								
贵 州								
云 南	2 014	10	3 234	92	6 950	304	48 075	5 520
陕 西								
甘 肃	103	1	133	6	378	40	743	2
青 海								
宁 夏	812		1 496		3 891		6 624	
新疆（兵团）	63	10	75 586	1 478	423 282	8 175	112 749	22 275
新疆（农业）	522	10	1 320	168	3 956	571	29 756	3 116
新疆（畜牧）	574	8	1 380	74	14 638	517	13 537	478
热 科 院								
广 州								
南 京	1		15		38		120	

7-2续表1

地　区	年末拥有主要运输工具（台）		载货汽车（辆）		载货汽车（吨位）	
		国有（台）		国有（辆）		国有（吨位）
全国农垦	**351 696**	**19 991**	**128 190**	**3 787**	**509 519**	**20 146**
北　京	1 722	1 722	113	113	247	247
天　津	318	318				
河　北	10 711	18	9 400	18	68 267	48
山　西	39		23		232	
内蒙古	2 961	13	1 774	13	10 981	299
辽　宁	12 205	23	4 821	2	23 320	26
吉　林	3 304		3 108		42 101	
黑龙江	25 395	1 620	9 305	482	125 199	7 278
上　海	11 700	11 700	663	663	2 478	2 478
江　苏	924		639		9 769	
浙　江						
安　徽	633		481		3 507	
福　建	1 212		915		3 945	
江　西	1 003	72	893	10	4 104	60
山　东	40		30		1 970	
河　南						
湖　北	23 718	213	22 133	20	120 863	700
湖　南	2 080	637	1 587	556	7 010	2 937
广　东	3 043	1 412	1 753	515	12 620	3 967
广　西	8 669	29	4 837	8	41 951	120
海　南	2 685	34	2 238	26	12 001	110
重　庆	126	126	126	126		
四　川						
贵　州						
云　南	7 324	277	1 526	47	7 570	57
陕　西						
甘　肃	97		58		586	
青　海						
宁　夏	921		338		3 514	
新疆（兵团）	228 748	1 591	60 328	1 042		
新疆（农业）	1 042	145	622	122	5 180	1 547
新疆（畜牧）	1 061	41	474	24	2 076	272
热科院						
广　州						
南　京	15		5		28	

7－2续表 2

地　　区	年末拥有主要运输工具			
	载客汽车（辆）		载客汽车（客位）	
		国有（辆）		国有（客位）
全国农垦	**205 584**	**15 879**	**343 327**	**114 468**
北　　京	1 609	1 609	7 363	3 287
天　　津	318	318	1 272	1 272
河　　北	1 286		8 635	
山　　西	16		214	
内 蒙 古	270		1 770	
辽　　宁	1 752	2	38 068	85
吉　　林	181		3 752	
黑 龙 江	14 189	926	144 035	32 986
上　　海	11 037	11 037	65 349	65 349
江　　苏	285		1 279	
浙　　江				
安　　徽	88		1 300	
福　　建	77		808	
江　　西	110	62	884	582
山　　东	10		165	
河　　南				
湖　　北	1 585	193	20 434	2 069
湖　　南	493	81	8 321	2 188
广　　东	1 290	897	11 246	4 485
广　　西	413	20	5 804	760
海　　南	447	8	6 303	120
重　　庆				
四　　川				
贵　　州				
云　　南	604	26	4 541	272
陕　　西				
甘　　肃	39		422	
青　　海				
宁　　夏	583		4 987	
新疆(兵团)	168 420	632		
新疆(农业)		51	4 150	633
新疆(畜牧)	472	17	2 195	380
热 科 院				
广　　州				
南　　京	10		30	

7－2 续表 3

地　区	年末货运量（吨）	国有（个）	年末客运量（万人）	国有（人）	年末营业	国有（万元）	营业网点个数（个）	国有（个）
全国农垦	**1 705 719**	**144 602**	**45 235**	**5 628**	**5 155 728**	**853 685**	**3 463 561**	**98 088**
北　京	16	16	1 131	1 131	21 744	21 744	7 750	7 750
天　津			256	256	115	115		
河　北	56 044	42 650	1 018		224 719	4 254	183 001	4 254
山　西	17		38		552		363	
内蒙古	3 536	2	525		68 362	313	58 139	313
辽　宁	31 337	74	4 331	1	187 130	40	128 225	16
吉　林	94		89		5 042		1 323	
黑龙江	15 667	877	8 329	1 966	893 321	256 657	351 490	19 015
上　海	714	714			469 754	469 754	24 001	24 001
江　苏	237		113		66 320		29 078	
浙　江								
安　徽	319		211		10 944		7 183	
福　建	1 617		220		15 088		12 852	
江　西	69	1	50	42	2		2	
山　东	110		1		3 435		3 435	
河　南								
湖　北	8 064	2 113	1 672	363	390 105	4 124	343 199	
湖　南	3 705	276	369	88	20 900	5 754	13 556	2 601
广　东	659	107	887	407	91 457	16 285	48 851	2 985
广　西	4 854	52	1 099	18	330 115	1 755	261 473	377
海　南	1 110	46	669	4	65 954	13 550	37 245	285
重　庆	86 140	86 140			2 296	2 296	2 296	2 296
四　川								
贵　州								
云　南	31 051		2 124		33 773	5	10 750	2
陕　西								
甘　肃	90	9	38		1 445	242	519	
青　海								
宁　夏	151		371		8 661		4 630	
新疆（兵团）	49 431	521	21 172	946	2 196 321	51 725	1 787 513	30 631
新疆（农业）	233	51	123	41	23 058	4 511	143 358	3 091
新疆（畜牧）	1 410 443	10 953	394	365	24 976	561	3 270	471
热科院								
广　州								
南　京	10		6		140		60	

7－3　批发零售业基本情况

（2015 年）

地　区	年末单位个数（个）	国有（个）	年末从业人员（人）	国有（人）	全年从业人员报酬（万元）	国有（万元）	营业网点个数（个）	国有（个）
全国农垦	**83 113**	**1 235**	**582 631**	**72 380**	**2 113 409**	**414 316**	**216 876**	**8 008**
北　京	12	11	765	742	6 427	6 256	113	111
天　津	30	30	2 612	2 612	30 906	30 906	310	310
河　北	5 973	13	20 717	303	48 298	429	8 015	17
山　西	880	3	3 215	66	6 171	99	997	5
内蒙古	3 505	25	10 080	537	27 315	3 120	2 566	60
辽　宁	8 598	80	34 226	816	78 566	1 017	8 598	206
吉　林	3 801	2	27 319	4	80 363	5	3 664	
黑龙江	893	261	50 324	6 417	157 121	59 254	27 196	1 605
上　海	283	283	48 630	48 630	246 546	246 546	4 427	4 427
江　苏	4 141	3	13 044	588	66 936	2 934	2 762	3
浙　江	25		113		291		25	
安　徽	1 821	10	5 860	57	10 233	205	2 419	9
福　建	2 284	8	5 509	55	6 747	50	2 003	7
江　西	2 272	18	16 143	330	36 839	269	4 877	9
山　东	208	7	627	62	1 367	229	166	15
河　南	218	10	1 317	336	2 687	1 034	199	35
湖　北	33 309	15	79 493	2 859	178 224	13 379	24 652	29
湖　南	5 036	9	17 556	45	22 310	94	5 891	11
广　东	2 611	84	8 196	1 081	40 090	5 998	2 570	74
广　西	128	31	23 325	488	96 225	2 493	8 331	35
海　南	29	28	25 678	1 233	71 678	12 415	12 666	110
重　庆	2	2	15	15	123	123		
四　川								
贵　州								
云　南	519	9	8 365	229	18 059	1 824	5 243	10
陕　西	28	28	65	65	128	128	23	23
甘　肃	262	4	554	99	2 025	502	169	5
青　海	3				20			
宁　夏	1 171	3	2 694	232	6 036	911	1 238	57
新疆（兵团）	3 445	237	172 406	3 898	862 030	22 968	86 115	805
新疆（农业）	711	18	2 152	546	2 324	786	788	29
新疆（畜牧）	876		1 503		6 655		815	
热科院	1		18		137		2	
广　州	2	2	27	27	286	286		
南　京	36	1	83	8	247	57	36	1

7－3续表

地　　区	年末固定资产原值（万元）	国有（万元）	年末营业用房面积（米²）	国有（米²）	销售总额或营业收入（万元）	国有（万元）
全国农垦	**4 074 875**	**1 854 171**	**18 088 581**	**3 459 073**	**67 641 219**	**25 271 004**
北　　京	28 700	27 816	77 878	77 120	481 174	476 879
天　　津	102 501	102 501	494 694	494 694	1 045 400	1 045 400
河　　北	129 198	55 385	208 136	28 041	2 060 240	130 090
山　　西	3 190	146	41 844	2 508	348 460	1 278
内 蒙 古	65 852	14 208	305 409	31 029	280 368	153 897
辽　　宁	143 587	2 981	737 492	4 986	634 094	1 876
吉　　林	34 951	44	990 484		272 426	
黑 龙 江	933 426	489 044	2 870 155	1 013 407	9 437 466	6 370 723
上　　海	562 904	562 904	1 083 147	1 083 147	8 761 018	8 761 018
江　　苏	90 258	15 029	473 706	7 963	984 678	43 204
浙　　江	233		1 318		1 297	
安　　徽	18 164	1 245	173 356	14 588	118 957	2 546
福　　建	9 770	14	84 800	505	85 514	176
江　　西	34 922	1 429	296 761	10 398	162 221	1 446
山　　东	1 995	108	14 600	2 230	25 346	2 394
河　　南	9 832	8 521	29 970	17 338	55 605	33 328
湖　　北	431 411	130 851	1 161 936	33 582	7 726 553	1 548 120
湖　　南	20 221	36	152 890	2 867	102 100	1 225
广　　东	156 611	120 706	198 243	15 640	1 745 585	1 333 888
广　　西	210 459	27 974	519 298	35 667	2 336 026	324 020
海　　南	111 530	63 323	525 074	131 076	1 044 408	806 685
重　　庆	5 760	5 760	6 700	6 700	10 348	10 348
四　　川						
贵　　州						
云　　南	44 923	12 216	212 341	41 499	485 576	350 103
陕　　西	356	356	2 750	2 750	389	389
甘　　肃	11 628	1 862	15 721	674	56 341	20 763
青　　海						
宁　　夏	8 437	3 375	49 785	3 207	31 550	13 008
新疆（兵团）	885 696	204 589	7 251 456	375 423	29 251 212	3 785 623
新疆（农业）	4 414	1 667	56 995	20 122	44 532	18 632
新疆（畜牧）	13 522		45 182		15 597	
热 科 院	42		1 598		794	
广　　州	75	75	642	642	33 750	33 750
南　　京	307	7	4 220	1 270	2 195	195

7-4 餐饮业基本情况

（2015年）

地区	年末单位个数（个）		年末从业人员（人）		全年从业人员报酬（万元）		营业网点个数（个）	
		国有（个）		国有（人）		国有（万元）		国有（个）
全国农垦	**18 638**	**335**	**213 472**	**22 698**	**686 161**	**90 496**	**51 254**	**931**
北京	11	10	9 119	8 675	41 754	38 751	290	289
天津	3	3	128	128	905	905	3	3
河北	1 261	5	9 521	632	31 039	1 939	1 570	5
山西	165		381		863		174	
内蒙古	1 928	6	5 847	204	14 535	593	968	5
辽宁	2 023	41	17 582	588	41 679	706	2 023	41
吉林	717		3 310		6 803		688	
黑龙江	71	48	22 703	1 828	57 901	4 930	9 641	78
上海	16	16	2 438	2 438	12 351	12 351	185	185
江苏	442	2	2 229	159	9 386	659	269	1
浙江	20	6	55	3	144		29	16
安徽	431	13	4 024	2 342	12 510	8 779	718	100
福建	465	6	1 773	72	3 944	69	700	1
江西	730	4	7 089	38	14 255	81	687	3
山东	48	1	167	11	357	37	47	1
河南	78		459		681		62	
湖北	6 799	9	21 794	94	45 199	349	5 146	5
湖南	886	6	4 311	31	11 205	52	1 301	9
广东	513	19	3 747	636	15 491	3 481	510	18
广西	25	7	6 411	155	25 325	471	1 279	7
海南	25	23	8 062	1 072	21 456	4 167	2 082	23
重庆	3	3	381	381	2 211	2 211	3	3
四川	1	1	17	17	82	82	1	1
贵州								
云南	168	13	4 454	401	12 821	1 341	1 727	13
陕西	22	22	220	220	249	249	22	22
甘肃	60	6	318	169	1 076	702	52	5
青海	2	1	24	24	71	59	1	1
宁夏	404	4	1 938	604	3 186	1 145	404	4
新疆（兵团）	325	30	72 294	1 679	289 176	6 223	19 658	62
新疆（农业）	452	27	1 456	72	1 871	93	422	27
新疆（畜牧）	520	2	1 161	23	7 427	55	568	2
热科院	2		19		91		2	
广州								
南京	22	1	40	2	118	16	22	1

7-4续表

地　区	年末固定资产原值（万元）		年末营业用房面积（米^2）		销售总额或营业收入（万元）	
		国有（万元）		国有（米^2）		国有（万元）
全国农垦	**1 787 217**	**575 644**	**5 846 453**	**927 877**	**3 563 554**	**508 016**
北　京	167 145	124 534	112 129	67 389	313 548	297 985
天　津	1 482	1 482	5 273	5 273	3 025	3 025
河　北	40 645	2 724	118 771	2 210	205 883	7 531
山　西	222		2 954		69 721	
内蒙古	22 925	2 133	229 775	21 778	31 186	1 795
辽　宁	88 989	5 132	279 156	5 981	150 758	1 376
吉　林	25 491		327 057		8 561	
黑龙江	305 363	91 684	1 193 454	194 810	510 662	31 479
上　海	80 782	80 782	214 912	214 912	56 667	56 667
江　苏	16 966	1 829	58 268	3 768	35 240	4 824
浙　江	763	162	6 904	5 124	539	55
安　徽	22 172	13 264	89 925	35 244	40 257	27 069
福　建	21 670	16	125 415	134	25 492	115
江　西	22 611	1 265	142 261	9 193	104 166	386
山　东	842	304	7 795	2 000	1 911	119
河　南	1 540		13 889		7 511	
湖　北	88 373	2 149	518 390	9 442	439 478	5 138
湖　南	13 220	41	57 259	495	24 628	435
广　东	38 744	18 756	146 670	58 231	78 564	9 774
广　西	69 827	11 625	245 039	13 206	268 785	3 398
海　南	135 778	79 166	315 619	102 056	54 615	9 217
重　庆	8 882	8 882	31 981	31 981	5 244	5 244
四　川	39	39	554	554	187	187
贵　州						
云　南	189 359	15 246	254 734	28 328	38 999	5 895
陕　西	1 691	1 691	40 185	40 185	1 212	1 212
甘　肃	9 668	9 026	28 403	23 026	3 283	2 048
青　海	357	357	1 406	1 406	125	125
宁　夏	16 344	13 696	50 339	22 533	9 515	3 709
新疆（兵团）	379 658	87 456	1 065 896	18 965	1 062 456	28 569
新疆（农业）	2 775	576	36 200	3 353	2 880	475
新疆（畜牧）	11 158	200	115 887	1 300	7 109	30
热科院	155		3 118		363	
广　州						
南　京	1 582	1 427	6 835	5 000	983	133

7－5 服务业基本情况

（2015年）

地区	年末单位个数（个）	国有（个）	年末从业人员（人）	国有（人）	全年从业人员报酬（万元）	国有（万元）	营业网点个数（个）	国有（个）
全国农垦	**27 787**	**705**	**209 704**	**48 794**	**655 227**	**222 274**	**75 179**	**1 061**
北京	76	76	3 187	3 187	27 317	27 317	40	40
天津	29	29	1 575	1 575	15 156	15 156	29	29
河北	5 674	2	17 465	72	61 527	216	5 733	2
山西	50		322		418		102	
内蒙古	1 419	13	3 949	309	6 804	1 026	934	29
辽宁	2 653	18	20 621	303	39 644	364	2 653	18
吉林	691	2	2 489	49	6 373	250	691	2
黑龙江	49	32	19 267	3 301	41 243	2 925	4 692	34
上海	81	81	2 557	2 557	22 679	22 679	21	21
江苏	2 001	6	10 306	3 127	56 430	4 389	1 028	3
浙江	20	1	67	9	210	43	18	
安徽	766	10	2 086	195	4 357	751	876	8
福建	642	4	1 956	50	3 849	254	644	4
江西	648	2	4 147	32	11 985	57	510	2
山东	109	1	360	1	904	9	90	1
河南	56	1	246	33	383	16	49	
湖北	5 115	1	13 007	13	33 432	43	5 345	1
湖南	3 456	9	5 889	432	11 401	588	3 705	16
广东	1 467	44	6 951	1 960	33 147	13 258	1 458	38
广西	31	16	6 829	343	21 972	1 265	1 426	16
海南	43	37	9 681	1 641	21 372	6 081	3 135	63
重庆	2	2	215	215	1 863	1 863		
四川	2	2	52	52	87	87	2	2
贵州								
云南	257	21	3 829	265	8 481	818	2 657	29
陕西	18	18	169	169	414	414	48	48
甘肃	53	6	248	121	796	545	85	48
青海	2	2	120	120	776	776	261	261
宁夏	687	6	2 809	795	7 676	4 069	687	6
新疆（兵团）	445	211	64 887	27 341	206 660	114 400	37 000	290
新疆（农业）	822	39	2 988	356	3 233	368	832	43
新疆（畜牧）	329		1 141		2 106		326	
热科院	1		3		30			
广州	12	12	94	94	2 016	2 016		
南京	81	1	192	77	486	231	102	7

7-5续表

地　区	年末固定资产原值（万元）		年末营业用房面积（米²）		销售总额或营业收入（万元）	
		国有（万元）		国有（米²）		国有（万元）
全国农垦	**1 645 131**	**911 512**	**6 385 089**	**2 380 716**	**3 175 566**	**1 170 926**
北　京	172 131	172 131	310 238	310 238	291 717	291 717
天　津	161 291	161 291	365 061	365 061	368 834	368 834
河　北	131 506	180	185 962	160	525 854	250
山　西	351		2 040		17 457	
内蒙古	15 518	4 678	75 790	18 117	32 616	17 027
辽　宁	61 146	1 280	154 064	2 065	116 027	2 276
吉　林	9 203	5 498	428 630	65 000	155 294	2 992
黑龙江	169 647	14 166	851 206	16 722	285 052	14 430
上　海	221 779	221 779	12 586	12 586	213 500	213 500
江　苏	142 309	23 420	255 606	100 280	205 057	37 498
浙　江	587	178	897		533	118
安　徽	8 619	2 092	28 285	4 241	16 518	5 830
福　建	12 704	2 082	47 039	1 388	47 892	40 182
江　西	8 419	549	54 934	2 360	108 220	312
山　东	1 118	2	5 538	120	6 955	22
河　南	1 426	571	15 040	6 826	2 232	21
湖　北	33 049	3 733	245 514	49 000	111 378	380
湖　南	12 120	2 156	41 011	1 156	23 711	721
广　东	54 519	36 220	273 100	198 412	129 361	44 831
广　西	40 531	8 594	249 850	15 315	159 970	10 918
海　南	64 361	49 852	285 365	141 766	47 082	20 149
重　庆	14 727	14 727	65 900	65 900	5 599	5 599
四　川	123	123	2 200	2 200	195	195
贵　州						
云　南	11 639	4 095	163 096	58 549	41 515	11 397
陕　西	3 591	3 591	10 595	10 595	3 190	3 190
甘　肃	12 495	4 448	16 906	15 447	2 632	1 414
青　海	7 568	7 568	70 752	70 752	2 497	2 497
宁　夏	52 115	45 960	43 378	19 802	26 741	19 196
新疆(兵团)	210 000	115 000	1 900 000	685 000	215 000	51 000
新疆(农业)	5 037	1 900	70 571	11 889	4 833	142
新疆(畜牧)	1 544		22 186		1 556	
热科院						
广　州	3 635	3 635	129 369	129 369	3 757	3 757
南　京	323	13	2 380	400	2 791	531

商品量、出口、物资

8－1 农业商品产值及商品量

（2015 年）

地 区	农业商品产值（万元）	主要农产品商品量						
		粮豆合计（吨）		棉花（吨）	油料（吨）	肉类（吨）		肉猪（万头）
			大豆（吨）				猪肉（吨）	
全国农垦	**31 144 889**	**33 431 619**	**1 329 327**	**1 715 871**	**738 426**	**2 402 829**	**1 435 325**	**57 563.38**
北 京	711 115	536			6	175 434	5 288	8.48
天 津	119 539	11 577	5	111		2 302	1 399	1.27
河 北	823 816	422 084	171	9 394	1 242	60 083	46 924	48.59
山 西	18 634	26 650	115	32	102	3 737	1 550	1.35
内 蒙 古	804 183	1 716 296	172 694		241 269	78 468	16 848	17.02
辽 宁	1 418 325	1 149 823	11 000		9 454	271 138	119 649	119.32
吉 林	300 895	805 344	5 521		9 268	47 560	19 561	23.89
黑 龙 江	8 739 093	20 829 506	1 021 640		5 876	218 164	126 524	160.74
上 海	580 565	313 954			5 197	73 160	72 294	95.12
江 苏	607 120	869 827	678	64	511	55 019	15 461	18.46
浙 江	30 314	2 926	538	45	67	5 901	5 853	8.24
安 徽	184 517	328 425	33 020	786	1 433	14 776	6 215	6.92
福 建	174 734	45 601	1 839		3 769	36 739	31 864	43.71
江 西	463 196	619 619	4 995	3 868	18 214	82 405	74 369	81.16
山 东	110 321	83 987	994	2 112	279	8 418	2 634	2.27
河 南	221 589	285 581	14 117	729	20 174	42 564	41 388	57.72
湖 北	1 470 237	884 978	20 376	17 139	88 719	185 000	162 570	203.20
湖 南	542 500	616 337	2 725	14 213	62 145	161 630	152 400	180.00
广 东	871 496	45 560	222		4 585	116 562	91 079	106.73
广 西	855 433	11 721	382		2 679	164 543	150 332	214.76
海 南	1 178 376	122 530	763		4 395	101 699	81 487	90.55
重 庆	97 527					13 978	10 900	8.02
四 川	9 030	1 138	4		24	1 957	264	0.31
贵 州	31 475	4 320	14		566	294	31	0.08
云 南	526 945	27 513				7 724	5 243	6.45
陕 西	35 015	93 702	269	901	433	1 128	904	1.14
甘 肃	209 351	239 202	728	11 247	18 605	4 845	2 188	1.81
青 海	28 144	24 896			8 340	1 880	231	0.32
宁 夏	245 347	342 603	208		3 223	6 337	2 989	4.59
新疆(兵团)	8 731 377	2 696 525	22 675	1 465 000	193 230	390 043	179 657	252.37
新疆(农业)	339 859	279 590	3 082	77 869	12 509	10 805	4 372	5.41
新疆(畜牧)	644 854	529 268	10 553	112 361	22 112	58 158	2 596	55 793.00
热 科 院	4 009					311	262	0.38
广 州	14 390							
南 京	1 568					68		

8－2 出口商品总金额

计量单位：万元

地区	总金额				其中：工业品金额		
	2015年	2014年	2015年比2014年增长（%）	排序	2015年	2014年	2015年比2014年增长（%）
全国农垦	**8 226 148**	**9 448 382**	**－12.9**		**7 547 177**	**7 982 054**	**－5.4**
北京	55 366	63 448	－12.7	10	17 805	18 029	－1.2
天津	14 838	4 593	223.1	15	14 838	4 593	223.1
河北	164 525	154 146	6.7	7	155 001	146 022	6.1
山西							
内蒙古	95	177	－46.3	24	95		
辽宁	271 804	281 884	－3.6	6	217 045	220 150	－1.4
吉林		1 700					
黑龙江	371 021	444 153	－16.5	4	160 379	162 127	－1.1
上海	99 593	94 469	5.4	8	96 541	91 417	5.6
江苏	16 029	17 059	－6.0	14	9 088	9 190	－1.1
浙江	25 512	51 912	－50.9	13	25 512	70 412	－63.8
安徽							
福建	42 009	47 811	－12.1	11	21 611	24 569	－12.0
江西	339 962	318 410	6.8	5	338 971	309 452	9.5
山东							
河南	2 829	1 596	77.3	20			
湖北	462 203	405 628	14.0	3	386 099	331 037	16.6
湖南	25 897	25 270	2.5	12	18 700	18 077	3.4
广东	692 905	627 790	10.4	2	652 650	592 664	10.1
广西	93 788	145 292	－35.5	9	81 791	130 064	－37.1
海南	4 650	4 908	－5.3	17	4 530	4 788	－5.4
重庆	867				867		
四川							
贵州							
云南	2 001	2 165	－7.6	22	2 001	1 097	82.4
陕西							
甘肃	4 139	2 636	－57.0	18	3 053	2 366	－29.0
青海							
宁夏	3 405	3 618	－5.9	19			
新疆(兵团)	5 517 835	6 732 867	－18.1	1	5 340 601	5 846 000	－8.6
新疆(农业)	12 676	13 021	－2.7	16			
新疆(畜牧)							
热科院							
广州	2 199	3 830	－42.6	21			
南京							

8－3 外贸出口供货商品量

（2015 年）

种类和地区	计量单位	出口供货商品数量
大豆	**吨**	**128 045**
黑龙江		128 045
玉米	**吨**	**33 090**
黑龙江		33 090
甜瓜	**吨**	**550**
新疆农业		550
白瓜子	**吨**	**12 586**
黑龙江		12 586
食用油籽	**吨**	**371**
新疆兵团		371
莲子	**吨**	**255**
湖南		255
红小豆	**吨**	**15 680**
黑龙江		15 680
芸豆	**吨**	**103 654**
黑龙江		103 654
小黄豆	**吨**	**10 050**
黑龙江		10 050
蔬菜	**吨**	**143 240**
河北		3 383
黑龙江		63 939
上海		5 162
浙江		19 960
福建		21 050
湖南		5 601
宁夏		15 199
新疆兵团		7 953
新疆农业		993
新鲜蔬菜	**吨**	**93 024**
河北		3 383
黑龙江		61 950
上海		5 162
福建		16 050
湖南		5 601
新疆农业		878
速冻蔬菜	**吨**	**20 993**
黑龙江		918
浙江		19 960
新疆农业		115
脱水蔬菜	**吨**	**6 071**
黑龙江		1 071
福建		5 000
干辣椒	**吨**	**528**
新疆兵团		528
蘑菇	**吨**	**49**
新疆兵团		49
水果	**吨**	**41 128**
北京		1 500
辽宁		6 705
湖南		5 049
广西		27 874
柑橘	**吨**	**34 364**
湖南		5 049
广西		23 693
新疆兵团		5 622
甜橙	**吨**	**4 181**
广西		4 181
苹果	**吨**	**35 885**
辽宁		6 387
新疆兵团		12 633
新疆农业		16 865
香梨	**吨**	**28 073**
新疆兵团		6 358
新疆农业		21 715
黄桃	**吨**	**113**
辽宁		113
葡萄	**吨**	**680**
新疆农业		680
枣	**吨**	**140**
新疆农业		140
食用干果	**吨**	**8 362**
新疆兵团		8 362
调味品	**吨**	**6 334**
北京		84
辽宁		6 250
白胡椒	**吨**	**177**
海南		177
猪	**头**	**212 185**
河南		24 160
湖南		15 786
江西		88 104
湖北		40 300
广东		28 070
广西		15 765

8-3续表1

种类和地区	计量单位	出口供货商品数量	种类和地区	计量单位	出口供货商品数量
瘦肉型猪	头	**212 081**	**皮张类**	张	**34 000**
河南		24 160	黑龙江		34 000
湖北		40 300	**绒类**	吨	**58**
湖南		15 786	黑龙江		58
江西		88 000	**山羊绒**	吨	**58**
广东		28 070	黑龙江		58
广西		15 765	**鱼类**	吨	**15 845**
兼用型猪	头	**104**	河北		961
江西		104	辽宁		600
家禽	吨	**82 768**	湖南		9 879
北京		82 700	广东		4 405
湖北		68	**海水鱼**	吨	**1 561**
鸭	吨	**82 768**	河北		961
北京		82 700	辽宁		600
湖北		68	**淡水鱼**	吨	**14 284**
猪肉	吨	**6 670**	湖南		9 879
北京		55	广东		4 405
黑龙江		3 790	**虾类**	吨	**9 543**
广东		2 475	江西		111
新疆兵团		350	广东		9 432
鲜猪肉	吨	**2 475**	**对虾**	吨	**9 432**
广东		2 475	广东		9 432
冻猪肉	吨	**3 845**	**龙虾**	吨	**111**
北京		55	江西		111
黑龙江		3 790	**鹿茸**	千克	**600**
家禽肉	吨	**20 563**	黑龙江		600
北京		19 803	**甘草**	吨	**20**
辽宁		760	新疆兵团		20
鸡肉	吨	**19 629**	**原料药**	吨	**1 760**
北京		19 629	黑龙江		1 760
鸭肉	吨	**934**	**大米**	吨	**55 758**
北京		174	黑龙江		50 358
辽宁		760	新疆兵团		5 400
肠衣	把	**1 190 000**	**食用油类**	吨	**3 638**
黑龙江		1 190 000	黑龙江		3 638
猪肠衣	把	**1 190 000**	**味精**	吨	**502**
黑龙江		1 190 000	上海		502
牛奶	吨	**5 382**	**淀粉**	吨	**24 963**
广州		5 382	广西		24 963
蜂蜜	吨	**1 500**	**再制蛋**	吨	**1 387**
吉林		1 500	湖北		1 387

8-3续表2

种类和地区	计量单位	出口供货商品数量
松花蛋	**吨**	**942**
湖北		942
咸蛋	**吨**	**445**
湖北		445
乳制品	**吨**	**1 000**
黑龙江		1 000
奶粉	**吨**	**1 000**
黑龙江		1 000
咸蕨菜	**吨**	**200**
黑龙江		200
罐头	**吨**	**43 087**
黑龙江		56
上海		26 306
湖北		9 599
广东		1 950
广西		5 176
猪肉罐头	**吨**	**56**
黑龙江		56
水果罐头	**吨**	**16 115**
湖北		8 989
广东		1 950
广西		5 176
蔬菜罐头	**吨**	**659**
湖北		610
新疆兵团		49
酒类	**吨**	**281**
天津		41
上海		240
葡萄酒	**吨**	**41**
天津		41
黄酒	**吨**	**67**
上海		67
茶叶	**吨**	**3 534**
浙江		1 800
福建		137
湖南		9
四川		345
云南		1 243
红茶	**吨**	**1 267**
福建		24
云南		1 243
绿茶	**吨**	**1 809**
浙江		1 800
湖南		9
精制红茶	**吨**	**87**
福建		87
甜菜粕	**吨**	**6 733**
黑龙江		6 733
豆粕	**吨**	**19 876**
黑龙江		19 876
苇帘	**万片**	**100**
河北		100
柳编织品	**万件**	**47**
黑龙江		23
广西		24
雕花家具	**件**	**1 440**
辽宁		1 440
地毯	**米^2**	**91 700**
广东		91 700
服装	**万件**	**3 323**
河北		81
辽宁		1
江苏		34
浙江		1 203
江西		88
湖北		91
广东		1 076
新疆兵团		749
工艺品	**万件**	**10 316**
辽宁		295
福建		10 018
广西		3
棉布．呢绒．丝制品	**万件**	**5 282**
浙江		5 282
棉纱	**万件**	**451 126**
新疆兵团		451 126
胶鞋	**万双**	**160**
福建		160
多用车	**台**	**559 263**
黑龙江		603
湖北		558 660
活性炭	**吨**	**5 100**
江西		5 100

8－4　主要物资消费

（2015 年）

地　区	钢材（吨）	木材（米^3）	水泥（吨）	纯碱（吨）	烧碱（吨）	化肥（实物量）（吨）	聚乙烯、聚丙烯（吨）
全国农垦	**4 039 271**	**3 056 736**	**18 960 550**	**54 442**	**61 462**	**5 503 506**	**309 836**
北　京	6 146	1 500	1 289			2 000	
天　津	1 035	4 640	846	4	4	1 659	10 004
河　北	47 363	48 452	276 755	23 565	3 119	29 068	6 014
山　西	7 241	54	2 908			3 247	2
内蒙古	27 114	43 944	301 131			269 405	1 325
辽　宁	113 636	208 603	415 284	11 985	2 462	142 982	5 561
吉　林	5 564	7 102	66 836	4 250	316	89 657	833
黑龙江	287 106	542 168	2 252 759		1 540	1 175 330	16 890
上　海	67 688	21 564	263 159			51 855	13 293
江　苏	36 294	5 751	346 674		2 082	159 462	83
浙　江	116	87	1 702	1		4 807	766
安　徽	51 033	14 436	100 509			70 757	71
福　建	20 352	9 167	96 825	331	5	28 796	79
江　西	89 380	85 249	300 788	1 238	185	96 117	2 933
山　东	27 662	5 183	127 414		240	12 048	17
河　南	8 316	655	25 395	181	315	57 974	417
湖　北	432 158	574 267	933 237	712	1 013	562 821	89 901
湖　南	112 150	186 005	622 550	5 756	306	153 100	307
广　东	64 629	67 698	347 452	11	213	240 370	396
广　西	569 693	165 651	1 854 174		24 879	191 792	1 369
海　南	66 174	29 506	1 074 218			196 127	
重　庆	27 623		29 821				
四　川	1 916	362	1 368	1		487	8
贵　州	632	120	2 370			7 570	
云　南	14 831	38 574		22	9	66 853	22
陕　西	23 253	108	8 333			9 530	331
甘　肃	2 521	861	21 423	280	564	74 786	85
青　海	0		155			10 638	
宁　夏	7 354	1 913	70 897	2	35	83 642	35
新疆(兵团)	1 890 224	881 910	9 119 865	5 813	24 039	1 575 303	155 973
新疆(农业)	12 666	84 407	210 260	10	61	59 773	2 760
新疆(畜牧)	15 206	26 574	80 633	281	75	74 358	361
热科院	534	225	3 520			1 193	
广　州							
南　京	1 660						

8-4 续表 1

地　区	原煤（吨）	原煤（吨标准煤）	焦炭（吨）	焦炭（吨标准煤）	汽油（吨）	汽油（吨标准煤）
全国农垦	**59 646 560**	**41 434 956**	**1 996 905**	**1 937 326**	**1 135 462**	**1 621 134**
北　京	122 099	87 217			8 364	12 295
天　津	17 116	12 225			728	1 072
河　北	593 830	454 373	196 031	188 943	8 359	11 719
山　西	16 196	11 569	7 200	6 994	409	602
内蒙古	654 843	354 071		470	30 362	34 052
辽　宁	888 875	634 908	130 261	126 535	157 379	231 435
吉　林	25 786	19 115			36 480	51 707
黑龙江	4 116 294	2 830 087	82	79	149 649	220 025
上　海	145 844	104 176			110 703	162 888
江　苏	24 544	17 524			10 716	15 752
浙　江	477 091				1 035	1 035
安　徽	17 804	12 717			1 641	2 415
福　建	7 362	3 591	8 915	8 656	9 064	7 415
江　西	181 960	29 974	1 731	390	24 345	15 929
山　东	6 928	332			1 659	2 453
河　南	81 446	58 177	13	13	4 536	6 675
湖　北	399 360	285 143	12 367	12 013	123 526	181 756
湖　南	364 025	267 023			30 020	44 011
广　东	27 733	19 809			23 133	34 038
广　西	750 341	499 073	5 650	5 350	25 882	38 083
海　南	46	33			18 999	27 955
重　庆	1 345	1 345			369	523
四　川	775	554			83	122
贵　州	430	430			420	618
云　南	48 436				5 844	
陕　西	4 128	4 949	10	10	1 349	1 985
甘　肃	121 824	87 019	32	31	758	1 115
青　海	21 332	20 273			16 985	24 909
宁　夏	90 957	64 970	4	4	2 259	3 324
新疆(兵团)	49 480 327	35 343 797	1 634 323	1 587 581	297 348	437 518
新疆(农业)	746 213	53 868			14 553	21 465
新疆(畜牧)	211 252	156 601	286	257	17 966	25 465
热科院					442	636
广　州					87	128
南　京	18	13			10	15

8-4 续表 2

地　区	柴油（吨）	柴油（吨标准煤）	电力（万千瓦时）	电力（吨标准煤）	其他燃料（吨标准煤）
全国农垦	**2 046 664**	**2 923 556**	**9 745 668**	**14 003 365**	**2 268 038**
北　京	6 661	9 707	49 201	60 469	1 054 290
天　津	1 165	1 698	90 626	111 381	
河　北	22 695	32 911	291 422	313 989	2 746
山　西	922	1 343	15 251	18 743	
内蒙古	79 579	92 348	31 418	621 492	
辽　宁	163 158	237 737	152 252	187 117	11 641
吉　林	39 304	57 270	42 369	52 072	601
黑龙江	451 751	658 229	334 810	1 352 539	832 305
上　海	19 636	28 612	124 332	152 804	129 665
江　苏	34 406	50 438	49 306	60 597	
浙　江	5 151	5 151	46 350		310
安　徽	12 987	18 923	11 208	13 775	
福　建	6 503	8 981	15 407	14 969	60
江　西	27 274	17 391	104 366	54 124	2 426
山　东	1 411	2 060	4 253	5 340	
河　南	6 286	9 159	18 326	22 523	
湖　北	80 074	116 676	353 073	1 140 426	233
湖　南	21 550	31 022	77 885	95 077	
广　东	33 093	48 219	66 499	74 487	137 679
广　西	40 362	58 811	95 656	117 561	86 521
海　南	15 537	22 639	56 655	69 629	
重　庆	4 137	6 108	13 317	16 279	
四　川	56	82	502	1 637	
贵　州	1 430	2 080	23 100	28 300	
云　南	6 413		23 144		819
陕　西	5 560	8 101	1 858	2 283	
甘　肃	8 031	11 702	27 617	33 942	
青　海	14 538	20 645	554	402	
宁　夏	15 139	22 059	11 457	14 081	90
新疆（兵团）	887 305	1 292 893	7 236 350	8 893 474	
新疆（农业）	18 746	27 539	98 764	126 365	8 652
新疆（畜牧）	13 875	20 217	274 256	337 061	
热科院	89	126	1 230	1 504	
广　州	1 838	2 678	2 653	8 676	
南　京	2	3	200	246	

8－4续表3

地　　区	燃气消费（米³）	其中工业用气（米³）	＃天然气（米³）	其中农业用气（米³）	＃天然气2（米³）
全国农垦	**696 225 940**	**355 204 573**	**366 288 106**	**6 825 658**	**6 918 768**
北　　京	20 877 821	16 145 735	16 101 852	655 040	789 665
天　　津	4 062 821	3 996 056	3 996 056	3 503	
河　　北	35 522 017	32 403 960	30 391 434	1 584 551	1 584 081
山　　西					
内 蒙 古	5 304			900	900
辽　　宁	22 374	22 329	22 000	45	45
吉　　林	5			5	
黑 龙 江	11 500 000	3 450 000	3 450 000	1 810 000	1 810 000
上　　海	44 566 101	36 535 154	36 535 154	3 975	3 975
江　　苏					
浙　　江	13 626 100	50	13 626 100		
安　　徽					
福　　建	19 083	20 583	1 503	6 000	8 400
江　　西	493 655	79 128	3 215	735	735
山　　东					
河　　南					
湖　　北	92 762 693	49 332 803	49 332 597	2 607	18 002
湖　　南					
广　　东	10 619	6 456	664	4 163	1 200
广　　西	7 226				
海　　南	626 690	626 690	626 690		
重　　庆	20 132 875	19 765 699	19 765 699	987 369	987 369
四　　川	954 860	954 860	954 860		
贵　　州	412 000	412 000	412 000		
云　　南	365 988	365 988			
陕　　西	8 400		2 200		
甘　　肃	4 785 132	4 785 132	4 785 132		
青　　海					
宁　　夏	3 632 000	3 632 000	3 632 000		
新疆（兵团）	441 729 161	180 520 000	180 520 000	1 154 801	1 154 801
新疆（农业）					
新疆（畜牧）	101 345	22 650	1 650	78 695	27 995
热 科 院	1 669			1 669	
广　　州		2 127 300	2 127 300	531 600	531 600
南　　京					

8－4续表4

地　区	热力消费			
	供热耗热量（万千焦耳）	供热耗热量2（吨标准煤）	供冷耗冷量（万千焦耳）	供冷耗冷量2（吨标准煤）
全国农垦	**9 546 348 428**	**3 583 965**		
北　京	37 036 651	6 009		
天　津				
河　北	308 797 902	118 022		
山　西				
内蒙古	106 407 375	63 763		
辽　宁	40 319 704	13 749		
吉　林				
黑龙江	33 364 633	119 313		
上　海	119 999 400	40 944		
江　苏				
浙　江	100 014 889			
安　徽				
福　建				
江　西				
山　东	728 823			
河　南				
湖　北				
湖　南				
广　东				
广　西				
海　南				
重　庆				
四　川				
贵　州				
云　南				
陕　西				
甘　肃	65	2		
青　海		30		
宁　夏	5 423 574	223 292		
新疆（兵团）	8 794 248 785	2 998 839		
新疆（农业）				
新疆（畜牧）	6 628	2		
热科院				
广　州				
南　京				

8-4 续表 5

地　　区	水消费（米³）				
	工业用水总量	# 地表水源用水量	地下水源用水量	其他水源用水量	工业废水排放量
全国农垦	**693 146 061**	**399 003 861**	**151 663 279**	**61 706 397**	**75 007 838**
北　　京	4 838 280	2 597 555	1 707 488	514 997	2 279 759
天　　津	1 533 009	243 304	1 058 048	231 657	
河　　北	28 892 126	176 954	15 013 465	208 788	3 780 232
山　　西	66 973		66 973		12 000
内 蒙 古	535 490	257 587	235 403		87 493
辽　　宁	88 098 674	85 965 672	1 861 128	271 874	485 341
吉　　林	37 161	580	36 581		1 441
黑 龙 江	46 770 354				
上　　海	29 081 839	14 136 555	3 605 508	11 339 776	21 548 639
江　　苏	2 067 238	1 123 897	943 341		703 826
浙　　江	6 465 072	1 260 635	18 860	5 185 552	2 437 563
安　　徽	604 439	133 395	464 120	46 924	1 420
福　　建	771 834	232 599	38 969	500 266	92 794
江　　西	22 384 353	21 175 912	604 798	495 424	999 942
山　　东	95 000				
河　　南	2 310 465	753 000	1 246 348	311 117	931 650
湖　　北	83 397 013	53 966 735	1 389 793	2 656 444	11 028 771
湖　　南	163 579	161 923			141 000
广　　东	9 774 539	6 157 653	3 504 699	112 187	1 443 291
广　　西	43 447 643	36 690 980	3 540 690	3 215 973	20 245 274
海　　南	1 267 817	844 617	398 599	24 601	661 261
重　　庆	5 673 421	5 673 421			3 985 477
四　　川	219 412	219 412			106 520
贵　　州	145 000	145 000			
云　　南	4 767 111	4 099 403	8 433	659 275	1 331 108
陕　　西	6 000 000	6 000 000			
甘　　肃	6 109 452	1 673 549	4 548 118	160 485	2 026 385
青　　海		2 640 000	2 640 000		
宁　　夏	1 299 631		1 299 631		533 075
新疆（兵团）	243 183 306	100 096 706	107 315 542	35 771 057	
新疆（农业）	117 200	117 200			
新疆（畜牧）	52 576 361	52 459 617	116 744		
热 科 院					
广　　州	452 270				143 576
南　　京					

8－4续表6

地　区	水消费（米³）			
	农业用水总量	#地表水源用水量	地下水源用水量	其他水源用水量
全国农垦	**21 222 376 282**	**11 946 907 113**	**3 545 798 193**	**51 438 939**
北　京	3 269 998	316 803	2 953 195	69 104
天　津	4 453 061	3 462 120	989 741	1 200
河　北	110 106 645	40 786 130	69 253 445	4 000
山　西	3 281 680	463 000	2 813 680	5 000
内蒙古	332 454 493	229 783 396	93 970 787	501 000
辽　宁	802 987 545	757 387 828	29 578 862	16 020 855
吉　林	797 262 357	648 301 000	148 961 357	
黑龙江	5 516 741 102			
上　海	111 956 244	106 463 706	91 404	5 401 134
江　苏	109 732 889	109 543 550	189 339	
浙　江	1 523 927	1 523 927		
安　徽	46 538 630	34 968 260	11 570 370	
福　建	1 731 871	1 458 472	127 374	146 025
江　西	9 879 754	2 660 034	429 400	200 000
山　东	10 350 000			
河　南	51 681 221	9 099 447	42 472 188	109 586
湖　北	423 706 923	294 008 518	1 645 010	2 052 312
湖　南	375 612	368 926		
广　东	14 911 698	10 088 895	4 649 605	173 198
广　西	35 764 790	25 382 049	9 169 665	1 213 076
海　南	36 024 903	17 830 759	3 623 351	14 570 793
重　庆	1 658 961	1 435 206	223 755	
四　川	79 821	69 501	5 000	5 200
贵　州				
云　南	18 262 488	16 829 102	212 500	1 220 886
陕　西				
甘　肃	630 194 974	155 609 299	465 535 675	9 050 000
青　海	47 319 832	36 970 282		
宁　夏	535 337 215	520 187 588	15 149 627	
新疆（兵团）	11 015 051 600	8 480 430 400	2 534 621 200	
新疆（农业）	313 806	275 010	38 796	
新疆（畜牧）	547 502 752	440 245 220	106 562 062	695 470
热科院	1 478 643	958 685	519 958	100
广　州	440 847		440 847	
南　京				

8-4续表7

地区	附记			
	供暖面积（万米²）	集中供暖面积（万米²）	供冷面积（万米²）	集中供冷面积（万米²）
全国农垦	**523 518.85**	**521 671.80**	**20.80**	**18.43**
北京	2 093.00	1 944.00	17.00	16.93
天津				
河北	512 480.00	512 399.00		0.5
山西	23.34	22.30		
内蒙古	202.85	163.37		
辽宁	456.00	387.00		
吉林	83.37	3.01		
黑龙江	7 724.60	6 384.00		
上海				
江苏				
浙江				
安徽				
福建				
江西				
山东				
河南				
湖北				
湖南				
广东				
广西				
海南				
重庆				
四川				
贵州				
云南				
陕西				
甘肃	82.00	76.00	2.30	
青海	30.85	27.25		
宁夏	234.00	232.00	1.00	1
新疆（兵团）				
新疆（农业）	15.60	15.60		
新疆（畜牧）	93.24	18.27		
热科院			0.50	
广州				
南京				

科研、教育、卫生

9－1　农垦科研基本情况

（2015 年）

地　　区	个数（个）	从业人员（人）			科技经费（万元）				实验地面积（公顷）
			科技人员（人）	其他人员（人）		国家拨款（万元）	省地局自筹（万元）	企业自筹（万元）	
全国农垦	**352**	**37 761**	**30 020**	**7 615**	**489 685**	**117 693**	**54 655**	**169 718**	**15 496**
北　　京	6	197	187	10	25 066	1 837	1 301	21 928	1
天　　津	3	122	39	83	470	353	117		
河　　北	8	157	108	49	2 160	1 595	481	84	153
山　　西	2	160	8	152	20			20	40
内 蒙 古	11	144	64	80	282	10		272	540
辽　　宁	24	449	297	152	608	170	247	191	78
吉　　林	1	7	5	2	7			7	
黑 龙 江	19	611	480	131	6 454	4 707	912	834	110
上　　海	1	8	7						
江　　苏	24	1 367	902	465	83 736	173		83 563	542
浙　　江									
安　　徽	5	77	48	29	222	19	55	148	98
福　　建	1	27		27					
江　　西	8	702	405	179	3 028			3 028	418
山　　东	6	45	18	27	5 362	75	1 380	2 816	847
河　　南	14	489	194	295	496	2	193	301	1 309
湖　　北	31	824	286	538	1 643	395	96	1 152	473
湖　　南	22	761	381	380	870	195	65	610	1 879
广　　东	50	438	189	244	3 048	1 933	16	1 099	4 010
广　　西	3	628	295	333	8 286	4 454	21	3 811	328
海　　南	5	179	117	62	239	200		39	170
重　　庆	3	82	73	9	1 071	556		515	15
四　　川	2	93	76	17	570	285	30	255	
贵　　州									
云　　南	3	660	368	292	6 420	2 690	63	3 667	1 221
陕　　西									
甘　　肃	9	192	113	79	753		11	742	130
青　　海	3	88	35	53	161			161	1 200
宁　　夏	1	17	10	7	22	20		2	
新疆（兵团）	58	25 035	23 762	1 273	241 328	68 386	43 230	43 230	1 580
新疆（农业）	11	142	105	37	330		20	310	
新疆（畜牧）	3	25	23		50 000				
热 科 院	15	4 035	1 425	2 610	47 034	29 638	6 417	933	354
广　　州									
南　　京									

9－2 部、省、地属科研单位基本情况

（2015 年）

地区	个数（个）	从业人员（人）			科技经费（万元）				实验地面积（公顷）
			科技人员（人）	其他人员（人）		国家拨款（万元）	省地局自筹（万元）	企业自筹（万元）	
全国农垦	**84**	**10 497**	**6 421**	**4 076**	**242 177**	**46 690**	**81 565**	**33 715**	**3 322**
北京	2	13	13		1 512	1 438		74	
天津	3	122	39	83	470	353	117		
河北	1	50	35	15	2 072	1 595	477		93
山西									
内蒙古	1	17	2	15	20			20	142
辽宁	1	184	120	64	350	120	230		35
吉林									
黑龙江	19	611	480	131	6 454	4 707	912	834	110
上海									
江苏									
浙江									
安徽									
福建									
江西									
山东									
河南	2	244	58	186	194		188	6	8
湖北	10	157	59	98	640	200		440	200
湖南									
广东	5	113	77	36	1 439	1 439			73
广西	2	591	270	321	7 786	3 954	21	3 811	324
海南									
重庆	1	20	18	2	556	556			15
四川									
贵州									
云南	3	660	368	292	6 420	2 690	63	3 667	1 221
陕西									
甘肃	1	51	41	10	650			650	67
青海									
宁夏									
新疆（兵团）	18	3 629	3 416	213	166 580		73 140	23 280	680
新疆（农业）									
新疆（畜牧）									
热科院	15	4 035	1 425	2 610	47 034	29 638	6 417	933	354
广州									
南京									

9－3 场属科研单位基本情况

（2015 年）

地区	个数（个）	从业人员（人）			科技经费（万元）				实验地面积（公顷）
			科技人员（人）	其他人员（人）		国家拨款（万元）	省地局自筹（万元）	企业自筹（万元）	
全国农垦	**268**	**27 264**	**23 599**	**3 539**	**247 509**	**71 003**	**51 436**	**136 003**	**12 174**
北京	4	184	174	10	23 554	399	1 301	21 854	1
天津									
河北	7	107	73	34	88		4	84	60
山西	2	160	8	152	20			20	40
内蒙古	10	127	62	65	262	10		252	398
辽宁	23	265	177	88	258	50	17	191	43
吉林	1	7	5	2	7			7	
黑龙江									
上海	1	8	7						
江苏	24	1 367	902	465	83 736	173		83 563	542
浙江									
安徽	5	77	48	29	222	19	55	148	98
福建	1	27		27					
江西	8	702	405	179	3 028			3 028	418
山东	6	45	18	27	5 362	75	1 380	2 816	847
河南	12	245	136	109	302	2	5	295	1 301
湖北	21	667	227	440	1 003	195	96	712	273
湖南	22	761	381	380	870	195	65	610	1 879
广东	45	325	112	208	1 609	494	16	1 099	3 937
广西	1	37	25	12	500	500			4
海南	5	179	117	62	239	200		39	170
重庆	2	62	55	7	515			515	
四川	2	93	76	17	570	285	30	255	
贵州									
云南									
陕西									
甘肃	8	141	72	69	103		11	92	63
青海	3	88	35	53	161			161	1 200
宁夏	1	17	10	7	22	20		2	
新疆（兵团）	40	21 406	20 346	1 060	74 748	68 386	48 436	19 950	900
新疆（农业）	11	142	105	37	330		20	310	
新疆（畜牧）	3	25	23		50 000				
热科院									
广州									
南京									

9－4 农垦各类学校基本情况

（2015年）

地区	学校数（所）	教职工（人）		在校学生合计（人）		当年毕业生人数（人）
			教师（人）		新招生（人）	
全国农垦	**1 306**	**91 575**	**74 087**	**978 224**	**254 451**	**250 141**
北京	1	6				
天津	1	153	104	2 414	1 122	393
河北	101	4 313	3 923	48 008	11 348	10 659
山西						
内蒙古	23	869	752	3 708	780	755
辽宁						
吉林						
黑龙江	163	22 004	16 287	173 709	44 403	51 213
上海	1	20	10	405	65	425
江苏						
浙江						
安徽						
福建						
江西	51	997	869	12 395	3 767	2 692
山东						
河南	37	599	511	6 413	1 637	1 328
湖北	263	11 464	9 986	127 696	32 870	29 492
湖南	143	6 375	5 090	65 308	11 261	10 578
广东	144	5 049	3 670	85 137	23 497	21 920
广西	4	1 493	1 022	29 379	11 956	8 441
海南						
重庆						
四川	2	3	3	28	28	
贵州						
云南						
陕西	1	26	26	1 090	541	165
甘肃	3	125	104	8 133	4 060	2 616
青海	11	290	274	1 780	263	247
宁夏						
新疆（兵团）	326	36 621	30 462	405 078	105 336	108 044
新疆（农业）						
新疆（畜牧）	25	1 006	868	5 564	955	725
热科院	6	162	126	1 979	562	448
广州						
南京						

9－5 普通高等学校基本情况

（2015年）

地　　区	学校数（所）	教职工（人）		在校学生合计（人）		当年毕业生人数（人）
			教师（人）		新招生（人）	
全国农垦	**13**	**9 184**	**5 962**	**124 199**	**39 264**	**34 554**
北　　京						
天　　津						
河　　北						
山　　西						
内 蒙 古						
辽　　宁						
吉　　林						
黑 龙 江	3	2 484	1 623	30 135	9 043	8 391
上　　海						
江　　苏						
浙　　江						
安　　徽						
福　　建						
江　　西						
山　　东						
河　　南						
湖　　北						
湖　　南						
广　　东	1	1 014	380	20 312	6 720	6 793
广　　西	3	1 081	754	22 157	8 628	6 921
海　　南						
重　　庆						
四　　川						
贵　　州						
云　　南						
陕　　西						
甘　　肃						
青　　海						
宁　　夏						
新疆（兵团）	6	4 605	3 205	51 595	14 873	12 449
新疆（农业）						
新疆（畜牧）						
热 科 院						
广　　州						
南　　京						

9-6 成人高等学校基本情况

（2015年）

地区	学校数（所）	教职工（人）		在校学生合计（人）		当年毕业生人数（人）
			教师（人）		新招生（人）	
全国农垦	**8**	**1 235**	**840**	**33 323**	**11 236**	**11 559**
北京	1	6				
天津						
河北						
山西						
内蒙古						
辽宁						
吉林						
黑龙江	1	154	81	1 262	508	678
上海	1	20	10	405	65	425
江苏						
浙江						
安徽						
福建						
江西						
山东						
河南						
湖北	1	102	76	1 794	872	1 135
湖南						
广东						
广西						
海南						
重庆						
四川						
贵州						
云南						
陕西						
甘肃	2	29	22	7 656	3 583	2 508
青海						
宁夏						
新疆（兵团）	2	924	651	22 206	6 208	6 813
新疆（农业）						
新疆（畜牧）						
热科院						
广州						
南京						

9－7 普通中等专业学校基本情况

（2015 年）

地 区	学校数（所）	教职工（人）		在校学生合计（人）		当年毕业生人数（人）
			教师（人）		新招生（人）	
全国农垦	**32**	**2 757**	**1 971**	**51 711**	**18 260**	**20 234**
北 京						
天 津	1	153	104	2 414	1 122	393
河 北	3	83	72	1 555	400	403
山 西						
内 蒙 古	1	99	37	95	9	71
辽 宁						
吉 林						
黑 龙 江	2	379	241	6 026	1 741	5 336
上 海						
江 苏						
浙 江						
安 徽						
福 建						
江 西	1	76	64	2 808	1 152	1 026
山 东						
河 南						
湖 北	3	242	188	6 772	2 887	1 800
湖 南						
广 东	1	171	138	7 095	2 050	1 906
广 西						
海 南						
重 庆						
四 川						
贵 州						
云 南						
陕 西						
甘 肃						
青 海						
宁 夏						
新疆（兵团）	20	1 554	1 127	24 946	8 899	9 299
新疆（农业）						
新疆（畜牧）						
热 科 院						
广 州						
南 京						

9－8　成人中等专业学校基本情况

（2015 年）

地　区	学校数（所）	教职工（人）		在校学生合计（人）		当年毕业生人数（人）
			教师（人）		新招生（人）	
全国农垦	**6**	**695**	**482**	**14 316**	**6 605**	**7 233**
北　京						
天　津						
河　北	1	6	6	49	39	15
山　西						
内蒙古						
辽　宁						
吉　林						
黑龙江	1	376	228	5 947	1 865	3 606
上　海						
江　苏						
浙　江						
安　徽						
福　建						
江　西						
山　东						
河　南						
湖　北						
湖　南						
广　东	2	133	96	3 274	1 811	1 246
广　西						
海　南						
重　庆						
四　川						
贵　州						
云　南						
陕　西						
甘　肃	1	96	82	477	477	108
青　海						
宁　夏						
新疆（兵团）	1	84	70	4 569	2 413	2 258
新疆（农业）						
新疆（畜牧）						
热科院						
广　州						
南　京						

9-9 普通中学基本情况

（2015 年）

地区	学校数（所）	教职工（人）		在校学生合计（人）		当年毕业生人数（人）
			教师（人）		新招生（人）	
全国农垦	**565**	**38 543**	**31 753**	**329 439**	**103 176**	**105 227**
北京						
天津						
河北	18	1 650	1 462	15 545	4 963	5 151
山西						
内蒙古	3	121	102	952	296	280
辽宁						
吉林						
黑龙江	124	10 758	8 164	70 582	21 228	22 011
上海						
江苏						
浙江						
安徽						
福建						
江西	4	223	222	1 791	444	325
山东						
河南	6	203	170	1 734	556	517
湖北	79	5 744	4 839	43 856	14 582	15 068
湖南	31	1 542	1 210	25 006	4 223	4 155
广东	43	1 479	1 157	18 392	5 875	6 016
广西	1	412	268	7 222	3 328	1 520
海南						
重庆						
四川						
贵州						
云南						
陕西						
甘肃						
青海	4	132	127	608	65	92
宁夏						
新疆（兵团）	247	16 035	13 833	141 730	47 296	49 629
新疆（农业）						
新疆（畜牧）	4	140	129	1 311	104	138
热科院	1	104	70	710	216	325
广州						
南京						

9－10 职业中学基本情况

（2015年）

地区	学校数（所）	教职工（人）		在校学生合计（人）		当年毕业生人数（人）
			教师（人）		新招生（人）	
全国农垦	**13**	**755**	**583**	**7 532**	**2 494**	**1 963**
北京						
天津						
河北	2	328	250	3 410	1 113	1 162
山西						
内蒙古						
辽宁						
吉林						
黑龙江	6	184	131	711	279	185
上海						
江苏						
浙江						
安徽						
福建						
江西	1	62	45	595	208	175
山东						
河南						
湖北	1	43	39	425	115	78
湖南	2	112	92	1 301	238	198
广东						
广西						
海南						
重庆						
四川						
贵州						
云南						
陕西	1	26	26	1 090	541	165
甘肃						
青海						
宁夏						
新疆（兵团）						
新疆（农业）						
新疆（畜牧）						
热科院						
广州						
南京						

9-11 小学基本情况

(2015 年)

地区	学校数（所）	教职工（人）		在校学生合计（人）		当年毕业生人数（人）
			教师（人）		新招生（人）	
全国农垦	**669**	**38 406**	**32 496**	**417 704**	**73 416**	**69 371**
北京						
天津						
河北	77	2 246	2 133	27 449	4 833	3 928
山西						
内蒙古	19	649	613	2 661	475	404
辽宁						
吉林						
黑龙江	26	7 669	5 819	59 046	9 739	11 006
上海						
江苏						
浙江						
安徽						
福建						
江西	45	636	538	7 201	1 963	1 166
山东						
河南	31	396	341	4 679	1 081	811
湖北	179	5 333	4 844	74 849	14 414	11 411
湖南	110	4 721	3 788	39 001	6 800	6 225
广东	97	2 252	1 899	36 064	7 041	5 959
广西						
海南						
重庆						
四川	2	3	3	28	28	
贵州						
云南						
陕西						
甘肃						
青海	7	158	147	1 172	198	155
宁夏						
新疆(兵团)	50	13 419	11 576	160 032	25 647	27 596
新疆(农业)						
新疆(畜牧)	21	866	739	4 253	851	587
热科院	5	58	56	1 269	346	123
广州						
南京						

9－12　农垦卫生事业基本情况

（2015年）

地区	医疗单位个数（个）			病床（张）	职工合计（人）		
		医院（个）	疗养院（个）			医务人员（人）	
							医生（人）
全国农垦	**4 224**	**1 012**	**10**	**67 513**	**80 454**	**66 035**	**27 140**
北　京	1	1		20	10	10	10
天　津	3	3		40	23	22	12
河　北	124	39		1 812	1 859	1 532	792
山　西	15	6		160	126	78	37
内蒙古	278	62	1	1 479	2 016	1 729	1 021
辽　宁	251	77		3 034	2 833	1 785	1 033
吉　林	79	35		381	746	557	266
黑龙江	1 087	124	1	10 737	15 444	12 661	5 902
上　海	2	2		1 432	583	479	94
江　苏	17	17		1 104	1 015	570	445
浙　江							
安　徽	76	18		1 063	651	571	311
福　建	86	12		149	224	202	77
江　西	35	26		296	304	241	161
山　东	7	2		32	16	16	10
河　南	76	31		659	545	475	247
湖　北	616	85	4	7 879	8 303	7 098	3 020
湖　南	112	51		1 652	2 468	1 677	748
广　东	61	53		5 774	4 843	3 965	1 553
广　西	13	13		268	417	352	134
海　南	81	81		7 120	8 567	6 873	2 368
重　庆							
四　川							
贵　州							
云　南							
陕　西	12	12		237	157	108	49
甘　肃	38	23		628	365	235	123
青　海	6	6		139	126	123	77
宁　夏							
新疆（兵团）	1 119	211		21 116	28 511	24 473	8 545
新疆（农业）							
新疆（畜牧）	28	21	4	302	287	193	100
热科院	1	1			15	10	5
广　州							
南　京							

9-13 省局、地区属卫生事业基本情况

（2015 年）

地区	医疗单位个数（个）			病床（张）	职工合计（人）		
		医院（个）	疗养院（个）			医务人员（人）	
							医生（人）
全国农垦	**123**	**72**	**2**	**28 125**	**33 891**	**27 732**	**9 084**
北京							
天津							
河北							
山西							
内蒙古	2	2		556	752	632	382
辽宁							
吉林							
黑龙江	10	9	1	5 402	6 868	5 117	1 806
上海	1	1		1 374	571	467	89
江苏							
浙江							
安徽							
福建							
江西							
山东							
河南							
湖北	32	31	1	3 275	3 232	2 834	891
湖南							
广东	4	4		2 358	2 461	1 977	695
广西							
海南	3	3		3 212	4 956	4 025	1 182
重庆							
四川							
贵州							
云南							
陕西	1	1		100	57	41	16
甘肃							
青海							
宁夏							
新疆(兵团)	69	20		11 828	14 962	12 632	4 018
新疆(农业)							
新疆(畜牧)	1	1		20	32	7	5
热科院							
广州							
南京							

9－14 场（厂）属卫生事业基本情况

（2015年）

地区	医疗单位个数（个）			病床（张）	职工合计（人）		
		医院（个）	疗养院（个）			医务人员（人）	
							医生（人）
全国农垦	**2 863**	**838**	**7**	**35 209**	**41 189**	**34 257**	**15 646**
北京	1	1		20	10	10	10
天津	3	3		40	23	22	12
河北	37	24		1 331	1 360	1 105	535
山西	11	5		126	108	67	32
内蒙古	92	53	1	827	1 065	904	493
辽宁	77	77		1 806	1 448	1 214	651
吉林	20	17		289	473	336	179
黑龙江	1 077	115		5 335	8 576	7 544	4 096
上海	1	1		58	12	12	5
江苏	17	17		1 104	1 015	570	445
浙江							
安徽	10	9		319	162	148	73
福建	42	12		115	158	140	67
江西	17	14		279	269	214	143
山东	6	2		28	15	15	9
河南	25	23		450	406	338	157
湖北	121	54	3	3 826	3 677	2 985	1 340
湖南	50	28		1 322	1 966	1 315	608
广东	55	49		3 416	2 369	1 976	851
广西	13	13		268	417	352	134
海南	78	78		3 908	3 359	2 596	987
重庆							
四川							
贵州							
云南							
陕西	8	8		134	95	64	31
甘肃	22	20		534	304	200	101
青海	8	8		167	143	135	86
宁夏							
新疆（兵团）	1 050	191		9 288	13 549	11 841	4 527
新疆（农业）							
新疆（畜牧）	21	15	3	219	197	144	71
热科院	1	1			13	10	3
广州							
南京							

9－15　分场属卫生事业基本情况

（2015 年）

地　区	医疗单位个数（个）			病床（张）	职工合计（人）		
		医院（个）	疗养院（个）			医务人员（人）	
							医生（人）
全国农垦	**989**	**105**	**1**	**3 382**	**4 554**	**3 309**	**1 934**
北　京							
天　津							
河　北	88	15		484	501	428	258
山　西	4	1		4	18	11	5
内蒙古	184	12		74	181	181	146
辽　宁	174			1 228	1 385	571	382
吉　林	59	18		92	273	221	87
黑龙江							
上　海							
江　苏							
浙　江							
安　徽	9	3		94	35	34	25
福　建	44			34	66	62	10
江　西	18	12		17	35	27	18
山　东	1	1		4	1	1	1
河　南	51	8		209	139	137	90
湖　北	267			636	1 023	927	515
湖　南	62	23		330	502	362	140
广　东	2				13	12	7
广　西							
海　南					252	252	199
重　庆							
四　川							
贵　州							
云　南							
陕　西	3	3		3	5	3	2
甘　肃	16	3		94	61	35	22
青　海	1	1		16	6	3	3
宁　夏							
新疆（兵团）							
新疆（农业）							
新疆（畜牧）	6	5	1	63	58	42	24
热科院							
广　州							
南　京							

附　录

附录一　中华人民共和国2015年国民经济和社会发展统计公报

中华人民共和国2015年国民经济和社会发展统计公报[1]

中华人民共和国国家统计局

2016年2月29日

2015年，面对错综复杂的国际形势和艰巨繁重的国内改革发展稳定任务，党中央、国务院团结带领全国各族人民，按照“五位一体”总体布局和“四个全面”战略布局的总要求，牢固树立和贯彻落实创新、协调、绿色、开放、共享的发展理念，适应经济发展新常态，坚持改革开放，坚持稳中求进工作总基调，坚持稳增长、调结构、惠民生、防风险，不断创新宏观调控思路与方式，深入推进结构性改革，扎实推动大众创业万众创新，努力促进经济保持中高速增长、迈向中高端水平，转型升级步伐加快，改革开放不断深化，民生事业持续进步，经济社会发展迈上新台阶，实现了“十二五”圆满收官，为“十三五”经济社会发展、决胜全面建成小康社会奠定了坚实基础。

一、综合

初步核算，全年国内生产总值[2] 676 708亿元，比上年增长6.9%（图1）。其中，第一产业增加值60 863亿元，增长3.9%；第二产业增加值274 278亿元，增长6.0%；第三产业增加值341 567亿元，增长8.3%。第一产业增加值占国内生产总值的比重为9.0%，第二产业增加值比重为40.5%，第三产业增加值比重为50.5%，首次突破50%。全年人均国内生产总值49 351元，比上年增长6.3%。全年国民总收入[3] 673 021亿元（图2）。

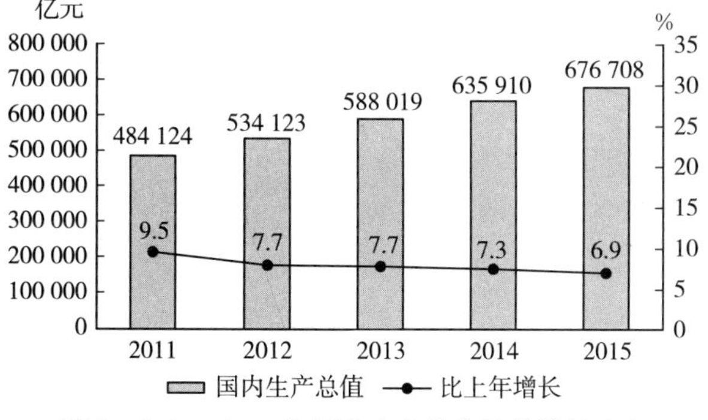

图1　2011—2015年国内生产总值及其增长速度

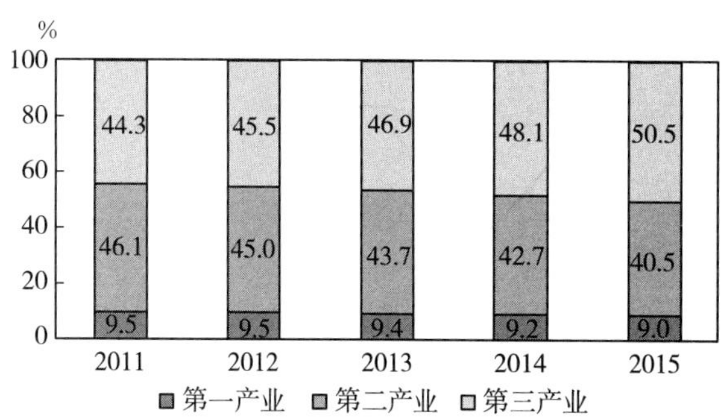

图2　2011—2015年三次产业增加值占国内生产总值比重

年末全国大陆总人口137 462万人，比上年末增加680万人，其中城镇常住人口77 116万人，占总人口比重（常住人口城镇化率）为56.10%，比上年末提高1.33个百分点。全年出生人口1 655万人，出生率为12.07‰；死亡人口975万人，死亡率为7.11‰；自然增长率为4.96‰。全国人户分离的人口[4] 2.94亿人，其中流动人口[5] 2.47亿人。人均预期寿命76.34岁（表1）。

表1　2015年年末人口数及其构成

单位：万人

指　　标	年末数	比重（%）
全国总人口	137 462	100.0
其中：城镇	77 116	56.1
乡村	60 346	43.9
其中：男性	70 414	51.2
女性	67 048	48.8
其中：0～15岁（含不满16周岁）[6]	24 166	17.6
16～59岁（含不满60周岁）	91 096	66.3
60周岁及以上	22 200	16.1
其中：65周岁及以上	14 386	10.5

年末全国就业人员 77 451 万人，其中城镇就业人员 40 410 万人。全年城镇新增就业 1 312 万人（图 3）。年末城镇登记失业率为 4.05%。全国农民工[7]总量 27 747 万人，比上年增长 1.3%。其中，外出农民工 16 884 万人，增长 0.4%；本地农民工 10 863 万人，增长 2.7%。

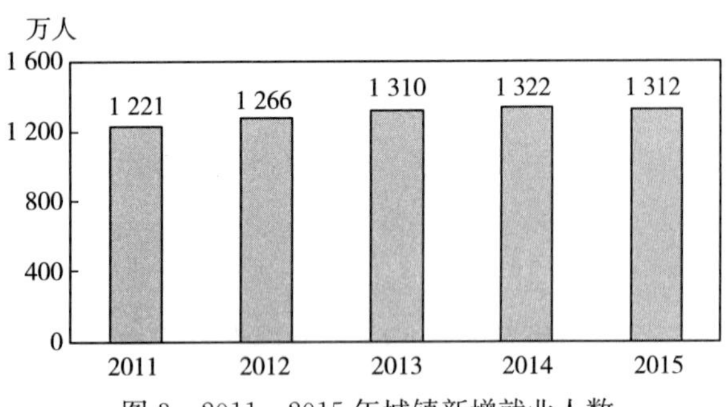

图 3 2011—2015 年城镇新增就业人数

全年全员劳动生产率[8]为 76 978 元/人，比上年提高 6.6%（图 4）。

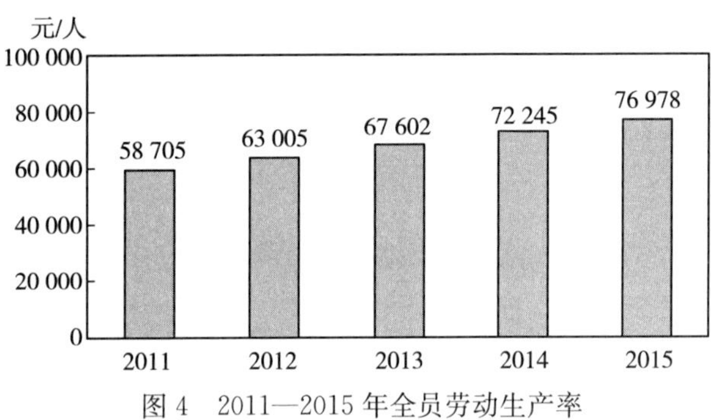

图 4 2011—2015 年全员劳动生产率

全年居民消费价格比上年上涨 1.4%，其中食品价格上涨 2.3%（图 5、表 2）。固定资产投资价格下降 1.8%。工业生产者出厂价格下降 5.2%。工业生产者购进价格下降 6.1%。农产品生产者价格[9]上涨 1.7%。

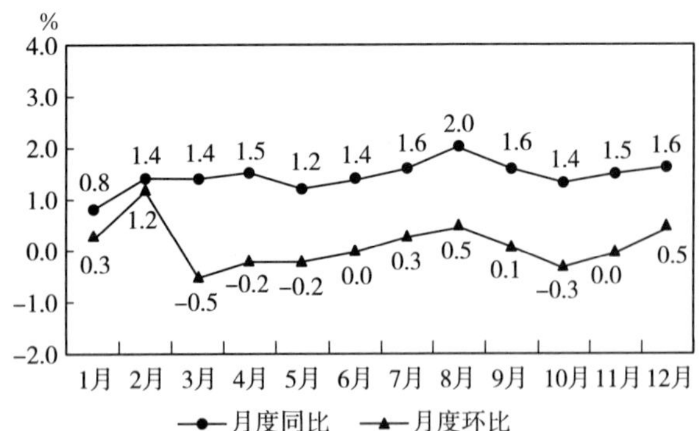

图 5 2015 年居民消费价格月度涨跌幅度

表 2 2015 年居民消费价格比上年涨跌幅度

单位：%

指　　标	全国	城市	农村
居民消费价格	1.4	1.5	1.3
其中：食品	2.3	2.3	2.4
烟酒及用品	2.1	2.0	2.3
衣着	2.7	2.8	2.3
家庭设备用品及维修服务	1.0	1.0	0.9
医疗保健和个人用品	2.0	1.9	2.3
交通和通信	−1.7	−1.6	−1.9
娱乐教育文化用品及服务	1.4	1.4	1.4
居住[10]	0.7	1.0	−0.3

年末 70 个大中城市新建商品住宅销售价格月同比上涨的城市个数为 21 个，比年初增加 20 个；下降的为 49 个，减少 20 个（图 6）。

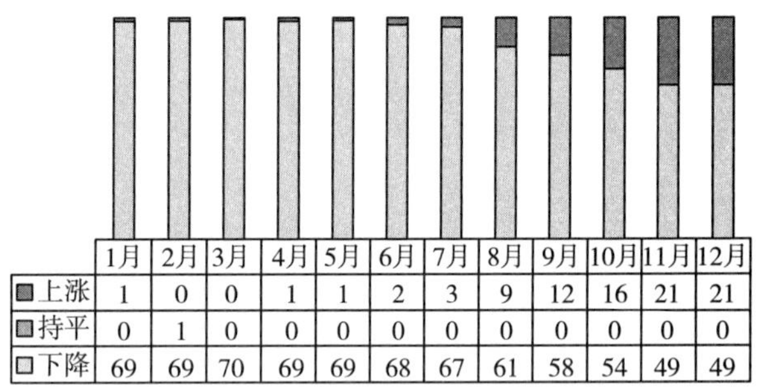

	1月	2月	3月	4月	5月	6月	7月	8月	9月	10月	11月	12月
上涨	1	0	0	1	1	2	3	9	12	16	21	21
持平	0	1	0	0	0	0	0	0	0	0	0	0
下降	69	69	70	69	69	68	67	61	58	54	49	49

图 6 2015 年新建商品住宅月同比价格上涨、持平、下降城市个数变化情况

全年全国一般公共预算收入 152 217 亿元，比上年同口径[11]增加 8 324 亿元，增长 5.8%，其中税收收入 124 892 亿元，增加 5 717 亿元，增长 4.8%（图 7）。

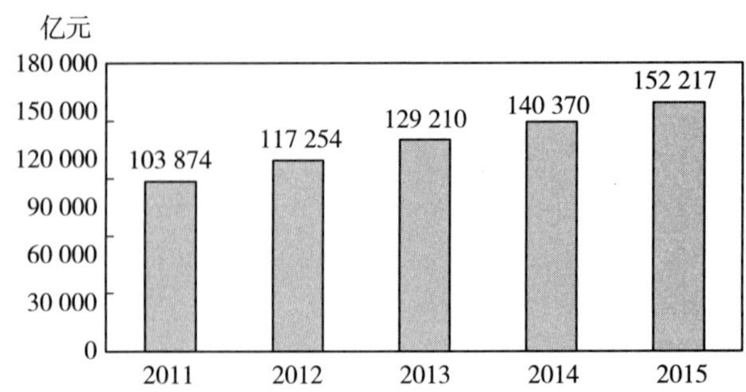

图 7 2011—2015 年全国一般公共预算收入

注：图中 2011—2014 年数据为全国一般公共预算收入决算数，2015 年为执行数。

年末国家外汇储备33 304亿美元，比上年末减少5 127亿美元（图8）。全年人民币平均汇率为1美元兑6.228 4元人民币，比上年贬值1.4%。

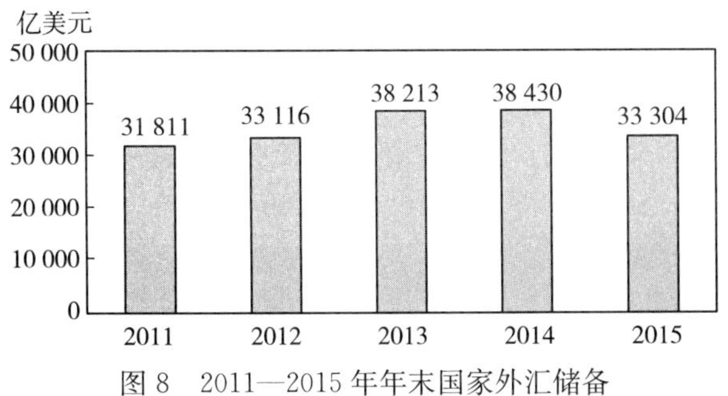

图8　2011—2015年年末国家外汇储备

二、农业

全年粮食种植面积11 334万公顷，比上年增加62万公顷。棉花种植面积380万公顷，减少42万公顷。油料种植面积1 406万公顷，增加1万公顷。糖料种植面积174万公顷，减少16万公顷。

全年粮食产量62 144万吨，比上年增加1 441万吨，增产2.4%（图9）。其中，夏粮产量14 112万吨，增产3.3%；早稻产量3 369万吨，减产0.9%；秋粮产量44 662万吨，增产2.3%。全年谷物产量57 225万吨，比上年增产2.7%。其中，稻谷产量20 825万吨，增产0.8%；小麦产量13 019万吨，增产3.2%；玉米产量22 458万吨，增产4.1%。

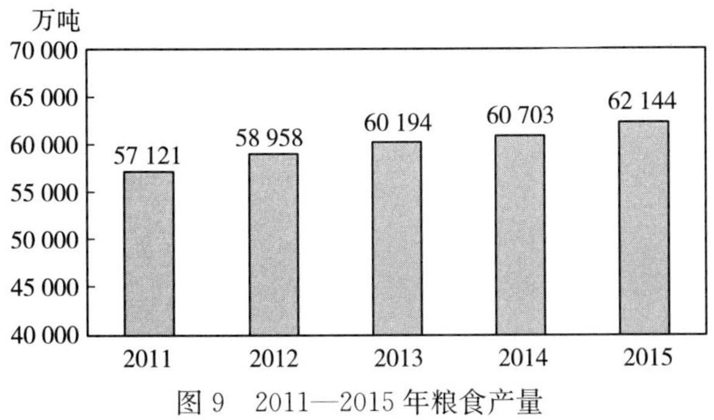

图9　2011—2015年粮食产量

全年棉花产量561万吨，比上年减产9.3%。油料产量3 547万吨，增产1.1%。糖料产量12 529万吨，减产6.2%。茶叶产量224万吨，增产6.9%。

全年肉类总产量8 625万吨，比上年下降1.0%。其中，猪肉产量5 487万吨，下降3.3%；牛肉产量700万吨，增长1.6%；羊肉产量441万吨，增长2.9%；禽肉产量1 826万吨，增长4.3%。禽蛋产量2 999万吨，增长3.6%。牛奶产量3 755万吨，增长0.8%。年末生猪存栏45 113万头，下降3.2%；生猪出栏70 825万头，下降3.7%。

全年水产品产量6 690万吨，比上年增长3.5%。其中，养殖水产品产量4 942万吨，增长4.1%；捕捞水产品产量1 748万吨，增长0.5%。

全年木材产量6 832万米^3，比上年下降17.0%。

全年新增耕地灌溉面积158万公顷，新增节水灌溉面积254万公顷。

三、工业和建筑业

全年全部工业增加值228 974亿元，比上年增长5.9%（图10）。规模以上工业增加值增长6.1%。在规模以上工业中，分经济类型看，国有控股企业增长1.4%；集体企业增长1.2%，股份制企业增长7.3%，外商及港澳台商投资企业增长3.7%；私营企业增长8.6%。分门类看，采矿业增长2.7%，制造业增长7.0%，电力、热力、燃气及水生产和供应业增长1.4%。

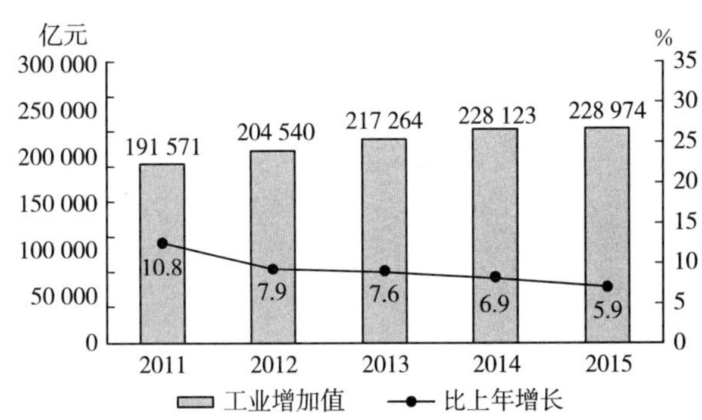

图10　2011—2015年全部工业增加值及其增长速度

全年规模以上工业中，农副食品加工业增加值比上年增长5.5%，纺织业增长7.0%，化学原料和化学制品制造业增长9.5%，非金属矿物制品业增长6.5%，黑色金属冶炼和压延加工业增长5.4%，通用设备制造业增长2.9%，专用设备制造业增长3.4%，汽车制造业增长6.7%，电气机械和器材制造业增长7.3%，计算机、通信和其他电子设备制造业增长10.5%，电力、热力生产和供应业增长0.5%。六大高耗能行业[12]增加值比上年增长6.3%，占规模以上工业增加值的比重为27.8%。高技术制造业[13]增加值增长10.2%，占规模以上工业增加值的比重为11.8%。装备制造业[14]增加值增长6.8%，占规模以上工业增加值的 比重为31.8%（表3）。

表3 2015年主要工业产品产量及其增长速度[12]

产品名称	单 位	产 量	比上年增长（%）
纱	万吨	3 538.0	4.7
布	亿米	892.6	−0.1
化学纤维	万吨	4 831.7	10.1
成品糖	万吨	1 474.1	−10.3
卷烟	亿支	25 890.7	−0.8
彩色电视机	万台	14 475.7	2.5
其中：液晶电视机	万台	14 391.9	3.8
其中：智能电视	万台	8 383.5	14.9
家用电冰箱	万台	7 992.8	−9.1
房间空气调节器	万台	14 200.4	−1.8
一次能源生产总量	亿吨标准煤	36.2	0.0
原煤	亿吨	37.5	−3.3
原油	万吨	21 455.6	1.5
天然气[15]	亿米^3	1 346.1	3.4
发电量	亿千瓦时	58 105.8	0.3
其中：火电	亿千瓦时	42 420.4	−2.7
水电	亿千瓦时	11 264.2	5.0
核电	亿千瓦时	1 707.9	28.9
粗钢	万吨	80 382.5	−2.2
钢材[16]	万吨	112 349.6	−0.1
十种有色金属	万吨	5 155.8	6.8
其中：精炼铜（电解铜）	万吨	796.2	4.2
原铝（电解铝）	万吨	3 141.0	8.8
水泥	亿吨	23.6	−5.3
硫酸（折100%）	万吨	8 975.7	0.8
烧碱（折100%）	万吨	3 020.7	−1.4
乙烯	万吨	1 714.6	1.1
化肥（折100%）	万吨	7 432.0	8.1
发电机组（发电设备）	万千瓦	12 431.4	−17.4
汽车	万辆	2 450.4	3.3
其中：基本型乘用车（轿车）	万辆	1 163.0	−6.8
运动型多用途乘用车（SUV）	万辆	602.4	48.0
其中：新能源汽车	万辆	32.8	161.2
大中型拖拉机	万台	68.8	6.9

（续）

产品名称	单　位	产　量	比上年增长（%）
集成电路	亿块	1 087.2	7.1
程控交换机	万线	1 880.3	-12.5
移动通信手持机	万台	181 261.4	7.8
其中：智能手机	万台	139 943.1	11.3
微型计算机设备	万台	31 418.7	-10.4
工业机器人	台（套）	32 996.0	21.7

年末全国发电装机容量 150 828 万千瓦，比上年末增长 10.5%。其中[17]，火电装机容量 99 021 万千瓦，增长 7.8%；水电装机容量 31 937 万千瓦，增长 4.9%；核电装机容量 2 608 万千瓦，增长 29.9%；并网风电装机容量 12 934 万千瓦，增长 33.5%；并网太阳能发电装机容量 4 318 万千瓦，增长 73.7%。

全年规模以上工业企业实现利润 63 554 亿元，比上年下降 2.3%。分经济类型看，国有控股企业实现利润 10 944 亿元，比上年下降 21.9%；集体企业 508 亿元，下降 2.7%，股份制企业 42 981 亿元，下降 1.7%，外商及港澳台商投资企业 15 726 亿元，下降 1.5%；私营企业 23 222 亿元，增长 3.7%。分门类看，采矿业实现利润 2 604 亿元，比上年下降 58.2%；制造业 55 609 亿元，增长 2.8%；电力、热力、燃气及水生产和供应业 5 341 亿元，增长 13.5%。

全年全社会建筑业增加值 46 456 亿元，比上年增长 6.8%（图 11）。全国具有资质等级的总承包和专业承包建筑业企业实现利润 6 508 亿元，增长 1.6%，其中国有控股企业 1 676 亿元，增长 6.0%。

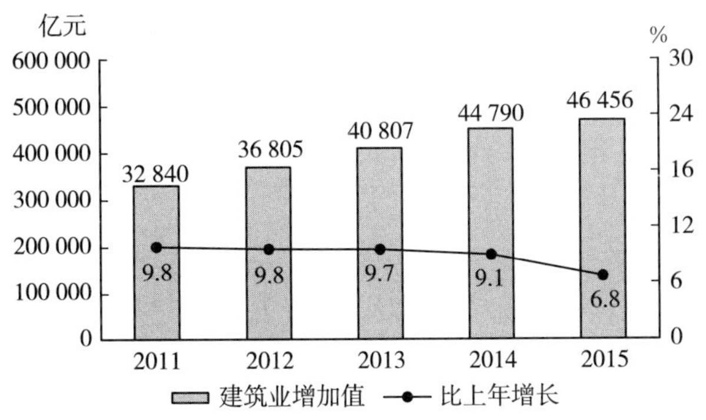

图 11　2011—2015 年建筑业增加值及其增长速度

四、固定资产投资

全年全社会固定资产投资 562 000 亿元，比上年增长 9.8%，扣除价格因素，实际增长 11.8%（图 12）。其中，固定资产投资（不含农户）551 590 亿元，增长 10.0%。分区域看[18]，东部地区投资232 107亿元，比上年增长 12.4%；中部地区投资 143 118 亿元，增长 15.2%；西部地区投资 140 416 亿元，增长 8.7%；东北地区投资 40 806 亿元，下降 11.1%。

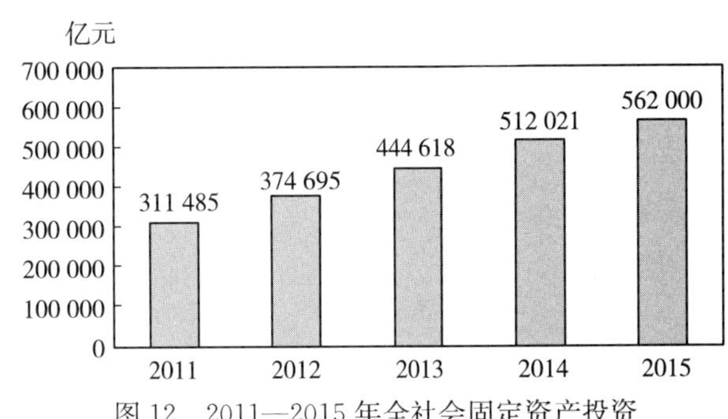

图 12　2011—2015 年全社会固定资产投资

在固定资产投资（不含农户）中，第一产业投资 15 561 亿元，比上年增长 31.8%；第二产业投

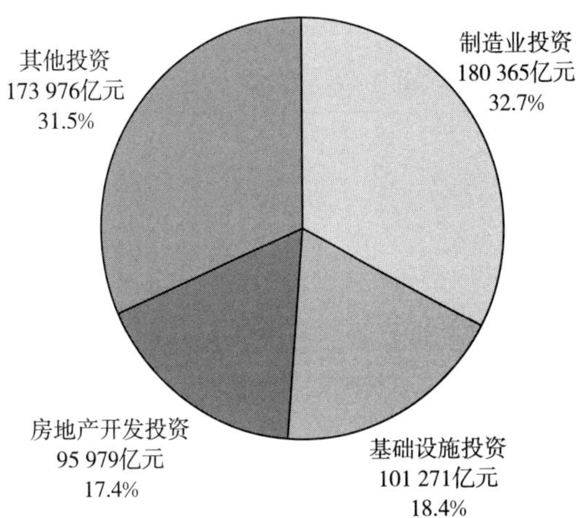

图 13　2015 年按领域分固定资产投资（不含农户）及其占比

资224 090亿元，增长8.0%；第三产业投资311 939亿元，增长10.6%。基础设施投资[19] 101 271亿元，增长17.2%，占固定资产投资（不含农户）的比重为18.4%。民间固定资产投资[20] 354 007亿元，增长10.1%，占固定资产投资（不含农户）的比重为64.2%。高技术产业投资[21] 32 598亿元，增长17.0%，占固定资产投资（不含农户）的比重为5.9%（图13、表4、表5）。

表4　2015年分行业固定资产投资（不含农户）及其增长速度

单位：亿元

行　业	投资额	比上年增长（%）
总　计	551 590	10.0
农、林、牧、渔业	19 061	30.8
采矿业	12 971	−8.8
制造业	180 365	8.1
电力、热力、燃气及水生产和供应业	26 621	16.6
建筑业	4 895	10.2
批发和零售业	18 682	20.1
交通运输、仓储和邮政业	48 972	14.3
住宿和餐饮业	6 504	5.1
信息传输、软件和信息技术服务业	5 517	34.5
金融业	1 367	0.3
房地产业[22]	126 674	2.5
租赁和商务服务业	9 436	18.6
科学研究和技术服务业	4 752	12.6
水利、环境和公共设施管理业	55 673	20.4
居民服务、修理和其他服务业	2 628	15.5
教育	7 723	15.2
卫生和社会工作	5 175	29.7
文化、体育和娱乐业	6 724	8.9
公共管理、社会保障和社会组织	7 851	9.1

表5　2015年固定资产投资新增主要生产与运营能力

指　标	单位	绝对数
新增220千伏及以上变电设备	万千伏安	21 785
新建铁路投产里程	千米	9 531
其中：高速铁路[23]	千米	3 306
增、新建铁路复线投产里程	千米	7 647
电气化铁路投产里程	千米	8 694

（续）

指　　标	单位	绝对数
新建公路里程	千米	71 401
其中：高速公路	千米	11 265
港口万吨级码头泊位新增吞吐能力	万吨	38 487
新增民用运输机场	个	8
新增光缆线路长度	万千米	441

全年房地产开发投资 95 979 亿元，比上年增长 1.0%。其中，住宅投资 64 595 亿元，增长 0.4%；办公楼投资 6 210 亿元，增长 10.1%；商业营业用房投资 14 607 亿元，增长 1.8%（表 6）。

全年全国城镇保障性安居工程基本建成住房 772 万套，新开工 783 万套，其中棚户区改造开工 601 万套。

表 6　2015 年房地产开发和销售主要指标完成情况及其增长速度

指　　标	单　　位	绝对数	比上年增长（%）
投资额	亿元	95 979	1.0
其中：住宅	亿元	64 595	0.4
其中：90 米^2 及以下	亿元	24 646	21.2
房屋施工面积	万米^2	735 693	1.3
其中：住宅	万米^2	511 570	−0.7
房屋新开工面积	万米^2	154 454	−14.0
其中：住宅	万米^2	106 651	−14.6
房屋竣工面积	万米^2	100 039	−6.9
其中：住宅	万米^2	73 777	−8.8
商品房销售面积	万米^2	128 495	6.5
其中：住宅	万米^2	112 406	6.9
本年到位资金	亿元	125 203	2.6
其中：国内贷款	亿元	20 214	−4.8
其中：个人按揭贷款	亿元	16 662	21.9

五、国内贸易

全年社会消费品零售总额 300 931 亿元，比上年增长 10.7%，扣除价格因素，实际增长 10.6%（图 14）。按经营地统计，城镇消费品零售额 258 999亿元，增长 10.5%；乡村消费品零售额 41 932亿元，增长 11.8%。按消费类型统计，商品零售额 268 621 亿元，增长 10.6%；餐饮收入额 32 310 亿元，增长 11.7%。

在限额以上企业商品零售额中，粮油、食品、饮料、烟酒类零售额比上年增长 14.6%，服装、鞋帽、针纺织品类增长 9.8%，化妆品类增长

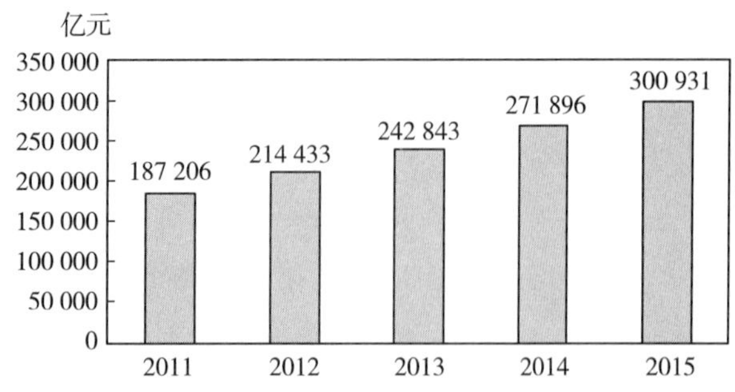

图 14 2011—2015 年社会消费品零售总额

注：图中 2011—2014 年数据根据第三次经济普查结果进行修订。

8.8%，金银珠宝类增长 7.3%，日用品类增长 12.3%，家用电器和音像器材类增长 11.4%，中西药品类增长 14.2%，文化办公用品类增长 15.2%，家具类增长 16.1%，通讯器材类增长 29.3%，建筑及装潢材料类增长 18.7%，汽车类增长 5.3%，石油及制品类下降 6.6%。

全年网上零售额[24] 38 773 亿元，比上年增长 33.3%，其中网上商品零售额 32 424 亿元，增长 31.6%。在网上商品零售额中，吃类商品增长 40.8%，穿类商品增长 21.4%，用类商品增长 36%。

六、对外经济[25]

全年货物进出口总额 245 741 亿元，比上年下降 7.0%。其中，出口 141 255 亿元，下降 1.8%；进口 104 485 亿元，下降 13.2%。货物进出口差额（出口减进口）36 770 亿元，比上年增加 13 244 亿元（图 15、表 7 至表 10）。

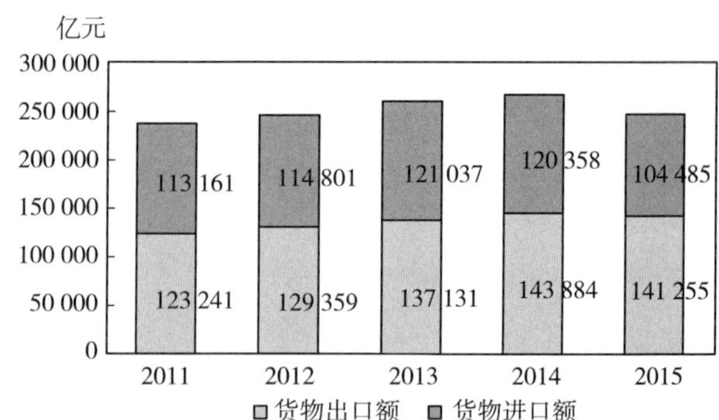

图 15 2011—2015 年货物进出口总额

表 7 2015 年货物进出口总额及其增长速度

单位：亿美元

指 标	绝对数	比上年增长（%）
货物进出口总额	245 741	−7.0
货物出口额	141 255	−1.8
其中：一般贸易	75 456	2.1
加工贸易	49 553	−8.8
其中：机电产品	81 421	1.1
高新技术产品	40 737	0.4
货物进口额	104 485	−13.2
其中：一般贸易	57 323	−15.9
加工贸易	27 772	−13.7
其中：机电产品	50 111	−4.5
高新技术产品	34 073	0.6
货物进出口差额（出口减进口）	36 770	—

表 8 2015 年主要商品出口数量、金额及其增长速度

商品名称	单位	数量	比上年增长（%）	金额（亿美元）	比上年增长（%）
煤（包括褐煤）	万吨	533	−7.1	31	−27.7
钢材	万吨	11 240	19.9	3 890	−10.6
纺织纱线、织物及制品	—	—	—	6 796	−1.3
服装及衣着附件	—	—	—	10 819	−5.5
鞋类	万吨	447	−8.4	3 319	−3.9
家具及其零件	—	—	—	3 277	2.6
自动数据处理设备及其部件	万台	171 508	−10.6	9 461	−15.2
手持或车载无线电话	万台	134 342	2.4	7 711	8.8
集装箱	万个	272	−10.1	475	−14.2
液晶显示板	万个	229 344	−6.4	1 923	−1.5
汽车	万辆	72	−19.4	696	−9.5

表 9　2015 年主要商品进口数量、金额及其增长速度

商品名称	数量（万吨）	比上年增长（%）	金额（亿美元）	比上年增长（%）
谷物及谷物粉	3 270	67.6	582	52.4
大豆	8 169	14.4	2 157	−12.8
食用植物油	676	4.1	311	−14.5
铁矿砂及其精矿	95 272	2.2	3 574	−37.7
氧化铝	465	−11.8	101	−14.2
煤（包括褐煤）	20 406	−29.9	749	−45.2
原油	33 550	8.8	8 333	−40.5
成品油	2 990	−0.3	886	−38.5
初级形状的塑料	2 610	2.9	2 793	−11.8
纸浆	1 984	10.4	792	6.9
钢材	1 278	−11.4	889	−19.2
未锻轧铜及铜材	481	−0.3	1 804	−17.4

表 10　2015 年对主要国家和地区货物进出口额及其增长速度

单位：亿美元

国家和地区	出口额	比上年增长（%）	进口额	比上年增长（%）
欧盟	22 096	−3.0	12 985	−13.6
美国	25 425	4.5	9 238	−5.4
东盟	17 221	3.1	12 097	−5.4
中国香港	20 589	−7.7	797	2.8
日本	8 424	−8.3	8 881	−11.4
韩国	6 291	2.1	10 847	−7.1
中国台湾	2 785	−2.0	8 904	−4.6
印度	3 612	8.5	831	−17.2
俄罗斯	2 161	−34.5	2 066	−19.1

全年服务进出口[26]总额 7 130 亿美元，比上年增长 14.6%。其中，服务出口 2 882 亿美元，增长 9.2%；服务进口 4 248 亿美元，增长 18.6%。服务进出口逆差 1 366 亿美元。

全年吸收外商直接投资（不含银行、证券、保险）新设立企业 26 575 家，比上年增长 11.8%。实际使用外商直接投资金额 7 814 亿元（折 1 263 亿美元），增长 6.4%。其中“一带一路”[27]沿线国家吸收外商直接投资新设立企业 2 164 家，增长 18.3%；实际使用外商直接投资金额 526 亿元（折 85 亿美元），增长 25.3%（表 11）。

表 11 2015 年非金融领域外商直接投资及其增长速度

行 业	企业数（家）	比上年增长（%）	实际使用金额（亿美元）	比上年增长（%）
总 计	26 575	11.8	7 813.5	6.4
其中：农、林、牧、渔业	609	−15.3	94.8	1.3
制造业	4 507	−13.0	2 452.3	0.0
电力、燃气及水生产和供应业	264	26.9	139.4	3.1
交通运输、仓储和邮政业	449	19.4	259.7	−5.0
信息传输、计算机服务和软件业	1 311	33.6	237.1	40.1
批发和零售业	9 156	14.8	744.0	28.0
房地产业	387	−13.2	1 789.8	−15.9
租赁和商务服务业	4 465	12.7	623.3	−18.8
居民服务和其他服务业	217	19.9	44.4	0.8

全年对外直接投资额（不含银行、证券、保险）7 351 亿元，按美元计价为 1 180 亿美元，比上年增长 14.7%。其中，我国对“一带一路”沿线国家对外直接投资额达 148 亿美元，增长 18.2%（表 12）。

表 12 2015 年非金融领域对外直接投资额及其增长速度

行 业	对外直接投资金额（亿美元）	比上年增长（%）
总 计	1 180.2	14.7
其中：农、林、牧、渔业	20.5	17.8
采矿业	108.5	−43.9
制造业	143.3	105.9
电力、热力、燃气及水生产和供应业	27.9	51.6
建筑业	45.0	−35.9
批发和零售业	160.2	−7.2
交通运输、仓储和邮政业	30.9	5.5
信息传输、软件和信息技术服务业	57.8	240.0
房地产业	90.6	193.2
租赁和商务服务业	416.7	11.9

全年对外承包工程业务完成营业额 9 596 亿元，按美元计价为 1 541 亿美元，比上年增长 8.2%。对外劳务合作派出各类劳务人员 53 万人，下降 5.7%。

七、交通[28]、邮电和旅游

全年货物运输总量 417 亿吨，比上年增长 0.2%。货物运输周转量 177 401 亿吨公里，下降 1.9%。全年规模以上港口完成货物吞吐量 114.3 亿吨，比上年增长 1.6%，其中外贸货物吞吐量 35.9 亿吨，增长 1.1%。规模以上港口集装箱吞吐量 20 959 万标准箱，增长 4.1%（表 13）。

表 13 2015 年各种运输方式完成货物运输量及其增长速度

指 标	单 位	绝对数	比上年增长（%）
货物运输总量	亿 吨	417.1	0.2
铁路	亿 吨	33.6	−11.9
公路	亿 吨	315.0	1.2
水运	亿 吨	61.4	2.5
民航	万 吨	625.3	5.2
管道	亿 吨	7.1	1.7
货物运输周转量	亿吨公里	177 400.7	−1.9
铁路	亿吨公里	23 754.3	−13.7
公路	亿吨公里	57 955.7	2.0
水运	亿吨公里	91 344.6	−1.2
民航	亿吨公里	207.3	10.4
管道	亿吨公里	4 138.8	6.6

全年旅客运输总量 194 亿人次，比上年下降 4.4%。旅客运输周转量 30 047 亿人公里，增长 4.9%（表 14）。

表 14 2015 年各种运输方式完成旅客运输量及其增长速度

指 标	单 位	绝对数	比上年增长（%）
旅客运输总量	亿人次	194.3	−4.4
铁路	亿人次	25.3	10.0
公路	亿人次	161.9	−6.7
水运	亿人次	2.7	2.8
民航	亿人次	4.4	11.1
旅客运输周转量	亿人公里	30 047.0	4.9
铁路	亿人公里	11 960.6	6.4
公路	亿人公里	10 742.7	−2.3
水运	亿人公里	73.1	−1.7
民航	亿人公里	7 270.7	14.8

年末全国民用汽车保有量达到 17 228 万辆（包括三轮汽车和低速货车 955 万辆），比上年末增长 11.5%，其中私人汽车保有量 14 399 万辆，增长 14.4%。民用轿车保有量 9 508 万辆，增长 14.6%，其中私人轿车 8 793 万辆，增长 15.8%。

全年完成邮电业务总量[29] 28 220 亿元，比上年增长 29.2%。其中，邮政行业业务总量 5 079 亿元，增长 37.4%；电信业务总量 23 142 亿元，增长 27.5%。邮政业全年完成邮政函件业务 45.8 亿件，包裹业务 0.4 亿件，快递业务量 206.7 亿件（图 16）；快递业务收入 2 770 亿元。电信业全年新增移动电话交换机容量[30] 6 529 万户，达到 211 066 万户。年末全国电话用户总数达到153 673万户，其中移动电话用户 130 574 万户。移动电话普及率上升至 95.5 部/百人。固定互联网宽带接入用户[31] 21 337 万户，比上年增加 1 289 万户；移动宽带用户[32] 78 533 万户，增加 20 279 万户（图 17）。移动互联网接入流量 41.9 亿 G，比上年增长 103%。互联网上网人数 6.88 亿人，增加 3 951 万人，其中手机上网人数[33] 6.20 亿人，增加 6 303 万人。互联网普及率达到 50.3%。软件和信息技术服务业[34]完成软件业务收入 43 249 亿元，比上年增长 16.6%。

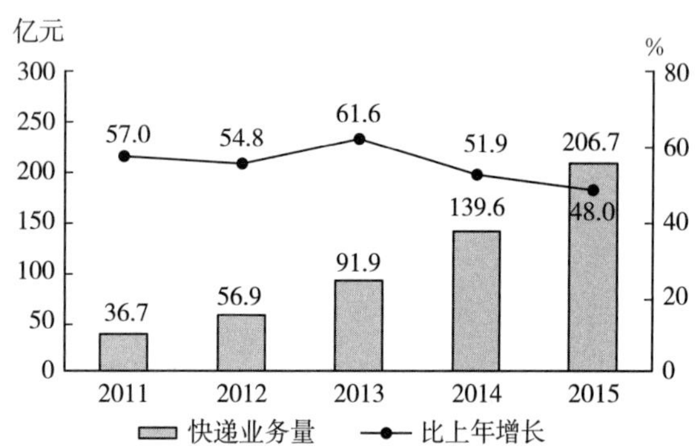

图 16　2011—2015 年快递业务量及其增长速度

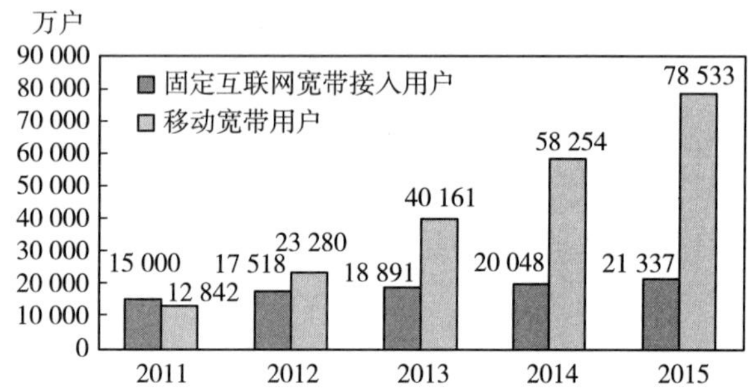

图 17　2011—2015 年年末固定互联网宽带接入用户和移动宽带用户数

全年国内游客 40 亿人次，比上年增长 10.5%，国内旅游收入 34 195 亿元，增长 13.1%。入境游客13 382万人次，增长 4.1%。其中，外国人 2 599 万人次，下降 1.4%；香港、澳门和台湾同胞 10 783 万人次，增长 5.6%。在入境游客中，过夜游客 5 689 万人次，增长 2.3%。国际旅游收入 1 137 亿美元，增长 7.8%。国内居民出境 12 786万人次，增长 9.7%。其中因私出境 12 172 万人次，增长 10.6%；赴港澳台出境 8 588 万人次，增长 4.4%。

八、金融

年末广义货币供应量（M2）余额 139.2 万亿元，比上年末增长 13.3%；狭义货币供应量（M1）余额 40.1 万亿元，增长 15.2%；流通中货币（M0）余额 6.3 万亿元，增长 4.9%。

全年社会融资规模增量[35] 15.4 万亿元，按可比口径计算，比上年少 4 675 亿元。年末全部金融机构本外币各项存款余额 139.8 万亿元，比年初增加 15.3 万亿元，其中人民币各项存款余额 135.7 万亿元，增加 15.0 万亿元。全部金融机构本外币各项贷款余额 99.3 万亿元，增加 11.7 万亿元，其中人民币各项贷款余额 94.0 万亿元，增加 11.7 万亿元（表 15）。

表 15　2015 年年末全部金融机构本外币存贷款余额及其增长速度

单位：亿元

指　标	年末数	比上年末增长（%）
各项存款余额	1 397 752	12.4
其中：住户存款	551 929	8.9
其中：人民币	546 078	8.7
非金融企业存款	455 209	13.7
各项贷款余额	993 460	13.4
其中：境内短期贷款	366 684	7.3
境内中长期贷款	538 924	14.2

年末主要农村金融机构（农村信用社、农村合作银行、农村商业银行）人民币贷款余额 120 321 亿元，比年初增加 13 433 亿元。全部金融机构人民币消费贷款余额 189 520 亿元，增加 35 869 亿元。其中，个人短期消费贷款余额 41 008 亿元，增加 8 497 亿元；个人中长期消费贷款余额 148 512亿元，增加 27 373 亿元。

全年上市公司通过境内市场累计筹资 29 814 亿元，比上年增加 21 417 亿元。其中，首次公开发行 A 股 220 只，筹资 1 579 亿元；A 股再筹资（包括配股、公开增发、非公开增发[36]、认股权证）6 711 亿元，增加 2 546 亿元；上市公司通过发行可转债、可分离债、公司债、中小企业私募债筹资 21 524 亿元，增加 17 961 亿元。全年首次公开发行创业板股票 86 只，筹资 309 亿元。

全年发行公司信用类债券[37] 6.72 万亿元，比上年增加 1.57 万亿元。

全年保险公司原保险保费收入[38] 24 283 亿元，比上年增长 20.0%。其中，寿险业务原保险保费收入 13 242 亿元，健康险和意外伤害险业务原保险保费收入 3 046 亿元，财产险业务原保险保费收

入 7 995 亿元。支付各类赔款及给付 8 674 亿元。其中，寿险业务给付 3 565 亿元，健康险和意外伤害险赔款及给付 915 亿元，财产险业务赔款 4 194 亿元。

九、人民生活和社会保障

全年全国居民人均可支配收入 21 966 元，比上年增长 8.9%，扣除价格因素，实际增长 7.4%；全国居民人均可支配收入中位数[39] 19 281 元，增长 9.7%（图 18）。按常住地分，城镇居民人均可支配收入 31 195 元，比上年增长 8.2%，扣除价格因素，实际增长 6.6%；城镇居民人均可支配收入中位数为 29 129 元，增长 9.4%。农村居民人均可支配收入 11 422 元，比上年增长 8.9%，扣除价格因素，实际增长 7.5%；农村居民人均可支配收入中位数为 10 291 元，增长 8.4%。全年农村居民人均纯收入为 10 772 元。全国农民工人均月收入 3 072元，比上年增长 7.2%。全国居民人均消费支出 15 712 元，比上年增长 8.4%，扣除价格因素，实际增长 6.9%。按常住地分，城镇居民人均消费支出21 392元，增长 7.1%，扣除价格因素，实际增长5.5%；农村居民人均消费支出 9 223 元，增长 10.0%，扣除价格因素，实际增长 8.6%（图 19）。

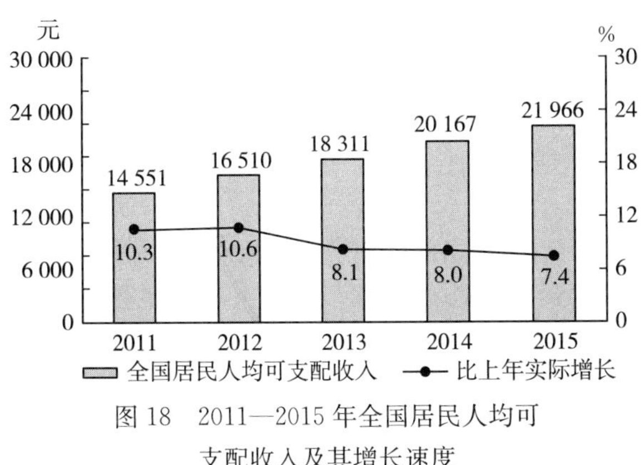

图 18　2011—2015 年全国居民人均可支配收入及其增长速度

年末全国参加城镇职工基本养老保险人数 35 361万人，比上年末增加 1 236 万人。参加城乡居民基本养老保险人数 50 472 万人，增加 365 万人。参加城镇基本医疗保险人数 66 570 万人，增加6 823万人。其中，参加职工基本医疗保险人数 28 894 万人，增加 598 万人；参加城镇居民基本医疗保险人数 37 675 万人，增加 6 225 万人。参加失业保险人数 17 326 万人，增加 283 万人。年末全国领取失业保险金人数 227 万人。参加工伤保险人数 21 404 万人，增加 765 万人，其中参加工伤保险的农民工 7 489 万人，增加 127 万人。参加生育保险人数 17 769 万人，增加 730 万人。年末全国共有1 708.0万人享受城市居民最低生活保障，4 903.2万人享受农村居民最低生活保障，农村五保供养[40] 517.5 万人。全年资助 5 910.3 万城乡困难群众参加基本医疗保险。按照每人每年 2 300 元（2010 年不变价）的农村扶贫标准计算，2015 年农村贫困人口 5 575 万人，比上年减少 1 442万人。

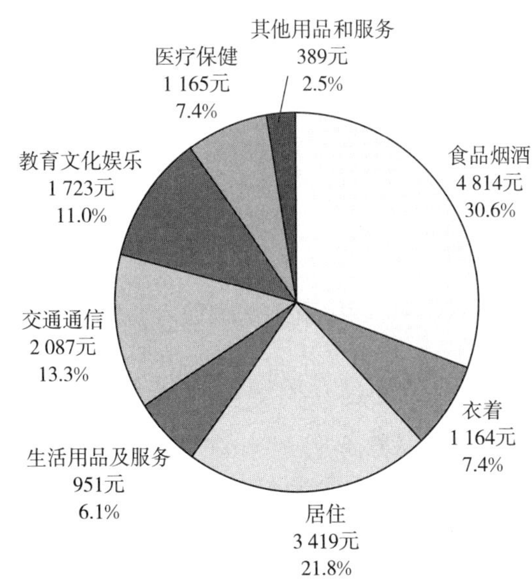

图 19　2015 年全国居民人均消费支出及其构成

十、教育、科学技术和文化体育

全年研究生教育招生 64.5 万人，在学研究生 191.1 万人，毕业生 55.2 万人。普通本专科招生 737.8 万人，在校生 2 625.3 万人，毕业生 680.9 万人。中等职业教育[41] 招生 601.2 万人，在校生 1 656.7万人，毕业生 567.9 万人。普通高中招生 796.6 万人，在校生 2 374.4 万人，毕业生 797.6 万人。初中招生 1 411.0 万人，在校生 4 312.0 万人，毕业生 1 417.6 万人。普通小学招生 1 729.0 万人，在校生 9 692.2 万人，毕业生 1 437.2 万人。特殊教育招生 8.3 万人，在校生 44.2 万人，毕业生 5.3 万人。学前教育在园幼儿 4 264.8 万人。九年义务教育巩固率为 93.0%，高中阶段毛入学率为 87.0%（图 20）。

全年研究与试验发展（R&D）经费支出14 220 亿元，比上年增长 9.2%，与国内生产总值之比为

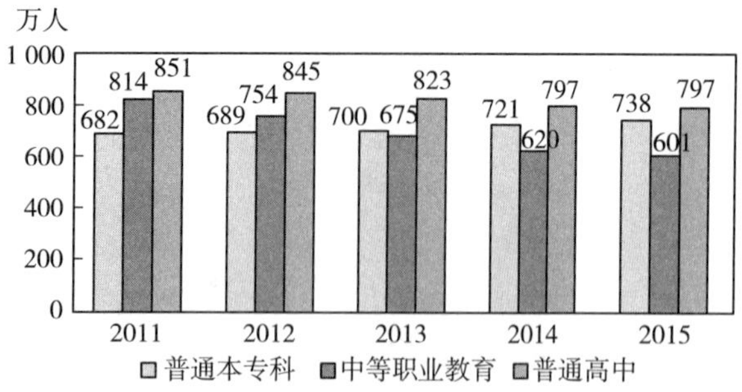

图 20　2011—2015 年普通本专业、中等职业教育及普通高中招生人数

2.10%，其中基础研究经费 671 亿元。全年国家安排了 3 574 项科技支撑计划课题，2 561 项“863”计划课题。截至年底，累计建设国家工程研究中心 132 个，国家工程实验室 158 个，国家认定企业技术中心 1 187 家。国家新兴产业创投计划[42]累计支持设立 206 家创业投资企业，资金总规模 557 亿元，投资创业企业 1 233 家。全年受理境内外专利申请 279.9 万件，授予专利权 171.8 万件。截至年底，有效专利 547.8 万件，其中境内有效发明专利 87.2 万件，每万人口发明专利拥有量 6.3 件。全年共签订技术合同 30.7 万项，技术合同成交金额 9 835 亿元，比上年增长 14.7%（图 21、表 16）。

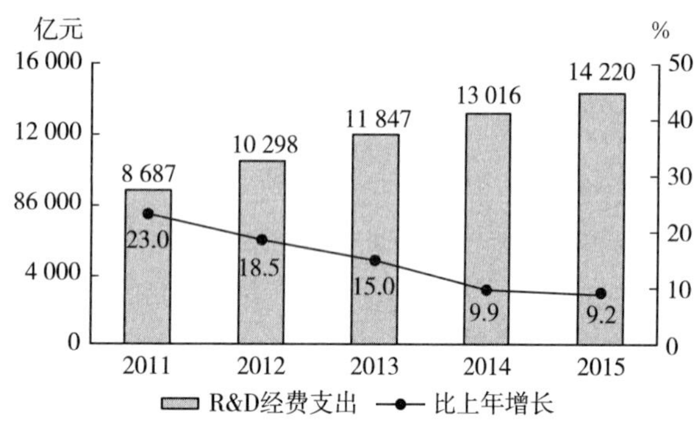

图 21　2011—2015 年研究与试验发展（R&D）经费支出

表 16　2015 年专利申请受理、授权和有效专利情况

指　　标	专利数（万件）	比上年增长（%）
专利申请受理数	279.9	18.5
其中：境内专利申请受理	261.7	19.7
其中：发明专利申请受理	110.2	18.7
其中：境内发明专利	95.7	21.2
专利申请授权数	171.8	31.9
其中：境内专利授权	157.8	32.4
其中：发明专利授权	35.9	54.1
其中：境内发明专利	25.6	62.5

（续）

指　　标	专利数（万件）	比上年增长（%）
年末有效专利数	547.8	18.0
其中：境内有效专利	467.4	19.3
其中：有效发明专利	147.2	23.1
其中：境内有效发明专利	87.2	31.4

全年成功完成 19 次宇航发射。长征六号、长征十一号新型运载火箭成功首飞；地球静止轨道分辨率最高的遥感卫星高分四号成功发射；完成 4 颗新一代北斗导航卫星发射，北斗卫星导航系统全球组网稳步推进；国产首架大飞机 C919 成功总装下线。

年末全国共有产品检测实验室 31 768 个，其中国家检测中心 641 个。全国现有产品质量、体系认证机构 221 个，已累计完成对 136 780 个企业的产品认证。全国共有法定计量技术机构 3 830 个，全年强制检定计量器具 7 354 万台（件）。全年制定、修订国家标准 1 931 项，其中新制定 1 330 项。全年中央气象台和省级气象台共发布气象预警信号 5 939 次，警报 6 107 次。全国共有地震台站 1 687 个，区域地震台网 32 个。全国共有海洋观测站（点）[43] 124 个。测绘地理信息部门公开出版地图 2 003 种。

年末全国文化系统共有艺术表演团体 2 052 个，博物馆 2 956 个。全国共有公共图书馆 3 136 个，总流通[44] 58 339 万人次；文化馆 3 315 个。有线电视用户 2.39 亿户，其中有线数字电视用户 2.02 亿户。年末广播节目综合人口覆盖率为 98.2%，电视节目综合人口覆盖率为 98.8%。全年生产电视剧 395 部 16 560 集，电视动画片 134 011分钟。全年生产故事影片 686 部，科教、纪录、动画和特种影片[45] 202 部。出版各类报纸 440 亿份，各类期刊 30 亿册，图书 81 亿册（张），人均图书拥有量[46] 5.91 册（张）。年末全国共有档案馆 4 196 个，已开放各类档案 13 294 万卷（件）。

全年我国运动员在 25 个运动大项中获得 127 个世界冠军，共创 12 项世界纪录。全年我国残疾人运动员在 34 项国际赛事中获得 395 个世界冠军。

十一、卫生和社会服务

年末全国共有医疗卫生机构 990 248 个，其中医院 27 215 个，乡镇卫生院 36 869 个，社区卫生服务中心（站）34 588 个，诊所（卫生所、医务室）195 866 个，村卫生室 644 751 个，疾病预防控制中心 3 492 个，卫生监督所（中心）3 097 个。卫生技术人员 803 万人，其中执业医师和执业助理医师 300 万人，注册护士 328 万人。医疗卫生机构床位 708 万张，其中医院 534 万张，乡镇卫生院 121 万张（图 18）。

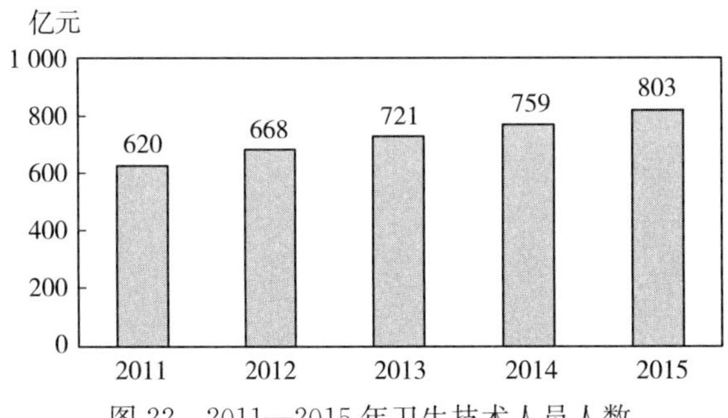

图 22　2011—2015 年卫生技术人员人数

年末全国各类提供住宿的社会服务机构 3.2 万个，其中养老服务机构 2.8 万个。社会服务床位[47] 676.3 万张，其中养老床位 669.8 万张。年末共有社区服务中心 2.4 万个，社区服务站 12.5 万个。

十二、资源、环境和安全生产

全年全国国有建设用地供应总量[48] 53 万公顷，比上年下降 12.5%。其中，工矿仓储用地 12 万公顷，下降 15.2%；房地产用地[49] 12 万公顷，下降 20.9%；基础设施等其他用地 29 万公顷，下降 7.1%。

全年水资源总量 28 306 亿米^3。全年平均降水量 644 毫米。年末全国监测的 614 座大型水库蓄水总量 3 645 亿米^3，与上年末蓄水量基本持平。全年总用水量 6 180 亿米^3，比上年增长 1.4%。其中，生活用水增长 3.1%，工业用水增长 1.8%，农业用水增长 0.9%，生态补水增长 1.7%。万元国内生产总值用水量[50] 104 米^3，比上年下降 5.1%。万元工业增加值用水量 58 米^3，下降 3.9%。人均用水量 450 米^3，比上年增长 0.9%。

全年完成造林面积 632 万公顷，其中林业重点生态工程完成造林面积 242 万公顷，占全部造林面积的 38.2%。截至年底，自然保护区达到 2 740 个，其中国家级自然保护区 428 个。新增水土流失治理面积 5.4 万千米^2，新增实施水土流失地区封育保护面积 2.0 万千米^2。

全年平均气温为 10.5℃，共有 6 个台风登陆。

初步核算，全年能源消费总量 43.0 亿吨标准煤，比上年增长 0.9%。煤炭消费量下降 3.7%，原油消费量增长 5.6%，天然气消费量增长 3.3%，电力消费量增长 0.5%。煤炭消费量占能源消费总量的 64.0%，水电、风电、核电、天然气等清洁能源消费量占能源消费总量的 17.9%。全国万元国内生产总值能耗下降 5.6%。工业企业吨粗铜综合能耗下降 0.79%，吨钢综合能耗下降 0.56%，单位烧碱综合能耗下降 1.41%，吨水泥综合能耗下降 0.49%，每千瓦时火力发电标准煤耗下降 0.95%（图 23、图 24）。

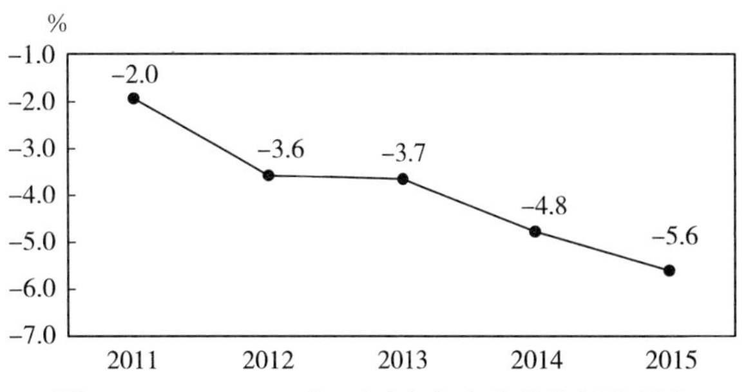

图 23　2011—2015 年万元内生产总值能耗降低率

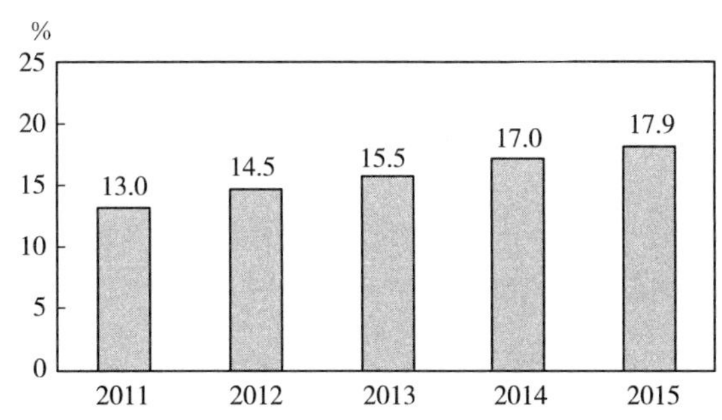

图 24　2011—2015 年清洁能源消费量占能源消费总量的比重

十大流域[51] 的 700 个水质监测断面中，Ⅰ～Ⅲ类水质断面比例占 72.1%，劣Ⅴ类水质断面比例占 8.9%。十大流域水质总体为轻度污染，水质保持稳定。

近岸海域 301 个海水水质监测点中，达到国家一、二类海水水质标准的监测点占 70.4%，三类海水占 7.6%，四类、劣四类海水占 21.9%。

在监测的 338 个城市中，城市空气质量达标的城市占 21.6%，未达标的城市占 78.4%。

在监测的 321 个城市中，城市区域声环境质量好的城市占 4.0%，较好的占 68.5%，一般的占

26.2%，较差的占0.9%，差的占0.3%。

年末城市污水处理厂日处理能力达到13 784万米³，比上年末增长5.3%；城市污水处理率达到91.0%，提高0.8个百分点。城市生活垃圾无害化处理率达到92.5%，提高0.7个百分点。城市集中供热面积64.2亿米³，增长5.1%。城市建成区绿地面积189万公顷，增长3.7%；建成区绿地率达到36.3%，提高0.05个百分点；人均公园绿地面积13.16米²，增加0.08米²。

全年农作物受灾面积2 177万公顷，其中绝收223万公顷。全年因洪涝和地质灾害造成直接经济损失920亿元，因旱灾造成直接经济损失486亿元，因低温冷冻和雪灾造成直接经济损失89亿元，因海洋灾害造成直接经济损失72亿元。全年大陆地区共发生5级以上地震14次，成灾12次，造成直接经济损失180亿元。全年共发生森林火灾2 936起，森林火灾受害森林面积1.3万公顷。

全年各类生产安全事故共死亡66 182人。亿元国内生产总值生产安全事故死亡人数0.098人，比上年下降8.4%；工矿商贸企业就业人员10万人生产安全事故死亡人数1.071人，下降19.4%；道路交通事故万车死亡人数2.1人，下降4.5%；煤矿百万吨死亡人数0.162人，下降36.5%。

注释：

[1] 本公报中数据均为初步统计数。各项统计数据均未包括香港特别行政区、澳门特别行政区和台湾省。部分数据因四舍五入的原因，存在着与分项合计不等的情况。

[2] 国内生产总值、各产业增加值和人均国内生产总值绝对数按现价计算，增长速度按不变价格计算。

[3] 国民总收入，原称国民生产总值，是指一个国家或地区所有常住单位在一定时期内所获得的初次分配收入总额。它等于国内生产总值加上来自国外的净要素收入。

[4] 人户分离的人口是指居住地与户口登记地所在的乡镇街道不一致且离开户口登记地半年及以上的人口。

[5] 流动人口是指人户分离人口中扣除市辖区内人户分离的人口。市辖区内人户分离的人口是指一个直辖市或地级市所辖区内和区与区之间，居住地和户口登记地不在同一乡镇街道的人口。

[6] 2015年年末，0～14岁（含不满15周岁）人口为22 715万人，15～59岁（含不满60周岁）人口为92 547万人。

[7] 年度农民工数量包括年内在本乡镇以外从业6个月及以上的外出农民工和在本乡镇内从事非农产业6个月及以上的本地农民工两部分。

[8] 全员劳动生产率为国内生产总值（以2010年价格计算）与全部就业人员的比率。

[9] 农产品生产者价格是指农产品生产者直接出售其产品时的价格。

[10] 居住类价格包括建房及装修材料、住房租金、自有住房和水电燃料等价格。

[11] 按照完善政府预算体系的要求，2015年将政府性基金中用于提供基本公共服务以及主要用于人员和机构运转等方面的11项基金转列一般公共预算。为此，需扣除11项政府性基金转列一般公共预算影响，计算同口径增幅。

[12] 六大高耗能行业包括石油加工、炼焦和核燃料加工业，化学原料和化学制品制造业，非金属矿物制品业，黑色金属冶炼和压延加工业，有色金属冶炼和压延加工业，电力、热力生产和供应业。

[13] 高技术制造业包括医药制造业，航空、航天器及设备制造业，电子及通信设备制造业，计算机及办公设备制造业，医疗仪器设备及仪器仪表制造业，信息化学品制造业。

[14] 装备制造业包括金属制品业，通用设备制造业，专用设备制造业，汽车制造业，铁路、船舶、航空航天和其他运输设备制造业，电气机械和器材制造业，计算机、通信和其他电子设备制造业，仪器仪表制造业。

[15] 天然气包括气田天然气、油田天然气（分为油田气层气、油田伴生溶解气）和煤田天然气（也称煤层气）。

[16] 钢材产量数据中含企业之间重复加工钢材约34 400万吨。

[17] 少量发电装机容量（如地热等）文中未列出。

[18] 固定资产投资按东部、中部、西部和东北地区计算的合计数据小于全国数据，是因为有部分跨地区的投资未计算在地区数据中。其中，东部地区是指北京、天津、河北、上海、江苏、浙江、福建、山东、广东和海南10省（市）；中部地区是指山西、安徽、江西、河南、湖北和湖南6省；西部地区是指内蒙古、广西、重庆、四川、贵州、云南、西藏、陕西、甘肃、青海、宁夏和新疆12省（区、市）；东北地区是指辽宁、吉林和黑龙江3省。

[19] 基础设施投资是指建造或购置为社会生产和生活提供基础性、大众性服务的工程和设施的支出。本文中的基础设施投资包括交通运输、邮政业，电信、广播电视和卫星传输服务业，互联网和相关服务业，水利、环境和公共

设施管理业投资。

[20] 民间固定资产投资是指具有集体、私营、个人性质的内资企事业单位以及由其控股（包括绝对控股和相对控股）的企业单位建造或购置固定资产的投资。

[21] 高技术产业投资包括医药制造、航空航天器及设备制造等六大类高技术制造业投资和信息服务、电子商务服务等九大类高技术服务业投资。

[22] 房地产业投资除房地产开发投资外，还包括建设单位自建房屋以及物业管理、中介服务和其他房地产投资。

[23] 高速铁路是指最高营运速度达到200千米/小时及以上的铁路。

[24] 网上零售额是指通过公共网络交易平台（包括自建网站和第三方平台）实现的商品和服务零售额。其中，网上零售额包括的服务类商品，以及少部分用于生产经营用或被转卖的商品不统计在社会消费品零售总额中。

[25] 货物贸易、吸收外资采用人民币计价。服务贸易、对外投资和对外承包工程由于技术原因仍主要沿用美元计价。

[26] 服务进出口按照《国际收支手册（第六版）》标准统计，不含政府服务，增速按可比口径计算。

[27] “一带一路”是指“丝绸之路经济带”和“21世纪海上丝绸之路”。

[28] 2015年公路客货运量、周转量数据的核算方法和统计口径发生变化，增速按可比口径计算。

[29] 邮电业务总量按2010年价格计算。

[30] 移动电话交换机容量是指移动电话交换机根据一定话务模型和交换机处理能力计算出来的最大同时服务用户的数量。

[31] 固定互联网宽带接入用户是指报告期末在电信企业登记注册，通过xDSL、FTTx＋LAN、FTTH/0以及其他宽带接入方式和普通专线接入公众互联网的用户。

[32] 移动宽带用户是指报告期末在计费系统拥有使用信息，占用3G或4G网络资源的在网用户。

[33] 手机上网人数是指过去半年通过手机接入并使用互联网的6周岁及以上中国居民数量。

[34] 软件和信息技术服务业包括软件开发，信息系统集成服务，信息技术咨询服务，数据处理和存储服务，集成电路设计服务和其他信息技术服务等行业。

[35] 社会融资规模增量是指一定时期内实体经济从金融体系获得的资金总额。

[36] 非公开增发又叫定向增发，不含资产认购部分。

[37] 公司信用类债券包括非金融企业债务融资工具、企业债券以及公司债、可转债等。

[38] 原保险保费收入是指保险企业确认的原保险合同保费收入。

[39] 人均收入中位数是指将所有调查户按人均收入水平从低到高（或从高到低）顺序排列，处于最中间位置调查户的人均收入。

[40] 农村五保供养是指老年、残疾和未满16周岁的村民，无劳动能力、无生活来源又无法定赡养、抚养、扶养义务人，或者其法定赡养、抚养、扶养义务人无赡养、抚养、扶养能力的村民，在吃、穿、住、医、葬方面得到的生活照顾和物质帮助。

[41] 中等职业教育包括普通中专、成人中专、职业高中和技工学校。

[42] 国家新兴产业创投计划是指中央财政专项资金通过与地方政府资金、社会资本共同发起设立创业投资企业，或以股权投资模式直接投资创业企业等方式，培育和促进新兴产业发展的活动。

[43] 海洋观测站（点）是指依托岸基、岛屿（或海上固定平台）进行海洋水文、气象观测，获取具有充分代表性的长期、定点、连续海洋环境观测资料的场所，部分海洋观测站存在多个观测点的情况。

[44] 总流通人次是指本年度内到图书馆场馆接受图书馆服务的总人次，包括借阅书刊、咨询问题以及参加各类读者活动等。

[45] 特种影片是指那些采用与常规影院放映在技术、设备、节目方面不同的电影展示方式，如巨幕电影、立体电影、立体特效（4D）电影、动感电影、球幕电影等。

[46] 人均图书拥有量是指在一年内全国平均每人能拥有的当年出版图书册数。

[47] 社会服务床位数除收养性机构外，还包括救助类机构、社区类机构以及军休所、军供站等机构的床位。

[48] 国有建设用地供应总量是指报告期内市、县人民政府根据年度土地供应计划依法以出让、划拨、租赁等方式将土地使用权提供给单位或个人使用的国有建设用地总量。

[49] 房地产用地是指商服用地和住宅用地的总和。

[50] 万元国内生产总值用水量、万元工业增加值用水量和万元国内生产总值能耗按2010年价格计算。

[51] 十大流域包括长江、黄河、珠江、松花江、淮河、海河、辽河、浙闽片河流、西北诸河和西南诸河。

资料来源：

本公报中城镇新增就业、登记失业率、社会保障数据来自人力资源社会保障部；财政数据来自财政部；外汇储备、汇率、货币金融、公司信用类债券数据来自人民银行；水产品产量数据来自农业部；木材产量、林业、森林火灾数据来自林业局；灌溉面积、水资源数据来自水利部；发电装机容量、新增220千伏及以上变电设备数据来自中电联；新建铁路投产里程、增新建铁路复线投产里程、电气化铁路投产里程、铁路运输数据来自铁路总公司；新建公路里程、港口万吨级码头泊位新增吞吐能力、公路运输、水运、港口货物吞吐量数据来自交通运输部；新增民用运输机场、民航数据来自民航局；新增光缆线路长度、电话交换机容量、电话用户、宽带用户、移动互联网接入流量、上网人数、软件业务收入等数据来自工业和信息化部；保障性住房、城市污水处理、城市集中供热面积、建成区绿地率数据来自住房城乡建设部；货物进出口数据来自海关总署；服务进出口、外商直接投资、对外直接投资、对外承包工程、对外劳务合作等数据来自商务部；管道数据来自中石油、中石化、中海油；民用汽车、交通事故数据来自公安部；邮政业务数据来自邮政局；旅游数据来自旅游局、公安部；上市公司数据来自证监会；保险业数据来自保监会；城乡低保、五保供养、社会服务、农作物受灾面积、洪涝地质灾害造成直接经济损失、旱灾造成直接经济损失、低温冷冻和雪灾造成直接经济损失来自民政部；教育数据来自教育部；安排科技计划课题、技术合同等数据来自科技部；国家工程研究中心、企业技术中心、新兴产业创投等数据来自发展改革委；专利数据来自知识产权局；宇航发射数据来自国防科工局；质量检验、国家标准制定修订等数据来自质检总局；气象预警、平均气温、登陆台风数据来自气象局；地震数据来自地震局；海洋观测站（点）、海洋灾害造成直接经济损失数据来自海洋局；测绘数据来自测绘地信局；艺术表演团体、博物馆、公共图书馆、文化馆数据来自文化部；广播电视、电影、报纸、期刊、图书数据来自新闻出版广电总局；档案数据来自档案局；体育数据来自体育总局；残疾人运动员数据来自中国残联；卫生数据来自卫生计生委；国有建设用地供应数据来自国土资源部；自然保护区、环境监测数据来自环境保护部；安全生产数据来自安全监管总局；其他数据均来自国家统计局。

附录二　中国农业统计资料选编

全国主要农作物面积和产量增减情况

单位　面积：千公顷
总产量：粮食：万吨，其他：吨
公顷产量：千克

项　目	2015年			2014年			2015年比2014年增减			
	播种面积	总产量	公顷产量	播种面积	总产量	公顷产量	播种面积	总产量		公顷产量
								绝对数	%	
农作物总播种面积	**166 373.81**			**165 446.25**			**927.6**			
一、粮食作物合计	113 342.93	62 143.92	5 483	112 722.58	60 702.61	5 385	620.3	1 441.3	2.4	98
其中：夏收粮食	27 625.32	14 088.12	5 100	27 581.57	13 659.58	4 952	43.8	428.5	3.1	148
秋收粮食	80 002.84	44 687.07	5 586	79 346.04	43 641.87	5 500	656.8	1 045.2	2.4	86
(一) 谷物	95 635.91	57 228.06	5 984	94 603.49	55 740.72	5 892	1 032.4	1 487.3	2.7	92
1. 稻谷	30 215.74	20 822.52	6 891	30 309.87	20 650.74	6 813	−94.1	171.8	0.8	78
2. 小麦	24 141.37	13 018.52	5 393	24 069.42	12 620.84	5 244	72.0	397.7	3.2	149
3. 玉米	38 119.31	22 463.16	5 893	37 123.39	21 564.63	5 809	995.9	898.5	4.2	84
(二) 豆类合计	8 868.27	1 589.80	1 793	9 178.84	1 625.49	1 771	−310.6	−35.7	−2.2	22
其中：大豆	6 506.11	1 178.54	1 811	6 799.89	1 215.37	1 787	−293.8	−36.8	−3.0	24
(三) 薯类（折粮）	8 838.75	16 630.29	18 815	8 940.26	3 336.40	3 732	−101.5	13 293.9	398.5	15 083
其中：马铃薯	5 518.23	9 486.10	17 190	5 573.26	1 910.31	3 428	−55.0	7 575.8	396.6	13 762
二、油料作物	14 034.60	35 369 790	2 520	14 042.75	35 074 262	2 498	−8.1	295 528	0.8	22
其中：花生	4 615.70	16 439 656	3 562	4 603.85	16 481 688	3 580	11.8	−42 032	−0.3	−18
油菜籽	7 534.36	14 930 677	1 982	7 587.92	14 772 248	1 947	−53.6	158 429	1.1	35
三、棉花	3 796.69	5 603 415	1 476	4 222.33	6 178 318	1 463	−425.6	− 574 903	−9.3	13
四、糖类合计	1 736.54	124 999 643	71 982	1 899.23	133 611 635	70 350	−162.7	−8 611 992	−6.4	1 632
(一) 甘蔗	1 599.65	116 968 001	73 121	1 760.45	125 611 254	71 352	−160.8	−8 643 253	−6.9	1 769
(二) 甜菜	136.87	8 031 643	58 680	138.78	8 000 381	57 647	−1.9	31 262	0.4	1 033
五、蔬菜类	21 999.67	785 260 977	35 694	21 404.79	760 054 810	35 509	594.9	25 206 167	3.3	185
六、瓜果类	2 549.49	98 954 622	38 813	2 491.27	95 540 746	38 350	58.2	3 413 876	3.6	463

注：本数据取自《全国农业统计提要》，正式数据请以国家统计局出版的《中国统计年鉴》为准。

各地区主要农作物播种面积和产量（一）

地区	农作物总播种面积（千公顷）	一、粮食作物合计			（一）谷物		
		播种面积（千公顷）	产量（万吨）	公顷产量（千克）	播种面积（千公顷）	产量（万吨）	公顷产量（千克）
全国合计	**166 373.81**	**113 342.93**	**62 143.92**	**5 483**	**95 635.91**	**57 228.06**	**5 984**
北京	173.73	104.45	62.64	5 997	98.91	61.07	6 174
天津	469.02	350.04	181.75	5 192	342.78	179.78	5 245
河北	8 739.84	6 392.48	3 363.81	5 262	5 965.15	3 230.42	5 415
山西	3 767.71	3 287.19	1 259.57	3 832	2 779.22	1 192.30	4 290
内蒙	7 567.90	5 726.67	2 827.01	4 937	4 523.86	2 577.04	5 697
辽宁	4 219.86	3 297.42	2 002.50	6 073	3 100.22	1 927.29	6 217
吉林	5 679.10	5 077.95	3 647.04	7 182	4 722.14	3 538.93	7 494
黑龙江	12 294.03	11 765.23	6 323.96	5 375	9 074.53	5 786.30	6 376
上海	340.21	161.94	112.08	6 921	157.11	110.64	7 042
江苏	7 745.04	5 424.64	3 561.34	6 565	5 066.47	3 454.87	6 819
浙江	2 290.55	1 277.85	752.23	5 887	1 010.27	655.58	6 489
安徽	8 950.46	6 632.90	3 538.12	5 334	5 598.98	3 371.35	6 021
福建	2 331.32	1 193.22	661.10	5 540	849.28	509.43	5 998
江西	5 579.09	3 705.60	2 148.71	5 799	3 393.21	2 044.27	6 025
山东	11 026.54	7 492.10	4 712.70	6 290	7 112.68	4 500.09	6 327
河南	14 424.96	10 267.15	6 067.10	5 909	9 499.13	5 902.56	6 214
湖北	7 952.36	4 466.03	2 703.28	6 053	4 000.63	2 575.13	6 437
湖南	8 716.99	4 944.65	3 002.93	6 073	4 515.35	2 849.83	6 311
广东	4 784.72	2 505.84	1 358.13	5 420	2 073.88	1 168.80	5 636
广西	6 134.71	3 059.34	1 524.75	4 984	2 632.56	1 422.44	5 403
海南	845.28	375.63	183.99	4 898	299.56	153.38	5 120
重庆	3 575.80	2 233.96	1 154.89	5 170	1 262.21	800.16	6 339
四川	9 689.93	6 453.90	3 442.80	5 334	4 685.40	2 826.60	6 033
贵州	5 542.17	3 114.91	1 180.00	3 788	1 841.65	841.77	4 571
云南	7 185.63	4 487.30	1 876.36	4 181	3 266.00	1 545.80	4 733
西藏	252.79	178.89	100.63	5 625	172.79	97.96	5 669
陕西	4 284.48	3 073.52	1 226.79	3 991	2 553.47	1 119.84	4 386
甘肃	4 229.33	2 849.63	1 171.13	4 110	2 012.65	909.62	4 520
青海	558.39	277.06	102.72	3 708	160.14	62.35	3 893
宁夏	1 264.64	770.42	372.60	4 836	571.80	332.00	5 806
新疆	5 757.25	2 395.02	1 521.26	6 352	2 293.89	1 480.47	6 454

各地区主要农作物播种面积和产量（二）

地 区	其中：稻谷			（二）豆类合计			其中：大豆		
	播种面积（千公顷）	产量（万吨）	公顷产量（千克）	播种面积（千公顷）	产量（万吨）	公顷产量（千克）	播种面积（千公顷）	产量（万吨）	公顷产量（千克）
全国合计	**30 215.74**	**20 822.52**	**6 891**	**8 868.27**	**1 589.80**	**1 793**	**6 506.11**	**1 178.54**	**1 811**
北 京	0.20	0.14	6 971	4.14	0.73	1 764	3.48	0.65	1 877
天 津	15.38	11.35	7 378	6.26	1.25	1 992	6.02	1.21	2 007
河 北	84.79	54.53	6 431	153.72	29.47	1 917	115.85	22.58	1 949
山 西	0.70	0.47	6 714	318.78	30.56	959	189.41	20.17	1 065
内 蒙	78.91	53.16	6 737	689.50	103.00	1 494	529.96	88.76	1 675
辽 宁	544.93	467.70	8 583	114.47	27.20	2 376	107.13	24.00	2 240
吉 林	761.71	630.10	8 272	284.63	48.64	1 709	161.37	29.03	1 799
黑 龙 江	3 147.82	2 199.68	6 988	2 476.07	437.33	1 766	2 400.59	428.39	1 785
上 海	97.81	84.10	8 598	3.91	0.83	2 125	2.23	0.58	2 606
江 苏	2 291.59	1 952.49	8 520	305.15	73.54	2 410	201.54	48.31	2 397
浙 江	822.47	578.10	7 029	144.65	35.81	2 476	91.19	23.39	2 565
安 徽	2 234.92	1 459.34	6 530	893.60	134.04	1 500	820.90	136.83	1 545
福 建	788.96	485.03	6 148	87.61	23.28	2 657	68.41	17.92	2 620
江 西	3 342.40	2 027.20	6 065	165.40	33.06	1 999	103.47	24.30	2 349
山 东	116.28	95.10	8 179	152.42	38.75	2 542	137.15	34.83	2 540
河 南	656.00	531.52	8 102	413.67	53.75	1 299	366.04	49.90	1 363
湖 北	2 188.46	1 810.72	8 274	147.78	28.73	1 944	100.25	21.19	2 113
湖 南	4 114.10	2 644.81	6 429	160.90	34.32	2 133	90.84	20.62	2 270
广 东	1 887.30	1 088.42	5 767	80.72	21.60	2 676	63.57	16.66	2 621
广 西	1 983.90	1 137.83	5 735	152.66	23.92	1 567	95.98	14.23	1 483
海 南	299.32	153.29	5 121	6.54	2.06	3 154	2.73	0.70	2 557
重 庆	688.32	506.36	7 356	240.67	47.94	1 992	104.36	20.76	1 990
四 川	1 990.80	1 552.50	7 799	494.80	99.90	2 019	226.50	52.70	2 327
贵 州	675.14	417.54	6 184	329.13	34.39	1 045	135.11	12.60	933
云 南	1 134.80	659.70	5 813	549.60	136.40	2 482	121.70	30.90	2 539
西 藏	0.94	0.45	4 787	5.06	2.01	3 972	0.08	0.03	3 750
陕 西	122.80	91.85	7 480	187.83	21.24	1 131	111.05	12.27	1 105
甘 肃	4.47	3.12	6 980	172.05	36.22	2 105	82.31	16.96	2 061
青 海				26.80	5.61	2 093			
宁 夏	74.34	60.75	8 172	28.10	3.40	1 210	9.56	1.40	1 464
新 疆	66.17	65.08	9 835	71.66	20.83	2 907	57.33	16.66	2 906

各地区主要农作物播种面积和产量（三）

地区	（三）薯类（折粮）			二、油料作物			其中：油菜籽		
	播种面积（千公顷）	产量（万吨）	公顷产量（千克）	播种面积（千公顷）	产量（吨）	公顷产量（千克）	播种面积（千公顷）	产量（吨）	公顷产量（千克）
全国合计	**8 838.75**	**3 326.06**	**3 763**	**14 034.60**	**35 369 790**	**2 520**	**7 534.36**	**14 930 677**	**1 982**
北京	1.40	0.84	5 953	2.12	5 658	2 674			
天津	1.00	0.72	7 154	1.31	4 221	3 214	0.03	52	1 814
河北	273.61	103.93	3 798	461.59	1 515 428	3 283	17.64	29 693	1 683
山西	189.19	36.71	1 940	121.19	153 043	1 263	4.27	6 674	1 563
内蒙	513.32	146.98	2 863	913.39	1 935 840	2 119	315.62	417 468	1 323
辽宁	82.73	48.01	5 802	285.28	461 225	1 617	1.26	2 168	1 723
吉林	71.18	59.47	8 355	269.16	764 235	2 839			
黑龙江	214.63	100.33	4 675	94.60	183 376	1 938			
上海	0.93	0.61	6 587	5.08	11 849	2 332	4.24	9 645	2 277
江苏	53.02	32.93	6 211	475.45	1 431 133	3 010	375.66	1 063 384	2 831
浙江	122.93	60.84	4 949	146.09	313 470	2 146	122.33	251 190	2 053
安徽	140.32	32.73	2 333	772.10	2 278 518	2 951	532.45	1 262 860	2 372
福建	256.32	128.39	5 009	119.00	306 732	2 578	12.73	18 825	1 479
江西	146.99	71.38	4 856	739.92	1 239 636	1 675	545.02	739 408	1 357
山东	227.00	173.86	7 659	758.26	3 241 016	4 274	9.41	24 432	2 596
河南	354.35	110.79	3 127	1 600.80	5 997 381	3 746	348.17	860 982	2 473
湖北	317.62	99.42	3 130	1 524.19	3 396 035	2 228	1 232.13	2 551 881	2 071
湖南	268.40	118.78	4 425	1 445.05	2 428 932	1 681	1 314.58	2 108 109	1 604
广东	351.24	167.73	4 775	375.58	1 103 355	2 938	6.70	8 459	1 263
广西	274.12	78.39	2 860	248.35	646 795	2 604	24.79	26 239	1 059
海南	69.54	28.55	4 106	40.13	112 579	2 805			
重庆	731.08	306.80	4 196	309.31	598 721	1 936	242.46	467 256	1 927
四川	1 273.70	516.30	4 054	1 298.30	3 075 502	2 369	1 027.44	2 385 250	2 322
贵州	944.13	303.84	3 218	590.96	1 013 366	1 715	528.11	890 296	1 686
云南	671.70	194.16	2 891	356.05	659 199	1 851	293.20	560 698	1 912
西藏	1.04	0.66	6 346	23.81	64 047	2 690	23.69	63 722	2 690
陕西	332.21	85.71	2 580	298.75	626 640	1 098	204.30	431 857	2 114
甘肃	664.93	225.29	3 388	320.19	715 654	2 235	161.63	339 746	2 102
青海	90.12	34.76	3 857	144.87	304 825	2 104	142.08	300 573	2 116
宁夏	170.52	37.20	2 181	75.37	152 549	2 024	0.75	1 876	2 495
新疆	29.47	19.96	6 774	218.33	628 830	2 880	43.68	107 934	2 471

各地区主要农作物播种面积和产量（四）

地区	三、棉花			四、糖类合计		
	播种面积（千公顷）	产量（吨）	公顷产量（千克）	播种面积（千公顷）	产量（吨）	公顷产量（千克）
全国合计	**3 796.69**	**5 603 415**	**1 476**	**1 736.54**	**124 999 643**	**71 982**
北　京	0.10	101	1 045			
天　津	18.84	25 568	1 357			
河　北	359.27	373 404	1 039	17.14	891 753	52 015
山　西	10.62	14 489	1 365	1.18	54 780	46 467
内　蒙	0.10	156	1 493	49.87	2 301 126	46 147
辽　宁	0.10	154	1 621	1.75	52 095	29 701
吉　林				0.55	12 986	23 440
黑龙江				2.05	72 930	35 541
上　海	0.41	444	1 088	0.11	5 704	51 996
江　苏	94.29	116 887	1 240	1.57	94 974	60 493
浙　江	13.78	19 927	1 446	9.96	621 575	62 432
安　徽	232.50	233 663	1 005	5.12	203 206	39 689
福　建	0.10	81	804	7.50	435 709	58 090
江　西	81.10	115 221	1 421	14.45	658 244	45 553
山　东	515.47	536 914	1 042			
河　南	120.00	126 371	1 053	3.54	243 347	68 742
湖　北	264.74	297 600	1 124	8.50	319 991	37 646
湖　南	113.70	144 626	1 272	13.26	659 560	49 741
广　东				162.36	14 528 542	89 484
广　西	2.29	2 533	1 109	973.74	75 049 242	77 073
海　南				45.48	2 647 700	58 214
重　庆				2.39	97 730	40 962
四　川	10.12	9 818	970	13.53	541 540	40 019
贵　州	1.64	1 173	714	26.80	1 560 953	58 236
云　南	0.10	147	1 441	311.47	19 300 500	61 965
西　藏						
陕　西	27.43	38 591	1 407	0.09	1 523	16 922
甘　肃	25.70	42 549	1 656	2.88	160 481	55 723
青　海				0.01	300	30 000
宁　夏						
新　疆	1 904.30	3 503 000	1 840	61.23	4 483 153	73 218

各地区主要农作物播种面积和产量（五）

地　　区	五、蔬菜类			六、瓜果类		
	播种面积（千公顷）	产量（吨）	公顷产量（千克）	播种面积（千公顷）	产量（吨）	公顷产量（千克）
全国合计	**21 999.67**	**785 260 977**	**35 694**	**2 549.49**	**9 895**	**38 813**
北　　京	54.27	2 051 447	37 800	5.20	21	39 428
天　　津	86.09	4 415 399	51 290	6.14	30	48 834
河　　北	1 242.06	82 436 877	66 371	114.68	609	53 067
山　　西	256.69	13 022 063	50 731	26.57	87	32 719
内　　蒙	277.27	14 453 344	52 127	57.94	231	39 816
辽　　宁	499.96	29 328 433	58 662	61.96	281	45 281
吉　　林	200.52	8 599 501	42 887	46.79	156	33 245
黑 龙 江	245.25	9 574 374	39 039	45.04	162	35 884
上　　海	114.30	3 644 731	31 888	9.16	29	31 406
江　　苏	1 431.35	55 956 719	39 094	162.87	615	37 745
浙　　江	618.07	18 069 443	29 235	100.20	281	28 029
安　　徽	899.81	27 141 737	30 164	191.55	730	38 128
福　　建	755.79	19 035 719	25 186	38.02	92	24 268
江　　西	585.44	13 590 920	23 215	78.97	213	26 986
山　　东	1 888.56	102 728 735	54 395	286.76	1 516	52 853
河　　南	1 751.65	74 565 212	42 569	325.45	1 749	53 751
湖　　北	1 212.94	38 519 555	31 757	101.03	350	34 685
湖　　南	1 372.91	39 968 522	29 112	151.70	435	28 705
广　　东	1 381.98	34 387 821	24 883	48.27	129	26 653
广　　西	1 220.99	27 863 713	22 821	131.56	350	26 624
海　　南	264.01	5 721 863	21 673	35.33	109	30 923
重　　庆	731.67	17 804 742	24 334	22.15	48	21 883
四　　川	1 349.56	42 407 941	31 424	49.23	128	25 934
贵　　州	980.22	17 318 788	17 668	33.36	77	23 159
云　　南	1 004.04	18 738 966	18 664	30.43	70	23 071
西　　藏	23.11	696 310	30 130	0.07		19 804
陕　　西	521.43	18 225 311	34 953	88.35	300	33 988
甘　　肃	527.17	18 231 360	34 583	50.30	217	43 178
青　　海	49.65	1 664 039	33 515	1.43	2	14 794
宁　　夏	129.27	5 758 238	44 546	86.02	205	23 840
新　　疆	323.67	19 339 153	59 570	162.97	674	41 331

全国牧业主要产品生产情况

项　目	计量单位	2015 年	2014 年	2015 年比 2014 年增减	
				绝对数	%
一、牲畜存栏量					
（一）大牲畜存栏	万头	12 195.7	12 022.9	172.8	1.4
1. 牛	万头	10 817.3	10 578.0	239.3	2.3
2. 马	万头	590.8	604.3	−13.5	−2.2
3. 驴	万头	542.1	582.6	−40.5	−7.0
4. 骡	万头	210.0	224.6	−14.6	−6.5
5 骆驼	万头	35.6	35.4	0.2	0.6
（二）猪	万头	45 112.5	46 582.7	−1 470.2	−3.2
（三）羊	万只	31 099.7	30 314.9	784.8	2.6
二、肉类总产量	万吨	8 625.0	8 706.7	−81.7	−0.9
其中：猪牛羊肉产量	万吨	6 627.4	6 688.8	−61.4	−0.9
1. 猪肉产量	万吨	5 486.5	5 671.4	−184.9	−3.3
平均每头产肉量	千克/头	68.2	77.2	−9.0	−11.7
2. 牛肉产量	万吨	700.1	589.2	110.9	18.8
平均每头产肉量	千克/头	121.3	119.5	1.8	1.5
3. 羊肉产量	万吨	440.8	428.2	12.6	2.9
平均每头产肉量	千克/头	14.5	14.9	−0.4	−2.7
三、其他畜产品产量					
1. 牛奶产量	万吨	3 754.7	3 724.6	30.1	0.8
2. 山羊毛产量	吨	56 203.1	40 045.5	16 157.6	40.3
3. 绵羊毛产量	吨	427 464.1	419 517.6	7 946.5	1.9
其中：细羊毛	吨	134 953.8	124 915.2	10 038.6	8.0
其中：半细羊毛	吨	143 370.9	142 253.3	1 117.6	0.8
4. 蜂蜜产量	万吨	47.7	46.8	0.9	1.9
5. 禽蛋产量	万吨	2 999.2	2 893.9	105.3	3.6

全国主要农业机械年末拥有量

项　　目	计量单位	数　量	项　　目	计量单位	数　量
一、农业机械总动力	万千瓦	111 728.07	2. 排灌动力机械动力	万千瓦	14 634.23
1. 柴油发动机动力	万千瓦	89 783.84	3. 农用水泵	万台	2 249.18
2. 汽油发动机动力	万千瓦	3 669.84	4. 节水灌溉类机械	万套	222.85
3. 电动机动力	万千瓦	18 189.33	（四）田间管理机械		
4. 其他机械动力	万千瓦	85.00	1. 机动喷雾（粉）机	万台	618.85
二、拖拉机及配套机械			2. 茶叶修剪机	万台	38.20
（一）拖拉机	万台	2 310.41	（五）收获机械		
	万千瓦	35 870.67	1. 联合收获机	万台	173.90
1. 大中型	万台	607.29	2. 割晒机	万台	46.50
	万千瓦	19 202.22	3. 其他收获机械	万台	161.56
2. 小型	万台	1 703.04	（六）收获后处理机械		
	万千瓦	16 668.48	1. 机动脱粒机	万台	1 061.80
（二）拖拉机配套农具			2. 谷物烘干机	万台	6.87
1. 大中型	万部	962.00	3. 种子加工机械	万台	3.87
2. 小型	万部	3 041.52	4. 保鲜贮藏设备	万台（套）	12.54
三、种植业机械			（七）设施农业设备		
（一）耕整地及种植机械			1. 水稻工厂化育秧设备	万套	1.68
1. 耕整机	万台	897.57	2. 温室	千公顷	2 168.38
2. 机引犁	万台	1 303.26	四、农产品初加工机械		
3. 旋耕机	万台	608.68	（一）农产品初加工动力机械	万台	1 527.69
4. 深松机	万台	24.02		万千瓦	8 949.50
（二）种植施肥机械			（二）农产品初加工作业机械	万台	1 430.80
1. 播种机	万台	636.73	五、畜牧养殖机械	万台	727.28
其中：免耕播种机	万台	93.00		万千瓦	2 406.45
精少量播种机	万台	395.20	六、渔业机械	万台	416.34
2. 水稻种植机械				万千瓦	1 815.89
（1）水稻直播机	万台	2.31	七、林果业机械	万台	44.60
（2）水稻插秧机	万台	72.57		万千瓦	152.58
3. 化肥深施机	万台	82.70	八、农田基本建设机械	万台	48.07
4. 地膜覆盖机	万台	58.84	九、农用飞机	架	1 051.00
（三）农用排灌机械			十、农业机械原值	亿元	9 389.99
1. 排灌动力机械数量	万台	2 315.81	十一、农业机械净值	亿元	6 780.66

附录三 全国农垦系统实施无公害食品发展情况

绿色、有机食品、无公害农产品生产情况（一）

（2015 年）

项 目	认证个数（个）	带动农户数量（户）	已认证绿色食品				已认证有机食品		已认证无公害农产品	
			A 级		AA 级					
			面积（公顷）	产量（吨）	面积（公顷）	产量（吨）	面积（公顷）	产量（吨）	面积（公顷）	产量（吨）
一、种植业										
（一）主要农作物	1 828	418 900	973 972	5 228 940	1 506	4 675	49 680	244 001	1 888 120	15 613 535
1. 水稻	235	166 333	259 471	1 482 603	6	50	25 276	133 655	1 201 292	10 467 045
2. 小麦	56	22 431	63 063	323 034			3 318	9 502	55 390	282 963
3. 玉米	404	54 698	228 866	2 042 926			3 983	19 172	311 245	2 657 540
4. 大豆	621	51 808	261 482	566 454	1 500	4 625	5 383	8 891	185 104	463 854
5. 油料	14	22 298	36 781	48 325					13 789	29 257
6. 糖料	15	17 877	37 526	298 800			922	48 405	3 870	110 042
7. 药材	6	470	25	300					352	1 110
8. 蔬菜	349	62 426	14 738	270 410			234	10 802	44 836	1 255 493
9. 其他	128	20 559	72 020	196 088			10 565	13 575	72 243	346 232
（二）茶叶	61	40 997	3 757	2 639	25	30	1 595	889	3 430	6 469
（三）水果	214	71 022	67 411	717 217	1 958	76 000	1 472	23 481	27 881	557 202
1. 香蕉	3	1 530	254	7 800			3	5	600	4 000
2. 苹果	30	7 246	10 811	119 109			682	13 474	4 160	21 400
3. 柑橘、橙、柚	26	6 913	1 397	20 706	1 425	68 000	14	202	1 020	16 654
4. 梨	20	18 774	8 973	139 605			287	4 230	506	4 132
5. 桃	12	5 889	2 431	14 597					327	8 124
6. 葡萄	39	8 192	24 171	265 632			164	3 039	3 506	76 300
7. 菠萝	8	3 600	1 100	8 600					1 300	30 000
8. 荔枝	5	3 103							1 586	7 030
9. 龙眼	6	1 103	333	8 000					581	5 217
10. 芒果	8	6 542	667	20 000	533	8 000			7 846	156 242
11. 西瓜	18	5 581	3 247	39 373			9	13	4 863	192 118
12. 其他水果	39	2 549	14 027	73 795			313	2 518	1 586	35 985
（四）食用菌	27	203	6	20 862					81	573
二、渔业										
1. 淡水鱼	101	11 683	2 298	20 531			37 667	2 300	14 999	70 315
2. 海水鱼	1	75							450	438
3. 虾	12	760							2 098	18 956
4. 蟹	12	6 482	2 830	2 850			20 934	764	580	597
5. 甲鱼	2	2 000							230	111
6. 贝										
7. 其他水产品	12	2 105	1 140	8 364	4	60	2	30	24	180

绿色、有机食品、无公害农产品生产情况（二）

（2015年）

项　　目	认证个数（个）	带动农户数量（户）	已认证绿色食品				已认证有机食品		已认证无公害农产品	
			A级		AA级					
			数量（万头、万只）	产量（吨）	数量（万头、万只）	产量（吨）	数量（万头、万只）	产量（吨）	数量（万头、万只）	产量（吨）
三、畜牧业										
（一）家畜类	153	34 013	13	417 546	114	1 071	108	294 333	9 044	752 332
1. 生猪	46	20 104	2	980	20	1	68		50	151 605
2. 肉牛	19	512	9	276 883	21	450		6 066	2	3 053
3. 奶牛	46	11 919	1	138 483	22		3	287 259	10	396 089
4. 羊	24	758		1 200	27	620	4	620	13	2 447
5. 其他家畜	18	720			24		33	388	15 312	311 618
（二）禽类	91	61 401	142	30 231	2 630	34 562	31	275	11 155	230 524
1. 肉鸡	20	660	50		26	1	21	113	742	15 363
2. 蛋鸡	26	60 208	86	21 300	27	1	10		528	29 811
3. 鸭	17	490	6	141	2 548	34 560			2 824	35 100
4. 其他禽类	28	43		8 790	29				63	820
四、加工品										
1. 面粉加工类	47	12		13 550	31			4 433		3 000
2. 蔬菜加工类	10	415		57 000	32			12 886		
3. 饮品类	41	13		15 088	33	130 000		32		
4. 乳制品	18	42 986		86 320	34					1 271 180
5. 果脯类										
6. 酒类	58	4 293		10 955		375		417		

附录四　西藏国有农场基本情况

西藏国有农场基本情况统计表（一）

（2015年）

项　　目	计量单位	合计	八一农场	察隅农场	米林农场	易贡茶场
一、人口总数	人	3 458	830	480	640	1 508
在职职工人数	人	317	84	39	84	110
在岗职工人数	人	309	84	39	84	102
退休职工人数	人	1 046	201	129	256	460
离休职工人数	人					
中小学在校生人数	人	561	120	43	104	294
二、从业人员数	人	453	84	40	227	102
三、土地面积	亩	270 678	14 378	6 500	9 800	240 000
其中：耕地面积	亩	52 006	3 300	1 100	5 600	42 006
草原面积	亩	5 895	2 895			3 000
林地面积	亩	9 405	4 005	5 400		
果园面积	亩	4 380			3 640	740
茶园面积	亩	4 020				4 020
橡胶园面积	亩					
水产养殖面积	亩					
其他土地面积	亩	194 972	4 178		560	190 234
四、生产总值	万元	7 010		1 334	5 676	
其中：第一产业增加值	万元	2 345		1 334	1 011	
所占比重	%	33.45		100.00	17.81	
第二产业增加值	万元	3 021			3 021	
所占比重	%	43.10			53.22	
第三产业增加值	万元	1 644			1 644	
所占比重	%	23.45			28.96	
五、收入						
营业收入	万元	3 284	2 260	195	428	401
从业人员收入	万元	534	36	61	348	89
从业人员年均收入	元	11 788	4 286	15 250	15 330	8 725
职均年收入	元	33 319	52 759	16 000	26 268	30 000
人均纯收入	元	6 334	5 460	2 300	6 567	8 000
六、生活条件						
年末实有住房面积	米^2	140 389	42 427	36 000	25 770	36 192
人均占有面积	米^2	41	51	75	40	24
教学用房年末实有面积	米^2	1 337				1 337
学生人均占有教学用房面积	米^2	2				5
医疗用房年末实有面积	米^2	280				280
人均占有医疗用房面积	米^2	0.1				0.2
七、符合生活饮用水卫生标准人数	人	3 458	830	480	640	1 508
八、农业机械化情况						
农机总动力	千瓦	330	65	50	65	150
九、灌溉情况						
可灌溉耕地面积	亩	9 300	3 300	400	5 600	

西藏国有农场主要农产品生产情况表（二）

（2015 年）

项　　目	计量单位	合计	八一农场	察隅农场	米林农场	易贡茶场
一、种植业						
（一）农作物播种面积	亩	10 556	724	1 100	4 950	3 782
1. 粮豆作物播种面积	亩	6 100		4 450	1 650	
总产量	吨	2 323		1 736	587	
亩产量	千克	381		390	356	
2. 棉花播种面积	亩					
总产量	吨					
亩产量	千克					
3. 油料作物播种面积	亩	1 800			200	1 600
总产量	吨	202			26	176
亩产量	千克	112			130	110
4. 糖料作物播种面积	亩					
总产量	吨					
亩产量	千克					
5. 其他农作物播种面积	亩	2 656	724	1 100	300	532
其他农作物总产量	吨	206	56	83	22	45
（二）干胶总产量	吨					
（三）水果总产量	吨	475			475	
（四）茶叶总产量	吨					
二、养殖业						
当年出栏畜禽数	头（只）	106 912		38 000	68 912	
年末存栏畜禽数	头（只）	111 670	554	5 000	106 116	
肉类总产量	吨	1 075			1 075	
禽蛋总产量	吨	1 230			1 230	
水产品总产量	吨					
牛奶总产量	吨	3			3	

西藏国有农场当年新增生产能力情况表（三）

（2015年）

项目	计量单位	当年新增情况				
		合计	八一农场	察隅农场	米林农场	易贡茶场
一、基础设施建设						
中低产田改造	亩	120			120	
喷、滴灌面积	亩					
农机具购置	台（套）	23			23	
水泥晒场	米^2					
机耕路（含田间路）	千米	3	2		1	
植树造林	亩	305	300		5	
机电井（灌溉用）	眼	1			1	
输电线路	千米	1			1	
仓储设施	米^2	350			350	
排灌渠系	千米	8	8			
通信线路	千米					
通信设备	台（套）					
饮水井	眼					
供水管线（饮水用）	千米					
供水设施	台（套）	2			2	
公路	千米	54	54			
桥涵、闸	座					
草原建设（含草场改良）	亩					
危旧房改造	米^2	5 410		1 080	4 330	
医疗用房建设	米^2					
医疗设备购置	台（套）					
教学用房建设	米^2					
二、生产发展						
设施农业面积	亩					
种植业技术推广	亩					
实用技能培训	人次	76			76	

附录五 内蒙古海拉尔农牧场管理局 2015 年基本情况

内蒙古海拉尔农牧场管理局 2015 年主要经济指标表

指标名称	计量单位	数量	指标名称	计量单位	数量
一、基本情况	×	×	其中：小麦播种面积	公顷	100 633
单位个数	个	26	公顷产量	千克	2 961
其中：国有农场	个	16	小麦总产量	吨	297 961
总人口	人	87 555	四、畜牧业生产指标	×	×
职工人数	人	11 994	牧业年度牲畜总头数	头、匹、只	995 255
土地总面积	公顷	1 414 469	其中：大畜存栏	头、匹	163 850
其中：耕地面积	公顷	311 691	小畜存栏	只	785 685
草原面积	公顷	635 423	生猪存栏	口	45 720
农业机械总动力	千瓦	651 327	梅花鹿存栏	只	
大中型农用拖拉机	台	4 924	年末牲畜总头数	头、匹、只	916 886
小型农用拖拉机	台	10 036	其中：大畜存栏	头、匹	143 879
联合收割机	台	943	小畜存栏	只	754 526
二、综合指标	×	×	生猪存栏	口	18 481
生产总值	万元	304 678	梅花鹿存栏	只	
其中：第一产业增加值	万元	208 837	五、特色养殖	×	×
第二产业增加值	万元	43 204	年末实有獭兔	只	2 140
其中：工业增加值	万元	19 593	年末实有貂	只	
第三产业增加值	万元	52 637	年末实有貉	只	
自营经济增加值	万元	100 534	六、畜产品产量	×	×
农垦人均纯收入	元/人	26 189	肉类总产量	吨	18 188
农牧场人均收入	元/人	25 755	牛奶总产量	吨	229 852
人均生产总值	元/人	35 415	绵羊毛产量	吨	1 547
职均收入	元/人	48 234	山羊绒产量	吨	1
利润总额	万元	19 695	禽蛋总产量	吨	1 205
固定资产投资	万元	146 970	蜂蜜总产量	吨	1 289
其中：国有投资	万元	118 839	七、工业产品产量	×	×
工农业总产值（现行价）	万元	567 674	马铃薯雪花全粉	吨	7 521
其中：农业总产值	万元	416 857	面粉	吨	245
工业总产值	万元	450 817	植物油	吨	75 382
三、农作物总播种面积	公顷	291 915	干酪素	吨	
其中：粮食大豆播种面积	公顷	177 412	奶粉	吨	3 173
公顷产量	千克	3 647	奶油	吨	
粮豆总产量	吨	647 019	混合饲料	吨	5 535
其中：油菜播种面积	公顷	103 191	石灰	吨	
公顷产量	千克	1 535	红砖	万块	5 388
油菜总产量	吨	158 445			

内蒙古海拉尔农牧场管理局 2015 年经济和社会发展统计公报

2015 年，海拉尔垦区认真贯彻中央决策部署，贯彻落实全国和自治区农业工作会议、农垦专业会议精神，认真贯彻中央三、四中全会精神，以科学发展观统揽全局，冷静沉着、创新思路，战胜了各种自然灾害，较好的完成各项经济指标，为经济平稳发展、维护社会和谐稳定作出了重大贡献。

一、综合

2015 年海拉尔垦区实现总收入（产值）857 132 万元，同比下降 21.7%，完成计划的 86.0%，比前三年平均数下降 11.3%。其中：第一产业总收入 416 587 万元，同比下降 35.5%，第二产业总收入 245 046 万元，同比下降 2.9%，第三产业总收入 195 229 万元，同比下降 0.6%。实现国内生产总值 304 678 万元，同比下降 28.6%，完成计划的 71.0%，比前三年平均数下降 19.2%。其中：第一产业增加值 208 837 万元，同比下降 35.9%；第二产业增加值 43 204 万元，同比下降 15.7%；第三产业增加值 52 637 万元，同比增长 5.8%。实现人均生产总值 35 415 元，同比下降 29.0%。人均收入 26 189 元，同比下降 10.3%，完成计划的 89.0%，比前三年平均数下降 5.7%。职均收入 48 236 元，同比下降 19.2%，完成计划的 80.0%，比前三年平均数下降 8.7%。

二、农牧业

2015 年，海拉尔垦区认真贯彻落实中央一号文件精神及中央支持农业特别是粮食生产的政策措施，极大地调动了广大职工群众的积极性，面对各种不利因素的影响，垦区上下采取措施，积极应对，将负面影响降到了最低，为垦区今后经济的发展奠定了坚实的基础。

2015 年垦区实现农业总产值（现行价）416 857万元，同比下降 35.5%。其中：种植业产值 209 097 万元，同比下降 38.6%，牧业产值 187 045万元，同比下降 33.4%。

农业坚持以防灾减灾为中心，进一步提升现代农业发展水平，加大结构调整力度，引进试验推广先进的科学技术，为发展现代农业提供了强大的技术支撑。2015 年总播种面积 437.8 万亩，同比增长 1.6%，粮豆油总产量 80.5 万吨，同比下降 26.6%，完成计划的 73%，比前三年平均数下降 14.3%。其中：粮豆总产量 64.7 万吨，同比下降 24.2%，油料总产量 15.8 万吨，同比下降 35.2%。其中小麦播种面积 150.9 万亩，同比增长 0.5%（表 1）。

表 1　2015 年垦区主要农产品产量

产品名称	计量单位	2015 年实际	同比增长（%）
粮豆油合计	万吨	80.5	−27.0
1. 粮豆合计	万吨	64.7	−24.0
其中：小麦	万吨	29.7	−33.0
大麦	万吨	5.9	56.2
大豆	万吨	1.5	−35.0
2. 油料	万吨	15.8	−35.2

海拉尔垦区农业生产从育种到粮食销售实现全程机械化，农业机械化装备程度不断提高，进一步改善了垦区农业生产条件，以满足农业生产的需要。2015 年机械总动力 65.1 万千瓦，同比下降 0.9%；拥有大中型拖拉机 4 924 台；联合收割机 943 台，全年化肥施用量（折纯量）5.2 万吨。

2015 年海拉尔垦区进一步加大对畜牧业的政策扶持和项目带动，畜牧业快速发展的基础和机制已经形成。年内各类牲畜存栏 91.6 万头（匹、只），同比增长 6.5%，各类牲畜出栏率 43%，同比增长 7.5%（表 2）。

表 2　2015 年牲畜存栏头数及主要畜产品产量

产品名称	计量单位	2015 年实际	同比增长（%）
年末牲畜存栏	头（匹、只）	916 886	6.5
其中：牛	头	131 595	−13.6
羊	只	754 526	13.7
猪	头	18 481	−49.2

（续）

产品名称	计量单位	2015 年实际	同比增长（%）
各类牲畜出栏	头（匹、只）	372 559	24.8
出栏率	%	43	7.5
肉类总产量	吨	18 188	6.0
牛奶总产量	吨	229 852	44.0
羊毛总产量	吨	1 547	−8.1

三、工业、商贸

工业生产态势下降。2015 年垦区实现工业增加值（现价）19 593 万元，同比下降 21.6%，完成工业总产值（现价）150 817 万元，同比下降 1.8%（表 3）。

表 3　2015 年主要工业产品产量

产品名称	计量单位	2015 年实际	同比增长（%）
马铃薯全粉	吨	7 521	62.1
红砖	万块	5 388	−9.7
奶粉	吨	3 173	−57.4
植物油	吨	75 382	90.3

2014 年垦区实现进出口商品总金额 177 万元，实现社会商品零售额 70 282 万元。

四、固定资产投资

2015 年垦区固定资产投资较上年大幅增长。垦区全年完成固定资产投资 146 970 万元，同比增长 28.2%，当年新增固定资产 58 776 万元，同比下降 6%。

其中：用于第一产业的投资 113 881 万元，占总投资的 77.5%；用于第二产业的投资 10 667 万元，占总投资的 7.2%；用于第三产业的投资 22 422万元，占总投资的 15.3%。

2015 年垦区自主投资进一步增强，在固定资产投资中，自筹资金 96 306 万元，占总投资的 65.6%，占投资比重最大。

五、非国有经济

随着垦区企业改制的进一步深入，非国有经济经营范围不断扩展，一、二、三产业中的非国有经济成分逐步扩大，垦区经济结构进一步优化，2015 年完成非国有经济生产总值 100 534 万元，占垦区经济总量的 32.9%。

附录六　内蒙古大兴安岭农场管理局2015年基本情况

内蒙古大兴安岭农场管理局2015年主要经济指标表

指标名称	计量单位	数　量	指标名称	计量单位	数　量
一、基本情况			①小麦播种面积	公顷	3 007
1. 单位个数	个	21	公顷产量	千克	3 063
其中：国有农场	个	9	总顷产量	吨	9 209
2. 总人口	人	65 669	②玉米播种面积	公顷	54 729
3. 在岗职工人数	人	8 517	公顷产量	千克	6 246
4. 土地总面积	公顷	1 269 467	总顷产量	吨	341 827
其中：耕地面积	公顷	83 546	③大豆播种面积	公顷	105 062
5. 农业机械总动力	千瓦	205 997	公顷产量	千克	1 751
6. 大中型拖拉机	台	356	总顷产量	吨	184 007
7. 小型拖拉机	台	4 600	**四、畜牧业生产指标**		861
8. 联合收割机	台	418	1. 牧业年度牲畜存栏	头、匹、只	155
二、综合指标			其中：大畜存栏	头	
1. 生产总值	万元	141 321	小畜存栏	只	339 430
其中：第一产业增加值	万元	97 695	生猪存栏	口	6 839
第二产业增加值	万元	18 128	2. 年末牲畜存栏	头、匹、只	326 516
第三产业增加值	万元	25 498	其中：大畜存栏	头	6 075
2. 自营经济增加值	万元	68 741	小畜存栏	只	176 579
3. 人均纯收入	元/（人·年）	15 015	生猪存栏	口	4 488
4. 职均收入	元/（人·年）	53 473	**五、畜产品产量**		166 994
5. 人均生产总值	元/（人·年）	21 314	1. 肉类总产量	吨	5 097
6. 利润总额	万元	1 938	2. 绵羊毛产量	吨	
7. 固定资产投资	万元	51 735	3. 禽蛋产量	吨	5 868
其中：国有投资	万元	28 979	4. 鹿茸产量	吨	1 097
8. 工农业总产值	万元	261 722	5. 蜂蜜产量	吨	1 127
其中：工业总产值	万元	228 421	**六、工业产品产量**		
农业总产值	万元	33 301	1. 小麦粉	吨	18 477
三、农业生产指标			2. 植物油	吨	4 131
总播种面积	公顷	165 102	3. 豆粕	吨	16 500
1. 粮食作物播种面积	公顷	164 086	4. 红砖	万块	3 195
公顷产量	千克	3 283	5. 塑窗	米^2	21 000
粮食总产量	吨	538 629	6. 饲料	吨	5 190

内蒙古大兴安岭农场管理局
2015 年经济和社会发展统计公报

2015 年以来，面对复杂繁重的改革发展稳定任务，面对经济发展新常态，垦区坚持稳中求进工作总基调，统筹做好稳增长、促改革、调结构、惠民生等各项工作，经济社会发展稳中有进，全年垦区各业经营总收入、粮食总产量、牧业年度牲畜存栏、生产总值、固定资产投资、人均收入、职均收入等经济社会发展主要指标圆满或超额完成“十二五”规划目标。

一、综合

2015 年，垦区经济健康发展，经济实力显著增强，产业结构调整进一步优化，经济运行质量进一步提高，实现各业经营总收入 37.9 亿元，与“十一五”相比，年均增长 16.1%，实现生产总值 14.1 亿元，年均增长 14.6%，其中第一产业增加值 9.76 亿元，年均增长 18.1%；第二产业增加值 1.81 亿元，年均增长 12.8%；第三产业增加值 2.54 亿元，年均增长 5.8%，三次产业比重分别为 69.0%、12.5%、18.5%。人均收入 15 015 元/人，年均增长 10.9%；职均收入 53 473 元/人，年均增长 18.3%；固定资产投资 5.17 亿元，年均增长 19.1%；工农业总产值 26.2 亿元，年均增长 19.2%。总播种面积 165.1 千公顷（外部流转 81.8 千公顷），年均增长 15.9%，粮食总产量 53.8 万吨（外部流转粮食总产量 23.3 万吨），年均增长 21.9%；粮食平均公顷产量 3 283 千克，年均增长 8.2%；可供商品粮 48.7 万吨，商品率为 90.5%；牧业年度牲畜存栏 33.9 万头只，年均增长 3.8%。

二、农牧业

2015 年垦区认真贯彻落实中央 1 号文件精神以及中央支持农业的政策措施，极大地调动了广大职工群众的积极性，面对各种不利因素的影响，垦区上下采取措施，积极应对，以增加粮食产量为抓手，以更新先进农机装备为支撑，着力抓好农业结构调整，推广农业增产新技术，完善农业基础设施建设，实验探索农作物专用性种植，发展优质、绿色、安全、环保生态农业。

2015 年实现农业总产值 22.8 亿元，年均增长 19.3%，完成农林牧渔业增加值 9.76 亿元，年均增长 18.1%。播种面积 165.1 千公顷，年均增长 15.9%，粮食产量实现 53.8 万吨，可供商品量 48.7 万吨，粮食商品率为 90.5%。

1. 种植结构调整更加优化 以“稳豆、保玉、扩经”为种植原则，以调优、调特、调高为调整方向。一是玉米种植面积稳中有增。二是依靠国家大豆目标价格补贴政策拉动，大豆种植向专用性转变。三是种植作物呈现多元化。经过探索试验，白瓜种植技术已基本成熟，马铃薯种薯繁育订单回收稳定，高粱、食用南瓜、苏子等作物大田种植取得成功，亩效益十分可观。

2. 农业“走出去”战略成果显著 在做优、做顺现有耕地存量的基础上，加快“走出去”战略，积极推进整镇、整乡、整村土地向垦区流转。同时积极推行和完善大农场套小农场、统分结合的双层经营体制，增加了集体积累，彰显了农垦优势，凸显了农机标准化作业水平。

3. 农业科技创新步伐加快 一是加大培训力度。培训技术人员 1 000 多人次。二是开展有机试验种植。试验示范 1 000 公顷有机农作物种植，为今后大面积推广复制积累了经验。三是绿色食品认证工作扎实开展，为申报农产品质量追溯项目奠定了基础。四是加强生态农业建设。推广“两降一加”技术，更换喷头和滤网 2 000 多套，降低农药 40%左右的用量，直接为农业生产降低成本 320 万元，同时有效规避了药害的发生，确保了农产品的品质。五是购置大中型农机具 251 台（套），农机力量不断壮大。六是新增灌溉面积 2 万亩。

全面落实各项惠农政策，垦区职工群众得到了实惠，2015 年垦区享受各项惠农政策补贴总计达到 10 355 万元，其中：良种补贴 1 342 万元，农机补贴 500 万元，粮食直补 367 万元，农资综合补贴 6 330 万元，农业保险理赔 1 816 万元。通过惠农政策补贴的实施，极大地提高了职工群众种粮的积极性；全面加入农业保险，解除了职工群众的后顾之忧，降低了农业生产成本，为职工群众增收致富提供了保障。

4. 畜牧业升级版已现雏形 按照“品种优化、技术配套、机制创新、产业升级”的原则，通过畜牧部门把管理、服务前移，发挥三级畜牧业服务体系优势，积极打造清洁、循环、优质、高效畜牧业，走建设性养畜之路。一是与天津奥群牧业合作，建成了标准化的巴彦种羊园，使之成为垦区加快肉羊良种化进程的重点龙头基地。通过优化改良，打造增重快、耐舍饲、品质优、口感好、营养佳的羊肉精品。二是欧肯河农场签订了引入100头安格斯肉牛基础母牛的协议。三是实施人畜小分离工程，有效改善了居民的生活环境。四是古里农场成功种植了100公顷草原1号苜蓿，为打造为牧而农循环经济进行了有益尝试。

三、工业和建筑业

全年完成工业总产值3.33亿元，与“十一五”期末相比，年均增长18.5%，实现工业增加值0.9亿元。其中：国有工业总产值1.49亿元，占工业总产值44.9%，非国有工业总产值1.84亿元，占工业总产值55.1%。

2015年建筑业182个，从业人员2 098人，全年实现建筑业产值3.36亿元，建筑业增加值0.94亿元。新建和改造房屋面积12万米^2，建筑业企业年末固定资产原值0.72亿元，全年承包的施工单位单项工程327个。

四、运输业、批发零售贸易业、服务业

运输业年末655个，从业人员744人，从业人员劳动报酬0.3亿元，全年完成货运周转量241万吨，客运周转量81万人公里，实现营业总收入0.86亿元，完成运输业增加值0.34亿元。

批发零售贸易业、餐饮业、服务业共有营业单位总数1 347个，拥有固定资产原值2.55亿元，营业用房面积12.4万米^2，从业人员4 807人，从业人员报酬1.05亿元，完成商品销售收入7.52亿元，完成商业、餐饮业和服务业增加值1.38亿元。

五、固定资产投资

2015年垦区完成固定资产投资5.17亿元，其中：第一产业投资3.65亿元，占投资总额的70.7%，第二产业投资1.1亿元，占投资总额的21.4%，第三产投资0.42亿元。占投资总额的7.9%。全年国有固定资产投资2.89亿元，占投资总额的55.9%。

2015垦区固定资产总投资5.17亿元，其中：一事一议项目投资0.12亿元，公益性建设投资0.46亿元，安全饮水投资0.08亿元，以工代赈项目投资0.06亿元，财政专项扶贫投资0.07亿元，“十个全覆盖”街巷硬化建设投资0.37亿元，生态移民项目投资0.06亿元，节水增粮项目投资0.1亿元、危仓老库改造项目投资0.19亿元，危房改造基础设施配套建设项目投资0.45亿元、危房改造1 755户。投资1.23亿元、企业自筹资金建设项目0.46亿元、职工购置农业机械、畜牧业等投资1.52亿元。通过项目资金的投入，极大地改善了职工群众生产生活条件。

新增固定资产主要是：大型拖拉机40台、中小型拖拉机207台、联合收割机13台，大中型配套农具247台（套），新建楼房9.26万米^2。垦区实施了“十个全覆盖”项目，极大地改善了职工生产生活环境。

六、文化、卫生

（1）文化事业稳步发展。全局电视实现了数字网络，电视人口覆盖率100%。

8月15日，垦区成功举办了农垦知青文化艺术节，来自全国各地的500多名当年知青重新踏上故土，领略垦区日新月异的发展变化，告慰了他们当年为之奋斗的青春足迹，使他们不虚此行，流连忘返，使他们亲身感受到第二故乡就是他们的家，是他们人生的根，通过各层面的广泛接触和深入交流，进一步提升了农垦在社会各界的影响力。

（2）社会事业全面发展。进一步加强社会治安管理，建立打防控立体化体系，推进“平安和谐垦区”建设，社会治安综合治理取得明显成效，职工群众安全感持续增强。安全生产保持了平稳发展态势。积极稳妥地落实离退休人员政策待遇，在第一个老年节到来之际，垦区投入120万元，为2 200多名70岁以上老人发放了米面油等生活物资，充分体现了老有所养的社会保障制度。

（3）垦区卫生事业得到加强。医疗卫生条件进一步改善，初步建立起了疫情等突发公共卫生应急

机制。垦区现有卫生医疗机构 57 个，其中：医院 9 所，生产队卫生室 48 所。垦区医疗卫生单位拥有病床 253 张，其中：医院拥有病床 216 张，生产队卫生室拥有病床 37 张。年末拥有职工 480 人，其中：卫生技术人员 406 人，其中：医院拥有卫生技术人员 357 人，生产队卫生室拥有卫生技术人员 49 人。垦区十分重视卫生工作，2015 年投资 400 万元资金解决了医院专业设备不强的问题，使职工群众就医更加舒心快捷。提高了整体医疗水平，为垦区职工群众就医创造良好的医疗环境。垦区中心医院被呼伦贝尔市确定为出血热治疗的定点医院，几年来，出血热治愈率达到 100%。

七、人口、人民生活和社会保障

人口自然增长率继续在较低水平。2015 年垦区人口出生率为 4.52‰，人口死亡率为 3.80‰，人口自然增长率为 0.72‰。年末垦区总人口 65 669人。

垦区居民生活水平明显提高，由于各项增资措施的出台，加之社会保障资金的落实到位，职工工资和福利提高，2015 年职均收入 53 473 元/人，人均纯收入 15 015 元/人。居民住房条件进一步改善，人均住房 20.4 米^2。

垦区职工共享受优农、惠农补贴资金达 10 335 万元，在职职工养老保险、医疗保险、工伤保险、计划生育保险、失业保险全面启动，覆盖面达 100%。

社会保障体系逐步建立。新增了生育保险和失业保险，到 2015 年年底垦区在职职工 8 517 人，离退休 8 008 人，垦区企业离退休人员每年可享受养老金 2.4 亿元，真正实现了老有所养。

2015 年，在农业部农垦局和呼伦贝尔市委、市政府的正确领导下，以党的十八届四中、五中全会精神和科学发展观为指导，按照“稳农、兴牧、强工、搞活流通”的十字经营方针，不断深化改革、加快发展、强化管理、维护稳定，紧紧依靠广大干部职工，垦区上下人心顺，干劲足，经济社会等各项事业取得了丰硕成果，企业经济实力和粮食综合生产能力显著增强，广大职工幸福指数大幅攀升，形成社会进步、政治稳定的良好局面，取得显著的经济效益和社会效益。

附录七　全国农垦2015年大事记

全国农垦2015年大事记

一　月

8日　全国部分垦区农垦改革工作座谈会在南宁召开。农业部农垦局局长王守聪主持会议并做重要讲话。王守聪强调，新时期的农垦改革要以农场企业化、垦区集团化、股权多元化为方向；要大力发展混合所有制经济，既保持国有经济的控制力，又发挥民营经济的激励作用；要继续推进规模化、机械化和集约化发展，努力向农业现代化迈进，建设国家大型农产品生产供应基地，积极打造具有国际竞争力的现代农业企业集团。黑龙江、广东、江苏、辽宁、江西、河南、广西等7垦区主要负责人提出了意见和建议。

8日　广西壮族自治区党委副书记危朝安接见了农业部农垦局局长王守聪一行。危朝安指出，农垦的深化改革要符合生产力和生产关系的客观规律，农垦“国家队”的战略地位要进一步的明确和巩固。

9日　中央外办常务副主任宋涛一行在广西壮族自治区副主席张晓钦陪同下，到广西农垦调研了解农垦改革发展有关情况。

17日　经广州市国资委党委研究决定：同意王康辞去广州风行发展集团有限公司外部董事职务；姜永宏、慕亚平、张永亮任广州风行发展集团有限公司外部董事。

29日　汪洋副总理主持召开专题会议，听取农垦文件起草工作汇报。韩长赋部长、杨绍品党组成员参加。

31日　农垦局与北京大学管理科学研究中心联合启动了农垦改革发展重大战略问题课题研究，课题组由北大教授、著名经济学家厉以宁担任顾问。

1月　在“2014中国品牌商业年会”上，北京首都农业集团黑六畜牧业科技有限公司被授予“2014中国商业品牌成长”奖。

1月　在2014年度国家科学技术奖励大会上，三元种业获国家科技进步二等奖。

1月30日至2月4日　首农集团接连获得“2014年度中国最具影响力企业”和“最具社会责任企业集团”奖，表明首农集团影响力和社会责任受到主流媒体的认可，首农品牌受到消费者的喜爱。

1月20日至29日　首农集团完成北京“两会”供应任务，备战全国“两会”。

二　月

1日　首农食品经营中心与河北瑞谷丰集团举行签约仪式，共同建立京津冀农产品一体化调度体系，保障京津翼地区“菜篮子”的安全供应。

4日　江苏省委常委、副省长徐鸣视察江苏农垦东辛现代渔业产业园区。

5日　国家发改委副主任林念修，广州市委常委、增城市委书记欧阳卫民、广州市发改委主任潘建国等一行到广州市穗新良种奶牛场考察。

16日　江西省政协副主席孙菊生一行在市、县有关领导的陪同下，到长城集团公司进行走访慰问。

2月　首农集团首次独家冠名北京春晚，春晚观众席上摆放着三元、八喜、三元梅园的产品。春节晚会上首农劳模代表张晓霞和吴松航向全国人民拜年并畅读春联。

三　月

4日　广东省人民政府副省长邓海光出席在梅

陇农场召开的全省春耕备耕暨农业科技、放心农资、农业机械“三下乡”现场会。

6日 广东省委副书记、省委农村工作领导小组组长马兴瑞与海南省委副书记李军一行就广东农垦有关情况进行了座谈。

19日 广西农垦明阳生化集团越南归仁年产10万吨木薯变性淀粉及配套项目竣工投产仪式在越南平定省归仁市隆重举行。

26日 杨绍品党组成员出席先进橡胶产业联盟论坛。

29日 江西省委副书记、省长鹿心社到景德镇九龙山垦殖场考察指导工作。

四　月

1日 中国农林水利工会副主席王君伟、中国农林水利工会农业部部长王秀生到北京南郊农场调研劳模创新工作室建设工作。

7日 联合国世界粮食计划署（WFP）前驻华代表 Trevor Page，前 WFP 驻华行政秘书项目专员 Gong Jianying、现任 WFP 驻华代表 Brett Rierson、原农业部国际合作司司长朱丕荣等领导一行访问三元食品。

19日 农业部、国务院研究室联合向国务院报请《关于进一步推进农垦改革发展的意见（送审稿）》，建议以国务院名义印发。

21日 杨绍品党组成员出席农垦电商及物流体系建设研讨会。

28日 老挝人民革命党中央委员、老挝万象市委书记兼市长、老挝—中国友好协会会长辛拉冯·库派吞率万象市代表团到访广东农垦。

28日至5月2日 广西壮族自治区党委副书记危朝安率广西代表团赴越南胡志明市出席越南祖国统一暨解放南方四十周年纪念庆典系列活动。活动期间，危朝安在广西农垦刘刚局长陪同下，实地考察了位于越南平定省归仁市的广西农垦越南归仁项目。

五　月

5日 农业部党组成员曾一春到安徽农垦龙亢农场试验区考察调研。

4～6日 杨绍品党组成员在辽宁垦区开展基层联系点调研。

6日 由重庆、宁夏和陕西三家农垦集团共同出资组建的中垦乳业股份有限公司正式成立，标志着农垦实施乳业三联战略迈出了实质步伐。

6日 江西省人大常委会副主任冯桃莲一行深入江西农垦永丰县罗铺垦殖场江西惠丰农业科技示范园，专题调研现代农业示范园区建设情况。

6日 农业部农垦局彭剑良副局长一行到首都农业集团公司，就集团公司质量追溯系统建设、电商业务开展和冷链物流情况进行调研座谈。

8日 全国南亚热带作物工作会议在海口召开。农业部党组成员杨绍品出席会议并作重要讲话。

8日 辣木产业座谈会在海南召开，会议交流了我国辣木开发利用情况，研讨正确引导我国辣木产业健康发展的思路和措施。

8日 广西壮族自治区主席陈武率团在印度尼西亚访问期间，考察了中国·印度尼西亚经贸合作区，要求农垦继续加强运营管理，尽快启动二期项目开发，加强和当地政府沟通协调，加强招商引资工作，集聚更多企业，在为当地发展做出应有贡献的同时，争取更大的开发效益。

11日 杨绍品党组成员出席国家禁毒委员会全体会议。

18～22日 农业部党组成员杨绍品到广东垦区考察。农业部农垦局局长王守聪，广东省集团公司（总局）党组书记、董事长（局长）雷勇健等陪同考察。

19日 农业部农垦局局长王守聪在广东向垦区干部职工作了全面深化农垦改革专题的辅导报告。

19日 中德作物生产与农业技术示范园项目签约仪式在江苏农垦集团公司举行。

20日 斯里兰卡种植园部部长顾问兼茶叶局局长、斯里兰卡 IMS 有限公司顾问维吉拉特内一行到访广东农垦。

20日 广西壮族自治区副主席张秀隆到广西农垦调研，要求农垦认真贯彻落实自治区党委、政府年初的工作部署及全国农垦改革发展工作会议精神，开拓进取，奋发有为，继续抓好今年各项工作任务的落实，当好广西农业现代化排头兵，为全区实现“两个建成”奋斗目标做出更大贡献。

20日 农业部农垦局副局长胡建锋率考察组

到广西农垦昌菱制糖有限公司考察朗姆酒产业。

21 日　江西省副省长李炳军率调研组一行深入江西省农垦东乡红亮垦殖场调研指导特色农业工作。

25 日　广东省农垦总局荣获水利部水库移民文化与信息服务站系统工程水利先进实用技术“优秀示范工程”称号。

31 日　广东燕塘乳业在“第六届中国奶业大会暨中国奶业展览会”上被评为“2011 年—2014 年度优秀乳品加工企业”和“国家学生饮用奶计划推广先进企业”。广州风行牛奶有限公司获颁“国家学生饮用奶计划推广先进企业”及“2011 年—2014 年度优秀乳品加工企业”证书 。

31 日　国家发改委、国土资源部、财政部、工信部等十部委领导到北京首都农业集团调研“京津冀一体化”工作。

六　月

1 日　北京首都农业集团董事长张福平会见吉林省副省长，就加强首农集团与白城市在奶牛养殖、乳制品加工、肉鸡蛋鸡养殖屠宰加工、优质瓜果蔬菜基地等领域的合作进行座谈。

4 日　全国政协委员、中国农林水利工会主席盛明富到河北首农定州园区考察工作，对首农集团的规模化、现代化、多元化的养殖生产给予高度评价。

4 日　英国北爱尔兰农业考察团一行来到首农集团畜牧第一牧场考察交流。该考察团由英国北爱尔兰农业和农村发展部部长米歇尔奥尼尔带队，全国友协欧亚部处长嵇昭宇等陪同参观。

7～9 日　农业部党组成员杨绍品到甘肃农垦考察，农业部农垦局局长王守聪，甘肃省农垦集团公司董事长杨树军等随同考察。

9 日　农业部党组成员杨绍品，农垦局局长王守聪视察首农集团食品经营中心草桥项目和天津东疆港首农食品进出口项目。

10 日　杨绍品党组成员出席天然橡胶协会会长会议和产业形势分析会。

20 日　江西省委常委、省委宣传部部长姚亚平到九龙山垦殖场调研。

23 日　江西省人大常委副主任洪礼和一行到高安市华林山垦殖场对当前防洪防汛工作进行考察。

25 日　杨绍品党组成员出席全国禁毒工作表彰会。

七　月

10 日　广东省农垦集团公司与中国空间技术研究院在北京签订战略合作协议。

15 日　农业部党组成员杨绍品、农业部农垦局局长王守聪在北京听取了广西农垦刘刚局长工作汇报。

15 日　首农集团品牌产品推介会在三元食品工业园召开，农业部党组成员杨绍品、农垦局局长王守聪，北京市人大常委会副主任柳纪钢、副市长林克庆、政府副秘书长赵根武等领导出席会议。

16 日　朱镕基总理夫人劳安视察三元食品工业园，北京市副市长林克庆、市政府副秘书长赵根武，原市政府秘书长刘晓晨等陪同。

18 日　全国政协副主席、中央统战部副部长、国家民委主任王正伟一行到北大荒通用航空公司，调研中央民族工作会议精神贯彻落实有关情况。黑龙江省副省长孙永波、农垦总局局长王有国陪同调研。

25～26 日　黑龙江省省委书记王宪魁到黑龙江省农垦总局红兴隆和牡丹江管理局，调研转变发展方式、优化产业结构、践行“三严三实”等工作。黑龙江省省委常委、秘书长李海涛，省委财经领导小组秘书长、改革办副主任高大伟，省委财经办主任、政研室主任郑大泉，总局党委书记王兆力、局长王有国一同调研。

30 日至 8 月 2 日　中国工程院院士、著名大豆育种专家、中国农业大学、南京农业大学教授盖钧镒到北大荒垦丰种业股份有限公司，帮助企业解决大豆商业化育种体系的顶层设计、生物技术对常规育种的支持以及大豆种质资源的扩增与创新等技术难题。中国大豆产业协会副会长刘登高、黑龙江省农业科学院大豆育种专家杜维广、东北农业大学大豆育种专家李文滨等陪同。

7 月　中国质量协会用户委员会公布了 2015 年度全国食用油行业的用户满意度测评结果。黑龙江农垦“九三”牌系列食用油荣登“2015 年度全国食用油行业品牌钟爱度”排行榜榜首。

八　月

4日　国务院妇儿工委副主任，全国妇联党组书记、副主席、书记处第一书记宋秀岩一行来到黑龙江农垦九三粮油工业集团和完达山乳业股份有限公司，调研两家公司的生产经营情况和女职工工作开展情况等。黑龙江省省委副书记陈润儿，省农垦总局党委书记王兆力，省妇联党组书记、主席刘睦终，全国妇联办公厅副主任李颖，省妇联副主席、党组成员董濮等陪同调研。

12日　中国乳制品协会第二十一次年会暨第十五次乳品技术精品展示会在北京举行，黑龙江省农垦完达山乳业荣获优秀企业奖、优秀新产品奖、技术发明奖、技术进步奖、杰出企业家奖和突出贡献奖等多项大奖。

12日　江西省省委副书记、省长鹿心社在省政府秘书长、办公厅主任张勇、省国资委主任陈德勤的陪同下到江西南英垦殖场沼气站视察指导工作。

12日　以色列农业与农村发展部部长乌里阿里埃勒一行到北京首农集团中以牛场参观访问，听取牛场情况介绍，参观挤奶厅并与牛场领导进行了座谈。

17日　江苏省副省长徐南平到江苏农垦集团公司调研指导工作。

18日　首届中国奶业D20峰会在北京召开。中共中央政治局委员、国务院副总理汪洋出席峰会并作重要讲话。农业部部长韩长赋，国务院副秘书长江泽林，国家质检总局、国家卫生计生委、国家发改委、国家工商行政管理总局、中国奶业协会等相关部门负责人以及伊利、完达山等20家中国顶尖乳企代表出席会议。会议上签署了中国奶业D20《北京宣言》。峰会召开前，汪洋在韩长赋的陪同下参观了完达山乳业展台，并表示，完达山乳业一定要本着“黑土地、健康牛、诚信人、放心奶”的原则，抓好生产经营，尤其要做好“诚信人”!

19日　国务院总理李克强主持召开国务院第102次常务会议，审议通过了《关于进一步推进农垦改革发展的意见》。

24～28日　农业部农垦局副局长彭剑良率农业部安全生产检查组一行4人到广东垦区检查安全生产工作。广东省农垦总局局长雷勇健等陪同检查。

25日　农业部部长韩长赋、总经济师毕美家、北京市副市长林克庆一行人到三元食品视察，参观了生产线，听取生产工艺介绍，品尝新产品。韩长赋强调：中国奶业企业要围绕发展现代奶业，高举“优质安全发展”大旗，坚持一手抓生产，一手抓质量安全监管，质量第一，安全至上。

九　月

5日　第五届中国贫困地区可持续发展战略论坛暨北京大学贫困地区发展研究院成立十周年纪念活动在黑龙江省农垦总局建三江管理局举行。全国政协原副主席张梅颖，全国政协常委、北京大学光华管理学院名誉院长厉以宁及夫人何玉春，全国政协常委、中华海外联谊会副会长颜延龄，全国政协委员、原国务院扶贫开发领导小组办公室主任、党组书记范小建，农业部农垦局局长王守聪，黑龙江省农垦总局党委书记王兆力、局长王有国，国家能源局电力司副司长童光毅，国务院扶贫办开发指导司副司长吴华等参加论坛及有关活动。

7日　内蒙古鄂伦春旗政府、大兴安岭农垦集团与中国生物农业技术集团签署了功能性大豆深加工项目合作协议。该项目总投资预计为5亿元，将在鄂伦春旗工业园区（大杨树东）建设基地，年加工大豆30万吨，年生产大豆蛋白肽20万吨，其中食品级5 000吨。

8日　北京市副市长林克庆率北京市农委、农业局、发改委等部门及部分企业负责人来到黑龙江查哈阳农场，实地考察农场的大农业、绿色农业与食品安全和小城镇建设等方面情况。

8日　京津沪渝穗五垦区交流座谈会在京召开。农业部农垦局局长王守聪出席了座谈会，参会垦区领导分别就本企业的改革发展进行了介绍，并就深化农垦改革、推动垦区发展进行了交流。

9日　北京市副市长林克庆率市农委、粮食局、农业局、气象局、发改委、财长局、国资委等相关委办局赴首农集团双河农场考察调研。

15日　黑龙江省人大常委会副主任朱清文带领省人大常委会水利建设视察组来到黑龙江省农垦青龙山农场和绥滨农场，检查灌区水利工程建设情况。

16日　教育部部长助理陈舜一行到黑龙江农

垦江滨农场学校，对学校的常规教学、学生素质和特色教育、学生住宿和伙食条件、校舍安全等情况进行考察。

16日 中共中央政治局常委、国务院副总理张高丽在广西壮族自治区党委书记、自治区人大常委会主任彭清华，自治区主席陈武，自治区党委常委、常务副主席唐仁健的陪同下，到广西农垦糖业集团就国有企业改革、特色传统产业转型升级和带动就业致富情况进行考察调研。

17日 广东农垦燕塘乳业日产600吨乳品生产基地奠基仪式在广州举行。

18日 第12届中国—东盟博览会农业展开展仪式暨第五届中国—东盟优质水果推介活动开幕式在广西展览馆举行。农业部副部长屈冬玉、广西壮族自治区副主席张秀隆出席开幕式并参观了广西农垦展馆。

19日 广西壮族自治区党委常委、自治区纪委书记于春生，自治区党委常委、组织部部长喻云林，在自治区农垦纪工委书记谢可年陪同下巡视第12届中国—东盟博览会广西农垦展馆。

19日 第12届中国—东盟博览会投资促进项目集中签约仪式在南宁举行。广西壮族自治区人大副主任王跃飞、自治区政府副主席张秀隆等自治区领导，区农垦局副局长杨海空及相关部门负责人共同见证项目集中签约。本届博览会，广西农垦共签约项目31个，总投资折合人民币72.95亿元。

20日 广西壮族自治区党委书记、自治区人大常委会主任彭清华，在自治区党委常委、秘书长范晓莉和自治区副主席张晓钦的陪同下，巡视了第12届中国—东盟博览会农业展广西农垦展馆。

20日 广西壮族自治区党委副书记危朝安在自治区农垦局副局长杨海空等陪同下巡视了第12届中国—东盟博览会农业展广西农垦展馆。

24日 农业部党组成员、中央纪委驻农业部纪检组组长宋建朝一行参观了北大荒博物馆、完达山阳光乳业有限公司和九三粮油工业集团惠康食品有限公司、北大荒豆制品有限公司。

24～25日 农业部党组成员杨绍品到重庆农投集团考察调研，农业部农垦局局长王守聪等陪同。

27日 宁夏回族自治区党委常委、银川市委书记徐广国会见了参加银川航展的北大荒通用航空公司总经理郭庆才一行，就合作发展通航产业进行了交流。

9月 江西省农垦云山集团燕山青茶业有限公司生产“燕山青”茶叶荣获百年世博中国名茶金骆驼奖，该奖项是目前茶产业评选领域最高荣誉奖项。

9月 北京首都农业集团公司圆满完成“9·3”阅兵活动食品供应工作，集团旗下三元食品和华都肉鸡分别承担乳品和鸡肉产品供应。在4个半月的供应中，三元食品累计供应乳品361吨，华都肉鸡供应鸡肉制品217吨。

十 月

12日 第二届中俄博览会韩国济州出口商品说明会暨签约仪式在哈尔滨举行，北大荒集团与韩国济州商工会议所、韩中经贸总商会签署了《构建中国黑龙江·北大荒——韩国济州绿色产品流通集散地战略协议》。

13日 中共中央总书记、国家主席、中央军委主席、中央全面深化改革领导小组组长习近平主持召开中央全面深化改革领导小组第十七次会议，审议通过了《关于进一步推进农垦改革发展的意见》。

13日 第五届全国道德模范授奖仪式在北京人民大会堂举行，黑龙江农垦完达山乳业股份有限公司董事长、总经理王景海获提名奖。

15日 北京市人大常委会副主任牛有成等领导到首农庄园、养猪育种中心、紫谷伊甸园视察调研。

20日 首农集团与京东集团达成战略合作，就“首都农业大数据中心暨互联网农业技术与产业创新中心”实体化运营展开合作，开启首都农业大数据新时代。

28日 广东省副省长邓海光一行到广州市华美牛奶公司调研。

10月 黑龙江省挠力河国家级自然保护区的巡检人员观测到一个大型涉禽集群，该集群为国家一级保护动物东方白鹳，初步统计种群数量700只以上，属罕见集群。

10月 首农集团、三元奶粉在2015年度“北京影响力”评选活动中分别入围“十大企业”和“十大品牌”20强。

10月 从2015年北京国际旅游商品博览会上

获悉，三元梅园精心打造的“五龙捧圣”宫廷奶点系列食盒获得“北京礼物”旅游商品大赛铜奖。

十一月

6～13 日 国家农业综合开发办公室主任卢贵敏一行 6 人到广东农垦驻泰国和柬埔寨企业调研。

7 日 第十三届中国国际农产品交易会在福州海峡国际会展中心隆重开幕。由农垦局主办、中国农垦经济发展中心承办的中国农垦馆在第十三届中国国际农产品交易会上受到海内外观众的广泛关注。中国农垦馆以“打造农垦国际粮商 引领中国现代农业”为主题，展示了全国 15 个垦区 130 多家龙头企业 1 000 多种安全优质农产品，“中国农垦”公共品牌也首次向社会公众亮相。农交会上，农垦企业共完成交易额 10.77 亿元，农垦展团还荣获了最佳组织奖，并有 5 家企业获得农交会产品金奖。

7 日 农业部党组副书记、副部长余欣荣到第十三届中国国际农产品交易会江西农垦展区视察指导。

7 日 江西省政府党组成员尹建业到第十三届中国国际农产品交易会江西农垦展区视察指导。

7 日 全国人大常委会副委员长张宝文在参加第十三届中国国际农产品交易会开幕式后，参观视察了北大荒展区。黑龙江省副省长吕维峰、农垦总局局长王有国、总局副巡视员李殿君陪同参观视察。

8 日 农业部党组成员、副部长屈冬玉到第十三届中国国际农产品交易会江西农垦展区视察指导。

11 日 农业部农垦局巡视员何子阳一行考察调研江西垦区。

19 日 中国农垦乳业联盟在京成立。联盟由全国农垦现有具有乳业比较优势的 12 个垦区内的全国性或区域性乳品企业、标准化规模化奶牛养殖场和科研院所等乳业相关单位按照市场主导、政府引导的原则自愿组成的开放式产业联盟。

19 日 江西省人大常委会召开江西省十二届人大常委会第二十一次会议，听取农垦改革发展情况报告。

19 日 中德两国在中德农业中心框架下开展的首个农业现代化种植项目“中德作物生产与农业技术示范园”在苏垦农发黄海分公司启动建设。江苏省委常委、副省长徐鸣，德国议会国务秘书、德国联邦食品和农业部常务副部长布莱涩出席并讲话。

26 日 经广州市国资委党委研究决定：卢伟良同志任广州风行发展集团有限公司监事会主席；免去王展飞同志广州风行发展集团有限公司监事会主席职务。

27 日 第六届广东现代农业博览会在琶洲会展中心开幕。农业部副部长陈晓华、广东省委常委林少春、副省长邓海光视察广东农垦展区。

十二月

1 日 《中共中央 国务院关于进一步推进农垦改革发展的意见》（中发［2015］33 号，以下简称《意见》）经新华社全文播发。《意见》明确了新时期农垦的战略定位、改革方向和发展措施，充分体现了党中央、国务院对农垦事业的高度重视。

2 日 农业部部长韩长赋就贯彻落实《中共中央 国务院关于进一步推进农垦改革发展的意见》接受了人民日报、新华社、中央电视台集体采访，对当前推进农垦改革发展的背景、意义、基本原则、主要方向、路径以及对我国农业农村经济发展的影响等进行了全面解读。

2 日 广垦橡胶集团公司“广垦橡胶”牌国产天然橡胶（SCR WF）通过上海期货交易所期货品牌认证。

7 日 新时期农垦改革与发展情况发布会在国务院新闻办公室举行，农业部党组成员杨绍品介绍了新时期农垦改革与发展的有关情况，并回答了记者提问。

8 日 广州风行牛奶有限公司通过中国良好农业规范（一级）认证，成为广东首家通过中国良好农业规范（一级）认证的乳制品企业。

8 日 首农集团公司与云南农垦集团签署战略合作协议，双方将开展广泛合作，联合打造农垦优质农业品牌。

14 日 全国农垦改革发展电视电话会议在国务院小礼堂召开。汪洋副总理出席会议并作重要讲话。农业部、财政部、国家发展改革委、国土部等部门负责同志作了表态发言。

22 日 第七届北京影响力颁奖晚会隆重举行，

首农集团公司荣获“京津冀协同发展”大奖，三元奶粉荣获“十大品牌”大奖。

25～27 日　全国农垦工作会议在京召开。会议主题是贯彻落实党的十八届五中全会精神以及《中共中央 国务院关于进一步推进农垦改革发展的意见》，学习传达全国农垦改革发展电视电话会议精神，研究部署 2016 年及今后一个时期推进农垦改革发展的重点工作。农业部韩长赋部长、杨绍品党组成员出席会议并讲话。

2015 年　中国农垦实现生产总值 6 902 亿元，“十二五”期间年均增速为 11.4%，农垦企业实现利润 162 亿元，产业整合重组迈出新步伐，大基地、大企业、大产业建设初具规模。

图书在版编目（CIP）数据

2015中国农垦统计年鉴 / 中华人民共和国农业部农垦局编．—北京：中国农业出版社，2016.10
ISBN 978-7-109-22031-7

Ⅰ.①2… Ⅱ.①中… Ⅲ.①农垦地区－统计资料－中国－2015－年鉴 Ⅳ.①C832－54

中国版本图书馆CIP数据核字（2016）第199549号

中国农业出版社出版
（北京市朝阳区麦子店街18号楼）
（邮政编码100125）
责任编辑 郑 君

中国农业出版社印刷厂印刷 新华书店北京发行所发行
2016年10月第1版 2016年10月北京第1次印刷

开本：889mm×1194mm 1/16 印张：31 插页：20
字数：942千字
定价：300.00元